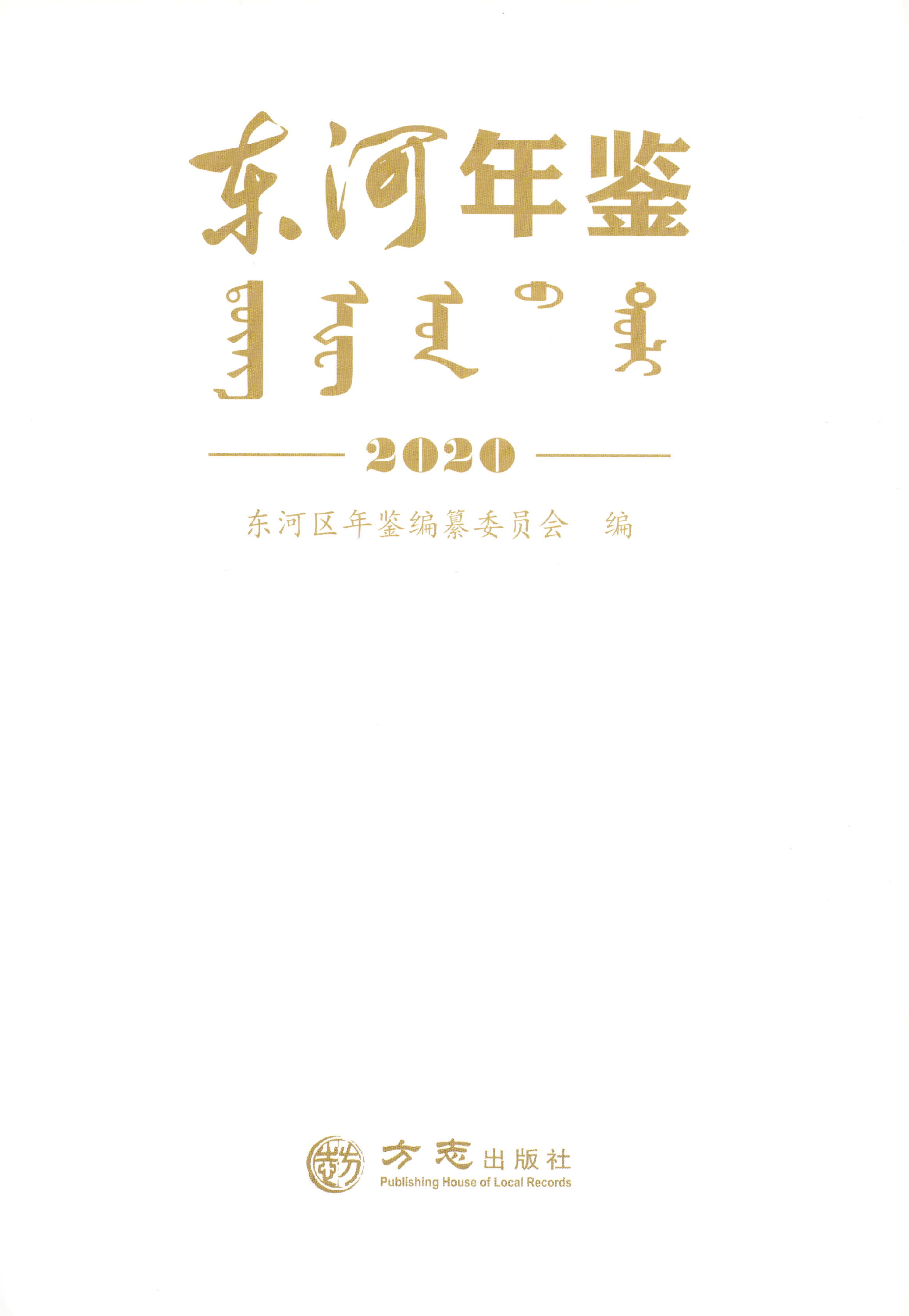

东河年鉴

2020

东河区年鉴编纂委员会　编

方志出版社
Publishing House of Local Records

图书在版编目（CIP）数据

东河年鉴. 2020 / 东河区年鉴编纂委员会编. -- 北京：方志出版社，2020.12

ISBN 978-7-5144-4726-2

Ⅰ.①东… Ⅱ.① 东… Ⅲ. ①区（城市）—包头—2020—年鉴 Ⅳ. ①Z522.64

中国版本图书馆CIP数据核字(2020)第265955号

东河年鉴（2020）

编　　者　东河区年鉴编纂委员会
责任编辑　董　琳

出 版 者　方志出版社
地址　北京市朝阳区潘家园东里9号（国家方志馆4层）
邮编　100021
网址　http://www.zgfzcb.cn
发　　行　方志出版社图书经销中心
电话（010）67110500
经　　销　各地新华书店
印　　刷　包头市君艺印刷有限公司

开　　本　889mm×1194mm　1/16
印　　张　12.31
字　　数　632千字
版　　次　2020年12月第1版　2020年12月第1次印刷
印　　数　0001~1000册

ISBN 978-7-5144-4726-2　定　价　280.00元

2022年在任领导

杨二喜（市委常委、区委书记）

张利军（区委副书记、政府区长）

王建平（区人大常委会党组书记、主任）

白继文（区政协党组书记、主席）

董存瑞（区委副书记、政法委书记）

石丽娜（区委常委、宣传部部长）

李晓宏（区委常委、政府常务副区长）

王林甫（区委常委、副区长）

赵利珍（区委常委、纪委书记、监委主任）

林　蕾（区委常委、人武部部长）

王维峰（区委常委、统战部部长）

程利翔（区委常委、组织部部长）

胡国瑞（区委常委、区委办主任）

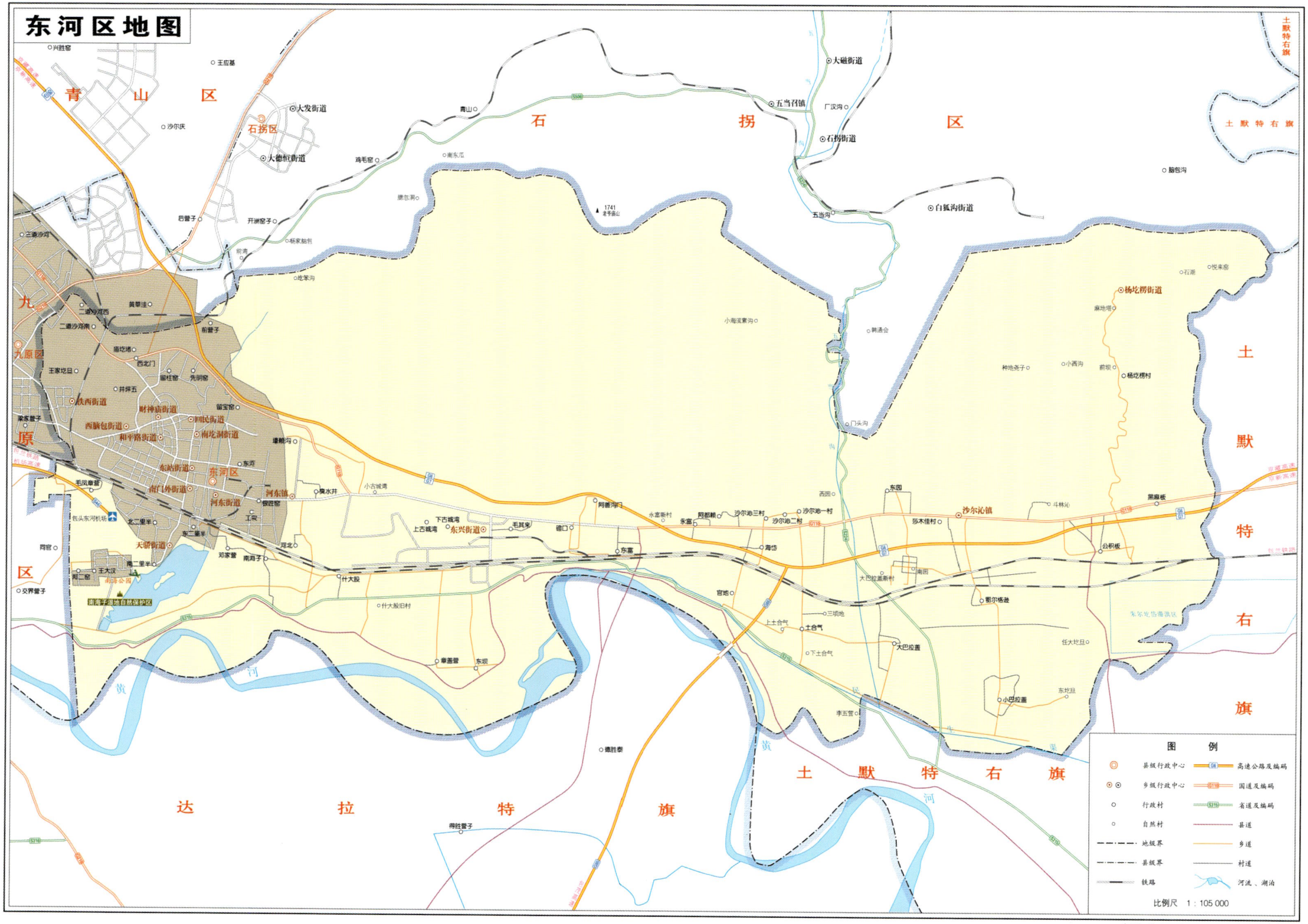

审图号：蒙S（2020）060号 内蒙古自治区地图院编制

包头铝业华云电解一厂　　　　　　内蒙古铝业园区提供

2019年6月30日，内蒙古公铁物流有限公司与青铜峡煤炭储配交易中心签订战略合作协议

内蒙古铝业园区提供

河东镇毛凤章村新农村建设　　农牧局提供

沙尔沁镇阿都赖村农家新貌　　农牧局提供

官地村水稻收割现场　　沙尔沁镇提供

沙尔沁镇大棚蔬菜一角　　沙尔沁镇提供

2019年7月10日，南星现代农业示范园区亲子活动现场　　　　农牧局提供

2019年8月15日,南星现代农业示范园区采摘活动现场　　　　农牧局提供

区人武部组织民兵进行战备演练　　　　人武部提供

2019年9月10日在欣龙广场进行消防救援知识宣传　　　　消防大队提供

政务大厅“互联网＋政务服务”推广现场　　　　政务局提供

2019年7月政务大厅开展“服务走心　办事舒心”活动　　　　政务局提供

2019年9月6日，东河区庆祝第35个教师节暨表彰大会　　　　教育局提供

包头铁路第二中学开展“科学兴趣实践课”活动　　　　教育局提供

中小学组织开展丰富多彩第二课堂活动图集　　　　教育局提供

2019年9月5日，沙尔沁镇中心卫生院公共卫生工作人员下乡开展“全国科普日”宣传活动

卫健委提供

2019年8月5日，区卫健委组织医务人员深入学校为学生免费体检　　　卫健委提供

沙尔沁镇中心卫生院开展蒙中医药健康惠民服务活动　　卫健委提供

区妇幼保健计划生育服务中心免费为农村妇女进行"乳腺癌"筛查　　卫健委提供

2019年4月7日，东河区乔家金街举办聂卫平围棋道场内蒙古总部揭牌仪式　　文体局提供

2019年2月18日在东河区党政大楼前进行元宵节街头文艺会演　　文体局提供

2019年2月19日东河区代表队参加包头市第十一届鹿城元宵文化节优秀民间文艺展演

文体局提供

2019年2月21日–3月3日，在南龙王庙绿地广场举办元宵节文化活动暨“老包头”文化庙会民俗互动表演

文体局提供

2019年5月28日，在东河一幼北梁分园举办“乐享西口情 文化走亲”系列活动
教育局提供

2019年6月15日南龙王庙己亥年恢复百年庙会文化艺术节　文体局提供

2019年9月30日,庆祝中华人民共和国成立70周年大型广场舞集中展演　　文体局提供

庆祝中华人民共和国成立70周年“我和我的祖国”,
全区第三界合唱艺术节　　文体局提供

2019年9月29日，东河区庆祝中华人民共和国成立70周年大型文艺晚会　融媒体中心提供

2019年9月中小学生开展快闪“我和我的祖国”活动　融媒体中心提供

2019年2月19日乔家金街举办元宵灯会　　文体局提供

2019年9月30日，“共筑幸福梦·乐享西口情”乌兰牧骑演出活动现场　　文体局提供

2019年9月20日，“壮丽七十年·奋进新东河”大型文艺晚会在包头大剧院隆重上演

融媒体中心提供

2019年7月29日，在东河区南海湿地景区举行庆祝中华人民共和国成立70周年暨“全民游泳健身系列活动”——横渡南海湖活动

南海管理处提供

2019年10月20日，庆祝中华人民共和国成立70周年“相约南海”群众健步行活动　　融媒体中心提供

2019年10月25日，包头首届南海湿地长跑节　　南海管理处提供

南海湿地公园

南海公园风情街

第五届全国大众冰雪节
——黄河鲤鱼展示

南海公园一角

南海名吃——南海熏鱼

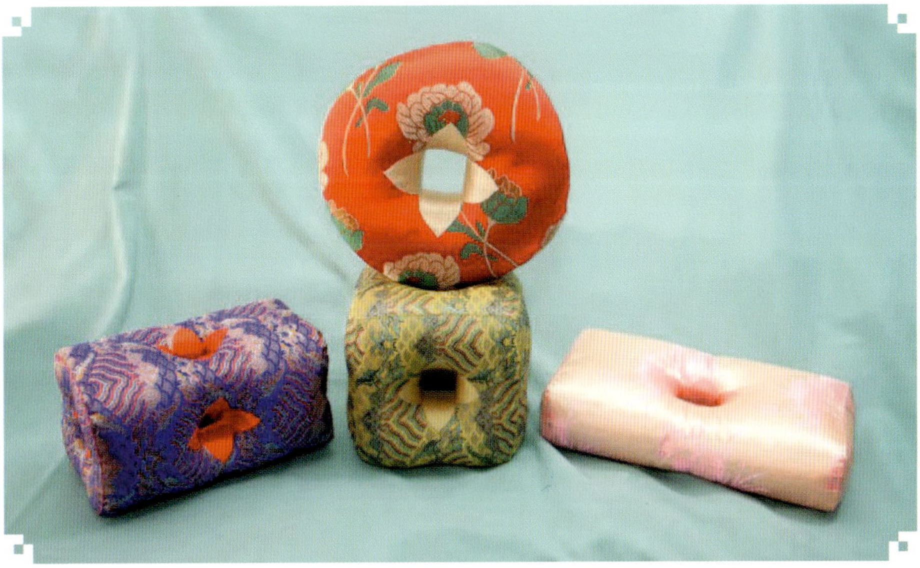

六合枕系列

2019年3月6日，“非遗”产品六合枕代表内蒙古自治区参加中国特色旅游商品大赛获银奖

文体局提供

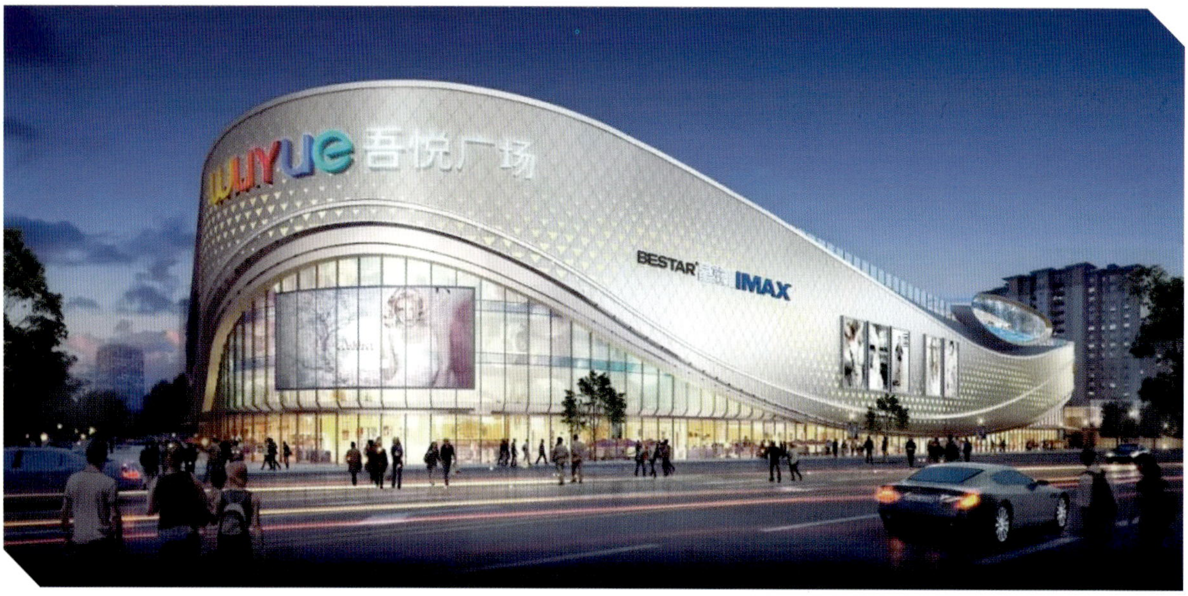

东河新城吾悦广场

东河区商业集锦

维多利摩尔城夜景

夜市经济活跃

商务局提供

编辑说明

一、《东河年鉴（2020）》坚持以马克思列宁主义、毛泽东思想、邓小平理论、“三个代表”重要思想、科学发展观、习近平新时代中国特色社会主义思想为指导，坚持辩证唯物主义和历史唯物主义的立场、观点和方法，全面、如实、系统地记载了包头市东河区2019年自然、政治、经济、文化、社会、人文等各个方面的情况，力求体现地区特色、时代特征和民族特点，为各级党政机关、研究部门、社会各界人士及中外投资者认识、了解和研究东河区提供基本资料。

二、《东河年鉴（2020）》由中共东河区委、东河区人民政府组织编纂，东河区档案史志馆负责编写。《东河年鉴（2020）》是东河年鉴系列第三部，按类目、分目、条目三级结构层次编排。依序设置特载、特辑、大事记、东河概述、中国共产党包头市东河区委员会、东河区人民代表大会、东河区人民政府、政协东河区委员会、纪委监委、民主党派、群众团体、军事、法治、社会管理、城市建设与管理、环境保护与生态建设、工业、铝业园区、农牧林水及扶贫、交通通信、商贸粮食物流服务、财税金融、教育、文化体育旅游、档案史志、卫生健康、社会服务与管理、镇和街道、附录，约55万字。

三、所收录资料信息的主要形式为文字（条目）、数据（表格）、图片。记录时限为2019年1月1日至12月31日，书中凡未特别注明年份的事物，均为2019年所发生。收录资料的地域范围为东河区行政区域。书中的“东河”“全区”“区”均代表东河区。

四、书中的专有名词、缩略语、外文名称等均在首次出现时进行括注，其后出现不再注释。书中涉及的政区、组织机构、会议、文件、地名等同一名称，首次出现用全称，其后用简称。

五、标点、数字使用遵照中华人民共和国国家标准，即《标点符号用法》GB/15835-2011，计量单位按照中华人民共和国法定计量单位执行。

六、《东河年鉴（2020）》所载内容均由东河区区属和驻区各机关、企事业单位、社会团体提供，并经各单位领导审定，内容准确可靠，符合保密要求。供稿单位和供稿人姓名署于条目或分目之后。统计资料均来自东河区统计部门和相关委、办、局、企事业单位，数据如有出入以《东河统计年鉴（2020）》为准。

目 录

特载

在区委十届九次全会暨全区经济工作会议上的讲话……1
包头市东河区人民代表大会常务委员会工作报告……10
东河区政府工作报告……17
中国人民政治协商会议包头市东河区第十届委员会常务委员会工作报告……29

特辑

关于包头市东河区2019年国民经济和社会发展计划执行情况与2020国民经济和社会发展计划的报告……34
关于东河区2019年预算执行情况和2020年预算的报告……43

大事记

1月……49
2月……50
3月……51
4月……51
5月……52
6月……53
7月……54
8月……55
9月……56
10月……56
11月……57
12月……58

东河概述

地理位置……59
气候……59
建置沿革……59
行政区划……60
人口 民族……61
现代农牧业……61
工业……61
商业服务业……61
金融扶持……62
债务化解……62
精准脱贫……62
环境治理……62
城镇建设……62
“放管服”改革……62
社会保障……63
教育……63
卫生健康……64
社会治理……64

中国共产党包头市东河区委员会

重要会议……65
决策部署……66
综合管理……68
组织工作……69
宣传工作……72
融媒体中心……74
精神文明建设……74

统一战线工作……………………………………77
老干部工作……………………………………79
关心下一代工作委员会………………………80
机构编制管理…………………………………81
党校工作………………………………………82
接待工作………………………………………83
信访工作………………………………………84

东河区人民代表大会

常委会会议……………………………………86
行政监督………………………………………87
经济运行监督…………………………………88
民生领域监督…………………………………88
司法工作监督…………………………………88
法律法规执行监督……………………………89
代表活动………………………………………89
代表履职………………………………………89
尊重代表履职成果……………………………89

东河区人民政府

重要会议………………………………………91
综合政务………………………………………92

政协东河区委员会

东河区政协……………………………………94

纪委监委

东河区纪委监委………………………………98

民主党派

中国国民党革命委员会包头市东河区总支委员会…………………………………………101
中国民主同盟包头市东河区总支委员会…102
中国民主建国会包头市东河区总支委员会…………………………………………104
中国民主促进会包头市东河区总支委员会…………………………………………104
中国农工民主党委员会包头市东河区总支委员会…………………………………………106
九三学社包头市东河区支社………………106

群众团体

总工会…………………………………………108
共青团…………………………………………110
妇女联合会……………………………………111
工商业联合会…………………………………112
文学艺术界联合会……………………………113
残疾人联合会…………………………………116
红十字会………………………………………119
计划生育协会…………………………………120

军事

东河区武装部…………………………………123

法治

政法委及综治…………………………………125
法院……………………………………………127
检察……………………………………………129
公安……………………………………………132
交通管理………………………………………135
包头市公安局交通管理支队东河大队…135
包头市公安局交通管理支队东兴大队…136
司法行政………………………………………138

社会管理

计划管理……140
统计管理……142
审计管理……143
市场监督管理……145
　工商行政管理……145
　质量技术监督管理……150
　食品药品监督管理……152
个体私营企业协会……156
应急管理……156
消防救援……158

城市建设与管理

城乡建设……160
自然资源管理……166
行政执法与城市管理……168

环境保护与生态建设

生态环境保护……172
南海湿地管理处……175
南海产业发展服务中心……177
景区管理处……179

工业

工信和科技局……180
东河供电分局……183
包头东华热电有限公司……187
包头市红卫日化有限公司……189
内蒙古骆驼酒业集团股份有限公司……190
包头市金鹿油脂有限责任公司……191
内蒙古鹿王羊绒有限公司……192
包头市中药有限责任公司……195

铝业园区

铝业园区管委会……197
包头铝业有限公司……202
包头汇众铝合金锻造有限公司……203
包头汇泽铝业有限公司……203
包头市平远物资回收有限责任公司……204
内蒙古丰川电子科技有限公司……204
包头市森都碳素有限公司……205
包头盛泰汽车零部件制造有限公司……205

农牧林水及扶贫

农牧业……207
林水业……209
脱贫及农村综合改革……209

交通通信

航空……211
铁路……213
公路……215
公交……217
海事……218
邮政……219
移动……220
联通……220
电信……221

商贸粮食物流服务

商务……223
供销合作……224
盐业……225
烟草……225
粮食和物资储备……227

东河区粮食和物资储备局……………227
内蒙古包头东河国家粮食储备库有限责任公司……………227
内蒙古包头粮食批发市场……………228
商贸市场……………228
包头市王中商厦有限公司（大红门服装城）……………228
包头市东河区通顺商业城有限责任公司……………229
包头东河包百商场有限责任公司（包百大楼东河店）……………230
包头市东河区太平寺商业城……………230
包头市维多利摩尔城商业有限公司……231
内蒙古东百商城股份有限公司…………231
包头市环西工贸有限责任公司（环西市场）……………231
包头市维多利商业管理有限责任公司……………232
包头市新盛世缘物业服务有限责任公司（劝业商城）……………232
农贸市场……………233
包头市远大蔬菜瓜果副食市场有限公司……………233
包头市远通蔬菜运销农民专业合作社（沙尔沁蔬菜市场）……………233
包头市佳世隆农贸有限公司…………234
现代物流……………234
内蒙古公铁物流有限责任公司…………234
中铝物流集团内蒙古有限公司…………235
餐饮服务……………236
金驼酒店……………236
东河区新盘古饭店……………236

财税金融

财政管理……………238
税务管理……………239
金融服务管理……………241
银行业……………243
保险业……………249
其他金融机构……………250

教育

教育……………252

文化体育旅游档案

文化……………266
体育……………268
旅游……………268
档案史志……………269

卫生健康

医疗卫生……………271
爱国卫生……………279
妇幼保健计划生育……………281
驻区高校、医院和区属医院……………283
内蒙古科技大学包头医学院……………283
包头市中心医院……………286
包头市第三医院（包头市传染病医院）289
包头市蒙医中医医院……………291
包头市第六医院……………292
包头市第八医院……………295
中国人民解放军969医院……………298
包头市东河区医院……………
包头市东河区中西医结合医院……300
东河区沙尔沁镇中心卫生院……………301

社会服务与管理

民族……………303
人力资源和社会保障……………305

医疗保障……………………………………308
民政………………………………………309
退伍军人事务……………………………314
政务服务…………………………………316

镇和街道

河东镇……………………………………318
沙尔沁镇…………………………………320
南门外街道办事处………………………324
和平路街道办事处………………………326
回民街道办事处…………………………328
西脑包街道办事处………………………331
财神庙街道办事处………………………332
南圪洞街道办事处………………………334
东站街道办事处…………………………336
铁西街道办事处…………………………338
河东街道办事处…………………………341
天骄街道办事处…………………………343
东兴街道办事处…………………………344
杨圪楞街道办事处………………………347
北梁新区服务中心………………………348

附录

东河区四大班子领导名录………………351
2019年东河区获包头市市级以上先进集体名录
……………………………………………352
2019年东河区获包头市级以上先进个人名录
……………………………………………354
2019年东河区百岁以上（含百岁）老人名录
……………………………………………359

特 载

区委十届九次全会暨全区经济工作会议第二次全体会议的讲话

2019年1月17日

中共东河区委书记 李世明

一、区委常委会一年来的工作

2018年，是全面贯彻党的十九大精神的开局之年。党中央、自治区党委、市委开展了脱贫攻坚、环境保护、宗教工作等一系列督察督导工作，释放了狠抓落实的强烈信号。在经济下行压力大、改革发展任务重、督促检查要求严的形势下，区委常委会坚持稳中求进工作总基调，围绕构筑“五区目标”、建设“五大组团”、实现“五大突破”的发展思路，全力稳增长、促改革、调结构、惠民生、防风险、保稳定，保持了经济健康发展、改革纵深推进、民生持续改善、社会和谐稳定、党建水平不断提升的良好局面。预计，全区地区生产总值完成355亿元，增长6%；社会消费品零售总额完成320亿元，增长6%；固定资产投资完成51.1亿元；一般公共预算收入完成10.8亿元；城乡居民人均可支配收入分别达到43000元、22000元，分别增长7%和7.5%。

一是推动党中央决策部署落地生根。始终把贯彻落实党中央各项决策部署作为践行“两个维护”的首要任务，及时召开会议传达学习习近平总书记重要讲话和中央重要会议精神，引导各级领导干部增强“四个意识”、坚定“四个自信”，做到“两个维护”，坚决维护以习近平同志为核心的党中央权威和集中统一领导。全面贯彻党中央决策部署，围绕政府债务化解、脱贫攻坚、污染防治、乡村振兴等重点工作，制定方案，明确责任，部署推进，保证党中央政令畅通。

二是三大攻坚战初战告捷。坚持把化解政府债务作为重中之重，采取严控“三公”经费、存量债务置换、土地资源出让、审减核销等多种措施，超额完成全年化债任务，“十个全覆盖”十项内、外工程欠款全部清零。坚决打好脱贫攻坚战，建立“多对一”帮扶和“七个一”精准医疗帮扶机制，设立健康扶贫专项资金，全区11户贫困人口全部稳定脱贫。坚决抓好污染防治工作，全区环境空气质量平均达标天数比例达到71.5%，$PM_{2.5}$平均浓度同比下降8.5%；中央环保督察涉及我区的反馈问题全部整改，群众举报问题全部办结。

*三是产业层次不断提升。*瞄准产业链、价值链高端，积极加强招商引资，引进总投资194亿元的重点项目39个，发展后劲不断增强。大力做强支柱产业，2万吨高纯铝等一批项目建成投产，化成箔年生产能力突破千万平米；一批铝深加工项目全面开工，铝就地转化率不断提高，铝业园区被认定为自治区高新技术特色产业基地。建立双创示范基地，启迪K栈、京东商事创新示范园等一批创新型企业入驻；联银付、麦客惠等电商项目正式上线；维多利摩尔城等城市综合体顺利推进，服务业新业态不断涌现。着力发展现代农业，成功创建自治区设施蔬菜绿色高质高效发展示范区，顺利通过中央财政支持现代农业项目终期验收；沙尔沁镇获批“国家一二三产融合产业兴村强镇示范镇”，南海湖被农业农村部确定为“农村大水面增养殖核心示范基地”、水产品被农业农村部认定为绿色食品A级产品。

*四是改革工作向纵深推进。*年初确定的各项改革任务基本完成，出台制度成果143项。全面推行“五证合一、一照一码”和个体工商户“两证整合”，实现全程电子化登记，营商和为民服务“两个环境”不断优化。新增市场主体5522户，新增注册资本百亿元。推动正北食品、逸达内燃机分别与中国重汽、北汽集团等实现战略合作，成立再生资源回收利用协会等一批行业协会，成功举办首届实体经济创新发展“连锁节”，组织企业参加中国国际进口博览会和丝绸之路国际博览会，企地融合不断深化。建成社保网上预约系统，开通社区微信预约办理业务，下沉执法人员和行政执法事项，实现镇、街道“一支队伍管全部”，便民服务更加精准高效。探索湿地管护新模式，实施黄河湿地修复和南海湖水质提升工程，湿地生态环境不断优化，南海湿地保护与修复院士工作站晋升为自治区级院士工作站。

*五是城乡环境不断改善。*高标准推进北梁地区建设，各类基础设施项目顺利推进，祥和路、北梁四街等道路完工通车，包一中新校区、平禄骨科等项目加快实施，转龙藏公园、大水卜洞公园建成，富力院士庭、新城吾悦广场等项目落地开工，老北梁面貌不断变化。机场路、西河东路完成管线铺设，东门大街、南门外大街拓宽改造工程建成通车，中心城区道路通行能力和地下管网承载力大幅提升。城市棚户区改造及供热管网改造年度任务顺利完成，人居环境不断改善。创建1个自治区级新农村示范点、4个市级乡村振兴示范村；实施农村人居环境整治三年行动，推进农村污水治理、厕所革命试点建设，农村地区宜居度进一步提高。

*六是民生保障显著增强。*坚持民生投入不降低，全年财政用于民生支出达13.4亿元，占全区一般公共预算支出的73.7%。积极促进创业就业，城镇登记失业率控制在3.9%的较低水平。认真做好社会保障，累计实现各类社会保险覆盖50余万人次。坚持办人民满意的教育，教育教学改革深入推进，领航校长、卓越教师工程加快实施，教育质量和教学水平稳步提高。加快“健康东河”建设，深化公立医院综合改革，强化卫生应急能力建设，医疗服务环境明显改善。大力实施文化惠民工程，老包头庙会、西口文化节等品牌活动深入开展，北梁全民健身中心主体完工，中国文化旅游摄影协会内蒙古摄影展览馆成功挂牌，内蒙古聂卫平围棋道场总部落户我区，公共文化服务体系不断完善。扎实推进“平安东河”建设，扫黑除恶专项斗争取得阶段性战果，一批影响大、历时长的信访积案有效化解，食药安全和安全生产形势总体平稳，非洲猪瘟疫情得到有效控制，社会大局保持和谐稳定。

七是民主政治稳步推进。研究出台《人大常委会实施监督问责暂行办法》，人大及其常委会依法履职的制度保障更为有力。支持政协创新协商渠道，制定出台《加强人民政协协商民主建设的贯彻落实意见》，各界别小组在全市率先成立“政协委员之家”。不断加强党对群团工作的领导，持续深化群团改革，积极发挥工青妇、科协、文联、残联、工商联、红十字会的作用，群团组织政治性、先进性和群众性明显增强。河东镇工会联合会被中华全国总工会评为“模范职工之家”。高度关注各民主党派、无党派人士和新的社会阶层人士，积极引导非公有制经济健康成长，全面做好民族、宗教工作，爱国统一战线巩固发展。坚持党管武装，双拥工作成效突出。

八是党的建设全面加强。严格落实意识形态工作责任制，及时研判、处置各类社会舆情，牢牢把握舆论主动权。深入推进“两学一做”学习教育常态化制度化，持续开展新时代讲习团、新时代新东河等主题宣讲活动，党员干部思想建设不断深化。认真贯彻新时代党的组织路线，出台基层党建三年行动计划和基层党建“强基固本”实施方案，积极构建城市大党建工作格局，圆满完成村（社区）“两委”换届选举，全面推进城市、农村、机关、企业等各领域党建工作，基层党组织建设更加坚强、有力。严格落实“好干部”标准，及时调整优化干部队伍，消化超职数配备干部，构建差异化考评指标体系，出台百名乡土人才、百名优秀村干部实施意见，干部队伍考核使用、监督管理更加规范科学。扎实开展“作风建设年”活动，群众满意度同比提升3.5个百分点。持续抓好自治区党委巡视反馈意见整改落实，对22个单位进行常规巡察，开展脱贫攻坚和解决“十个全覆盖”工程遗留问题专项巡察；坚持不懈整治“四风”，集中整治形式主义、官僚主义“十种表现”；以“零容忍”的态度推进反腐败斗争，累计给予33人党纪政务处分。

一年来，区委常委会高度重视自身建设，认真贯彻《中国共产党地方委员会工作条例》，自觉站位全局谋划推进东河区各项工作，严格把方向、管大局、促落实，确保党中央、自治区党委和市委各项决策部署不折不扣落到实处。坚决贯彻民主集中制，完善“三重一大”集体决策制度，加强集体学习和调查研究，充分发扬民主，维护集中统一，切实保证了决策正确和有效实施。各常委严格遵守党章党规，密切联系群众，带头改进作风，狠抓工作落实，强化廉洁自律，营造了风清气正的良好政治生态。

这些成绩的取得，是习近平新时代中国特色社会主义思想科学指引的结果，是党中央、自治区党委、市委坚强领导的结果，是全区各族干部群众撸起袖子共同干出来的结果，成绩来之不易。

在总结工作的同时，常委会也分析了面临的挑战和存在的不足。主要是，经济下行压力较大，部分企业经营困难，固定资产投资大幅下滑，创新创业氛围不浓，市场活力不强；“一铝独大”的现状没有改变，战略性新兴产业培育不足，多元化产业体系还未建立，新的增长点尚未形成，新旧动能转换步履维艰；“三大攻坚战”任务艰巨，基础设施建设滞后，社会公共服务功能不健全，信访维稳压力较大；一些干部思想保守、创新不足，执行力落实力不强，形式主义、官僚主义现象禁而不绝，不愿为、不善为的问题依然存在。对此，区委常委会将认真研究，采取有力措施加以解决。也希望大家对常委会工作多提意见、建议，共同把今后的工作做得更好。

二、2019年经济工作重点任务

去年12月19日至21日，中央召开经济工作会议，习近平总书记发表重要讲话，全面总结

2018年经济工作取得的成绩和规律性认识，科学阐明如何正确认识我国发展的重要战略机遇期，明确提出2019年经济工作的总体要求、预期目标、政策取向、工作方针和重点任务，为我们认清发展大势、凝聚奋进力量、做好经济工作提供了强大的思想武器和科学的行动指南。1月3日和16日，自治区党委和市委分别召开全委会暨经济工作会议，紧紧围绕贯彻中央经济工作会议精神，分别对全区、全市2019年经济工作作出安排部署，为我们提供了重要指导。

全区上下要深入学习领会、坚决贯彻落实上三级经济工作会议精神，切实把思想和行动统一到中央关于做好新形势下经济工作的规律性认识上来，统一到中央关于正确认识我国发展处于重要战略机遇期的重要论述上来，统一到中央关于巩固、增强、提升、畅通的重大方针上来，统一到中央关于今年经济工作的七项重点任务上来，统一到中央关于提高党领导经济工作能力和水平的重要要求上来，坚决听从党中央号令，认真贯彻党中央重大决策部署，全面落实自治区党委十届七次、八次全会和市委十二届七次、八次全会精神，紧密结合地区实际，创造性地抓好各项任务落实，确保经济社会平稳健康发展。

当前，我区正面临前所未有的发展机遇。第一，上级政策利好。国家、自治区和包头市围绕发挥市场在资源配置中的决定性作用，持续深化经济体制改革，密集出台减税、降准、放宽市场准入、组建企业救助基金等一系列利好政策，为经济发展创造了良好的政策机遇。第二，产业基础扎实。原铝资源规模不断扩大，铝产业正在向价值链、产业链高端延伸。服务业门类较为齐全，转型升级的后发优势明显。东部农区基础较好，发展田园综合体大有文章可做。第三，发展空间广阔。随着北梁棚改收官、城市棚改深入推进以及公积板煤炭市场的关停，北梁地区、南海地区、东部地区腾空大量土地，主城区可利用土地资源较多。第四，交通条件便捷。我区地处呼包鄂榆城市群核心区，铁路、公路、航空网络纵横交错，为各类生产要素自由流动提供了便利。国家“一带一路”、打造呼包鄂榆城市群以及自治区推动呼包鄂协同发展、打造沿黄生态经济带等重大战略的实施，特别是高铁站场选址我区，使我区区位、交通优势更为突出。

总的来看，我区经济稳中有进、危中有机，成绩好于问题，机遇大于挑战。进入新时期，我们必须坚定发展信心，提振精气神，准确把握机遇，积极应对挑战，创新求变、埋头苦干，努力走出一条具有地区特色的发展新路。

2019年全区经济工作的总要求是：坚持以习近平新时代中国特色社会主义思想为指导，深入贯彻党的十九大和十九届二中、三中全会以及中央经济工作会议精神，全面落实自治区党委十届七次、八次全会和市委十二届七次、八次全会精神，坚持稳中求进工作总基调，坚定不移贯彻新发展理念，坚持高质量发展，坚持以供给侧结构性改革为主线，按照“巩固、增强、提升、畅通”八字方针和“六稳”要求，围绕构筑“五区目标”、建设“五大组团”、实现“五大突破”的发展思路，继续打好三大攻坚战，大力培育新产业新动能，扎实推进乡村振兴战略，深化改革开放，加快建设特色化城市，全力保障和改善民生，激励各级干部担当作为、踏实干事，为全面建成小康社会收官打下决定性基础。

主要经济目标是：地区生产总值增长6%左右，城乡居民人均可支配收入分别增长7.5%、8%左右，城镇登记失业率控制在3.9%以内。

做好今年及今后一个时期的经济工作，重点抓好以下七个方面工作。

（一）全力打好三大攻坚战

打好三大攻坚战是决胜全面建成小康社会的重中之重。要按照“针对突出问题，打好重点战役”的要求，全力攻坚、务求实效。要打好防范和化解重大风险攻坚战，坚持结构性去杠杆的基本思路，分清长期债务和短期债务、限额债务和隐性债务、政府偿还和其他主体偿还，避免“一刀切”，有效防范“处置风险的风险”，确保完成年度化债任务。高度重视隐性债务，积极妥善化解，决不能过分夸大、急于求成。坚持标本兼治，加强政府债务管理，开好前门、堵好后门，决不走举高债、保增长的老路。要打好精准脱贫攻坚战，认真落实自治区五级书记抓扶贫、遍访贫困户的要求，坚持脱贫不脱政策，继续落实产业扶贫、健康扶贫、危房改造等扶贫措施，加大对低收入人群医疗补充报销、因灾因病救助等方面的投入，用好健康扶贫专项资金，防止脱贫人口返贫、边缘人口入贫现象发生，确保2020年全区各族群众如期实现全面小康。要打好污染防治攻坚战，坚持“绿水青山就是金山银山”，认真抓好中央环保督察反馈问题整改收尾工作，确保所有问题整改到位、不留死角。全力打好蓝天、水、土壤污染防治“三大战役”，统筹推进水污染治理、水生态修复、水资源保护“三水共治”，持续抓好大气污染防治和园区污染治理，加大固体废弃物和垃圾处置力度，努力让天更蓝、山更绿、水更清。

（二）推动实体经济高质量发展

实体经济是国民经济的命脉。要充分发挥企业创新主体作用和投资支撑作用，强化政策和要素保障，全力推动实体经济趋稳向好。

一是发挥投资对实体经济的支撑作用。推动实体经济高质量发展，关键在激发有效投资，抓好项目培育和建设。要转变招商方式，实施精准招商，把培育新的支柱产业作为主攻方向，把战略性新兴产业作为招商重点，瞄准新材料、大数据、人工智能、互联网应用平台等高端产业，积极引进一批符合国家产业政策、税收贡献大、产业带动力强的项目，增强发展后劲。严格项目准入，承接发达地区的产业转移，要坚决把低端、落后的产业项目一律排除在外。要抓好签约项目落地，抓住国家实施积极财政政策、增发地方政府专项债券的机遇，加强项目落地服务和要素保障，争取签约项目尽快开工建设、投产达效。全年要全力抓好投资396亿元的75个重点项目建设，力争年内完成投资119亿元以上。

二是推动制造业高质量发展。当前，我区不少制造业企业还停留在简单的铸造领域，科技含量不高，精深加工不够，与市场对接不紧，生产经营困难。推动制造业高质量发展，要注重提升企业科技水平，推动制造业与现代生产性服务业融合发展。要推动铝产业高端化发展，坚持创新引领、示范带动，充分运用人工智能、大数据、物联网等新技术改造提升传统制造业，推动工艺升级、产品升级、功能升级，把铝业园区打造成为高端制造业集聚区。要推进产学研一体化，支持企业创建国家级和自治区级工程（技术）研究中心、工程实验室（重点实验室）和企业技术中心，鼓励企业之间建立产业技术协同创新联盟，开展联合攻关，不断提高新技术、新工艺、新装备的应用水平，在创新发展中提高企业核心竞争力。要搭建公共技术平台，大力发展工业设计、研究开发、创业孵化、科技成果转化和科技咨询等服务，加快构建覆盖科技创新全链条、产品生产全周期的生产性服务业体系。

三是做强生活性服务业。我区生活性服务业起步较早、基础较好，但总体缺少规划，高端业态较少，经营理念和服务质量亟待提升，向精细化、高品质转变势在必行。要坚持“规划引领、全区联动、打造品牌”的原则，依托历史文化厚重、五大宗教汇聚、自然环境优美的优势，加快编制全域旅游规划，培育引进一批有实力的文化创意和运营企业，大力发展老包头文化、文商旅消费体验、农村田园休闲等产业，完善旅游基础设施，丰富旅游产品和线路，集中力量打造几个知名旅游品牌。要加快商贸业提档升级，实施“互联网+传统商贸业”，完善线上线下融合的全渠道、全开放运营模式，打造巴彦塔拉大街、和平路、环城路智慧商圈；加快推进维多利摩尔城、蓝泽大金城、茂业购物中心等城市综合体建设，用现代高端服务业的入驻倒逼传统商贸市场的改造升级，整体提升全区商贸业发展水平。要积极发展健康养老和居家服务业，大力发展分享经济、平台经济等新业态，催生线上线下、体验分享等消费方式，培育新的消费增长点。

四是支持民营经济发展。经济要实现高质量发展，必须把支持民营经济发展放在更加重要的位置，持续加大政策、金融、土地等保障，最大限度地激发民营经济活力。要在执行好上级政策的同时，研究出台我区扶持民营经济发展的有效措施，让企业切实感受到变化和实惠。要加强金融保障，主动对接上级金融部门，为符合条件的民营企业争取相关扶持政策，鼓励驻区各金融机构在风险可控的前提下，积极开展无还本续贷等业务，不断提高民营企业贷款占比和覆盖面，为民营企业发展提供资金支持。要强化土地保障，针对土地资源错配、土地质押等问题，加快铝业园区内未变性土地农转用手续办理和质押土地解押，加快低效用地盘活再利用，腾笼换鸟、优化配置，努力破解项目用地瓶颈。要坚持提效益降成本，积极争取自治区政策支持，不断扩大电力多边交易和输变电价改革范围，同步降低企业其他生产成本，构筑低成本竞争优势。要规范执法，严格执行“双随机、一公开”监管制度，坚决杜绝选择性执法、不公正执法，确保所有企业在市场面前一律平等。要继续执行好领导干部包联重点企业制度，真心诚意倾听企业家的诉求，实打实为企业发展排忧解难，着力为民营经济健康发展保驾护航。

（三）深入实施乡村振兴战略

我区东部农区设施农业发展较早，村庄风貌保存完整，离城较近、交通便利，实施乡村振兴战略具有很好的基础。要成立现代农业产业园区推进领导小组强化组织领导，按照“田园综合体”发展思路，积极谋划引进一批创意农业、农事体验等项目，大力发展绿色种植养殖、观光采摘、休闲垂钓等小而精的业态，加快“一个基地、两个观光园、七个特色产业示范种植园”建设，推动一二三产深度融合。要集中清理“空壳合作社”，培育一批规模适度、生产集约、管理先进、效益明显的家庭农场，推动华鹿、南星、祥利丰等农业龙头企业和合作社做大做强，促进新型农业经营主体与小农户协同发展。要加强农业基础设施建设，加大老旧温室改造力度；拓宽市场销售渠道，培育壮大营销团队，从生产、销售等多方面入手促进农民增收。要扎实推进农村人居环境整治，深入实施村容村貌整治清理“三清”“五化”行动，突出抓好垃圾污水处理、厕所革命等重点工作，加快农村电网、宽带、公路等基础设施建设；发动群众自己动手搞清洁、搞绿化、搞管护，管好用好现有公共服务设施，建设好美丽乡村。要深入实施百名乡土人才、百名优秀村干部“双百工程”，为乡村振兴提供有力的智力支撑。

（四）大力推进特色化城市建设

我区具有厚重的历史文化、丰富的生态资源和独特的地形地貌，为打造特色化城市奠定了基础。要坚持特色化、差异化发展理念，抓住市委、市政府“协同推进新都市区、北梁腾空区、滨河新区、东河铁路以南地区发展”的机遇，突出抓好一北一南“两大组团”建设，统筹推进中心城区改造提升，着力展现城市新形象。北梁地区组团，要加快完善2.3平方公里的古城风貌区项目策划方案，加快实施包一中新校区、景开中学、公园路小学富力校区等公共服务项目和富力院士庭、新城吾悦广场等商业地产项目，聚集人气商气，打造设施完善、业态高端的现代化新城。积极引进文旅休闲项目，启动“北梁福巷”建设，打造包头人的精神家园和“老包头”传统体验乐园。南海地区组团，要充分发挥航空、高铁的交通优势和南海湖的生态优势，组织成立铁路以南地区总部经济园区推进领导小组，主动对接自治区沿黄生态经济带建设规划，明确区域功能定位，尽快完成铁路以南地区总体规划及产业发展规划修编；积极引进社会资本参与基础设施建设，高质量推进政务服务软硬件配套，营造一流营商环境；紧跟国家产业导向，制定重点产业鼓励扶持政策，大力发展现代物流、电子商务、现代金融、文化创意等产业，加快“双创”平台和高新企业孵化器建设，带动创新创业和中小微企业蓬勃发展，建设高端现代的总部经济园区。要不断完善城市基础设施体系，抓住市委、市政府“加快补齐东河区等基础设施薄弱地区短板”的契机，实施西脑包大街、工业路、环城路、包伊路等道路改扩建、雨污分流改造等工程，持续改善群众出行条件。要抓住国家加大基础设施领域投入的机遇，努力争取公路、水利、电力、天然气等重大基础设施项目落户我区，不断增强各类要素的保障能力。要扎实做好老旧小区改造、城市棚户区改造、公共绿地建设等工作，深入实施物业管理提档升级三年行动计划，切实提高城市宜居度和群众幸福感。

（五）稳步推进机构改革工作

深化党政机构改革，是贯彻落实党的十九大精神的重大举措，也是新时代全面深化改革的重要内容，对于革除体制机制弊端、推进治理体系和治理能力现代化，具有重要意义。要深刻领会习近平总书记关于机构改革“10个必须”的重要论述精神，准确把握党中央对深化地方机构改革提出的6个“贯穿始终”的重要要求，切实把思想和行动统一到中央、自治区和包头市关于机构改革的政策要求和决策部署上来，按照机构改革方案和实施意见的安排，按时完成好各项改革任务。要严格按照“不立不破、先立后破”的原则，认真做好组建班子、人员转隶、挂牌运行等各环节工作，扎实推进党政机关、人大政协和群团组织、事业单位等各领域改革，确保机构、职能、人员快速有机融合，各项业务到岗到位、平稳运行，不出现任何空档。要坚持和加强党的全面领导，强化思想引导和纪律约束，把机构改革政治纪律、组织纪律、机构编制纪律、干部人事纪律、财经纪律等执行到位，教育引导广大党员干部讲政治、顾大局，正确对待岗位职务变化，自觉服从组织安排，确保机构改革稳妥有序推进。

（六）持续深化重点领域改革

深入学习贯彻习近平总书记在庆祝改革开放40周年大会上的重要讲话精神，不忘初心再出发，以更坚决的态度、更有力的举措将改革创新推向深入。要坚持在“巩固、增强、提升、畅通”上下功夫，深化供给侧结构性改革，推进“三去一降一补”，争取更多国家、自治区的相关政策支持，全面提升地区经济发展水平。要着力优化营商环境，深入推进“放管服”改革，深化政务服务“一网、一门、一次”改革，进一步压缩时限、简化手续、规范流程、提高效率，努力实现企业群众办事“只进一扇门”“最多跑一次”。全面清理规范部门行政审批中介服务，减少不必要的重复举证，降低制度性交易成本，最大限度利企便民。要深入推进投资审批改革，推进企业投资项目承诺制改革试点，推行投资项目会商调度机制和重大项目联席会议制度，推广招商引资项目建设全程代办服务模式，切实提高办事效率，缩短项目落地时间。要深入推进国有企业改革，积极推进平台公司实体化运营，鼓励区属国有企业参与水利、公路等基础设施的建设和运营，支持企业依托土地等资源，积极投资具有稳定收益的实体项目，不断壮大资产规模，增强抗风险能力。

（七）用情用力增进民生福祉

始终坚持以人民为中心的发展思想，用心用力办好各项民生实事，不断增强人民群众的获得感、幸福感和安全感。要坚持就业优先，健全政府投资和项目带动就业机制，大力开展技能培训，扎实推进大学生就业计划、困难人员就业援助等专项工作，实现充分就业。加快北梁创业实训基地建设，积极提供形式多样、务实管用的创业服务，促进大众创业、万众创新。要办好人民满意的教育，深化教育体制改革创新，深入实施教育质量提升三年行动计划，加大校长、教师交流轮岗力度，深入实施“领航校长”“卓越教师”工程，加强名师梯队培养和动态管理；加快学校布局调整，坚持名校集团化发展，优化教育资源配置，支持民办教育发展，多措并举提高全区教育教学水平，早日重回全市教育第一方阵。要加快建设“健康东河”，深化公立医院改革，加强基层医疗卫生机构标准化建设，深入推进双向转诊和分级诊疗，健全上下联动、衔接互补的医疗服务体系。要积极发展文化事业，不断完善公共文化服务体系，深入实施文化惠民工程，继续开展好西口文化艺术节、南海湿地冰雪节等品牌节庆活动，更好地满足群众精神文化需求。要深化“平安东河”建设，深入开展扫黑除恶专项斗争，强化社会治安综合治理，扎实做好社会矛盾排查化解和安全生产工作，确保社会大局和谐稳定。

三、全面加强党对经济工作的领导

加强党的领导，是做好经济工作的根本原则和政治优势。各级党组织要把推动经济高质量发展摆上重要位置，加强对经济工作的统筹谋划、组织领导、队伍建设，全面提升领导经济工作的能力和水平。

一要加强对经济工作的统筹谋划。加强党对经济工作的领导，关键要发挥党委总揽全局、协调各方的作用，始终站在全局和战略层面谋划工作。要通过区委常委会、工作专题会等形式，阶段性听取中央经济工作会议七项重点任务在我区的落实情况，加强对经济工作的研究，及时调度任务进展，认真解决存在问题，牢牢把握工作主动权。要突出工作重点，加强对高端制造业、现代服务业培育发展，以及南部地区规划建设、东部农区乡村振兴战略推进情况的研究，集中力量攻关，力争在这几个方面有实质性进展。

二要提升对经济工作的组织力。组织力强不强，关键看思想观念转变到不到位、方式方法创新到不到位、职责履行到不到位。要积极加强学习研究，坚持用习近平新时代中国特色社会主义思想武装头脑，学深吃透中央精神；坚持理论联系实际，系统地学习现代市场经济知识，认真学习先进地区的经验做法，多深入基层一线观察学习，不断激发观念更新和思维创新。要创新方式方法，学会运用市场的、经济的方法做好经济工作，发挥政府规划、政策性资金、公共服务等的引导作用，激活社会资本，优化生产要素配置，让市场活力充分释放。要认真履职尽责，领导干部要经常深入基层调查研究，了解掌握情况，发现解决问题，亲力亲为推动工作落实。各地区各部门要立足自身实际，围绕各自职责，细化工作任务，明确责任清单，以钉钉子精神抓好任务落实。今年，要大力强化干部执行力落实力，围绕区委全年工作部署，全面推行清单化目标考核机制，严格实行全程跟踪监督问效，形成从区委决策到政府安排部署再到部门（地区）细化落实的闭环督查链条，盯住不放、一督到底，坚决破除形式主义、官僚主义，切实解决存在的工作推不动的问题，确保区委各项工作部署落到实处、见到实效。

三要建设高素质干部人才队伍。做好经济工作，人是最关键的因素。要培养打造一支懂政策、善管理、主动服务的干部队伍，完善选拔任用机制，切实把那些想干事、会干事、能干成事的干部大胆使用起来，树立正确的用人导向。全面落实“三个区分开来”的重要要求，为敢于担当负责的干部撑腰鼓劲，让广大干部放心、放手开展工作。要加大年轻干部培养力度，加强对年轻干部的教育培训、实践锻炼、跟踪管理，对那些看得准、有潜力、有发展前途的年轻干部，有计划地安排他们去经济发展一线接受锻炼，不断提高年轻干部的能力水平，源源不断选拔使用经过实践考验的优秀年轻干部。要坚持党管人才工作，认真落实包头市人才工作“十项措施”，制定出台区本级人才引进政策，建立健全人才培养、引进、评价、激励机制，着力培养引进一批高层次人才队伍，为经济持续健康发展提供有力人才保障。要培育一支具有全球视野、精通现代管理、勇于开拓创新、诚信守法经营、担当社会责任的企业家队伍，借鉴连锁节活动经验模式，采取“请进来、走出去”的办法，加强对企业家的培训，加强企业家之间的交流，促进企业家之间的合作与提升，在市场经济大潮中历练一支优秀的企业家队伍，从而带动一批企业做大做强，加快推动地区产业转型升级，实现高质量发展。

农历新年即将到来，要切实把困难群众和弱势群体的生产生活考虑周全、安排妥当，及时妥善解决农民工工资拖欠等问题，保障好群众的基本生产生活；要加强煤电油气运供需保障，搞好节日市场供应，强化食品药品安全监管，确保群众吃得放心、用得舒心；要广泛开展群众性文化活动，丰富群众节日文化生活，为城乡居民提供更多优质文化产品和文化服务；要毫不松懈抓好安全生产，全力维护社会稳定，认真做好值守应急工作，确保人民群众度过一个安乐、祥和的新春佳节。

做好今年经济工作责任重大、任务艰巨。让我们紧密地团结在以习近平同志为核心的党中央周围，认真贯彻落实党中央、自治区党委和市委部署，上下同心、扎实工作，全力推动地区经济社会发展取得新进步，以优异成绩庆祝中华人民共和国成立70周年！

包头市东河区人民代表大会常务委员会工作报告

——包头市东河区第十七届人民代表大会第三次会议

2020年4月29日

包头市东河区人大常委会主任 高春英

2019年工作情况

过去的一年，区人大常委会在上级人大的正确指导下，在区委的有力领导下，突出以高效履职的工作格局为出发点，突出以完善科学的人大工作机制为落脚点，突出以“服务大局、有力有为，以民为本、敢于担当”的工作目标为着力点，紧紧围绕市委、人大工作会议精神和区委十届九次全委会精神，为东河区经济社会健康稳定发展，做出了积极的贡献。

一、深入学习贯彻习近平总书记关于坚持和完善人民代表大会制度的重要思想，确保人大工作正确政治方向

区人大常委会自觉把学习贯彻党的十九大精神、十九届二中、三中、四中全会精神和习近平新时代中国特色社会主义思想作为首要政治任务，坚持在“学懂弄通做实”上下功夫，通过宣讲领学、集中研学、个人自学等方式，读原著、学原文、悟原理，坚定在思想上、政治上、行动上同以习近平同志为核心的党中央保持高度一致，坚决维护党中央权威和集中统一领导，进一步筑牢把深入学习贯彻习近平总书记关于坚持和完善人民代表大会制度的重要思想作为一项重大政治任务来安排和推进，筑牢新时代长期坚持、不断完善人民代表大会制度的思想政治理论基础。牢牢把握人民代表大会制度是坚持党的领导、人民当家作主、依法治国有机统一的根本制度，始终把党的领导贯穿于人大工作的全过程、全方位。切实把区委的决策部署通过人大法定程序转变为人民群众的共同意志，认真落实重大事项向区委请示报告制度，完成了承担的深化改革、乡村振兴、重大项目包联等任务。扎实开展“不忘初心、牢记使命”主题教育，通过学习、调研、检视问题、整改落实，让主题教育入心、入脑，使主题教育成果成为有效推动各项工作向前发展的抓手，做到了思想上高认识、工作上高标准、作风上高转变。

二、着力加强和改进监督工作

坚持将推动东河区高质量发展作为区人大常委会履职的重点，自觉围绕全区重点工作发挥人大职能，全面促进东河区发展提质增效。

（一）助推实现“五区目标”方面，围绕“五区目标”的构筑，主任会议听取了民营经济发展情况的汇报，针对重视程度不够、保障能力不足等问题，建议进一步加强支持力度，认真贯彻落实自治区和包头市出台的相关政策，努力提升服务水平和保障能力，切实让企业安心发展、踏实创业。对北梁腾空区建设进行了主任集体视察，针对北梁腾空区部分市政基础设施和公共服务设施进度慢、“选商”措施和办法不多等问题，建议把北梁腾空区建设

规划作为重要基础，依托北梁历史文化资源优势和空间区位优势，精心谋划打造一批高质量的文旅项目、重大项目，早日实现北梁古城重现、文化复兴的目标。对文化商贸旅游工作情况进行了调研，针对旅游产业宣传推广力度不大、产业链不完整等问题，建议加大旅游产品开发力度，把产业发展和城市建设有机结合。

（二）关注经济运行方面，听取和审议了国民经济和社会发展计划执行情况、财政预算执行情况、审计工作情况、贯彻实施《中华人民共和国审计法》工作情况的报告，批准了财政决算，对贯彻执行《中华人民共和国采购法》工作情况进行了执法检查，专题调研了国有资产管理情况，保障了全区经济健康平稳运行。深入落实全口径预算监督要求，全程介入财政预算编制，指导相关部门细化预算科目、规范预算执行，常态化开展预算审查监督，稳步推进预算联网监督系统建设，推动预算审查从静态向动态转变，从程序性审查向实质性审查转变，规范和促进了财政资金的绩效管理。

（三）聚焦民生事业方面，围绕“三大攻坚战”，听取和审议了我区关于精准扶贫工作情况的报告，督促区人民政府建立防止返贫的预警监测机制，不断壮大特色种植业、高效养殖业，培育农产品品牌，做好产业扶贫工作；引导贫困群众增强主体意识，摆脱对扶贫政策的单纯依赖，实现真正意义的脱贫致富。听取和审议了我区2019年环境状况和环境保护目标完成情况的报告，督促区人民政府要进一步增强全社会生态环境保护意识，加大环保法律法规和环保政策的宣教力度，不断完善环境信息公开制度，注重发挥公众参与、舆论监督的社会力量，形成全民行动、人人有责的良好局面；切实提高政治站位，切实增强抓环保就是抓发展，抓好生态环境保护就是促进高质量发展的绿色发展理念。围绕人民群众的“幸福感、获得感”，听取了城市道路建设情况的汇报，针对“断头路”、养护不到位、工程进度慢等问题，建议要科学规划设计，充分调研，做好长计划、短安排，充分考虑资金、手续、拆迁等影响施工进度的各类因素，尽可能地减少因施工给人民群众出行带来的困扰；要在新建道路的同时，做好绿化、亮化工作，要在有效提升城市面貌同时，让人民群众的出行更加安全、更加舒心。对实施乡村振兴战略进展情况进行了调研，针对区域乡村建设规划不完善、基础设施建设投入不足、环境治理层次水平不高、乡风文明还需提升等问题，向区人民政府建议要因地制宜编制我区各镇、村的总体规划，以“一村一品”思路，打造各具特色的美丽乡村；要加大农村农业发展项目统筹力度，吸引更多的资金、人才投入农业领域，推进农村产业融合发展；充分发挥镇、村文化大院、文化活动室辐射作用，丰富乡村文化，促进乡风文明。对贯彻实施《中华人民共和国水污染防治法》工作情况进行了调研，推动区人民政府把这项工作作为环境保护、促进民生改善、保持社会经济持续健康发展的重要保障，切实在宣传教育、水源保护、提升污水处理能力、强化执法能力建设等方面做好工作、下足功夫，实现水环境质量持续改善。

（四）促进法治环境持续优化方面，坚持将推进社会主义民主法治建设作为区人大常委会履职的重点内容，努力推动全区法治环境持续优化。一是关注支持监察工作的开展，听取和审议了区监察委员会贯彻落实《中华人民共和国监察法》工作情况的报告，促进监委依法履职、有效履职。二是紧扣让人民群众在每一个司法案件中感受到公平正义的目标，切实加强对审判工作的监督，定期组织代表旁听案件庭审，及时了解执法情况，督促区人民法院不断规范司法行为。对区人民法院执行工作开展了专题询问，委员们分别围绕执行工作的现状、效果，针对失信人员采取的措施等7个方面提出询问，区人民法院院长、分管副院长、相关法官详细作了回答，与会的区人大常委会委员、列席代表深入了解了执行工作，加深了沟通和理解，为破解执行难题，解决好群众的期盼奠定了基础。三是听取了未成年人检察工作开展情况的汇报，肯定了区人民检察院利用未成年人警示教育基地在精准帮教、宣传教育等方面做出的成绩，并要求区人民检察院继续强化法律监督职责，继续提升警示教育基地的功能，联合社会各界，形成齐抓共管的局面，切实做好未成年人犯罪的预防工作。

三、着力提升依法决策水平

深入落实好自治区、包头市两级党委关于进一步加强县乡人大工作和建设的意见精神，推进《包头市东河区人大常委会关于“一府两院”报告重大事项暂行规定》的实施，提升了“一府两院”报告重大事项的意识，增强了报告重大事项的主动性，以此促进决策的规范化、民主化、法治化，及时审查了区人民政府提出的区本级预算调整的报告，并作出了相应的决议。

严格执行任前法律知识考试、履职承诺、投票表决、颁发任命书、向宪法宣誓等程序，依法选举任免国家机关工作人员45人次。坚持“两院”拟提请干部任前考察制度，年内共考察任命了18名法官、检察官。持续加强对被任命人员的任后监督，区人大常委会在充分听取述职人员所在单位干部职工的意见，进行满意度测评的基础上，听取了部分街道人大工委主任、政府组成部门负责人、法官、检察官等7人的述职。不断提升了被任命人员依法履职、依法行政、公正司法的能力和水平。

四、着力发挥代表作用

持续加强代表履职能力提升和履职实践创新，确保人民赋予的权力能够得到充分有效行使。

（一）有效提高代表活动组织化程度。一是保障代表更好地在闭会期间发挥主体作用，明确了代表工作阶段性目标和年度重点任务，制定代表履职手册，出台代表履职积分公示制度，按季度将代表履职的情况量化打分予以公布，把考核结果作为代表评优和连任的依据，以此促进代表切实发挥好作用。二是按照“专题、深入、实效”的原则，组织代表有序参与区人大常委会的各项活动。一年来，186名代表轮流参与区人大常委会会议、视察、调研等18次，进一步拓宽了代表履职的渠道。三是严格按照市、区两级人大常委会要求，推进代表之家开展星级规模化、标准化建设。区人大常委会主任、副主任及相关工作人员对20家拟参评星级“代表之家”开展了主任集体视察，对照《包头市人大常委会“人大代表之家”星级评定办法》，从设备配备、制度建设、资料留存、接待选民等方面提出了合理化的建议意见，使“人大代表之家”真正成为代表学习履职的平台、联系群众的平台、展示形象的平台。四是开展了区人大代表述职评议活动，安排了部分市人大代表在区人大常委会会议上进行了述职，进一步增强代表依法履行职务的主动性、自觉性。

（二）深入开展代表主题实践活动。持续深化《助推“五区”目标实现，人大代表在行动》主题活动，依托“六个一、三带头”的深入开展，动员全区各级人大代表为我区经济社会发展建言献策、作出贡献。以“喜迎祖国70华诞，共享我市发展成果”为主题，组织“四级”人大代表参观了市规划展览馆、一机集团、包钢集团和铝业园区盛泰汽车零部件制造有限公司，让代表们充分感受了我市经济、社会事业发展成果，激励广大代表立足本职岗位，建功立业。为提升代表履职能力，组织80名区人大代表在东河区委党校开展了代表履职能力提升培训，围绕十九大精神、习近平新时代中国特色社会主义思想和法律法规知识举办了讲座。组织40名区人大代表赴外地学习代表履职积分公示制、对民生实事项目代表票决制（会商制）工作进行了学习考察。

（三）密切代表与人民群众的联系。引导代表以“不忘初心、牢记使命”主题教育为契机，发扬“守初心、担使命”精神，切实为选民办好事、实事，切实发挥出代表的积极作用。支持鼓励镇人大、街道人大工委组织代表参与普法宣传、城市建设、招商引资、重大项目建设等中心重点工作，运用人大网站、微信群、微信公众号、代表履职服务平台等网络平台，线上线下相结合，扩大代表与群众的联系，及时反映群众意见和诉求。

（四）充分尊重用好代表履职成果。一是把认真办理代表建议作为支持代表履职和发挥作用的关键环节，听取和审议区人民政府关于代表建议办理工作情况的报告，完善代表议案建议督办机制，出台闭会期间代表建议、批评和意见处理办法，建立信息库和办理台账，完善代表建议、批评和意见征集汇总、分析处理、采纳转化、落实反馈机制，充分保障代表依法行使民主权利。以提高解决率为目标，坚持建议办理面对面听取汇报、实打实现场察看，及时反馈评价，推进一次答复“不满意”建议的重新办理和二次答复，切实加强“对口督办、重点督办、跟踪督办”，区十七届人大二次会议的92件代表建议已全部办结，办复率100%，代表满意率99%。二是指导河东镇完成5件民生实事项目人大代表票决工作；制定了全面实施民生实事项目票决制（会商制）工作实施方案，出台了《包头市东河区人大常委会关于开展民生实事项目人大代表票决制工作的实施办法》，推动区人民政府、各镇对2020年民生实事票决项目的征集及各街道办事处民生实事会商项目的征集工作，同时，发动我区四级人大代表广泛征集民生实事项目，为全面、顺利开展此项工作做好了前期准备，有效推动区人民政府决策的民主化、科学化、法治化，确保民生实事项目真正成为造福于民的民生工程。

五、着力强化自身建设

主动适应新形势新任务新要求，坚持在自身建设上下功夫，进一步提高了区人大常委会及机关工作科学化、规范化水平。

一以贯之强化思想政治建设。坚持以政治建设统领区人大常委会各项建设，组织区人大常委会委员和机关干部全面深入学习党的十九大、十九届四中全会精神和习近平新时代中国特色社会主义思想。组织区人大常委会委员和机关党员干部赴延安接受红色教育，感受老一辈革命家的伟大革命精神，追忆艰辛的峥嵘岁月。深入梁家河村，感受习近平总书记的知青岁月和他的群众观，深刻体会了共产党人的初心和使命。在中华人民共和国成立70周年之际，组织机关全体干部及部分人大代表制作了《不忘初心》音乐宣传片，积极展示我区传统文化、北梁棚改成就、城市建设风貌、人民幸福生活和区人大常委会昂扬奋进的履职历程，向中华人民共和国成立70周年献礼！宣传片先后在学习强国、今日头条、自治区人大、包头市人大、今日东河等平台进行了广泛宣传。

一如既往强化能力建设。认真落实集体学习制度，坚持请进来和走出去相结合，组织机关干部外出学习预算审查，邀请法律专家开展讲座，不断提升业务能力和理论水平。研究出台了《包头市东河区人大常委会跟踪监督工作制度》，建立监督意见问题清单，采取问题逐项销号的方式，关注和掌握“一府一委两院”关于人大常委会审议意见的处理情况。把重心由事前、事中向事后倾斜，切实增强了监督实效。深入探索“互联网+”人大工作不断向纵深发展，建立了委员工作平台和代表履职平台，智慧人大建设迈上新台阶。努力提升人大宣传工作质量，29篇动态信息、经验类文章在自治区人大信息、自治区人大专刊、包头人大信息、今日东河、今日头条上发布，信息宣传工作走到了自治区、包头市前列。加强对基层人大的联系与指导，促进了两镇人大规范化建设。

一抓到底强化作风建设。坚持调研求深、审议求真、督办求实，对每项工作做到一抓到底、抓出成效。坚持密切联系群众，深入基层，切实把群众的诉求反映上来，实现了联系群众制度化、常态化。落实全面从严治党要求，严格履行党风廉政建设责任制，坚决执行中央八项规定和自治区、市委、区委的配套规定，持之以恒抓作风促整改，以高标准、严要求巩固作风建设成果，树立了廉洁、忠诚、干净、担当的国家权力机关形象。

过去一年，区人大常委会圆满完成了年初预定的工作目标，积极配合自治区人大、市人大完成了在我区进行的各项视察、调研任务，承接的区委深化改革任务全部完成。区人大常委会工作所取得的成绩，是区委正确领导的结果；是“一府一委两院”密切配合的结果，是区人大常委会委员、全体人大代表和机关工作人员共同努力的结果，也是社会各界和全区人民关心支持的结果。在此，我代表区人大常委会，向大家表示衷心的感谢和诚挚的敬意！

在突如其来的新冠肺炎疫情防控战斗中，全区各级人大代表纷纷响应号召，主动把责任扛在肩上，当好了政策宣传员、群防监督员、一线守门员、防范保障员、意见征集员，涌现出了一批可歌可泣的先进典型和感人事迹，全区各级代表主动与社区人员共同防护值守，充分展现了特殊时期人大代表崇高的思想境界和无私的奉献精神，为我区人民安全生产生活提供了有力支持，我代表区人大常委会向我区的各级人大代表表示深深的感谢！

回顾过去的一年，我们也清醒地看到，区人大常委会的工作与法律的要求和人民的期望还存在一定差距，主要表现在：调研的广度和深度还需拓展；审议的质量和实效还需提高；代表履职能力和作用的发挥还需强化，这些都需要我们在今后的工作中认真加以改进。

2020工作的主要任务

新的一年，区人大常委会将高举习近平新时代中国特色社会主义思想伟大旗帜，不断提高政治站位，坚持党的领导、人民当家作主、依法治国有机统一，坚持围绕区委构筑“五区目标”、建设“五大组团”、实现“五大突破”的发展思路，为东河区经济社会高质量发展，实现人民群众的美好期盼发挥人大的职能作用。

一、更加注重务实为民，持续增强监督实效

（一）围绕经济运行质态，听取和审议计划预算执行、财政决算、其他财政收支审计工作情况的报告；对区人民政府贯彻执行《中华人民共和国公司法》和地方政府债务情况进行调研。促进财政政策向实体经济倾斜，提升财政资金使用绩效，督促和支持区人民政府深入推进供给侧结构性改革。

（二）围绕民生事业，听取和审议区人民政府精准扶贫工作完成情况的报告及贯彻落实《中华人民共和国传染病防治法》工作情况的报告；听取退役军人事务局工作开展情况、医疗保险工作情况的汇报；对我区贯彻实施《包头市物业管理条例》工作情况进行专题询问；开展关于实施《中华人民共和国义务教育法》《内蒙古自治区实施〈中华人民共和国义务教育法〉办法》《包头市义务教育条例》执法检查。推动区人民政府统筹发展社会事业，既把人民群众关心关注的大事抓实抓好，也把身边的小事办实办好，不断满足人民群众日益增长的对美好生活的需求。

（三）围绕生态环境保护，听取和审议区人民政府贯彻实施《中华人民共和国环境保护法》情况的报告；对开展农村人居环境整治工作进行专题调研。助力打好污染防治攻坚战，推动全区环境质量持续改善。

（四）围绕平安法治建设，对区人民政府开展“七五”普法工作情况进行调研；完善规范性文件备案审查工作机制，依法将规范性文件全部纳入备案审查范围，建立备案审查信息平台，充分发挥好市级联网平台作用，做到标准、网络、内容、数据“四统一”；组织人大代表旁听法院庭审和参加检察院开展的有关活动；做好人大常委会信访接待工作，及时对信访事项进行交办、转办，更好地维护来访群众的合理诉求，化解矛盾纠纷。进一步强化法治理念，为全区经济社会发展营造良好的法治环境。

二、更加注重科学决策，规范行使重大事项决定权和人事任免权

持续关注我区经济社会发展和民主法治建设中的重大问题，通过履行法定程序，依法对重大事项作出决议、决定，努力实现与区委主张和全区人民意志的有机统一，努力提升“一府两院”主动报告重大事项的意识，适时对涉及我区改革发展、人民群众关心、关注的重要事项科学作出决议、决定，加强对所作决议、决定落实情况的监督检查，保证决议、决定的权威性和严肃性。建立区人大常委会与“一府一委两院”协调工作机制，完善区人民政府有关部门向区人大常委会相关工委报告年度工作制度。

严格按照法定程序行使人事任免权，切实保证党委意图的实现。进一步加强任后监督，开展国家机关工作人员述职评议工作，增强被任命人员的公仆意识和责任意识。

三、更加注重服务保障，充分发挥代表作用

（一）深化履职平台建设。继续深化我区《助推“五区”目标实现，人大代表在行动》主题活动以及《人大代表走访月》活动开展，依托“六个一、三带头”的深入开展，动员全区各级人大代表为我区经济社会发展建言献策、建功立业。加强和规范“人大代表之家”建设和管理，推动“人大代表之家”提档升级，根据星级评定结果，对“人大代表之家”进行动态调整，提升“代表之家”工作水平。

（二）完善代表履职管理。推进人大代表履职积分公示制的落实，做好东河区人大代表履职服务平台与人大代表手机APP互联互通工作，提升工作效率。建立人大代表与民情信息员长效联系机制，不断完善人大代表履职激励机制。认真落实代表“双联”工作要求，推动区人大常委会委员联系代表，代表联系选民活动常态开展。

（三）强化代表建议督办。听取和审议区人民政府关于区十七届人大三次会议代表建议办理情况的报告，实行代表建议、批评和意见办理结果网上公开制，强化重点建议领衔督办工作和人大代表建议办理“三见面”制度落实的力度，提高建议办结率和满意度。

（四）推进民生实事项目票决制（会商制）。指导做好2020年东河区民生实事项目人大代表票决制（会商制）各项工作任务，落实长效机制，充分保障人民权益，体现人民意志，激发人民创造活力，实现从“为民做主”向“让民做主”的转变。

四、更加注重从严从实，全面加强自身建设

始终在政治立场、政治方向、政治原则、政治道路上，同以习近平同志为核心的党中央保持高度一致。弘扬马克思主义学风，用党的创新理论武装头脑，引导区人大常委会委员及机关党员干部进一步坚定理想信念，脚踏实地、积极创新，依法认真负责地做好本职工作，奋力开创人大工作新局面。进一步增强责

任感使命感，树立担当意识，弘扬奉献精神，坚持一流工作标准，不断提高综合素质和履职能力，着力打造全面担负起宪法法律赋予的各项职责的工作机关。坚持用制度管人、管事，完善机关学习、办文、办会、办事、财务管理等制度，营造同心合力、团结协作的良好氛围，增强区人大常委会凝聚力和战斗力。不断深化“不忘初心、牢记使命”主题教育成果，使人大工作更加切合实际，更加贴近民生，更加顺应时代，真正使人大成为同人民群众保持密切联系的代表机关。认真落实党风廉政建设和意识形态工作责任制，持之以恒落实中央八项规定，坚持不懈纠“四风”转作风，树立依法履行职责、工作富有成效、作风简明优良的机关形象。

不平凡的年代，必将造就非凡的业绩，我们坚信在习近平新时代中国特色社会主义思想的指引下，在区委的坚强领导下，区人大常委会将一如既往地忠诚履行宪法和法律赋予的职权，为我区经济社会发展作出新的更大的贡献！

政府工作报告

——包头市东河区第十七届人民代表大会第三次会议

2020年4月28日

东河区人民政府区长 贾保良

一、2019年工作回顾

过去的一年，面对严峻复杂的经济形势，在市委、市政府和区委的坚强领导下，在区人大、区政协的监督支持下，我们坚持以习近平新时代中国特色社会主义思想为指导，坚持稳中求进工作总基调，落实高质量发展要求，紧紧围绕构筑“五区目标”，加快推动“五大组团”建设，全力推进供给侧结构性改革，统筹推进稳增长、促改革、调结构、惠民生、防风险、保稳定各项工作，全区经济社会发展实现稳中有进、稳中向好。全年地区生产总值增长5.6%；固定资产投资增长22%；社会消费品零售总额增长4.2%；一般公共预算收入完成10.33亿元；城乡居民人均可支配收入分别完成45780元和24523元，分别增长6.4%、9.4%。

（一）抓经济、稳增长，高质量发展基础更加稳固。我们始终坚持狠抓项目建设，扎实推进产业转型升级，提高经济发展质量效益。全区75个亿元以上重大项目全部开复工，当年竣工16个，年度投资完成率100%，固定资产投资增速位居全市前列。

工业园区转型发展步入快车道。铝精深加工产业加速集聚，中氢能源新材料产业园开工建设，包铝新建2万吨高纯铝、平源20万吨稀土铝合金、通标年产50万平方米铝模板、凯普松和丰川电子74条化成箔生产线等一批高附加值项目竣工投产。铝合金汽车零部件生产呈快速增长，盛泰年产30万只卡巴轮、汇众300万套汽车零部件项目投产达效。循环产业经济加快发展，平远100万吨废钢铁、鑫生源4万吨废旧轮胎项目竣工投产。服务保障更加有力，协调推动华云铁路运煤专用线开工建设，成功引进17家企业盘活闲置土地640亩、闲置厂房8.8万平方米，帮助企业协调争取贷款、资金5.17亿元，节约用电成本超5亿元。全年规模以上工业总产值完成300.5亿元，增加值同比增长10.9%。

现代服务业发展后劲不断增强。城市商圈加快布局，新城吾悦广场商业综合体项目进展顺利，维多利摩尔城投入运营。电子商务发展态势良好，重点监控电商企业交易额达到4.13亿元。金融服务能力进一步增强，与中国银行签订战略合作协议，在5年内为我区发展提供不低于30亿元意向融资安排，各金融机构为企业融资峰值达到41.7亿元。现代物流加快发展，唐山港内蒙古公铁物流内陆港挂牌，物流企业全年货物发运量达到1300万吨，产值26.7亿元。文旅融合发展要素进一步健全，包头福巷、老包头记忆历史街区等项目扎实推进，聂卫平围棋道场内蒙古总部落户乔家金街。

现代农业产业化步伐不断加快。坚持“精特优”发展路径，统筹推进“一个基地、两个观光园、七个特色产业示范种植园”建设，建成厚墙体温室1000亩，什大股5000亩稻鱼种养农旅融合项目开工建设，发展优质新品种葡萄、“一穴多株”玉米、海水稻等特色农业8600亩。设施农业持续推进，建成标准化示范基地5000亩，设施蔬菜高质高效创建面积突破5万亩，连续2年获评自治区设施农业高质高效生产创建示范区。培育壮大新型经营主体，新增市级以上农牧业龙头企业9家、产业化联合体5个，创建家庭农场17个，农产品销售收入同比增长26.7%。新增“三品一标”品牌4个，5家绿色食品认证企业加入国家农产品质量安全追溯平台，“沁园星创”平台加盟“中国质量万里行”会员。

（二）抓攻坚、破难题，三大攻坚战取得积极进展。我们始终坚持把打好三大攻坚战作为当前工作重中之重，精准施策、分类推进，为全面建成小康社会打下坚实基础。

脱贫成效持续巩固。积极推进整改中央脱贫攻坚专项巡视、国家和自治区成效考核指出问题，落实各项整改措施250条。严格落实“四个不摘”要求，延续教育、就业、医疗、危房改造、社会保障兜底等16类政策。推动实施2个扶贫项目，区本级投入250万元，争取上级专项扶贫资金234万元，进一步巩固提升脱贫攻坚成效。全年无新增贫困人口和返贫人口，建档立卡贫困人口实现人均纯收入15030元，同比增长12%。

污染防治稳步推进。全力加强大气污染防治，实施包铝、华云电解烟气脱硫改造等5个重点治理项目，持续推动城乡清洁能源替代，实施沙尔沁镇10个村天然气替代改造工程，加强扬尘污染管控和治理，全区二级以上良好天数284天，达标比例78%。全力加强水污染防治，东华热电废水资源化利用项目加快实施，润通污水处理厂提标改造工程调试运行，华资地区居民生活污水收集处理和14座加油站地下油罐改造项目全部完成，磴口水源地和典型乡镇水源地评估，Ⅲ类水体水质达100%。全力加强土壤污染防治，东河区垃圾填埋场污泥处置和旧场封场工程顺利启动，铝业园区固废渣场建成投用，全区生态环境质量持续改善。

风险防控扎实有效。争取新增地方债券3.5亿元，再融资一般债券2.5亿元，化解政府隐性债务6.26亿元，完成年度目标任务的193%。清理拖欠民营企业中小企业账款3.3亿元，全面完成年度清偿任务。积极开展金融领域非法集资和涉黑涉恶排查，稳妥化解网络借贷等互联网金融存量风险。

（三）抓基础、补短板，城乡建设面貌取得新变化。我们坚持以市委、市政府“加快补齐东河区等基础设施薄弱地区短板”为契机，充分整合资源，集中用力完善城市功能。

基础设施建设有力推进。北梁地区基础设施和功能配套日趋完善，东北外大街等13条道路建成通车，转龙藏公园、大水卜洞公园全面竣工，全民健身中心具备运营条件，新建疾控中心、转龙藏小学二期投入使用。包一中和景开中学新校区、公园路小学富力校区加快建设，吾悦和府、东方壹号院等地产项目快速推进，新北梁正在加速崛起。编制南部地区产业发展规划，完成核心区道路控规调整，产业导入和基础设施建设前期工作有序推进。中心城区改造力度不断加大，南门外大街、东门大街、西脑包大街等5条道路拓宽改造，“天网入地”工程同步完工，环南海湖污水干管工程完成铺设，道路通行和管网承载能力大幅提升。

农村人居环境持续改善。深入推进农村人居环境整治，完成户用卫生厕所、农村公厕改造任务，建成户用一体化污水处理设施123套、集中式污水处理设施1座。秸秆综合利用率、畜禽粪污资源化利用率完成上级下达指标任务。集中开展“三清一改”，清理农村生活垃圾9万余吨，清理沟渠河道70多公里，村庄环境卫生得到有效治理。河东镇获评全国卫生乡镇。

城市管理水平不断提升。集中整治占道经营、马路市场等问题，疏堵结合设置便民市场16处，规范管理、动态保洁，经营秩序和环境卫生得到有效治理。包头东站站前停车场完成整体改造，车辆停放和交通秩序有效改善。坚决遏制违法建设，查处违建临建51.36万平方米，完成疑似违建别墅图斑核查排除工作。完成34个住宅小区“三供一业”改造，新增星级物业管理达标小区29个，星级物业项目占比38.4%。自治区住建厅备案的99个住宅小区产权集中治理办结转办率达84.8%。第三次国土调查成果通过自治区和国家核查组内业核查，全面完成“大棚房”整治。

（四）抓民生、增福祉，人民群众获得感不断增强。我们始终坚持以人民为中心的发展思想，千方百计保障和改善民生，让广大群众共享多享改革发展成果。全年民生支出16.1亿元，较上年增长7.4个百分点。

民生保障更加有力。稳就业政策持续发力，创业贷款、援企稳岗等措施惠及群众1.6万人，全年城镇新增就业1万人以上，失业率稳定控制在3.9%以内。大力实施全民参保计划，政府代缴特困人员居民养老保险2793人，养老保险扩面新增5844人。积极落实社保降费率、调费基，为企事业单位减费1800多万元。城乡居民和城镇职工基本医疗保险报销比例分别达到75%和85%。全面落实各类困难救助政策，发放民生补助资金3816万元。成立社会养老机构2家，打造互助幸福院、农村养老服务站、社区日间照料中心示范点20个，国家城企联动普惠养老服务项目成功落地沙尔沁镇东园村。

教育质量大幅提升。向重返全市教育第一方阵迈出坚实一步，中考总均分、优秀率均位居全市第一，包二中、包八中、包二十四中、景开中学4所学校优秀率跻身全市前十，高考一本上线率和本科上线率分别提升2.8%、9.3%，更多的孩子考入全国知名高校。教学改革持续深化，累计创建教改联盟8个、“名师工作坊”17个，整体教学水平不断提升，4名教师被评为自治区学科带头人，24名教师获得自治区、包头市青功赛一等奖。实施微小幼儿园、幼儿中心规范治理，幼儿园普惠率提高到86%。育人环境不断优化，10所中小学校获评自治区、包头市“文明校园”，铁路实验小学足球队夺取自治区“主席杯”冠军，包二十四中女排第17次获得自治区锦标赛冠军。

文卫事业扎实推进。加强公共医疗服务体系建设，市中心医院、市第八医院牵头组建城市医疗集团，区中医康复保健中心、胃肠疾病诊疗中心挂牌运营，更多优质医疗资源惠及群众。创建东河区中草药采购平台，成立中医药文化推广中心，中医品牌效应逐步显现。推动健康城市建设，健康细胞示范点达到11个。公共文化服务水平不断提升，举办第11届“西口”文化艺术节、“弘扬乌兰牧骑精神”等文化惠民活动近400场，开展“抖in包头·寻根东河”推广活动，发行《老包头记忆》系列丛书。阿善遗址、龙泉寺、大仙庙3处文物保护修缮工程启动实施，新增市级“非遗”项目6项、区级非遗项目21项、传承人27人，地区历史文脉资源得到有效保护和传承。

社会大局和谐稳定。扫黑除恶专项斗争纵深推进，打掉涉黑组织、团伙、犯罪集团15个，抓获犯罪嫌疑人128人，破获刑事案件162起。全力化解信访积案，鼎太风华项目续建工程顺利启动，华资地区老旧平房改造、钢窗厂职工社保遗留问题等13件社会矛盾积案得到妥善解决。深入构建和谐劳动关系，人事争议仲裁完成数字化升级和服务前移，258起案件实现快办快结。大力开展治欠保支工作，农民工欠薪案件数量同比下降60%。强化食品药品安全监管，开展“雷霆行动”“百日攻坚”等专项整治，食品药品安全监管防线更加牢固。严格落实安全生产责任制，不断强化应急管理体系和能力建设，生产安全事故同比下降11.1%。全面落实优抚安置政策，足额发放退役士兵补助等各类资金2063.4万元，接收符合社会保险接续条件的退役军人申请757人。深入开展民族团结进步事业，圆满完成中央宗教工作督查任务，沙尔沁镇阿都赖村被评为第三批“全国少数民族特色村寨”。

（五）抓改革、优服务，创新发展活力持续释放。我们始终坚持把深化改革作为破解发展难题的关键之举，加快集聚创新活力，发展动能进一步激发。

营商环境持续优化。深入推进“放管服”改革，率先完成国家级基本目录事项审核发布，供热、供水等20项市政公共服务事项纳入政务服务大厅办理，梳理公布“最多跑一次”事项49项，餐饮业证照实行“一窗式”服务模式，重点项目审批时间压缩到8小时，实现“双随机、一公开”监管、信用监管、联合监管协同联动，政务服务效能进一步提升。

改革工作扎实推进。政府机构改革全面完成，综合执法力量下沉镇、街道，在全市率先推开“一村一辅警”工作，基层治理体系和治理能力现代化建设加快推进。农村土地确权颁证工作有序推进，基本完成集体产权制度改革，49个村全部成立经济合作组织。编制东河区农业水价综合改革规划，分阶段推进农业水价综合改革。

创新驱动不断增强。深入实施创新驱动战略，8家企业与中国农业大学、内蒙古科技大学等12所高校和科研机构开展产学研合作，转化运用科研成果21项，获批奖补资金760万元。盛泰汽车零部件、丰川电子获评国家高新技术企业。鹿王羊绒再获2020－2023国家级工业设计中心殊荣，与山川圣阳共同被确定为国家知识产权优势企业。北辰公司“绿色饲料”研究中心获评自治区企业研究开发中心。19户企业入选自治区“专精特新”示范中小企业库。持续深化双创示范基地建设，启迪K栈双创园区成功举办“包头投资发展与转型升级高峰论坛”，推动百里网络、嘉腾影视等4家公司在内蒙古股权交易中心青创板挂板。创建自治区首家人力资本产业园，出台人才引进、场地补贴等扶持产业发展政策，吸引19家国内优质人力资源企业入驻。

（六）抓作风、提效能，政府自身建设全面加强。我们始终坚持以党的政治建设为统领，严格落实政府系统全面从严治党主体责任，增强“四个意识”，坚定“四个自信”，做到“两个维护”。

我们认真贯彻落实区委各项决策部署，严格执行重大事项请示报告制度。自觉接受区人大依法监督和区政协民主监督，认真听取各民主党派、工商联和无党派人士意见，办理人大代表议案和政协提案239件，回复率100%。严格执行“三重一大”集体决策制度，坚持依法行政，推动依法治区，努力建设法治政府。扎实开展“不忘初心、牢记使命”主题教育，驰而不息纠治“四风”、转变作风，认真检视问题，狠抓整改落实，完善政府系统差异化目标考核评价体系，积极营造“想干事、能干事、敢干事、干成事”的良好氛围，各级干部精气神明显提振，行政效能有效提升。

同时，人民武装、总工会、共青团、妇联、工商联、红十字会、残联、统计等各项工作都取得了新进步，驻区医院、高校、铁路、民航等单位为全区经济社会发展做出了新贡献。

过去一年是极不平常的一年，风险挑战前所未有，攻坚任务压力巨大，转型升级困难叠加。一年来，面对财政收支矛盾突出和三大攻坚战、产业项目建设、社会事业发展等繁重任务，我们不折不扣落实减税降费政策，为企业减负3.4亿元；持续加大民生领域投入，民生支出占一般公共预算支出的81%；全力以赴抓项目建设，虽然地区生产总值、社会消费品零售总额两项指标略低于预期目标，但固定资产投资增速超出全市20个百分点，保持了良好的经济发展势头，高质量发展基础更加坚实。

成绩来之不易！这是习近平新时代中国特色社会主义思想科学指引的结果，是市委、市政府和区委正确领导的结果，是区人大、政协有效监督、大力支持的结果，是全区广大干部群众同心同德、共同奋斗的结果，是社会各界顾全大局、鼎力支持的结果。在此，我代表区人民政府，向全区各族人民、全体人大代表、政协委员，向各民主党派、人民团体、驻区单位，向在东河区投资创业的企业家们，致以崇高敬意和衷心感谢！

在总结成绩的同时，我们也认真分析了工作中存在的困难和短板。经济下行压力依然较大，投资增长后劲不足，实体经济发展面临困难挑战；经济结构性矛盾依然突出，传统商贸业转型升级较慢，现代服务业发展层次偏低，对经济增长的拉动作用不明显；基础设施欠账较多，公共服务供给、民生保障改善等方面与群众美好生活的需求仍有差距；资源环境约束日益趋紧，环境保护和污染防治任务艰巨，重大项目用地供需矛盾更加凸显；少数干部抢抓机遇的发展意识不强、能力素质不硬、担当精神不足、攻坚劲头不够。对此，我们要采取有力措施，认真加以解决。

二、2020年工作安排

新年伊始，新冠肺炎疫情突如其来，严重威胁人民群众身体健康、生命安全。面对疫情，我们在区委的坚强领导下，认真贯彻习近平总书记重要讲话重要指示精神，坚决落实中央、自治区、包头市各项决策部署，投入资金2000余万，全区649个基层党组织全部动员，9000多名党员干部、2000多名志愿者和广大居民群众，万众一心、众志成城、携手抗疫，有效阻断了疫情传播蔓延，疫情防控取得了阶段性重大成果。随着疫情防控形势的持续向好，我们因时应势调整应对举措，坚持一手抓疫情防控、一手抓经济发展，在常态化疫情防控中经济社会运行逐步趋于正常，生产生活秩序加快全面恢复。

在疫情防控这场特殊战“疫”中，全区干部队伍经受住了严峻考验，各级领导干部身先士卒，涌现出以东站街道一中西路社区党委书记滕逸鹤为代表的一批先进典型和感人事迹；广大党员和人大代表、政协委员带头，企业家和社会爱心人士踊跃捐资捐物，主动承担守望相助的社会责任，充分汇聚了全区上下同舟共济、共克时艰的磅礴力量。在此，我代表区人民政府，向在抗疫一线艰苦奋战的医务工作者、公安干警、干部群众致以崇高敬意！向在疫情防控期间支持抗疫斗争的企业家和社会各界人士表示衷心感谢！向在抗疫期间以身殉职的基层社区工作人员致以深切哀悼！

国际疫情在持续蔓延，不稳定不确定因素显著增多，国内疫情防控“外防输入、内防反弹”任务艰巨，可以预见，疫情防控常态化仍是我们今后工作的重要部分。综合分析当前形势，今年将是我区经济社会发展中十分艰难的一年。受疫情影响，旅游、娱乐、餐饮、酒店等行业几乎停摆，零售、批发、物流等行业受人流、交通管控影响冲击较大，制造业由于延迟复工、销售滞缓、劳动力不足、供应链断裂等因素不能全面达产达效。一季度，我区主要经济指标明显下滑，历史以来首次出现负增长，固定资产投资、社会消费品零售总额、一般公共预算收入降幅都在两位数以上，分别下降21.5%、22.5%、11.3%，完成全年目标任务，打好打赢三大攻坚战，实现全面建成小康社会的压力前所未有。但挑战中也蕴藏着巨大的发展机遇，我们要看到，我国经济长期向好的基本面不会改变。疫情以来，习近平总书记统筹国内国外两个大局，指挥新冠肺炎疫情防控和经济社会发展工作两个战场，作出了一系列重大决策部署，为夺取疫情防控和经济社会发展双胜利提供了科学指引和根本遵循。党中央、国务院紧扣全面建成小康社会目标任务，在疫情防控常态化前提下，坚持稳中求进工作总基调，加大“六稳”工作力度，提出了保居民就业、保基本民生、保市场主体、保粮食能源安全、保产业链供应链稳定、保基层运转的“六保”要求，采取更加积极有为的财政政策，出台了财政贴息、大规模降费、缓缴税款和社保等政策措施，为应对疫情冲击、稳定经济运行提供了有力支撑。自治区出台了四个方面15条措施，不断加大资金保障和政策支持力度，支持防控疫情重点保障企业和生产经营困难中小企业健康发展。包头市出台《工业企业开复工十条规定》，深化重大项目领导帮扶责任制，全力以赴帮助企业做好疫情防控、恢复生产、推进新项目建设等工作。同时，我们更要看到，在区委的坚强领导下，我们用好用足各项扶持政策，为企业累计落实贷款5.38亿元，减免电费滞纳金14万元，返还失业保险15.88万元，缓缴各类税费2850万元；推出“春回鹿城约惠东河”系列活动，促动消费1000多万元，精准发力帮助企业加快复工复产。有宏观政策的重大利好，有扎实有效的工作基础，我们坚信，只要坚定不移贯彻新发展理念，信心不动摇，干劲不松懈，一步一个脚印，把每项具体工作谋深、抓实、抓细，就一定能夺取疫情防控和经济社会发展的双胜利。

2020年是全面建成小康社会和“十三五”规划收官之年，我们要实现第一个百年奋斗目标，为“十四五”发展和实现第二个百年奋斗目标打好基础。政府工作的总体要求是：坚持以习近平新时代中国特色社会主义思想为指导，全面贯彻党的十九大和十九届二中、三中、四中全会精神，坚决贯彻党的基本理论、基本路线、基本方略，增强“四个意识”、坚定“四个自信”、做到“两个维护”，紧扣全面建成小康社会目标任务，坚持稳中求进工作总基调，坚定不移贯彻新发展理念，坚持以供给侧结构性改革为主线，坚持以改革开放为动力，推动高质量发展，坚决打赢三大攻坚战，全力抓好疫情防控，全面做好“六稳”工作，认真落实“六保”任务，统筹推进稳增长、促改革、调结构、惠民生、防风险、保稳定，保持经济运行在合理区间，努力把疫情对经济社会发展的影响降到最低，增强人民群众获得感、幸福感、安全感，确保全面建成小康社会和“十三五”规划圆满收官。

今年主要发展预期目标是：地区生产总值、固定资产投资、社会消费品零售总额、一般公共预算收入均增长6%左右，城乡居民人均可支配收入分别增长6.5%、7.5%左右。城镇登记失业率控制在3.9%以内。全面完成上级下达的节能减排约束性指标。

围绕实现各项目标任务，我们要着力抓好七个方面工作：

（一）聚力扩大有效需求，进一步积蓄高质量发展后劲

全面复工复产复商复市，努力克服疫情造成的影响，充分发挥投资关键作用、消费基础作用，在优供给和扩需求上双向发力，加快释放市场需求潜力。

突出重大项目建设。坚持把抓项目、上投资作为经济工作重中之重，全力推动69个亿元以上重大项目建设进度，力争完成年度投资任务。高质量谋划储备“十四五”项目，围绕产业转型、基础设施、现代物流、文化旅游、教育医疗等领域，谋划实施一批补短板、调结构、惠民生项目，争取更多项目纳入国家、自治区、包头市盘子，形成梯次推进、接续跟进

的项目建设局面，增强长远发展后劲。用足用好国家扩大地方专项债券规模政策，发挥地方政府专项债券的融资牵引作用，积极鼓励民间投资，拓宽项目融资渠道。

促进消费稳定增长。持续推进“约惠东河”系列活动，积极引导居民消费，激发市场活力，提振市场信心。做强商贸业提档升级载体，加快推动新城吾悦广场建设，培育壮大城市新型商业综合体。因地制宜培育夜间消费集聚区，包装提升九曲华街、乔家金街和耐火厂路特色美食街区，激活文化休闲、旅游产品、夜间餐饮消费热点，“点亮”夜间经济。顺应疫情催生的“不见面、不接触”等新需求，大力培育壮大电商配送平台，加大农村电商扶持力度，带动我区更多农特产品触网上线、出村进城。启动包头市粮食产业园建设，构建集粮油应急储备、批发配送、食品精深加工为一体的粮食安全保障供应体系。加快推进综合物流枢纽项目建设，加大资源整合力度、着力培育龙头企业，努力打造服务呼包鄂、辐射大西北的重要物流枢纽。

推动文旅融合发展。编制完成全域文旅融合发展规划，整合我区历史、文化、山水、红色等旅游资源，推动全域旅游发展。加快包头福巷、老包头记忆历史文化街区及配套项目建设，再现老包头历史风貌。统筹沙尔沁生态和乡村旅游资源，加快推进阿都赖民俗民宿项目建设，全力打造旅游与现代农业深度融合的产业基地。鼓励“百年老店”企业保留老工厂原貌，开发集影视拍摄、工业体验、产品展示相结合的工业旅游基地。依托红色教育、非遗民俗、鸟类科普等特色资源，设计更具实践性、体验性的研学活动，加速形成“旅游+研学”产业链。

（二）聚力打好三大攻坚战，进一步筑牢高质量发展基石

聚焦全面建成小康社会这个总目标，补短板、强弱项，坚决打赢脱贫攻坚、污染防治、防范化解重大风险三大攻坚战。

以更实保障决胜脱贫攻坚。以中央脱贫攻坚专项巡视等反馈问题整改为抓手，开展脱贫攻坚全面排查，围绕“两不愁三保障”等重点内容，全面推进10个方面50个问题持续整改，促进脱贫攻坚提质增效。严格落实“四个不摘”要求，加大特殊贫困群众兜底保障，健全脱贫预警和脱贫成果巩固长效机制，持续巩固脱贫成果。全面排查评估产业扶贫项目，完善项目库建设，加强薯香农业冰烤地瓜项目等扶贫资产管理，确保长期发挥效益。探索建立解决相对贫困的长效机制，深入实施产业扶贫，推进脱贫攻坚与乡村振兴有效衔接。

以更实举措抓好污染防治。全面完成中央环保督察“回头看”和自治区生态环境保护督察问题年度整改工作，持续推进大气、水、土壤污染防治，不断改善生态环境质量。打好蓝天保卫战，编制空气质量达标规划，严格污染源排放监管。推进工业污染深度治理，严厉整治“散乱污”企业，完成总投资4.7亿元的包铝、森都碳素等8个企业烟气净化系统改造项目。持续加强禁燃区散煤污染治理力度，在全区范围严禁燃放烟花爆竹和焚烧秸秆、垃圾等废弃物，严格落实施工工地扬尘治理“六个百分百”要求，加强餐饮油烟治理，不断改善空气质量；打好碧水保卫战，推动润通污水处理厂中水回用工程投入使用，实现环评“零排放”要求，完成总投资1亿元的东华热电废水资源化利用项目。加快实施城镇和铝业园区雨污分流管线改造，加大黑臭水体整治力度，抓好饮用水源地保护；打好净土保卫战，加强重点行业企业土壤环境监管，提高工业固废综合利用率。加强农业面源污染防治，抓好畜禽粪污、秸秆资源化利用，继续保持化肥和农药使用量负增长。

以更大力度严控风险防范。坚持底线思

维，落实化债责任，积极稳妥推进政府隐性债务化解，妥善应对刚性兑付风险。加强财源建设，强化税收征管，扩大上级项目资金、债券争取份额，继续争取新增均衡性转移支付1亿元。全力防范化解金融风险，加强宣传教育，深入排查互联网借贷、非法集资等金融风险隐患，维护地区金融秩序。深化区属国有企业改革，积极推动国有企业重组整合、轻装上阵，充分发挥化解债务、项目融资、招商引资、盘活存量资源四大核心功能，不断提升市场化投资管理水平和经营能力，推动企业可持续发展。

（三）聚力优化营商环境，进一步厚植高质量发展优势

以项目建设和企业需求为导向，增强服务意识，推动服务提质，着力营造更加高效便捷的发展环境。

高效服务项目建设。积极化解疫情影响，深入实施重点企业、重大项目包联机制，紧盯融资贷款、手续办理、用工用能等要素保障，实行点对点精准帮扶，力争续建项目4月底、新建项目6月底全部开复工。继续实施招商引资“市长旗县区长工程”，瞄准铝精深加工、循环经济、现代物流、文商旅融合、现代农业5大产业，着力引进一批符合产业布局、具有乘数效应的好项目。健全项目签约、开工、竣工、投产服务机制，提高招商项目的签约率、开工率、投资率，力争年内新签约招商项目25个以上，其中投资10亿元以上项目3个，协议投资总额达到150亿元，引进国内（区外）资金20亿元。

培育壮大民营经济。全面落实支持民营企业改革发展政策措施，利用好包头市中小企业发展基金，加大“百年老店”企业品牌培育，引导中小企业向“专精特新”发展，打造有特色、有优势、有竞争力的民企阵列。坚持“新官要理旧账”，全面完成拖欠民营企业中小企业账款清欠。继续落实好减税降费政策，把该减的税减到位，该降的费降到位，争取更多企业进入电力多边交易范围，享受电力优惠政策，让企业有实实在在的获得感。健全政银企常态化对接机制，发挥好“助保金贷款”金融支持作用，积极引导和协调金融机构为企业提供具有高度适配性的金融产品和服务。构建亲清政商关系，主动为企业纾危解困，让企业家坚定发展信心，心无旁骛创新创造，踏踏实实办好企业。

打造一流营商环境。全面落实《优化营商环境条例》，以“放管服”改革为抓手，深化行政审批、商事制度改革，持续推进审批流程再造，加大告知承诺、容缺受理改革力度，推动项目审批再提速。严格落实行政执法“三项制度”，加强事中事后监管，大力推行“双随机、一公开”监管，推进严格规范公正文明执法，积极营造法治化营商环境。启用新政务服务大厅，推动政务服务事项应进必进，全面提升政务服务智能化、信息化水平，实现服务事项“一网、一门、一窗、一次”办理。

（四）聚力做优园区经济，进一步打造高质量发展平台

坚持把园区作为项目建设的主阵地、经济发展的主引擎，不断做强发展平台，推动基础配套提档升级、优势产业集聚发展。

做大主导产业能级。强化铝产业战略支撑作用，开工建设华云三期42万吨合金铝项目，全力支持包铝自备电厂3号机组核准批复，巩固铝电联营资源优势。大力发展高纯铝产业，实现包铝新扩建1万吨高纯铝产能项目竣工投产，加速形成年产6万吨高纯铝产能。促成桂东70条化成箔生产线项目落地，力争园区化成箔产能突破6000万平方米，打造国内最大的高纯铝和化成箔生产加工基地。推进铝精深加工，延伸产业链条，加快四通新材5万吨铝基稀土中间合金、河南圣昊21万吨铝电磁线、

3万吨铝焊丝项目建设进度，推动新汇泽铝业20万吨稀土铝合金及5万吨高端工业型材、中氢能源介孔纳米氧化铝等项目建成投产，支持盛泰、汇众等汽车零部件生产企业扩大产能，提升产品附加值。

提升铝业园区品质。完善园区基础设施，实施纬四路、白银路等6条道路和配套管网、雨污设施改造工程，推进华云铁路线建设进程，加速形成公铁联运交通优势。规划建设标准化厂房，完善园区服务功能，方便入园企业生产生活需要，不断提升园区发展承载能力。强化“亩产效益”导向，严格把好入园审核验收，使土地指标、环境容量等关键要素向优质产能集中，实现节约集约发展。

发展循环经济产业。推进“城市矿产”示范基地建设，抓住包头市创建“无废城市”契机，围绕“无害化、资源化、产业化” 发展方向，全力推动总投资14.5亿元的9个城市矿产项目投产达效。积极推进红泉地年处理8000辆报废汽车拆解等项目建设，扩大废钢、废铝、废塑料和废橡胶等再生资源回收利用能力。发展工业固废资源化利用产业，重点推动华源天鹿铝灰资源化利用、中朵远大装配式建筑建材、安徽阳露粉煤灰建筑装饰材料项目建设，加快利用工业固废修复治理废弃矿坑，支持包铝实施绿色供应链管理，提升园区绿色发展水平。

打造新型产业园区。以北梁创业实训基地为载体，全面启动中国包头人力资本产业园，组建包头市人力资源服务行业协会，打造集人才招引、落户、创新创业等功能于一体的创新综合体。鼓励企业共享平台、金融机构、现代经纪人、培训机构等参与合作，年内引入国内优质人力资源机构50家，行业百强企业5家，带动人力资源流动配置1万人次，服务企业1000家以上，营收规模达到2.8亿元。深化双创园区建设，推动14个市级创业园提档升级，力争打造2个自治区级双创示范基地。

（五）聚力创新驱动引领，进一步激发高质量发展潜能

把创新作为高质量发展的第一动力，优化创新发展环境，搭建更多创新平台，应用更多创新成果，充分释放创新潜能。

提升产业科创水平。强化铝业园区高新技术特色产业基地支撑，筹备建设科技企业孵化园，加快培育更多科技创新型企业，力争获批自治区级科技型企业3家，建立自治区级以上研发平台2个。探索建立园区科技创新基金，引导企业加大科技投入，突破一批关键共性技术、前沿引领技术。鼓励企业与高等院校、科研机构深化产学研协同创新，加快推动中氢能源专家实验楼建成使用，支持逸达内配与上海交通大学合作建设铝合金重汽部件精密铸造项目，强化研发成果转化，不断增强经济创新力。深化企地融合，支持中小企业参与协作配套，融入大企业创新链、价值链、产业链。

积极盘活存量资源。坚持用好存量资源、做大发展空间，加大铝业园区闲置土地和“僵尸企业”处置力度，综合运用技术改造、兼并重组、嫁接联合等措施，实现“腾笼换鸟”。全面盘点城区停建项目、烂尾楼盘，加大房地产领域遗留问题解决力度，推进二次开发，促进房产消费。鼓励通顺、环西等传统商业市场积极创新经营业态和发展模式，构建新商圈，焕发新生机。依托北梁新区闲置商铺资源，启动商贸服务业创业园项目，发展“一街区一业态”特色街区经济，加强政策扶持，加大项目策划和产业导入力度，为入驻企业提供6000万元场地租金补贴，拓展城市经济发展载体，培育新的经济增长点。

（六）聚力城乡协调发展，进一步拓展高质量发展空间

实施城市品质提升三年计划，协调推进城区建设和乡村振兴，持续优化空间布局、完善

基础设施，全面提升城市品质和管理水平。

持续提升城市品质。坚持科学规划引领，统筹城市功能、产业发展，高质量推进北梁腾空区、南部地区控规等专项规划编制。加快北梁腾空区建设，实施北梁七路、八路等8个基础设施建设项目，推进景晟学府、绿地康养城等房地产项目建设，提高北梁腾空区承载力。加快推进南部地区核心区征拆，推动包伊公路等道路开工建设。推进中心城区更新提升，完成遗留城市棚改征拆556户，实施工业路、西河东路等6条道路、13处绿化节点景观提质改造工程，有效利用棚改征拆边角地、夹心地，打造群众家门口的“拇指公园”“口袋公园”。探索老旧街区道路管网、公共设施、绿化美化一体化改造模式，先试先行西五街、南圪洞中心街区治理改造，打造时尚现代社区生活体验乐园，让广大居民生活更加舒适宜居。

加强城市精细管理。用绣花功夫提升城市管理水平，强化违规建设、马路市场、占道经营长效管控机制，规范共享单车停放管理，全面清理僵尸车辆，让文明有序成为城市常态。加大背街小巷、老旧小区环境卫生综合整治，推动城区主次干道机扫作业率达到70%，实施全区公共机构和北梁新区生活垃圾分类试点，保持城区环境整洁。加强建筑立面规划设计和治理，规范城市广告设施，将巴彦塔拉大街、西门大街等6条主干道列为严管街，打造城市立面特色。加强园林绿化养护和市政设施管理维护，统筹新建、改造城区公厕40座，推动建设公共立体停车场，完善城市服务功能。提档升级物业服务水平，星级物业项目比例达到60%以上。整合资源打造数字化智慧城市管理平台，发挥联动执法指挥中心信息优势，健全网格巡查机制，构建联动管理和综合执法新机制。深化文明城市创建活动，提升市民文明素质，共塑文明行为，为包头市争创全国文明城市“六连冠”打下坚实基础。

全力推进乡村振兴。加快农业基础设施建设，新建厚墙体温室1000亩、高标准农田5000亩，提升农业综合生产能力。做优现代农业，发挥华鹿、润泽园等企业龙头带动作用，做大蔬菜育苗、特菜示范种植、农产品精深加工等产业规模，做长产业链条。深入推进“一个基地、两个观光园、七个特色产业示范种植园”建设，推动什大股稻鱼生态种养农旅融合项目投入运营，加快一、二、三产融合发展。做强特色农业品牌，新增绿色、有机和地理标志认证产品5个。壮大新型经营主体，培育市级以上龙头企业、示范合作社、示范家庭农场10个以上。加快补齐“三农”领域短板，全力推进生活垃圾和污水治理、厕所革命等7项重点工作，生活垃圾清运率达到100%，卫生厕所普及率达到85%，粪污综合利用率达到75%，持续改善农村人居环境。

（七）聚力增进民生福祉，进一步共享高质量发展成果

继续加大民生事业投入力度，扎实推进社会各项事业发展，全力维护社会稳定，持续提升人民群众获得感、幸福感、安全感。

强化社会民生保障。坚持创造更多就业岗位，充分落实援企稳岗、家庭服务、灵活就业、技能培训等政策，广泛创建创业就业平台，发放创业担保贷款6500万元以上，确保就业形势总体稳定。深入实施全民参保计划，不断提升社会保障能力，继续落实阶段性降低社保费率政策，巩固降费成果。扎实推进治欠保支工作，严格落实“一金三制”， 坚决治理欠薪顽疾。落实养老、医保、低保、优抚补助和各类救助政策，确保每一个困难群众都能享受到民生福利。

办好人民满意教育。紧盯重回全市教育第一方阵目标，深入实施领航校长、卓越教师培养工程，进一步探索校长提名选用学校领导班子成员模式，提升学校领导团队效能。继续通

过赴外选聘、公开招聘方式，充实教师队伍。持续完善教改联盟、深化教学改革，全面提升教育教学质量。探索幼儿园集团化办园模式，提高普惠性幼儿园覆盖率，启动北梁新区5所公办幼儿园，力争公办幼儿园在园人数、普惠性幼儿园在园人数分别达到50%和90%。持续改善办学条件，实施回民小学重建、包头市第二实验中学操场改造等基础设施建设项目，推动包一中和景开中学新校区、公园路小学富力校区投入使用，实现教育资源合理布局。

提升卫生健康水平。坚决打赢疫情防控的人民战争、总体战、阻击战，毫不懈怠、慎终如始抓好疫情常态化防控工作。认真总结疫情防控经验，完善疾病预防控制和重大疫情防控救治体系，加强乡镇卫生院、社区卫生服务中心建设，投资1500万元实施中西医结合医院改扩建工程，提高应对突发重大公共卫生事件的能力水平。加强城市医疗集团建设，推动蒙中医院牵头成立医疗集团。实施重点专科引领，打造特色诊疗品牌，启用区医院围产中心，实现区级公立医院特色发展。巩固基层中医药服务阵地，创建中医特色名医工作室5个，打造东河区名中医联合诊疗中心，促进中医药产业化发展，争创国家中医药基层先进单位。

繁荣发展文体事业。深入实施文化惠民工程，组织各类文化活动400场以上。推动东河区文体艺术中心、非遗民俗博物馆等项目落地实施，完成档案史志馆新馆搬迁工作。加大沙尔沁抬阁、包头剪纸等非物质文化遗产传承和利用，年内至少新增区级非遗项目5项，市级非遗项目6项，切实保护好地区历史文化底蕴，让城市留住记忆。广泛开展群众性体育健身活动，支持聂卫平围棋道场举办精品赛事，积极引进国内知名赛事品牌，促进体育健身产业市场化发展。

提高社会治理能力。总结疫情防控网格化治理经验，推动信访维稳、安全生产、便民服务等工作与网格化管理有效结合，提升基层治理精细化水平。学习践行新时代“枫桥经验”，健全矛盾纠纷多元化解工作机制。加强应急管理体系建设，提高防灾减灾救灾能力，压实安全生产责任，坚决遏制重特大事故发生。落实“四个最严”要求，加强食品药品安全监管，保障群众舌尖上的安全。深入开展煤炭资源领域违规违法问题专项整治。持续深入推进扫黑除恶专项斗争，严厉打击各类犯罪活动，全力构建“云眼卫士”社会治安防控智能体系，不断增强群众的安全感和满意度。扎实做好“七五”普法和法治政府建设验收工作。积极参与争创全国双拥模范城“九连冠”工作。认真做好第七次全国人口普查。深入持久开展民族团结进步创建工作，不断提高宗教工作法治建设水平。

三、全面加强政府自身建设

决胜全面建成小康社会，推动高质量发展，需要我们加快推进治理体系和治理能力现代化建设，全面提升履职能力和服务水平，努力建设人民满意政府。

加强政治建设。坚持把政治建设摆在政府工作首位，深入学习习近平新时代中国特色社会主义思想，认真贯彻习近平总书记关于内蒙古工作的重要讲话重要指示精神，增强“四个意识”、坚定“四个自信”、做到“两个维护”的政治自觉。坚持“守初心、担使命”，坚持党对一切工作的领导，并贯穿到政府工作各个领域，坚决贯彻落实中央、自治区、包头市和区委各项决策部署，做到政令畅通、令行禁止。

推进依法行政。坚持运用法治思维和法治方式推动工作，依法依规依程序履行政府职能。自觉接受人大依法监督、政协民主监督、社会舆论监督，认真办理人大代表议案和政协提案，加大政务公开力度，主动回应社会关切。更加注重审计监督，落实重大行政决策合法性审查制度，发挥政府法律顾问和专家咨询作用，不断提高政府科学决策、民主决策、依法决策水平。

增强履职本领。坚持和完善学习制度，努力优化知识结构，增强领导能力。强化改革创新意识，打破惯性思维，摆脱路径依赖，创造性开展工作、破解难题，努力把高质量发展的步子迈得更加扎实。严格目标管理，加强督查问效，激励广大干部跳起来摸高、跑起来干事，在攻坚克难、推动发展中给人民群众带来看得见、摸得着、感受得到的变化。

强化廉洁从政。落实全面从严治党主体责任，认真履行“一岗双责”，深入推进政府系统党风廉政建设。严守政治纪律和政治规矩，严格落实中央八项规定及实施细则精神，强化重点领域和关键岗位廉政风险防控，坚决查处发生在群众身边的腐败问题。坚持过紧日子思想，大力压减一般性支出和“三公”经费。

使命在肩、初心如磐。让我们紧密团结在以习近平同志为核心的党中央周围，在市委、市政府和区委的坚强领导下，紧紧依靠全区干部群众的智慧和力量，以“功成不必在我”的精神境界、“功成必定有我”的责任担当，勠力同心、锐意进取，全力冲刺“十三五”，决战决胜全面建成小康社会，为全面建设富裕平安和谐美丽幸福新东河、实现第一个百年奋斗目标、开启第二个百年伟大征程而努力奋斗！

中国人民政治协商会议
包头市东河区第十届委员会常务委员会工作报告

——政协包头市东河区第十届委员会第二次会议

2019年2月13日

东河区政协主席 白继文

一、2018年工作回顾

2018年，是政协包头市东河区第十届委员会常务委员会的履新之年。一年来，在中共东河区委的坚强领导下，区政协常委会以习近平新时代中国特色社会主义思想为指导，认真学习贯彻党的十九大精神，牢牢把握团结和民主两大主题，深入贯彻落实习近平总书记关于加强和改进人民政协工作的重要论述，围绕中心扎实履职，服务大局创新实干，全力推动新一届政协开好局、起好步，为助力我区经济社会发展做出了新的贡献。

（一）筑牢思想基础，政治引领彰显新气象

牢牢把握政协工作的性质定位，不断丰富学习内容，积极创新活动形式，引领政协委员和机关干部保持清醒政治头脑，始终与党中央同心同德、同行同向。

学习培训形式多样。开展了“党的十九大精神”知识竞赛，引导委员提高政治站位、坚定政治方向；举办专题讲座，邀请内蒙古政协理论研究会副会长蔺雪山领学全国“两会”精神及新修订的《中国人民政治协商会议章程（修正案）》，邀请青山区政协主席魏旭讲解新时代政协委员如何履好职尽好责，邀请市政协提案委主任刘美英解读完善制度程序推动提案工作高质量发展，增强委员准确把握新形势下人民政协特点优势、职能作用和工作规律；组织委员外出培训，赴浙江大学开展履职能力提升和宏观经济形势学习，委员的使命感和责任感进一步提升。

理论武装明显加强。区委制定出台了《关于加强人民政协协商民主建设的贯彻落实意见》《关于加强和改进人民政协民主监督工作的贯彻落实意见》，对我区政协工作的开展提供了基本遵循；参加区委理论中心组学习14次，撰写心得体会27篇，召开政协双周集中学习会18次，领导领学党章、政协章程，学习郑德荣等7位优秀党员的先进事迹并进行组织研讨，“两学一做”学习教育形成常态化制度化；开展习近平总书记加强和改进人民政协工作重要论述、政协主席汪洋提升政协工作质量的新部署新举措新要求大学习大讨论专题研讨，深刻领会新时代政协重大理论实践问题，引领全体政协委员在政治立场、政治方向、政治原则、政治道路上，始终同以习近平同志为核心的党中央保持高度一致。

从严治党不断强化。定期研究党的建设、廉政建设和意识形态工作，落实“一岗双责”，完善汇编党建规章制度，严肃进行党支部换届，积极开展“作风建设年”活动，严格执行“三会一课”制度，高质量开好民主生活会。区政协党组充分发挥党的领导核心作用，党员领导干部参加党支部组织生活会，带头讲党课，参加主题党日活动，观看保密工作宣传片、廉政教育片，参观青少年警示教育基地、抗日英烈祠，开展“双服务、双认领”活动，区政协党建工作进一步夯实。

（二）深入履职尽责，议政建言取得新成效

依托人大常委会会议、主席会议、专委会、界别、提案办理等协商平台，按照“精、专、深、实”的原则开展调研视察、协商建言、民主监督，不断提高履职实效。

协商议政成果丰硕。坚持区委有部署，政协有行动的理念，围绕“五区目标”，紧扣“打造200万吨级大型铝合金生产基地”“集循环农业、创意农业、农事体验于一体的田园综合体试验区”等议题，精心组织课题式调研，撰写高质量调研报告，助推经济转型升级。围绕“三大攻坚战”，聚焦“城市原煤散烧污染治理”“坚决打赢扶贫攻坚战”等议题，组织开展问题式调研，提出合理化解决建议，助推城乡居民生活质量提升。围绕社会事业，着眼“全面提升教育教学质量”“深化医疗制度改革”等议题，认真进行视察性调研，形成高质量资政建议，助推民生不断改善。全年向区委提交调研报告3份，特别是《关于打造田园综合体的专题协商报告》和《关于全面提升东河地区教育教学质量的调研报告》受到区委李世明书记的签批肯定；区政府贾保良区长就乡村振兴战略和精准扶贫工作建议，专题组织相关部门进行探讨协商。《推动“城市矿产”基地建设发展再生资源循环经济》专题报告被包头市政协确定为十三届二次会议大会交流发言，并引起市领导的关注。

民主监督深入开展。围绕改进作风、勤政为民，对审计局、民宗局、信访局、财政局、国土资源分局5个部门进行专项工作民主评议，对区检察院开展了工作视察，完善工作程序，带着问题会诊，促进行政效能的提高，增强了民主监督的力度。推荐20余名政协委员担任行风政风监督员，发挥其在行风评议、廉洁从政、转变作风中的监督作用，拓展了民主监督的广度。加强调研视察监督，围绕“加大放管服改革力度”“物业管理提档升级”等专题，深入开展主席会议集体视察和界别委员跟踪视察，加大了民主监督的强度。充分发挥提案主渠道作用，全年共征集提案152件，立案138件，上报市政协提案7件；发挥社情民意“直通车”专门渠道作用，建立社情民意直报点5个，提案组编辑上报社情民意信息20期，居全市第二位；其中，《关于有效降低偏远农村牧区急性脑死亡（致残）率的建议》《完善公交专用道交通设施的建议》和《关于提升基层食品药品特种设备安全监管人员专业化水平的建议》，受到市领导高度重视并作出签批，延展了民主监督的深度。

服务社会持续发力。响应国家“扶贫攻坚”政策，区政协印发了《关于鼓励全体政协委员积极参与脱贫帮扶公益救助活动的通知》，建立以专委会为依托、界别委员为特色的助力脱贫攻坚工作机制。政协班子成员多次深入困难家庭走访慰问，送去慰问金和生活用品；广大委员深入村社区，开展扶贫义诊、公益讲座、捐资助学、文化下乡等系列活动，累计捐款捐物5万余元，服务困难群众800余人次。政协“同心捐助协会”开展慰问我区一线环卫工人活动，共计捐款捐物12.3万元，为促进社会和谐贡献力量。

（三）积极联众创新，共谋发展打开新局面

充分发挥政协联系广泛、人才荟萃、求同成事三大优势，创新载体、搭建平台，交流合作、促进团结，凝聚新时代统一战线力量。

“委员之家”作用凸显。依托界别小组，成立7个“委员之家”，组织各界别委员积极深入基层、联系群众、收集社情民意，开展学习研讨、文体联谊等活动，成为委员之间联络沟通、交流合作、发挥作用的新型平台。经济科技界别组召开营造企业家健康成长环境座谈会；城建环资界别组慰问退伍老兵；提案界别组“七一”慰问部队官兵；社会与保障界别组走进包头市儿童脑瘫康复中心，送出精美的“六一”礼物；法制民族界别组为滨二社区居民作关于饮食与健康的知识讲座；教育体育文化卫生界别组在“教师节”前慰问一线教师委员；学习文史组为磴口村捐赠农业生产资料、科普图书。“委员之家”成立以来，累计开展各类活动20余次，收集意见建议130余条，委员主体活力进一步增强。

联动走访协作加强。密切与省市内外兄弟政协的研讨合作，参加全国部分城区（县、市）政协工作研讨会第三十一次会议并做大会交流发言，全年接待市政协及外地政协视察考察12次，列席市政协主席会议、人大常委会会议28次，参加市政协各类座谈会、培训会8次，开拓视野、交流互动，提升了区政协协商民主建设的能力和水平。全年走访看望市区两级政协委员100余人次，了解委员工作和履职情况，征询吸纳各阶层和群众的意愿要求，及时进行反馈处理；慰问联络政协离退休干部、包联企业、村（社区），加强工作对接，平衡各种利益诉求，起到了解决发展问题、促进社会和谐进步的作用。参加民族宗教节日庆典，深入宗教场所调研，宣传贯彻党的民族宗教政策，促进宗教和顺。

“政协专家库”献智助力。为发挥新型智库在协商民主建设中的作用，聘请本市行政事业单位、企业在经济、教育、农业、法治等多个领域的19位专家组建成立“政协专家库”，引领各界别委员为协商议政贡献才智。在专家的积极参与下，区政协参政议政建议质量明显提高，已累计提出有价值的建议30余条，受到区委区政府及各部门的广泛关注；在专家的指导下，政协文史资料编撰工作已全面启动，正在编印的《东河史话》填补了我区改革开放以来政协文史资料编撰的空白。

（四）严格依章管理，队伍建设再上新台阶

主动适应新时代新任务新要求，拓宽工作思路，规范工作流程，完善制度保障，政协履职方式与时俱进，履职能力进一步提高。

委员管理对标落实。按照习近平总书记提出的“懂政协、会协商、善议政”和“讲规矩、守纪律、重品行”要求，引导委员当好界别群众的代表、本职工作的模范、政协履职的主体，通过完善《委员履职考评办法》，细化量化委员管理，建立委员履职档案，提升委员履职的主动性和积极性。41名常委在常委座谈会上，进行履职交流，7个界别小组负责人在年度例会上做述职发言，198名委员填写年度考核登记表。今年共有35名优秀委员和14名优秀提案者受到表彰，对14名因工作变动、涉法涉案、考评不称职的委员进行了调整。

专委会工作有序规范。修订完善《专委会通则》和《委员视察工作制度》，按照年度工作要点和协商计划，规范协商流程，坚持求实协作原则，把问题摸清，把症结找准，把建议提实。从课题选择、方案制定、现场视察、报告草拟等方面都做到了精心谋划，调研前培训委员专业知识，调研中协调相关部门支持配合，调研后提交报告跟踪反馈，专委会工作规范性、能动性进一步增强。全年共开展主席会议重点协商、对口协商、界别协商、提案办理协商11次，真正做到参政议政有基础，建言献策有水平，反映民意接“地气”。

机关效率明显提升。在区委重视支持下，调剂增加了5个行政编，完善了“一办三委”组织机构设置，干部配备基本到位，分工明确，责任清晰，工作活力明显增强。设立“学习讲堂”定期开展研讨交流，参加征文、绘画、健步走、羽毛球赛等文体活动，制定出台《东河区政协工作规则》和《东河区政协机关工作规则》制度汇编，开设“东河政协”微信公众号和委员联络微信工作群，机关凝聚力和工作效率明显增强。

回顾一年来的工作，我们深切地感受到，十届政协一次会议以来工作成绩的取得，是中共东河区委的正确领导和上级政协有力指导的结果，是区人大、区政府大力支持和有关部门密切配合的结果，也是全体政协委员和参加政协的各民主党派、工商联、无党派人士、各人民团体以及政协系统全体干部团结协作、共同努力的结果。在此，我代表区政协十届常委会向所有关心支持我区政协事业发展的各级领导、广大政协委员和社会各界人士，表示衷心的感谢和崇高的敬意！

在看到成绩的同时，我们也清醒地认识到，工作中还有不少需要改进和提高的地方，如协商议政提出的意见建议还不够精准，民主监督的力度需要加大，提案和反映社情民意缺乏全局站位和深度，委员履职的能力水平还有待提高等等。这些问题和不足，需要在今后的工作中认真加以改进。

二、2019年工作安排

2019年，是中华人民共和国成立70周年，也是人民政协成立70周年，区政协将团结带领广大政协委员承担新使命，展现新作为。今年，区政协常委会工作的指导思想是：坚持以习近平新时代中国特色社会主义思想为指导，认真贯彻中共十九大精神，深入落实习近平总书记关于加强和改进人民政协工作的重要论述，紧紧围绕包头市政协十三届二次会议精神和东河区委十届九次全会的决策部署，把智慧和力量凝聚到构筑“五区目标”，建设“五大组团”，实现“五大突破”上，认真履行政治协商、民主监督、参政议政三大职能，开拓创新、务实履职，全面开创新时代东河政协新局面，为我区全面建成小康社会收官做出新的更大贡献。

（一）提高政治站位，切实抓好政协党建工作。自觉接受中共东河区委领导，切实遵循区政协党组向区委请示报告制度，把贯彻落实区委的决策部署体现在履职尽责的具体实践中。完善政协系统党建工作，通过“支部建在界别上”，实现党的组织对党员委员的全覆盖、党的工作对政协委员的全覆盖，全面做到“委员聚在党旗下”。以临时党组织形式建立界别组党支部，党员委员在不脱离原单位党组织隶属关系的基础上，加入政协界别组党支部，实现“一方隶属、双重生活”。由界别组组长或副组长担任支部书记，区政协党组成员分别联系界别组党支部、党员委员联系党外委员，在区政协党组统一领导下，实现横向到边、纵向到底的党的领导体系全覆盖。将党支部阵地与“委员之家”活动室合二为一，明确党支部职责，制定年度支部活动计划，考核党员委员支部活动效果，真正使界别党支部做到“有组织、有阵地、有制度、有计划、有活动、有考核”，最大限度发挥党员委员先锋模范带头作用。

（二）提升履职能力，切实围绕中心服务大局。坚决做到区委的决策部署到哪里，区政协力量就汇聚到哪里；做到区委的工作推进到哪里，区政协作用就发挥到哪里，切实把思想和行动统一到实现区委重大决策部署上来，不断提高调查研究、联系群众的能力，建诤言，献良策，努力使政协工作与发展大局合拍、与中心工作同步、与群众意愿相符。要紧扣中心协商议政，找准服务大局与发挥政协优势的结合点，按照区委十届九次全会提出的改革发展任务，围绕实体经济高质量发展、特色化城市建设、乡村振兴、“三大攻坚”等领域，策划一批重大选题，发挥政协人才聚集和“专家库”作用，实行重大课题深度调研协商、重点议题广泛调研协商、视察课题跟踪调研协商，提交2～3篇高质量调研报告，为推动我区经济社会高质量发展献计出力。要关注民生加强监督，持续关注社会就业、教育发展、医疗卫生、公共文化服务等热点问题，通过提案、社情民意信息、特派监督、民主评议等方式，充分反映民意，在调研中协商，在协商中监督，在监督中建言，切实为我区全面建成小康社会发挥积极作用。要促进和谐参政议政，坚持党的群众路线，牢固树立以人民为中心的思想，把人民群众普遍关心的难点、热点问题和关系人民群众切身利益的焦点问题，列为调查研究、参政议政的重要内容，结合乡村振兴县级领导包村任务，带着问题，深入群众，精准发力，做好协调关系、化解矛盾、凝聚共识的工作，为维护社会和谐稳定贡献力量。

（三）形成团结合力，切实画好画大“同心圆”。深入贯彻落实党的统一战线工作精神，牢牢把握团结和民主两大主题，发挥政协优势，提高合作共事能力，汇聚强大向心力。要坚持商以求同、协以成事，弘扬民主精神，践行协商理念，让委员愿讲话、敢讲话、讲真话，带着感情和政协委员交往，带着真情和政协委员交流，努力增进共识、促进团结，营造良好和谐氛围。要充分发挥“委员之家”的政治参与、利益表达、社会融合的功能，提升政协工作活力，丰富政协工作内容，把社会各界人士像石榴籽那样团结凝聚在一起，画出最大同心圆。要充分发挥民族、宗教界代表人士的作用，开展党的民族宗教政策宣讲活动，促进民族团结、宗教和睦、社会稳定。要认真贯彻落实习近平总书记在民营企业座谈会上的讲话精神，充分调动委员企业家的履职积极性，落实促进民营经济高质量发展的部署要求，为招商引资工作牵线搭桥，做好包联企业和项目工作，关注委员企业成长和诉求，搭建服务对接平台，解决委员企业发展困难，营造良好营商环境，促进民营经济健康快速发展。

（四）加强交流互动，切实推动“两支队伍”建设。深入贯彻政协主席汪洋“以学习增进思想共识、引领履职实践，促进政协事业发展”的要求，采取“走出去”的方式，组织委员赴知名院校或红色教育基地培训1-2次，以专委会为单位，带着课题，到先进地区考察学习；采取“请进来”方式，举办1-2期全体委员业务知识专题讲座和培训，整体提高委员和机关干部的政治意识和履职能力。要利用东河区政协微信公众平台，开设委员风采宣传专栏，每半个月按界别组选择一名优秀委员进行宣传，进一步调动委员热爱政协、倾情履职的积极性。要举办和参与纪念中华人民共和国成立70周年、人民政协成立70周年有关活动，进一步激发委员热爱祖国、关注政协发展的热忱。要建立委员履职智能管理系统，改进作风、提高执行力，打造一支遵章守纪、团结协作、善于履职、有所作为的新时代政协队伍。

新时代充满新希望，新使命提供新舞台。让我们更加紧密地团结在以习近平同志为核心的党中央周围，在中共东河区委的坚强领导下，勠力同心，开拓进取，履职奉献，为共同谱写东河发展新篇章再立新功！

特　辑

关于包头市东河区2019年国民经济和社会发展计划执行情况与2020年国民经济和社会发展计划（草案）的报告

——包头市东河区第十七届人民代表大会第三次会议

2020年4月28日

包头市东河区发展和改革委员会

一、2019年国民经济和社会发展计划执行情况

2019年，面对复杂严峻的国内外宏观经济形势和持续加大的经济下行压力，在区委的坚强领导下，在区人大和政协的监督支持下，全区上下坚持以习近平新时代中国特色社会主义思想为指导，深入学习贯彻党的十九大和十九届二中、三中、四中全会及中央经济工作会议精神，认真贯彻落实习近平总书记对内蒙古重要讲话重要指示精神和在黄河流域生态保护和高质量发展座谈会上重要讲话精神，全面落实自治区、包头市党委政府决策部署，坚持稳中求进工作总基调，践行新发展理念，落实高质量发展要求，紧紧围绕构筑“五区目标”，加快推动“五大组团”建设，扎实做好“六稳”工作，经济社会发展保持总体平稳，延续稳中有进态势。区十七届人大二次会议审议批准的国民经济和社会发展计划执行情况总体较好。地区生产总值同比增长5.6%，规模以上工业增加值增速同比增长10.9%；固定资产投资同比增长22%；社会消费品零售总额完成334.3亿元，同比增长4.2%；城乡居民人均可支配收入分别完成45780元、24523元、分别同比增长6.4%、9.4%；一般公共预算收入完成10.33亿元；城镇登记失业率保持在3.9%以内。

（一）三次产业协调发展，综合经济实力不断壮大

一是传统工业改造稳步实施。铝产业链条不断向下游延伸，包铝新建2万吨高纯铝、平源20万吨稀土铝合金、通标年产50万平方米铝模板、盛泰年产30万只卡巴轮、汇众300万套汽车零部件以及凯普松、丰川电子74条化成箔

生产线等项目竣工投产，中氢能源新材料产业园开工建设，铝产业高质量发展步伐加快。“城市矿产”示范基地建设稳步推进，平远100万吨废钢铁、鑫生源4万吨废旧轮胎项目投产达效，资源循环利用产业规模化发展。园区承载和服务能力持续升级，华云铁路运煤专用线开工建设，成功引进17家企业盘活闲置土地640亩、闲置厂房8.8万平方米，帮助企业协调争取贷款、资金5.17亿元，园区发展水平不断提升。

二是现代服务业优化发展。商贸服务业发展日趋高端化，维多利摩尔城投入运营，新城吾悦广场商业综合体项目进展顺利。积极推动文商旅融合发展，包头福巷、老包头记忆历史街区等项目扎实推进，聂卫平围棋道场落户乔家金街，南海湿地风情街建成开放，为地区经济发展注入新活力。借助“一带一路”发展机遇大力发展现代物流业，制定《关于加快现代物流业发展的实施方案》，唐山港内蒙古公铁物流内陆港挂牌，东河智慧物流港项目启动建设，物流企业全年货物发运量达1300万吨、实现产值26.7亿元。

三是现代农牧业有序发展。全区农作物播种面积13.42万亩，其中，主要农作物玉米7.51万亩、蔬菜5.56万亩、小麦等其他作物0.35万亩。全区牲畜存栏9.6万头（只），出栏4.27万头（只），禽类存栏69.3万羽，出栏12.9万羽。“一个基地、两个观光园、七个特色产业示范种植园”建设规模显现，建成厚墙体温室1000亩，发展优质新品种葡萄、“一穴多株”玉米、海水稻等特色农业8600亩，什大股5000亩稻鱼种养农旅融合项目开工建设。建成标准化设施农业示范基地5000亩，设施蔬菜高质高效创建面积超5万亩，连续获评自治区设施农业高质高效生产创建示范区。农牧业品牌知名度和影响力进一步提升，新增市级以上农牧业产业龙头企业9家、产业化联合体5个，创建家庭农场17个，农产品销售收入同比增长26.7%。新增“三品一标”品牌4个，5家绿色食品认证企业加入国家农产品质量安全追溯平台。

（二）项目建设进展顺利，经济发展支撑有力

一是重点项目扎实推进。总投资356.4亿元的75个市级调度亿元以上重点项目全部实现开复工，竣工16个，完成投资107.65亿元，固定资产增速居全市前列。实行县级领导包联项目制度，按月召开重点项目调度会并印发专报。通过“上协调、下沟通、到现场、跑部门”的方式，将走访项目和服务企业常态化。

二是招商引资成效显著。制定《东河区重点产业链招商“链长制”实施方案》，全力推动产业链招商。全年共签约北京中氢能源、南京东冉科技等项目32个，协议金额152.69亿元。引进国内（区外）资金35.43亿元，完成全年目标的177.95%。

三是金融扶持实体经济形式多样化。争资争项能力进一步提升，制定《2019年争取上级预算内资金政策解读》，争取到2019年中央预算内资金1.1亿元。金融服务能力进一步增强，与中国银行签订战略合作协议，在5年内为我区发展提供不低于30亿元意向融资安排，各金融机构为企业融资峰值达到41.7亿元。农业银行、建设银行等多家银行推出“纳税e贷”“云税贷”“微捷贷”等无担保、纯信用、自助便利化业务，为我区371户企业提供贷款9773.5万元。

（三）落实重大决策部署，“三大攻坚战”取得阶段性成果

一是有效防范化解重大风险。全年争取新增地方债券3.5亿元、再融资一般债券2.5亿元，化解政府债务6.26亿元，完成年度任务的193%。圆满完成民营企业、中小企业账款年度清偿任务。积极开展金融领域非法集资和涉黑

涉恶排查，稳妥化解网络借贷等互联网机构存量风险。

二是精准脱贫有力推进。积极推进整改中央脱贫攻坚专项巡视、国家和自治区成效考核指出问题，落实各项整改措施250条。持续开展建档立卡及边缘人口动态管理，全年无新增贫困人口和返贫人口，建档立卡贫困人口实现人均年纯收入1.5万元，同比增长12%。严格落实“四个不摘”要求，延续教育、医疗、社会保障兜底等16类政策，实施2个扶贫项目，区本级投入250万元，争取上级专项扶贫资金234万元。

三是污染防治成效显著。全力打好蓝天、碧水、净土保卫战。实施包铝、华云电解烟气脱硫改造5个大气污染防治重点项目，推动城乡清洁能源替代和沙尔沁镇10个村天然气替代改造工程，加大扬尘污染管控和治理，全区二级以上良好天数284天，达标比例78%。推动东华热电废水资源化利用项目建设，润通污水处理厂提标改造工程开始调试运行，建成华资地区居民生活污水收集处理项目，完成磴口水源地和典型乡镇水源地评估。实施工业固废、危废和医疗废物专项整治，铝业园区固废渣场完工，东河区垃圾填埋场污泥处置和旧场封场工程开工建设，全区生态环境质量持续改善。

（四）城乡建设统筹并进，生态文明建设全面加强

一是城市功能品质稳步提升。东北外大街通车，北梁地区道路承载能力不断加强。东方壹号院、吾悦和府等房地产项目进展顺利。持续推进中心城区改造，完成南门外大街、东门大街、西脑包大街等5条道路改造和“天网入地”工程，环南海湖污水干管工程完成铺设。实施棚户区改造520户，完成“三供一业”住宅小区改造34个，实施21万平方米供热二次网改造和1.24万平方米燃煤散烧治理集中供热并网工程。对94个小区实施准物业管理工作，小区综合物业管理实现全覆盖，新增星级物业管理达标小区29个，星级物业占比38.4%。

二是农村人居环境全面改善。扎实推进农村人居环境整治，完成户用卫生厕所、农村公厕改造任务，建成户用一体化污水处理设施123套、集中式污水处理设施1座。秸秆综合利用率、畜禽粪污资源化利用率完成上级下达指标任务要求。集中开展“三清一改”，清理农村生活垃圾9万余吨，清理沟渠河道70多公里，村庄环境卫生得到有效整治，村容村貌明显提升。河东镇获评全国卫生乡镇。

三是沿黄生态保护和治理持续改善。加快推进“三线”生态建设工程，全力推进阿善文化遗址及周边生态整治工作，严厉打击破坏森林和野生动物资源违法犯罪行为。严格落实河湖长制，推动河湖长制延伸到村，实现境内河湖“全覆盖”。开展“保卫母亲河、携手清四乱”等专项整治行动，壕赖沟整治工程、东河段黄河二期防洪工程竣工，北梁供水、农村给排水整治等工程有序推进，水生态环境进一步优化。

四是南部区建设有序推进。成立铁路以南地区总部经济园区推进领导小组和南海地区产业发展服务中心，完成产业发展规划编制及核心区道路控规调整，拟发展临空经济、总部经济、创新经济、黄河湿地文化旅游、呼包鄂特色商贸物流中心等产业。积极与大型实力企业对接洽商，合理有序、分片区、有步骤地推进产业导入和重大项目开发建设。

（五）改革开放持续深化，发展活力不断增强

一是营商环境改革成效明显。深化“放管服”改革，在全市率先完成国家级基本目录事项审核发布。强化“一站式”综合服务能力，将供热、供水等20余项市政公共服务事项纳入大厅办理，餐饮业证照实行“一窗式”服务模式，梳理公布“最多跑一次”事项49项，

全面启动新政务大厅建设工作。扎实开展“双随机、一公开”监管工作，开展跨部门联合检查。全力推进社会信用体系建设工作，年内归集各类信息4.9万条，开展“信用七进”宣传活动15次、“诚信万里行”宣讲7场。政府机构改革全面完成。

二是供给侧结构性改革不断深化。园区增量配电业务改革深入推进，10户企业加入自治区电力多边交易，交易电量81.4亿度，节约成本5.9亿元。落实更大规模减税降费政策，为企业减轻税费负担3.4亿元。新建商品房销售6881套、建筑面积77.73万平方米，分别同比增长24.41%、25.8%，城市棚户区改造消化库存房源482套。创新企地融合发展新机制，推动国有驻包企业与红卫日化、云谷电力、西蒙皮业等建立合作。扎实开展军民融合，包头市军分区与正北食品达成采购协议，使更多企业参与到“民参军”领域。

三是创新驱动能力持续增强。区域产业创新集群初步形成，推动启迪K栈双创园区中百里网络、嘉腾影视等4家公司在内蒙古股权交易中心青创板挂板。盛泰汽车零部件、丰川电子获评国家高新技术企业，鹿王羊绒、山川圣阳被确定为国家知识产权优势企业，北辰饲料“绿色饲料”研究中心获评自治区企业研究开发中心。协助企业获批科研科技成果奖补资金760万元，8家企业与中国农业大学、内蒙古科技大学等12所高校和科研机构开展产学研合作，转化运用科研成果21项，不断提升企业核心竞争力。19户企业入选自治区“专精特新”示范中小企业库。

（六）社会民生事业全面发展，发展成果实现共享

一是社会保障体系日益完善。全年民生支出16.1亿元，较上年增长7.4个百分点。实施积极的就业政策，加强就业创业公共服务，创业贷款、援企稳岗等措施惠及群众1.6万人，全年城镇新增就业1万人以上，建成北梁创业实训基地。创建自治区首家人力资本产业园，吸引19家国内优质人力资源企业入驻。大力实施全民参保计划，养老保险扩面新增5844人。积极落实社保降费率、调费基，为企事业单位减费1800余万元。城乡居民和城镇职工基本医疗保险报销比例分别达到75%和85%。持续提升困难群众基本生活保障水平，发放民生补助资金3816万元。全面落实优抚安置政策，足额发放退役士兵补助等各类资金2063.4万元。扎实做好老龄工作，发放高龄津贴1168万元。成立2家社会养老机构，新增床位210张，打造互助幸福院、农村养老服务站、社区日间照料中心示范点20个，国家城企联动普惠养老服务项目成功落地沙尔沁镇东园村。

二是优质教育资源均衡发展。深入实施“领航校长”“卓越教师”工程，建立8个教改联盟、17个“名师工作坊”，4名教师被评为自治区学科带头人。全区统一组织“阳光分班”，三校派位名额持续扩大，“大班额”现象全面消除。幼儿园普惠率提高到86%，全区中考总均分、优秀率均位居全市第一，高考一本上线率和本科上线率分别提升2.8%、9.3%，教学质量极大提升。转龙藏小学二期交付使用，包一中、景开中学新校区、公园路小学富力校区基本建成，包二中综合体育馆项目有序推进。

三是卫生健康服务更加完善。深入推进健康城市建设，健康细胞示范点达到11个。加强公共医疗服务体系建设，组建城市医疗集团，中医康复保健中心、胃肠疾病诊疗中心挂牌运营，新建疾控中心投入使用。强化中医药服务能力，成立中医药文化推广中心。加快推进医养结合工作，积极创建自治区级慢性病综合防控示范区，家庭医生签约服务对常住贫困人口实现全覆盖。

四是文体旅游事业取得新发展。提升公共

文化服务水平，举办第11届“西口”文化艺术节、“弘扬乌兰牧骑精神”等文化惠民活动近400场。不断深化文物保护和非遗传承，启动实施阿善遗址、龙泉寺、大仙庙3处文物保护修缮工程，新增市级“非遗”项目6项、区级21项、传承人27人。举办群众体育活动150场，新增体育健身站点5家，全民健身中心具备运营条件。制定全域旅游发展规划，开展形式多样的旅游节庆活动，开展“抖in包头·寻根东河”推广活动，发行《老包头记忆》系列丛书。

五是社会大局和谐稳定。认真落实民族宗教政策，圆满完成中央宗教工作督查任务，沙尔沁镇阿都赖村被评为第三批“全国少数民族特色村寨”。严格落实安全生产责任制，不断强化应急管理体系和能力建设，生产安全事故同比下降11.1%，安全生产形势总体稳定。开展“雷霆行动”“百日攻坚”等专项整治行动，食品药品安全监管防线更加牢固。扎实开展扫黑除恶专项斗争，打掉涉黑组织、团伙、犯罪集团15个，破获刑事案件162起，抓获犯罪嫌疑人128人。扎实推动信访积案化解，有效化解鼎太风华等13件社会矛盾积案。大力开展农民工工资治欠保支工作，农民工欠薪案件数量同比下降60%。

此外，“七五普法”、人民武装、总工会、共青团、妇联、工商联、红十字会、残联、统计、关心下一代、“双拥”、退役军人、人事、审计、档案史志等各项工作也取得了新的进展，驻区医院、高校、铁路、民航等单位为全区经济社会发展做出了新贡献。

总体上看，全区各项工作按照年初确定的各项任务有序推进，取得了一定成绩。由于铝及铝深加工产品市场价格波动、企业产量下降、房地产销售面积显著减少、限额企业销售增长乏力、大规模减税降费等因素影响，导致地区生产总值、社会消费品零售总额2项指标略低于预期目标，但固定资产投资增速高于全市20个百分点，增速居全市前列。在总结成绩的同时，我们也清醒地认识到，当前经济社会发展中还存在一些短板和弱项。经济下行压力依然较大，投资增长后劲不足，实体经济发展面临困难挑战；经济结构性矛盾依然突出，传统商贸业转型升级较慢，现代服务业发展层次偏低，对经济增长的拉动作用不明显；基础设施欠账较多，公共服务供给、民生保障改善等方面与群众美好生活的需求仍有差距；资源环境约束日益趋紧，环境保护和污染防治任务艰巨，重大项目用地供需矛盾更加凸显。对此，需要我们强化问题导向，采取有力措施，认真加以解决。

二、2020年国民经济和社会发展的预期目标与主要任务

2020年是全面建成小康社会、实现第一个百年奋斗目标的决胜之年，也是全面完成“十三五”规划的收官之年，全区经济社会发展工作的总体要求是：坚持以习近平新时代中国特色社会主义思想为指导，全面贯彻党的十九大和十九届二中、三中、四中全会精神，坚决贯彻党的基本理论、基本路线、基本方略，增强“四个意识”、坚定“四个自信”、做到“两个维护”，紧扣全面建成小康社会目标任务，坚持稳中求进工作总基调，坚定不移贯彻新发展理念，坚持以供给侧结构性改革为主线，坚持以改革开放为动力，推动高质量发展，坚决打赢三大攻坚战，全力抓好疫情防控，全面做好“六稳”工作，认真落实“六保”任务，统筹推进稳增长、促改革、调结构、惠民生、防风险、保稳定，保持经济运行在合理区间，努力把疫情对经济社会发展的影响降到最低，增强人民群众获得感、幸福感、安全感，确保全面建成小康社会和“十三五”规划圆满收官。

2020年，全区经济社会发展的主要预期目标是：地区生产总值增长6%左右，固定资产投

资增长6%左右，社会消费品零售总额增长6%左右；一般公共预算收入增长6%左右；城乡居民人均可支配收入分别增长6.5%、7.5%左右。城镇登记失业率控制在3.9%以内。全面完成上级下达的节能减排约束性指标。为此，我们要统筹安排、突出重点，努力抓好以下工作：

（一）推动产业结构优化升级，打造高质量发展新引擎

一是推动主导产业提档升级。加快推动华云三期42万吨合金铝项目落地开工，全力支持包铝自备电厂3号机组获得核准批复，巩固铝电联营资源优势。加速形成年产6万吨高纯铝生产规模，推动桂东电子70条化成箔生产线项目落地，力争化成箔生产能力突破6000万平米，打造国内最大的高纯铝和化成箔生产加工基地。加快推动四通新材5万吨铝及稀土合金、河南圣昊21万吨铝电磁线及3万吨铝焊丝项目建设，推动新汇泽铝业20万吨稀土铝合金及5万吨高端工业型材、中氢能源介孔纳米铝新材料等一批延链、补链、强链项目建成投产，支持盛泰、汇众等汽车零部件生产企业扩大产能。抓住包头市创建“无废城市”契机，夯实国家“城市矿产”示范基地产业基础，推动总投资14.5亿元的9个城市矿产重点项目投产达效，加快红泉地年处理8000辆报废汽车拆解、华源天鹿铝灰资源化利用、中朵远大装配式建筑建材、安徽阳露粉煤灰建筑装饰材料等项目建设，增强废铝、废钢、废塑料、废橡胶等再生资源回收利用和工业固废资源循环利用能力，支持包铝绿色工厂实施绿色供应链管理。完善铝业园区基础设施建设，推进华云铁路专用线建设进程，启动园区标准化厂房建设项目，不断提升园区发展承载能力。

二是推动现代服务业优化升级。推动商贸业提档升级，鼓励通顺、环西、太平寺等传统商贸业创新经营模式。加快新城吾悦广场建设，壮大城市新型商业综合体。持续推进“约惠东河”系列活动，促进消费，激发市场活力。加大资源整合力度，包装提升九曲华街、乔家金街和耐火厂路特色美食街区，培育发展夜间经济。依托北梁新区闲置商铺资源，启动商贸服务业创业园项目，发展“一街区一业态”特色街区经济，加大项目策划和产业导入力度。大力推广好粮网、中燃壹品慧生活等电商平台开展“无接触”配送业务。加快打造现代物流体系，推进综合物流枢纽项目建设，着力培育龙头企业。推动集粮油应急储备、批发配送、食品精深加工为一体的包头粮食产业园项目实施。

三是推动农业产业创新发展。持续推进“一个基地、两个观光园、七个特色产业示范种植园”建设，推动什大股稻鱼生态种养农旅融合项目投产达效，加快农业与旅游、文化等产业融合发展。提升农业综合生产能力，新建厚墙体温室1000亩、高标准农田5000亩。发挥华鹿、润泽园等企业龙头带动作用，做大蔬菜育苗、特菜示范种植、农产品精深加工等产业规模。培育农业经营主体，新增市级以上龙头企业、示范合作社、示范家庭农场10个以上。加强农产品电商平台建设、产销对接和品牌包装，新增绿色、有机和地理标志认证产品5个。

（二）持续扩大有效投资，夯实经济发展支撑

一是突出抓好复工复产和重大项目建设。落实常态化疫情防控举措，“外防输入、内防反弹”。积极化解降低疫情影响，贯彻落实中央关于统筹做好疫情防控与经济社会发展各项决策部署和《包头市关于突出重点分类指导精准施策统筹兼顾做好疫情防控和经济社会发展各项工作的意见》精神，深入实施包联重点企业、重大项目机制，一企一策，精准帮扶，保障企业正常生产。抓好69个市级亿元以上重点项目建设，继续实行县级领导包联项目责任

制，狠抓项目开复工率、手续办结率、完成投资率，力争完成年度投资任务。围绕补短板、促升级、增后劲、惠民生，高质量谋划储备“十四五”项目，争取纳入国家、自治区、包头市盘子，形成梯次发展的良好势头。

二是加大招商引资效果力度。继续实施招商引资“市长旗长区长工程”和产业链“链长制”，围绕铝精深加工、循环经济、现代物流、文商旅融合、现代农业5大产业链，着力引进一批符合产业布局、具有乘数效应的好项目，健全项目签约、开工、竣工、投产服务机制，提高招商项目的签约率、开工率、投资率，力争年内新签约招商项目25个以上，其中，投资10亿元以上项目3个，协议投资总额达150亿元，引进国内（区外）资金20亿元。

三是增强金融服务经济能力。把抓项目作为稳投资的关键，抓住国家发行专项债券支持地方政府投资和加快“新基建”机遇，围绕5G网络、数据中心等新型基础设施建设和社会民生、现代服务业等重点领域谋划项目，积极争取各类资金支持，为推动项目建设、产业转型升级提供资金保障。全面落实支持民营企业改革发展政策措施，利用好包头市中小企业发展基金，发挥好“助保金贷款”金融支持作用，培育壮大民营经济。

（三）坚决打赢“三大攻坚战”，决胜全面建成小康社会

一是打赢防范化解重大风险攻坚战。树牢底线思维，落实化债责任，积极稳妥推进政府隐性债务化解，妥善应对刚性兑付风险，确保完成民营企业、中小企业账款清欠和年度化债任务。加强财源建设，强化税收征管，积极争取上级政策性资金、债券，争取新增均衡性转移支付1亿元。加强宣传教育，严厉打击违法违规金融活动，全力防范化解金融风险。积极推动国有企业重组整合轻装上阵，充分发挥化解债务、项目融资、招商引资、盘活存量资源四大核心功能，不断提升市场化投资管理和经营能力，推动企业可持续发展。

二是打赢精准脱贫攻坚战。聚焦全面建成小康社会总目标，开展脱贫攻坚全面排查，围绕“两不愁三保障”等重点内容，全面推进中央脱贫攻坚专项巡视等反馈问题整改。严格落实“四个不摘”要求，加大特殊贫困群众兜底保障，健全脱贫预警和脱贫成果巩固长效机制，持续巩固提升脱贫成果。加大“智志双扶”力度，提高扶贫资金管理，加大贫困边缘人口帮扶力度，推进脱贫攻坚与乡村振兴有效衔接，大力发展村集体经济，深入实施产业扶贫。

三是打赢污染防治攻坚战。全面完成中央环保督察“回头看”和自治区生态环境保护督查问题年度整改工作，持续推进大气、水、土壤污染防治。编制空气质量达标规划，加强“散乱污”企业、扬尘污染等综合整治，加大禁燃区散煤污染治理力度，在全区范围严禁燃放烟花爆竹和焚烧秸秆、垃圾等废弃物，完成包铝、森都碳素等8个企业烟气净化系统改造项目。完成东华热电废水资源化利用项目，推动润通污水处理厂中水回用工程投入使用，加快实施城镇和铝业园区雨污分流管线改造，加大黑臭水体整治力度，抓好饮用水源地保护。强化重点行业企业土壤环境监管，提高工业固废综合利用率。

（四）加快城乡统筹，提高新型城镇化水平

一是提升城市功能和品位。启动实施城市品质提升三年计划，加快北梁腾空区建设，积极推进北梁腾空区控规编制，着力实施北梁七路、八路等8个基础设施建设项目，推动景晟学府、绿地康养城等房地产项目建设。持续提升中心城区品质，实施工业路、西河东路等6条道路改造和城区13处道路绿化节点景观提质改造工程，完成8个老旧小区综合改造。推动建设公共立体停车场，完善城市服务功能。

完成遗留城市棚改征拆556户，探索老旧街区道路管网、公共设施、绿化美化一体化改造模式，先试先行西五街、南圪洞中心街区治理改造。提档升级物业服务水平，星级物业项目比例达到60%以上。

二是改善农村人居环境。深入推进农村人居环境整治，全力推进农村垃圾和污水治理、厕所革命等7项重点工程，实现生活垃圾清运率100%，卫生厕所普及率85%，粪污综合利用率75%。加快推进镇村给排水整治工程，扎实推进农村公路建设，对10.17公里农村公路实施安全生命防护工程，对5座危桥实施拆除重建工程，有序推进农村危房改造工作。

三是深入推进生态文明建设。积极推行生活垃圾分类试点工作，加强园林绿化养护和市政设施管理维护，持续改善城区生活垃圾转运站、公厕等环卫设施，统筹新建、改造城区公厕40座。严格落实河湖长制，加强农业面源污染防治，抓好畜禽粪污、秸秆资源化利用，继续保持化肥和农药使用量负增长。

四是着力推进南部地区产业发展。加快推进南部地区核心区征拆，推动包伊公路等道路开工建设，着力改善南部地区基础设施建设环境。启动南部地区控制性详细规划修编，围绕产业规划发展方向，整合资源，积极对接引进大型实力企业对南部地区进行整体开发建设运营。

（五）转换增长动力，不断深化重点领域改革

一是深入推进“放管服”改革。认真落实《优化营商环境条例》《政府投资条例》，启用新建政务服务大厅，推动政务服务事项应进必进。依托“互联网+政务服务”，推动各类审批事项实现在线并联办理，真正做到“不见面审批”，实现服务事项“一网、一门、一窗、一次”办理。纵深推进商事制度改革，激发市场主体活力。加强事中事后监管，大力推行“双随机、一公开”监管。创造性开展信用体系建设工作，加强信用联合奖惩，探索“信用惠民”应用领域创新，广泛开展弘扬诚信文化活动。

二是深化供给侧结构性改革。巩固“三去一降一补”成果，落实好减税降费政策，继续深化园区配售电改革，争取更多企业加入自治区电力多边交易，巩固园区“电价洼地”优势。深化企地融合，支持中小企业参与协作配套，融入大企业创新链、价值链、产业链。扎实推动军民融合工作，鼓励更多企业参与到“民参军”领域，为军方提供后勤保障服务。

三是大力实施创新驱动战略。健全“政企学研用”协同创新机制，鼓励企业与高等院校、科研机构开展产学研协同创新，加快推动中氢能源专家实验楼建成使用，支持逸达内配与上海交通大学合作建设铝合金重汽部件精密铸造项目，继续发挥南海湿地院士工作站带动作用，强化研发成果转化。依托铝业园区高新技术特色产业基地，筹备建设科技企业孵化园，探索建立园区科技创新基金，力争新获批自治区级科技型企业3家，新建立自治区级以上研发平台2个。以北梁创业实训基地为载体，全面启动中国包头人力资本产业园，组建包头市人力资源服务行业协会，年内引入国内优质人力资源机构50家，行业百强企业5家，带动人力资源流动配置1万人次，服务企业1000家以上，营收规模达到2.8亿元。深化双创园区建设，继续做强启迪K栈双创园区，促进14个市级创业园提档升级，力争打造2个自治区级双创示范基地。深入实施《全民科学素质行动计划纲要》。

（六）完善公共服务体系，保障和改善民生水平

一是加强社会保障体系建设。坚持就业优先战略，落实援企稳岗、家庭服务、灵活就业、技能培训等政策，开展退役士兵就业创业适应性培训，广泛创建创业就业平台，发放创

业担保贷款6500万元以上。深入实施全民参保计划，落实养老、医保、低保、优抚补助和各类救助政策。扎实推进治欠保支工作，严格落实“一金三制”，坚决治理欠薪顽疾。构建“以居家养老为基础、社区服务为依托、机构养老为支撑”的养老服务体系，加快社区日间照料中心和农村互助幸福院建设。

二是优先发展教育事业。深入实施“领航校长”“卓越教师”培养工程，加强校级后备管理人才培养及优秀教育人才引进工作。加快推进包一中、景开中学新校区及公园路小学富力校区投入使用，启动重建回民小学、包头市第二实验中学运动场改造等项目。支持和规范社会力量兴办教育，探索幼儿园集团化办园模式，提高普惠性幼儿园覆盖率，启动北梁新区5所公办幼儿园，力争公办幼儿园在园人数、普惠性幼儿园在园人数分别达到50%、90%。

三是推动健康服务提档升级。推进自治区级健康示范区和慢性病综合防治示范区创建，加快建设城市医疗集团，推动区级公立医院特色发展，启用区医院围产中心。完善疾病预防控制和重大疫情防控救治体系，加强乡镇卫生院、社区卫生服务中心建设，实施中西医结合医院改扩建工程，提高应对突发重大公共卫生事件的能力水平。巩固基层中医药服务阵地，创建中医特色名医工作室5个，打造东河区名中医联合诊疗中心，争创国家中医药基层先进单位。全面推进家庭医生签约服务，创新丰富医养结合模式，不断增强群众健康获得感。

四是推动文体旅游事业产业化发展。深入实施文化惠民工程，举办各类文化活动400场以上。广泛开展群众性体育健身活动，支持聂卫平围棋道场举办精品赛事，促进体育健身产业发展。编制完成全域文旅融合发展规划，推动旅游与现代农业深度融合，开发工业旅游基地，加快包头福巷、老包头记忆历史文化街区及配套项目、阿都赖村民俗民宿等项目建设。加大非物质文化遗产传承和利用，年内至少新增区级非遗项目5项，市级非遗项目6项，推动东河区文体艺术中心、非遗民俗博物馆等项目落地实施，做好文保单位修缮保护工作。完成档案史志馆新馆搬迁工作。

五是促进社会和谐稳定。全面贯彻落实党的民族、宗教政策，促进全区各民族团结奋斗、共同发展。加强应急管理体系建设，提高防灾减灾救灾能力。严格落实安全生产责任制，加强重点行业领域的安全监管，推动安全生产大检查常态化，坚决遏制重特大事故发生。落实“四个最严”要求，加强食品药品安全监管。开展煤炭资源领域违规违法问题专项整治工作。纵深推进扫黑除恶专项斗争，严厉打击各类犯罪活动，全力构建“云眼卫士”社会治安防控智能体系。坚持公开接访制度，妥善化解信访积案和矛盾纠纷。

此外，更好支持“七五普法”、第七次全国人口普查、人民武装、总工会、共青团、妇联、工商联、红十字会、残联、关心下一代、“双拥”、退役军人、人事、审计、档案史志等各方面工作，实现协调发展。

今年还有一项重要任务，就是在广泛征求意见、集聚民智的基础上，编制好“十四五”规划。

做好2020年经济社会发展工作任务艰巨，意义重大。我们要坚持以习近平新时代中国特色社会主义思想为指导，按照区委、区政府决策部署，自觉接受区人大的监督，虚心听取区政协的意见和建议，统筹抓好疫情防控和经济社会发展，确保全面建成小康社会和“十三五”规划圆满收官，为建设富裕平安和谐美丽幸福的新东河不懈奋斗！

关于东河区2019年预算执行情况和2020年预算（草案）的报告

——包头市东河区第十七届人民代表大会第三次会议

2020年4月28日

包头市东河区财政局

一、2019年财政预算执行情况

2019年，全区财政工作在区委的正确领导下，在区人大及其常委会的依法监督下，认真贯彻落实区第十七届人民代表大会第二次会议精神，努力克服经济下行及实施减税降费带来的不利影响，强化收入征管，收入质量稳步提高；调整优化支出结构，财政保障能力不断增强，确保了人员工资及改善民生等重点支出，为促进我区经济社会持续健康发展发挥了重要作用。

（一）一般公共预算收支完成情况

1.一般公共预算收入完成情况。

2019年一般公共预算收入完成103312万元，完成区人大批准年度调整预算100700万元的102.6%，同比减少4872万元，下降4.5%。如剔除上年收入中包含市烟草公司实现一般公共预算收入5772万元后同比增加900万元，增长0.9%。收入构成为：税收收入实现一般公共预算收入94419万元，占一般公共预算收入比重91.4%，较上年提高0.6个百分点，完成全年任务的92.8%，同比减少3860万元，下降3.9%。非税收入完成8893万元，占一般公共预算收入比重8.6%，完成全年任务的129.6%，同比减少1012万元，下降10.2%。按构成项目划分：

——增值税完成96607万元，同比减少10042万元，下降9.4%。折算为一般公共预算收入为33813万元。

——营业税完成2252万元，同比减少913万元，下降28.9%。折算为一般公共预算收入为788万元。主要是收缴营改增实施前的营业税欠税。

——资源税完成161万元，同比减少240万元。折算为一般公共预算收入为56万元。主要是从2018年实施费改税后原水资源费改为税收收入。

——所得税完成23471万元，同比减少24062万元，下降51.8%。折算为一般公共预算收入为6916万元。

——环境保护税完成2545万元，折算一般公共预算收入为1654万元。

——其他地方各税（城市维护建设税、房产税、印花税、城镇土地使用税、土地增值税、契税、耕地占用税等）完成51192万元，同比增加6599万元，增长14.8%。

——专项收入3413万元，同比减少1895万元，下降35.7%。其中：教育费附加完成2963万元，残疾人保障基金收入450万元。

——其他非税收入完成5480万元，同比增加921万元，增长20.2%。

2.一般公共预算支出完成情况。

2019年我区一般公共预算收入完成103312万元，加上级财力补助108193万元和新增一般债券收入24800万元，剔除公安、教育、社会保障等具有指定用途不构成本级财力的转移支付收入19691万元和上解市本级支出76571万元后，区本级可用财力为140043万元，较调整预算137708万元增加2335万元，主要是一般公共预算收入较调整预算增加2612万元。在预算执行过程中上级下达专项转移支付补助收入34465万元，调入政府性基金结余2000万元及上年专项资金结余13364万元，全年财力总规模为209563万元。全年一般公共预算支出198299万元，结转下年度专项资金11264万元。全年用于农业、教育、社会保障等各项民生支出16.1亿元，较上年同期增长7.4个百分点。按照支出功能分类具体是：

——一般公共服务支出16427万元，完成调整预算的100%。区本级支出15416万元，其中：基本支出14178万元，项目支出1238万元，主要是：党建、组织、宣传等工作经费407万元，镇、街道社区经费支出380万元，壕赖沟、臭水井村生活补贴、杨圪塄焦化厂及公积板生活区改造居民用电等220万元，食品药品监管161万元，扫黑除恶专项70万元。专项指标支出1011万元。

——公共安全支出10017万元，完成调整预算的100%。区本级支出7630万元，其中：基本支出7100万元，项目支出530万元，主要是新增债券安排公安拘押收教场所建设500万元，扫黑除恶工作经费30万元。专项指标支出2387万元。

——教育支出44446万元，完成调整预算的82.73%。区本级支出30618万元，其中：基本支出27778万元，项目支出2840万元，主要是新增债券安排教育费附加支出2500万元，第三十五个教师节奖励130万元，校车运行经费130万元，教育费附加支出80万元。教育费附加9280万元结转下年使用。专项指标支出13828万元。

——科学技术支出43万元，完成调整预算的100%。区本级支出13万元，全部为基本支出。专项指标支出30万元。

——文化体育与传媒支出1392万元，完成调整预算的100%。区本级支出1130万元，其中：基本支出292万元，项目支出838万元，主要是新增债券拨付文化体育项目款550万元，春节、元宵文化活动经费100万元，北梁古城风貌区商业布局策划咨询费80万元，全域文旅策划和规划项目编制费108万元。专项指标支出262万元。

——社会保障和就业支出60682万元，完成调整预算的100%。区本级支出32937万元，其中：基本支出32045万元，项目支出892万元，主要是：新增债券安排民政项目资金300万元，农民工欠薪应急周转金200万元，村级组织运转经费392万元。专项指标支出27745万元。

——医疗卫生支出9347万元，完成调整预算的100%。区本级支出6484万元，其中：基本支出5768万元，项目支出716万元，主要是：新增债券安排基础设施建设519万元，区医院门诊楼电梯工程30万元，公费医疗167万元。专项指标支出2863万元。

——节能环保支出6047万元，完成调整预算的76.67%。其中：区本级支出397万元，其中：基本支出138万元，项目支出259万元，主要是环境影响评价文件技术评估费50万元，空气自动监测站建设经费13万元，环境监测与监察经费196万元。节能环保专项1840万元结转下年使用。专项指标支出5650万元。

——城乡社区事务支出14538万元，完成调整预算的100%。区本级支出14528万元，其中：基本支出4595万元，项目支出9933万元，主要是：新增债券支付项目款8900万元，铁路职工家属区“三供一业”物业分离移交资金139万元，华资地区污水收集处置工程前期费用40万元，环卫一线人员及车辆保险费210万元，南海景区取消门票财政补贴、环卫油款、景区等业务经费614万元，购买融雪剂经费30万元。专项指标支出10万元。

——农林水事务支出16777万元，完成调整预算的96.40%。区本级支出15558万元，其中：基本支出1233万元，项目支出14325万元，主要是：新增债券付农田水利工程资金10332万元，美丽乡村等项目还本付息3893万元，财政专项扶贫资金250万元，防汛、防火经费50万元，集体产权制度改革、资产清产核资等工作经费50万元。农田水利专项资金626万元结转下年使用。专项指标支出1219万元。

——资源勘探电力信息等事务支出1068万元，完成调整预算的100%。区本级支出568万元，其中：基本支出60万元，项目支出508万元。主要是企业扶持金508万元。专项指标支出500万元。

——商业服务业等事务支出351万元，完成调整预算的100%。区本级支出186万元，全部为基本支出。专项指标支出165万元。

——金融支出2万元。全部为基本支出。

——住房保障支出7181万元，完成调整预算的100%。区本级支出4693万元，其中：基本支出4613万元，项目支出80万元。主要是沙尔沁镇农村危房改造补助42万元，公租房（廉租房）装修资金38万元。专项指标支出2488万元。

——粮油物资储备支出30万元。

——灾害防治及应急管理支出256万元。完成调整预算的100%。区本级支出256万元，其中：基本支出193万元，项目支出63万元。主要是安全生产监督专项33万元，购置防汛应急储备物资30万元。

——其他支出107万元，完成调整预算的100%。区本级支出8万元，日元贷款植树造林项目、结核病控制项目等利息8万元。专项指标支出99万元。

——政府债务还本付息及手续费支出9589万元。

（二）社保基金预算收支完成情况

2019年东河区社保基金收入完成15636万元，完成区人大批准年度调整预算15655万元的99.88%。按照“收支平衡”原则，社保基金支出15636万元，全部为事业单位离退休职工养老金支出，不足部分由一般公共预算弥补。

（三）自治区债券资金下达及拨付情况

2019年自治区财政厅下达我区一般债券资金81825万元，其中：

1.新增一般债券资金24800万元。

2019年下达我区地方政府新增一般债券资金24800万元，专项用于支持东河老城区建设。按照文件精神，结合我区现有重点建设项目规划、实施情况，分别拨付区农牧局，文体广电旅游局，教育局等部门项目实施单位，用于我区各项重点项目建设支出。

2.新增地方政府专项债券10000万元。

2019年下达我区新增地方政府专项债券资金10000万元，按照专项摘取使用用途拨付到铝业产业园区管理委员会，用于园区基础设施建设。

3.再融资一般债券资金47025万元。

2019年自治区下达我区地方政府公开再融资一般债券资金47025万，专项用于偿还以前年度发行的地方政府债券2019年到期本金。

（四）2019年主要工作

1.迎难而上，收入质量稳步提高。

今年以来，随着各项减税降费政策深入实施以及经济持续下行，对我区今年完成收入预算影响很大。据税务部门统计，由此减少一般公共预算收入2.7亿元。在这种不利情况下，财税部门开拓思路，勇于进取，密切配合，在保证各项减税降费政策措施落实到位、企业真正得到实惠的前提下，充分依托纳税评估、“金三”大数据风控平台及综合治税等信息化管理平台，加强涉税信息的综合分析利用，全面控管税源，提高税收征管水平，确保应收尽收。一是狠抓欠税清理工作，全年共清理入库历年陈欠税款0.9亿元，折算一般公共预算收入0.7亿元。二是对非税收入进行精细化管理，做到颗粒归仓。全年催缴入库国有资产转让收入1300多万元；进一步加强规费收入征缴，入库残疾人保障金收入450多万元，同比增长2倍。

2.精准对接，积极争取上级支持。

针对我区财政困难的实际情况，继续积极向上级反映我区运行中存在的困难和问题，准确把握相关政策，积极对接上级部门，争取各项补助资金，缓解收支矛盾。一是争取新增自治区均衡性转移支付2亿元，我区均衡性转移支付资金达到5亿元，以后将作为每年的基数财力下达。二是争取到自治区新增债券资金34800万元，其中新增一般债券资金24800万元，新增专项债券资金10000万元，极大地缓解了我区偿债压力和重点建设项目资金不足的矛盾。

3.多措并举，化解政府性债务。

一是综合运用预算安排、整合资金、出让土地、盘活运营好国有资产、寻求债权主体支持等化解措施，按时间进度节点提前超额完成债务化解任务，完成年度任务的191.9%；二是按照自治区要求，完成清理拖欠民营企业中小企业账款总清偿任务的50.5%，完成年度清偿任务的100.9%；三是多方筹措资金，保障了融资贷款到期本息刚性兑付的资金需求，确保刚性债务如期兑付，坚决守住不发生系统性金融风险这条底线；

4.优化支出，保障民生事业发展。

今年我区民生支出达到16.1亿元，占一般公共预算支出的81.7%，较上年增长7.4个百分点。一是积极落实各项社会保障政策。全年在社会保障、再就业和公共医疗卫生等民生方面支出28130万元；二是落实各项惠农补贴政策。全年通过一卡通直接发放农业类补贴、林业类补贴等各项惠农资金796万元；三是全力以赴开展脱贫攻坚工作。2019年，我区将21420万元扶贫资金统一纳入东河区扶贫动态监控平台进行实时监控，督促支付进度，考核资金使用效益；四是持续加大教育投入。全年累计支出43313万元，主要保障了工资运转、义务教育阶段生均公用经费、教师队伍建设发展，改善了薄弱学校的办学条件，力争确保东河区教育优先发展。

在总结成绩的同时，我们也清醒地认识到，当前财政发展中存在不少矛盾和问题。一是受国家减税降费政策、我区重点税源企业收入下降等因素影响，收入增长形势严峻。二是受本级可用财力的制约，“三保”及债务刚性兑付等固定支出只增不减，财政收支矛盾进一步凸显。三是各项财政改革尚需进一步深化和完善，在财政资金使用绩效和监督管理机制等方面有待提高。对这些问题，需要我们采取切实有效措施，在今后的工作中认真加以解决。

二、2020年财政预算（草案）

2020年，按照中央经济工作会议精神，预算安排的指导思想是：坚持以习近平新时代中国特色社会主义思想为指导，认真贯彻落实党的十九大和十九届二中、三中、四中全会精神，贯彻落实习近平总书记考察内蒙古重要讲话精神，坚持稳中求进工作总基调，贯彻新发展理念，落实高质量发展要求，强化“零基”预算管理，调整优化财政支出结构，牢固树立“过紧日子”思想，坚决支持打好“三大攻坚战”，扎实做好“六稳”工作，统筹推进稳增长、促改革、调结构、惠民生、防风险、保稳定工作；深化财政体制改革，全面实施预算绩效管理，不断提升财政资金配置效率和使用效益，确保全面建成小康社会和“十三五”规划圆满收官。

按照上述指导思想，结合2019年度全区经济社会发展目标，提出2020年区本级财政预算收支安排如下：

（一）一般公共预算收支安排

1. 一般公共预算收入。

2020年一般公共预算收入安排109510万元，同比增长6%。

2. 一般公共预算支出。

按照现行财政体制测算，2020年一般公共预算收入为109510万元，加上级各项补助收入106075万元，减上解上级支出75754万元，预计全年区本级可用财力为139831万元。按照国家及自治区关于预算必须优先安排“保工资、保运转、保基本民生”及足额安排政府性债务还本付息、并且一般性支出必须压减20%、“三公”经费必须压减30%的要求，2020年一般公共预算支出拟安排139831万元。

按照功能分类如下：

一般公共服务支出13693万元；

公共安全支出9732万元；

教育支出42709万元；

文化体育与传媒支出388万元；

社会保障和就业支出28969万元；

医疗卫生与计划生育支出5123万元；

节能环保支出231万元；

城乡社区支出3709万元；

农林水支出1466万元；

资源勘探信息等支出101万元；

商业服务业等事务247万元；

金融支出11万元；

住房保障支出5169万元；

灾害防治及应急管理支出478万元；

总预备费500万元；

项目前期费500万元；

民生重点项目建设等3000万元；

债务付息支出23805万元。

（二）社保基金预算收支安排

2020年，东河区社保基金收入预计完成9965万元，按照“收支平衡”原则，社保基金支出预计完成9965万元，全部为事业单位离退休职工养老金支出，不足部分由一般公共预算弥补。

（三）2020年主要工作

从目前情况看，受国家减税降费政策、我区重点税源企业收入下降等因素影响，2020年一般公共预算收入情况较2019年不会有较大增长，但保工资、保运转、保基本民生及债务刚性兑付等固定支出只增不减，财政收支矛盾将进一步凸显，财政工作任务更加繁重，我区将重点做好以下几方面的工作：

1. 加强财源建设，确保应收尽收。

一是全面贯彻落实中央减税降费政策，激发市场主体活力，增强企业发展动力，夯实财政税源之基。二是强化招商引资，落地项目尽快达产达效，增加税收。加快我区实施的重点项目建设进度，推动在建项目早投产、续建项目早见效，为财税增长提供有力保障。三是坚持依法治税，健全综合治税体系，抓好重点行业、重点税源的有效监控，积极创新征管模式，实现应收尽收、及时足额入库。

2. 严格预算执行，压缩一般性支出。

一是加强预算执行管理。严格预算执行，提高预算支出执行效率，保障重点支出需要。二是全区上下牢固树立过“紧日子”思想，按照自治区要求，积极压缩一般性支出20%，压减“三公”经费支出30%。严格控制出行费用，加强办公用房管理，除必要的危房修缮外，现有办公用房不得装修；严控“三公”经费支出，确保完成压减任务。三是加强政府采购及资产配置管理，全面实施预算绩效管理，不断提升财政资金配置效率和使用效益。

3. 加大争取力度，缓解收支矛盾。

一是做好各类项目资金争取工作。强化责任意识，积极与上级部门沟通，了解政策扶持方向和资金投入导向，提早谋划，有针对性地组织项目申报。建立联动机制和定期调度机制，根据上级政策支持方向，结合我区实际，不断更新完善东河区争取上级资金项目库，提前做好项目选址、土地预审、环评、可研批复等前期工作。切实做到让项目等资金，不让资金等项目，提高项目资金争取成功率。二是积极筹措资金，加大对部门从上级争取的业务经费和自身行政事业性收费的拨付力度，保证部门正常运转，充分调动各部门向上争取资金的积极性。三是针对我区人均可用财力在自治区各旗县中排名最后的实际，化压力为动力，继续向上级财政反映我区的财力困难状况，加大均衡性等一般性转移支付收入争取力度。

4. 多方筹措资金，拓宽化债渠道。

2020年我区政府性债务化解任务依然严峻，需要各部门同心协力，坚决守住不发生系统性金融风险这条底线。一是对到期贷款本息提前谋划，分类施策。通过继续协调发行再融资债券、土储债券、出让土地收回成本及与贷款银行洽商申请延期等多种方式筹集资金解决。二是落实清欠责任。严格按照“属地管理、分级负责，谁监管谁负责”要求，主动落实目标责任制，认真组织开展自查自纠工作。积极与发改、人社、经信等责任部门在抓紧组织清欠、严防新增拖欠、形成政策合力、完善长效机制等方面制定出台细化方案和政策措施，落实好各项分工任务。三是进一步加快区属平台公司转型，通过整合注入优质国有资产、资源，协助国有公司拓展主营业务，推动政府债务剥离。

5. 推进财政改革，提升财政管理水平。

一是深化预算管理改革。进一步规范预算编制方法，建立科学、规范的预算分配方式，细化预算编制，积极深化预决算公开内容，推进预决算公开透明。改进年度预算控制方式，建立跨年度预算平衡机制，实行中长期财政规划管理。二是深化预算绩效管理。进一步扩大财政资金绩效管理范围，加强预算绩效评价工作，建立评价结果与预算编制和执行的有效衔接机制，综合运用预算执行评价结果，提升预算编制的科学性、合理性。继续完善扶贫资金绩效动态监控，并逐步扩大监控范围，确保资金安全、高效使用，切实提高财政管理水平。三是深化盘活财政存量资金。严格按照“摸清底数、消化存量、健全机制、控制增量”的原则，全面清理盘活财政存量资金，调动财政存量资金支持脱贫攻坚、教育事业发展、民生保障等重点支出，切实发挥财政存量资金效益。

今年财政工作面临的形势更加复杂，我们将在区委的坚强领导下，在区人大及其常委会的依法监督和支持下，紧密围绕我区经济社会发展总体目标，不忘初心、牢记使命，攻坚克难，砥砺奋进，全力完成2020年财政各项工作任务，推动全区经济社会各项事业在决胜全面建成小康社会的新起点上不断前进。

大事记

1月

3日　广西正润发展集团总经理丁波一行4人到东河区商谈建设化成箔项目投资合作相关事宜。该项目计划投资8亿元，建设60条化成箔生产线。

4日　区委副书记、区长贾保良主持召开2019年第一次政府党组会议，听取各部门重点项目及进展情况，并对下一阶段重点工作进行安排部署。会上传达了《中国共产党包头市第十二届委员会第七次全体会议公报》精神，听取了重点项目策划及春节前重点工作情况汇报。区委常委、常务副区长徐刚，副区长石丽娜、李晓宏、赵海良，铝业园区管委会主任张勇及区政府办公室负责人参加会议。副区长张长征及南海湿地管理处、区房管局等28家相关单位负责人列席会议。

7日　区委副书记、区长贾保良带队赴包头供电局，就2019年东河区道路改造红线内天网入地计划、铝业园区企业新增用电需求及电力工程建设相关事宜进行对接座谈。副区长石丽娜及区政府办公室、铝业园区管委会、经信局、城建局、林水局、国土资源分局、河东镇相关负责人陪同参加。

8日　区委召开常委会会议暨深化机构改革领导小组会议，传达学习中共中央政治局民主生活会精神、中共中央政治局第十一次集体学习会精神，审议《东河区机构改革实施意见》《第十届包头市东河区委巡察工作规划》《2018年度区委常委班子民主生活会工作方案》，并对2019年春节慰问救助、新春元宵文化节活动进行了安排部署。区委书记李世明主持会议。

副区长石丽娜主持召开商贸、餐饮、宾馆等民营企业座谈会。了解企业生产经营发展中面临的问题，听取企业负责人的意见建议。区工商联、金融办、商务局、税务局等部门，内蒙古东百商城股份有限公司、天成御宴、金泰嘉华宾馆等17家企业负责人参加会议。

10日　区妇联组织召开东河区家庭教育论坛赛事表彰暨2019年迎新春汇报演出。市妇联党组书记、主席乌云格日乐，区委副书记武凯，区委统战部负责人李秋平，市教育局关工委常务副主任李贺祥及各相关部门参加活动。

12日　包头市“第五届全国大众冰雪季”系列活动启动仪式和“百万青少年上冰雪”活动在南海湿地景区举行。

15日　区委常委会召开会议，传达学习中央经济工作会议、自治区党委十届八次全会暨全区经济工作会议精神和郭声琨在全国扫黑除恶专项斗争视频会议上的讲话精神，审议区委十届九次全会暨全区经济工作会议筹备工作事宜和相关讲话材料，研究《人大常委会工作报告》《政府工作报告》《政协常委会工作报告》《人民法院工作报告》《人民检察院工作报告》《东河区2018年国民经济和社会发展计划执行情况与2019年国民经济和社会发展计划（草案）的报告》《东河区2018年预算执行情况和2019年预算（草案）的报告》。区委书记李世明主持会议。

19日　东河区举办“当好主人翁·建功新时代”庆祝改革开放40周年职工摄影展。包头市总工会副主席王文海，区委常委、组织部部长刘继文，副区长石丽娜，区委统战部负责人李秋平，区政协副主席、总工会主席靳文刚出席活动，包头市及部分旗县区摄影家协会主要负责人、企事业职工及摄影爱好者等各界人士参加开幕式。

21日　金属产业互联网平台服务公司项目签约仪式在东河区召开。上海昊钰软件信息技术有限公司、内蒙古致尚投资有限公司、内蒙古中发展再生资源有限公司三方签订“关于成立金属产业互联网平台服务公司的合作框架协议”。区政府副区长石丽娜，区税务局、铝业产业园区管委会、区投资促进局、区商务局、区金融服务促进中心等部门参加签约仪式。

25日　区委副书记、区长贾保良代表区四大班子走访慰问预备役89团、武警包头支队执勤三大队、内蒙古骆驼酒业股份有限公司、铁西街道办事处困难户，为他们送去新春祝福和问候。

31日　自治区能源局副局长张斌带队检查东河区境内西部天然气公司包头分输站油气管道安全生产工作。区委常委、常务副区长徐刚及区发改局相关领导陪同。

2 月

11日　区委副书记、区长贾保良一行先后深入河东镇、铝业园区管委会、沙尔沁镇走访调研。政府副区长李广乐、铝业园区管委会主任张勇及区政府办、农交局等相关部门、单位负责人陪同调研。

20日　区委副书记、区长贾保良主持召开铝业园区重点项目推进会。副区长石丽娜，铝业园区管委会主任张勇，区发改局、经信局、财政局等相关部门负责人参加会议。

22日　国家开发银行内蒙古分行信贷处处长白锐一行到东河区调研北梁古城风貌区项目情况。区委副书记、区长贾保良参加座谈会。市交投集团董事长张磊，副区长李晓宏及市文旅投公司、区政府办、城建局、规划局等部门相关负责人陪同调研。

26日　中共包头市东河区第十届纪律检查委员会第四次全体会议召开。区委书记李世明出席会议并讲话。区委常委、纪委书记、监委主任赵娟主持会议并代表区纪委常委会做题为《奋勇担当展作为，稳中求进谱新章，推动纪检监察工作高质量发展》的工作报告。区人大常委会主任高春英，区政协主席白继文，区委常委、常务副区长徐刚，区委常委、政法委书记梁润栓，区委常委、组织部部长刘继文，区委常委、区委办主任王林甫，区委常委、宣传部部长王杰参加会议。市纪委监委第五纪检监察室主任苏雅勒图到会指导。

27日　自治区税务局党委书记、副局长张国忠及相关处室负责人深入东河区税务局就减税降费等重点工作开展调研。包头市税务局党委书记、局长贾平，东河区税务局负责人及相关科室负责人陪同调研。

3月

6日 区政府召开党组会，听取区委十届第75次常委会会议，决定9项年度重点工作任务清单，2018年经济责任审计工作及2019年工作计划，2018年扶贫工作总结、扶贫领域重大风险隐患及下一步应对措施。区委副书记、政府区长贾保良主持会议，并就下一阶段重点工作进行安排部署。

8日 市委副书记、政法委书记贺伟华赴东河区督查安全生产大检查工作。区委副书记、区长贾保良，副区长李晓宏，铝业园区管委会主任张勇及相关部门、单位负责人陪同调研。贺伟华分别到包头盛泰汽车零部件制造有限公司和包铝集团，深入企业生产车间、集控中心等，通过询问、实地检查、听取汇报等方式，详细了解东河区安全生产大检查工作的部署、落实和应急管理、安全培训以及企业自查自改等情况。

14日 包头市委常委、包头军分区政委侯占纯，包头军分区副司令韩秋岐，包头军分区政治工作处主任刘国永，市委办公室副调研员张卿春，市委宣传部副调研员姚宏宇，包头市全民国防教育办主任王志良一行视察了包头市第二十四中学国防教育开展情况。区委常委、组织部部长刘继文，副区长张长征，区人武部政委刘传贤及区委宣传部、区教育局相关领导陪同视察。

16日 区委书记、区总河长李世明深入黄河东河段实地调研防凌工作。区委常委、政府常务副区长徐刚，区委常委、纪委书记、监委主任赵娟，副区长李广乐及区农牧局相关负责人陪同调研。李世明一行先后到磴口险工段和南海子村险工段，实地察看凌情、冰情、水情，听取黄河开河情况和防凌工作汇报。

21日 东河区召开2019年政府全体会议暨廉政工作会议。会议的主要任务是深刻领会习近平新时代中国特色社会主义思想，贯彻落实自治区党委十届八次、市委十二届八次、区委十届九次全会精神及上三级人民代表大会精神，分析研判全区经济发展形势，安排部署2019年经济社会各项工作及全面加强政府系统廉政建设工作，确保全年目标任务落到实处、干出实效。

25日 由中国酒业协会举办的2018年度清酌奖类新品颁奖盛典25日在四川泸州隆重举行，内蒙古骆驼酒业集团部优峰酒从全国300余家白酒品牌中脱颖而出，顺利获得有着酒类最挑剔奖项之称的清酌奖，与茅台、五粮液、郎酒、泸州老窖等名酒名企同台领奖。

26日 东河区工商联（总商会）召开六届三次执委会议，市工商联副主席陈佐、区人大常委会副主任崔茂、区政府副区长赵海良、区政协副主席徐建勋、区委统战部负责人李秋平及工商联执委158人出席会议。

29日 自治区发改委副主任刘丽娟，社会处副处长刘鑫，包头市发改委副主任刘拯一行到东河区调研社会事业重点项目推进情况。副区长张长征、石丽娜及区发改委负责人陪同调研。

4月

2日 东河区委召开党建工作暨干部队伍作风建设大会，深入贯彻落实中共十九大及十九届二中、三中全会，自治区党委十届八次全会，市委十二届八次全会，市十五届人大二次会议精神，分析解决党建工作和党员干部工作作风中存在的突出问题，研究明确改进方向和具体举措，安排部署全区年度重点工作任务。

区委书记李世明出席会议并讲话，区委副书记、区长贾保良主持会议。

3日 东河区召开十届区委第五轮巡察工作动员部署会。区委常委、纪委书记、监委主任、区委巡察工作领导小组组长赵娟做动员讲话，区委常委、组织部部长、区委巡察工作领导小组副组长刘继文主持会议。会上宣读了《十届区委第五轮巡察工作方案》和《关于十届区委第五轮巡察组组长授权及任务分工的决定》。区委巡察工作领导小组成员，市委交叉巡察组、区委巡察办及区委各巡察组，区委办、区委组织部等巡察协作机制成员单位分管领导，区纪委监委相关派驻纪检监察组负责同志参加了会议。

7日 聂卫平围棋道场内蒙古总部揭牌仪式在东河区乔家金街包头棋院举行。“棋圣”围棋职业九段聂卫平亲临东河区，为聂卫平围棋道场内蒙古总部揭牌。副市长张斌，市政府副秘书长张璋，市工商联主席安四虎，市体育局局长崔晓静，区委副书记、区长贾保良，区政协主席白继文，区委常委、宣传部部长王杰，市体育局副局长张洪波，副区长石丽娜，区委统战部负责人李秋平、市体育协会秘书长马立峰及区文体旅游广电局、聂卫平围棋道场、包头棋院相关负责人出席揭牌仪式。

12日 自治区妇联副主席云翠荣、自治区妇联家庭和儿童工作部副部长吕洪凯到东河区调研家庭和儿童工作，市妇联主席乌云格日乐、副主席赵雅，区委常委、组织部部长刘继文，区妇联相关负责人陪同调研。

20日 中国红十字会总会组宣部副部长边晓一行就学校红十字会工作到东河区调研，自治区红十字会党组成员、副会长孟克宝音，市红十字会常务副会长杨建伟，副区长、区红十字会会长李广乐陪同。

30日 由区总工会主办，区直属机关党工委、包头市南海湿地管理处、区教育局、天骄街道工会联合会承办的“奋进新时代·绿色健康行”2019年第五届职工环湖徒步竞赛，活动在南海湿地景区开赛。

5 月

8日 新华社内蒙古分社社长于长洪一行到东河区采访调研。市委宣传部常务副部长、文明办主任盖连玉，区委书记李世明，区委常委、办公室主任王林甫，区政府副区长张长征及区委宣传部相关负责人陪同调研。调研组一行先后到包头市第一中学迁建项目、包头盛泰汽车零部件公司、包头铝业有限公司高纯铝项目，深入基层一线，进工地、看厂房，听介绍，详细了解重点项目建设进展情况。

10日 东河区召开扫黑除恶专项斗争领导小组会议，深入贯彻落实习近平总书记重要指示精神，以及党中央、自治区党委和市委有关会议精神，回顾总结前一阶段扫黑除恶专项斗争推进情况，安排部署今后一个时期的重点工作。区委书记、区扫黑除恶专项斗争领导小组组长李世明主持会议并讲话，区委副书记、区长、区扫黑除恶专项斗争领导小组第一副组长贾保良及区扫黑除恶专项斗争领导小组全体成员参加会议。

11日 南海湿地景区举办“庆祝新中国成立70周年相约南海周六健步行”活动，来自全区各部门、单位干部职工及居民群众300余人组成健步“长龙”，漫步在总长8.7公里的环湖健步道上。

12日 全国人大常委会委员、宪法和法律委员会主任委员李飞，自治区人大常委会副主任廉素，副秘书长、法工委主任张民一行调研南海湿地景区。市人大常委会主任徐德林，副主任乌恩孟和，法制委员会主任王子林，东河区委常委、常务副区长徐刚及南海湿地管理处有关负责人陪同调研。

19日 区残联在欣龙广场举办“庆祝新中国成立70华诞暨第二十九次全国助残日”大型宣传活动，政府副区长李广乐参加活动。活动围绕残疾人康复、就业培训、维权等进行业务咨询，共为38名残疾人免费发放轮椅、助视器、盲杖、助听器、电子体温计等残疾人辅具用品。

23日 区委全面依法治区委员会召开第一次会议。会议传达学习了习近平总书记在中央全面依法治国委员会第一次、第二次会议上的重要讲话精神和自治区党委全面依法治区委员会第一次会议、市委全面依法治市委员会第一次会议精神，审议通过了《东河区委全面依法治区委员会工作规则》《东河区委全面依法治区委员会协调小组工作规则》《东河区委全面依法治区委员会办公室工作细则》等。区委书记、区委全面依法治区委员会主任李世明主持会议。

同日 包头市中心医院在沙尔沁镇小巴拉盖村开展脑卒中防治与筛查惠民义诊活动。市政协副主席、中心医院院长胡江，市中心医院副院长孙凯出席活动。区委书记李世明，区委常委、办公室主任王林甫陪同参加活动。

28日 中国南丁格尔志愿护理服务总队包头市中心医院分队在市中心医院成立并举行了授旗仪式。这是内蒙古自治区的第7支分队，也是全国第402支南丁格尔志愿服务队。

6 月

3日 东河区召开作风建设警示教育大会。区委书记李世明出席会议并讲话，区委副书记、区长贾保良主持会议。会上，区委常委、纪委书记、监委代主任赵利珍通报剖析了典型案例。

5日 市人大常委会副主任巴晓雯，市人大常委会民侨外委工作委员会主任胡爱国一行到东河区调研指导基层人大工作。区人大常委会主任高春英，副主任崔茂、李侠、杨丽虹、李勇及相关部门负责人陪同调研。

同日 包头铝业集团向社会公众开放污染防治设施和清洁生产线，主动搭建起广大群众了解环保、监督环保的平台。包铝集团成为目前包头市第一家向公众开放环保设施的工业企业。

6日 东河区首批3个政协委员界别活动组党支部在各自“委员之家”举行揭牌仪式，标志着区政协所属7个界别组中3家正式成立党支部。分别是城建环资界别组党支部、民族宗教法制界别组党支部、提案界别组党支部。

同日 包头市59岁的市民高万河挑战“水上珠穆朗玛峰”，劈波斩浪历经11小时16分，游程27.9公里，成功横渡琼州海峡。

14日 东河区召开物流贸易协会成立大会，政府副区长张长征，中铝物流集团内蒙古有限公司、内蒙古公铁物流有限责任公司等18家物流贸易企业，以及区政府办、商务局、供销社、铝业园区管委会等有关单位负责人参加会议。

15日 包头市第三十四届鹿城文化艺术节暨东河区第十一届“西口”文化节隆重开幕，这是东河区老百姓庆祝中华人民共和国成立70周年的盛会，更是一场文化的盛宴。

25日 “6·26”国际禁毒日全市禁毒集中宣传活动在东河区禁毒教育综合基地广场举行。内蒙古自治区禁毒委员会办公室副主任杨信，市人大常委会副主任王章，市政协副主席刘素梅，市委政法委常务副书记许北怀，市委统战部副部长王计峰，市公安局党委副书记、副局长满都拉，区委书记李世明，市委宣传部副调研员姚宏宇，市司法局副调研员董志杰，区委常委、政法委书记梁润栓，副区长、区公安分局局长王飞出席活动。

28日 区政府召开常务会议，审议通过了

《关于加强建筑垃圾管理实施方案》《东河区人民政府内蒙古环保投资集团有限公司战略合作协议》《东河区创建慢性病综合防控示范区建设实施方案》《东河区2019年面向社会公开招聘引进优秀教育人才工作实施方案》《东河区2019年义务教育阶段学校招生工作实施方案》等议题。区委副书记、政府区长贾保良主持会议。

7 月

1日 东河区召开庆祝中国共产党建党98周年暨“两优一先”表彰大会，对全区各条战线涌现出的优秀共产党员、优秀党务工作者以及先进基层党组织进行了隆重表彰。

2日 《中华人民共和国中医药法》颁布实施两周年之际，由市卫健委主办、市蒙中医院承办的以“传播蒙古中医药健康文化、提升民众健康素养”为主题的蒙中医药健康文化活动在东河区欣龙广场拉开帷幕。

4日 区委书记、区委党建工作领导小组组长李世明主持召开区委党建工作领导小组2019年第一次会议。区委党建工作领导小组副组长赵娟、刘继文、王林甫、赵利珍、王杰及领导小组成员参加会议。

5日 由东河区总工会主办的“中国梦劳动美工会情”庆祝中华人民共和国成立70周年职工文艺演出在包头市第一工人文化宫举行。区委书记李世明，区政协主席白继文，市总工会副书记、副主席莫日根，区委副书记赵娟，市总工会副主席王文海，区委常委、区委办主任王林甫，区人大常委会副主任李勇，区政协副主席、区总工会主席靳文刚，区政协副主席陈文丽、李铁，以及市总工会宣教部负责同志、东河区各企事业单位职工代表观看演出。

6日 自治区党委常委、市委书记张院忠深入东河区维多利商城食品专营店和地下超市，详细了解散装食品、豆制品、熟食、面点的生产日期、保质期以及临期、超期食品的管理处置等情况。张院忠强调，要严格贯彻食品安全法，加强对各个环节工作的管理，严把食品安全每一道防线。

10日 中国国际工程咨询有限公司副主任彭树恒一行到东河区考察南部区投资环境，区发改委、南海产业服务中心等相关负责人陪同。考察组实地走访了佳世隆农贸城、粮食批发市场等地，听取企业经营状况、发展规划等情况介绍。

11日 副市长武二斌带队调研包头市阿善遗址项目建设情况。区委副书记、区长贾保良，副区长李广乐等参加调研。

16日 区委书记、区委国家安全委员会主任李世明主持召开区委国家安全委员会第一次会议。会议传达学习了十九届中央国家安全委员会第一次全体会议、自治区党委、市委国家安全委员会第一次会议精神，研究审议了《区委国家安全委员会工作规则》《区委国家安全委员会办公室工作细则》《区委国家安全委员会2019年工作要点》等文件。

20日 庆祝中华人民共和国成立70周年暨“全民游泳健身系列活动”——横渡南海湖活动在包头南海湿地景区举行，来自上海市、江西省、舟山市、呼和浩特市、鄂尔多斯市等地的17支游泳队伍的230余名“泳士”集体横渡南海湖，他们中年龄最大的80岁，最小的仅有5岁，还有祖孙三代一起参加横渡南海活动的家庭，横渡琼州海峡的高万河也参加了本次活动。

24日 区政府召开党组会，传达学习习近平总书记在内蒙古考察并指导开展“不忘初心、牢记使命”主题教育时的重要讲话精神及中央、自治区近期会议文件精神，听取部分政府工作部门党建、党风廉政建设等工作开展情况和各副区长、铝业园区管委会主任关于分管工作完成情况的汇报。区委副书记、区长贾保良主持会议。

27日 包头市野生动植物救助护中心将受伤已痊愈的野生动物放归大自然。同时为了提升全民保护生态环境及关爱野生动物的意识，包头市南海湿地保护区举办了“保护生态环境 关爱野生鸟类”宣教活动，放飞苍鹭2只、野鸭2只、红隼2只、喜鹊22只和环颈斑鸠2只。

29日 区委书记李世明走访慰问中国人民解放军93474部队，参观部队荣誉室、士兵宿舍，详细了解部队建设发展情况和战士工作生活、学习训练等情况，并向广大官兵致以节日的问候，对驻区部队长期以来为东河区经济社会发展作出的贡献表示感谢。

同日 市人大常委会副主任、市总工会党组书记、主席王琨，市总工会党组成员、副调研员米斌，市总工会经审会主任、副调研员殷枢衡一行到东河区部分重点工程项目部、企业开展“夏季送清凉”活动，为高温天气坚守在一线的职工们送去慰问品，将党和政府及工会组织的关怀送到职工心坎上。区委书记李世明，区政协副主席、总工会主席靳文刚参加慰问。

8 月

2日 自治区党委常委、市委书记张院忠实地了解东河区学习宣传贯彻习近平总书记考察内蒙古重要讲话精神和“不忘初心、牢记使命”主题教育预热升温工作情况，强调要进一步提高政治站位，增强“四个意识”、坚定“四个自信”、做到“两个维护”，扎实推动习近平总书记考察内蒙古重要讲话精神落细落实，认真做好改革发展稳定各项工作，不断增强人民群众获得感、幸福感、安全感。

9日 东河区召开村集体经济“清零递增”行动工作领导小组会议，研究审议《关于调整东河区村集体经济“清零递增”行动工作领导小组部分成员的建议》《包头市东河区关于扶持村集体经济发展若干具体措施》《关于成立东河区推进村集体经济发展工作专班的建议》。区委书记、区村集体经济“清零递增”行动工作领导小组组长李世明主持会议并讲话。

11日 国家粮食和物资储备局科学研究院院长翟江临、副研究员李腾飞，自治区粮食和物资储备局局长张天喜、处长白文德、机关事务中心贺宏伟，市发改委副调研员李鹏一行到东河区考察“优质粮食工程”项目进展情况，区发改委相关领导陪同考察。

同日 东河区河东镇在阿尔丁广场举办第二届农民丰收节暨河东镇第四届农民文艺会演。河东镇连续8年举办农民文艺会演、农民运动会、道德模范表彰等活动。来自河东镇26个村的700余名农民，用自编自导自演、带有浓厚乡土气息的精彩节目给群众带来一场视听盛宴。

16日 东河区融媒体中心举行挂牌仪式。

20日 东河区委书记李世明带领包括卫健、民政等多部门相关领导一行赴东河区医养结合示范基地——包头市同济中医医院（环西老年公寓）调研。李世民还深入久福、如意、滨河北二社区、民航老年公寓等养老机构，实地察看了老年人康复护理、生活照料、医疗保健、文化娱乐等各项功能服务运营情况，走到正在参加活动的老人中间，询问他们的感受想法和生活起居、身体状况，了解养老机构服务设施、运行管理、护理服务等情况，并就进一步加强和改进养老服务提出明确要求。

23日 东河区召开南海及周边地区产业规划和全域旅游发展规划汇报会。区委书记李世明主持会议。会议听取了中国国际工程咨询公司、西安复兴文明文化旅游集团对南海及周边地区产业规划编制和全域旅游发展规划编制情况的汇报。与会领导、市直相关部门负责人、有关专家结合工作实际，对规划的修改完善提出了具体意见和建议。

30日 东河区召开中央扫黑除恶第15督导组第三下沉组督导包头市通报问题整改推进暨专题剖析检查工作会。会议听取了中央扫黑除恶督导通报问题整改工作总体推进、各领域整改情况的工作汇报，并就下一步工作提出明确要求。区委书记李世明主持会议。

9 月

3日 东河区在包头大剧院举行“壮丽70年 奋进新东河”大型文艺晚会，来自东河区各行各业的400多名演员，献上了歌曲、舞蹈、器乐、曲艺、小品、朗诵等16个精彩节目。东河区广大干部群众、社会各界、各行各业代表共同观看了演出。

4日 东河区召开信访工作联席会议。会议通报全区信访工作情况，研究《东河区信访维稳预警信息处置办法》，分析研判当前信访形势，安排部署国庆期间全区信访维稳和安保工作任务。区委书记李世明主持会议。

6日 东河区召开庆祝第35个教师节暨表彰大会，对过去一年来全区教育战线涌现出的先进集体和先进个人进行表彰，向广大教师和教育工作者送上节日的问候和祝福，对多年来市委、市政府和市教育局对东河区教育事业的关心和支持表示感谢。区委副书记、区长贾保良主持会议。

同日 全国老龄办党组成员、中国老年杂志社社长李耀东一行到东河区进行“新中国成立70周年”主题采访调研。市委组织部副部长、老干部局局长白晓清，市委老干部局副调研员申中明，区政协副主席李铁等陪同调研。

20日 区人大常委会主任高春英带队对北梁腾空区建设情况进行主任集体视察。区人大常委会副主任崔茂、李侠、李勇，政府副区长李晓宏等陪同。

25日 全国“最美奋斗者”表彰大会在北京举行，草原英雄小姐妹龙梅、玉荣和其他“最美奋斗者”代表一起接受了表彰。

26日 东河区人民政府与中国银行包头分行战略合作签约仪式在中国银行包头分行会议中心举行。中国银行包头市分行党委书记、行长特尔文，区委副书记、区长贾保良出席签约仪式。中国银行包头分行党委委员、副行长于龙，区委常委、常务副区长徐刚签署协议。

28日 “抖in包头·寻根东河”话题挑战赛启动仪式在东河区晋商文化广场举行。区委常委、宣传部部长王杰宣布挑战赛正式启动，副区长李广乐致辞。

30日 区公安分局隆重举行升国旗仪式，向伟大祖国致以崇高的敬意，祝福祖国繁荣昌盛。副区长、区公安分局局长王飞，区公安分局政委韩冬梅及民警、警务辅助人员代表180余人参加升旗仪式。

10 月

9日 区委书记李世明在开展“不忘初心、牢记使命”教育质量提升主题调研时强调，要深入贯彻落实习近平总书记在全国教育大会的重要讲话精神，坚定不移落实立德树人的根本任务，用心用情用力办好人民满意的教育，努力实现“重回全市教育第一方阵建设教育强区”的目标。

14日 区委副书记、区长贾保良结合“不忘初心、牢记使命”主题教育，调研东河区乡村振兴工作。市委主题教育第三指导组组长张永生、成员路建法，区委副书记赵娟，副区长李广乐，沙尔沁镇、河东镇、区农牧局、住建局等相关部门负责人陪同调研。

21日 区委副书记、区长贾保良结合“不忘初心、牢记使命”主题教育，调研东河区民族宗教工作。区委常委、统战部部长朱存贵，副区长李广乐及区宗教事务局、城管执法局等相关部门负责人陪同调研。

22日 区委书记李世明在开展“不忘初心、牢记使命”医疗卫生服务专题调研时强调，要坚持把人民健康放在优先发展的战略地位，进一步优化医疗资源布局，深化协调联动，在方便群众就医、减轻看病负担、更好提升健康服务水平上取得更大实效，以实际行动不断增强人民群众的获得感、幸福感、安全感。

29日 东河区乔家金街实景剧《拉骆驼》创评暨民族手工业发展特色街启动。区委常委、统战部部长朱存贵，区委常委、宣传部部长王杰，区政协副主席徐建勋，包头市文旅局艺术研究创评中心编剧刘相林等出席活动。

11 月

1日 副市长武二斌带队深入包头铝业产业园区调研，铝业园区管委会主任张勇及相关部门负责人陪同。

5日 区委书记李世明率队调研东河区城建项目安全生产工作。李世明一行先后深入欧艺家园、方兴麓城一号院、吾悦广场、富力院士庭、恒大翡翠华庭工程现场，认真听取相关负责人就项目概况、工程进展、规划等方面情况汇报，进一步把脉城市建设发展方向。

6日 区委书记李世明在调研东河区民族宗教工作时强调，要深入学习贯彻习近平总书记关于宗教工作的重要论述，全面落实党的宗教工作基本方针，依法加强对宗教事务的管理。

11日 内蒙古自治区公安厅禁毒总队副处长穆晓军带队深入铁西街道开展禁毒检查。检查组实地查看街道“绿洲家园”“五室”设置及运行情况，要求各街道要充分结合辖区禁毒实际，深入开展毒品预防宣传教育，营造自觉抵制毒品的良好氛围，确保各项禁毒措施落地落实。

13日 东河区召开村集体经济发展工作现场推进会，学习贯彻习近平新时代中国特色社会主义思想和中共十九届四中全会精神，贯彻落实党中央、自治区党委、市委关于发展壮大村集体经济的部署要求，分析形势任务，总结交流经验，进一步推动全区村集体经济发展壮大。区委书记李世明出席会议并讲话。区委常委、组织部部长刘继文主持会议。

16日 区主题教育艺术作品展暨老包头“非遗”民俗展在区文化馆开幕。活动由区“不忘初心、牢记使命”主题教育领导小组办公室、区委宣传部、区文体旅游广电局主办。

17日 自治区民政厅党组书记、厅长邓月楼，副厅长高建华一行调研指导东河区养老事业发展情况。市民政局党组书记、局长云港，调研员王丽萍，区政府副区长李广乐等陪同调研。

26日 市政府办公室调研员胡云晖带队调研督查东河区地方志“三全目标”工作开展情况。区委常委、办公室主任王林甫等陪同。

同日 市防汛抗旱指挥部秘书长、应急管理局副局长翟云驰带队检查东河区黄河东河区段防凌工作。检查组实地走访南海、章盖营、东富等险工段，详细了解凌汛期物资准备、人员值班值守、抢险队伍组建等情况，要求有关部门压紧压实主体责任，加大日常巡查力度，发现险情及时按照相关要求进行处置，确保安全度过流凌期。

28日 自治区党委常委、市委书记张院忠到联系点东河区调研，深入文化大院、街道社区和老党员家中，面对面宣讲全会精神，指导“不忘初心、牢记使命”主题教育工作，推动全市学习宣传贯彻工作走深走实。

29日 东河区召开2019年治欠保支工作推

进会。区委常委、常务副区长徐刚，区全面治理拖欠农牧民工工资领导小组成员单位相关负责人参加会议。

12 月

3日 “知识产权助推实体经济高质量发展” 第十三届中国专利周暨“月月3·15”放心消费在包头宣传活动启动仪式于在东河区南门外广场举行。

同日 东河区人民法院公开宣判安某某、秦某等人涉嫌组织、领导、参加黑社会性质组织案件。其中，安某某、秦某被判处有期徒刑25年，其余26名被告人分别以12项罪名被判处8个月至16年不等的有期徒刑。

10日 市政协党组书记陈智到东河区就经济社会发展情况及政协工作开展情况进行调研。

12日 由国家博物馆、中共中央党史与文献研究院、北京万合创景国际规划设计研究院、安徽师范大学马克思主义学院的专家组成考察团到王若飞纪念馆进行参观考察。

17日 区委书记、区委党建工作领导小组组长李世明主持召开区委党建工作领导小组2019年第二次会议。区政协主席白继文、区委党建工作领导小组各副组长和成员参加会议。会议听取了区委党建工作领导小组政治建设、思想建设、作风建设、组织建设4个专项组党建工作推进情况的汇报。

18日 由吉林省应急管理厅副厅长杨得志带队的钢铁、铝加工行业安全生产执法检查组对包铝集团安全应急工作进行检查，自治区应急管理厅副厅长孙勇，市应急管理局局长丁凯、副调研员刘丛胜，区委常委、常务副区长徐刚陪同。

19日 区委书记李世明到沙尔沁镇了解已完成脱贫的建档立卡贫困户生产生活情况以及帮扶措施落实情况。

东河概览

【地理位置】

东河区是包头市辖区中心城区之一。因季节性河流——“东河”（蒙语称“博托河”）流经区境而得名。辖区东界与土默特右旗接壤，西界接九原区，南界临黄河，北界连石拐区。地理坐标为北纬40° 30′ 02″ ～40° 39′ 42″ 、东经109° 57′ 47″ ～110° 12′ 02″ ，行政区域面积470平方公里。

【气候】

东河区属中温带大陆性半干旱季风气候，地处半干旱与干旱气候、季风气候与非季风气候区的结合部，冬寒夏热，四季分明。春季干旱多风，气温回升快，冷空气活动频繁，冷暖变化无常，气温日差较大，光照充足，空气湿度小，平均风速大，降水量少，大风和沙尘日数多，强冷空气活动常带来降温甚至寒冻天气。夏季高温炎热，降水集中，雨热同季，阵性降水多，暴雨、冰雹、雷雨大风等灾害性天气主要集中在夏季阵性降水中。秋季秋高气爽，雨量减少，刮风较多，天气晴朗，气温续降，霜冻普现。冬季寒冷，气温剧变，逐渐封冻，降雪日增，多刮西北风。

2019年，东河区年平均气温7.7℃，比历年平均气温低0.1℃，比2018年低0.4℃。初霜日出现在10月7日，比历年平均日期晚7天。年降水量297.6毫米，比历年平均降水量少0.8毫米，比2018年偏少67.0毫米，年内日最大降水量为40.6毫米，出现在9月11日。年日照时数3067.3小时，比历年平均多192.4小时，比2018年偏多359.7小时。主要天气气候事件有暴雨、高温、大风、沙尘、干旱、大雾等。

【建置沿革】

包头建置始于战国时代。自赵武灵王在今包头一带设置九原县始，到清代止，先后有秦、汉、前秦、北魏、东魏、北齐、隋、唐、辽、金、元、明、清等封建王朝在这里设置郡县，长达2000多年。

包头地处北疆，历史上是北方少数民族与中原汉族交错杂处的地带，随着双方政治力量的消长，这里时而为少数民族统治，时而隶属中原王朝管辖，设置增变较频，城镇时建时废，土地时牧时农，人口增减无常，变革频繁。

1950年年初，包头市人民政府成立。设3个区，城北为一区，城南为二区，城郊为三区。

1953年1月1日，在城区东北回民聚居区设立回民自治区。1956年8月，裁一区、二区、回民自治区，将三区合并，组建包头市东河区。

【行政区划】

1956年8月东河区成立之初，设4个街道办事处，辖60个居民委员会（以下简称“居委会”）。

1959年，改设8个街道办事处，辖72个居委会。

1960年，兴办城市人民公社，成立东河区人民公社，设和平、火箭、红旗、磴口4个分社，分社辖管理区。

1963年年初，停止“东河区人民公社”称谓，裁分社建置，将原4个分社改为7个公社。

1968年10月，裁磴口、杨圪塄2个人民公社的行政工作分别移交糖厂、煤矿，全区共有居委会68个。

1970年9月，又将和平、团结、红旗3个人民公社改划为胜利、新风、红卫、和平、火箭、团结、红旗7个人民公社，后又增设磴口人民公社。

1979年，改人民公社为街道办事处，共设9个街道办事处。至1983年年底，全区共有9个街道办事处，135个居委会。1984年10月，新置河东、二里半、铁西街道办事处。至1985年年底，全区共有12个街道办事处、169个居委会。

1998年，河东镇由原郊区划归东河区，辖26个村委会。

2002年，全区168个居委会调整为109个社区。2005年调整为110个社区。

2006年，辖12个街道，一个镇；94个社区，26个村委会。

2008年，将九原区沙尔沁镇划归东河区管辖。沙尔沁镇辖23个村委会。河东镇设置没有变化，辖26个村委会。辖12个街道办事处，90个居委会。

2012年，全区辖两个镇，村委会49个；12个街道办事处，居委会调整为59个。

2015年，全区辖2个镇，村委会49个；12个街道办事处，新设立5个直管社区，辖52个社区居委会。

2019年，全区辖2个镇，49个村民委员会；12个街道办事处，66个社区居民委员会。

东河区（2019年）行政区划一览表

表4-1　　单位：个

地　区	居民委员会	村民委员会
全　　区	66	49
河　东　镇	2	26
沙　尔　沁　镇	1	23
和平路街道办事处	3	——
财神庙街道办事处	3	——
西脑包街道办事处	6	——
南门外街道办事处	4	——
南圪洞街道办事处	6	——
东站街道办事处	7	——
回民街道办事处	3	——

续表4-1

地　区	居民委员会	村民委员会
天骄街道办事处	6	——
河东街道办事处	7	——
铁西街道办事处	6	——
东兴街道办事处	5	——
杨圪塄街道办事处	1	——
区　直　属	6	——

【人口 民族】

2019年，东河区户籍人口40.66万人，16.10万户。其中，男性20.12万人，女性20.54万人。出生落户人口2841人，死亡1640人，市外迁入人口1490人，迁出市外4698人。暂住人口7.8万人。全区总人口55.42万人，有蒙古族、回族、满族等38个民族。其中，少数民族3.8万人，占总人口的7%，少数民族中蒙古族有12881人，回族19128人。

【现代农牧业】

全区农作物播种面积13.42万亩，其中，主要农作物玉米7.51万亩，蔬菜5.56万亩，小麦等其他作物0.35万亩。全区牲畜存栏9.6万头(只)，出栏4.27万头(只)，禽类存栏69.3万羽，出栏12.9万羽。“一个基地、两个观光园、七个特色产业示范种植园”建设规模显现，建成厚墙体温室1000亩，发展优质新品种葡萄、“一穴多株”玉米、海水稻等特色农业8600亩，什大股村5000亩稻鱼种养农旅融合项目开工建设。建成标准化设施农业示范基地5000亩，设施蔬菜高质高效创建面积超5万亩，获评自治区设施农业高质高效生产创建示范区。农牧业品牌知名度和影响力进一步提升，新增市级以上农牧业产业龙头企业9家、产业化联合体5个，创建家庭农场17个，农产品销售收入同比增长26.7%。新增“三品一标”品牌4个，5家绿色食品认证企业已加入国家农产品质量安全追溯平台。

【工业】

工业园区转型发展步入快车道。铝精深加工产业加速集聚，中氢能源新材料产业园开工建设，包头铝业新建2万吨高纯铝、平源20万吨稀土铝合金、通标年产50万平方米铝模板、凯普松和丰川电子74条化成箔生产线等一批高附加值项目竣工投产。铝合金汽车零部件生产呈快速增长，盛泰年产30万只卡巴轮、汇众300万套汽车零部件项目投产达效。循环产业经济加快发展，平远100万吨废钢铁、鑫生源4万吨废旧轮胎项目竣工投产。服务保障更加有力，协调推动华云铁路运煤专用线开工建设，成功引进17家企业盘活闲置土地640亩、闲置厂房8.8万平方米，帮助企业协调争取贷款、资金5.17亿元，节约用电成本超5亿元。全年规模以上工业总产值完成300.5亿元，同比增长10.9%。

【商业服务业】

现代服务业发展后劲不断加强，城市商圈加快布局，新城吾悦广场商业综合体项目进展顺利，维多利摩尔城投入运营。电子商务发展态势良好，重点监控电商企业交易额达到4.13亿元。金融服务能力进一步增强，与中国银行东河支行签订战略合作协议，在5年内为全区发展提供不低于30亿元意向融资安排，各金融机构为企业融资峰值达到41.7亿元。现代物流加快发展，唐山港内蒙古公铁物流内陆港挂牌，物流企业全年货物发运量达到1300万吨，产值26.7亿元。文旅融合发展要素进一步健全，包头福巷、老包头记忆历史街区等项目扎实推进，聂卫平围棋道场内蒙古总部落户乔家金街。

【金融扶持】

争资争项能力进一步提升，制定《2019年争取上级预算内资金政策解读》，争取到2019年中央预算内资金1.1亿元。金融服务能力进一步增强，与中国银行东河支行签订战略合作协议，在5年内对全区发展提供不低于30亿元意向融资安排，各金融机构为企业融资峰值达到41.7亿元。中国农业银行、中国建设银行东河支行等多家银行推出“纳税e贷”“云税贷”“微捷贷”等无担保、纯信用、自助便利化业务，为全区371户企业提供贷款9773.5万元。

【债务化解】

全年争取新增地方债券3.5亿元、再融资一般债券2.5亿元，化解政府债务6.26亿元，完成年度任务的193%。圆满完成民营企业、中小企业账款年度清偿任务。积极开展金融领域非法集资和涉黑涉恶排查，稳妥化解网络借贷等互联网机构存量风险。

【精准脱贫】

积极整改中央脱贫攻坚专项巡视、国家和自治区成效考核指出的问题，落实各项整改措施250条。持续开展建档立卡及边缘人口动态管理，全年无新增贫困人口和返贫人口，建档立卡贫困人口实现人均年纯收入1.5万元，同比长12%。严格落实“四个不摘”要求，延续教育、医疗、社会保障兜底等16类政策，实施2个扶贫项目，区本级财政投入250万元，争取上级专项扶贫资金234万元。

【环境治理】

全力打好蓝天、碧水、净土保卫战。实施包头铝业、华云电解烟气脱硫改造5个大气污染防治重点项目，推动城乡清洁能源替代和沙尔沁镇10个村天然气替代改造工程，加大扬尘污染管控和治理，全区二级以上良好天数284天，达标比例78%。推动东华热电废水资源化利用项目建设，润通污水处理厂提标改造工程开始调试运行，建成华资地区居民生活污水收集处理项目，完成磴口水源地和典型乡镇水源地评估。实施工业固废危废和医疗废物专项整治，铝业园区固废渣场完工，东河区垃圾填埋场污泥处置和旧场封场工程开工建设，全区生态环境质量持续改善。扎实推进农村人居环境整治，完成户用卫生厕所、农村公厕改造任务，建成户用一体化污水处理设施123套、集中式污水处理设施1座。秸秆综合利用率、畜禽粪污资源化利用率完成上级下达指标任务要求。集中开展“三清一改”，清理农村生活垃圾9万余吨，清理沟渠河道70多公里，村庄环境卫生得到有效整治，村容村貌明显提升。河东镇获评全国卫生乡镇。

【城镇建设】

东北外大街等13条道路建成通车，北梁地区道路承载能力不断加强。东方壹号院、吾悦和府等房地产项目进展顺利。持续推进中心城区改造，完成南门外大街、东门大街、西脑包大街等5条道路改造和“天网入地”工程，环南海湖污水干管工程完成铺设。实施棚改户改造区520户，完成“三供一业”住宅小区改造34个，实施21万平方米供热二次网改造和1.24万平方米燃煤散烧治理集中供热并网工程。对94个小区实施准物业管理工作，小区综合物业管理实现全覆盖，新增星级物业管理达标小区29个，星级物业占比38.4%。

【“放管服”改革】

东河区“放管服”改革在全市率先完成国

家级“放管服”改革基本目录事项审核。强化“一站式”综合服务能力，将供热、供水等20余项市政公共服务事项纳入大厅办理，餐饮业证照实行“一窗式”服务模式，梳理公布“最多跑一次”事项49项，全面启动新政务大厅建设工作。扎实开展“双随机、一公开”监管工作，开展跨部门联合检查。全力推进社会信用体系建设工作，年内归集各类信息4.9万条，开展“信用七进”宣传活动15次，“诚信万里行”宣讲7场。政府机构改革全面完成。综合执法力量下沉镇、街道，在全市率先展开“一村一辅警”工作，加快推进基层治理体系和治理能力现代化建设。有序推进农村土地确权颁证工作，基本完成集体产权制度改革，49个村全部成立经济合作组织。编制东河区农业水价综合改革规划，分阶段推进农业水价综合改革。

推进园区增量配电业务改革，10户企业加入自治区电力多边交易，交易电量81.4亿度，节约成本5.9亿元。落实更大规模减税降费政策，为企业减轻税费负担34亿元。新建商品房实现销售6881套，建筑面积77.73万平方米，分别同比增长24.41%、25.8%，城市棚户区改造消化库存房源482套。创新企地融合发展新机制，推动国有驻包头企业与红卫日化、云谷电力、西蒙皮业等建立合作。扎实开展军民融合，包头市军分区与正北食品达成采购协议，使更多企业参与到“民参军”领域。

区域产业创新集群初步形成，推动启迪K栈双创园区中百里网络、嘉腾影视等4家公司在内蒙古股权交易中心青创板挂板。盛泰汽车零部件、丰川电子获评国家高新技术企业，鹿王羊绒、山川圣阳被确定为国家知识产权优势企业，北辰饲料“绿色饲料”研究中心获评自治区企业研究开发中心。协助企业获批科研科技成果奖补资金760万元，8家企业与中国农业大学、内蒙古科技大学等12所高校和科研机构开展产学研合作，转化运用科研成果21项，不断提升企业核心竞争力。19户企业入选自治区“专精特新”示范中小企业库。

【社会保障】

2019年民生支出16.1亿元，较上年增长7.4个百分点。实施积极的就业政策，加强就业创业公共服务，创业贷款、援企稳岗等措施惠及群众1.6万人，全年城镇新增就业1万人以上，建成北梁创业实训基地。创建自治区首家人力资本产业园，吸引19家国内优质人力资源企业入驻。大力实施全民参保计划，养老保险扩面新增5844人。积极落实社保降费率、调费基，为企事业单位减费1800余万元。城乡居民和城镇职工基本医疗保险报销比例分别达到75%和85%。持续提升困难群众基本生活保障水平，发放民生补助资金3816万元。全面落实优抚安置政策，足额发放退役士兵补助等各类资金2063.4万元。扎实做好老龄工作，发放高龄津贴1168万元。成立2家社会养老机构，新增床位210张，打造互助幸福院、农村养老服务站、社区日间照料中心示范点20个，国家城企联动普惠养老服务项目成功落地沙尔沁镇东园村。

【教育】

东河区现有区属中学、幼儿园45所。在校生56273人，其中，幼儿园12642人，小学生23536人，初中11541人，高中8554人。全区在职教职工3966名，其中，专任教师3368名。2019年，向重返全市教育第一方阵迈出坚实一步，中考总均分、优秀率均位居全市第一，包头第二中学、包头市第八中学、包头市第二十四中学、景开中学4所学校优秀率跻身全市前十，高考一本上线率和本科上线率分别提升2.8%、93%，更多的孩子考入全国知名高校。教学改革持续深化，累计创建教改联盟8个、“名师工作坊”17个，整体教学水平不断提升，4名教师被评为自治区学科带头人，24名教师获得自治区、包头市青功赛一等奖。实施微小幼儿园、幼儿中心规范治理，幼儿园普惠率提高到86%。育人环境不断优化，10所中小学校获评自治区、包头市“文明校园”，铁路实验小学足球队夺取自治区“主席杯”冠军，包二十四中女排第17次获得自治区锦标赛冠军。

【卫生健康】

2019年，东河区有各级医疗单位416家，其中，驻区市级医疗机构8家（市级公立医院5家、市级民营医院3家），部队医院1家，区属公立医院3家，公共卫生服务机构3家，镇卫生院3家，村卫生室97家，社区卫生服务中心（站）56家，区属民营医院11家、门诊部11家，诊所218家，厂矿卫生所5家。截至年底，全区各类卫生技术人员5893人，其中，注册执业（助理）医师2125人，护士2933人，全区医疗机构核定病床总数5291张，每千常住人口拥有医疗卫生机构床位9.55张、注册执业（助理）医师3.84 人、护士5.29 人。

深入推进健康城市建设，健康细胞示范点达到11个。加强公共医疗服务体系建设，组建城市医疗集团，中医康复保健中心、胃肠疾病诊疗中心挂牌运营，新建的疾控中心投入使用。强化中医药服务能力，成立中医药文化推广中心。加快推进医养结合工作，积极创建自治区级慢性病综合防控示范区，家庭医生签约服务对常住贫困人口实现全覆盖。

【文体旅游】

提升公共文化服务水平，举办第11届“西口”文化艺术节、“弘扬乌兰牧骑精神”等文化惠民活动近400场。不断深化文物保护和“非遗”传承，启动实施阿善遗址、龙泉寺、大仙庙3处文物保护修缮工程，新增市级“非遗”项目6项、区级21项、传承人27人。举办群众体育活动150场，新增体育健身站点5家，全民健身中心具备运营条件。制定全域旅游发展规划，开展形式多样的旅游节庆活动，开展“抖in包头·寻根东河”推广活动，发行《老包头记忆》系列丛书。

【社会治理】

扫黑除恶专项斗争纵深推进，打掉涉黑组织、团伙、犯罪集团15个，抓获犯罪嫌疑人128人，破获刑事案件162起。全力化解信访积案，鼎太风华项目续建工程顺利启动，华资地区老旧平房改造、钢窗厂职工社保遗留问题等13件社会矛盾积案得到妥善解决。深入构建和谐劳动关系，人事争议仲裁完成数字化升级和服务前移，258起案件实现快办快结。大力开展治欠保支工作，农民工欠薪案件数量同比下降60%。强化食品药品安全监管，开展“雷霆行动”“百日攻坚”等专项整治，食品药品安全监管防线更加牢固。严格落实安全生产责任制，不断强化应急管理体系和能力建设，生产安全事故同比下降11.1%。深入开展民族团结进步事业，完成中央宗教工作督查任务，沙尔沁镇阿都赖村被评为第三批“全国少数民族特色村寨”。全区“七五普法”工作、“双拥”工作、关心下一代工作和档案史志工作都取得了新的进展。人民武装、总工会、共青团、妇联、工商联、红十字会、残联、退伍军人、人事、审计等单位的工作都取得积极进展。驻区医院高校、铁路、民航等单位为全区经济社会发展做出了新贡献。

中国共产党包头市东河区委员会

【中共包头市东河区委员会领导名录】

书　记　　李世明
副书记　　贾保良
　　　　　赵　娟（女，满族）
常　委　　徐　刚
　　　　　梁润栓
　　　　　朱存贵
　　　　　刘继文
　　　　　王林甫

重要会议

1月17日，中国共产党包头市东河区第十届委员会第九次全体会议暨全区经济工作会议在区党政大楼一楼会议厅召开。全会以习近平新时代中国特色社会主义思想为指导，深入学习贯彻中共十九大和十九届二中、三中全会精神，学习贯彻中央经济工作会议精神以及自治区党委十届七次、八次全会和市委十二届七次、八次全会精神，传达学习自治区同意、包头市委、市政府批准的《东河区机构改革方案》精神，审议通过《东河区机构改革实施意见》，听取和讨论区委常委会工作报告，对2019年经济工作和全区机构改革工作进行安排部署。全会根据《中国共产党地方委员会工作条例》有关规定，决定免去丁雄东河区十届区委委员职务，递补黄晓明为东河区十届区委委员。

9月19日，东河区“不忘初心、牢记使命”主题教育工作会议在区党政大楼一楼会议厅召开。会议深入学习贯彻习近平总书记“不忘初心、牢记使命”主题教育重要指示精神，全面落实党中央、自治区党委、市委关于开展第二批主题教育的部署要求，安排部署全区主题教育工作。市委“不忘初心、牢记使命”主题教育第三指导组组长张永生及指导组成员到会指导。

10月28日，区委书记李世明在区党政大楼一楼会议厅，以“在学懂弄通做实习近平新时代中国特色社会主义思想的新征程上守初心、担使命”为主题，为全区领导干部上了一堂主题聚焦、重点突出、内容丰富的主题教育专题党课。李世明系统回顾了中共十九大以来，东河区经济社会各方面所取得的成就，并从加深习近平新时代中国特色社会主义思想，习近平关于“不忘初心、牢记使命”重要论述精神，习近平考察内蒙古重要讲话和重要指示精神三个方面的理解和认识，谈了思考、点了差距、提了要求。

决策部署

2019年，中共包头市东河区委共召开区委常委会会议28次，作出一系列决策部署，详见表5-1。

表5-1

2019年中共包头市东河区委常委会决策部署一览表

会议名称	会议时间	决策内容
区委十届第69次常委会会议	1月8日	研究《关于包头市南海湿地投资（集团）有限责任公司发行企业债券的方案》《关于包头市复兴投资（集团）有限公司发行企业债券的方案》《东河区机构改革实施意见》《关于对2016—2017年度考核评优公务员奖励的建议》《第十届包头市东河区委巡察工作规划（送审稿）》《2019年东河区新春元宵文化节活动方案》《东河区2019年春节慰问救助活动安排》
区委十届第70次常委会会议	1月15日	研究拟提任副县级领导干部考察人选事宜
区委十届第71次常委会会议	1月15日	研究《关于合同制聘用人员增加工资待遇的意见》《东河区党政机构改革职责和人员转隶实施方案》及转隶建议
区委十届第72次常委会会议	1月17日	研究《关于递补中共包头市东河区第十届委员会委员的建议》，传达学习任务李纪恒有关讲话精神和全区推进“大棚房”问题清理整治电视电话会议精神，安排部署下一步工作
区委十届第73次常委会会议	1月17日	听取各组召集人关于讨论情况的汇报
区委十届第74次常委会会议	2月1日	研究《关于调整政协包头市东河区第十届委员会委员、秘书长和常委的建议》《关于调整部分区直单位党组设置和成立党工委的建议》
区委十届第75次常委会会议	2月26日	研究《区人大常委会、区人大常委会党组2019年工作要点》《成立铁路以南地区总部经济园区推进领导小组成员及工作职责的建议》《东河区2019年“双一流”人才引进工作实施方案》及干部调整事宜
区委十届第76次常委会会议	3月15日	研究区政协党组2019年工作要点，区委组织部、统战部、政法委2019年工作要点，区人民法院党组、区人民检察院党组2019年工作要点
区委十届第77次常委会会议	4月4日	研究区委宣传部2019年工作要点和《关于给予聂文华留党察看一年、政务撤职处分，石忠彪撤销党内职务、政务撤职处分的请示》，研究拟提任正科级领导干部考察人选
区委十届第78次常委会会议	4月15日	研究干部调整事宜
区委十届第79次常委会会议	4月26日	研究区政府党组2019年工作要点和《中共包头市东河区委员会贯彻〈中国共产党党务公开条例（试行）〉实施方案》《关于2018年度全区科级领导班子和领导干部考核结果的建议》

续表5-1

会议名称	会议时间	决策内容
区委十届第 80 次常委会会议	5 月 21 日	研究《东河区关于对〈中共包头市委员会关于贯彻落实习近平总书记参加十三届全国人大二次会议内蒙古代表团审议时的重要讲话精神的实施意见〉责任分解的建议》《关于坚持农业农村优先发展全面做好“三农”工作的实施意见》《东河区农村人居环境整治 2019 年工作方案》《东河区田园综合体创建领导小组及工作职务分工》《关于 2017 年度合同制聘用人员考核结果和开展 2018 年度考核工作的请示》《东河区新时代文明实践中心建设实施方案》《东河区融媒体中心建设方案》《关于隆重庆祝中华人民共和国成立 70 周年群众性主题宣传教育活动的工作方案》《东河区委常委班子的政治建设集体责任清单》《东河区委主要负责人政治建设责任清单》《区委常委班子成员政治建设责任清单》，研究调整部分区委常委工作分工的建议
区委十届第 81 次常委会会议	5 月 30 日	研究《包头市委联动巡察组关于对中央脱贫攻坚专项巡视有关整改工作反馈意见的整改方案》，研究干部调整有关事宜
区委十届第 82 次常委会会议	6 月 14 日	研究《包头市东河区深入推进中央环境保护督察“回头看”草原生态环境问题专项督察反馈意见整改工作方案》
区委十届第 83 次常委会会议	6 月 28 日	研究《东河区中央、自治区重点扶持村集体经济发展项目实施方案》《东河区 2019 年面向社会公开招聘引进优秀教育人才工作实施方案》《关于表彰全区先进基层党组织、优秀共产党员、优秀党务工作者的建议》《关于召开东河区庆祝建党 98 周年暨“两优一先”表彰大会的建议》《东河区 2019 年意识形态领域分析研判报告》
区委十届第 84 次常委会会议	7 月 19 日	研究《东河区委管理领导班子和科级领导干部考核办法》《东河区关于中央扫黑除恶第 15 督导组第三下沉组督导包头市通报问题整改方案》
区委十届第 85 次常委会会议	7 月 31 日	研究《关于开展“重温延安精神、守初心担使命”主题学习活动的实施方案》
区委十届第 86 次常委会会议	8 月 16 日	研究《东河区公务员职务与职级并行制度实施方案》《形式主义、官僚主义及“四官”问题专项整治问题台账》
区委十届第 87 次常委会会议	8 月 30 日	研究《东河区庆祝第 35 个教师节暨表彰方案》《东河区蓝天保卫战 2019 年实施方案》《东河区扬尘污染治理工作方案》《东河区“散乱污”工业企业整治专项行动方案》《东河区挥发性有机物污染专项整治工作方案》《包头八中国控空气自动监测点位周边突出环境问题整治方案》《东河区 2019 年水污染综合治理实施方案》
区委十届第 88 次常委会会议	9 月 18 日	研究《中共包头市东河区委员会关于深入学习贯彻习近平总书记考察内蒙古重要讲话精神的实施意见》《东河区 2019 年县级领导包联重大项目安排表》《东河区委“不忘初心、牢记使命”主题教育实施方案》《全区党支部开展“不忘初心、牢记使命”主题教育工作安排》《区委常委会开展“不忘初心、牢记使命”主题教育工作安排》《东河区“不忘初心、牢记使命”主题教育工作会议方案》《东河区委“不忘初心、牢记使命”主题教育“13+N”专项整治任务分工建议》

续表5-1

会议名称	会议时间	决策内容
区委十届第 89 次常委会会议	9 月 23 日	研究包头市加通污水处理厂中央环保督察“回头看”整改工作
区委十届第 90 次常委会会议	9 月 27 日	听取关于新中国成立 70 周年大庆期间安保维稳工作情况、东河区软弱涣散基层党组织排查情况和 2019 年争取资金、债券使用情况及 2020 年项目策划、债券申报情况
区委十届第 91 次常委会会议	10 月 11 日	研究《内蒙古包头铝业产业园区管理制度》《东河区加快铝业园区民营企业转型升级发展奖励办法》
区委十届第 92 次常委会会议	10 月 31 日	研究《包头市东河区民生实事项目人大代表票决制（会商制）工作实施方案》
区委十届第 93 次常委会会议	11 月 25 日	研究《关于东河区部分区属中学副校长竞争上岗的建议》《关于东河区 2019 年度引进高层次和紧缺急需人才的建议》《东河区委“不忘初心、牢记使命”主题教育常委会检视整改问题台账》《关于深入贯彻落实党的十九大以来中央党内法规的有关事宜》
区委十届第 94 次常委会会议	12 月 17 日	研究《办文办会督查调研四个“十不准”（试行）》《东河区 2019 年落实意识形态工作责任制自查报告》《关于当前我区意识形态领域情况的通报》《关于召开 2019 年度区直党（工）委书记抓基层党建述职评议会方案》《东河区委管理领导班子和领导干部 2019 年度综合考核工作实施方案》
区委十届第 95 次常委会会议	12 月 24 日	开展区直党（工）委书记抓基层党建述职评议
区委十届第 96 次常委会会议	12 月 25 日	研究“不忘初心、牢记使命”主题教育有关工作

综合管理

【中共东河区委员会办公室领导名录】

主　任　　王林甫
区保密机要局局长　　张春枝（女，蒙古族）
深改办副主任　　张艳萍（女，5月离任）
常务副主任、区档案局局长
　　安建军（达斡尔族，5月任档案局局长）
副主任　　张　冬（5月任职）
主任科员　　高　洁（女）

【概况】

中共包头市东河区委员会办公室（以下简称“区委办公室”）成立于1956年8月，机构规格为正科级，是东河区委的综合办事机构，为东河区委工作运转和决策服务提供最直接的服务和保障，是承上启下、协调左右的中枢机构，承担着服务领导、服务基层、服务群众的重要职责。内设综合秘书室、信息督查室、法规室3个股室（12月25日，按照机构改革要求，设立政策研究室、秘书一室、秘书二室、秘书三室、行政室5个股室）；所属事业单位1个，相当股级事业单位市委旧址管理处（9月25日，更名为中共包头市东河区委员会政策研究服务中心）。1月24日，按照机构改革要求，将档案局的行政职能划入区委办公室，对外加挂区档案局牌子。区委办公室有干部职工26人。

中共包头市东河区委员会保密机要局（以下简称“区委保密机要局”）成立于2002年4月，为正科级行政单位，列区委工作机关序列，归口区委办公室管理，同时加挂中共包头市东河区委员会保密委员会办公室牌子，对外加挂包头市东河区国家保密局、包头市东河区国家密码管理局牌子。下属1个二级单位区涉密网络管理中心，为股级全额拨款事业单位。有干部职工7人。

【文稿服务】

办公室文稿工作坚持超前谋划，找准落实上级政策与推动实际工作的结合点，围绕重要会议起草文稿、参与决策，努力实现上级精神同全区实际相统一。2019年，高质量完成区委领导讲话等重要文稿120篇50万字，起草常委会主持词和会议纪要50篇40万字，较好地完成了重大会议、重要活动材料筹备工作。规范全区文件制发要求和程序，清退拟升格发文30件，制发文件388件。

【信息调研】

紧贴领导关注、群众关心的重点、热点问题，充分发挥信息主渠道作用，坚持上下联动，广泛收集、挖掘、上报重点项目建设、基层热点难点等各领域信息，2019年，累计向自治区党委、市委上报信息1600条，编发本级信息刊物240期，报送重大紧急信息32期，多次被自治区党委、市委刊物采用；不断增强调研的针对性，切实达到“察实情、出实效”的目的，接待上级和安排本级调研90次。

【改革工作】

协调推进全面深化改革，充分发挥参谋协调作用，制定了7个领域23个方面年度任务台账，推动107项改革任务顺利实施，改革任务全部完成，出台成果80项，召开改革领导小组和协调推进会议6次，编发改革动态12期，报送改革信息11篇、采用2篇。

【督查工作】

围绕区委中心工作，加大督查落实力度，做到有部署、有落实、有结果。2019年，共接待自治区、包头市宗教工作、环境保护、精准脱贫、重点项目建设等各类工作督查检查43次。组织开展部门联动综合督查1次，实地督查7次。制发督查专报48期，督查通报6期。承办自治区级网民留言11件，包头市级网民留言68件，区本级网民留言58件。

【国安工作】

认真落实国家安全责任制，建立健全区委和街镇党（工）委国家安全工作机制，制定区、镇两级重大风险防范化解问题清单、责任清单、措施清单以及整改方案、工作预案，提出387条防范化解措施并定期调度、推进落实，2019年全年全区未发生重大风险事件。

【基层减负工作】

认真贯彻落实“基层减负年”要求，制定办文、办会、督查、调研4个“十不准”负面清单，切实改进文风会风，提高督查调研工作水平。全年全区规范性文件、议事协调类、通报类和工作部署类文件分别同比下降43%、30.8%、54.4%、41.1%，全区性会议数量减少24%，督查考核数量同比精简50%，达到了减负不减责、松绑不松懈的目的。

（马斌 供稿）

组织工作

【中共东河区委员会组织部领导名录】

区委常委、组织部部长　　刘继文

区非公有制经济组织和社会组织党工委书记、纪工委书记　　李润霖

区委组织部常务副部长兼区直机关党工委书记　　王永吉（5月任职）

党员电教中心主任、区委正科级组织员　　王　晖（5月离任）

区直属机关工委纪工委书记
耿　莉（女）
组织部副部长　赵瑞军
组织部副科级干部　闫慧君（女）

【概况】

中共包头市东河区委员会组织部（以下简称“区委组织部”）成立于1956年8月，是东河区委工作部门，机构规格为正科级，负责东河区基层组织建设、干部队伍建设、公务员队伍建设和人才队伍建设等工作。有所属事业单位3个，分别是副科级参公事业单位东河区党员电化教育中心和事业单位干部人事档案管理中心、东河区党员干部培训中心。

2019年，东河区有中国共产党基层党组织671个，其中，党委78个、总支24个、支部569个，有党员16104名。

【“不忘初心、牢记使命”主题教育】

围绕主题教育“守初心、担使命、找差距、抓落实”的总要求，东河区独创“126学习教育工作法”，按照“一统一、两覆盖、六结合”的要求推动主题教育深入开展。把学习教育贯穿始终，组织全体县级领导干部封闭式读书班3期，区委理论学习中心组专题学习4场、邀请专家专题辅导5场，举办主题教育前期学习培训班4期，举办全区各部门单位各级基层党组织书记、党务工作人员实操培训班3期，举办全区“基层党组织书记主题教育”培训班8期，累计培训党员干部2000余人次。把调查研究贯穿始终，全区县级领导制定调研课题29项，组织召开调研成果交流会1次，形成调研报告29篇，调研发现问题102个。各部门制定调研课题290项，组织召开调研成果交流会71次，形成调研报告265篇，为整改落实工作打下了坚实基础。把检视整改贯穿始终，区委常委班子查摆问题32个，已整改完成13个；梳理中央扫黑除恶督导、环保督察，中央、自治区党委、包头市委巡视巡察反馈问题共计55个，已整改52个；区委巡察发现问题777个，已整改完成669个；全区各部门结合自身实际共梳理出问题960个，制定整改措施748项，已整改完成720个。由区纪委监委、区委办等6家单位牵头整改的“13+N”专项整治，印发专项整治方案12个，梳理出专项整治问题261个，制定整治措施331项，已整治问题185个。坚持“开门纳谏”，区委主题教育办已转办自治区开门纳谏问题51件，完成44件，转办包头市开门纳谏问题118件，完成97件，接收区级开门纳谏问题12件，完成6件。

【党员队伍建设】

严把党员准入门槛。建立入党申请人、入党积极分子、发展对象信息台账，现全区共有入党申请人308人，入党积极分子839人，发展对象320人。编制《东河区发展党员手册》，严把发展党员质量关，今年全区共发展党员163人。同时，按程序完成河东镇臭水井村、河北村两个党支部3年未发展党员问题整改工作。加强党员教育管理。健全不合格党员处置常态化机制，结合2018年度民主评议党员工作，共认定不合格党员67人，其中，限期整改61人，劝退1人，除名5人。强化党员教育培训，2019年共举办党员教育培训47期，培训党员6283人次，举办基层党组织书记培训班28期，培训基层党组织书记3253人次。进一步加强党内关怀、激励。积极开展春节、“七一”慰问活动，共慰问中华人民共和国成立前老党员22人、因公去世党员家属7人、在职去世科级干部家属4人，生活困难党员359人，发放慰问金26.8万元。顺利完成自治区、包头市和东河区“两优一先”推荐评选工作。

【基层组织建设】

建强基层组织战斗堡垒作用。规范党组织设置，结合机构改革工作，按需新设立、需清理规范、需优化设置3类对全区22个区直党（工）委所属基层党组织设置情况进行全面摸底，制定《关于规范基层党组织设置的整改方案》，通过上下各级组织的共同努力，不断优化东河区基层党组织设置。全面提高党内政治生活质量。全面启动党支部“三会一课”观察工作，建立观察员信息库，选派6名部机关干部和49名基层党务干部对全区118个基层党支部开展“三会一课”观察工作，累计开展观察工作270余次，推动“三会一课”观察工作高效规范开展。印发《关于对东河区党支部组织生活有关情况进行自查和抽查的通知》，对全区党支部组织生活落实情况进行自查和抽查。统筹推进各领域党建工作全面推进城市、农村、机关、非公有制组织等各领域党建工作，在保证全年工作任务的基础上，着力挖掘工作亮点。社区党建方面，完成11处未达标社区党群服务中心建设工作，超额完成2019年“书记项目”确定的完成6处未达标的建设任务。同时对全区66个社区党群服务中心标识进行规范化打造。加强社区“两委”干部队伍建设，制定《包头市东河区社区“两委”成员及社区专职工作人员绩效考核办法（试行）》，对社区“两委”干部反复联审，保持管理监督高压态势；实施“社区双百工程”，储备社区优秀干部和后备人才，为打造“共商共建共治共享”的社会治理格局提供人才保障。着力打造基层党建品牌，摸索总结城市基层党建互联互动“六型”模式，加强对各基层党组织工作的指导。村镇党建方面，全面发展村集体经济，对村集体各类资产资源进行清底清查，翔实掌握各村资产资源底数，并建立台账。研究出台《东河区关于扶持村集体经济发展若干具体措施》，制定项目申报编制模板、项目申报流程，总结了指导村集体经济发展的10种模式，助推集体经济发展。并将村集体经济年底是否达标纳入镇、村和区直各相关部门及包联科级干部年底考核指标。区直机关党建方面，继续完成调整组织结构工作，督促仍未完成党组织撤并整合的个别单位尽快理顺党组织设置。持续规范组织生活，在机关党组织中开展“基层党支部‘三会一课’观察工作”，监督机关党组织进一步严格落实“三会一课”、民主生活会、组织生活会、民主评议党员等制度，有效推动组织生活规范化。非公有制组织党建方面，分批次、分重点在全区33家非公有制企业和社会组织中打造政治性突出、实用性强、服务党员群众的党群服务中心示范点，截至年底，12家重点非公有制企业和社会组织已经全部挂牌。积极开展区重点非公有制企业和社会组织推进党建工作的经验交流活动，交流先进经验和优良做法，帮助企业和社会组织解决实际问题。

【干部队伍建设】

选优配强领导班子。认真落实《党政领导干部选拔任用工作条例》，严格执行干部选拔任用工作流程，全年调整干部2批184名，共调整女干部46名、少数民族干部22名、党外干部10名。调整后，全区机构改革设置的35个党政机构领导班子基本配齐，干部队伍机构、比例更加合理，活力进一步增强。做好年轻干部工作，制定《关于适应新时代要求大力发现培养选拔优秀年轻干部的实施办法》，完善优秀年轻干部培养机制。建立年轻干部信息库，共掌握832名年轻干部基本情况。在各单位推荐的基础上，筛选优秀年轻干部153名。加大年轻干部选拔任用力度，全年调整35岁以下年轻干部11名，选拔任用优秀年轻干部4名，调任年轻干部11名，整体上优化了干部队伍结构。通过到市级部门挂职锻炼、参与重点工作等形势，提升年轻干部工作实效。强化干部监督管理。结合中期考核、基层调研、干部调整等工作，实现科级干部谈心谈话全覆盖。加大重点岗位、重要时期和重大工作的监督力度，对39名科级干部进行离任委托审计。充分运用好提醒、函询、诫勉手段，对干部的苗头性、倾向性问题有针对性地提出整改要求。本年度共对3名科级干部进行提醒谈话，约谈科级干部3名。夯实人才队伍基础。健全人才信息资源库，全区党政、专业技术、企业经营管理等各类人才共8812名。组织东河区符合条件的单位申报内蒙古自治区“草原英才”工程，本年度通过区委组织部渠道申报“草原英才”创新人才团队工程的企业1家。研究制定《东河区2019年度引进高层次和紧缺急需人才实施方案》，切实解决东河区人员紧缺的问题。

【公务员队伍建设】

强化干部教育工作，举办“东河区科级领导干部2019年度党性教育及综合能力提升专题轮训班”“习近平新时代中国特色社会主义思想专题培训班”，对全区科级领导干部进行一遍全覆盖式轮训，全年共有670人次科级以上领导干部参加主体班次的脱产培训。积极参加上级培训班，完成3期领导干部双休日视频讲座、2期大学习大讨论视频讲座，1期“不忘初心、牢记使命”主题教育预热视频讲座东河区分会场的承办工作，全区共362名领导干部参加培训。认真组织考核工作。派出6个考察组对全区科级领导班子和领导干部开展年度考核，通过对各类评价打分结果，4月17日向全区印发《2018年度东河区科级领导班子和领导干部考核结果的通报》，完成了2018年度全区科级领导班子和领导干部考核工作。扎实开展出入境管理工作。结合上级部门对出入国（境）证照管理的清查工作要求，重新修订并印发《东河区领导干部和一般工作人员因私出国（境）审批和因公出国（境）备案管理办法》，在保留审批权限的同时，下放管理权限，形成统一审批、层级化管理的管理体系，进一步加强和规范出入境证照管理工作。

（赵卿 王雨楠 供稿）

宣传工作

【中共东河区委员会宣传部领导名录】

部　长　　　　王　杰

常务副部长、文明办主任

　　　　苏安胜（5月任职）

副部长、文明办主任

　　　　李艳华（女，3月离任）

副部长、新闻出版版权局局长

　　　　张丽霞（女）

副部长、区对外宣传领导小组办公室（区政府新闻办公室）主任

　　　　秦丽萍（女）

【概况】

中共包头市东河区委员会宣传部（以下简称“区委宣传部”）是东河区委工作部门，机构规格为正科级，负责东河区宣传思想文化工作。2019年机构改革后，内设办公室、理论室、宣传室、文化室、精神文明建设综合室、新闻出版版权室6个股室，下辖区委讲师团1个事业单位，挂东河区精神文明建设委员会办公室、对外宣传领导小组办公室（区政府新闻办公室）、区新闻出版版权局牌子。

2019年，区委宣传部以习近平新时代中国特色社会主义思想为指导，全面贯彻中共十九大和十九届二中、三中、四中全会精神，在区委坚强领导下，锐意进取，真抓实干，完成庆祝中华人民共和国成立70周年，“不忘初心、牢记使命”主题教育，推进机构改革等重要工作。

【意识形态】

2019年是自治区“意识形态工作基层网格化落实深化年”，区委宣传部认真推进意识形态工作责任制的落实工作，下发《关于进一步抓好2019年意识形态工作责任制落实的通知》，进一步明确2019年意识形态重点工作任

务。制定《关于建设东河区基层意识形态网格员队伍的实施方案》，层层明确职责，精确分解任务，全面推进落实意识形态责任制“管理网格化”和“责任清单化”。

【理论武装】

坚持把学习习近平新时代中国特色社会主义思想作为首要政治任务，制定下发《东河区党（工）委、党组理论学习中心组2019年度学习安排意见》，出台《东河区党（工）委、党组理论学习中心组学习质量监测考评办法（试行）》，围绕全国两会精神，“思想再解放，笃行新发展理念，推动高质量发展大学习大讨论”，“不忘初心、牢记使命”主题教育，十九届四中全会精神等内容，以高端讲座、交流研讨、观影学习、警示教育、调查研究等多种形式，组织区委理论中心组集体学习20次，累计6000余名各级干部参加学习辅导。把“学习强国”“包头微学习”“包头讲吧”等学习平台作为学习贯彻习近平新时代中国特色社会主义思想的有力抓手，推动全区各级党组织和广大干部群众使用学习。依托基层“学习讲堂”，配合包头市“草原学习轻骑兵”宣讲小分队，抽调党校教师、领导干部等理论骨干组成宣讲团，围绕全国两会精神、扫黑除恶专项斗争、脱贫攻坚、“不忘初心、牢记使命”主题教育理论等主题开展宣讲，使党的创新理论飞入寻常百姓家。

【媒体宣传】

加强社会宣传，在全区主要道路、街巷、广场、公共场所通过大型公益喷绘广告、LED开展庆祝中华人民共和国成立70周年、扫黑除恶、脱贫攻坚、安全生产、农村人居环境整治等主题内容的公益宣传。加强对全区户外大型喷绘公益广告刊播内容的审核、把关，加强对公益宣传比例、刊播位置、形式、设计、内容、蒙古语规范使用等把关，确保公益宣传准确、醒目、效果好。落实全区扫黑除恶专项斗争宣传工作各项要求，针对前期知晓率提升开展集中宣传、入户宣传、主题宣讲等各种形式的宣传活动，中后期重点开展扫黑除恶成果宣传。完善新闻发言人制度，进一步提高新闻发布质量。

【新闻出版】

成立东河区“扫黄打非”工作领导小组，召开2次“扫黄打非”联席会议，印发《新时期东河区“扫黄打非”工作实施方案》，制定《东河区“扫黄打非”工作联席会议制度》等4项工作制度，建立健全东河区出版物零售场所企业台账。与统战、公安、文化市场综合执法大队等相关部门组织联合检查、国旗悬挂专项检查等，实现日常监管到位。组织开展“清源、净网、秋风、护苗、固边”五大专项行动及“剑网2019”专项行动，坚决打击各类非法有害出版活动。深入推进“扫黄打非”基层站点建设，东河区5个社区、2所学校、1家印刷企业、1个村委、1个机关建成包头市“扫黄打非”工作基层点。推进使用正版化软件工作，顺利通过自治区版权局对东河区的正版软件推进工作的检查。

【文化工作】

围绕中华人民共和国成立70周年、弘扬乌兰牧骑精神等主题，积极开展“深入生活 扎根人民”“文化进万家”等各类文艺实践活动200余场。举办“壮丽70年 奋进新东河”大型文艺晚会。与12家单位联合组成“东河区草原综合服务轻骑兵”队伍，开展“弘扬乌兰牧骑精神到人民中间去”基层综合服务活动。《老包头记忆》丛书正式出版发行，于11月22日举办首发式。举办全国明星摄影家“走进东河”摄影采风及摄影作品展活动，展出全国48位优秀摄影师的100幅摄影作品。推动打造莎木佳创作基地，于10月29日正式挂牌，组织文艺创作人才开展6次集中采风。开展抖音包头寻根东河活动。开展电影放映经营单位年度核验工作和电影放映许可证办理工作，切实加强对电影放映经营单位的管理。

（宋扬　供稿）

融媒体中心

【东河区融媒体中心领导名录】

负责人　　张丽枝（女）

【概况】

按照全区机构改革工作总体安排部署，东河区新闻中心更名为东河区融媒体中心，为区委直属正科级事业单位。2019年8月17日，举行东河区融媒体中心揭牌仪式，标志着东河区媒体融合发展工作进入新阶段。

【建设情况】

人员整合方面，把原新闻中心和原网信办“今日东河”微信平台的工作人员统一划转，根据职责、职能和新的功能定位，重新设置融媒体中心的架构和工作流程。资源整合方面，在加快媒体融合发展过程中，从工作实际出发，对采编审发流程进行改革，打破以前新闻中心主要负责市级以上媒体报纸、电视、电台的对接、供稿，“今日东河”微信平台主要负责公众号、移动客户端等新媒体的对接、供稿的壁垒，建立统一的工作平台，形成策划、采访、编辑、技术等部门集中办公，实现报纸、电视、电台、“今日东河”微信、微博、云上东河app、新华网客户端等数据互通，构建“统一策划、一次采集、多种生成、多元发布、多渠道传播”的格局。硬件设施方面，区融媒体中心完成指挥调度中心可视大屏的系统安装，具备媒体融合发展需要的设施、功能和基础条件。发展模式方面，加强与包头日报社沟通合作，完成云上东河APP搭建工作，按照“新闻+党建+政务+服务”模式，设置5个板块及16个栏目，满足不同受众的个性化需求。安装包头日报新媒体采编系统，新闻稿件可实现网上编辑修改。

【新闻宣传】

重大主题宣传始终与区委、区政府、区中心工作同频共振，2019年，围绕学习贯彻习近平新时代中国特色社会主义思想、庆祝中华人民共和国成立70周年、“不忘初心、牢记使命”主题教育、“扫黑除恶”专项斗争等重点工作进行宣传报道，在各级媒体共刊发新闻稿件1178篇，其中，中央级媒体刊发新闻稿件2篇，自治区级媒体刊发52篇，市级媒体刊发1124篇，精心策划包头日报、包头晚报合办版，共制作“聚焦东河”专版45期。在“今日东河”微信平台开设“不忘初心、牢记使命”“学习讲堂”“扫黑除恶”“清风清廉”等专栏，推送各类信息261期，1620余篇。不断推出融媒体产品。结合宣传工作重点，先后拍摄制作快闪《我和我的祖国》《老包头：留住文化根脉守住乡愁记忆》《社区志愿服务队》等微视频在“学习强国app”和“包头发布”转发推送。制作发布了《美丽东河》《扫黑除恶深入人心》等沙画、H5、微动漫。全程直播新春茶话会、欢庆元宵节、总工会庆祝中华人民共和国成立70周年等大型文艺活动，开展的融媒体宣传广泛而富有成效。特色宣讲栏目《听我讲党史》获得市委宣传部评选的理论宣讲优秀作品，快闪《我和我的祖国》获得2019年包头日报社举办的“安利有约·爱上包头”短视频创作大赛二等奖。

（办公室　供稿）

精神文明建设

【东河区精神文明建设委员会办公室领导名录】

主　任　　苏安胜

【概况】

东河区精神文明建设委员会办公室（以下简称“区文明办”），根据《区委、区政府关于东河区党政机构改革工作的实施意见》精神，东河区委宣传部同时挂东河区精神文明建设委员会办公室牌子。

2019年，东河区精神文明建设工作坚持以习近平新时代中国特色社会主义思想和中共十九大精神为指导，紧紧围绕中心工作，突出庆祝中华人民共和国成立70周年这条主线，大力培育和践行社会主义核心价值观，以争创全国文明城市“六连冠”为目标，扎实开展“六大创建”，不断提升文明涵养，改善城市颜值，提高社会文明程度，扎实推动新时代文明实践中心（所、站、点）建设，深入推进“千村示范、万村行动”示范村建设工程，持续深化地区精神文明创建工作。成立新时代文明实践中心（所、站、点）30个，成立区级层面志愿服务队16支；设立“千村示范、万村行动”示范村10个；包头交通投资集团运营管理公司（以下简称“交投集团”）被评为自治区级文明单位标兵；内蒙古高等级公路包头东收费所等2家单位被评为自治区级文明单位；包头市昊宇新能源有限责任公司等6家单位被评为包头市文明单位称号；唐秀莲家庭被评为自治区级文明家庭，评选区级文明家庭12户，8个家庭被市文明办评为“十星级家庭示范户”；莎木佳等3个村被评为自治区级文明村，大巴拉盖等3个村子被评为包头市文明村；马晓琳被中央文明办评为中国好人；叶建才被自治区文明办评为自治区身边好人；刘亮获得包头市第六届道德模范；翟秀兰等3人获得2018年度包头市身边好人称号；在2019年全区典型人物评选活动中，评选出道德模范15人、身边好人15人、美德少年5人。

【新时代文明实践】

按照上三级关于建设新时代文明实践中心的工作部署和要求，提出“123456”的总体思路。一是建立有力有效的工作机制。建立组织领导机制，成立由区委书记任主任、区长任常务副主任、区委副书记等县级领导任副主任、各职能部门主要负责人为成员的东河区新时代文明实践中心（所、站、点）建设工作领导小组，形成党政领导主抓，各职能部门分工负责，相关部门合力推动的浓厚氛围。发挥顶层设计、统筹推进作用，制定并印发《东河区新时代文明实践中心建设方案》，为有序推进各项工作提供基本遵循。建立联席会议制度，加强工作统筹调度，于8月召开东河区新时代文明实践工作推进会议，听取工作情况汇报并对下一工作进行安排部署。建立工作任务清单制，印发《东河区新时代文明实践工作任务清单》，明确新时代文明实践中心16支志愿服务队做好7项具体工作，明确新时代文明实践29个所、站、点，做好14项具体工作。建立工作推动机制，采取调研指导、听取工作汇报、组织观摩活动等形式推动各项工作任务落实。先后深入两次各新时代文明实践所、站实地调研指导新时代文明实践工作。建立考核机制，将新时代文明实践中心（所、站）建设纳入区委年终对各部门的考核范围，结合包头市新时代文明实践（所、站）“八有”建设标准和考评体系，制定《东河区新时代文明实践所（站、点）考核细则》。二是搭建四级服务体系。在区级层面成立新时代文明实践中心，在镇街道层面成立新时代文明实践所，在村社区层面成立新时代文明实践站，在基层成立新时代文明实践点。已建成新时代文明实践中心1个、新时代文明实践所1个、新时代文明实践站12个、新时代文明实践点16个。3月26日，在全市率先集中为新时代文明实践所、站、点授牌。统一为29个所、站、点印制《志愿服务活动记录册》，确保活动内容逐一记录在册。三是整合人力资源和活动资源。按照“8+N”模式，在区级层面组建法律、科普等16支专业志愿服务队，在文明实践所、站、点层面组建81支志愿服务队，共有成员近1500

人。以“菜单”的方式，打通服务群众“最后一公里”。通过与理论宣讲、脱贫攻坚、创城创卫、“扫黑除恶”等全区重点工作的紧密结合，综合运用政策下乡等群众喜闻乐见的方式，解决群众在精神文化层面最盼、最急、最忧的现实问题。全区开展各类新时代文明实践志愿服务活动达670场，受益群众约5万人次，形成中心、所、站、点在做好服务群众工作中齐发力齐推进的生动格局。

【千村示范、万村行动】

结合认真抓好宣传党的理论政策等9个方面具体工作，全力推进全区确立的十个试点村，成效明显。印发《东河区关于开展乡风文明提升行动推动乡村振兴战略实施方案》《东河区“千村示范、万村行动”工作责任清单》等规范性文件。在7月召开“千村示范·万村行动”示范村建设工作推进会，听取工作情况汇报并对下一步工作进行安排部署。先后深入两镇8个村指导、督办“千村示范·万村行动”示范村建设工作。以“草原学习轻骑兵”等形式，宣传贯彻中共十九大、习近平新时代中国特色社会主义思想、习近平总书记系列重要讲话精神。通过“传家训、立家规、扬家风”“我们的节日”等活动，广泛开展移风易俗活动。率先在全市主办“移风易俗过个年”全网文艺会演直播活动。发挥“一约四会”的作用，推动乡风文明不断提升。邀请相关学者、乡贤深入两镇，现场召开“村规民约”改稿会，使“村规民约”成为每个村接地气、富雅韵、传历史、有特色的村史“金名片”。

【学雷锋志愿服务活动】

围绕学雷锋纪念日等重要节庆节点，组织党员志愿者及相关志愿者团队深入街道社区，多种方式，积极开展志愿服务活动。东河区凝暖聚爱志愿者协会庞金武等2人、包头市第二十四中学青年志愿服务队、东河义工公益周等2个项目、站北路社区分别被评为2018年包头市学雷锋志愿服务“四个优秀”优秀志愿者、优秀志愿服务组织、优秀志愿服务项目和优秀志愿服务社区。承办2019年包头市学雷锋志愿服务集中示范东河分会场活动，受益群众达200余人，受到群众广泛好评。截至目前，全区已注册登记的志愿者人数达83035人，全年开展各类学雷锋志愿服务活动300余场，服务群众约5万人次。组织全区各部门单位参加全市《志愿服务条例》知识竞赛活动，20家单位800余人参加竞赛。发出“德润鹿城·文明东河——学习雷锋少年志愿服务活动”倡议书，逐步推进东河区志愿服务工作常态化发展。

【未成年人思想道德建设】

紧紧围绕立德树人根本任务，抓住青少年价值观形成和确定的关键时期，引导青少年扣好人生第一粒扣子。多措并举开展德育工作。以多种方式让学生牢记24字社会主义核心价值观；开展网上祭英烈，“美德少年”评选、“中小学生经典诵读大赛”等活动，加强学生良好习惯的养成教育。牛桥街小学的“创新教育与工匠精神的传承”创新案例在全国青少年科技创新大赛取得优异成绩。抓实乡村学校少年宫阵地建设。组织参加包头市第四届乡村少年宫项目展演大赛等活动。成功举办“波澜壮阔七十载，同心筑梦新时代”东河区乡村（城市）学校、少年宫庆祝中华人民共和国成立70周年文艺展演，献礼新中国成立70周年。承办自治区优秀儿童剧目进校园活动，600名在校师生观看演出。扎实推进文明校园创建。积极申报推荐各级文明校园评选活动。公园路小学被评为自治区级文明校园，康复路小学等8所中小学校被评为包头市第二批“文明校园”。会同市教育局完成对申报全市第三批文明校园的验收工作。常态化开展学典型学榜样活动。倪楚久等3人入选自治区美德少年；栾景博等4人获得包头市第七届美德少年称号；贺鑫宇等2人被评为包头市“十佳新时代好少年”、张璟姝1人被评为包头市自强不息美德少年。联合区妇联、教育局等部门单位下发《关于开展2019年“学习和争做新时代好少年、美德少年·我为祖国添光彩的活动”》，充分发挥先进典型在未成年人思想道德建设方面的示范带头作用。

【全国文明城市创建】

印发《东河区深化全国文明城市创建责任清单》，对各责任部门、单位在创城工作中的任务进行再明确、再细化，常态化持续推进。采取实地督查、群众反映和微信群优势互补的方式，对存在问题无缝对接，调度指挥，实现立行立改的高效率运作，为全市争创全国文明城市“六连冠”奠定坚实基础。截至12月初，共下发督查通报12期，通报发现560处，已整改数量504处。“创城迎检”微信群发现问题327条，督促相关部门整改问题286条，整改245条。

【文明单位创建】

开展文明单位走访调研活动，了解各文明单位精神文明创建工作基本情况，帮助文明单位上档晋级。包头交投集团运营管理公司被评为自治区级文明单位标兵；内蒙古高等级公路包头东收费所等2家单位被评为自治区级文明单位；包头市昊宇新能源有限责任公司等6家单位被评为包头市文明单位荣誉称号。

【文明村镇创建】

积极做好市级以上文明村镇的推报工作，把文明村镇创建作为提升村民素质的一项硬指标。莎木佳等3个村被评为自治区级文明村，大巴拉盖等3个村子被评为包头市文明村。

（郝利军 供稿）

统一战线工作

【中共东河区委员会统一战线工作部领导名录】

部　长　　李秋平（6月离任）

朱存贵（6月任职）

副部长、区工商联党组书记

冯　利（女）

副部长、区宗教事务局局长

马红霞（女，回族）

副部长、区侨务办主任　　闫旭东

主任科员　　张永平

【概况】

中共包头市东河区委员会统一战线工作部（以下简称“区委统战部”）成立于1956年，是东河区委工作部门，机构规格为正科级，负责东河区统一战线工作，区委统战部有干部职工6人。

【民主党派情况】

东河区有民革、民盟、民建、民进、农工党、九三学社6个民主党派基层组织，共有成员595人。其中：民革东河总支1个，支部2个，成员47人；民盟东河总支1个，支部5个，成员147人；民建东河总支1个，支部3个，成员114人；民进东河总支1个，支部5个，成员118人；农工党东河总支1个，支部3个，成员132人；九三学社东河总支1个，成员37人。各民主党派后备干部25人，其中：民革3人；民建8人；民盟3人；民进9人；农工党2人。

【民主党派参政议政】

组织全区各民主党派人士、党外人士、新的社会阶层人士赴陕西延安参加“同心圆梦、东河力量”，“不忘初心、牢记使命”专题学习培训班。在延安杨家岭和“民主党派之家”召开庆祝中华人民共和国成立70周年座谈会。举办民主党派人士、党外人士、宗教界人士学习习近平考察内蒙古重要讲话精神学习班。在中华人民共和国成立70周年之际，以“同心圆梦、东河力量”为主题，组织各民主党派、新的社会阶层人士专题学习中共十九届四中全会精神和习近平考察内蒙古重要讲话精神；结合开展庆祝中华人民共和国成立70周年“同心圆梦·东河力量”系列活动和庆祝中国新型政党制度确立70周年系列活动，录制东河区统战系统庆祝中华人民共和国成立70周年微视频。

【党外知识分子联谊会】

东河区于2016年12月成立东河区党外知识分子联谊会，理事会成员88名，无党派人士81名，占理事总数的92%。国家机关、国有企事业单位中的党外知识分子17名，占理事总数的19.3%；理事覆盖面广，涵盖了一、二、三产业以及教育、卫生、文化、社科等领域的党外知识分子代表人士。88名理事中，大学本科以上的72名，占81.8%。其中，本科生61名，硕士研究生8名，博士研究生3名。具有高级专业技术职称的理事33名，占理事总数的37.5%。2019年大学本科以上理事增加到90人。

【新的社会阶层人士联谊会】

2019年5月，东河区新的社会阶层人士联谊会开展“喜迎七十载、书画新联心、绘就中国梦，为新中国成立70周年献礼书画笔会”，邀请东河区6名书画家徐继先、邢朴生、张宝生、王铭海、王盛龙、刘金柱，创作绘画书法作品30余幅；组织新的社会阶层人士联谊会走进沙尔沁镇沙二村慰问蓓迪亚幼儿园的老师和儿童们，举行爱心捐赠活动，为“同心音乐教室”添置教学设备，理事单位金谷村镇银行捐赠国学书籍和光碟200余册。推进“两新组织”建设，成立了东河区新的社会阶层人士联谊会党支部，产生支部书记1名，组织委员、宣传委员各1名，建立“以党建为引领，新联会发展为龙头，运作新机制为支撑”的工作体系。组织东河区新的社会阶层人士联谊会党支部开展“不忘初心、牢记使命”主题党日系列活动，参观福徵寺、中共包头市委旧址爱国主义教育基地，现场接受革命传统教育和爱国主义教育。

【民主党派调查研究】

落实“党委出题、党派调研、政府采纳、部门落实”机制，协助民主党派基层组织开展调研工作，确定调研课题30个，召开调研课题任务分解会，向教育局发送中小学教育调查问卷，收到反馈意见1万余份，组织统一战线各领域开展调研座谈会，组织知联会、新联会赴文旅局就调研课题召开座谈会，参与调研约20次，形成调研报告16篇。召开全区统一战线“民情恳谈会”共汇总问题5条，征求意见及建议26条，为区委、区政府下一步的决策提供了有力的参考依据。

【民主党派社会服务】

为东河区6个民主党派设立“党派之家”，成立“农工党党员之家”，通过开展多种形式的活动，实现党建带领下的大统战工作新格局；鼓励和支持民主党派人士深入了解相关领域发展趋势和动态，利用各类多媒体为东河区高质量发展建言献策；指导民主党派通过开展义诊服务、高考填报免费讲座、文化娱乐等活动，深入基层服务群众，获得良好的社会反响，全年各党派组织活动50余次。

【宗教事务工作】

2019年，东河区扎实开展“三支队伍”学习培训，共举办民族宗教助理员学习培训2次、宗教界人士学习培训2次。开展助理员宗教理论知识测试1次，9月组织全区14个镇、街道和佛教、道教、伊斯兰教、天主教、基督教5大相关宗教组织举办“庆祝中华人民共和国成立70周年暨‘同心圆’杯民族宗教知识竞赛”2场。依法加强宗教事务管理，建立健全宗教活动场所各项制度，持续开展宗教活动场所“六进”活动。指导宗教界加强自身建设，积极开展以“守法规强教风，喜迎70年大庆”为主题的教风整治活动，指导区基督教协会及全区28个基督教堂堂管会进行民主换届。妥善解决宗教领域专项重点难点问题，推广“以堂带点”工作模式，切实维护宗教领域和谐稳定。

（陈博 供稿）

老干部工作

【中共东河区委员会老干部局领导名录】

局　长　　张新萍（女，3月离任）
　　　　　韩明旺（3月任职）
副局长　　程桂敏（女）
　　　　　马治中

【概况】

中共东河区委员会老干部局（以下简称“区委老干局”）是区委工作部门的成立于1985年12月，前身为中共东河区委组织部老干科，机构规格为正科级。负责落实离退休干部政治、生活待遇，抓好老干部思想政治等工作。2019年机构改革更名为中共东河区委员会老干部局，设置行政编制5名，局长1名，副局长2名。2019年，离休干部总数68人，其中，县级退休干部33人。

2019年3月，经区委批准成立中共包头市东河区离退休干部工作委员会，韩明旺同志担任中共包头市东河区离退休干部工作委员会书记，确定离退休干部党工委组成人员，制定职能职责。

【落实老干部政治待遇】

组织离退休干部参观包头科技馆、东河区双创园区，王老太太故居和敕勒川博物馆。通过活动，使离退休党员干部深刻感受到中华人民共和国成立70周年，包头市翻天覆地的变化。为68名离休干部订阅党报、老年刊物，为33名退休县级干部每人订阅一份老年刊物。开展送学上门活动，为全体老干部每人购买一台便携式收音机等学习资料送到老干部手中。12月，召开迎新年区情通报会。

【落实老干部生活待遇】

坚持传统节日走访慰问离退休干部工作和“三必访”制度，把每一个传统节日走访慰问活动确定为一个“党员固定活动日”主题，制定《东河区委老干部局关于在全区离退休干部中开展庆祝新中国成立70周年系列活动的实施方案》，开展了庆祝中华人民共和国成立70周年系列活动。共走访慰问离退休干部、离退休干部遗属370余人次。帮扶特困离退休干部及遗属40人次。为区属37名离休干部办理提高护理费的手续，于9月份发放到位；协调有关部门为27名离休干部办理因“生活完全不能自理”，提高护理费标准的相关手续。

【老年大学】

加强老年大学非建制党支部向规范化、制度化建设，提升非建制党支部的战斗力和凝聚力水准。为非建制党支部书记发放工作补贴；在南二社区增加一个老年大学分校，新增一个建筑面积为350平方米的老年大学教学点，不断满足不同层次老同志的学习需求。深入东河区老年大学、南二社区南嘉园社区银领党支部调研，形成调研报告并召开调研成果交流会。老年大学非建制党支部书记参加市老干局离退休党支部书记培训班；12月，召开2019年度老年大学成果汇报会。

【弘扬正能量】

充分发挥离退休干部作用，宣讲团成员“最美五老”之一赵镛走进社区、学校宣讲中共十九届四中全会精神、英雄人物，结合主题教育做专题讲座，共开展专题讲座155场次，听众达2万余人次。赵镛工作室全年接待自治区内外参观人数达1100余人次。授予赵镛等4人为“正能量宣讲优秀宣讲员”称号，杨俊美等4人为积极参与建言献策“突出代表”，李禹舜为庆祝中华人民共和国成立70周年专题征文活动“突出成绩者”称号。

（程桂敏　白文彪　供稿）

关心下一代工作委员会

【东河区关心下一代工作委员会领导名录】

名誉主任	赵　娟（女，满族，兼）
主　　任	张长征（兼）
常务副主任	文　丽（女）
副主任	张玉荣
办公室主任	马治中

【概况】

东河区关心下一代工作委员会（以下简称“关工委”）设名誉主任1名（区委副书记担任），主任1名（区政府副区长担任），常务副主任1名，副主任1名，办公室主任1名。东河区教育系统和2个镇、11个街道办事处及65个社区居委会、49个村委会都成立了关心下一代工作委员会，500余人常年坚持参加各级关心下一代工作。

【学习活动】

区关工委把认真学习宣传贯彻中共十九大精神，深入理解习近平新时代中国特色社会主义思想的丰富内涵，作为当前和今后一个时期关心下一代工作的首要政治任务，积极组织全区各级关工委负责人、“五老”报告团成员和“五老”人员深入学习贯彻中共十九大精神和习近平新时代中国特色社会主义思想，并以此指导工作。全年共举行各种学习培训会等200场次，5000人次参加。

【党史国史教育】

认真开展“传承红色基因，争做时代新人”主题教育。全年各有关单位分别举办主题教育活动启动仪式20次。组织参观红色教育基地，增强爱国主义情怀，各级关工委分别组织学生参观王若飞纪念馆、福徵寺革命纪念馆、中共包头市委旧址纪念馆等，使广大青少年了解新中国是无数革命先烈用鲜血换来的，从实地使广大青少年受到教育，增强他们热爱党、热爱祖国、热爱社会主义新中国的坚定信念。

【“中华魂”主题教育读书】

“中华魂”主题教育读书活动一直是东河区关工委的工作亮点。6月27日召开了“2019年中华魂主题教育读书活动总结表彰会”，对2018年度“中华魂”主题教育读书活动进行总结，并对2019年工作进行安排。对2018年“中华魂”主题教育读书活动中涌现出来的包28中学等11个先进集体和杨丽等108名先进个人进行表彰，并颁发荣誉证书。2019年，“中华魂”读本征订12000册，为包头总征订量的34%，2万名学生参加读书活动，占学生总数的90%以上。围绕“腾飞中国·辉煌70年”这一主题教育，进行手抄报活动和演讲竞赛活动，全区共出手抄报9700份，共举行演讲竞赛18场次，有320名学生参加演讲。

【参与社会各项治理】

按照“关爱明天，普法先行”的要求，认真抓了青少年普法教育活动。全年共进行普法宣传活动40场次，有1万余名青少年接受教育。沙尔沁、河东街道办事处、东站街道办事处及教育系统等通过各种形式进行普法教育，宣传《中华人民共和国未成年人保护法》《中华人民共和国预防未成年人犯罪法》等法律知识，教育青少年懂法、守法。开展禁毒宣传工作，教育青少年“远离毒品珍爱生命”。继续加大完善监督网吧的工作力度，加强“五老”网吧义务监督工作，50名“五老”网吧义务监督员对全区的网吧进行监督。开展“五老”弘扬好家教好家风活动，推动家庭与学校、社会共同形成教育的合力。全区“五老”能够经常以讲故事、讲传统文化等形式开展家德家风教育。东河区教育局通过家长学校，对家长进行家教家风教育。全年各学校开展家长学校课程共180节，听课家长达到30000人次。

【扶困助学活动】

按照东河区委、区政府关于乡村振兴战略

的规划和要求，制定《东河区关于开展“十百千万”五老关爱行动的实施方案》，将“十百千万”细化为“二五百百”，即在全区培育至少两个“五老关爱品牌”，培育5个优秀儿童之家，培育100名带领群众共同致富的农村（嘎查）青年人才，帮助100名困境青少年解决实际困难，并结合各单位实际实施。全区共有亟须帮扶的困难儿童（包括“五失”青少年）66人，其中，沙尔沁镇45人，东站等5个街道办事处21人，按照辖区落实了帮扶措施。除对以上66名困难的青少年帮扶外，另对101名较困难的儿童进行必要的资助，落实最低生活保障，赠送学习用品。对110名学生予以捐资助学，捐助金额20000元。

【加强关工委自身建设】

认真贯彻中共包头市委组织部、老干部局、市关工委《关于加强党的建设带动关工委建设的意见》精神，明确和补充关工委领导班子成员，对一些基层关工委的办公条件进行改善。在和平路街道办事处实行党建带关工委建设试点的基础上，经过认真总结经验，完善并在全区推行《关于党建带关工委建设、关工委“五老”助党建的实施方案》，全区建立各级关工委机构167个，设有党组织的民营企业15家设立关工委，占80%。11月下旬，向全区下发工作调研通知，组成调研组分别深入全区12个乡（镇）和教育局进行工作调研和检查，充分掌握基层情况，使关心下一代工作顺利进行。

【宣传报道】

利用宣传阵地和手段，充分运用网络等新媒体开展宣传，组织“五老”报告团进企业、进农村、进校园、进社区进行“党史国史”“红色基因”等主题教育宣讲，利用关工委简讯、报刊、板报、黑板报、微信平台等宣传阵地开展大宣传。全年共出《东河简报》3期，“包头关心桥”微信公众平台采用投稿20篇。

（石佳乐 供稿）

机构编制管理

【中共东河区委员会机构编制委员会办公室领导名录】

主　任　　田　敏（女）

副主任　　张学飞

【概况】

中共包头市东河区委员会机构编制委员会办公室（以下简称“区委编办”）是区委机构编制委员会的办事机构，承担机构编制委员会日常工作。2019年党政机构改革后，列区委工作机关序列，归口区委组织部管理，对外加挂包头市东河区事业单位登记管理局牌子。按权限负责机构、编制和领导职数管理相关工作，负责事业单位登记管理、中文域名注册管理、统一社会信用代码赋码等相关工作。

中共包头市东河区委员会机构编制委员会办公室内设3个股室，分别是综合室、机构编制股、监督检查和事业单位登记管理股，核定编制5名，实有4人；下设二级事业单位包头市东河区机构编制电子政务中心，核定编制10名，实有7人。

【党政机构改革】

按照机构改革方案要求，从机构设置、职责转隶配置、人员编制、编制核定与人员划转5个方面完成7项标志性重点工作。共设置党政机构35个，其中，党委机构11个、政府机构24个。完成35个部门领导班子配备、机构挂牌、印章刻制、办公场所调整。完成38项职能、45名人员转隶工作。“三定”规定35家部门已全部印发。10个区委议事协调机构全部调整到位，全区机构改革工作取得阶段性成果。两次对机构改革开展全面督查，把准改革方向，落实改革任务，深化党政机构改革。

【镇和街道改革】

严格按照中央、自治区统一部署要求，适

应镇和街道工作特点及便民服务需要，加强党的基层组织建设，改革和完善基层管理体制，优化组织机构，整合镇、街道审批服务执法力量，着力构建简约高效的基层管理体制。12月印发改革方案，完成职责和人员转隶，明确有关机构、职责和编制事项并印发文件。

【综合行政执法改革】

由区委办、政府办印发《东河区深化五个领域综合行政执法改革的实施方案》，明确5个领域综合行政执法改革任务，深化交通运输、农牧业、生态环境保护、文化市场、市场监管等5个领域改革。整合涉及领域执法队伍，理顺执法职能，减少执法层级，加强执法保障，夯实基层基础，提高执法效能。由区市场监督管理局起草报区委编办审核，并提请区委深化机构改革领导小组会议暨区委全面深化改革委员会第四次会议研究通过，区委、区政府批复后由市场监督管理局印发《东河区深化市场监管综合行政执法改革的工作方案》，方案明确整合职责，组建东河区市场监管综合行政执法大队，统筹推进基层市场监管综合行政执法改革两大方面内容。经区委编委会议研究通过，组建东河区市场监管综合行政执法队伍，机构名称为“东河区市场监管综合行政执法大队”，实行“局队合一”体制。

【事业单位改革】

与党政机构改革相衔接，基本完成承担行政职能事业单位改革，将172项行政职能从事业单位剥离全部回归行政机关。开展全区事业单位调研，进一步了解全区事业单位基本情况、机构设置情况、公益职能运行情况及其他相关情况，并建立机构编制和领导职数台账，摸清底数，为事业单位改革提供有力保障。

【创新管理，破解机构编制管理难题】

贯彻“严控总量、统筹使用、有减有增、动态平衡、保证重点、服务发展”的要求，优化编制资源结构，发挥好机构编制在管理全流程中的基础性作用，全面实行机构编制规模管理。在党政机构改革关键时期创新举措开展三项工作。

机关事业单位出现空编时，区委编委统一收回空编，在编制规模内增加列编注册人员时编制随之增加，暂时不用的空编制临时调剂到其他单位编制规模以外，单列管理编制进行阶段性使用，彻底解决编制紧缺问题。

采取查看资料、了解询问和评估小结三种方式开展履职评估。采取核准实际履职条数、星级评定、分类管理三项措施对行政机关进行履职评估，实施机关分类管理，尝试职能定位新举措。

根据职能转变、承接市级部门职责分工、一项工作相关部门不同的侧重职责、新承接职责以及除常规职责外的职责等几方面内容，将散落在每个部门的重要信息摘录归纳提炼成册，方便查找，提高了“三定”的使用效率。

（富伟 供稿）

党校工作

【中共东河区委员会党校领导名录】

常务副校长　　孙宝晶（女）

副校长　　李星光

【概况】

中共包头市东河区委员会党校始建于1958年2月，现位于东河区东河西路南沙梁党校大院，承担对全区党员干部的教育培训工作。内设科室有办公室、教研室、教务室。核定编制14人，其中，专业技术岗位9人。2019年，以习近平新时代中国特色社会主义思想为指导，深入学习宣传贯彻中共十九大、十九届四中全会精神，围绕区委、区政府中心工作，充分发挥阵地职能，紧抓党员干部教育培训主业、深入基层宣讲，为东河区经济社会发展提供强有力的理论和智力支持。

【队伍建设】

2019年，领导班子致力于打造一支思想过硬、素质过硬、能力过硬的新时代教师队伍。在校内，营造浓厚的学习和教研氛围。通过自学、中心组学习、集中研讨、外出培训、与市委党校及内蒙古科技大学马克思主义学院交流合作等形式提高教师的政治素养和科学理论水平。同时，教研室一直坚持教师试讲、说课、评课的教学把关流程，力求营造严谨、开放、互助的教研氛围，提高教学能力和教学水平，打造精品课程、帮助教师成长。经过培养锻炼，7位教师都能登讲台授课，改变过去只有一位老教师讲课的状况。

【党员干部教育培训】

2019年，会同区委组织部举办农村领域基层党建重点工作培训班、科级干部党性教育及综合能力提升专题轮训班、入党积极分子培训班、“不忘初心、牢记使命”主题教育预热升温培训班、“不忘初心、牢记使命”主题教育基层党组织书记集中轮训班以及习近平新时代中国特色社会主义思想专题培训班，共计18期，培训党员干部2055人次。与区财政局、区工商联、区人大联合办班4期，培训近200人次。在此过程中，区委党校教师积极承担教学任务并以过硬的教学功底赢得广泛认可和好评。同时，为更大范围地服务全区党员干部群众的理论学习，党校教师深入基层企事业单位、乡镇社区进行两会精神、脱贫攻坚、支部工作条例、党纪党规、习近平总书记视察内蒙古讲话、“不忘初心、牢记使命”主题教育等内容的社会宣讲108场次，受众5200余人次。

【主题教育亮点工作】

东河区委党校深入开展主题教育，并结合自身工作职能形成亮点工作。为有效落实“理论学习有收获”的目标，全力打造由五杰老师主讲的《绥西包头红色历史》现场教学课。此课程主要带领学员参观包头召革命纪念馆、抗日英烈祠、包头市委旧址等东河区红色教育基地，并精心设计默哀、献花、重温入党誓词、高唱歌曲《我和我的祖国》等活动，使参学人员追寻革命先烈足迹，接受革命传统教育、了解包头革命史，从而深刻感受共产党人的初心和使命。此课程为包头市内外多家单位授课共计16次，广受好评，并已在《包头日报》、包头新闻、“学习强国”媒体平台上作为主题教育一大亮点工作进行报道宣传。

【教学科研成果】

王春艳“坚定制度自信共筑伟大梦想”、乔佳华的“习近平新时代中国特色社会主义经济思想的基本内涵”专题课均在2019年包头市党校系统旗县区党校教师能力提升培训活动中获优秀奖。乔佳华的论文《“城市矿产”示范基地发展概述》在包头市党校系统庆祝中华人民共和国成立70周年征文活动中获三等奖。

（王春艳 供稿）

接待工作

【东河区接待办公室领导名录】

主　任　　李　铁

副主任　　白志清

【概况】

包头市东河区接待办公室成立于2007年11月，为隶属于区委办公室、区政府办公室的正科级全额拨款事业单位，列区委序列。负责东河区接待工作。核定编制5名，有工作人员7人。

【接待工作】

2019年共计完成119批次接待任务，约1537人次，其中，政务接待66批次，约812人次，商务接待53批次，约725人次。

【重要接待任务】

1月，接待鹏起科技控股集团有限公司董事长张鹏起一行考察投资建设钛合金锻造、激光武器、无人机等项目选址及落实产业基金等相关事宜。4月，接待聂卫平一行，成立包头棋院聂卫平围棋道场内蒙古总部，并主持开业揭牌仪式。5月，接待北京中氢新源科技发展有限公司董事长李秀刚一行进一步商谈中氢能源包头介孔纳米三氧化二铝项目合作。7月，接待北京华夏沃土有机农业研究院院长赵晨一行调研南星现代农业、沙尔沁莲花山、沙木佳葡萄园等农旅、文旅等项目。10月，接待中朵集团曹文杰一行洽谈老旧小区铺装板项目。11月，接待包钢集团公司党委常委、副总经理兼北方稀土董事长、党委书记赵殿清考察铝业园区30万吨铸造铝合金项目。

【学习教育情况】

开展“不忘初心、牢记使命”主题教育，推动基层党组织和广大党员深入学习贯彻习近平新时代中国特色社会主义思想，认真落实习近平总书记重要指示批示精神和党中央重大决策部署，增强“四个意识”、坚定“四个自信”、做到“两个维护”。积极开展党日活动，通过参加义务植树活动，开展第十一个民族政策宣传月民族政策法律法规知识竞赛答题活动，把“两学一做”学习内容制作学习展板，完善“三会一课”制度观看党章学习视频等活动，增强了党支部的凝聚力和创造力。

（马俊杰 供稿）

信访工作

【东河区信访局领导名录】

局　长	白江源
副局长	蒋学艺
	高　勇
	闫　琛
副科级信访督察员	张　妤（女）

【概况】

1984年，东河区信访科成立。2017年，信访局内设办公室、接待股、督查股、办信股及网上投诉股；核定行政编制为6人，实有人员为5人。下设东河区人民来访接待中心，属全额拨款事业单位，事业编制人员为8人，与信访局合并办公。

【来信来访】

区信访局主要职责是负责协调指导东河区各镇（街道）、部门的信访工作。承办上级和区委、区政府及领导同志交办的信访事项。负责公民、法人或者其他组织提出信访事项的受理和办理工作。征集人民群众的意见和建议。负责向东河区各镇（街道）、部门和单位转办、交办信访事项，督促检查信访事项的办理和信访责任制的落实情况。负责协调督促解决跨地区、跨部门、跨行业的信访事项。负责制定信访问题排查化解制度并组织实施。负责分析信访形势，总结经验做法，向区委、区政府提出有关意见和建议。负责信访改革。负责信访法治化建设工作。起草信访工作相关规范性文件。负责指导全区信访信息系统建设和管理工作。负责指导全区信访部门队伍建设、党风廉政建设和培训工作。负责区信访工作联席会议办公室日常工作，督促检查区信访工作联席会议决定事项的落实。协调信访工作的宣传、信息发布和对外交流。完成区委、区政府交办的其他任务。

【案件化解】

2019年，东河区信访局共受理群众来访407批次6083人次，同比批次下降28.5%，人次下降37.7%（其中，个体访118批次215人次、集体访289批次5868人次）。

县级领导共接访102批次1507人次（其中，个体访49批次84人次，集体访53批次1423人次）。

信访信息系统共受理信访事项510件次；其中来信125件次；网上投诉286件次；主席信箱27件次；来访80件次。

全区进京非接待场所(重点地区)涉访3人次，同比下降67%，进京非接待场所(社会面)涉访8人次，同比上升60%。

【信访保障】

负责全国性重要会议、国家重大活动期间的信访保障工作。负责协调督促解决跨地区、跨部门、跨行业的信访事项。承担信访工作目标管理考核。拟订信访问题排查化解制度并组织实施。负责信访法治化建设工作，加强信访法治宣传，协调推进依法逐级走访、诉访分离、依法分类处理信访诉求、律师参与信访等工作。

（娅星 供稿）

东河区人民代表大会

【东河区人民代表大会第十七届常务委员会领导名录】

主　任　　高春英（女）

副主任　　崔　茂

李　侠

杨丽虹（女，回族）

李　勇

人大常委会委员（按姓氏笔画排列）：

王　强　王翻身　石建军　何经鹏

刘　红（女）　刘　军（女）

刘玉承　刘继文　刘智成　李　勇

杨弘宇　杨翠芳（女）　吴翥旗

连安儒　何有田　张敏波（女）

陈国辉（女）　周怡芳（女）

赵国强　赵　渊　彬姜燕（女，蒙古族）

贾彦君　徐麦涵　高慧玲（女）

崔福柱　鲍玉明　樊少华

【内设机构】

办公室主任　鲍玉明

财经预算工作委员会主任　王　强

城乡建设环境资源农牧业工作委员会主任　崔福柱

选举任免代表联络工作委员会主任　赵渊彬

民族法制（教科文卫）工作委员会主任　赵国强

【概况】

东河区人民代表大会常务委员会成立于1980年，机构规格为正县级，负责干部在本行政区域内保证宪法、法律、行政法规和上级人民代表大会及常务委员会决议的遵守和执行；领导或主持本级人民代表大会代表的选举，主持召开本级人民代表大会。内设办公室、财经预算工作委员会、城乡建设环境资源农牧业工作委员会、选举任免代表联络工作委员会、民族法制（教科文卫）工作委员会。

【常委会会议】

2019年，东河区人大常委会共召开常委会会议7次。

东河区十七届人大常委会第十次会议于3月7日召开，会议听取和审议了区人民政府贯彻实施《中华人民共和国审计法》工作情况的报告，进行了人事任免事项。

东河区十七届人大常委会第十一次。会议

于5月17日召开，会议听取和审议了区人民政府开展精准扶贫工作情况的报告，进行了人事任免事项。

东河区十七届人大常委会第十二次会议于6月25日召开，会议听取和审议了区人民政府《关于2018年决算的报告》《关于2018年度区本级预算执行和其他财政收支的审计工作报告》《关于区十七届人大二次会议代表建议、批评和意见办理情况的报告》，进行了人事任免事项。

东河区十七届人大常委会第十三次，会议于8月27日召开，会议听取和审议了区人民政府《关于2019年上一阶段国民经济和社会发展计划执行情况的报告》《关于2019年上一阶段预算执行情况的报告》《关于东河区2019年预算调整的报告》；听取和审议区监察委员会贯彻落实《中华人民共和国监察法》工作情况的报告，进行了人事任免事项。

东河区十七届人大常委会第十四次，会议于10月31日召开，会议听取和审议了区人民政府《关于2019年环境状况和环境保护目标完成情况的报告》；听取和审议区人大常委会执法检查组《关于区人民政府贯彻执行〈中华人民共和国采购法〉情况的执法检查报告》；听取和审议区人大常委会《跟踪监督工作制度》；听取和审议《包头市东河区民生事实项目人大代表票决制（会商制）工作实施方案》。

东河区十七届人大常委会第十五次会议于12月4日召开，会议对区人民法院执行工作情况开展专题询问。

东河区第十七届人大常委会第十六次会议于12月24日召开，会议听取和审议了区人民政府《关于对区人大常委会贯彻落实<中华人民共和国采购法>审议意见落实情况的处理报告》《关于东河区2019年预算调整的报告》，进行了人事任免事项，对部分国家机关工作人员和法官、检察官进行述职评议，听取和审议东河团的部分市人大代表述职报告，听取和审议《包头市东河区人大常委会关于开展民生实事项目人大代表票决制工作的实施办法（草案）》。

2019年东河区人民代表大会常务委员会主任会议一览表

表6-1

会议名称	日期	主要内容
区十七届人大常委会第三次主任会议	3月29日	听取区人民检察院未成年人检察工作情况的汇报
区十七届人大常委会第四次主任会议	5月30日	听取区人民政府关于城市道路建设情况的汇报
区十七届人大常委会第五次主任会议	8月1日	听取区人民政府关于东河区民营经济发展情况的汇报

【行政监督】

围绕“五区目标”的构筑，主任会议听取民营经济发展情况的汇报，针对重视程度不够、保障能力不足等问题，建议进一步加强支持力度，认真贯彻落实自治区和包头市出台的相关政策，努力提升服务水平和保障能力，切实让企业安心发展、踏实创业。对北梁腾空区建设进行主任集体视察，针对北梁腾空区部分市政基础设施和公共服务设施进度慢、“选商”措施和办法不多等问题，建议把北梁腾空区建设规划作为重要基础，依托北梁历史文化资源优势和空间区位优势，精心谋划打造一批高质量的文旅项目、重大项目，早日实现北梁古城重现、文化复兴的目标。对文化商贸旅游工作情况进行调研，针对旅游产业宣传推广力度不大、产业链不完整等问题,建议加大旅游产品开发力度,把产业发展和城市建设有机结合。

【经济运行监督】

听取和审议国民经济和社会发展计划执行情况、财政预算执行情况、审计工作情况、贯彻实施《中华人民共和国审计法》工作情况的报告，批准财政决算，对贯彻执行《中华人民共和国采购法》工作情况进行执法检查，专题调研国有资产管理情况，保障全区经济健康平稳运行。深入落实全口径预算监督要求，全程介入财政预算编制，指导相关部门细化预算科目、规范预算执行，常态化开展预算审查监督,稳步推进预算联网监督系统建设,推动预算审查从静态向动态转变,从程序性审查向实质性审查转变,规范和促进财政资金的绩效管理。

【民生领域监督】

围绕“三大攻坚战”，听取和审议东河区人民政府关于精准扶贫工作情况的报告，督促建立防止返贫的预警监测机制，不断壮大特色种植业、高效养殖业，培育农产品品牌，做好产业扶贫工作；引导贫困群众增强主体意识，摆脱对扶贫政策的单纯依赖，实现真正意义的脱贫致富。听取和审议全区2019年环境状况和环境保护目标完成情况的报告，督促区人民政府要进一步增强全社会生态环境保护意识，加大环保法律法规和环保政策的宣教力度，不断完善环境信息公开制度，注重发挥公众参与、舆论监督的社会力量，形成全民行动、人人有责的良好局面；切实提高政治站位，切实增强抓环保就是抓发展，抓好生态环境保护就是促进高质量发展的绿色发展理念。围绕人民群众的幸福感、获得感，听取住建局关于城市道路建设情况的汇报，针对“断头路”、养护不到位、工程进度慢等问题，建议要科学规划设计，充分调研，做好长计划、短安排，充分考虑资金、手续、拆迁等影响施工进度的各类因素，尽可能减少因施工给人民群众出行带来的困扰；要在新建道路的同时，做好绿化、亮化工作，要在有效提升城市面貌的同时，让人民群众的出行更加安全、更加舒心。对实施乡村振兴战略进展情况进行调研，针对区域乡村建设规划不完善、基础设施建设投入不足、环境治理层次水平不高、乡风文明还需提升等问题，向区人民政府建议要因地制宜编制东河区各镇、村的总体规划，以“一村一品”思路，打造各具特色的美丽乡村；要加大农村农业发展项目统筹力度，吸引更多的资金、人才投入农业领域，推进农村产业融合发展；充分发挥镇、村文化大院、文化活动室辐射作用，丰富乡村文化，促进乡风文明。对贯彻实施《中华人民共和国水污染防治法》工作情况进行调研,推动区人民政府把这项工作作为环境保护、促进民生改善、保持社会经济持续健康发展的重要保障，切实在宣传教育、水源保护、提升污水处理能力、强化执法能力建设等方面做好工作、下足功夫,实现水环境质量持续改善。

【司法工作监督】

坚持将推进社会主义民主法治建设作为区人大常委会履职的重点内容，努力推动全区法治环境持续优化。关注支持监察工作的开展，听取和审议区监察委员会贯彻落实《中华人民共和国监察法》工作情况的报告，促进监委依法履职、有效履职。紧扣让人民群众在每一个司法案件中感受到公平正义的目标，切实加强对审判工作的监督，定期组织代表旁听案件庭审，及时了解执法情况，督促区人民法院不断规范司法行为。对区人民法院执行工作开展专题询问，委员们分别围绕执行工作的现状、效果，针对失信人员采取的措施等7个方面提出询问，区人民法院院长、分管副院长、相关法官详细作了回答，与会的区人大常委会委员、列席代表深入了解执行工作，加深沟通和理解，为破解执行难题，解决好群众的期盼奠定基础。听取检察院关于未成年人检察工作开展情况的汇报，肯定区人民检察院利用未成年人警示教育基地在精准帮教、宣传教育等方面做出的成绩，并要求区人民检察院继续强化法律监督职责，继续提升警示教育基地的功能，联合社会各界，形成齐抓共管的局面，切实做好未成年人犯罪的预防工作。

【法律法规执行监督】

深入落实好自治区、包头市两级党委关于进一步加强县乡人大工作和建设的意见精神，推进《包头市东河区人大常委会关于“一府两院”报告重大事项暂行规定》的实施，提升“一府两院”报告重大事项的意识，增强报告重大事项的主动性，以此促进决策的规范化、民主化、法治化，及时审查区人民政府提出的区本级预算调整的报告，并做出相应的决议。严格执行任前法律知识考试、履职承诺、投票表决、颁发任命书、向宪法宣誓等程序，依法选举任免国家机关工作人员45人次。坚持“两院”拟提请干部任前考察制度，年内共考察任命18名法官、检察官。持续加强对被任命人员的任后监督，区人大常委会在充分听取述职人员所在单位干部职工的意见，进行满意度测评的基础上，听取部分街道人大工委主任、政府组成部门负责人、法官、检察官等7人的述职。不断提升被任命人员依法履职、依法行政、公正司法的能力和水平。

【代表活动】

持续深化《助推“五区”目标实现，人大代表在行动》主题活动，依托“六个一、三带头”的深入开展，动员全区各级人大代表为东河区经济社会发展建言献策、作出贡献。以“喜迎祖国70华诞，共享我市发展成果”为主题，组织“四级”人大代表参观中核北方核燃料元件有限公司、市规划展览馆、一机集团、包钢集团和铝业园区盛泰汽车零部件制造有限公司，让代表们充分感受全市经济、社会事业发展成果，激励广大代表立足本职岗位，建功立业。为提升代表履职能力，组织80名区人大代表在东河区委党校开展代表履职能力提升培训，围绕中共十九大精神、习近平新时代中国特色社会主义思想和法律法规知识举办讲座。组织40名区人大代表赴外地学习代表履职积分公示制、对民生实事项目代表票决制（会商制）工作进行学习考察。

【代表履职】

引导代表以“不忘初心、牢记使命”主题教育为契机，发扬“守初心、担使命”精神，切实为选民办好事、实事，切实发挥代表的积极作用。支持鼓励镇人大、街道人大工委组织代表参与普法宣传、城市建设、招商引资、重大项目建设等中心重点工作，运用人大网站、微信群、微信公众号、代表履职服务平台等网络平台，线上线下相结合，扩大代表与群众的联系，及时反映群众意见和诉求。

【尊重代表履职成果】

把认真办理代表建议作为支持代表履职和发挥作用的关键环节，听取和审议区人民政府关于代表建议办理工作情况的报告，完善代表议案建议督办机制，出台闭会期间代表建议、批评和意见处理办法，建立信息库和办理台账，完善代表建议、批评和意见征集汇总、分析处理、采纳转化、落实反馈机制，充分保障代表依法行使民主权利。以提高解决率为目标，坚持建议办理面对面听取汇报、实打实现场察看，及时反馈评价，推进一次答复“不满意”建议的重新办理和二次答复，切实加强“对口督办、重点督办、跟踪督办”，区十七届人大二次会议的92件代表建议已全部办结，办复率100%，代表满意率99%。指导河东镇完成5件民生实事项目人大代表票决工作；制定全面实施民生实事项目票决制（会商制）工作实施方案，出台《包头市东河区人大常委会关于开展民生实事项目人大代表票决制工作的实施办法》，推动区人民政府、各镇对2020年民生实事票决项目的征集及各街道办事处民生实事会商项目的征集工作，同时，发动全区四级人大代表广泛征集民生实事项目，为全面、顺利开展该项工作做好前期准备，有效推动区人民政府决策的民主化、科学化、法治化，确保民生实事项目真正成为造福于民的民生工程。

（王璐 供稿）

东河区人民政府

【东河区人民政府领导名录】

区　　长　贾保良
常务副区长　徐　刚
副 区 长　王　飞
张长征
石丽娜(女,4—12月挂职北京市海淀区商务局副局长)
李晓宏
李广乐（回族）
赵海良（5月离任）

重要会议

1月30日，召开2019年安全生产工作会议.会议要求：一要切实提高安全生产工作的认识高度，二要切实增强安全生产工作的责任担当，三要切实加强安全生产工作的风险管控，四要切实抓好第一季度安全生产工作。

2月22日，召开脱贫攻坚专项巡视反馈意见专项业务整改组工作推进会。会议要求：一是各相关部门、单位要提高认识、高度重视，高标准高质量推动巡视整改工作，确保按时限要求完成整改任务，二是要加强扶贫领域风险防范，确保脱贫工作务实、脱贫工作扎实、脱贫结果真实，三是要严格扶贫资金使用管理，确保扶贫资金使用精准、合规、合理。

3月19日，召开区政府全体会议暨廉政工作会议，会议要求：一要提高政治站位；二要突出工作重点；三要注重学习研究；四要加强作风建设；五要严守纪律规矩。

4月2日，召开全区党建工作暨干部队伍作风建设大会，会议要求：一要统一思想、提高认识；二要抓住重点，统筹兼顾；三要转变作风，真抓实干。

5月10日，召开全区一季度经济运行分析会暨重点工作推进会，会议要求：一要科学研判形势，牢牢把握工作主动权；二要突出工作重点，全力推动经济高质量发展；三要强化实干担当，全面提升执行力落实力。

5月30日，在东河区卫健委四楼会议室，召开中草药采购平台和《东河区中医志》编撰启动会。会议要求：一是要打造打响“东河中医”品牌；《东河中医志》编撰要把握“挖掘、整理、传承、创新”四大原则，做到“多多益善、精益求精、宁缺毋滥”。

6月21日，召开区政府党组理论中心组践行习近平生态文明思想推动高质量发展大学习大讨论学习研讨会，会议要求：一要深刻把握习近平生态文明思想内涵；二要准确研判生态环境保护形势；三要狠抓生态文明建设各项工作落实；四是加强对生态文明建设的组织领导。

7月25日，召开2019年东河区食品药品安全委员会第一次全体会议，会议要求：一要提高政治站位，充分认识食品药品安全面临的形势任务；二要强化责任落实，建立健全领导体系和工作机制；三要明确工作重点，抓好食品药品安全隐患整治。

8月1日，召开非洲猪瘟防控工作部署会。会议要求：各部门要高度重视，认真贯彻落实上级有关工作部署，强化责任和防控措施落实，密切协作、联防联控，切实做好非洲猪瘟长效防控工作。

9月6日，召开全区第35个教师节表彰大会，会议要求：一要推动教育品质提升，创办人民满意的好教育；二要强化素质能力建设，争当学高身正的好教师；三要坚持教育优先发展，营造尊师重教的好氛围。

10月8日，召开区政府党组“不忘初心、牢记使命”主题教育专题党课暨党组扩大会议，会议要求：一要深刻领会要义，准确把握要求，以坚定的理想信念坚守初心使命；二要客观总结成绩，辩证看待问题，准确把握当前经济发展形势变化；三要抓牢关键环节，聚焦重点难点，奋力实现经济高质量发展。

11月27日，召开全区加快推进ETC发行工作会议，会议要求：一要提高政治站位，统一思想认识；二要高度重视，压实工作责任；三要科学统筹，合理摆布各项工作。

12月20日，召开东河区2019年双拥工作领导小组（扩大）会暨东河区食品药品安全委员会2019年第二次全体会议，会议要求：一要提高政治站位，充分认识两项工作的重要性；二要强化责任落实，切实保障各项工作落到实处。

综合政务

【东河区人民政府办公室领导名录】

主　任　　杨海清

副主任　　王　晖（5月任职）

　　　　　刘　鹏（2月离任）

　　　　　梁海龙（5月任职）

　　　　　石　恺

【概况】

东河区人民政府办公室（以下简称“区政府办公室”）是东河区人民政府工作部门，机构规格为正科级，负责区政府日常工作的综合办事机构。内设政策研究室、政务督查室、信息调研室、法制办公室、区人民群众建议征集办公室（区民生热线办公室）5个股室。

2019年，区政府办公室充分发挥参谋、协调、服务三大职能作用，全力保障区政府高效运转。转办上三级来文4143件，承办区属部门、单位请示报告2194件。规范开展档案分类、整理、移交工作，分类整理了2006—2016年区政府档案，完成25.2万张拟移交档案的整理立卷、编写清册工作。

【综合文稿】

2019年，区政府办公室起草全区性文稿100余件，以区政府和区政府办公室名义发文731件，比去年862件减少131件，精简15%。召开政府党组会32次，政府常务会12次，区长办公会53次，组织县级干部深入基层调研760余次。

【督查督办】

区政府办公室围绕区政府中心工作，对区政府常务会、区长集体办公会及其他重要会议的议定事项和区政府重点工作任务落实情况开展政务督查工作。编发《督查专报》63期，协调解决市长信箱信件161件、区长信箱信件126件、人民网地方领导留言板72件。

【建议提案办理】

区政府办公室办理自治区人大代表建议1件、市人大建议2件、区人大建议92件；市政协提案8件、区政协提案147件，回复率100%。

【政务信息】

向市政府办公厅报送信息545篇；收到各部门报送信息4744条，采用595条；共编发《政务信息·每日要情》240期、《东河信息（市政府）》229期、《东河信息（自治区政府）》27期、《要情专报》59期、《全区政府系统政务、应急信息报送网点信息报送及采用情况的通报》11期、《区政府办公室·全员办信息》43期、《区政府领导周安排》43期、《区政府领导明日安排》189期。

【应急管理】

与区委办公室联合印发《关于进一步加强应急值守和信息报送工作的通知》，规范应急工作流程，切实加强全区应急工作整体水平。与区委办公室协同推进全区OA办公系统“应急信息快速反应群”搭建工作。严格实行24小时值班制度，统一安排东河区各部门双休日、法定节假日及全国两会、防汛期间县级领导、驻楼部门值班，保障应急值守工作落实到位。做好新形势下重要信息舆情收集、研判、处置工作，向包头市政府应急信息室上报全区突发、应急事件，编发《要情专报》58期。

【政务公开】

区政府办公室制发《包头市东河区人民政府办公室2019年东河区政务公开工作要点》《包头市东河区人民政府办公室关于做好重大项目批准和实施、公共资源配置、社会公益事业建设三大领域政府信息公开工作的通知》，东河区蒙文政务网站上线运行，转载、翻译政务信477条。

【公务用车改革】

2019年，积极推进全区事业单位（非参公）公务用车制度改革工作，完成对全区221家事业单位、253辆业务保障车辆的信息统计、上报备案、节支率测算等工作，封停车辆49辆（待报废）；同步开展国有企业公务用车改革工作，完成对全区8家涉改企业、68辆车辆的信息统计、上报备案、节支率测算等工作，共处置车辆34辆（调拨使用12辆、抵顶债务9辆、封停待报废13辆）；进一步推动信息化平台建设，新接入车辆16辆，综合接入率91.67%，实现可用车辆全覆盖、运行全程可监控。

（王慧 供稿）

政协东河区委员会

【政协东河区第十届委员会领导名录】

主　席　　白继文（回）

副主席　　靳文刚

陈文丽（女）

徐建勋（女）

李　铁（2月任职）

区政协常委会委员（按姓氏笔画排序）

马丽萍（女,回族）　马笑菊（女,回族）

王亚辉　王鹏程　王殿怀　石玉山

冯　利（女）　邢凯智　邬雪峰

刘宏宇　刘建华　严长宏（蒙古族）

杜建宇　杜俊锋　李　琦　李吉安

李连松　李建忠　李海龙　李润霖

杨广伟（回族）　杨国伟　张丽枝（女）

周勇军　孟仲歧　赵广乐　侯　云

宫　波　贾　云　席爱军

黄晓明（蒙古族）崔志刚　崔治安

梁永亮　彭　超　焦建钢

【内设机构】

办公室负责人　杜俊锋

经济科技财贸城环农业委员会负责人　邬雪峰

提案教体文卫社会保障委员会负责人　杨国伟

民族宗教法制外事文史委员会负责人　王鹏程

委员联络服务中心主任　苗青春

【概况】

中国人民政治协商会议包头市东河区委员会（以下简称“区政协”）成立于1980年，是依据《中国人民政治协商会议章程》设立的地方委员会，是实现中国共产党领导的多党合作和政治协商制度的重要机构。履行政治协商、民主监督、参政议政的职能。2019年，政协东河区第十届委员会设主席1名，副主席4名，常委41名，委员210名；内设办公室、经济科技财贸城环农业委员会、提案教体文卫社会保障委员会、民族宗教法制外事文史委员会。委员分布于23个界别，其中，中共党员89人，各民主党派24人，工商联16人，经济企业18人，科学技术12人，教育11人，文化艺术体育10人，医疗卫生11人，农业9人，少数民族11人，社会福利4人，特邀30人，无党派8人，宗教7人，工会5人，共青团3人，妇联5人，台海侨胞3人。

【区政协十届二次会议】

2019年2月12—15日，东河区政协第十届委员会第二次会议在区党政大楼召开。会议听取并讨论东河区人民政府区长贾保良作的《政府工作报告》。审议通过东河区政协常委会工作报告和提案工作报告，协商并赞同区政府工作报告和其他报告。通过《政协包头市东河区第十届委员会第二次会议决议》。

【主席会】

2月22 日，汇报十届二次会议提案情况，汇报工作要点、协商报告和副主席分工；4月1日，审议关于组建成立7个非建制性界别组党支部的实施方案，关于开设委员风采专栏的宣传活动方案；5月10日，讨论关于开展迎接建国70周年诵读比赛活动；7月4日，审议关于调整变更区政协机关内设机构设置的报告，审议区政协党建工作实施意见；10月12日，审议关于推动东河区农业品牌化发展的建议；研究通过区政协成立股级事业单位；11月7日，农牧局通报农业品牌化建设情况；11月19日，审议推进“城市矿产”基础建设协商报告；11月21日，审议撤销金四光委员事宜。

【政协常委会】

2月27日，区政协第十届委员会第五次常务委员会会议在党政大楼332会议室召开，审议了《政协包头市东河区第十届常委会常务委员会2019年工作要点及协商计划安排》。

11月22日，区政协十届六次常务委员会在332会议室召开，听取并审议了：区人民政府关于区政协十届二次会议委员提案办理情况的通报；区金融办关于促进民营经济高质量发展，推动电商平台落地，加快双创示范基地建设协商议题的报告；区发改委关于东河区2019年经济运行及重大项目建设情况的通报；区工信科技局关于东河区2019年招商引资工作情况的通报；区财政局关于东河区2019年财政收支情况的通报。传达学习中共十九届中央委员会第四次全体会议公报和内蒙古自治区党委书记石泰峰宣讲十九届四中全会精神；讨论追加确认关于撤销两名政协委员委员资格事宜。

【调研视察】

2019年，东河区政协按照区委十届九次全会决策部署和区委常委会会议确定的9项重点工作，围绕加快东部农业振兴、推进双创示范园区发展、促进文商旅深度融合等11项课题深入调研、协商议政。提交的《关于推动东河区农业品牌化发展的建议》《关于东河区青少年校外活动场所建设》的专题协商报告，受到区委区政府高度重视，区委书记做了签批，区长组织相关领导研究落实，形成商以求同、协以成事的良好局面。

十届二次会议以来立案的137件提案均已办复，一大批事关民生的社会保障、城市建设等方面的提案得到落实，委员满意率92%。筛选6件重点提案，深入开展专项视察和提案督办，《关于加快安置区学校建设的建议》得到区政府领导专门签批落实，为推动全区教育和教学质量的提升做出贡献。

围绕群众关注和涉及切身利益的民生实事，对城市道路、教育基础设施、北梁全民健身中心项目、公安分局信息指挥系统、司法公开平台、中医品牌建设和非物质文化遗产保护传承等工作进行调研视察，委员、群众和政府部门真诚沟通，释疑解惑，共谋良策，全面提升服务民生、维护民利、反映民意的能力。制定东河区政协《反映社情民意信息工作管理考核办法》，全年向市政协上报社情民意信息29条，其中，《关于加快包头市回民小学重建的建议》得到市政府分管副市长签批；《关于推进东河区老旧小区加装电梯的建议》被市政协采纳，建言务实可行，群众诉求渠道畅通。

积极参与排查摸底软弱涣散基层党组织，对8个村党支部进行走访调研，提交4篇调研报告，为加强基层党支部建设贡献政协智慧。

积极拓展横向联系，做好外地政协来东河区的考察接待工作，与河南省、山东省、四川省资中县、乌兰察布市察右后旗、鄂尔多斯市东胜区政协等开展联合调研，就养老服务体系、民办教育、服务型社区建设、民营企业发展和政协履职等问题进行交流互动。接待自治区政协三位副主席到东河区视察指导。参加自治区政协秘书长工作会议。赴青岛参加全国部分城区第32次政协工作研讨会，并在大会作《立足实际突出特色推进基层政协党的建设》主题发言，扩大东河区的影响力和知名度。

【提案办理】

2019年区政协十届二次会议以来，区政府承办区政协委员提案232件，已办结116件，仍在办理77件，因条件所限制暂时无法解决24件，因问题归属不明无法答复5件，未立案10件，已解决或基本解决79件，占提案的58%，正在解决或列入计划逐步解决41件，占提案的30%，因客观条件所限一时难以解决17件，占提案的12%。

【政协界别组党支部、委员之家】

组建成立7个非建制性界别组党支部，将党支部阵地与“委员之家”活动室合二为一，统一制定工作目标、履职制度、学习计划，实现党的组织对党员委员全覆盖。规范政协党组、机关党组、界别组党支部“三项联系”运行机制，党组成员联系界别组党支部、党员委员联系党外委员、委员联系群众，组织观摩交流互鉴，开展丰富多彩的参观、义诊、帮扶活动，党员委员先锋模范作用进一步提升，广大委员履职积极性明显增强。参加各界别组“委员之家”活动，走访政协委员50余人次，对于委员反映的困难问题，认真协调解决，凝聚起人民政协的强大向心力。

【政协专家库】

东河区政协第十届委员会专家库特聘专家：

经济类：刘　彬　郭玉明

城建类：水　波　龚德赞　孟君毅　雷占礼

农业类：白光哲　吴玉峰

文化类：齐凤凌　樊尚仁　刘伟东　胡玉晖

环保类：李宏祥　林　忠

教育类：贾毓明　朱　瑞

法制类：高占军　郭　焰

卫生类：刘利霞　李兰换

【走访委员活动】

联系走访各民主党派、工商联和无党派人士，邀请他们参加政协的调研视察、座谈交流、民主监督活动，鼓励他们建净言、献良策，努力营造和谐共事的良好氛围。

【爱心公益】

举办庆“三八”书画艺术分享会，开展“六一”慰问，看望开斋节穆斯林委员，为东河区看守所民警开展养生公益讲座，求大同、和天下，画出最大同心圆。鼓励政协委员献爱心，捐助“爱心书包”42套，全年送医送药、扶贫济困、走访赞助累计捐款10万余元，获得包头市扶贫基金会“精准扶贫·守护童安校园行”公益活动爱心捐赠单位称号。

【民主评议】

东河区政协着力在拓宽民主监督广度和深度、提高民主监督力度和绩效上下功夫，2019年，对区发改委、工信科技局、民政局、司法局、农牧局开展民主评议，找差距、补短板，政府组成部门工作效能不断改进和提升。

【自身建设】

2019年，强化理论武装，参加区委中心组集体学习会20次，自行开展学习培训21次，撰写理论研讨文章65篇，组织部分委员赴遵义、延安等红色教育基地开展“强化党性教育、传承遵义革命精神”和“悟初心、守初心、践初心”专题培训，机关干部和委员理论素质和履职能力进一步增强。认真开展“持续净化良好政治生态年”活动，接受区委第五轮政治巡察，对查找出的6个方面52条问题全面整改，制定《东河区政协党建工作规则》汇编，党建基础工作进一步夯实。定期研究党建和党风廉政建设、意识形态工作，严格落实“一岗双责”，全力支持配合区纪委监委派驻组履行职责，整治形式主义、官僚主义，落实“八项规定”、防范“四官”，全面从严治党纵深推进。

认真组织开展“不忘初心、牢记使命”主题教育，聚焦主题、紧扣主线，将学习教育、调查研究、检视问题、整改落实融合推进。品读原文、手抄经典，进行应知应会测试，开展问卷调查、民情恳谈，组织专题党课10次、专题调研9次，形成高质量调研报告9篇，召开专题民主生活会和组织生活会，对检视出的23条问题全部完成整改，其中，加强理论武装、深入基层开展高质量调研2项工作需长期坚持。认真开展党员“双服务、双认领”活动，与北梁南三社区紧密对接，组织机关党员个人筹资认领帮扶4户困难党员群众，党员的初心和使命意识明显增强。

召开政情通报会，邀请区政府相关部门通报东河区经济社会发展情况，了解政情、掌握政策、精准建言。

召开“政银企”对接合作座谈会，为区内企业与金融机构搭建良好交流平台，现场办理贷款180万元，签约贷款8800万元，助力区属中小微企业突破瓶颈、增强发展后劲。发挥委员联系广泛优势，积极参与招商引资，先后赴安徽省、上海市、天津市等地以商招商，推动地方经济转型升级。对全区宗教场所进行维稳走访，按时做好“开门”大接访值班，维护地区和谐稳定。深入包联村、社区、企业开展结对帮扶，协调解决发展的矛盾和困难，为基层治理和企业发展献计出力。

利用“东河政协”微信公众平台，开设“委员风采”宣传专栏，登载8名优秀政协委员先进事迹，倾情履职的积极性进一步激发。建立委员履职数据库，实施委员履职全面评估，本年度因工作调动、涉法涉案、履职不力等原因调整委员15名，决定表彰优秀政协委员、提案者和社情民意信息员26名，着力增强委员的责任感、使命感和自豪感。

在市政协的协调推动下，区委全力支持区政协改革工作，与全市同步变更专委会名称，增设委员联络服务中心，调配5个事业编制，形成“一办三委一中心”机构设置，组织框架进一步完善。强化专委会基础性作用，改进了提案、大会发言、视察考察、社情民意信息等经常性工作，专委会联系委员、组织委员、服务委员的能力不断提高。参加学习强国、法宣在线、包头微学习和纪检微考堂答题竞赛，高标准严要求抓好机关各项工作，政协队伍服务能力和履职水平不断提高。

【文史资料工作】

2019年，抽调专人编撰再版《东河文史》1～7辑，收集整理了包括新中国成立前后不同历史时期东河地区的政治、经济、军事、文化、社会等11个方面的史料，共计175万字，首次印制500套，成为爱国主义教育和革命传统教育的极好教材，受到各方面广泛关注，对东河区历史的保存和传承起到积极作用。

（程妍超 张妤 苗青春 供稿）

纪委监委

【中共东河区纪律检查委员会领导名录】

书　记　赵　娟（女，满族，4月离任）
　　　　赵利珍（女，蒙古族，4月任职）
副书记　赵守国
　　　　黄茂云（蒙古族）
常　委　刘晓瑞（女，5月离任）
　　　　黄雅琴（女）
　　　　王美霞（女）

【东河区监察委员会领导名录】

主　任　赵　娟（女，满族，4月离任）
代主任　赵利珍（女，蒙古族，4月任职）
副主任　赵守国
　　　　黄茂云（蒙古族）
委　员　刘晓瑞（女，5月离任）
　　　　王江涛
　　　　王喜福

【概况】

纪委与监委合署办公，共设内设机构11个，即办公室、组织部、宣传部、信访室、案件监督管理室、案件审理室、第一纪检监察室、第二纪检监察室、第三纪检监察室、第四纪检监察室、党风政风监督室；派驻（出）机构8个，即驻总工会纪检监察组、驻区人大常委会机关纪检监察组、驻区财政局纪检监察组、驻区委办纪检监察组、驻区住房保障和房屋管理局纪检监察组、驻区城乡建设局纪检监察组、驻区市场监督管理局纪检监察组、区直机关纪工委；下设二级事业单位信息中心1个。实有行政编制人员39名，事业编制17名。实有正科6名，副科14名。

【纪委全会】

中国共产党包头市东河区第十届纪律检查委员会第五次全体会议于2020年3月31日召开。会议由中共包头市东河区纪律检查委员会常务委员会主持，回顾总结2019年纪检监察工作，研究部署2020年主要任务，审议通过赵娟同志代表区纪委常委会所作的《奋力担当践使命 改革创新勇向前推动纪检监察工作高质量发展》工作报告。审议通过赵利珍同志代表区纪委常委会所作的《奋力推进纪检监察工作高质量发展为决胜全面建成小康社会建设富裕平安和谐美丽幸福新东河提供坚强保证》工作报告。

【政治建设】

区纪委常委会、理论学习中心组30余次专题传达学习习近平总书记重要讲话和重要指示批示精神，以及中央、自治区、包头市三级纪委监委重要会议精神和重大决策部署。开展“不忘初心、牢记使命”主题教育，组织集中交流研讨、主题党日活动，撰写心得体会；班子成员带头讲授专题党课，开展课题调研，检视整改问题64个，完善制度5项。

履行政治监督职责，督促区委健全政治建设主体责任“三清单”，建立政治监督工作台账，对标开展严肃党内政治生活、打好“三大攻坚战”等监督检查89批次，跟进监督习近平总书记关于违建别墅问题清查、人防系统腐败问题治理、矿产资源领域突出问题整治等重要指示批示落实情况，发现问题20余个，制发纪律检查建议书、函告通知书等16份，约谈23人，组织处理1人。

【专项治理】

抓好中央脱贫攻坚专项巡视整改，推进扶贫领域专项治理，梳理排查信访问题26件、化解13件，立案9件，给予党纪政务处分8人，组织处理2人，通报曝光1批3人次。抓好中央扫黑除恶督导整改，优先处置、快查快结交办问题线索43件。深挖彻查涉黑涉恶腐败和“保护伞”，组织召开6次协调会，开展4轮联点包案工作，处置问题线索111件，立案4件7人，给予党纪政务处分6人。推进民生领域专项治理，牵头开展漠视侵害群众利益问题专项整治，受理问题线索229件，立案21件，给予党纪政务处分18人，组织处理8人。实地督查违建别墅问题4次，排查整改“大棚房”问题82个。

【净化生态】

净化机关政治生态。制作廉政动漫《问诊》，开展形式主义、官僚主义及“四官”（庸官、懒官、乖官、巧官）问题，以及领导干部利用名贵特产类特殊资源牟私利问题专项整治，督促各部门单位和科级干部自查问题279个，建立整改清单51份。受理问题线索281件，立案21件，给予党纪政务处分18人，组织处理7人，通报曝光7批13人次。

净化基层政治生态。建立“一清单一流程一制度一档案”公开模式，形成“传统模式+新媒体+信息化”全方位公开格局，分阶段补充“三务” 公开数据，处置问题线索23件。班子成员带头接访32批44人次，各级纪检监察干部走村入户、摸排走访、带案下访50批90人次，解决信访问题14件。惩治基层“微腐败”，立案查处乡科级以下干部11人。评选“清风干部”769名、“清风干部标兵”16名、“清风示范岗”5个，组织“清风干部”先进事迹宣讲活动5场。

【巡察工作】

完成十届区委第五轮、第六轮巡察工作，对23个单位、4个村级党组织开展常规巡察，对全区中小学落实意识形态工作责任制开展专项巡察，对深化“放管服”改革、优化“两个环境”开展“机动式”巡察，延伸巡察村、社区和二级单位35个，配合市委开展上下联动、交叉巡察。建立镇村两级同步开展、巡察部门（单位）压茬推进，巡察办组同向发力工作机制，研究制定《东河区选派干部参加区委巡察工作办法》，巡察力量得到优化，巡察质量有效提高。针对巡察发现问题向被巡察单位党组织、分管区领导及相关纪检监察组织进行反馈，提出意见建议70余份，移交问题线索31件，立案4件，给予党纪政务处分4人，组织处理2人。落实整改成效量化验收办法，对2家单位党组织开展巡察整改“回头看”。

【日常监督】

畅通“四风”问题举报渠道，组织开展违规发放津补贴和违规公款消费等违反中央八项规定及实施细则精神集中整治活动。运用“两纵两横”联动模式和智慧纪检“一系统一平台”，持续开展“线上+线下、日常+专项、定期+随机”监督检查、点射督导，发现问题270余个，向区委及其常委会成员推送线上提示36条，发出同级监督建议书4份，向基层党组织和有关部门下发纪律检查、监察、整改等建议书72份，约谈20人。对56批900名干部进行廉政意见回复，为2000余名监察对象建立电子廉政档案。

各派驻纪检监察组通过列席“三重一大”事项会议、民主生活会、党风廉政建设专题会、巡察情况反馈会，提出意见建议120余条；开展廉政提醒谈话100余人，通报批评4人，下发纪律检查建议书20余份，处置问题线索33件，立案11件，给予党纪政务处分8人。

全区运用“四种形态”处理266人次，运用第一种形态228人次，占比85.7%；运用第二种形态28人次，占比10.5%；运用第三种形态5人次，占比1.9%；运用第四种形态5人次，占比1.9%。

【深化改革】

强化对下级纪检监察组织的领导。建立上下联动运转体系，实行领导干部包联、纪检监察室包片指导工作机制，对基层纪检监察组织开展业务指导20余次，“乡案县审”7件，镇（街道）处置问题线索38件，立案7件，给予党纪政务处分8人，以区纪委监委为主查办案件率达84.23%。

推进监察职能向基层和功能区延伸。向全区2个镇、12个街道派出监察办公室，赋予铝业产业园区纪工委和区直机关纪工委监察职能，配备镇(街道)监察办公室主任13名，聘任监察联络员139名。研究制定镇、街道监察办公室、派驻纪检监察组织工作办法，规范基层监察组织权力运行。

【惩腐肃贪】

全区共处置问题线索241件，立案45件，同比增长2.3%；给予党纪政务处分37人，同比增长12.1%，其中，区管干部7名，涉嫌犯罪移送司法机关3人；承办自治区、市纪委监委交办案件23件，立案23人，留置13人，共追缴暂扣违纪违法资金1732万元。共查处违反中央八项规定精神问题21个，给予党纪政务处分10人，组织处理12人，通报曝光典型案例2批3人次。

落实“一案一整改”和“一案三报告”，督促案发部门单位排查廉政“风险点”，整改问题20个，建章立制8项。组织召开全区警示教育大会2次，深刻剖析典型案例6件。开展纪律处分决定执行情况专项检查，反馈整改问题4个，约谈5家单位领导，下发监察建议书4份；对9名受处分人员开展回访教育。全区监督检查、审查调查、以案促改6个案例入选全市“3个100”上报序列，其中2例入选自治区优秀案例。

提升监督执纪执法保障水平。完善信访举报受理、“模块化”核查工作办法，建立问题线索综合分析专题会议制度，健全与政法机关问题线索双向移送、协作配合、联合侦办、逐案筛查等四项机制。加强中央纪委国家监委案件审理工作联系点建设，接受中纪委精准业务指导9次、调研1次，在自治区纪委监委案件审理培训班上做专题授课，承办全市审理工作座谈会并做经验交流发言，开展“走读式”谈话和留置场所安全自查自纠工作，组织突发事件应急演练。

【自身建设】

建立“4+2”多元分众化培训机制，组建机关学习群，开展“每周一课”自学活动，组织中纪委“18门”课程专题培训，开展“清风”纪法讲堂、青年干部读书会、“一把手”讲堂等各类集体学习45次。参加自治区纪委监委组织开展的下沉式业务知识闭卷考试，90分以上人员达94.5%。轮岗交流干部5名，抽调系统200余名次干部参与上级调训、专案查办、区委巡察，召开专案复盘暨优秀审查调查人员表彰会。

从严管理队伍。充分发挥特约监察员作用，主动接受各方监督。召开全区纪检监察系统内部警示教育大会，带头开展形式主义、官僚主义及“四官”问题专项整治。落实干部监督实施办法，处置问题线索6件，提醒谈话2人次，内部通报23人次。

（刘锦涛 供稿）

民主党派

中国国民党革命委员会包头市东河区总支委员会

【概况】

中国国民党革命委员会包头市东河区总支委员会（以下简称民革东河总支）下设两个支部：民革东河区一支部和民革东河区二支部。总支在册党员人数47人，一支部22人，二支部25人。其中，45岁以下17人，45～60岁22人，60岁以上8人。硕士研究生毕业3人，大学本科生毕业34人，大学专科生毕业10人。医生和教师人数占总人数三分之二。市政协委员1人，区政协委员2人。

【自身建设】

2019年，在民革包头市委会的领导下，在东河区委统战部的支持和帮助下，民革东河总支完成各项工作任务。坚持中国共产党领导的多党合作制，积极发挥参政党的职能优势，认真贯彻习近平新时代中国特色社会主义思想，充分拓展思维，紧跟时代步伐，切实履行参政党的职能，努力使基层组织的成员都成为优秀的民革党员。

每个季度组织一次基层学习活动，参阅《团结报》，了解全国各地民革组织主要活动的内容和形式，以开拓基层工作的视野，把握工作的正确方向。

积极联系并吸纳各行各业的优秀青年，提高基层党员的整体素质，严格把好党员入口关。民革东河总支两名联系人杜勇祥、贾源，顺利通过民革包头市委会外调程序，并填写民革党员入党申请表。

【参政议政】

2019年向政协提交提案和建议5条，分别为：关于巩固“创卫”成果，文明养犬、依法养犬的建议；关于防范医患纠纷门诊挂号实名制的建议；关于老年人使用公交卡（敬老证）的建议；关于加强南海湖及湿地生态环境治理的建议；关于拆除老旧小区小凉房和小煤房等附加设施，优化社区居住环境的建议。

【社会工作】

民革包头市委会5位骨干党员被东河统战部聘请为不同单位和部门的义务监督员。总支两次进社区进行健康宣讲，一次进社区开展义诊活动。一次组织党员去沙尔沁扶贫调研。

1月30日召开民革市委会，主委金羽一行慰问民革东河区委会的老领导刘发林，送去组织的温暖与祝福，总支王文瑞、白日宏陪同。3月1日，召开党员大会，学习民革党章、党史等内容，安排部署2019年的工作任务。4月18日，赴站北路东站社区医疗卫生服务中心，开展医疗健康科普知识讲座进社区活动，为社区老年人提供健康服务。4月27日，在区政府329会议室召开党员大会，传达学习两会精神、市委会精神。5月18日，民革医疗专业的党员在北梁新区北一社区开展“心系群众、关爱健康”庆祝中华人民共和国成立70周年健康义诊活动，同时参加区委统战部举办的庆祝中华人民共和国成立70周年系列活动暨各民主党派进社区揭牌仪式，与此同时“民革党员之家”挂牌成立。6月25日，部分党员参加扶贫教育实践基地揭牌仪式暨纪念绥远“九一九”和平起义70周年活动。8月17日，支部参加民革包头市委会在青山宾馆会议中心举办的庆祝中华人民共和国成立70周年暨大课堂“不忘合作初心，继续携手前进”首场讲座。8月22日，总支党员李富强、石磊参加市委统战部统一战线“同心学习、立德圆梦”双月读书会。9月18日，党员参加民革包头市委会在巴彦淖尔市河套学院举办的为期三天的骨干党员培训班。9月19日，正值绥远“九一九”和平起义70周年之际，总支党员赴巴彦淖尔市杭锦后旗傅作义将军创立的奋斗中学及傅作义将军纪念馆参观学习；同时参加纪念绥远“九一九”绥远和平起义暨“不忘合作初心、继续携手前进”主题教育。9月22日，总支党员参加民革自治区委员会在呼和浩特内师大音乐学院音乐厅举办的庆祝中华人民共和国成立70周年文艺演出。9月24日，支部党员王文瑞、白日宏、李富强、王建东参加市政协在包头大剧院举办的庆祝中华人民共和国成立70周年暨人民政协成立70周年“祖国颂·政协情”交响音乐诗会。9月25日，市政协委员参加在青山宾馆会议中心一楼举办的“不忘初心、牢记使命”庆祝人民政协成立70周年宣讲会暨全体政协委员专题培训会。10月10日，民革党员赴九原区萨拉如街道办事处举办“不忘合作初心，继续携手前进”主题教育活动，进机关进社区健康讲座。10月12日，组织党员参加区委统战部举办的“不忘合作初心，继续携手前进”主题教育活动，集体观看电影《我和我的祖国》。10月15日，参加市政协调研组在青山区政府会议中心306会议室“强化政协平台作用，提高各民主党派参政议政质量”调研座谈会。10月17-18日，参加民革、民进、民建市委会机关干部、骨干党员在包头市嘉亿兴国防教育培训基地举办的“不忘合作初心，继续携手前进”主题教育培训班。10月29日，参加东河区统战部“不忘初心、牢记使命”民情恳谈会暨广泛征求意见和建议的座谈会。10月31日，召开党员大会大会一致通过赵芬和贾志诚两位联系人的入党申请。11月3日，组织党员赴东河区沙尔沁镇小巴拉盖村关于“适用菌庭院经济扶贫项目”的调研。

（白日宏 供稿）

中国民主同盟包头市东河区总支委员会

【概况】

中国民主同盟包头市东河区总支委员会（简称民盟东河总支）共有盟员125人，在职人员57人，退休人员68人，其中，包头市政协委员1人，东河区政协委员5人。

民盟东河总支共有5个常设支部，其中，民盟包头市东河区总支铁路支部23人，民盟包头市东河区总支中教一支部17人，民盟包头市东河区总支中教二支部21人，民盟包头市东河区总支卫生支部41人，民盟包头市东河区总支联合支部23人。

【自身建设】

2019年，民盟东河总支在民盟包头市委的领导下，在中共东河区委的指导下，坚持“长期共存、互相监督、肝胆相照、荣辱与共”的方针，紧紧把握学习贯彻中共十九大精神灵魂，紧扣贯彻落实“同心思想”主线，积极抓好自身建设、行使权力、民主监督工作和社会服务工作。

民盟东河总支根据民盟市委会的要求，结合自身实际，号召盟员积极学习中国共产党的各项政策制度。1月5日，民盟东河总支召开“中共十九大学习会”2018年年度总结表彰会。通过学习，使民盟东河总支广大盟员切实了解国家的大政方针、了解当前的社会民情、提高了盟员的政治素质和业务素质，提高了盟员的政治把握能力、组织协调能力、参政议政能力和合作共事能力。

5月18日，民盟东河总支盟员之家挂牌成立，市委统战部部长乌云出席并讲话。“盟员之家”的建立，使得民盟东河总支的凝聚力和影响力更上一个台阶，一大批年轻盟员在“盟员之家”学习盟章、盟史，学政治、懂政治、不断地充实自己。盟员之家成立以来，接待民盟自治区委、民革自治区委、民革包头市委、民盟各省市参观团等10余次参观团队。

【参政议政】

3月，在政协东河区第十届委员会第二次会议期间，民盟东河总支5位政协委员共提出8篇提议提案，分别为：包头市2020届高三理科考生复习方式亟须改变；关于东河村路改造的社情民意调查；早日实现同工同酬，提高劳动者积极性；关于鹿王羊绒衫等企业排气污染的治理建议；关于包头市东河区中学教育教学情况的调研；关于中小学生社会实践能力的调研及思考；关于东河区医养结合型养老服务机构建设情况的调研；均已立案。9月，民盟东河总支向东河区统战部提交4篇调研报告，向民盟包头市委提交4篇社情民意，并就内蒙古地区即将施行的新高考制度提交6000余字的调研报告。

【社会服务】

民盟东河总支针对东河区贫困人口多，尤其是贫困家庭子女上学及老人养老等问题，积极发动盟员奉献爱心。

2月23日，民盟东河总支在包头一中阶梯教室召开由内蒙古电视台发起的“雷蒙读书会——民盟包头市读书会”，号召广大师生开卷有益。4月27日，民盟东河总支、民盟包头市教育委员会、民盟包头市社会服务部在东河区图书馆为东河区高三考生及家长做“2019年高考志愿填报”公益讲座，受到广大高三考生及家长的一致好评。5月31日，前往东河区同道小学(原北梁丰备仓小学)奉献爱心，奖励优秀小学生。

【社会活动】

8月16日，民盟东河总支参加民盟包头市委“庆祝建国七十周年诗歌朗诵大赛”，民盟东河总支荣获一等奖。9月16日，民盟东河总支贺光宇代表民盟包头市委参加民盟内蒙古自治区委“庆祝建国七十周年诗歌朗诵大赛”，荣获一等奖。10月19日，民盟东河总支响应东河统战部的号召，组织16位盟员观看了电影“我和我的祖国”，观影后盟员们反应热烈，积极写了观后感以抒发爱国之情。

【脱贫攻坚】

9月，在脱贫攻坚的最后一年，民盟东河总支参与土右旗教育扶贫项目，前往萨拉齐第二中学进行扶贫支教。

本着“扶贫先扶智，阻断贫困代际传递”的原则，主委赵广乐往返于东河区与土右旗的路上，奋战在土右旗教育扶贫的第一线。扶贫支教半年来，主委赵广乐的教育扶贫工作受到土右旗教育行政部门和萨拉旗第二中学全体教职工的一致认可和高度评价，成绩比中考入学数学成绩人均提高30分左右。

中国民主建国会包头市东河区总支委员会

【概况】

中国民主建国会包头市东河区总支委员会下设3个支部：民建东河区一支部、民建东河区二支部和民建东河区三支部。总支会员111人，一支部40人，二支部34人，三支部37人。其中，45岁以下的23人，45～60岁的62人，60岁以上的26人。研究生学历6人，本科学历7人，专科学历84人。有市政协委员1人，区政协委员4人，会员主要来自经济界人士及金融、法律、教育和医药卫生等领域。

【组织建设】

2019年，民建东河总支按照民建市委会和东河区统战部要求，有序开展基层组织工作，坚持每月基层组织学习活动；组织会员参加学习中共十九大报告精神，学习社会主义核心价值观等，不断提高会员素质和能力。强调发扬民主、团结、务实的精神，带动总支作风建设。民建东河总支先后选派30多名会员参加民建自治区区委、自治区统战部、包头市统战部和区委统战部组织的各类学习培训，发展新会员2名。

按照因地制宜、体现特色、规范节约、注重实效的原则，建设集学习、交流、展示、服务、激励等功能于一体的“会员之家”，“会员之家”成为服务会员的创新载体和凝聚人心的温馨家园，并被民建中央作为“会员之家”风采展示案例。民建“会员之家”设施齐全，管理规范，为会员交流提供平台。

民建东河总支主委会会议研究决定成立企业工作委员会、经济工作委员会、妇女工作委员会、法制工作委员会、科教文卫工作委员会、青年工作委员会和联络工作委员会7个专门委员会，对各个专委会的职责进行建章立制，充分发挥人才优势，有效弥补参政议政工作短板。

【参政议政】

东河总支共提交各类提案8件。按照“党委出题、党派调研、政府采纳、部门落实”的参政议政模式，围绕政府重视、人民群众关心的热点、难点问题组织力量开展调查研究，及时反映社情民意。完成《东河区农业品牌化发展专题调研报告》，认真履行民建作为参政党参政议政的职能。

【社会服务】

引导会员，立足岗位，奉献爱心，开展扶农助困、捐资助学等活动，产生积极的社会影响。参加民建包头市委员会联系会员企业帮助土右旗三岔口嘎查（村）村民解决西瓜、土豆等农畜产品滞销问题。由民建会员和会员企业在各类社会公益活动和慈善事业方面捐助的钱物达10余万元。

4月10日，联合包头市安泰公证处联合举办公证法律服务合作协议签约仪式及座谈活动，法律护航，助力会员企业。6月8日，总支组织部分骨干会员参加全市统一战线信息员培训班学习。8月16日，与民建青山总支、民建东河总支联合开展“不忘合作初心，继续携手前进”暨庆祝中华人民共和国成立七十周年主题活动；10月12日，总支号召全体会员积极响应东河统战部组织的观影“我和我的祖国”专题活动；开展春节慰问老会员活动。

（白砚杰 供稿）

中国民主促进会
包头市东河区总支委员会

【概况】

2019年，中国民主促进会包头市东河区总支委员会（简称民进东河总支）下设5个支部：民进东河区综合支部、民进包一中支部、民进包二中支部、民进包四十中支部、民进包头医学院支部。总支在册会员人数116人，民进东河区综合支部48人，民进包一中支部16人、民进包二支部19人、民进包头四十中支部20人、民进包头医学院支部13人。民进总支在册会员高级职称占80%、中级职称占20%。教师占70%，其他人员占30%。包头市政协委员1人，东河区政协委员5人，东河区人大代表1人。

【参政议政】

2019年，共提交提案6个，分别为《建设路部分路段晚上路灯被大树遮挡光线的问题》《建议各民主党派内部建立奖励机制》《将高校教师家庭的学龄儿童纳入义务教育优质资源优先择校范围》《开放公共体育设施的建议》《政协委员建立健康档案的建议》《关注包头市托管班的建议》。

【社会工作】

3月25日，民进东河总支的四位政协委员，积极参加民进市委组织的政协委员培训学习活动，明确自己的责任和担当；4月12日，民进东河总支组织包二中支部、四十中支部、民进医学院支部在同道小学进行相伴阅读，快乐成长，诗书润童心活动，亲子相伴阅读的兴趣与热情，养成多读书、读好书、会读书的习惯，并从书本中得到心灵的慰藉，寻找生活的榜样，净化自己的心灵。5月18日，民进东河总支四个支部主任、副主任、支委参加东河统战部在北一社区给各民主党派之家挂牌仪式，同时民进包头市委会在此召开民进市委会扩大会议，就如何做好基层组织建设、激发组织活力座谈交流活动。6月20日，民进包头四十中学支部、医学院支部再次为铁西小学送去笔墨纸砚。本次活动为启迪学生们的书法学习兴趣，活跃了学校的第二课堂，弘扬了中国的传统文化。6月22日，民进东河总支四个支部主任、副主任参加民进中央调研组在民进包头市委会的调研工作座谈会。7月15日，民进东河总支组织民进包一中支部、包二中支部、综合支部部分会员参观包头召革命纪念馆；9月6–8日，民进东河总支主任刘智俊参加东河区统战部在延安组织的“不忘初心、牢记使命”主题教育培训活动。9月24日，民进东河总支四个支部分别组织各支部会员开展中华人民共和国70周年庆祝活动。10月6日，民进东河总支的四位支部主任积极参加“进一步提升东河地区教育质量”专题调研活动，参与本次调研活动的民进会员还有部分教育战线的骨干教师；12月15日，民进东河总支部分会员参加民进市委会年终表彰学习大会，学习民进中央重要文件精神，同时布置下一年度工作计划。

【荣誉】

民进东河区四十中支部2019年获民进自治区委“社会服务工作先进支部”奖。

（刘智俊 供稿）

中国农工民主党委员会
包头市东河区总支委员会

【概况】

中国农工民主党包头市东河区总支委员会（简称农工党东河总支），下设4个支部：农工东河区一支部、农工东河区二支部、农工东河区三支部、农工东河区四支部。总支在册党员人数156人。其中，具有高、中级职称的137人，占86.5%。东河总支委会现有市人大代

表2名，市政协委员2名，区人大代表2名，区政协委员5名。

【参政议政】

参政议政是民主党派发挥作用的力量源泉，也是民主党派的基本职能。作为参政党，必须不断与时俱进增强参政议政能力，为经济发展建言献策，做到立党为公，参政为民。

总支主要领导积极参加东河区委、区政府、区政协及有关部门举行的协商会、座谈会和情况通报会等，就东河区经济社会发展、生态环境保护、民生问题等提出意见和建议，不少意见和建议被采纳。总支有4名党员被东河区政协聘为民主监督员。

【社会工作】

2019年2月，开展新春送祝福活动探望农工党老党员。3月，开展庆祝“三八”妇女节“展现女性魅力共享精致生活”主题活动。4月，区政协组织委员调研重点宗教场所建设、活动开展情况。5月，开展主题为“同筑生态环境共建绿色家园” 义务植树活动；庆祝农工党包头市委会庆祝改革开放40周年文艺汇报演出；联合东站办事处社区卫生服务中心在欣龙广场举行主题为“碘”亮智慧人生，共享健康生活的大型宣传义诊活动，共设置2个问诊台，2块展板，9种450份宣传册，为50余名市民进行义诊和健康咨询；组织党员到东站卫生服务中心为东站辖区居民进行关于“正确防治结核病”主题的健康知识宣传讲座、并参与为65岁以上老年人免费体检和问诊活动。6月，成立东河区民主农工党派之家。7月，组织党员进行“健康进万家，幸福北梁人”义诊活动。8月，组织党员前去九原区麻池社区卫生服务中心进行送医下乡义诊活动。9月，组织成员开展“社区医疗维护养老及线上服务”调研工作。10月，组织成员听取创新工作室民意建设及意见汇报。11月，东河总支参加东河区政协十届第六次常委会会议进行参政议政工作。12月，农工党自治区总支为农工党东河区总支进行“党员之家”揭牌仪式。

（农工党东河总支 供稿）

九三学社包头市东河区支社

【概况】

九三学社包头市东河区支社（简称九三学社东河支社）社员35人，其中70岁以上9人，60岁以上5人，50岁以上13人，40岁以上8人。博士3人，硕士8人，大学本科24人。自治区政协委员1人，自治区人大代表1人，包头市政协常委1人，包头市人大代表3人。东河区政协委员4人。

【自身建设】

2019年，九三学社东河支社围绕年初确定的工作目标切实履行政治协商，民主监督，参政议政三大职能，把握工作方向，学习中共十九大和十九届二中、三中、四中全会精神，市区各项会议精神，增强“四个意识”、坚定“四个自信”、做到“两个维护”，以饱满的政治热情和高度的政治责任感，为东河各项事业发展建言献策，献计出力。

【参政议政】

全年共提交议案9条，分别为：孙秀丽关于取消基层医院住院人数限制，保障分级诊疗顺利实施的建议；关于取消医院年休补贴，强制医务人员带薪休假的建议；赵瑞平关于民营医院发展的建议；关于调整包头市医保报销政策的建议；贺翠莲关于包头市医疗报销方面的建议；侯晓燕关于加快乔家金街结构调整大力提升传统产业的建议；潘晓华关于进一步推进东河区分级诊疗的建议；宿小平关于在东河区多层老住宅小区加装电梯的提案；杨贵林关于乡医队伍建设的建议。

【社会工作】

6月5日，参加市委会组织的不忘初心徒步走活动。8月18日，参加市委会举办的同心杯羽毛球赛。5月29日。支社组织社员邀请中医专家开展义诊（北一区）；12月19日，陪同市委会主委看望慰问医疗界社员。

（徐建勋 供稿）

群众团体

总 工 会

【东河区总工会领导名录】

主　席　　靳文刚

副主席　　马钰香（女，蒙古族）

　　　　　刘改荣（女）

【概况】

东河区总工会成立于1956年，按照“三定”方案核定行政编制4人，领导职数1正1副，现有领导1正3副，工作人员1人。所属区职工服务中心为事业单位，增挂区职工文体活动中心牌子，核定编制4人，现有人员2人。市总工会统一招聘社会化工会工作者4人；区公益岗位3人；区总工会自聘工建指导员5人。

【组织建设】

扩大工会组织覆盖面，广泛开展“八大群体”入会工作，新组建包头豪德贸易广场联合工会、北梁新区物业行业联合工会、包头市运动健康商会联合工会、耐火厂路餐饮业联合工会、工业路美食街餐饮业联合工会等基层工会组织，入会职工2000余人。完成铝业园区工会联合会、东河公安分局、区税务局、区城管执法局等基层工会换届工作。

加强基层工会规范化建设，进一步规范铁西街道豪德社区等11家社区工会的“会、站、家”一体化建设，积极组织开展工作和活动，切实增强基层工会的动力和活力，有效解决“服务最后一公里”问题，在职工家门口当好职工的“娘家人”。

【维护职工合法权益】

坚持一年两次向区委汇报工作，不定期向分管领导汇报工作制度。坚持政府与工会联席会议制度、劳动关系三方协调会议制度，研讨涉及职工方面的问题，为协调劳动关系提供重要保障。积极开展“要约行动季”活动，向基层工会发出集体协商工作“要约行动季”提示函；与区人社局（劳动监察部门）、区工商联共同召开“要约行动季”集体协商工作部署会；举办90名基层工会干部参加的集体协商工作培训班。重点指导环西市场、欣恒信物业、山川圣阳热能科技公司、昊宇新能源公司的集体协商工作。完善区总工会、区法院、区人社局劳动争议诉裁调对接工作机制。聘请律师每周二、周五下午定期向职工提供法律服务和法律援助，引导职工依法合理表达诉求。参加全区“安全生产月”活动；组织开展“安康杯”竞赛活动，131家企事业单位参加；举办“安康杯”知识线上竞答，214人获奖。

【职工教育文体活动】

职工文体活动丰富多彩。举办“写家书”征文活动阅读分享会，40余名投稿者参与交流；举办第五届职工环湖徒步竞赛，90多家单位的3000余名职工参加；举办“第三届干部职工乒乓球赛”，41家机关企事业单位的44支队伍、208名干部职工参赛；举办2场“庆祝中华人民共和国成立70周年职工文艺会演”，28家基层工会的近400人参加演出，演出当日直播在线观看人数5500余人；举办东河区干部职工气排球赛、羽毛球赛，分别有26支代表队的161名职工，36支代表队的230名职工参赛；举办第三届“翰墨绘就新东河”干部职工书画展，展出作品194幅。组队参加全市职工乒乓球赛，取得全市团体第二名的优异成绩。组织“七夕”职工相亲、庆祝中华人民共和国成立70周年征文活动。一系列丰富多彩的文体活动广泛调动职工的积极性和参与性，不断增强东河工会的影响力和职工的凝聚力。为295家基层工会征订《工人日报》357份，赠送《中国工会》等刊物126份。

发挥阵地优势，区职工服务中心和文体活动中心推行错峰服务，免费把培训课程送到基层工会。每周为5家基层工会上1节瑜伽课，健康职工身心。书画协会每周四在职工服务中心讲授书画基础知识，提升职工素质。摄影协会定期在职工文体活动中心讲授摄影基础知识，丰富职工业余文化生活。持续举办各种培训讲座，增设亮点课程，共举办工会业务、家庭教育、心理健康、中医养生等讲座27次。

加强与职工群众的网上交流互动。通过“东河职工e家”微信公众号陆续开展元宵节活动、三八妇女节“寻找最美的她”有奖征集活动、“五一”节“寻找最美劳动者”抖音短视频大赛、“幸福是奋斗出来的”职工摄影展、“不忘初心、牢记使命”主题教育线上有奖知识竞答等线上活动。

【困难职工帮扶】

精准帮扶解困脱困。春节送温暖活动帮扶慰问1062人，发放64.65万元。其中，送温暖慰问东华热电、华云铝业、盛泰等重点企业的一线职工和公安分局、驻村干部、环卫清扫工人等921名基层生产一线的职工，发放物资46.05万元；帮扶救助单亲残疾职工9人、大病困难职工21人，发放帮扶资金7.5万元；为因2018年调整标准而出库的111人实现春节送温暖全覆盖帮扶救助，发放资金11.1万元。“夏送清凉”为高危高温作业行业、政府电网、北梁道路重点工程等工作在一线的1500名职工送去防暑降温用品。“金秋助学”帮扶困难学子10名，发放助学金6.2万元。国庆送温暖慰问28名困难职工，发放慰问金2.8万元。关爱女职工，“三八”节慰问单亲困难女职工4人，新建自治区级妈咪小屋1家（骆驼酒业），市级女职工休息室1家（包铝集团小学）。“春送岗位”，与区就业局共同组织了3场招聘会，吸引1100余名求职者前来咨询和应聘。积极推进互助保障工作，为东河公安分局、区税务局、区财政局、南门外街道办事处等7家单位的1527名职工提供互助保障服务。

【工会改革】

持续推进产业工人队伍建设改革。结合东河区实际，区总工会牵头制定《新时期东河区产业工人队伍建设改革实施方案》（以下简称《产业工人改革方案》），经过征求意见和反复修改，东河区委、区政府于2019年1月正式印发文件，已付诸实施。东河区《产业工人改革方案》以包头市改革方案为蓝本进行逐项对照制定，内容分为总体要求、基本原则、主要措施和组织实施4个部分。主要措施提出6个方面26项改革措施，从思想引领、机制建设、提升技能、支撑保障等工作进行改革完善，推动建设与东河区经济社会发展相适应的知识型、技术型、创新型劳动者大军。

【劳动模范工作】

深入开展建功立业活动，充分发挥劳模（职工）创新工作室的引领示范作用，以“当好主人翁，建功新时代”为主题，多形式、多层次开展职工创新、技能竞赛、发明创造、提合理化建议等活动。包头东华热电公司和中药公司被评为市级创新工作室。召开劳模座谈会，学习习近平给中国劳动关系学院劳模本科班学员的回信，劳模代表结合自身成长和工作经历，畅谈自己的奋斗历程和感悟。包头汇泽铝业有限公司铸造一班获“自治区工人先锋号”，包头市东河金谷村镇银行股份有限公司获“自治区五一劳动奖状”，吴锁等10名同志获市级劳动模范，李小娟获“包头工匠”称号。落实劳模待遇，组织全区42名退休劳模进行健康体检；10名在职劳模赴北戴河疗养；慰问20名70岁以上自治区级劳模。在全区营造尊重劳模、崇尚劳模、学习劳模、争当劳模的浓厚氛围。

（李林卉　供稿）

共　青　团

【共青团东河区委员会领导名录】

书　记　　黄晓明（蒙古族）

副书记　　廉亦泽（满族，挂职）

【概况】

1956年8月，共青团东河区委员会成立，为东河区委所属群众团体，机构规格为正科级，负责东河区共青团建设工作。团区委有干部职工5名。

【基层组织建设】

2019年，全区团组织共有镇、街道团委14个，村、社区团支部115个。另有教育局团委、公安分局团委、城市管理执法局团委、铝业园区团委、南海湿地景区管理处团委、卫计局团总支等基层团委。按照“党建带团建，团建促党建”工作思路，团区委将党建工作和团建工作同部署、同督查、同验收，对全区115个村级团组织在组织架构、工作制度等6个方面进行了统一规范。全面推进非公有制企业和社会组织“两个覆盖”专项行动，进一步完善规范了东河区新兴青年筑梦家园，青年社会组织头脑风暴中心，为辖区内广大青年更好地服务。

【推进学校共青团改革】

全面贯彻落实共青团中央、教育部联合印发的《中学共青团改革实施方案》，大力推进中学共青团改革创新，切实加强和改进中学共青团工作，结合东河区学校共青团工作实际，制定《东河区中学共青团改革实施方案》，大力推进各校中学共青团改革，推进学校团队阵地建设，切实加强少先队改革。完善团学组织制度。各中学应建立学生联合会，充分发挥团学组织参与学校治理的主体作用。明晰共青团工作在学校德育工作中的职责权限。健全团员教育管理制度。大力加强团员意识教育，严格执行“举团旗、学团章、唱团歌、戴团徽、过团日”的要求，增强团员对组织的归属感、作为团员的光荣感。

【青少年思想道德建设】

用习近平新时代中国特色社会主义思想武装青年。4月，以“青年大学习”为主要载体，持续深入向团员青年宣传习近平新时代中国特色社会主义思想。在团属新媒体平台每周开展1次“青年大学习”主题团课，参与人数始终保持全市前两名，团员参与率在全市多次排名第一；开设线上学习专栏，线上推送信息

141篇，累计阅读量2万余人次。以组建讲师团、发动团干部宣讲两项举措，开展线下实地宣讲39场，覆盖团员青年3200余人次。引导青年向上向善。开展庆祝中华人民共和国成立70周年主题活动16场，“争做新时代好队员”主题队日活动29场，参与人数8000余人次。以青年人喜爱的形式推出“弘扬好家风扣好人生第一粒扣子”“为新中国成立70周年的辉煌成就点赞”“青年权益说”等主题短视屏，丰富网络舆论引领载体，发动全区各级团组织拍摄爱国、爱党、弘扬五四精神系列快闪、抖音等视频，以“润物无声”的方式向广大青年传播主流价值观和社会正能量。

【青少年帮扶维权】

建立青少年权益保护青年人才库，维护青少年的合法权益。与两家社会组织建立长期合作协议，开展每月2次的青少年权益保护讲座、课堂活动，完善法制教育维权保护。继续强化青少年警示教育基地研学活动，建立每月1次的青少年法制教育基地研学制度，邀请区检察院、法院、律师等相关从业人员进校园，开展“青少年与法”课堂。开展“共青团与人大代表、政协委员面对面”活动2次，推动解决在校团员赴本市重点学校参观诉求、团委组织课外研学活动少的问题；积极引导团员少先队员现场学法。

（霍珺 供稿）

妇女联合会

【东河区妇女联合会领导名录】

主　席　　周怡芳（女,满族）

副主席　　王　然（女）

【概况】

东河区妇女联合会（以下简称“区妇联”）成立于1956年，是群众团体，机构规格为正科级。区妇联负责指导全区基层妇女组织建设，维护妇女儿童合法权益，加强与社会各界的联系，为妇女儿童办实事、办好事。下属镇、街道妇联组织有14个。

【“不忘初心、牢记使命”主题教育】

2019年，区妇联组织开展多样主题活动，抓好《中国妇女发展纲要（2011－2020）》和《中国儿童发展纲要（2011－2020）》（以下简称“两纲”）的贯彻实施。

开展“不忘初心、牢记使命”主题教育，组织学习研讨22次、深入24个村和社区开展专题调研，同时梳理24项班子存在的问题并全部整改完成，期间调研解决儿童之家的建设问题，在全区建立77个儿童之家，并在北梁新区南四区建立东河区妇联示范儿童之家，超额完成上级妇联和儿童发展纲要的任务；扎实开展“双服务、双认领”活动，实地调研奥宇社区并召开座谈会，了解社区妇联工作存在的困难，帮助创建儿童之家，并组织3场家庭教育讲座进社区活动和花艺培训活动。

【九届五次执委会】

4月18日，区妇联组织召开了九届五次执委扩大会。会议增替补7名执委、1名常委，全面总结2018年工作并对2019年执委工作提出具体要求；开展“下基层、访妇情、办实事”大调研和各级妇女干部“大学习”活动，发放80余份调查问卷，对5个镇（街道）妇联、24个村（社区）妇联的妇女儿童工作开展情况进行实地调研。

【主题宣传教育实践活动】

开展“巾帼心向党，礼赞新中国”群众性主题宣传教育活动70余场；“70年，我的家与国”女性恳谈活动120余场。在“三八”国际劳动妇女节，举行“喜迎祖国70华诞‘倾情礼赞新中国，巾帼奋进新时代’”文艺会演。用好“东河妇联”微信公众号，全年发布信息274条，原创上报妇工信息50条，浏览量达20000余人次。

【巾帼建新功】

联合就业局、巾帼家园家庭服务中心开展就业创业培训和女性素质提升服务，开展97期，惠及6000余人次；全力建设巾帼家园创客园、巾帼双创培训孵化基地和东河区妇联婴幼儿托教中心；组织女企业家、女创业者40余人到东河双创示范园区零距离参与双创周活动；全年有15个先进集体和个人受到自治区和市妇联的表彰。

【家家幸福安康工程】

开展“共建清洁绿色家园·共享健康文明生活”活动，在两镇评选出50户“美丽家园”示范户，为农村牧区人居环境整治三年行动、防治污染贡献力量；开展“科学家教进万家·家庭教育一堂课”活动，共送课到村、社区、学校、企业200余场，23000余人次参与；区家庭教育研究会被区委宣传部、区文明办命名为首批“新时代文明实践示范点”；举办东河区家庭教育论坛赛事表彰暨2019年迎新春汇报演出，表彰一批在家庭教育论坛及赛事中表现突出的单位和个人。

【巾帼维权行动】

各级妇联利用“三八”维权周、宪法日等节点开展反家暴、学宪法、禁毒防艾等“法制进社区”宣传活动及讲座198场，6000余人次参与。完善驻站律师咨询服务工作和婚姻家庭调解室的建设，积极做好信访接待、化解矛盾工作，全年接访接待76件159人次，满意率100%。

【巾帼暖心工程】

开展“送医送药送健康”活动13场，发放健康手册200余份，为7名农村“两癌”患病妇女申请到7万元专项救助；在春节等节日慰问困难妇女儿童252人，送去慰问款物近23万元；组织关爱留守流动贫困儿童的主题活动近30场，为实验小学南海分校捐建了“春蕾爱心书屋”。

【“两纲”工作】

东河区妇女儿童工作办公室组织“两纲”各成员单位开展“两纲”统计检测工作培训会，收集统计各成员单位的“两纲”监测数据，完成“两纲”统计数据综合年报表任务，并对照规划目标编写“两纲”实施细则评估报告。开展2场“春风送岗”妇女专场招聘会，招聘企业50家，进场人数1376人，251余人成功达成就业意向。组织农村妇女参与“自治区农牧民妇女网络教育培训”，两期共计280余人参与。

【女干部素质提升】

举办东河区基层妇干综合素质提升培训班，160名村（社区）妇联主席、镇(街道)妇联副主席参加；搭建“女干部合唱团”平台，促进妇女干部交流互动，并积极参加全区庆祝中华人民共和国成立70周年文艺会演，展示巾帼风采；组织18名镇(街道)妇联主席、基层妇干参加全市妇联干部培训班，全面增强妇女干部的业务水平和综合素质。

（薛华 供稿）

工商业联合会

【东河区工商业联合会领导名录】

党组书记　　冯　利(女)

主　　席　　周勇军

【概况】

东河区工商业联合会（以下简称“区工商联”）成立于1994年12月。1997年，经东河区委批准，区工商联列入全额拨款事业单位序列，隶属东河区委统战部，相当于股级事业单位，核定事业编制2人，股级领导职数1人。2013年，经东河区委批准，区工商联确定为正科级全额拨款事业单位，核定事业编制2人，正科级领导职数1人。2018年，经区编办内部协调，为区工商联增加1名事业编制。2019

年，经区委编委会议研究，同意为区工商联增核5名事业编制。编制增核后，区工商联共核定8名事业编制，科级领导职数重新核定为2名（1正1副）。

2019年，区工商联认真贯彻落实习近平新时代中国特色社会主义思想，紧紧围绕全区中心工作，紧扣“两个健康”工作主题，搭建服务平台，提升服务水平，激发非公有制经济活力，着力促进非公有制经济健康发展和非公有制经济人士健康成长。区工商联被中华全国工商业联合会评为全国“五好”县级工商联，被自治区工商业联合会评为全区“五好”县级工商联。

【政治学习】

开展“不忘初心、牢记使命”主题教育，组织并引导民营企业学习贯彻习近平新时代中国特色社会主义思想，学习贯彻中共十九大和十九届二中、三中全会精神，学习贯彻习近平总书记在民营企业座谈会上的重要讲话、对内蒙古重要讲话重要指示批示精神，增强“四个意识”、坚定“四个自信”、做到“两个维护”；为每位会员发放《习近平总书记在民营企业座谈会上的讲话》的单行本；举办“不忘初心、牢记使命”主题教育培训暨第十三期民营企业高级管理人员研修班，并组织非公经济人士参观了厦门胡里山炮台。

【参政议政】

2019年，全区210名区人大代表中有48名来自非公有制经济组织，211名区政协委员中有79名来自非公有制经济组织，提出的议案、提案103件。

【融资服务】

搭建银企对接平台，全年开展“一对一”银企精准对接活动，为10多家会员企业协调贷款2200万元。

【公益活动】

开展“心系学子捐资助学”活动，为东河区教育系统捐赠100套教师终端平板电脑，600套家教通智能教学平台软件，价值52万元，同时引导会员企业为东河区贫困儿童和留守儿童捐赠爱心安全书包152个，价值4.1万元。

【商会建设】

出台《东河区工商联关于促进所属商会改革和发展的实施意见》；协助成立耐火厂路餐饮街协会，帮助筹建包头市餐饮住宿协会、包头市东河区中小微企业创业创新联合会、包头市东河区服装协会；调研包头市运动健康商会、永康商会，并组织商会之间互访互学。

（李华 撰稿）

文学艺术界联合会

【东河区文学艺术界联合会领导名录】

主　席	李艳华（女）
副主席、区文创协会主席	刘显智
区美术协会主席	杨　旭
区书法协会主席	任宪中
区音舞协会主席	张美元
区摄影协会主席	刘　栋
区民间艺术协会主席	吴晓园（女）
区文艺志愿者协会主席	赵　倩（女）
秘书长	杜　鹃（女，蒙古族）

【概况】

东河区文联依据中共包头市委、包头市人民政府和《东河区机构改革实施意见》，于2019年10月12日经东河区委机构编制委员会办公室审核后，报经区委、区政府批准，正式确定东河区文学艺术界联合会机关职能配置、内设机构和人员编制：区文联机关核定为正科级，机关行政编制3名，设专职主席1名，专职副主席1名，不设内设机构。

2019年，东河区文联在自治区、包头市两级党委宣传部、文联的关怀支持下，加强理论武装，提高文艺站位。以习近平新时代中国特色社会主义思想为指引，统筹推进“五位一体”总体布局和“四个全面”战略布局，强化党管文化的意识，突出中国文联新章程对各文艺家协会及会员履行的“团结引导、联络协调、服务管理、自律维权”职能，切实增强“四个意识”、坚定“四个自信”、做到“两个维护”，“不忘初心、牢记使命”，以庆祝中华人民共和国成立70周年为契机，围绕中心，服务大局，准确把握文艺工作的时代主题和历史使命，坚定文化自信，增强文化自觉，密切联系文艺工作者，为文艺人才提供发展平台，用文艺人才为中心工作注入活力。 在促进地区文化体制改革、文商旅融合发展、振兴乡村建设、挖掘本土文化、践行“深入生活、扎根人民”活动中有效整合资源，引领带动所属协会和文艺工作者立德树人、以文化人，弘扬时代精神，认真履行工作职能，为推动地区文艺繁荣积极建功立业。

【艺术成果】

围绕包头市、东河区委宣传部确定的文艺工作重点，在庆祝中华人民共和国成立70周年主题活动中落实完成一台晚会、一套丛书、一个基地的打造工作。

东河区文联对会员领办的群众艺术团和全区推报排演的168个文艺节目进行组织遴选把关，立足“包头文化，根在东河”的初心和使命，以追溯老包头、见证新发展、讴歌新时代、献礼新中国为着眼点，从全区168个推报的本土文艺节目中精选11个相对成熟的节目，又与包头电视台共同策划量身定做5个与主题相关的节目，最终以16个节目呈现给包头观众一场体现东河文化特质的高水准、高质量专场文艺演出。整场演出以合唱走西口片段为背景，用再现历史情境的舞蹈语汇编创舞蹈《老包头记忆》作为开篇之序。晚会调度本土群众演员700余人，占比90%，编创节目达到整台演出的70%。其中，为本台晚会量身定做的节目有合唱与舞蹈结合《老头记忆》，曲艺串烧《点赞东河》、歌曲《包头有片海》《转龙藏》，情景音诗《春天，礼赞初心》，舞蹈《千年之约》《祝福祖国》《献礼祖国》占比达到50%，整台晚会融歌舞、曲艺、器乐合奏、无伴奏合唱、情景音诗、致敬、献礼词于一体。这台节目还通过银屏采访域外人才，现场与“非遗”专家互动，植入五大组团未来发展视屏前景，极大调动东河情感，激发东河斗志，展现东河成果，谋篇东河未来，提振地区的文化自信。9月3日，大型文艺晚会《壮丽七十年奋进新东河》在包头大剧院展演并通过包头电视台连续播出，得到包头社会各界以及走出去的包头人的广泛关注。

组织落实，完成本土文献丛书《老包头记忆》。东河区委宣传部、文联牵头编撰并组织本土专家、学者、民间文化力量抢救性挖掘编著《老包头记忆》系列丛书，丛书内容涵盖民俗风情、历史人物、风光览胜、老街旧巷、行业社店等，文化内涵丰富，具有一定的艺术性、学术性和可读性。丛书共9卷、140万字，由多位本土作家历时18个月创作，立体、全景、详尽地展现老包头的历史文化，是东河区乃至包头市文化建设的又一项重要成果。

4月，以城区东部沙尔沁镇葡萄之乡莎木佳村为载体，借助该村走出去的全国著名国画家，中央美院教授、博士生导师刘金贵的影响力，充分调动全市艺术家与东河根脉相连的情感和为东河文化发展做点事的激情，区文联先后5次组织集中采风，调动全市中美协会员11位，省级会员36位，市级会员8位走村入户，深入田间地头、温室大棚、山间地埑进行采风写生，期间去往莎木佳次数最多的画家达到26次，持续用时写生长达72小时，70位艺术家积极参与采风写生，创作出200余幅的乡村作品。期间，东河区委宣传部、文联、文体局、沙尔沁镇共同发力修缮相关文化活动室，改善如厕条件，配备画案，让艺术家们来到莎木佳能真切地感受这里的变化。10月30日，东河区莎木佳村创作基地正式挂牌。

【文艺创作成果】

在庆祝中华人民共和国成立70周年之际，区文联所属协会各显身手，在各类文艺活动中对外展示频繁，成果丰厚。

区文创协会的原创作品唱响时代旋律。李艳华作词歌曲《我在乌兰浩特等你》《大家一起到南海》《转龙藏》。其中，《转龙藏》（童声版）录制完成，在包头大剧院展演，并在包头电视台连续播出。为70年大庆创作的诗歌《不忘初心、牢记使命》《人民政协，我为你荣光》以及音乐快板《请到包百走一走》，分别在第一文化宫和市、区七十年大庆活动中展演。路平、葛小梅、吕海鹰、吴俊平的诗作收录结集在《包头文学作品》集，牛毅系列词曲刊登在《科尔沁诗刊》。刘显智创作的4首诗歌在《中国铝业报》刊登，马磊的系列诗作在网络文艺平台和《黄河塞纳》刊发。

区书协活动面向基层，服务大众。会员为社区、企业和有关单位书写楹联3000余幅，组织走基层书画笔会6场，参加自治区、包头市相关书法活动百余次，作品被相关单位和书法爱好者收藏近1000幅；年内发展市级会员4名，省级会员1人；会员李青云领办建立了青云书画社。

区美协会员的艺术作品在各类展览中多次入选。在“草原四季亮丽北疆”全国美术作品展中国美术馆展览中，要红宇、要红霞、宫艳丽的作品在京展出，在“亮丽北疆——庆祝中华人民共和国成立70周年”内蒙古美术名家邀请展中要红霞、杨旭、王铭海3人应邀参展。在“辉煌七十年·丹青谱华章”庆祝中华人民共和国成立70周年包头美术创作精品展中徐继先、要红宇、要红霞、要红鹏等东河籍艺术家的作品显示了个人实力与魅力。在第十三届全国美术作品展中国画作品展中宫艳丽的作品《欢腾的乌珠穆沁》、要红宇的《草原博客系列·铁壁》、要红鹏的雕塑《古道·劲风》均入选。在包头市黄河文化经济发展研究会、包头美协主办的“庆祝中华人民共和国成立70周年包头知名画家黄河行采风写生活动”画展中，全区8名艺术家的作品入展。在“物语·秋实”献礼中华人民共和国成立70周年中国美术家协会会员作品邀请展中，10位东河区中美协会员应邀参展。东河艺术家还积极参与固阳采风写生、“黄河行”采风写生、自治区精准脱贫采风写生等活动，成为自治区重大美术创作活动的重要力量。

区民协“非遗”作品收获颇丰。焦永刚作品《永不融化的糖画》、尚英杰作品《面塑小猪》被内蒙古展览馆收藏；施跃进作品《祭敖包》《家乡佳香》、郭婷作品《生命树》均入选2019年中国民间文艺家协会主办的“庆祝中华人民共和国成立70周年中国民间剪纸精品展”。郭婷作品《十二生肖》《没有共产党就没有新中国》分别获2019年内蒙古自治区工艺美术“飞马奖”铜奖和包头市就业局组织的工艺美术品展荣誉奖。2019年3月，吴文昌获得包头市抖音挑战赛最佳特色奖；4月，参加内蒙古味道评选包头九味获得特色奖。7月25日，杨文海申报第五批国家级非物质文化遗产面塑项目，《内蒙古馨风尚》杂志刊登其专访文章《从一团面里看大千世界》。杨晶作品获得2019北京市第三届《奇梦炫漫》动画组一等奖和定格动画组特等奖；获得第六届（2019）浙江省青少年定格动画创作大赛二等奖和优秀导师奖。其设计作品《兔爷兔奶》被古北水镇景区采纳。其作品《撸起袖子加油干》获得第二届包头市妇女手工大赛二等奖。7月，李部获得包头市民间技艺传承奖，其作品《祖国同庆》《孙悟空》入选70年大庆包头市民间艺术作品展。温永华手工坊的《六合枕——走入故宫博物院的包头手艺》获“2019中国特色旅游商品大赛”银奖。王素清《硬糖手工制作技艺》获评东河区非物质文化传承人，其项目入选2019年包头民间艺术作品展。闫文英、胡啦甘荣获包头市地方名小吃和包头市烹饪餐饮行业协会民间技艺传承奖。王丽云的作品《生生部息》捐赠给内蒙古展览馆；闫泉蓉的作品《三娘教子》获中华文化促进会剪纸艺术专业委员会、三秦文化研究会剪纸艺术委员会“纸约天下·剪誉名州”全国剪纸艺术展活动中获优秀奖。

摄影协会深入生活，镜头记录收集了大量珍贵文献资料，分别到莎木佳、杨圪楞、乔家金街进行本土采风，艺术家还分别走出域外进行拍摄，参加摄影赛事活动。音舞协会聚集力量，成为群众文化不可或缺的重要精神力量。会员杨锦萍领办的老年大学艺术，获得中国合唱协会主办的合唱比赛银奖；获包头市大合唱总决赛银奖。会员唐秀莲领办的夕阳情舞蹈团《我的草原》获得内蒙古自治区广场舞大赛一等奖；获东河区舞蹈大赛一等奖；在东河区“壮丽70年、奋进新东河”大型晚会中承担开场节目《老包头记忆》情景舞的创编和演出。11月，原创作品《草原上的额吉》获得全国健身舞赛一等奖。会员张美元担任艺术总监的格日乐图敖敦艺术团演唱的原创歌曲《城中草原——赛罕塔拉》在腾讯视频多次播出，编创的弹拨乐《又会科克达拉》，民乐合奏《红红火火》二人台获得东河区创作一等奖。

区文艺志愿者协会积极参与文明创建、关爱服务、文艺志愿演出活动，围绕走基层、下学校、进社区三大领域开展志愿服务活动。文艺志愿者兰强先后3次获华夏艺术星秀厦门、上海、北京总决赛优秀教师指导奖。董文洁获2019年内蒙古首届二胡演奏大赛优秀指导教师奖。董文洁与张静在“百花争艳·青艺飞扬”2019国际青少年文化艺术节获优秀指导教师奖。姜南获2019自治区中小学美育教育（音乐学科）教学技能展示大赛音乐教师技能一等奖和包头市庆祝中华人民共和国成立70周年合唱展演获优秀演员奖，成为中国传统文化促进会会员。

【文艺实践】

积极开展好“深入生活，扎根人民”主题实践活动。区文联与和平路街道办事处共同主办“‘七一’庆华诞·丹青颂党恩”书法笔会区域共建互动活动。区文联委托区书法协会为80岁的本土书法家张鸿宾老师举办个人书画展，展出作品百余幅。发挥新时代文明实践指导作用，与东河区文明办在包头大剧院主办“波澜壮阔七十载·童心筑梦新时代”东河区乡村（城市）学校少年宫庆祝中华人民共和国成立70周年展演，是包头市旗县区中唯一在大剧院进行展演的青少年专场文艺演出。为东河区乔家金街文化发展，引进文艺人才剧作家刘相林，东河区乔家金街策划试演实景剧《拉骆驼》。结合“不忘初心、牢记使命”主题教育活动，组织区摄影协会成员到杨圪楞矿区寻找初心，影像记录杨圪楞矿区生活和沙尔沁镇的农村建设生活图谱。指导成立新文艺群体芳华艺社，协助教育系统成立园丁书画苑，延伸工作手臂推动文艺繁荣。组织区美协、书协鹿阳书画院、青云画社、芳华艺社分别到沙尔沁镇和龙城社区开展迎新活动。

（李艳华 供稿）

残疾人联合会

【东河区残疾人联合会领导名录】

党组书记、理事长	方　义（男）
副理事长	张丽萍（女）

【概况】

东河区残疾人联合会（以下简称“区残联”）成立于1989年8月，是东河区委、区政府联系残疾人的群众团体，机构规格为正科级，核定事业编制为5人，主管东河区残疾人工作，承担着“代表、服务、管理”职能。内设办公室、康复部、教就部、宣文部、组联部、维权部5个部室。建立健全镇、街道残联14个，配齐配备专（兼）职理事长14名，选聘残疾人专（兼）职委员4名，设各专门协会5个。

2019年以来，东河区残疾人工作在区委、区政府的正确领导下，在市残联的指导和支持下，坚持以中共十九大精神和习近平新时代中国特色社会主义思想为指导，认真贯彻落实自治区、包头市《关于促进残疾人事业发展的意见》，以残疾人“平等、参与、共享”为宗旨，积极推进残疾人社会保障体系和服务体系的建设，立足新常态和工作实际，扎实工作，残疾人康复救助、教育就业、文体宣传、维权信访、社会保障等各项工作取得新成效。

东河区持证残疾人11138人，其中，视力残疾1406人、听力残疾998人、言语残疾118人、肢体残疾6315人、智力残疾961人、精神残疾1233人、多重残疾107人。

【残疾人证办理】

2019年，共办理残疾人证1485人，其中视力残疾155人、听力残疾164人、言语残疾7人、肢体残疾868人、智力残疾113人、精神残疾134人、多重残疾44人；为全区符合条件的55名行动不便的重度残疾人上门办理新证、换发到期的残疾人证；根据上级残联文件要求，全面清理“非残持证”“问题证”“疑点证”，共注销残疾人证525个；11月底，区残联深入东河区13家养老院为358名瘫痪在床、行动不便，无法前往医院接受等级鉴定的残疾人进行入户办理残疾人证；12月，为长期有精神疾病且无法前往鉴定机构的贫困患者做精神残疾鉴定，并为其减免部分鉴定费用，切实解决残疾人办证难的问题。

【残疾人康复服务】

在铁西、东站、南门外办事处打造精准康复服务示范点3个；为99名白内障患者审批人均1000元的康复补贴；对38名贫困残疾儿童审核并转介到康复机构进行训练，其中，26名残疾儿童救助补贴为23.205万元；全年发放轮椅、助行器、拐杖、坐便椅、盲杖、听书机、血压计、助听器等辅助器具1200余件；对4400名残疾人进行精准康复服务家庭医生签约工作；对359名残疾人进行辅具精准适配384件；出台《东河区残疾人辅助器具补贴救助项目实施方案》，明确补贴对象、标准、方式、申请流程以及《补贴目录》等项目。

【残疾人教育就业】

联合包头电大为全区100名青壮年残疾人进行扫盲培训，为每人发放100元的补贴，共计1万元。为3名残疾大学生申请救助金3230元。推荐4名残疾人工作者在包头电大接受成人继续教育；根据自治区学前残疾儿童助学项目实施方案，东河区金太阳幼儿园、康宝幼儿园各招收1名残疾幼儿，为其申请了学前教育机构补贴2000元。为29名残疾家庭及残疾大学生申请泛海助学，共计14.5万元。为3名残疾大学生申请自治区救助贫困残疾学生项目，共计5000元。与教育局协调为5名残疾人家庭子女解决了就近入学问题。为110名城镇残疾人举办职业技能培训，其中46人通过网络营销实现再就业。为东河区福利企业（碧波鞋业）申请并发放2018年就业扶持资金15.3万元；先后推荐12名残疾人分别参加市残联举办的盲人按摩、妇女手工编织和美甲培训班。

【残疾人社会保障】

春节期间为285名残疾人发放救助金9.26万元，为20名残疾人发放棉服，折合

6000元；为2550名一、二级重度残疾人申办并发放价值200元的促进就业券；为河东镇26个村、2个社区，沙尔沁镇23个村、1个社区发放嘎查村残协委员岗位补贴5.2万元，发放惠残宣传册1000份；为7家养老机构发放2.9万元阳光家园计划补贴；为东河区10家养老机构申请并上报2019年度阳光家园计划补贴5.7万元，10家机构共安置残疾人38名；为1924名残疾人办理意外伤害保险11.544万元；配合民政部门实施“两项补贴”工作，全区残疾人享受重度护理补贴3517人，共计发放368.94万元，生活困难补贴1431人，共计发放157.19万元；依托第三方服务机构，为190名一、二级肢体残疾人进行每人每年1500元的居家服务，共计28.5万元；为东河区南门外鹿王社区、东站站北路社区拨付残疾人温馨家园建设项目资金60万元，打造集日间照料、康复健身、心理咨询、法律援助、书画棋牌活动为一体的温馨家园，让残疾人不出社区即可得到康复、教育、就业、社会保障、维权、生活照料、文体活动等各项服务。

【残疾人宣传文体】

向市残联、今日东河公众号等报送新闻信息稿件35篇，采用28篇；开展第二十九次“全国助残日”活动，印制发放惠残政策宣传资料10000份。助残日期间，实施“一助一、一帮一”活动，驻区、区属各单位对200名贫困残疾人进行走访和慰问，慰问救助金额4万余元；开展第三次“全国残疾预防宣传日”活动，组织各镇、街道办事处在辖区内通过宣传栏、张贴标语、悬挂横幅等形式进行残疾预防宣传。其中，通过微信工作群转发残疾预防知识300余条，发放宣传单、宣传手册共计5000余份、组织义诊6次、举办家庭健康教育讲座1次。

【残疾人信息数据动态更新调查】

按照上三级残联对开展2019年全国残疾人基本服务状况和需求信息动态更新工作的相关要求，区残联全面启动动态更新工作，加强组织领导、周密安排部署，注重培训、调查、比对、信息录入各环节工作。顺利完成残疾人基本服务状况和需求信息动态更新采集信息和上报工作。全区115个村（社区），持证残疾人11107人，完成登记人数人7705人（入户登记7369人、电话调查336人），入户调查率95.64%，电话调查率4.36%。未完成登记人数3402人（查无此人17人、已搬迁935人、空挂户733人、外出1266人、死亡439人、迁移12人）。按照残疾人专项调查和档案管理的要求，完成残疾人基本服务状况和需求专项调查入户、登记及录入工作，建立科学规范系统完整的信息数据库，为健全残疾人“两个体系”建设提供科学可靠的决策依据。

【残疾人就业保障金征收】

与税务局区残联沟通协调，严格按照《内蒙古自治区残疾人就业保障金征收使用管理实施办法》等相关政策规定，在税务局西大厅依法启动残疾人就业保障金征收工作，已核定2041户用人单位，征收残疾人就业保障金427.12万元，较上年同期增加212.65万元。

【残疾人维权信访】

全年共处理来信、来访、民生热线等转办件145件，接待来访残疾人及残疾人亲属60人次、电话咨询服务53人次，答复率100%、满意率98%以上。7月，开展无障碍改造，对有改造需求且符合改造条件的50户家庭，按照“一户一方案”的标准选配最适合的无障碍设施。9月，发放2018年、2019年燃油补贴，经审核符合补贴条件270人，共计7.02万元。10月，由区残联牵头，与区政法委等十部门联合制定《包头市东河区残疾人法律救助工作实施方案》，并成立包头市东河区残疾人法律救助工作协调领导小组，各单位结合各自工作性质，履行相关工作职责，为残疾人提供法律服务和帮助。

（郎平 供稿）

红十字会

【东河区红十字会领导名录】

会　长　　李广乐（回族）
常务副会长　　邢艳红（女）
秘书长　　杨　孝

【概况】

2006年，区编制委员会专门下发文件成立红十字会组织，由区卫生局代管变为东河区政府直接领导的独立自主开展工作的社会团体，机构规格为正科级，核定编制3人。红十字会工作职能是秉承“人道博爱奉献”的红十字精神，致力于动员社会力量，改善最易受损害群体境况，是党和政府在人道领域的助手。主要职责是宣传贯彻《中华人民共和国红十字会法》以及相关法律法规；发展基层组织、会员和红十字志愿者，组织开展红十字志愿服务活动；在自然灾害和突发事件中对伤病员和其他受害者进行救助；开展募捐，接受捐赠；开展应急救护培训，组织群众参加现场救护；开展红十字青少年活动；参与、推动无偿献血和遗体、人体器官捐献工作，开展捐献造血干细胞的宣传动员和组织工作。

2019年，区红十字会紧紧围绕区委、区政府中心工作，结合自身职能，提供人道救助和服务。组织开展全区“博爱送万家”活动，为区两镇各街道、教育局、环卫局等单位的困难家庭及困难职工送去节前的慰问，共发放1000套救助物资，价值21万元，受益人数达2400余人。

【博爱家园】

按照包头市红十字会的具体要求，区红十字会进行认真研究部署，突破区红十字会核心业务，组织实施“5个100”项目工作。博爱家园项目设立在东河区东站街道办事处巴彦社区，项目内设有博爱超市、培训教室、红十字急救角、红十字宣传栏文化墙；应急救护点设立在包头市东站西候车大厅，救护点有红十字主题宣传展板，配置了铁皮柜、急救箱、充气夹板、轮椅、助行器、AED等物资，确保突发事件备用；红十字示范学校、应急救护角及人道文化传播点设立在东河区公园路小学，完善学校组织机构建设、制度建设，把红十字青少年工作纳入学校年度计划，注重学校的应急救护培训逐步形成经常化、制度化、规范化。

【“博爱一日捐”】

为发扬“人道、博爱、奉献”的红十字精神，深入贯彻公益事业捐赠法，动员社会爱心人士积极参与公益事业，广泛募集善款，增强红十字人道救助实力，区红十字会全面启动以“关注弱势群体，奉献一片真情”为主题的募捐活动。通过“博爱一日捐”募捐的善款将全部用于符合红十字会宗旨的人道救助，捐款数额89.4764万元，为开展人道救助提供有力保障。加强筹资能力建设，完善捐赠工作、专项基金、捐赠反馈等管理制度，持续推进公开透明和公信力建设。

【“三救”工作】

组建应急救护师资队伍1支，在“博爱家园”项目点，推广应急救护知识和技能，在南海湿地游客中心为42名工作人员组织开展应急救护知识培训；在河东镇开展应急救护培训2期；为全区新入职教师做大型培训1期。全年培训急救员人数710人，普及性培训3560人，完成上级红十字会目标任务。

在第72个世界红十字日，积极组织全区各镇、街道办事处及志愿者，开展“5·8”系列活动，河东镇联合区红十字会开展“救在身边”为主题的村委会干部急救知识培训会；东站街道办事处红十字会利用海报、横幅等，大力宣传和全力推动无偿献血、捐献造血干细胞等，通过各镇、街道新颖独特的活动形式，提升红十字会的公信力，积极宣扬红十字会“人道博爱奉献”的精神。慰问困难群众、包头市第七例造血干细胞捐献者刘俊财、中国人民解放军第九六九医院官兵。大病救助工作投入资金8000元，救助大病困难群众4户；开展“红十字光明行”公益活动，免费为白内障患者实施手术93例，把党和政府的关怀及社会爱心送到困难群众身边。

向各大媒体、报刊及市会报送信息共41余篇，被《包头日报》采用7篇，包头电视台《直播包头》栏目采用2篇，区新闻中心微信平台选用24篇。在东河区政府网站公示栏及“今日东河微信平台”将财务收支报告、审计报告、白内障救助名单进行公示，将每一笔救助，每一项支出不管数额大小，全部列入办公会议并及时邀请纪检派驻组参加，记录在“三重一大”记录簿中，做到救助集体讨论，花销人人知晓。

【关爱生命】

积极开展宣传动员，加大造血干细胞捐献动员力度，倡导人文关怀，在欣隆广场联合东站街道办事处采集造血干细胞35例。

（杨孝 供稿）

计划生育协会

【东河区计划生育协会领导名录】

第三届理事会会长　　张长征

第三届理事会副会长　　刘　鹏

赵瑞明

李星光

马钰香（女、蒙古族）

常务副会长　　康　强

秘　书　长　　任晓雁（女、6月离任）

张智宇（6月任职）

第三届理事会理事：

马钰香（女，蒙古族）　亢淑荣（女）

王京宝　王　涛　王　然（女）

史美红（女）　叶鹏飞（女）

白丽敏（女）　任晓雁（女）

刘美峰（女）　刘　莹（女）

刘　鹏　张长征　张文忠　张长虹（女）

张改英（女，回族）　张　洁（女）

李远瑛　李星光　李　哲（蒙古族）

肖岩峰　林　琳　武奋翔（蒙古族）

哈　斯（蒙古族）　赵瑞明　赵鹏程

郝　丽（女）　柴雅婷（女）　郭春晖

商丽颖（女）　康　强　梁海龙

冀永胜　薛　斌　魏建云（女）

【概况】

按照《关于东河区计划生育协会机构编制的批复》文件的精神设立东河区计划生育协会。核定编制2人，核定职数是财政全额拨款的股级事业单位。实有在岗人数2人。上级部门是包头市计划生育协会。2017年12月29日，召开东河区计划生育协会第三次会员代表大会，会议选举产生了东河区计划生育协会第三届理事会理事、常务理事和会长、常务副会长、副会长、秘书长。

【宣传服务工作】

深化重大主题宣传。结合全面两孩政策，利用“5·29”会员集中活动日，以广场宣传、社区宣传、入户宣传等多种形式广泛开展宣传服务活动，共宣传91场次，服务万余人次，传播健康科学知识，倡导健康生活理念，提高家庭健康素养与健康水平，进一步助力“健康东河”建设。加大新闻宣传力度。积极向国家、省、市、区网站平台、《中国人口报》、《人生》杂志、新闻媒体、上级简报报送信息，东河区计生协会微信平台发布信息27篇，被《今日东河》官方微信采用7篇，

《健康东河》双月刊采用7篇，被自治区、市级网站平台采用5篇。一名同志参加《人生》杂志社举办的中共十九大精神知识测试成为内蒙古自治区唯一获奖者。发挥基层计生协网络优势，依托基层基本公共卫生计生服务体系，将促进健康的理念融入计生协工作，切实当好政府提供健康公共服务与群众之间的组织者、宣传队、嫁接人。围绕生命周期开展以生殖健康为主的家庭健康促进活动，加强“三减三健”等群众性健康宣传教育，倡导健康生活方式，提高家庭健康意识和健康素养，提升群众的健康水平和生活品质。协助开展创建幸福家庭活动，提供咨询指导服务。应对人口老龄化，促进老龄化人健康，开展中老年生殖健康“幸福银龄”活动，6月11日组织6家基层医疗机构在银匠窑市民公园举办“老年健康宣传周”活动启动仪式，进行免费义诊和邀请“心声老年艺术协会”进行舞蹈表演，增强老年人健康意识。开展庆祝中华人民共和国成立70周年系列活动。9月21日，参加包头市计划生育协会举办的庆祝中华人民共和国成立70周年文艺会演活动。选送快板《不忘初心、牢记使命》参演。

【生育关怀工作】

认真开展“幸福家庭”评选活动。努力推进创建幸福家庭活动生殖健康援助行动、互联网+宫颈癌筛查项目工作。9月，按照全市统一要求开展“幸福家庭”评选活动。通过广泛宣传、对标申报、逐级把关、公示审批等环节，最终对15个“幸福家庭”进行表彰慰问。互联网+宫颈癌筛查项目开展以来，已为2700名妇女做了筛查，发现阳性62例，疑似105例，及时进行及早干预与治疗，提高妇女生殖健康水平。与疾病预防控制中心联合开展“主动检测、知艾防艾、共享健康”艾滋病防治宣传活动，加强对青年学生、老年人、家政服务人员等重点人群和重点场所开展艾滋病宣讲、筛查工作，有效地提高居民艾滋病防控意识。

开展好计生特殊家庭暖心行动。动员指导各级计生协广泛开展暖心行动，建立特殊家庭精神慰藉、走访慰问、志愿服务、保险保障和信息管理五项制度，推进帮扶工作规范化制度化，不断扩大工作覆盖面，逐步实现全覆盖。建立健全心理服务体系，为失独家庭提供专业心理援助。为19户特殊家庭发放每户500元的购药卡，解决就医的实际困难。

继续扩大计划生育保险范围。深化与保险公司的密切合作，完善计生家庭和基层计生干部意外伤害保险的保障功能，持续为计划生育家庭建立保险保障长效机制，切实增强计生家庭抵御风险的能力，召开保险工作培训和保险工作阶段表彰会，推进此项工作的开展，参保12939人，计生干部险103人，老年险243人，金额422770元。

积极推进救助贫困母亲。按照市卫健委《关于开展第二十三届“母亲节暨幸福工程救助贫困母亲活动日”的通知》精神，全区计生协会结合“5·29”计生协会员活动日制定下发《关于开展“母亲节暨幸福工程救助贫困母亲活动日”和“5·29”计生协会员活动日宣传服务活动的通知》，同时结合“5·15”国际家庭日，组织各镇、街道办事处、北梁新区直管社区开展以“健康家庭、幸福家庭”为主题的第26个国际家庭日主题宣传活动。开展户外宣传服务活动和“贫困母亲”捐赠活动，现场为3位贫困母亲捐赠3件棉衣。发放宣传资料688份，宣传礼品245个，计生药具350盒，棉衣3件、宣传袋200个，切实解决贫困家庭的实际困难，使扶贫与扶智相结合，家庭发展得到更多政策支持，家庭文明观念进一步巩固。全区11户精准扶贫户已脱贫，结合脱贫攻坚做好健康扶贫，帮助更多的家庭脱贫。

【基层群众自治】

扎实推进计生基层群众自治工作，健全“两委领导负总责、协会承做当骨干、依法建章定规矩、群众参与做主人”的计生基层群众自治工作机制，已有3个国家示范点、2个自治区级示范点和6个市级群众自治示范点。同时，积极探索新时期计生家庭维权工作模式，组建“五老”志愿服务维权室，及时反映计生家庭诉求，依法维护计生家庭合法权益。

（张智宇 供稿）

军 事

【东河区人民武装部领导名录】

部　长　　林　蕾
政治委员　刘传贤
副部长　　苗　宇（8月离任）
　　　　　姜晶岩（9月任职）

【概况】

1958年11月，东河区人民武装部成立，属中国人民解放军编制，隶属于包头军分区，为正团级单位建制。2017年，国防动员系统编制体制调整改革落地，东河区人武部受包头军分区和中共东河区委、区政府双重领导。

2019年，东河区人武部坚持以强军目标为统领，围绕新时代国防动员职责使命，按照“以教育引领思想、以任务牵引建设、以纪律约束行为、以安全打牢底线”的思路，在强班子、带队伍、抓主业、促建设、保稳定上下功夫，抓各项工作落实，年度各项工作稳步推进、成效明显。

【军事训练】

组织编制国防动员1个主案、8个分案，同步开展重点潜力核查，建立健全国防动员预案体系。联合区委组织部、印发《2019年度东河区专武干部集训暨资格认证考核方案》，扎实组织专武干部集训，提高专武干部业务水平和指挥能力，被分区表彰为“专武干部集训暨资格认证考核”先进单位。区委办联合人武部出台《2019年东河区民兵整顿工作的通知》，明确各委、办局职责分工，压紧压实责任。选拔基干民兵参加分区群众性练兵比武活动，总成绩排名第4。部长和优秀基干民兵被选拔参加内蒙古军区群众性练兵比武竞赛取得较好成绩。

围绕反恐维稳、水上搜救、抗震救灾开展战备训练，基干民兵队伍实战化水平不断提高；组织基干民兵应急排开展战备拉动点验，全面提升基干民兵应急队伍整体应急能力。

【兵役工作】

采取流动宣传车进社区、网络媒体“今日东河”公众号发布《致全区高中毕业生的一封信》等方式加大兵役宣传力度。从严把牢预征兵体检、政审、役前训练、定兵等环节，在廉洁征兵方面未出现问题。

【国防教育与国防动员】

持续构建“以干部为重点，民兵为骨干，

学生为主体、群众为基础”的教育格局，全方位多渠道开展国防教育。区委宣传部在东河区政府网站、“今日东河”微信公众号开设国防教育普及专题专栏；为每个基层人民武装部订阅《中国民兵》和《国防教育》杂志；依托24中少年军校推进国防教育进校园活动、受教学生1000余人次。“八一”前夕组织区委四大班子领导进行“军事日”活动，增强党委班子成员国防观念。全区上下关心、支持、参与国防和军队建设的氛围日益浓厚。

【双拥共建】

组织民兵积极投身脱贫攻坚任务，协调969医院为沙尔沁杨圪塄村村民开展义诊及送医送药活动。拨出专项经费扶植沙尔沁杨圪塄村集体与华茂种植养殖专业合作社合作。双方采取合作分红形式,通过这种方式壮大村集体经济再反哺生活困难村民。组织民兵应急连赴固阳参加植树大会战。将民兵应急力量纳入东河区应急管理体系，军政军民关系更加融洽。真情真意关爱军人家属和子女，解除后顾之忧。“八一”前夕东河区四大班子、河东镇、沙尔沁镇，回民办事处专门到人武部等驻区部队开展慰问，营造拥军爱军的良好氛围。联合南门外街道办事处、东站街道办事处人武部为部队立功受奖官兵送喜报、落实“让军人成为全社会尊崇职业”的口号，产生良好的社会反响。

【人民防空】

2019年，东河区认真贯彻落实《中华人民共和国人民防空法》和《内蒙古自治区实施〈中华人民共和国人民防空法〉办法》，坚持“长期战备，重点建设，平战结合”的方针，狠抓落实，科学管理，与时俱进，东河区的人防战备工作得到全面发展。东河区人民防空办公室（以下简称“区人防办”）担负着全区人防工程的维护与管理。为确保人防工程的安全，制定完善中长期人防工程维护巡查管理制度，确保及时发现并排除安全隐患。

同时按照《包头市人防宣传教育进社区工作方案》的安排部署，已连续三年联合消防大队、包头市急救中心、燃气公司及蓝天救援队等在不同社区开展“人防宣传教育暨防空防灾应急疏散综合演练”及“人防应急包进家庭”活动，进一步扩大人防工作在居民中的知晓率，提升广大居民的国防意识。帮助社区居民进一步了解掌握战争或灾害来临时如何识别防空、防灾警报信号及逃生技巧和自救互救技能。

（刘伟 供稿）

法 治

政法委及综治

【中共东河区委政法委领导名录】

书　记	梁润栓
副书记、防线办主任	张兰坡
副书记	李建忠
	张向兵
	班荣玲

【概况】

中共包头市东河区委政法委员会（以下简称“区委政法委”）成立于1984年，是东河区党委系统行政机构，机构规格为正科级。核定编制9名。

【正确政治方向】

2019年，东河区政法部门坚决维护党中央权威和集中统一领导，把学习贯彻落实《中国共产党政法工作条例》贯穿到政法各项工作中。按照年初中央、自治区、包头市政法工作会议部署要求，全面推进各项工作。4月12日，召开区委政法工作会议，制定印发《2019年东河区政法工作要点》，为全年工作打好坚实基础。区委常委会多次传达学习上级关于政法工作的有关精神，定期听取政法工作开展情况。6月14日，在全区政法系统组织开展庆祝中华人民共和国70周年“你好新时代”主题宣讲暨《中国共产党政法工作条例》培训会议，邀请专家对条例进行解读，使广大政法干警不断增强“四个意识”、坚定“四个自信”、做到“两个维护”，确保政法各项工作沿着正确的方向稳步推进。9月20日，再次组织开展“不忘初心、牢记使命”主题教育暨扫黑除恶专项斗争培训会议。采取宣讲报告、集中辅导等形式，进一步提升广大政法干警学思践悟、学研转化能力。

【矛盾纠纷排查化解】

严格落实社会稳定风险评估机制。建立《2019年包头市东河区社会稳定风险评估项目备案台账》，实行月更新制度，及时掌握全区重大项目实施情况。同时，稳评工作在原有工作的基础上向更广领域、更深层次延伸覆盖，做到应评尽评。2019年，完成了6个重点项目的稳评备案批复工作。

【扫黑除恶专项斗争】

统筹协调抓好合力攻坚。研究出台《2019年扫黑除恶专项斗争工作要点》，本年度先后召开9次区委常委会、2次区委书记专题会、3次领导小组会、13次大小三长联席会议，组织各成员单位负责人及村（社区）干部开展2轮专题培训，多措并举，为贯彻中央、自治区和包头市关于扫黑除恶专项斗争工作指示精神，扎实推进专项斗争各项工作提供坚强政治保证。充分利用新媒体平台、街面宣传等方式先后在机关单位、街道社区、商场广场等场所、重点地段多次组织开展扫黑除恶集中宣传活动，在电台、电视台播发新闻8条，自治区级报刊发稿1条，市级发稿14条，累计发放扫黑除恶问卷2.3万份，发放宣传资料4.5万份，悬挂横幅2000余条，投放LED屏幕107块，设置大型户外喷绘120处。

【加强基层基础建设】

依托综治中心对社区民警与社区网格员的工作衔接、工作职责、工作内容等方面开展专题调研。东河区14个镇（街道）、109个村（社区）共划分网格508个，有网格员1335人。推开警组包联社区工作，67个警组包联66个社区，每个社区配备1～2名辅警，与网格相呼应。率先推广“一村一辅警”工作，38名下沉辅警包联38个行政村，下沉辅警全部兼任村支书助理或村主任助理，形成“一个体系、两项支撑、三种联动、四个关键”工作模式。8月23日，全市“一村一辅警”工作推进会在东河区召开。

组织卫计、公安、各镇（街道）、村（社区）开展严重精神障碍患者排查核实，协调推动易肇事肇祸人员管控。社区矫正方面，在北梁新区北二区禁毒中心二楼建成东河区社区矫正中心，为社区服刑人员知晓刑罚和开展监督管理、教育矫正提供强大平台。组织开展全区社区矫正安全隐患排查整治专项活动，制定专项活动方案，深入开展社区服刑人员排查走访，全面加强对重点监管对象的管理，严格监管审批程序，建立健全重大事项报告制度和重大活动、会议期间日报告制度。

区政法委及政法各部门认真贯彻落实“三同步”机制，共开通微博、微信、门户网站、手机客户端等新媒体平台19个，统筹运用传统媒体和新兴媒体，努力打造立体传播新格局。建立东河区长安网，定期发布工作动态及政法工作信息。积极宣传政法系统在维护稳定、治理社会、防范邪教、服务群众等方面做出的贡献，展示平安东河、法治东河建设的新成效。区综治办、维稳办会同区委宣传部、区网信办，组织协调区政法部门及相关成员单位，认真做好敏感事件网络舆情处置工作，有效防范控制意识形态领域风险。特别是对重大突发事件信息发布坚持同区委宣传部同口径、同发声，努力赢得公众对重大突发事件处置的理解与支持，对社会关注度高的敏感事件主动发声、及时回应社会关切，与此同时，规范与指导政法机关与政法干部开展网上群众工作，打通政法机关与民间两个“舆论场”，引导网络舆情良性发展。公安部门专门成立“雪亮工程”建设领导小组，制定推进时间表、路线图，已完成涵盖全区主干道路、重点单位、乡镇农村等区域2500个前端点位勘察、上报工作。

【推进法学会建设】

按照《东河区党政机关推行法律顾问制度、公职律师制度实施方案》和《东河区四大班子联合聘用法律顾问实施细则（试行）》文件要求，东河区法学会于1月9日与包头市法律论证社会稳定风险评估中心签订东河区2019年度聘用法律顾问合同，为提高东河区党政机关依法执政、依法行政、依法管理的能力和水平提供有力保障。推动法治文化全面落实，6月15日，中国行为法学会法治中国文化艺术专业委员会“文化进蒙”《天赋国香》书画展及书画笔会活动在包头市东河区举行。积极组织会员参加内蒙古自治区法学会承办的第十四届“环渤海区域法治论坛”和第六届“中国·民族区域法治论坛” 等征文活动。东河区法学会报送会员学术论文4篇参加征文活动，推动东河区法学研究的进一步发展，促进法学理论与实践的紧密结合。在区信访局一楼接待大厅设立法律专家诊所。工作者以东河区法学会法律咨询顾问团成员为主，根据需要从其他法学会会员及各相关单位人员中选聘，采取定期与不定期相结合的方式开展工作，进一步探索多元化矛盾纠纷化解的方式和途径，努力解决法治建设中的困难和问题，有效推进公平司法、公正执法、全民守法的法治化建设。

【法治宣传】

深入开展法治宣传工作。以领导干部和青少年为重点对象，以健全“谁执法谁普法”普法责任制为抓手，不断创新普法工作形式和载体，全面推进“七五”普法规划。紧扣时间节点，强化重点对象法治宣传教育工作。利用“3·8”国际妇女节、“3·15”消费者权益保护日、“4·15”国家安全教育日、“5·19”全国助残日等主题节点大力开展妇女维权、消费者权益保护、国家安全、关爱帮扶残疾人等相关法律法规宣传，做到每月有主题，每月有宣传。平安综治防范宣传活动深入人心。先后在旧区委广场、欣隆广场组织开展了综治宣传月、平安建设宣传月等大型集中宣传活动，广泛普及综治、平安建设及扫黑除恶知识，提升群众的参与率和知晓率。同时注重新型媒体的宣传作用，利用各部门、单位网站、微信平台发布反邪、消防、治安、国安等宣传信息，累计受教育群众达3万余人次。6月25日，在东河区禁毒教育综合基地广场隆重举行了第32个国际禁毒日活动，3000余人参加了活动。

【政法队伍建设】

组织开展东河区政法队伍作风问题集中整治，明确集中整治管党治党不严、理想信念缺失、执法司法不公、侵害群众利益、监督执纪不严、涉黑腐败和黑恶势力“保护伞”等六大问题。全区政法系统对标政法队伍建设总要求，围绕“不忘初心、牢记使命”主题教育和东河区“持续净化良好政治生态年”活动，引导政法干警讲规矩、守纪律、知敬畏、存戒惧。不断加强司法作风建设，从严整顿院风院纪，对庭审活动、工作纪律等进行专项检查49次，通过提醒谈话、批评教育，强化和改进政法干警工作作风。区公安分局评创新党建“1+2”模式，以党建统领为主题，打造具有东河红色历史文化与公安党建相融合的党建阵地。建立党员民警思想状况分析制度、谈心谈话制度和意识形态工作督导制度，实时掌握队伍思想动态。以素质强警促进队伍专业化建设。完善常态练兵机制，将所有练兵培训归口至政办室统一安排，先后开展执法规范、基层基础、巡逻查控、李静工作室轮训等专题培训30余次。实施“百名业务带头人培育工程”，曾先后派出3批次环节干部、骨干民警赴南通市、深圳市、无锡市学习先进经验。区人民检察院打造东检文化走廊，涵盖业务职能、荣誉表彰、廉政寄语、精神传承、干警原创等多主题全方位展示检察精神，引领干警在书墨翰香中陶冶情操、在文化洗礼下凝心聚力。

（杨璐 供稿）

法 院

【东河区人民法院领导名录】

院　长	张志华
副院长	于　光（蒙古族）
	高占军
纪检组长	金　粮（回族）

审委会专委　　李建强
　　　　　　　王　忠
政工科科长　　王　雪（回族）
执行局局长　　李振飞

【概况】

东河区人民法院（以下简称“东河区法院”）成立于1956年10月，是东河区国家审判机关，内设立案庭（诉讼服务中心）、民事审判庭、刑事审判庭、综合审判庭、执行局等10个部门，下设沙尔沁法庭，现有在编干警101人。

2019年，东河区法院共受理各类案件8113件，审执结7559件，结案率93.17%，为东河区经济社会发展和人民群众美好生活提供了有力的司法保障。

【体制改革】

贯彻“让审理者裁判、由裁判者负责”的要求，健全完善院庭长办案常态化机制，使优质审判资源重回一线。院庭长全年办结案件3321件，占结案总数的49.03%。深化“司法标准化”活动，共开展庭审观摩19次，规范法官办案流程，以规范促公正。细化落实院庭长权力清单和审判监督管理职责，健全履职指引和案件监管全程留痕制度，确保办案质效。

【队伍建设】

以“不忘初心、牢记使命”主题教育为契机，把学习贯彻习近平新时代中国特色社会主义思想和中共十九大，十九届二中、三中、四中全会精神作为首要政治任务。班子成员带头深学、研讨，共召开党组中心组理论学习、专题理论研讨9次，各支部利用“三会一课”组织党员学习、研讨30余次，先进典型教育5次，开展实地教育3次；邀请区委党校讲师围绕中国史、党史进行专题辅导，切实做到将习近平新时代中国特色社会主义思想入脑入心、真学真用，不断增强“四个意识”、坚定“四个自信”、做到“两个维护”。加大教育培训力度，通过开展法官论坛、业务培训、庭审观摩、论文研讨、聘用制书记员岗位培训和法警比武等活动，切实提高干警法律适用、群众工作、科技应用等能力。安排干警参加各级各类培训129人次，强化审判理论和司法实务水平。按照全面从严治党的要求，认真落实“两个责任”和“一岗双责”，以高度的政治自觉、思想自觉和行动自觉，始终把纪律和规矩挺在前面。深入贯彻落实中央八项规定，严厉整治形式主义、官僚主义，坚决防止“四风”问题反弹回潮。定期召开党风廉政建设和反腐败工作会议，对司法作风和廉政建设中存在的问题进行通报，做到警钟长鸣。积极运用监督执纪四种形态，共进行廉政谈话30余人次，使“咬耳扯袖”，“红脸出汗”成为常态。

【刑事审判】

深入贯彻“宽严相济”刑事政策，全年共受理刑事案件658件，审结500件，判处罪犯524人，有力震慑了各类犯罪行为，增强了人民群众的安全感。审理东河区某金店持刀抢劫案，抢劫财物金额35万余元，判处被告人有期徒刑14年，有力打击犯罪分子的嚣张气焰，切实维护人民群众的生命财产安全。以保护未成年人合法权益为出发点和落脚点，依法审理张某某猥亵儿童一案，判处被告人有期徒刑6年，并发出东河区首例“从业禁制令”，自刑罚执行完毕之日或者假释之日起5年内，禁止被告人张某某从事学前教育、保育类等相关职业，为未成年人的健康成长保驾护航。

【民商事审判】

充分发挥民商事审判调节社会关系、维护市场秩序、化解矛盾纠纷的积极作用，受理各类民事案件4523件，审结3748件，结案率82.87%。整合专业审理队伍，组建了建设工程施工合同纠纷案专业合议庭，以应对建设工程施工合同纠纷案件专业性强、案件数量明显增多，上诉率、发改率不断提升的问题，最大限度提升审判质量。扎实推进民事案件审判服务机制建设，落实加强诉讼风险提示、加大调解力度、做好判后答疑“三举措”，引导当事人充分行使诉权。

【执行】

共受理执行案件2824件，执结2595件，执结率91.89%，执结标的额1.84亿元。强化失信惩戒力度，共限制自然人高消费1474人次，纳入失信被执行人黑名单155人次、法人及其他组织20个，拒不执行法院判决、裁定罪案件1件2人正在审理中，净化执行环境，增强司法公信力。积极开展夜间执行，涉金融案件、涉民生案件等集中执行，强制腾房等专项行动，不断提升执行工作整体合力，全年共腾空房屋12套，有效处理一批疑难复杂案件。成功化解民营企业红卫日化公司系列执行案件，实际执行到位约620万元，并且在被执行人招商引资期间，经过多方协商讨论，单次解禁被执行人的限制消费措施，既保障申请执行人的合法权益，又保障民营企业正常运转和扩大再生产，取得良好的法律效果和社会效果。

【审判监督】

认真开展审判执行“提质增效年”专项活动，召开审判管理例会6次，通过对绩效指标的周通报、季度点评，规范流程节点，不断促进审判管理规范化，实现审判质量、效率和效果全面提升。加大案件评查力度，建立发改案件评析会制度，深刻剖析发回改判原因，理清办案思路。持续开展长期未结案件专项清理工作，超两年以上未结案件实现全部清零。充分发挥审判委员会和专业法官会议职能，促进类案裁判标准统一、法律适用统一。

【立案信访】

积极推进司法公开“四大平台”建设，共公开审判流程信息4901件，在中国裁判文书网公布各类文书2616份，在中国庭审公开网开展庭审直播158件次。突出新媒体自我发声特色，在各类媒体上发表宣传稿件50余篇，通过官方网站、微博、微信推发案例、信息等200余条，及时全面地向社会公开法院工作，回应群众关切。牢固树立监督就是支持、监督就是关爱的理念，坚持重要部署、重点工作和重大案件及时向区委、人大报告制度，高度重视人大代表、政协委员提出的议案和提案。就解决“执行难”工作接受区人大常委会专题询问，评议结果为“满意”。认真落实与人大代表、政协委员“一对一”联络机制，主动邀请代表委员旁听庭审、见证执行，全方位接受监督。共走访代表委员9次，组织代表委员60余人次旁听庭审6次。落实人民陪审员倍增计划，由司法局推选，区法院报请区人大常委会选任人民陪审员107名，同时加大对人民陪审员的培训力度，确保人民陪审员更好地代表人民群众参与司法、监督司法。

（潘新新 供稿）

检 察

【东河区人民检察院领导名录】

检 察 长	齐 荣（女，蒙古族）
副检察长	杨保生
	张旭东
	贺 军
	沈 超
纪检组长	刘 海
政治部主任	赵哲英

【概况】

东河区人民检察院（以下简称“区检察院”）始建于1958年，1968年“文化大革命”期间被撤销，1978年恢复重建，是国家法律监督机关，机构规格为正科级。2019年4月进行内设机构改革，将原有10个内设机构整合为8个，分别是政治部、办公室、第一检察部、第二检察部、第三检察部、第四检察部、第五检察部、综合业务部。区检察院党组成员7人，检察长1人，副检察长4人，纪检组长1人，政治部主任1人。

2019年，区检察院坚持以习近平新时代中国特色社会主义思想领航定向，围绕全区改革发展稳定大局，忠诚履行法律监督职责，为东河区经济社会持续健康发展提供有力司法保障。一名干警代表自治区检察院参加全国未成年人检察业务竞赛并获嘉奖；5名干警被市委、市检察院评为优秀先进个人；司法警察大队荣获全自治区检察机关“优秀执警案例”第一名。

【体制改革】

完成内设机构改革，重塑性实行“捕诉一体”办案新模式，提高诉讼效率；厘清检察辅助人员、司法行政人员身份，新选任第二批入员额检察官5名，考录聘任制书记员16名，完成11名员额检察官按期晋升、2名员额检察官择优选升工作，为检察工作持续发展提供有力保障。发挥检察主导作用，与公安、司法等部门细化量刑建议标准，协同落实认罪认罚从宽制度，确保挂牌值班、法律援助律师全覆盖，检察环节适用率80%以上。延伸监督触角，设立社区矫正检察室，挂牌派驻公安分局集中执法办案中心检察室，探索开展派驻、巡回、专项“三合一”检察监督模式，形成全程监督及重大情况通报制度，增强监督刚性。

全面建成远程提讯系统，推进与法院、看守所三地联网远程提审、远程庭审；建设公益诉讼大数据平台，整合数据资源，为检察官办案提供智库支撑；在全市检察系统率先开展电子卷宗扫描工程，无纸化档案库初步建立，助力办案提质增效。研发应用案件推送、文书纠错、案件质量预检和智能语音系统，促进新兴科技与检察工作深度融合。

打造阳光检察，公开法律文书448份，案件程序性信息930条，重要案件信息149 条；发出办案期限预警218次，发布业务督察通报48期；接待辩护与代理预约181次，推进执法办案规范、高效、精细。依托“两微一端”等平台，推送工作动态法律知识等6100余条，借助广播电视、报纸杂志评析典型案例、讲解法律知识，让检察好声音、好故事“飞入寻常百姓家”。

【队伍建设】

区检察院领导带头抓党建和意识形态工作，创新推行党建“4567工作法”，形成党组脱产学习、中层干部政治轮训、全员接受思政教育的多层次、分类别学习格局。深化“不忘初心、牢记使命”主题教育学习，建成党建室、院史馆，开展“忆初心、讲使命、谈担当” 主题党日、宪法宣誓、送书进社、观摩革命基地等30余次，以实际行动践行初心使命。

强化专业载体建设，打造“三校两网一课”特色教培模式，开展网络教育培训180余人次，强化检察业务交流；院领导领衔课题调研，选派5名青年骨干干警参加市检察院“1带N提素能补短板共成长”人才培养计划，自觉提高综合素能；注重理论指导实践，开展听庭评议、优秀说理法律文书展评、新类型案件研讨等练兵活动，激发队伍整体活力。

坚持党的政治引领，向区委请示报告重大事项4次；认真落实“两个责任”，坚持按季度部署和推进党风廉政建设，班子成员与新任职17名中层干部及检察人员开展廉政谈话60余人次，责成5名意识形态出现倾向性问题的干警作出书面检查，增强廉洁从简意识；强化内部监督制约，探索建立主管领导、部门负责人为主线，案件管理、控告申诉为补充的事前、事中、事后全链条、多层次内部监督体系，评查各类案件509件，书面和口头提出整改意见2100余次，防范和纠正司法办案不规范问题。

提升检察文化建设，纵深巩固全国精神文

明单位建设成果，以“崇法尚德，厚积博新”为精神力量支撑，自行设计打造“一层一特色，一角一主题”的东检文化走廊，勾勒出亮丽检察风景线；打造干部读书班，组织10余场分组讨论，交流思想，持续发挥文化辐射带动作用。

【扫黑除恶工作】

强化扫黑除恶捕诉一体办案成效，与区纪委监察委、公安、法院凝聚工作合力，从重从快严惩黑恶势力犯罪，批准逮捕黑恶势力犯罪9件19人，提起公诉8件56人，法院有罪判决生效5件13人；重拳出击“破网打伞”，移送“保护伞”线索9条，监委立案1件。以组织领导参加黑社会性质组织罪、开设赌场罪、非法拘禁罪等12项罪名提起公诉的安某某、秦某等28人涉黑案，一审判决两名主犯有期徒刑25年。

【刑事检察】

批准逮捕各类刑事案件269件382人，提起公诉570件738人；不批准逮捕79件143人，不起诉23件28人；法院采纳量刑建议504人，有罪判决率100%。坚持以办案质量为生命线，对重大疑难复杂案件提前介入，引导侦查取证；检察长列席人民法院审判委员会5次，统一诉判共识，共同维护司法公正。

把监督贯穿于办案全过程，监督公安机关立案7件、撤案8件，纠正漏捕20人，追诉漏罪3人、漏犯23人，对违法情形书面纠正57件；提出抗诉1件，发回重审10件，强化冤错案件源头预防。

加强刑事执行和监管活动监督，办理羁押必要性审查案件30件，办理监管场所监督及监外执行监督案件97件，核查涉财产案件432人256万元。

【民事行政检察】

办结民事、行政申请监督案件155件；督促行政机关履职50件；提请抗诉和再审检察建议各1件，对民事审判活动提出检察建议55件。开展民事、行政非诉执行监督专项活动，提出检察建议32件，法院采纳31件。加强公检法联动，紧盯“虚假诉讼”，切实维护司法公信和权威。

做好矛盾化解工作，开展农民工讨薪问题专项监督，支持当事人向法院提起诉讼15件并全部被采纳，为14名农民工讨回拖欠工资5.8万元。

【公益诉讼检察】

构建良性互动工作格局，将发出诉前检察建议作为督促行政履职、保护公益的常态化手段，提出行政诉前检察建议51份。摸排公益诉讼案件线索102件，立案审查62件，督促行政机关履职46件。与行政执法部门建立协作配合机制，连续两年开展“保障千家万户舌尖上的安全”公益诉讼专项监督活动，联合市场监督管理局对群众普遍关心的学校“小餐桌”、农贸市场、药店等食药安全事故易发区域进行重点监督，督促整改经营不规范幼儿园食堂22户、经营不规范药店1户，实现公益诉讼效果双赢多赢共赢。

【控告申诉检察】

持续推进检察环节“最多跑一次”改革，邀请律师参与化解涉法涉诉矛盾化解，利用12309检察服务中心为群众提供“一站式”服务，妥善处理群众来信来访67件次，着力修复社会关系。

将因案致贫返贫纳入司法救助范围，实地走访沙尔沁镇下辖23个自然村，对1名因案致贫人员发放司法救助金6.3万余元。

【未成年人检察】

以东河区青少年警示教育基地为依托，拍摄未成年人检察专题微视频，大力加强预防青少年犯罪工作，检察长担任法治副校长，常态化开展“法治进校园”，女检察官讲堂巡讲20余场，覆盖学校40余所、师生家长8000余人，引导学生崇法尚德，知法守法。

落实“一号检察建议”，严厉打击性侵害未成年人犯罪，从严办理了幼儿园教师猥亵儿童案，法院一审判决被告人有期徒刑6年并首次判处“从业禁止”5年，该案例被自治区检察院作为典型案例向最高检推送。

（赵磊 杨越 供稿）

公 安

【包头市公安局东河区分局领导名录】

局　长	王　飞
政　委	韩冬梅（女）
副局长	杨光宇（4月离任）
	王文信（蒙古族）
	周　军（4月离任）
	任保明
	覃　威（蒙古族）
	张　杰（4月任职）
	宋振勇（4月任职）
政办室主任	苏标正
纪委书记	王瑞锋
法制大队大队长	胡锦强
警务保障室主任	单　杰(蒙古族,9月离任)
指挥中心主任	张利生(4月任职)
网安大队大队长	贾　轶(9月离任)
国保大队大队长	温晋伟(4月任职)
经侦大队大队长	池　君(4月任职)
刑侦大队大队长	张　建(4月任职)
治安大队大队长	尹　彪(4月免职)
禁毒大队大队长	赵卫东(4月任职)
看守所所长	卜耀宗(蒙古族,4月任职)
出入境管理大队大队长	林朝晖
特警大队大队长	张利生

【概况】

包头市公安局东河区分局（以下简称“东河公安分局”）成立于1956年。东河公安分局作为东河区一支重要的行政、司法力量，主要职责是维护社会政治、治安大局稳定，保护公民的人身、财产安全，预防、制止和侦查各类违法犯罪活动，指导开展治安防范和治安保卫工作，依法管理消防安全、危险物品、各类行业场所等，依法管理户口、居民身份证、居住证、出入境事务和外国人在东河区居留、旅行的有关事务，负责公共信息网络的安全监察工作。内设纪检监察室、政办室、警务保障室、法制大队、指挥中心、网安大队、国保大队、经侦大队、刑侦大队、治安大队、禁毒大队、出入境管理大队、特警大队、看守所14个机构（2019年11月28日整合内设机构为政治安全保卫大队、情报指挥中心、警支大队、督察法制大队、刑事侦查大队、治安管理大队、反恐怖和特巡警大队7个执法勤务机构，政治工作办公室、纪检监察室、警务保障室3个综合管理机构及1个看守所），下辖11个派出所。在岗民警504名，警务辅助人员395名。

【警务改革】

持续深化机构改革，整合归并职能相近机构，将原14个内设机构整合为7个执法勤务机构、3个综合管理机构和1个看守所，内设机构改革走在全市前列。改革合成作战机制，抽调指挥、网安、刑侦警力，实体化运行分局合成作战中心。整合区联动管理和综合执法指挥中心入驻分局，畅通民生类警情、网情、舆情、社情分流渠道，办结民生事项4340件。推进执法规范化改革，建立以执法委员会为龙头、案管中心为中枢、所队案管室为基础的三级执法架构。以购买服务方式配备400台执法记录仪，建立15项执法机制，持续深化每日执法巡查通报机制，设定了“三必须、四否决”执法红线，形成了精细化、全链条、闭环式执法监督机制。建成了集统一受案、集中办案、案件管理、涉案财物管理“四个中心”，执法改革助推逮捕率同比提升15%，退查率同比下降

13%。落实派出所“两队一室”勤务模式改革和机关警力支援派出所，首批69名机关警力下沉支援派出所工作，派出所警力占总警力55%以上，社区民警已达到派出所警力的40%以上，夯实农村社区警务。推动派出所司法所“两所联动”开展矛盾排查化解。率先推广“一村一辅警”工作，38名下沉辅警包联38个行政村，下沉辅警全部兼任村支书助理或村主任助理，总结的“一个体系、两项支撑、三种联动、四个关键”工作模式成为亮点。8月23日，全市“一村一辅警”工作推进会在东河区召开。

【扫黑除恶专项斗争】

立足“攻坚之年”特点，紧扣“深挖根治”目标，牢牢抓住线索摸排、打财断血、深挖彻查三个关键环节，全力推进扫黑除恶专项斗争纵深开展。成立线索核查专班，中央督导组转办的67条线索全部上报办结。共打掉涉黑组织2个、恶势力犯罪集团4个、涉恶类罪名团伙9个，共抓获犯罪嫌疑人128人，破获刑事案件162起。依法扣押冻结查封涉案资产约1.9亿元，打掉直接参与型保护伞7人。

【打击刑事犯罪】

聚焦打击破案主业，制定打击破案任务指导数，建立侦查破案竞争考核机制，赋予打击新型犯罪较大绩效分值，集中精力侦破各类侵财小案的同时，持续加大对严重暴力犯罪、食品药品环境犯罪、“黄赌毒”、“电网诈”、“涉税型”、“涉众型”经济犯罪的打击力度。共破刑事案件732起。其中，命案两起，全部侦破，破获“两抢一盗”案件249起，破获诈骗案件227起。打击处理违法犯罪人员2120人。

【打击经济犯罪】

树立打击经济犯罪新理念，积极拓展打击范围，打击传销、非法集资、虚开增值税发票等取得较大突破。共破获经济案件48起，清理历年积案51起，扣押冻结追缴涉案资产约2.53亿元，其中为国家挽回税款1200万余元。

【禁毒工作】

以打造“毒品危害萎缩型城区”为目标，发挥全警打毒的优势，综合运用毛发检测、网上研判等手段，持续开展“大收戒”行动，统筹推开禁毒严打“百日攻坚”专项行动，共破获毒品案件52起，打击处理涉毒人员436人，其中，强制隔离戒毒273人，名列全市第一。共收缴海洛因186.02克、冰毒63.84克。创新无缝对接管控机制，实施吸毒人员分类、分级管理和动态管控，强化对吸毒人员动态管控和分类处置。加强禁毒宣传教育，先后开展大型教育宣传10余次，营造全民禁毒的社会环境。

【治安管理】

以中华人民共和国成立70周年大庆安保为主线，从严落实安保维稳措施，动态调整巡逻防控部署，确保重要敏感节点安全稳定。先后完成全国两会、元宵节焰火晚会、足球联赛、西口文化节、看守所押运、各级领导视察等安保警卫任务70次。先后开展“缉枪治爆”“扫黄铲赌”“食药环”专项等行动，共收缴各类枪支13支、子弹3336发、雷管8枚、各种炮弹131枚、管制刀具602把，仿真枪5支。破获涉枪涉爆刑事、治安案件3起，抓获部督办涉枪在逃人员1人；破获涉黄赌刑事案件13起，刑事拘留20人，行政处罚470人；破获食药环刑事案件5起，行政案件2起，刑事拘留7人、行政拘留2人。依据《包头市东河区单位行业场所等级化治安管理实施办法》等规定，对全区确定的230家各级治安保卫重点单位实行百分制等级评定，共检查行业场所7297家次，全年无公共安全事件发生。

【户政管理】

辖区户籍人口40.66万人，16.10万户，其中，男性20.12万人，女性20.54万人。2019年出生落户人口2841人，死亡注销人口1640人，迁入1490人，迁出4698人。共注销重户39人，解冻户口34人，漏户、漏口人员补落户口63人。暂住人口7.8万人，其中，男性4.5万人，女性3.3万人。市民大厅户政窗口受理便民服务事项5072件，行政审批事项165件。全年共制居住证12481张。持续推行“一标五实”信息管理，编制标准地址1729处，采集27626间实有房屋，关联户籍人口152188人。

【出入境管理】

出入境全面实行全国通办，继续落实国家移民管理局新便民利民措施，全面开展全国范围内异地申请换（补）发出入境证件工作，再次缩短办证时间，全面实现简化手续、优化流程，真正实现了“一张表、一个号、一站式”服务。共办理各类证件16686本，其中，普通护照9820本，往来港澳通行证5145本，往来台湾通行证1721本，签证1442本，开展“出入境+可信身份认证”，完成4152名可信身份证认证，共接待群众2.2万余人。

【110接处警】

全面推行点对点、扁平化指挥，实行警力到场回复、就近警力先期处置等制度，全面提升快速反应能力，2019年共接处警27437起，同比上升4%。其中：刑事警情1021起，同比下降18.3%；治安警情1789起，同比下降24.1%；群众求助24501起，同比上升8.2%。24小时警局实行日督促、月通报、台账式管理制度，共办理有效帖文5956件，将3180件民生类帖文分流至政府有关部门。

【网安工作】

抽调指挥、网安、刑侦警力，实体化运行分局合成作战中心，以“净网2019”专项行动为抓手，共协助破获各类案件169起，协助抓获违法犯罪嫌疑人75人，在逃嫌疑人36人。深入推进“雪亮工程”和“智慧小区”建设。

【监所管理】

承接市局改革措施，完成固阳、九原看守所整合至东河看守所任务，东河看守所日均在押量600余人。推开智慧监管建设，依托“互联网+”推进智慧监管建设。开设看守所专用账户，开发专门APP，成为全市首个开通在押人员线上存款、电子自动记账、在线购物消费的监所，让群众感受到便捷、让看守所管理更加公开透明。

【队伍建设】

牢牢把握习近平总书记“十六字”总方针，严格按照“四个铁一般”标准，大力推进队伍革命化、正规化、专业化、职业化建设。紧密结合“不忘初心、牢记使命”主题教育和“践行新使命、忠诚保大庆”实践活动，先后召开中心组学习会22次，专题研讨会2次，建立基层所队政治轮训制度，分层分批定期组织开展理想信念教育。创新党建“1+2”模式，以党建统领为主题，打造具有东河红色历史文化与公安党建相融合的党建阵地。严格选人用人标准，调整提拔对党忠诚、敢于担当的年轻干部19名。完善常态练兵机制，先后开展执法规范、基层基础、巡逻查控、李静工作室轮训等专题培训30余次。实施“百名业务带头人培育工程”，先后派出3批次环节干部、骨干民警赴南通市、深圳市、无锡市学习先进经验。强化舆论宣传引导，共组织集中采访30余次，刊发各级各类稿件298篇，其中，国家级4篇、自治区级22篇、市级272篇。加大立功创模和典型选树工作力度，立功受奖进一步向一线倾斜、向民警倾斜，全年共有9个先进单位，61名先进个人被上级表彰奖励，民警苏爱国、魏宏强刊登“感动北疆、最美警察”上榜候选人。分局对31名民警、25名警务辅助人员给予嘉奖，评选表彰“十佳女民警”及“十佳女辅警”。争取区委、区政府支持，率先完成执勤岗位津贴和加班补贴的发放。按照市局统一要求，完成502名符合两项改革条件民警的套改工作。落实健康体检、伤病慰问制度。新建业务技术用房、东方所和扩建的民航所投入使用，南圪洞所正在改建装修旧分局办公楼，新建西脑包所在包一中南侧完成选址。建成惠警蔬菜大棚，建立惠警微信群，开放了惠警超市、智慧警察书屋、书画室、健身房等，切实将惠警暖警落到实处。

【纪检监察】

制定《党风廉政建设和反腐败工作要点》，严格落实“两个责任”“一岗双责”，从全面从严管党治警“高度、深度、宽度、力度、强度”5个维度入手，深化党风廉政建设。先后举行党风廉政建设专题会议两次，开展廉政谈话60余次，组织党员干部到烈士纪念馆、红色教育基地开展主题党日廉政教育活动9次。加强纪委监督责任，与各所队签订党风廉政建设责任书，股级以上领导干部全部完成廉政档案建设，开展清风干部评定工作，评选“清风干部标兵”13名，“清风干部”303名。强化执纪审查，共办理各类线索问题183件，立案审查6件，给予党政纪处分7人，给予批评教育、责令检查等处理27人次。开展纪律作风教育整顿活动，常态化开展督察检查工作。成立维护民警执法权威工作委员会，出具包头市首份维护公安民警权威正名通知书，依法查处16起阻碍执行公务案件，极大地维护了民警的合法权益。

（刘勇 李彩霞 供稿）

交通管理

【包头市公安局交通管理支队东河大队领导名录】

大队长	刘雪峰
副大队长	吴东兴（回族）
	蔡文延
	云允廷

【概况】

包头市公安局交通管理支队东河大队（以下简称“东河交管大队”）成立于1950年，前身是东河区交通消防民警大队。1962年，更名为东河交通中队。1987年，成立包头市公安局交通管理支队东河区大队。东河交管大队是隶属于包头市公安局交通管理支队的交通管理行政执法部门，其主要职责是贯彻执行党和国家有关道路交通管理工作的方针、政策、法规，维护道路交通和社会治安秩序，依法纠处各类交通违法行为，打击犯罪行为；依法处理各类道路交通事故；广泛深入开展交通安全知识普及和宣传教育；受理机动车和驾驶人的各类管理业务；完成区委、区政府和上级公安机关交办的其他工作任务。

2019年，东河交管大队共有民警和辅警188人，大队领导4人，下设8个股级部门，分别是指挥分中心、管宣中队、事故处理与案件侦破中队、车管分所、特勤中队和三个岗勤中队。辖区东至巴彦塔拉大街红星美凯龙铁路桥与东兴交管大队相邻，西至二道沙河桥与九原交管大队交界，南至南绕城公路，与南绕城交管大队交界，北至110国道与北郊大队交界。辖区有主要道路48条，次要道路79条，支路108条，道路总长200余公里，灯控路口81个。

【道路交通管理】

2019年，东河交管大队在交管支队和东河区委、区政府的正确领导下，扎实开展“不忘初心、牢记使命”主题教育，完成中华人民共和国成立70周年安保攻坚战，守住安全底线，各项道路交通管理工作取得新进步。全年，纠处各类交通违法行为108709起，现场处罚21563起，非现场处罚87146起，民警的见警率95%以上，管事率90%以上。依据文明城市创建标准，东河交管大队积极建议促成2处路口扩宽改造；施画道路标志、标线19602平方米；施划停车泊位7259个；新增灯控路口2处，有效提高路口的通行能力，优化动静态交通环境。

【交通秩序整治】

东河交管大队结合辖区实际，采取高频次、多战区、不定时、灵活机动的查缉模式，组织开展打击“三驾”“三乱”专项行动，查处无证驾驶286起、同期相比增加195%；饮酒285起、同期相比增加174%；醉驾126起、同期相比增加152%；准驾不符53起、同期相比增加51%；再次饮酒9起、与去年同期相比增加13%；刑事拘留111起、与年同期相比增加247%；行政拘留374起、与年同期相比增加143%。

东河交管大队积极推动全面推广“查、防、控、宣”四位一体、“交警、保安、老师、家长和治安民警”五队联动的护校工作模式，积极开展校园及周边交通秩序和治安秩序专项整治工作，有效缓解校园周边交通拥堵问题，增强校园周边交通安全性。

【深化“放管服”改革】

东河交管大队通过拓宽服务渠道、规范服务行为、精简前置材料、缩减办事环节、引进高新科技、再造业务流程、压缩承诺期限等方式，不断提升车驾管服务效能。公安交管“放管服”20项改革措施，新增10项新举措，在车管分所全部实行。“一窗通办”“一证即办”“一次排队、一次受理、一次办结”便民措施落到实处，办事效率显著提高；一次性办结率95%以上；单项业务办理时间平均缩短8分钟，让群众切实感受到服务质量带来的方便、快捷、高效。

全年，共计办理驾驶人业务17545笔，较去年同期的17025笔上升3%；办理机动车业务24577笔，较去年同期的10069笔上升144%。市民大厅办理业务4324笔，红星智慧岗亭办理业务1151笔；铁西智慧岗亭办理业务1633笔。

【道路交通事故处理】

全年共接处警7305起，受理各类交通事故2700余起，岗勤中队处理1800余起，事故中队受理900余起，其中，一般事故283起，伤286人，重大交通事故15起，死亡15人，侦破逃逸类案件14起，打击严重违法和刑事案件犯罪嫌疑人27人，其中，行政拘留19人，刑事拘留8人；结案率100%，交通事故投诉胜诉率100%。

【交通安全宣传】

坚持“交通安全从娃娃抓起”，强化节假日期间宣传教育力度，不断提高全民法律和交通安全意识。全年共组织大型宣传活动15次，完成交通安全宣传教育工作61次，其中进企业18次，进校园15次，进社区7次，累计出动警力73人次，设立交通安全咨询服务台14次，宣传车累计上路宣传95小时，在辖区主要街道和路口悬挂宣传标语17条，摆放宣传图片150块，发放宣传材料1.3万余份，直接受教育人数达7500人次，微信、微博、今日头条等新媒体发布、转发2000余条信息，执法大直播完成13次。完成国家级报送2篇，省级完成53篇，市级完成152篇，宣传报送完成量较去年同期有所提高。

（东河交管大队 供稿）

【包头市公安局交通管理支队东兴大队领导名录】

大队长	刘晓军
教导员	马钢城
副大队长	吴 洋
	冯 军

【概况】

东兴交管大队隶属于包头市公安局交通管理支队的正科级派出单位。2007年11月20日，按照包头市公安局党委关于对河西等5个公安分局民警进行调整整合的精神，整合组建包头市公安局交警支队东兴大队。设大队长1人，教导员1人，副大队长3人。

2009年3月30日，市公安局对交警支队股级机构进行整合，东兴交警大队下设政秘办、管理宣传中队、事故中队和3个岗勤中队，另设法制、考核员各1人。2011年4月1日，增设车管分所。

大队拥有行政编28人，事业编16人，协勤44人，共计88人；大队领导（科级干部）4人；股级12人；民警、协管员一中队28人，二中队16人，三中队10人；管宣中队8人；事故中队8人；政秘办12人（含接警室4人）；法制、考核办2人。

管理区域为：东侧以110国道620公里里程碑与土右交管大队为界，全长40公里；西侧以铝业大道东华电厂自备铁路公路立交桥西侧桥缘与东河大队为界，110国道至660公里+300米刘柱窑环岛辅道东小桥西侧、高架桥西桥头与北郊大队为界；南侧110国道620里程碑到南绕城公路段的黄河北岸以及南绕城公路东入口（含）至铝业大道西端铁路跨线桥西侧桥缘的南绕城公路北侧道路边沟与南绕城大队为界，公铁物流园区专用线向南与萨包公路交叉丁字路口北50米与土右大队为界；北侧至大青山南麓。其中，沙明公路管至8.5公里收费站南与石拐大队为界，杨圪楞至110国道公路全段。包萨公路南绕城东口向东至17公里里程碑与土右为界。辖区道路总长150公里，其中，国道一条，全长40公里，城乡结合道路5条，村村通油路8条。

东兴大队辖区面积为470平方公里，有河东镇、沙尔沁镇、东兴街道办事处、杨圪楞办事处。辖区拥有30个行政村，8个社区，大型企业40余家，总户数39906户，总人数93767人。大队办公地址位于110国道644公里处。三个岗勤中队管辖区域如下：一中队：管辖110国道621公里至644公里处，沙明公路（五当沟桥至沙明线收费站，计8.5公里）。110国道623公里至杨圪塄煤矿。二中队：管辖110国道644公里至649公里处，110国道649公里处至铝业大道东华热电桥下。三中队：110国道649公里至657公里处。

【交通秩序整治】

2019年，东兴大队结合交管支队《全市公安机关道路交通安全管理“防风险、防事故、保安全、保畅通、保大庆”专项行动工作方案》和年初制定的《2019年全市道路交通管理工作要点》及重大政治活动安保任务要求，紧紧围绕《包头市公安局交通管理支队道路交通“防风险、防事故、保安全、保畅通、保大庆” 专项行动工作方案》《“践行新使命、忠诚保大庆大干70天”工作方案》工作重点，严格落实交通事故防控和社会治安稳控工作措施，相继圆满完成春运、清明、“五一”、中秋、国庆安保任务，期间辖区未发生重特大道路交通事故。特别是在国庆安保任务中，大队认真分析专项工作考核重点，及时调整工作思路，转变工作方式，加大工作力度，使专项工作取得良好成效。同时，按照支队统一部署安排，组织警力集中开展重点车辆源头安全隐患清零统一行动。在辖区内开展“猎鹰”“逢五逢十”等系列集中统一行动，开展酒后驾车、无牌无证、醉驾、毒驾、涉牌涉证重点交通违法行为整治，使辖区交通秩序明显好转。全年现场执法43182笔，罚款金额752670元；非现场执法7497笔，罚款金额796170元；重点车辆录入20323台；办理罚款单597张，罚款金额204885元；查处无证驾驶126起，饮酒驾驶23起，醉酒驾驶7起，超速驾驶3起，准驾驶不符6起，涉毒3笔，超载50%以上12笔，报废车15笔，假牌4笔，假证2笔，伪造检验合格标志2笔，其他违法行政案件3起，行政拘留4人。

【交通安全宣传】

2019年，东兴大队共发布新闻报道市级13篇，自治区级8篇，新媒体发表31条；进企业进社区宣传47次，发放宣传材料6000余份，累计出动警力190人次，出动警车49台次，受教育人数7000余人次。

【交通管理措施】

针对辖区存在安全隐患进行深入排查整改：8月12日建成河东镇磴口村、沙尔沁镇黑麻板村两处交通劝导站；联合市园林绿化部门彻底对110国道绿化隔离带进行改造，降低灌木高度，路口处清除绿化；督促公路养护部门对道路标线进行施划3公里；辖区内巴彦塔拉东大街铝厂路段存在雨天积水问题，针对此问题已经对相关部门下达大队隐患整改排查通知书。

【交通事故】

积极排查辖区内堵点、事故黑点，为事故防控开展了积极努力，全年辖区发生交通事故268起，死亡事故7起，伤人事故30起，简易事故231起，抓获大队所办案件网上在逃犯罪嫌疑人2人，维护社会公平正义，得到家属和群众的认可。

【机动车辆及驾驶人员管理】

东兴大队车管分所车驾管工作作为窗口单位，以“便民利民、服务热情、行为规范、廉洁高效”为准则，建立及时受理制、限时办结制和延时工作制，实行一站式、一窗式服务，大厅内建立值日警官制度，配齐各项便民措施，以高效服务、微笑服务、热情服务提升交警形象。2019年，东兴大队管宣中队共为包铝集团办理通行证312笔，对辖区企业重点驾驶人毛发监测42人次。2019年，补证换证214笔；驾驶员审验170笔；三年无重大事故67笔；电子通行证新办理322笔，电子通行证延期130笔；补换证合格标志94笔，办理非营运小型客车六年以内免检业务874笔，重点车辆录入72台。

（田斯佳 供稿）

司法行政

【东河区司法局领导名录】

党组书记、局长　　曹宇峰(女)

党组成员、副局长　　张剑涛

【概况】

东河区司法局承担组织开展法治宣传教育、普法依法治理和法治建设工作；指导管理全区人民调解工作和基层司法行政业务；指导管理全区社区矫正工作；组织开展对刑满释放人员的安置帮教工作；组织开展法律援助工作；指导管理公证、律师工作等。内设办公室、依法行政股、普法与依法治理股、人民参与和促进法治股、社区矫正管理大队、公共法律服务管理股等6个股室，下辖13个镇（街道）司法所。机关、司法所政法专项编制48人（其中，机关17人、司法所31人）。辖区有公证处1家，律师事务所2家，基层法律服务所14家。

【依法治区】

认真履行全面依法治区委员会办公室工作职责，扎实推进各项工作。严格规范文件制备工作，对35件规范性文件进行合法性审查；加强改进行政复议和行政应诉工作，贯彻落实行政机关依法出庭应诉、支持人民法院受理行政案件、尊重并执行人民法院生效裁判的制度。全年办理行政复议2件，行政应诉案件共28件，其中已开庭案件21件，待开庭案件7件；推进行政执法“三项制度”贯彻落实，开展行政执法主体清理和确认工作，确认公布行政执法主体28家，其中，法定行政机关22家，法律法规授权组织6家。对全区20余家行政执法单位735名行政执法人员进行资格认证审核；建成东河区行政执法信息公示平台，接入区政府门户网站运行，全区各执法机关都在政府网建立自己的行政执法公开平台账号。

【法治宣传】

落实“谁执法谁普法”“谁服务谁普法”责任制，强化学习培训和监督考核；组织法宣在线、干部任前法律知识考试以及全区宪法普法考试，全部实现无纸化；全年开展大型普法宣传12次，发放资料及宣传品1.2万份，

"12·4"国家宪法日集中宣传活动被学习强国推送至全国进行宣传；创新"互联网+法治宣传"工作模式，"东河普法"微信平台全年推送256条普法动态；认真开展扫黑除恶专项斗争学习宣传工作，组织学习15场，发表信息40篇，营造扫黑除恶专项斗争浓厚氛围；举办全区干部法考培训班，壮大依法治国的人才队伍建设；创办"法润东河"互动法律微信服务号，关注量已超万人；同时组织开展法治书法绘画大赛，青少年宪法法治演讲比赛、法治乌兰牧骑等丰富宣传形式。

【基层工作】

建立司法所与基层公安派出所"两所"共防共建共治协作机制，组建"法治小分队"，把107名人民陪审员聘为调解员，壮大调解队伍，同时将公证员、律师纳入小分队中，加强基层的法治力量，践行"枫桥经验"本土化；全区全年调解各类矛盾纠纷369件，调解成功354件，调解率100%，调解成功率95.9%，无一"民转刑"案件发生，有力地维护社会和谐稳定；东站、南圪洞等5个所申报一级司法所，实现全区一级司法所零的突破。

【社区矫正】

档案规范管理、学习集中强化、劳动突出实效、警示教育诫勉谈话综合发力，多措并举保证社区矫正服刑人员无脱管漏管；全年全区累计接收社区服刑人员155人，在矫176人，与2018年对比下降22.7%；共计组织集中教育142场，组织公益劳动47场，收监5人，起到有力的震慑作用，促进社区服刑人员遵规守法。开展大排查、大调解、刑满释放、安置帮教摸底排查专项活动，共接收刑满释放人员772人，已衔接772人，最大限度地减少刑释解教人员漏管、失控现象的发生。全力做好特赦工作，共计5人获得特赦审批。

【法律服务】

邀请知名法学博士为全区民营企业开展法治培训，并深入企业进行"法治体检"，营造法治营商环境；建成东河区公共法律服务中心，5个一级司法所同时成立公共法律服务站，制定律师参与公共服务考核办法；打造"法润东河"微信互动公众号，平台将全区律师资源以"菜单式"呈现在群众面前，引入全区近百名律师、法律工作者入驻，打通公共法律服务群众的最后一公里，为群众提供"线上+线下"的便捷法律服务；全年共办理刑事法律援助案件208件，其中，涉恶案件12件，涉黑案件4件，邪教案件1件，民事法律援助案件31件，咨询723人次。

【公证业务】

2019年，包头市安泰公证处共办理各类公证案件总计23917件。以"请进来""走出去"两种方式开展"安泰公证大讲堂"法律宣讲活动，共开展十次讲座。与呼和浩特市仲泰公证处、阿拉善盟诚成公证处签订创新共建战略合作协议，打破内蒙古自治区东西狭长的地域限制，为自治区东西部两地公证行业搭建起交流互鉴、共建共享、合作共赢的广阔平台。公证处主任冯飞获"全市人大代表主题活动优秀代表"称号，安泰公证处的东河区法律界别人大代表之家被评为"四星级人大代表之家"。与土右旗人民法院签订战略合作协议。2019年，累计为三家合作法院（包头市东河区人民法院、包头铁路运输法院、土右旗人民法院）送达、保全、执行、调解案件1000余件。对东河区2019年公共租赁住房（廉租住房）摇号分配大会整个摇号过程进行现场监督公证，为170户符合廉租住房条件的困难家庭"摇"出新居，扎实推进后北梁时期公证法律服务，为老百姓保驾护航。开展公证普法宣传活动，将包头市东河区12个街道办事处及2个镇、北梁新区进行网格化划分，责任到人，累计宣传88次。

（杨琨 供稿）

社会管理

计划管理

【东河区发展和改革委员会领导名录】

主　任　　王晓晖
副主任　　郭向东（2月离任）
　　　　　郭少昆（5月离任）
　　　　　林　琳（5月任职）
　　　　　米常利（挂职）
副主任科员　梅丹丹（女，回族）

东河区发展和改革局于2019年3月机构改革更名为东河区发展和改革委员会（以下简称“区发改委”），是东河区政府工作部门，机构规格为正科级。负责贯彻、执行中央、自治区和包头市关于国民经济和社会发展的战略方针、政策，拟订全区国民经济和社会发展中长期规划、制定年度计划并组织实施，统筹协调经济社会发展，研究分析区内外经济形势。提出加快建设现代化经济体系、推动高质量发展的总体目标、重大任务以及相关政策。组织开展重大战略规划的评估督导和重大政策、重大工程的督导，提出相关调整建议。统筹提出国民经济和社会发展主要目标，监测预测预警宏观经济和社会发展态势趋势，提出宏观调控政策建议。综合协调宏观经济政策，牵头研究宏观经济应对措施。贯彻落实利用外资和境外投资的规划、总量平衡和结构优化政策。牵头推进实施“一带一路”建设。负责投资综合管理，拟订全区全社会固定资产投资总规模、结构调控目标和政策，按权限会同相关部门做好与拟订政府投资项目审批权限和政府核准的固定资产投资项目目录的相关工作。推动落实区域协调发展战略、新型城镇化战略和重大政策，组织拟订相关区域规划和政策。协调一二三产业发展重大问题并统筹衔接相关发展规划和重大政策。起草粮食流通和物资管理规范性文件。研究提出全区粮食流通和物资储备体制改革方案并组织实施。研究提出贯彻执行国家、自治区和包头市重要物资储备规划、储备品种目录的建议。组织实施粮食和物资储备仓储管理有关技术规范。负责全区粮食流通行业安全生产工作的监督管理，承担全区粮食、药品储备和救灾物资储备承储单位安全生产的监管责任。负责对管理的政府储备、企业储备以及储备政策落实情况进行监督检查。

区发改委行政编制为11名，其中，主任1名，副主任3名。所属事业单位东河区产业发展促进中心事业编制13名。

内设办公室、发展规划股（行政审批室）、产业发展股、地区发展股、财政金融和信用建设股、重大项目办公室、价格收费管理股、粮食物资管理股8个股室，有所属事业单位1个，东河区产业发展促进中心。

【计划编制】

2019年12月3日，区发改委开始编制《包头市东河区2019年国民经济和社会发展计划执行情况与2020年国民经济和社会发展计划（草案）的报告》（以下简称《报告》），收集整理完成各部门2019年工作总结和2020年工作安排，2020年1月完成报告初稿，并根据《报告》内容，逐条与各相关部门沟通对接内容的准确性。2020年4月20日，经东河区人民政府常务会和中共东河区委常委会专题讨论后，对报告提出的主要问题、相关数据指标进行修改补充完善，形成《包头市东河区2019年国民经济和社会发展计划执行情况与2020年国民经济和社会发展计划（草案）的报告》，并于2020年4月28日在包头市东河区第十七届人民代表大会第三次会议上审议通过。

【计划执行】

2019年，地区生产总值同比增长5.6%，规模以上工业增加值增速同比增长10.9%；固定资产投资同比增长22%；社会消费品零售总额完成334.3亿元，同比增长4.2%；城乡居民人均可支配收入分别完成45780元、24523元、分别同比增长6.4%、9.4%；一般公共预算收入完成10.33亿元；城镇登记失业率保持在3.9%以内。

【固定资产投资项目审批】

2019年，区发改委继续深化“互联网+政务服务”，对固定资产投资项目推行远程审批服务，全面实行“网上办理”和“不见面”审批模式，利用“内蒙古自治区投资项目在线审批监管平台”对固定资产投资项目采取网上审批办理模式，共办结行政审批事项77项，其中政府投资项目审批10项，企业投资项目备案66项，固定资产投资项目节能审查1项。

【重点项目实施与管理】

2019年，组织实施重点项目140个，总投资601.2亿元。其中，市级调度项目75个，总投资356.4亿元，2019年计划投资98.8亿元。2019年，75个市级调度项目全部开复工，开复工率100%；累计完成投资107.7亿元，完成投资率109%；四项手续全部办结74个，办结率98.7%。

实行县级领导包联重点项目和企业制度，由县级领导牵头抓项目，及时了解进度，积极出谋划策，帮助解决重点难点问题，紧盯不放直至投产达效。通过“上协调、下沟通、到现场、跑部门”的方式，将走访项目和服务企业常态化。加大项目调度力度，及时跟踪掌握项目进展，按月召开重点项目调度会并印发专报。建立东河区产业政策论坛和东河区手续办理群微信群，为企业解读产业政策，提供前期手续咨询服务。

【争取资金】

2019年，区发改委为6个项目争取中央预算内资金11002万元。其中，为包头市东河区老工业搬迁改造老旧社区硬化道路项目争取到中央预算内资金2663万元，为包头市东河区老工业搬迁改造老旧社区排水管网改造项目争取到中央预算内资金1974万元，为包头市东河区老工业搬迁改造老旧社区环境整治项目争取到中央预算内资金1080万元，为园区新建道路项目争取到中央预算内资金1934万元，为包头机场飞行区改扩建项目前期工作争取到中央预算内资金80万元，为包头市东河区人民法院审判法庭争取到中央预算内资金3271万元，缓解项目资金压力。

【物价管理】

完成2018年度行政事业收费、经营性收费单位收费统计上报工作。完成东河区教育局等行政事业性收费价格公示工作。完成设施黄瓜、设施西红柿、陆地大白菜农产品成本调查数据收集及上报工作。

【经济体制改革】

创新驱动不断增强。深入实施创新驱动战略，8家企业与中国农业大学、内蒙古科技大学等12所高校和科研机构开展产学研合作，转化运用科研成果21项，获批奖补资金760万元。盛泰汽车零部件、丰川电子获评国家高新技术企业。鹿王羊绒再获2020——2023年国家级工业设计中心称号，与山川圣阳共同被确定为国家知识产权优势企业。北辰公司“绿色饲料”研究中心获评自治区企业研究开发中心。19户企业入选自治区“专精特新”示范中小企业库。持续深化双创示范基地建设，启迪K栈双创园区成功举办“包头投资发展与转型升级高峰论坛”，推动百里网络、嘉腾影视等4家公司在内蒙古股权交易中心青创板挂板。创建自治区首家人力资本产业园，出台人才引进、场地补贴等扶持产业发展政策，吸引19家国内优质人力资源企业入驻。

【供给侧结构性改革】

园区增量配电业务改革深入推进，10户企业加入自治区电力多边交易，交易电量81.4亿度，节约成本5.9亿元。落实更大规模减税降费政策，为企业减轻税费负担3.4亿元。新建商品房销售6881套、建筑面积77.73万平方米，分别同比增长24.41%、25.8%，城市棚户区改造消化库存房源482套。创新企地融合发展新机制，推动国有驻包企业与红卫日化、云谷电力、西蒙皮业等建立合作关系。扎实开展军民融合，包头市军分区与正北食品达成采购协议，使更多企业参与到“民参军”领域。

（王丹 供稿）

统计管理

【东河区统计局领导名录】

局　长　　郭向东（3月任职）

副局长　　刘利霞（女，6月任职）

【概况】

东河区统计局（以下简称“区统计局”）成立于1996年，是东河区人民政府工作部门，机构规格为正科级，负责东河区国民经济统计与核算。内设统计股、行政执法股和办公室3个股室，核定编制7人；有所属事业单位1个，为副科级参公事业单位东河区城乡社会经济调查队，核定编制16人。

【统计法制】

区统计局始终坚持“依法治统”理念，以普法宣传为基础，以强化法制培训为手段，以执法监督为后盾，不断强化统计法制建设。对400余家企事业单位统计人员进行专项法制培训，学习并发放《中华人民共和国统计法》《中华人民共和国统计法实施条例》《全国经济普查条例》等，开展“数据造假、以数谋私”专项治理工作，对“四上”（规模以上工业企业，资质等级建筑业房地产企业，限额以上批发、零售、住宿餐饮业企业和限额以上服务业企业）专业150家企业开展统计巡查、统计数据查询及执法检查，切实提高统计数据质量和政府统计公信力。

【统计服务】

建立各专业重点调研制度，深入重点企业调查研究，强化对重点企业及重点项目生产经营情况和发展动向的跟踪分析，通过电话联系、微信群、实地走访等方式，深入了解企业实际情况和行业前景，撰写统计分析和调研报告，为东河区科学决策规划性经济建设、项目投资提供第一手资料。建立统计数据质量评估制度，对重要的统计数据进行科学、客观的分析和评估。统计业务人员定期深入基层开展调查研究，对经济运行和社会发展情况开展综合分析、专题研究、统计预测和统计监督，不断提高经济运行分析的预警、监测能力。

【第四次经济普查】

按照第四次经济普查的进度安排，区统计局及时组建东河区、镇、村三级普查机构，搭建起覆盖全区的第四次经济普查三级网络，对辖区“四上”规模企业151家、各类小微企业5000家和个体工商户19000家情况进行全面摸底调查。1月1日，全面展开“地毯式”单位普查工作，按时间要求完成正式登记的全部工作，为研究制定东河区经济和社会情况提供扎实的数据基础。

【统计年报】

工作中着力抓好“企业一套表”联网直报区域统计工作。进一步做好工业、能源、科技、文化、贸易、劳动工资、房地产、建筑业等各项常规统计年报和定期报告数据统计，以及固定资产投资、服务业、劳动力、人口变动调查等专业报表和调查数据的收集、审核、录入、汇总和上报，排除干扰，做实数据。

【专项调查】

在高质量完成年报和定期报表任务的同时，有序开展一系列专项调查和常规化调查。如月度劳动力调查、工业生产者价格调查、限额以下商业调查、规模以下工业调查、中小微企业和新增个体户跟踪调查，企业创新调查、农副产品加工调查、基本单位滚动核查、企业景气调查、城乡住户一体化调查、城镇居民文化消费调查等，顺利完成各项调查任务。

（王莉莉 供稿）

审计管理

【东河区审计局领导名录】

局　长　　王　旭

副局长　　间招全

　　　　　魏秀芸（女）

【概况】

东河区审计局是东河区人民政府工作部门，机构规格为正科级。核定人员编制11人（其中，公务员10人，工勤1人），实有47人，其中公务员8人、工勤人员1人、事业编制人员5人、区聘人员31人、社区民生志愿者1人、大学生公益岗1人。职能为主管全区审计工作，拟订审计工作有关规范性文件并监督执行，向区委审计委员会提出年度东河区预算执行和其他财政支出情况审计报告，组织实施对国家财经法律法规、规章、政策和宏观调控措施执行情况、财政预算管理及国有资产管理使用等与国家财政收支有关的特定事项进行专项审计调查，指导和监督内部审计工作，依法核查社会审计机构对依法属于审计监督对象的单位出具的相关审计报告等，内设股室6个：办公室、行政事业审计股、经济责任审计股、社会保障和环境资源审计股、固定资产投资审计股、法制和审理股。下设一个股级财政全额拨款事业单位：东河区审计服务中心。

【审计成果】

2019年，共完成各类审计及审计调查项目161个，审计查出主要问题金额15.1亿元，查出可移送问题（线索）10件，提出审计建议198条，为政府节约建设资金2.36亿元，提交审计信息68篇，被采用50篇，采用率74%。

东河区审计局被评为“2018年度全市审计信息宣传工作先进集体”，东河区审计局实施的2017年本级预算执行和其他财政收支情况的审计项目被评为“2018年度市级表彰审计项目”，宣传思想工作被市委宣传部评为“学习型党组织示范单位”。

【国家重大政策措施落实情况跟踪审计】

根据审计署的统一部署，东河区审计局完成对东河区2019年1～4季度的重大政策措施落实情况跟踪审计，重点审计东河区减税降费相关政策措施的落实情况，共计抽查区内6个行政单位和13个企业，抽审资金50.56万元。推动东河区减税降费相关政策措施的有效落实，推动相关部门加强相关政策的宣传普及，让区内众多符合税收优惠政策条件的中小企业实实在在地享受到优惠，减轻企业负担，提升企业发展活力，推动产业结构的优化调整，实现经济的提质增效。

【财政审计】

2019 年，东河区审计局对区本级2018年度财政预算执行情况和其他财政收支情况进行审计，查出主要问题金额12亿元，从体制、机制上提出审计建议4条。于6月份，受区政府委托向区人大常委会作了工作报告，区人大常委会对本次报告表决为“满意”。9月，区政府办将《东河区2018年度本级预算执行和其他财政收支情况的审计结果报告》批转至全区各相关单位，并要求各相关单位就审计存在的问题抓好整改落实。另完成财政财务收支审计8户，查出主要问题金额77.03万元，提出审计建议13条。

【经济责任审计】

2019年，经中共包头市东河区委员会审计委员会批准，东河区审计局将区内57名党政机关及事业单位主要领导干部58个经济责任审计项目列入本年审计项目计划，完成项目42个，审计总金额52.59亿元，查出主要问题金额0.71亿元，提出审计建议77条，其中，包括按照东河区委深化机构改革领导小组要求，完成全区22家涉改单位主要领导的经济责任审计。在推动东河区全面深化机构改革，促进领导干部廉洁奉公、履职尽责、树立正确的政绩观，健全完善领导干部考核机制等方面作出积极贡献。

【固定资产投资审计】

2019年，共完成政府投资项目结算审计98个，报审值9.48亿元，核减值2.36亿元，核减率25%，根据东河区实际情况，制定《包头市东河区政府投资建设工程审计监督管理办法》。8月，向区委、区政府主要领导汇报的关于本年度东河区政府投资建设项目开展情况的《审计专报》得到区政府主要领导的批示和肯定。

【专项审计和审计调查】

东河区审计局围绕“三大攻坚战”，立足本职，强化监督。完成对东河区4家融资平台公司成立至2018年10月末的资产、负债、所有者权益及损益情况、对东河区2015－2019年9月政府债券资金使用情况等六项专项审计调查，有力加强了对东河区债务化解的动态监管；完成对东河区2018年至2019年7月扶贫资金的分配管理使用情况的专项审计调查，进一步规范全区扶贫专项资金的管理和使用。另完成关于拖欠东河区民营企业账款的审计调查，有力促进东河区社会经济的良性发展。

【交办任务】

东河区审计局强化服务理念，积极配合上级审计机关和区委、区政府及各相关部门开展九原区2018年保障性安居工程跟踪审计、东河区财政总预算会计“借出款项”和“其他应收款”情况的审计调查、跟踪上年度扶贫资金审计调查整改落实等各项工作，在促进项目手续完善、建设程序合法合规、规范财政资金合理使用等方面起到积极的推动作用。

【信息化建设】

东河区审计局注重加强审计队伍专业化能力建设，积极推进审计信息化建设，牢固树立科技强审意识，2019年，派出两名审计干部参加审计署组织的计算机中级培训及考试，其中，1人通过考试，截至12月末，共有3名审计干部通过审计署计算机审计中级考试，在全市各旗县区中通过人数位列第一。另外派至审计署、自治区审计厅、包头市审计局参与重大项目审计的业务骨干6名。同时还不断加大审计人员教育培训力度，大力支持审计人员提高学历、职称和计算机等级水平。现东河区审计局本科以上学历占比达到96%，具有专业技术职称人数比例占全局机关总人数的68%，其中，高级职称1人、中级职称17人、初级职称13人。

（张雪 撰稿）

市场监督管理

【东河区市场监督管理局领导名录】

局　长	赵丽霞（女，3月任职）
书记、副局长	赵玉斌（3月离任）
副局长	任　伟
	张剑钢
	齐进喜
	王宏煜（7月离任）
	常军
	刘利霞（女，7月离任）
	杨小燕（女，回族）
	张屹冬（女，满族）

【概况】

东河区市场监督管理局（以下简称“区市场监管局”）组建于2014年，由原包头市工商行政管理局东河分局、包头市质量技术监督局东河分局和东河区食品药品监督管理局整合而成，挂东河区食品药品监督管理局、东河区食品药品安全委员会办公室牌子，是东河区人民政府工作部门，机构规格为正科级。基本职责是负责食品生产经营的行政审批，食品药品质量安全和流通领域食品质量安全的监督管理；负责全区质量管理、标准化、计量和特种设备安全监督管理工作等；负责依法查处违反食品药品监督、工商行政管理和质量技术监督管理法律、法规、规章的行为。内设办公室、人事教育股、政策法规股、行政审批股、个体登记注册股、企业监督管理股、公平交易和消费者权益保护股、市场管理规范股、商标广告监督管理股、特种设备安全监察股、标准化股、计量股、食品药品综合协调股（食品药品安全委员会办公室）、餐饮服务监管股、食品安全监管股、药品化妆品监管股、医疗器械监管股和市场监督管理大队（食品药品稽查大队）18个股室。下设河东镇市场监督管理所、南门外市场监督管理所、和平路市场监督管理所、西脑包市场监督管理所、财神庙市场监督管理所、南圪洞市场监督管理所、车站市场监督管理所、铁西市场监督管理所、天骄市场监督管理所、东兴市场监督管理所、沙尔沁市场监督管理所11个派出机构，有所属事业单位4个，分别是东河区食品化妆品监督所、东河区食品药品检验检测中心、东河区市场监督管理局信息中心和东河区个体私营企业协会，设包头市东河区消费者协会（包头市属事业单位）1个挂靠单位。

工商行政管理

【注册登记管理】

2019年，东河区新登记各类企业823户，同比减少13.09%；新增注册资本（金）334845万元，同比减少51.3%。东河区各类企业累计9358户，注册资本（金）5199002.52万元。东河区新登记个体工商户3471户，同比增加4.02%；新增从业人员6547人，同比增加0.68%；新增出资额14586万元，同比增加9.22%。全区个体工商户累计28068户，从业人员52779人，出资额112188.63万元。东河区新登记各类市场主体4294户，同比增加0.23%。累计各类市场主体37426户。

【食品经营可证发放情况】

2019年共发放食品经营许可证904户。全区累计发放食品经营许可证5042户，其中食品流通经营户3266户，餐饮经营户新证1776户。

【食品生产加工小作坊许可证发放】

2019年共发放103户。全区累计发放许可证459户。

【特种设备使用登记证发放】

2019年共发放49户。全区累计发放123户。

【工作举措】

为了更好地配合全区招商引资工作，开设“重点项目绿色通道”，2019年已为招商引资项目办理26笔登记业务，有力地保障招商引资项目的顺利开展。采取多项措施服务企业助发展。严格落实首办责任制、业务办理时限制、服务承诺制、预约服务制、延时服务制、上门服务制等，综合运用工商职能，积极向企业提供精准服务。改进服务方式，完善服务措施，推进公共服务效能提升，为群众提供贴心、实用的窗口服务。食品许可证发放工作稳步推进。加强服务意识，要求窗口人员严格落实一次性告知服务制度，对申请办理食品经营许可证的，详细告知办理流程和手续，同时做好相关法律法规宣传解释工作，加强流程规范，明确申请、受理、审核等工作流程，确保食品经营许可证发放工作依法依规开展。为缓解个体工商户领取营业执照排队等候的问题，专门增加从事个体登记的工作人员，实行前后台同时办公，即一个窗口有2名工作人员办理业务，从而提高办证效率。还为办事群众提供绿色通道和延伸服务。同时提供延时服务，保证办事群众“最多跑一次”就可以领取到营业执照。

【知识产权保护】

加大对知识产权保护培育发展。东河区有效注册商标2450件，集体商标2件：包头市利丰种养殖农民专业合作社（老海岱）、包头市东河区南海子无公害蔬菜生产运销协会（南海子），地理标志证明商标1件：包头市南海湿地风景区管理处（南海黄河鲤鱼）。其中：中国驰名商标7件：内蒙古鹿王羊绒有限公司两件、内蒙古骆驼酒业股份有限公司、包头市金鹿有限责任公司、包头华资实业股份有限公司、包头吉泰稀土铝业股份有限公司、包头西蒙皮业服饰有限公司。国家知识产权优势企业3户：内蒙古鹿王羊绒有限公司、包头市山川圣阳热能科技有限公司、内蒙古云谷电力科技股份有限公司。自治区知识产权优势企业3户：内蒙古鹿王羊绒有限公司、包头市山川圣阳热能科技有限公司、包头市红卫日用化工有限公司。积极做好企业知识产权质押融资工作。2019年东河区市场监督局组织内蒙古鹿王羊绒有限公司、包头市宏乐粮油食品有限公司等11家企业参与申请知识产权质押融资工作，此项工作在审核中。抓好地理标志运用促进工程工作。2019年按照包头市市场监督局实施地理标志运用促进工程的相关工作要求，东河区市场监督管理局现已推荐包头南海湿地管理处的水产品加工厂申报《地理标志运用促进工程项目》。培育专利发展，2019年转隶过来的新职能，为落实自治区“十三五”规划中“到2020年每万人有效发明专利拥有量3件”及包头市市场监督管理局给东河区市场监督管理局分配20件目标任务的顺利完成，3月26日组织全区知识产权企业、中心医院、医学院等11家创新主体召开推进会，这项工作将作为全年知识产权工作的重中之重，将全面展开帮扶工作。做好知识产权执法“铁拳”行动。2019年东河区市场监督管理局查办商标侵权案件32起，查扣侵权商品货值5.86 万元，办结罚没金额14.49万元。开展知识产权宣传活动。利用“4·26”知识产权日为契机，在去年“知识产权助推实体经济高质量发展”等高端活动的基础上，广泛进行宣传，形成持续不断宣传的态势。

【广告监督管理工作】

开展广告专项整治工作。通过对房地产、教育培训咨询机构、医疗器械、药品、食品（含保健食品）等重点商品和服务进行专项整治。规范企业各类违法广告10户，查办虚假违法广告案件1起，罚款0.27万元。加强电商广告监管；重点通过东河区市场监督管理局市场股提供的全国网络交易平台监管服务系统及手机微信等监管，力争案件上有所突破，切实打击此领域的违法广告。利用机场、商场、超市、市场等LED显示屏，积极做好公益性广告的宣传活动。

【市场秩序管理】

东河区为老城区，各类集贸市场起步晚，通过近年来在区委区政府的正确领导下，在东河区市场监督管理局的积极培育与指导下，各市场管理和服务水平得到了进一步提升。东河区有27处初具规模的大型市场，其中，农副产品市场13个，工业品市场10个，消费品市场5个。总占地面积65万平方米，共有6000个摊位，从业人员1.7万人,年成交额61亿元。2015年，按照包头市十四届人大三次会议《2015年政府工作报告》提出的“大力实施百姓安居工程”和“回购建设12个便民蔬菜市场”的要求，东河区主要采用政府租赁土地、民间资本投资的形式，委派东河区市场监督管理局组织建设蒙亿鑫、远兴大、西脑包中顺、东一路（工业路）、东站西街（站北路）、佳美德、谷盛7个便民农贸市场和九曲华街文化大世界专业消费品市场。便民农贸市场的建立解决了铁路早市、南圪洞早市、环城路早市、通顺街早市等多年存在的占道经营、道路拥堵、环境“脏乱差”等现象，为周边群众提供干净整洁的购物环境，实现“退路进场、服务群众、整洁市容、便民利民”的目的。

由于东河区部分市场建设时间晚，市场主办单位管理经验不足，市场秩序混乱。东河区市场监督管理局以创卫创城工作为契机，以争创诚信市场为手段，按照“谁经营、谁管理”和“谁受益、谁管理”的原则，从把好经营主体准入关、入场商品质量关、消费维权关、诚信经营关、市场公共安全关等方面入手，指导、引导市场业主完善市场业主责任制，建立健全市场管理和内部档案制度。依照《内蒙古自治区商品交易市场管理条例》和《内蒙古自治区创建诚信市场参考标准》，指导市场逐项抓落实，一项一项抓整改，引导市场硬件上档次，软件上水平。同时，指导市场开办者开展“文明经营户”“诚信经营户”或设置不同星级标准开展“星级经营户”的评选活动，以促进经营者诚信经营。截至目前，东河区有1个市场被评为国家级文明诚信市场；3个市场被评为自治区级文明诚信市场；11个市场被评为市级文明诚信市场。

【美食一条街创建】

东河区转龙藏大街耐火厂路段全长1公里，是近几年自发形成的以餐饮为主的一条街，现有底店120个，经营户95户，其中餐饮行业40户。有一家大型宴会厅即天成御宴酒店，其余均为150平方米左右的中小型餐馆。还有新开发的欧艺家园小区20户底店也陆续装修为中型餐馆。有北梁爆肚馆、上冉火锅店、臻味红烧肉、福金泉排骨店、宏伟牧都等等，集聚了东河区知名特色美食，还有一些烧烤和川味特色美食，群聚效应明显，潜在消费巨大，消费群体遍布包头市，也有慕名而来的外地游客。为了传承东河区美食文化，东河区政府致力于引进优质主题街区服务商，通过场景渲染和系列美食文化主题活动，更好地将美食文化与群众娱乐休闲文化以及老字号品牌展示、展销等有机结合，挖掘潜在客户，增加客源，拉动美食街餐饮消费，扩大美食街在全市的知名度和影响力，把老包头龙藏美食街打造成为文化旅游产业发展的又一金字招牌。此项目由东河区市场监督管理局牵头完成。2019年，东河区市场监督管理局按照区政府要求制定《关于打造东河区老包头龙藏美食街的实施方案》，并召开了由区委宣传部、区文体旅游局、区综合执法局、区自然资源局等参与的协调推进会议。会后由内蒙古璟浩装饰公司从场景变化、景观设计、亮化工程、户外广告、公共设施设置进行设计制作。并在街区空地设计有东河特点的雕塑、建筑、“网红打卡地”、大型LED显示屏、广告牌匾，用于宣传企业和美食街文化。东河区市场监督管理局引进包头市昕运置业有限公司，拟利用东河区游泳馆的闲置土地，投资1100万元打造“包头老院子”美食街，成为特色美食街的“街中街”。

【消费者权益保护】

开展消费维权教育引导，“3·15”国际消费者权益日宣传活动，东河区市场监督管理局、东河区消费者协会组织各相关股室、市场监督管理所消协分会以及办事处等单位开展“3·15”国际消费者权益日的宣传活动。活动现场利用横幅、LED电子显示屏滚动宣传维权标语。现场接待受理消费者咨询、投诉、举报，通过发放宣传有关消费者权益保护方面的相关资料，普及和提高消费者自我保护意识和能力，引导消费者科学、合理、文明消费。

在重要消费节点，在东河区旧区委广场、各自辖区商场、超市门前开展“全国食品安全宣传周宣传咨询活动”。工作人员宣传《中华人民共和国消费者权益保护法》《中华人民共和国食品安全法》《中华人民共和国反不正当竞争法》等法律法规并向群众发放宣传资料，有效地提高了食品安全宣传的实际传播效果。

开展“月月3·15 ”系列活动，东河区消费者协会会同铁西、河东消费者协会分会在包头医学院、北一社区组织开展消费维权进社区活动，面对面解答在校学生和城乡居民在生活中遇到的各类消费问题，进一步帮助在校学生和广大城乡消费者提高消费维权法律意识和维权能力；会同沙尔沁分会、东兴分会组织开展红盾护农暨放心农资、法律法规下乡等专项活动，切实维护农牧民的合法权益；会同南海湿地景区共同组织开展老年消费维权服务月活动—包头市“月月3·15”老年消费教育进景区活动。

开展执法检查，依托持续开展的红盾护农、红盾质量维权等专项行动，深入推进重点领域消费维权。通过开展执法大检查，严厉打击制假售假伪劣商品行为，切实维护消费者的合法权益，同时，加强对元旦、春节、国庆节等节假日的市场监管，确保节日市场消费安全。专项执法行动共开展40次，发放宣传资料936份，召开相关座谈会2次，检查户数4670户，查处日用消费品案件4起，案值0.58万元，罚没金额0.654万元，查处质量违法案件7起，案值2.25万元，罚没金额2.18万元。受理服务领域消费投诉215件。检查中发现有些经销商存在进销货台账、索证索票制、进货检验报告不健全等问题，执法人员针对存在的问题下发行政建议书40份，下发责令整改通知120份，责令其限期进行整改。

配合自治区、市开展的流通领域商品质量抽查检验工作。积极配合自治区、包头市市场监督管理局完成对辖区下达的商品质量抽检任务，抽检流通领域床上用品15个批次，童鞋8个批次。经检测，有7个批次的床上用品不合格，对抽样检测不合格商品已责令其下架处理，并对检测不合格3户经营者按照《中华人民共和国产品质量法》进行立案处罚，罚没金额0.554万元。

【“放心消费在东河”创建活动开展】

认真落实《工商局等27部门关于开展放心

消费创建活动营造安全放心消费环境的指导意见》文件和自治区工商局“放心消费在内蒙古”活动的安排部署，结合包头市市场监督管理局2019年消费者权益保护工作要点，东河区市场监督管理局开展“放心消费在东河”创建活动。2019年东河区市场监督管理局积极协调有关部门和各方力量，结合创建“放心消费区旗县”内容，确定并制订出符合东河区实际的“放心消费在东河”活动的具体实施方案。

【推动消费维权社会共治】

强化风险预警和消费引导。充分利用广播、报纸等媒体开展消费维权宣传，公开公布2019年辖区消费维权领域查处的典型案例。全面推进消费投诉信息公示。根据《自治区工商局关于开展消费投诉公示工作的通知》以及市工商局要求，结合东河区实际情况以及放心消费建设工作，东河区市场监督管理局制定《东河区市场监督管理局消费投诉公示工作实施方案》，逐步建立常态化的消费投诉信息公示制度。通过在本地消费密集的商场、超市、市场等有条件的场所将消费投诉信息进行公示，发挥公众监督、信用约束和提示预警作用。内部运行机制解决消费纠纷。充分发挥12315申诉举报平台和“消费维权服务站”的作用，推进12315平台标准化和基层维权组织规范化建设，全方位提升12315消费维权效能，及时受理和处理消费者投诉和举报，做到件件有着落，事事有回音。一年来，12315消费者投诉举报受理中心受理消费者各类诉求1101件，办结率100%，为消费者挽回经济损失136.33 万元，接待来人来访、电话咨询521人次，回访消费者投诉案件245件。

【12315“五进”工作】

按照《12315“五进”方案》要求，积极推进12315“五进”工程，规范化建设12315“五进”站点32个。通过问题通报、行政指导、行政建议等方式，对投诉量靠前的经营者进行行政指导和约谈，将监管模式由传统事后处理向事前预防转变。日常联合各市场监管所消协分会对“五进”站点进行不定期的法律法规宣传、业务知识的培训、督导。结合12315“五进”所辖经营业态和消费维权热点难点，有针对性地开展消费教育引导。

【消费维权重点难点问题解决】

预付式消费。预付卡消费所依据的《单用途商业预付卡管理办法》存在监管漏洞：从事零售业、住宿和餐饮业、居民服务业的企业法人在规范调整范围内，但个体工商户和健身、洗车、美容、教育等行业领域却不在范围内，存在监管盲区，东河区市场监督管理局共接受相关预付卡投诉20余件。

汽车销售及售后服务消费。按照“守住安全底线、聚焦民生关切、服务发展大局”三大任务的要求，在东河区范围内开展汽车销售维修市场专项整治行动。行动共检查汽车维修经营户82户次，立案处罚3起，罚没金额4500元。

【个人信息保护】

重点对辖区内房屋租售中介、美容健身、旅游住宿等易发高发行业中侵害个人信息的违法行为进行检查。检查主要围绕两个方面进行：一是未经消费者同意，收集、使用消费者个人信息的违法行为；二是泄露、出售或者非法向他人提供所收集的消费者个人信息的违法行为。检查经营户300户，发放保护消费者个人信息宣传资料220份，向600人解答相关法律知识。

【商事登记制度改革】

继续深入推进商事登记“先照后证”改革。严格执行国家关于商事登记改革的相关举措，特别是企业登记由“先证后照”改为“先照后证”，现在除国家明确规定的32项工商登记前置审批事项外，企业和个体登记全部实行先由工商登记核发营业执照、后由行政许可部门审批的制度。同时，按照“双告知”工作的要求，同时将后置审批的信息推送给相关部门和告知当事人。简化企业注销流程。为进一步深化商事制度改革，完善市场主体退出机制，共有174户企业正在通过企业信用信息公示系统的平台，发布简易注销公告，已有548户企业办理完毕简易注销登记。积极推进企业网上登记和全程电子化登记改革工作。东河区市场监督管理局按要求推行网上申请、网上受理、网上审核、网上发照等全程电子化登记管理方式和网上登记，实现办事群众既不用排长队，又不用等时间的“零见面”领取营业执照，通过登记人员的积极宣传和指导，已有大约80%的企业选择网上登记和全程电子化登记方式办理登记业务，极大地方便了群众。为切实优化东河区营商环境，不断提高企业登记便利化水平，助推东河区经济高质量发展，依据《自治区市场监督管理局关于实施政银战略合作有关工作的指导意见》，根据《东河区市场监督管理局关于开展市场主体准入政银合作的实施办法》，顺利推开市场主体准入政银合作试点相关工作，已经完成对各签约银行工作人员的相关法律法规、业务登记知识培训，正在进行实际登记业务的操作培训。

【“双随机、一公开”工作】

“双随机、一公开”工作自2016年开展以来，在东河区市场监管系统内部应用“双随机抽查软件”进行“双随机”抽查；2017年全面实现“双随机”抽查检查工作在国家企业信用信息公示系统（部门协同监管平台—内蒙古）上的应用，并将检查结果通过国家企业信用信息公示系统及时向社会进行公示。2018年，东河区市场监管部门内部继续扎实开展“双随机”检查，切实加强事中事后监管工作，进一步完善“一单两库”，立足市场监管工作职责，更新东河区市场监管系统内部业务抽查事项清单数据库，分行业建立双随机抽查主体数据库和执法人员数据库。完成自治区及包头市市场监督管理局和东河区市场监督管理局制定的各项“双随机”检查任务，将检查结果通过国家企业信用信息公示系统及时向社会进行公示。随着“双随机、一公开”监管工作的变革，2019年东河区市场监督管理局在原有的基础上，进一步完善各项制度，制定《东河区市场监督管理局2019年“双随机、一公开”实施方案》《东河区市场监督管理局2019年“双随机、一公开”抽查事项清单》《东河区市场监督管理局2019年“双随机、一公开”抽查工作机制》《东河区市场监督管理局2019年“双随机、一公开”抽查计划》《东河区市场监督管理局关于调整“双随机、一公开”工作领导小组》，通过政府政务网—内蒙古协同监管平台，随机抽查13批次，检查市场主体共521户，检查结束后，将检查结果及时向社会进行公示。

在推进跨部门随机抽查联合检查工作方面。2018年，由东河区市场监督管理局牵头实现与东河区烟草专卖局跨部门联合检查1批次，共检查13户。在此基础上，2019年，东河区市场监督管理局完善跨部门随机抽查方案及抽查计划，由东河区市场监督管理局牵头主动联系与东河区烟草专卖局、东河区农牧局两个部门开展跨部门“双随机”抽查工作，抽查2个批次共33户，联合检查结束后，将检查结果及时向社会进行公示。探索解决执法部门多层多头、重复执法等问题，构建起公开透明、执法有度的新型监管体系。

质量技术监督管理

【质量监督管理】

为推进新标准的实施，规范和提升全区流通领域电动车市场秩序。2019年，东河区市场监督管理局按照上级要求，着力开展各项质量监管工作严守质量安全底线，以质量为中心，着力提升质量安全保障市场监督管理所对本辖区电动自行车销售点进行全面摸底排查。进一步规范辖区电动自行车市场经营秩序。利用“六一”儿童节之际，对太平寺商城经销的儿童玩具开展专项检查。重点检查列入国家实施强制性产品认证目录的童车、电玩具、塑胶玩具、金属玩具、弹射玩具、娃娃玩具、儿童安全座椅七大类，进一步有效规范儿童玩具市场，为广大消费者提供一个安全放心的市场环境，切实保护儿童的身体健康和生命安全。组织本辖区5家食品相关生产企业召开市场准入条件通告会，切实履行好质量安全主体责任同时鼓励企业积极开展“对标、达标”活动，多向标杆企业学习，提升企业质量安全意识和能力。开展重点工业电线电缆产品质量安全专项整治行动，主要对豪德贸易广场附近经营电线电缆的经销商开展定向集中检查。针对“双随机”抽取的17家经营户逐一检查，严厉打击电线电缆行业违法经营销售活动，切实保障电线电缆质量安全。加强工业产品质量监督，提高产品质量水平。全年对8家强制性认证产品生产企业、7家工业产品获证企业、5家食品相关产品生产企业和9家实验室进行监督检查。全面加强产品质量监督抽查，与包头市质计所联合开展对辖区内校服生产企业、婴幼儿服装、成品油、化肥、民用散煤等27家企业开展监督抽查工作。

【计量监督管理】

东河区市场监督管理局按照上级要求，确保各项工作有序完成，加强股室联动，对公平秤计量器具开展检查。重点对南星市场、佳美德市场、远大便民市场等11个集贸市场公平秤的设置与管理进行检查，出动执法人员52人次，切实保护消费者的合法权益；对4个秋菜市场开展计量检查，出动执法人员32人次，检查计量器具82台件，计量作弊问题仍然存在，其中没收5台“鬼称”。开展“计量惠民进社区”服务活动。为本辖区的药店、小区周边的门市及居民使用的计量器具进行现场免费检定，检定血压计85台，人体秤和戥子称62台。以“双随机、一公开”的监管方式对本辖区6个加油站在用的加油机的流量计、主板、编码器开展计量专项检查，对本辖区的4家眼镜验配经销店的焦度计、验光仪、验光镜片组等计量器具开展专项计量检查，对两家计量器具超周期未检定的予以处罚。

【标准化监督管理】

监督企业开展标准化体系自我声明，推动相关部门和企业建立较完善的标准体系。对强制性标准产品开展日常检查工作。组织开展世界标准日宣传工作。

【特种设备安全监察】

2019年，东河区市场监督管理局按照区委、区政府安全生产工作要求和上级部门总体部署，制定年度工作计划，按步骤分阶段开展特种设备安全监察工作，截至年底，共出动执法人员600人次，检查各类特种设备生产、使用单位210家次，发现安全隐患43处，下达安全监察指令书37份，其中39处隐患已完成整改，2处交由市局处理，2处正在整改当中；受理特种设备问题投诉举报6起，办理特种设备行政违法案件1起，有效保障东河区特种设备安全运行。

开展元旦、春节、“五一”“六一”等节日期间特种设备安全检查。主要针对人员密集场所的电梯、锅炉、压力容器等设备开展检查，保障节日期间特种设备安全运行。制定并开展重点和日常检查计划。按照上级部门要求，制定2019年度特种设备检查计划，确定重点监管单位目录；建立特种设备“双随机”企业库，制定“双随机”检查计划，按计划开展重点和日常监督检查，已全部完成。

【强化特种设备监管】

推动解决北梁新区超检验周期电梯问题。针对北梁新区部分小区电梯超期未检的问题，与北梁新区办联合对相关责任人进行约谈，责令物业公司立即申请检验，督促维保单位定期做好维保工作，协调市特检所安排检验时间。存在问题的4家小区电梯已全部通过安全检验。防范和遏制重特大事故，深入开展特种设备安全大检查。按照包头市《关于深刻吸取锡林郭勒盟西乌珠穆沁旗银漫矿业有限责任公司“2·23”重大事故教训立即开展全市安全生产大检查的紧急通知》和《包头市市场监管局关于进一步防范和遏制重特大事故深入开展特种设备安全大检查方案》文件要求，对工业气瓶充装单位、汽车加气站等涉危企业进行拉网式排查，同时结合两会期间安全生产工作要求，对机场、商场、超市等人员密集场所等单位开展专项检查，检查的情况总体较好，安全责任基本落实到位。开展“安全生产月”特种设备安全宣传教育工作。按照相关文件要求，深入开展安全生产宣传教育“七进”活动，力求实现企业安全生产主体责任落实、职工安全技能提升、学生安全知识提高、群众安全意识增强，重特大事故有效遏制，全区安全生产形势持续稳定好转的局面。开展“特种设备安全监管信息化平台”培训工作。8月，“包头市特种设备追溯体系信息化系统”改造升级为“内蒙古自治区特种设备安全监管信息化平台”全面启用。东河区市场监督管理局结合辖区实际，组织开展3次“特种设备安全监管信息化平台”应用培训，特种设备监察人员、特种设备重点生产、使用单位安全管理人员200人参加学习。各企业已逐步开始通过系统网上办理设备使用登记、设备报检、打印检验报告等业务，有效提高企业的安全管理水平和工作效率。

结合工作实际开展“不忘初心、牢记使命”主题教育。11月，按照东河区市场监督管理局关于开展“不忘初心、牢记使命”暨服务全区经济高质量发展研讨会的通知要求，在北梁新区、和平路、东兴等多个市场监管所开展安全检查和业务指导工作，并结合特种设备监管工作实际，着力推动解决特设监管中的难点问题。

积极帮助物业公司与检验机构协商沟通检验费用等问题，解决北梁多个小区因拖欠检验费用造成的电梯超期未检的问题，消除安全隐患，保障老百姓乘梯安全。

开展涉危化品及冶金企业特种设备安全专项整治工作。12月，东河区市场监督管理局按照包头市市场监督管理局12月4日召开的“涉危化品企业特种设备安全专项整治工作动员会”会议精神，制定专项工作方案，开展涉危化品及冶金企业特种设备安全专项整治工作。

【质量强区创建】

为深入贯彻《中共中央、国务院关于开展质量提升行动的指导意见》和《中共内蒙古自治区党委、自治区人民政府印发〈关于开展质量提升行动的实施方案〉的通知》精神,结合包头市委市政府关于印发《包头市开展质量提升行动工作方案的通知》要求，大力开展质量提升行动,推进质量强区建设，结合东河区实际，4月制定《东河区开展质量提升行动工作方案》。开展“质量月”宣传活动，围绕“共创中国质量建设质量强国”的主题，有力推动市场净化，提升节日重点消费品质量，切实保护群众利益。

食品药品监督管理

【食品安全监管】

强化食用农产品质量安全监管，对远大菜市场等16个农贸市场及便民市场开展源头把控监管，督促安全制度建立，检查食品的分区放置、离墙离地放置，防鼠设施配置情况等。

强化农村牧区销售环节食品安全治理，主要开展沙尔沁、东兴、天骄、财神庙、河东5个城乡接合部管理所辖区食品经营户规范经营情况检查，特别是在节假日等重点时段对市场销售假冒伪劣食品进行检查，同时加强对过期食品，食品标签以及进货查验情况开展日常检查。

开展食品销售风险分级管理，对东河区市场监督管理局辖区11个市场所2000余家经营户风险等级开展评定工作，该项工作还在进行中。

加强重点时段食品监管，在“元旦、春节、五一”等各节假日对辖区经营户所经营的各类食品，特别是米面油肉奶果蔬饮料等重点食品，针对其进货台账、食品保质期，进货商家资质等进行查验，保证辖区消费者食品消费的安全。

对食品和保健食品虚假宣传治理，各所按照网格监管区域，对食品保健品监管做到责任到人，开展“进校园、社区、乡村、超市”五进宣传工作，发放保健食品宣传资料2300份。

对冷冻冷藏食品、临期过期食品监管，对食用农产品市场、便民市场肉制品经营户“两证一报告”即：检疫合格证、品质合格证、非洲猪瘟检测合格报告的落实情况开展检查

对散装食品、散装酒监管，主要针对散装食品标签，散装酒的检验报告、进货商资质。进货食品台账等开展检查

开展示范超市，农贸市场、农村示范店创建工作，创建并上报2家示范超市（维多利超市、永盛成利郎店），2家农贸市场（远大市场及惠农集贸站北西街店），5家农村示范店，此工作在评定中。

【校园周边食品安全整治】

对食品店经营者是否与校方签订协议书，营业执照、食品经营许可证、健康证是否齐全，是否过期，是否存在过期食品未及时下架、进货票据未及时粘贴，索证索票不齐全、未索取进货商营业执照、食品经营许可证及进货票据未盖公章等问题，对临近期食品是否按要求建立专门货柜或区域，是否及时退换货，避免给学生售卖过期或变质食品。

【药品监管】

依照《东河区市场监管局转发自治区药品监督管理局关于开展药品零售企业执业药师“挂证”行为专项整治工作的通知》，针对药品零售企业执业药师“挂证”、不凭处方销售处方药等侵害消费者权益乱象行为，药化械股联合辖区监管所，在东河区范围内组织开展药品零售企业执业药师挂证整治行动。共检查药品零售企业128家，根据包头市市场监督管理局下发的执业药师挂证统计，东河区市场监督管理局立即通知辖区市场监管所进行核实检查。检查中下达责令整改12份，申请变更执业药师企业9家，无注销执业药师注册证情况。开展针对辖区内两家药品生产企业包头中药有限责任公司和内蒙古圣隆药业有限公司开展飞行检查。飞行检查分别到两家企业的生产车间、原料库、成品库进行现场检查，并对供货企业资质是否齐全、生产记录是否齐全等纸质材料进行抽查，检查灭火器是否在有效期内。检查期间，对企业规范化生产进行肯定，对存在的问题，要求企业立即按照GMP相关规定进行整改，排查安全隐患。按照监管频次要求，完成对特殊药品流通的监管任务，检查特殊药品批发企业包头市医药有限责任公司11次，共出动执法人员45人次，执法车辆11台次，下达现场检查记录11份。现场检查该企业特药库房，对常温库、阴凉库、冷藏库的温湿度、储存环境等，抽查二类精神药品、药品类医疗用毒性药品、麻醉药品40个批次，现场均能提供随货同行票据、批检验报告、发票等材料。开展针对批发企业、连锁总部季度巡查。完成年度的巡查工作，检查辖区内药品批发企业、连锁总部21家次，共出动执法人员63人次，车辆21台次，下达现场检查记录21份，对库房储存环境进行检查，抽查药品75个批次，现场均能提供随货同

行票据、批检验报告、发票等材料。

完成部分换证认证工作。审阅需认证、换证的企业申请材料77家；截至年底，完成39家连锁门店、79家单体药店的认证、换证资料审查、现场检查工作。完成全年药品抽样工作。对东河区内21户药品零售企业、连锁药店、批发企业、医疗机构的160批次药品进行全覆盖抽检。其中，包括16户药店，1户诊所，1户卫生室，1户卫生服务站，1户社区服务中心，1户批发企业。药品抽检范围涵盖基本药物30批次，自治区增补品种10批次，中药材、中药饮片专项，抗生素专项，化学药品专项，中成药专项92批次及日常监督28项抽检。此次抽检发现1个批次药品不符合国家要求，对于零售药店和批发企业，已立案调查。开展日常监督检查工作，分别对2家企业的生产厂房、原料库、成品库进行实地检查，并抽查几个批次成品的生产记录、原料的购进验收记录、批检验报告等材料。针对企业存在问题，并要求企业立即按照GMP相关规定进行整改，保障人民群众用药安全。对辖区内8家申请新开办的药店进行现场勘验；陪同市局领导对新开办的药店现场验证1家；出具企业无违规证明133份。

召开东河区2019年度药品安全监管工作部署会暨药品从业人员培训会议。辖区内各市场监督管理所所长、副所长、网格管理人员；辖区内所有药品零售企业法人、企业负责人、质量负责人、执业药师；连锁药店总部法人或企业负责人、质量负责人、门管部负责人、处方审核员共478人参加此次会议。会上，药品零售企业签订东河区药品质量安全责任承诺书，共计261份。要求企业认清形势，提高认识，切实增强药品安全工作的责任感和紧迫感；强化药品安全主体责任，逐步形成共治共享格局；以“四个最严”为标准，守住药品安全底线。制定下发《2019年药品化妆品流通监管工作要点》《2019年药品流通领域专项整治工作要点》《药品安全生产月工作方案》《东河区市场监管局转发自治区药品监督管理局关于开展药品零售企业执业药师“挂证”行为专项整治工作的通知》等日常、专项文件5份，并逐一报送总结。

【开展化妆品监管】

下发《东河区市场监督管理局2019年化妆品经营使用环节专项整治工作方案》。按照方案要求，以进口化妆品、国产特殊用途化妆品、婴幼儿化妆品为重点检查品种;以美容美发机构、化妆品批发市场、化妆品专营店、洗浴场所、宾馆酒店和2018年化妆品专项检查中问题较多的经营场所为检查重点，对化妆品经营使用单位销售未注册备案、擅自配制、非法添加禁用物质或来源不可追溯化妆品等行为实施全面整治。股所联动检查化妆品经营使用单位71家，发现问题化妆品数量29瓶（盒），索证索票和台账管理不到位的化妆品经营单位9家，责令整改单位8家，辖区监管所已对1家企业立案查处。《东河区市场监督管理局关于开展化妆品线上净网线下清源风险排查处置工作方案》。按照方案要求，东河区市场监督管理局对辖区内化妆品网络销售者及化妆品电子商务平台经营者进行检查。要求辖区化妆品电子商务平台经营者持续发布化妆品消费提示语“国家药监局提示您：请正确认识化妆品功效，化妆品不能替代药品，不能治疗皮肤病等疾病”，引导公众理性消费形成良好舆论氛围，并要求企业建立化妆品进货查验制度、售后服务制度、购进验收记录、销售记录、退货记录等相关制度和记录台账。

【医疗器械安全监管】

开展日常检查工作，通过日常检查发现存在的问题。个别零售企业存在三类医疗器械购进验收记录未建立或记录不齐全、不完整；未建立三类医疗器械销售，有个别批发企业在供货方资质材料过期；未和供货单位签订质量保证协议；未建立医疗器械不良反应记录；经营的三类医疗器械未做到质量跟踪记录；产品乱堆放的情况。整改企业6户。下发《2019年医疗器械工作计划》《医疗器械网格监管工作意见》《关于加强无菌和植入性等医疗器械监督检查工作方案》《东河区市场监督管理局医疗乱象整治行动方案》《东河区市场监督管理局关于开展医学美容类和冷链管理医疗器械等专项检查的通知》等文件，共收到植入类医疗器械经营使用单位自查报告42份。检查医疗器械经营企业14户，使用单位8户。暂未发现违法违规行为。并将相关总结、报表上报市局。开展违法违规经营使用医疗器械和无菌、植入性等医疗器械专项监督检查工作，按照包头市市场监督管理局文件精神要求，为进一步规范医疗器械经营市场秩序，严厉打击违法违规经营使用行为，东河区市场监督管理局开展医疗器械经营使用综合治理专项整治工作，共检查相关企业106户；责令改正5户；东河区市场监督管理局执法人员对这些整改企业进行了回头看，均已完成整改符合规范要求。

针对"儿童青少年近视矫正"开展监督检查，根据《关于进一步规范儿童青少年近视矫正工作切实加强监管的通知》要求，东河区市场监督管理局对辖区内4家青少年近视矫正机构进行检查，以上4家青少年近视矫正机构均为用户体验机构，暂未发现有销售行为。督促指导相关机构、企业及从业人员严格依法经营、规范服务。加强医疗器械使用单位监督检查，对辖区疾控中心，区属医院、社区卫生服务中心、村卫生室等使用单位，高风险、无菌类等产品开展检查。要求使用单位确立其主体责任，完善管理制度，规范使用医疗器械，检查中暂未发现不符合强制标准、假冒伪劣、淘汰的医疗器械。此项工作将常抓不懈。完成医疗器械抽检4个批次，涉及医疗器械使用单位2家。日常业务办理情况。接待业务咨询100余人次，受理变更、增项等业务，出具无违规证明60余份，验收零售企业36户。

【价格认证及监管】

2019年，价格认证中心认真开展价格鉴定、价格认证工作，当好裁判服好务，为司法机关和行政执法部门提供准确可靠的价格依据，确保司法机关和行政执法部门及时、准确审结案件，打击违法犯罪行为，维护人民群众利益，为地区经济发展和社会稳定做出贡献。价格认证中心在鉴定工作中严把五关：严把受理委托关、严把调查询价关、严把勘验关、严把价格鉴定结论关、严把价格鉴定结论归档关，为案件的"公平、客观、公正"奠定坚实的基础。价格认证中心不断建立健全各项规章制度，完善鉴定程序，积极配合东河区公安分局扫黑办完成涉黑鉴定案件18件，鉴定额2600余万元；完成其他一般性鉴定案件148件，鉴定额450余万元。为了使认证案件做到"公平、客观、公正"，即对现场勘验、实物查验及市场调查等方式，共出动人员200余人次。价格认证中心所出具的结论书完全做到事实清楚、依据合理、手续完备、客观公正、秉公鉴证、不徇私情、准确及时。

【盐业监管】

2018年12月，食盐质量安全管理监督职责划入市食品药品监督管理局，按照自治区市场监管局《关于加强食盐质量安全监管工作的通知》文件精神，食盐质量安全监管工作已列入市场日常监管范围，1月开始监管辖区盐业市场定点批发企业的储运进货销售记录、零售市场的索证索票制度和食盐集中使用单位进货记录和非食用盐使用情况查验。开展食品安全日常检查及发生重点问题和节假日重点时段的专项检查，推行风险分级管理检查模式，参与开展"放心农贸市场、超市，农村示范店"的创建工作。

（刘培恒 供稿）

个体私营企业协会

【东河区个体私营企业协会负责人名录】

会　　长　　赵丽霞（女）

常务副会长　张屹冬（女）

副会长：（排名不分先后）

刘　源　刘　芳（女）　贾玲玲（女）

刘跃斌　闫高军　李亚超　吴桂兰（女）

席爱军　赵麒麟　陈　孝　王　亮

朱建刚　陈学忠　焦建刚　贾树繁

王恩惠　孙卫国　杜喜军　周玉恩

蔡晓东　贾根小　张康伟　成文学

秘书长　刘培恒

【组织建设】

个体私营企业协会（以下简称“个私协会”），是以工商局为其业务主管单位（“脱钩不脱管”），经编办批准的具备法人资格的下属单位，经民政部门批准设立的行业分会（工作委员会）等分支机构，其性质为事业单位（全额拨款）编制人数为10人。东河区个体私营企业协会设立11个个体私营企业协会分会。

【开展送温暖活动】

配合市场监督管理局和市个私协会对全区两户困难个体工商户进行“春节送温暖慰问贫困个体工商户”活动，使困难个体工商户感到党和政府的关怀和鼓励，均表示对今后的生活及工作充满信心和希望。

【专题讲座】

协助市个私协会在青山宾馆举行了《言商》和《如何赢得商业话语权》专题知识讲座活动，全区有10户个私企业参加，受益良多，培训取得良好效果。

【组织招聘】

组织10户企业参加3月24日包头市个私协会在青山一宫居然之家举办的企业用工招聘会，此次招聘会取得预期效果，得到用工单位的一致好评。

【帮扶企业参展】

按照包头市人民政府办公室关于做好第二届中国国际进口博览会包头市交易团的通知要求，对全区部分知名企业进行电话联系，初步联系到有意向的6家。

【组织参与运动会】

为迎接中华人民共和国成立70周年，按照市局和市个协的要求，精心组织全区部分企业参加包头市“柏深”杯首届民营企业趣味运动会，并取得良好成绩。

【开展企业调查】

受中个协委托对513户新设小微企业进行问卷调查并已将统计结果及时上报。

【组织开展主题活动】

2019年“10・18”，东河区个体私营企业协会按照中国个协的统一部署和要求，认真组织落实，号召广大个体工商户和私营企业积极参与，紧紧围绕“辉煌70年、光彩路更宽”的主题，开展丰富多彩的服务活动。

【获奖情况】

东河区个体私营企业协会在2010年度被中国个体劳动者协会授予“全国基层个私协会建设先进单位”，是首批授予全国145个“ 全国基层个私协会建设先进单位”，也是包头市唯一一家获此殊荣的个私协会。

东河区个体私营企业协会在2018－2019年度被中国个体劳动者协会在“百县万家新设小微企业周年活跃度调查”工作中评为“成绩突出单位”并给予通报表扬。

（刘培恒　供稿）

应急管理

【东河区应急管理局领导名录】

局　长　　孙成栋

副局长　　胡立军
　　　　　秦　勇
　　　　　张　贝

【概况】

东河区应急管理局2019年经机构改革新组建整合成立，是东河区人民政府工作部门，机构规格为正科级。负责全区应急管理工作，指导各部门应对安全生产类、自然灾害类等突发事件和综合防灾减灾救灾工作。负责安全生产综合监督管理工作，负责有关工矿行业安全生产监督管理工作。内设办公室、应急指挥调度股、安全生产基础股、危险化学品安全监管股（行政审批室）、火灾防治应急管理股、防汛抗旱应急管理股、综合减灾和地质灾害应急救援股等7个股室，有所属相当于股级事业单位2个，东河区行政执法大队和应急救援中心。东河区应急管理局有干部职工40人。

【应急管理】

落实两大责任，完善安全生产责任体系，进一步推动党委政府和部门安全生产监管责任落实。以《地方党政领导干部安全生产监管领导责任制》为抓手，深入推进安全生产领域改革发展各项工作。严格落实“党政同责、一岗双责、齐抓共管、失职追责”制度，进一步厘清各行业主管部门安全管理职责。充分发挥区安委办指导协调、监督检查、巡查考核的作用，认真履行重点工作交办、督办及协办工作职责。进一步推动企业安全生产主体责任落实。贯彻落实《国务院安委会办公室关于全面加强企业全员安全生产责任制工作的通知》等有关要求，综合运用试点企业典型引路、分类指导、宣传发动、监督检查和依法处罚等方式，推动企业建立健全全员安全生产责任制。

【应急救援能力】

强化应急救援队伍建设，组织全区大型企业应急救援队伍开展培训及演练；修订完善各类专项应急预案。做好森林防火及防汛抗旱工作，储备必要的应急抢险物资，组建防汛应急抢险队伍，汛期加大对全区重点防洪沟道、内涝重点防御地段的巡查力度；加大对林区的巡护巡控工作力度。加强应急值守和信息上报工作，严格落实24小时领导带班值班制度，全力以赴做好应急“备战”工作，确保安全生产万无一失。

【安全隐患排查】

健全和完善隐患排查治理体系。强化“隐患就是事故”“隐患就在身边”“危险就在眼前”的意识，始终把隐患当作事故来抓的工作思路，进一步规范隐患的排查、登记、整治、监督、销号全过程管理，不留空当，常抓隐患排查，整治闭环管理，确保隐患整治落实到位。进一步强化安全生产执法监察。进一步核查并摸准本辖区内、本行业企业及规模以上企业安全生产现状。明确执法检查的企业和检查频率，加强“双随机”“明察暗访”等执法检查，倒逼企业落实安全生产的主体责任。健全安全生产联合执法机制，采取联合执法、集中整治、督察督办、责任追究等措施，增强执法合力。深化重点行业领域安全监管。制定2020年度执法工作计划，继续加强矿山、危险化学品、烟花爆竹、冶金、机械等工贸行业领域的安全监管工作。在加强日常安全监管的同时，重点抓好“春节”“五一”“中秋”“国庆”等重要时期以及夏季高温、汛期、秋冬季节等事故多发时期的安全监管。推动安全生产大检查常态化。巩固2019年各类安全生产专项整治成果，针对大检查发现的隐患和问题，建立和完善整改台账，定期督促整改落实情况。着力推动安全生产大检查常态化，完善长效机制。继续在全区范围内深入开展各类安全大检查，逐个企业查找安全隐患、逐个环节评估安全风险、逐个盲点堵塞安全漏洞，真正将常态化的大排查、大整治与重点行业领域专项治理结合起来。加大安全生产宣传教育培训力度。

充分利用各类新闻媒体继续加大安全生产法律法规、条例和《地方党政领导干部安全生产责任制规定》的学习宣传和贯彻落实力度。深入推进安全生产法律法规宣传进企业、进学校、进机关、进社区、进农村、进家庭、进公共场所的“七进”活动，努力形成全社会关心支持安全生产工作的良好氛围。

【安全宣传教育培训】

不断创新方式、丰富内容，把常态化宣传教育活动做深做细做实，着重向企业生产作业一线、农村牧区延伸。监督企业加强一线技术工人实操技能培训，落实好全员安全教育培训制度，让每位员工自觉把遵章守规和制止“三违”行为纳入生产经营活动全过程。发挥好“12350”举报投诉平台作用和新闻媒体监督作用，在全社会形成人人参与、人人监督安全生产的大氛围。

开展集中宣传活动。5月12日上午10：00，由区应急管理局组织，区农牧局、民政局、红十字会、卫健委、消防及南门外等4个街道办事处共同参与，在旧区委广场设置集中宣传点开展“防灾减灾日”宣传活动，向广大居民集中宣传各种自然灾害、事故灾害、社会安全事件等身边常见灾害事故的应对防范措施和应急知识，普及灾害常识和避灾自救技能，弘扬防灾减灾文化，提高居民防灾减灾意识和技能。

（张建　供稿）

消防救援

【包头市消防救援支队东河区大队领导名录】

教导员　王　悦（女）

大队长　王　峰

【概况】

包头市消防救援支队东河区大队（以下简称“消防大队”），是包头市消防救援支队直属机构。东河消防大队机关国家队救援人员9人，设大队长1人、教导员1人、参谋7人，外聘文职12人，管辖两个消防中队。共有人员58人，其中，干部6人，国家队29人，政府专职消防员24人。执勤车辆11辆，其中，城市多功能主战消防车2辆，泡沫消防车2辆，水罐消防车6辆，60米举高喷射消防车1辆。

2019年，消防大队开展“防风险保平安迎大庆”消防安全执法专项行动、人员密集场所疏散通道安全出口专项治理、中华人民共和国70周年大庆消防安全保卫活动、寄宿制学校及社会福利和养老机构专项治理、校园周边消防安全专项检查等活动。

【队伍建设】

消防大队在支队党委，东河区委、区政府的正确领导下，认真落实消防安全“一岗双责”制度。强化责任意识和廉洁意识，深入开展执法质量考评和责任倒查，全面提升执法队伍整体素质。辖区执勤中队加大“六熟悉”工作在业务训练中的比例，从灭火救援实战需要出发，强化组织领导，严格落实责任，将辖区情况熟悉贯穿于业务训练工作中，组织指战员深入辖区重点场所、单位和火灾易发、多发区域进行实地熟悉，完善相应灭火措施和预案，切实做到底数清、情况明，确保拉得出、打得赢。

消防大队从东河区经济社会发展出发，将消防工作纳入总体规划，纳入政府目标责任、社会管理综合治理内容，严格督查考评，形成消防工作条块结合，专业力量抓大，辅助力量抓小，消防力量抓重点，派出所、街道、委办局按职能进行补充的良好局面。

【消防站建设】

2019年，消防大队新招录合同制专职消防员25人，建设东河应急救援科普教育基地及科普教育馆，按照自治区消防救援总队建设标准，筹建东河一中队“美好队站”。大队组织开展“学训词、铸忠诚、创新业、立新功”主题教育和深入开展“不忘初心、牢记使命”主题教育，生动展示东河大队消防救援指战员良好的精神风貌。

【消防宣传】

2019年以来，消防大队针对各重点时段不同行业、部门及单位的防火特点，不断拓展消防宣传渠道，广泛开展消防安全宣传教育，切实提升全民消防安全意识。大队宣传培训人员深入辖区行业部门、社会单位、社区物业进行消防安全培训，累计培训120余次、培训6000余人。印制《人员密集场所防范重大消防安全风险加强消防安全管理的通告》1000余份，“防范化解重大安全风险”系列挂图3000余份，居民消防安全知识宣传挂图1200余份，联合辖区街道办事处、公安派出所走进商场市场、公共娱乐场所、养老机构、学校、居民楼院张贴宣传海报。大队在辖区妙法禅寺举办“防范火灾风险，建设美好家园—“119”宣传月启动仪式暨消防宣传知识走进文物古建筑”宣传活动，深入辖区中小学、幼儿园开展了“119”消防宣传月活动。

【防火监督】

2019年消防大队列管301家二级消防重点单位，其中有商场市场42家，宾馆饭店46家，公共娱乐场所41家，医院养老院15家，寄宿制学校约10家，国家机关4家，广播电视和邮政、通信枢纽4家，客运车站1家，易燃易爆化学物品单位49家，其他场所16家。各基层派出所确定三级重点单位886家。

2019年共检查单位764家次，发现火灾隐患546处，督促整改火灾隐患518处，下发责令整改通知书326份，下发行政处罚决定书27份，下发临时查封决定书20份，责令“三停”单位7家，罚款29.6万元。

【灭火救援】

2019年，辖区共接警出动675起，其中，火灾530起，抢险救援111起，社会救助34起，共出动车辆1346辆次，出动警力8067人次。

（何奕成 供稿）

城市建设与管理

城乡建设

【东河区住房和城乡建设局领导名录】

党组书记	方　正
副书记、局　长	胡国瑞
副书记、副局长	杨占荣
副局长	刘忠亮
	高海龙
	董瑞军

【概况】

东河区住房和城乡建设局前身为东河区城乡建设局及东河区住房保障和房屋管理局，依据2019年2月16日《东河区机构改革实施意见》，将区住房保障和房屋管理局的职责，以及区农牧业和交通运输局的交通运输、渔船检验和监督管理职责整合组建区住房和城乡建设局。包头市东河区住房和城乡建设局是区人民政府组成部门，机构规格为正科级，加挂包头市东河区交通运输局，包头市东河区人民防空办公室牌子，2019年3月18日正式挂牌。东河区住房和城乡建设局的主要职责如下。

（1）贯彻执行国家、自治区、包头市有关住房保障和房地产管理，城乡建设、交通运输的方针政策、法律法规，承担保障全区城镇低收入家庭住房保障任务。拟定全区住房保障房地产业、城乡建设、交通运输的发展战略、规划、计划，并组织实施。

（2）按照《包头市东河区住房和城乡建设局行政权力清单目录》《东河区交通运输局行政权力清单目录》行使行政许可、行政给付、行政处罚、行政监督检查、行政确认、行政强制、行政奖励、行政征收及其他行政权力。

（3）承担推进全区住房制度改革任务；贯彻落实多主体供给、多渠道保障、租购并举的住房制度。完善和落实全区住房保障制度；组织实施保障性住房重点项目建设和管理。

（4）负责东河区行政区域内物业管理活动的监督工作。

（5）按照管理权限，对全区房地产交易市场进行统一管理。

（6）依据《不动产登记暂行条例》及管理权限和《包头市人民政府关于实施不动产统一登记的通告》，负责办理相关的房屋不动产登记业务及档案管理，办理东河区2015年12月31日前国有土地上的房屋产权集中治理首次登记业务。

（7）负责推进全区住房公积金制度（办法）和房屋专项维修资金制度（办法）的实施和资金使用的监督。

（8）负责提出房屋征收计划并组织实施，组织辖区内的危险房屋安全鉴定工作。

（9）贯彻执行国家、自治区、包头市关于人民防空的方针政策、法律法规，负责全区人民防空工作的组织实施和人防工事的管理。

（10）承担区绿化领导小组下设的城市绿化办公室职责，按照市、区职责分工、负责全区城市规划内园林绿化规划、建设、维护和管理工作，负责公园、景区、广场等规划建设、维护和管理工作。

（11）按照市、区职责分工，负责市级管理范围之外的市政基础设施的建设管理和维护工作。

（12）负责全区交通运输、渔船检验和监督管理。

（13）负责全区建筑节能和旧住宅改造工程的组织实施和管理。

（14）按照市、区职责分工，负责市级管理范围之外具有施工许可证的房屋建筑工程和市政工程的质量和安全监督管理。

【园林建设】

区住建局认真贯彻落实市、区两级政府指示精神，在对各大公园广场植被的修剪补植及病虫害防治日常工作完成的前提下，2019年实施以下绿化建设项目：东河区福徵寺广场景观改造及庭院提档升级工程，工程内容包括需硬化、绿化景观及停车场建设等，建设面积约为硬化1.2万平方米，绿化4000平方米，投资257.6万元。完成环城铁路（东河段）沿线绿化项目建设，绿化面积约27 万平方米，主要以种植油松、国槐、新疆杨、旱柳等乔木为主，同时在该项目沿线重点区域种植各色灌木、地被以形成多绿带景观效果，项目共计种植各类苗木约20915株、绿篱约1000平方米。

【城市绿化】

依托创建国家生态园林城市的总目标，区住建局配合市局完成东河区北梁绿道项目一期建设，北梁绿道总建设长度约6.7公里，规划建设总面积约140455平方米，其中，绿化面积约107390平方米，2019年已完成建设3.3公里；完成利郎路绿化节点收尾工作；继续推进园林式单位及小区的申报工作，在上报的园林式单位中，包头市第二中学获得“第二批自治区园林式单位”的称号，这是本次获得自治区园林式单位包头地区唯一上榜单位，同时也是继包头医学院后东河区又一获此殊荣的单位；为中华人民共和国70年华诞献礼，区住建局积极实施主题花雕花坛摆放工作，恢复4座大型立体花雕，同时在城区各主要道路及节点摆放各色草花约50万盆；贯彻党中央“扫黑除恶”专项工作的精神，区住建局在园林绿化行业也积极开展，认真摸排，没有发现一起行业内涉黑涉恶案件及问题；2019年组织接收110国道部分绿化，极大地丰富了东河区北部绿化总量。

【市政建设】

地毯厂路（康复路—东脑包路）道路全长约600米，规划红线22米，路面宽13米，两侧便道宽各4.5米，建设内容包括道路、雨水、污水、硬化、绿化、路灯工程等。地毯厂路于2019年8月开工，11月道路、雨水、污水工程已完工。

井坪北一路（芳草路—铁西一路）道路全长约393米，规划红线20米，路面宽11米，两侧便道宽4.5米，建设内容包括道路、雨水、污水、硬化、绿化、路灯工程等。井坪北一路于8月底开工，11月道路、雨水、污水工程已完工。

【交通运输】

深化交通体制改革，结合全国综合交通运输发展思路和东河区交通运输行业实际，转变交通运输发展方式，加快东河区与包头市、周边城市的公路、水路等综合交通运输体系建设，加大交通基础设施投入，加快综合交通通道建设，增强农村交通发展能力。提升交通技术装备水平，构筑区域综合交通枢纽，使全区综合交通运输体系规划与东河区城镇布局规划、产业带发展规划和包头市运输通道布局规划相互衔接、相互协调。统筹各种运输方式发展，发挥各种运输方式组合效率和整体优势，为东河区全面建成小康社会提供便捷、安全、高效、可靠的交通运输服务保障。2015年8月25日，市政府组织召开“关于包头市行政区划调整所涉及九原农村公路的移交会议”。2015年9月1日，九原区人民政府正式将总计175.567公里(县道33.267公里、乡道84.474公里、村道57.826公里)农村公路移交给东河区人民政府管理和养护。

自2016年10月开始，按照自治区公路局对内蒙古境内公路重新采集录入的统一要求，区农交局在全市路网规划的基础上，整合原有乡村道路，对东河区农村公路进行重新调整规划，并组织人员开始历时3个月的线型采集和庞大基础数据录入工作，完成东河区农村公路数据更新工作，建立东河区农村公路路网数据库。现东河区管养里程为265.231公里(县道28.441公里、乡道101.576公里、专道10.333公里、村道124.881公里、不计入总里程断头路7.078公里)，管养桥梁21座，全长765.5米。东河区农村公路100%畅通。

【构建“大交通”发展格局】

省道315线托克托至东河段公路项目。东河区段起点位于小巴拉盖村，终点与南绕城公路相接，沿线涉及沙尔沁镇9个村（小巴拉盖村、大巴拉盖村、土合气村、沙一村、沙二村、沙三村、官地村、海岱村、东富村）、河东镇1个村（磴口村）及东兴街道办事处，东河区段全长12.7公里，建设标准为双向四车道一级公路，设计时速80公里。东河区负责省道315线托克托至东河段公路工程东河段的征拆工作，省道315建成后将极大改善包头市通往其他周边城市旗县区的交通环境、缩短城市间通行时间。

国道110线包头北绕城段公路工程项目。东河区段东起西北门回民公墓，西至白家梁花圪台水库，途径河东镇留宝窑村、留柱窑村、西北门村，全长1.4公里，建设标准为双向四车道一级公路，设计时速80公里，东河区负责国道110线包头北绕城公路东河区段的征收工作，项目建成后将改善包头市北部区交通同行环境，拉动东河区、青山区、九原区、石拐区的地区经济建设。

【古城湾黄河通道桥】

东河段起点位于什大股村南侧，终点止于壕赖沟村北侧，由南至北涉及什大股村、南海子村、河北村、臭水井村、壕赖沟村，约需征收土地1113亩，东河区将承担古城湾黄河通道项目的征收工作，全力配合市有关部门的前期手续办理工作，正在办理项目的风险评估工作。项目建成后，将进一步加强达旗、东河区、石拐区的沟通能力，提高铝业园区的交通运输功能，对拉动沿线经济发展、促进招商引资、改善周边村民出行条件起到积极作用。

【路政养护】

做好辖区内265.231公里农村公路的养护工作，开展危桥改造、公路安防工程、县乡村道大中修、养护机械购置、道班修缮等一系列相关养护工作，积极向周边旗县区学习公路养护及路政管理经验，向市交通局争取道路大中修项目资金，努力改善道路周边人民群众的出行条件，降低出行安全隐患，让东河区的农村公路做到美化、亮化。

乡镇建制村通水泥路“油返砂”整治工程项目。经实地调查，陈户窑村—雪亥沟0.298公里农村公路存在“油返砂”现象，总概算投资27万元，争取上级补助资金7万元，地方政府自筹20万元，现已对该条道路拆除重建。

农村公路安全生命防护工程。因部分道路年久失修，存在安全隐患，经交通厅审核，东河区2019年对存在安全隐患的19.335公里农村公路设置警示诱导标志，其中X068八里湾—打不素太14.91公里、南海村—南绕城公路0.8公里、鄂尔格逊新村—东园村2.485公里、大巴拉盖新村—莎巴线1.145公里，总概算投资387万元，争取上级补助资金116万元，地方政府自筹271万元。

【海事监管】

为确保东河区水上交通安全，进一步提高船员安全生产意识，使船舶经营合法化。对船舶所有人、经营人、持证船员开展运输船舶的核查和持证船员的审验工作。提高安全监管能力，对船管员进行水上交通安全管理知识宣传，不断提高船管员和船员的水上安全意识、提高船员的操作技能、安全知识和法律意识，努力保持东河区水上交通“0”事故。

【棚户区改造】

2019年，按照《住房城乡建设部办公厅关于申报2019年棚户区改造计划任务的通知》要求，东河区向内蒙古自治区住建厅备案1个棚户区改造项目，完成151套房屋征拆，征收面积0.87万平方米。河东镇城中村改造项目东至邓家营子村，北至京包铁路线，西至东河槽南段，南至邓家营子村。该区域房屋多为土木结构或砖木结构危旧房屋，片区面积小，常住人口多为低收入老年人和外来租户，出行、住房、就医、如厕等条件艰苦，居民的改造愿望十分强烈。该区域共有居民151户，征拆建筑面积0.87万平方米。住建局制定《包头市东河区河东镇城中村改造项目集体土地及地上物征收补偿方案》，实施单位河东镇人民政府严格按照该补偿方案于2019年7月9日正式启动征收工作，采取货币补偿和异地安置的方式，至12月底，151户居民全部签订征收补偿安置协议。

【房屋产权登记集中治理】

2019年，按照市房屋产权登记集中治理工作领导小组的工作部署，将全市住宅类申报项目列为集中治理工作攻坚的重点予以解决，全市列入集中治理范围的住宅类项目共512个，东河区为226个，占全市总数的44.14%。168个住宅项目已转交不动产登记部门办理不动产手续，共634.25万平方米，涉及住户75209户，转办率74.34%。其中137个项目已经办结不动产首次登记，面积494.28万平方米，58267户。

【房地产去库存】

根据东河区去库存工作的基本情况及特点，2018年1月11日印发《东河区新建商品房去库存工作方案》，指导东河区房地产去库存工作。按照内蒙古住建厅、包头市住房保障和房屋管理局公布房地产库存数据显示，2019年12月底剩余可售商品房9825套，建筑面积115.68万平方米，库存面积较2018年年底可售商品房面积增加53.61%，去化周期18个月，其中：商品住房5839套，建筑面积75.61万平方米，库存面积较2018年年底增加47.73%，去化周期13个月；商品非住房3986套，建筑面积40.07万平方米，库存面积较2018年年底，可售商品非住房面积增加66.06%，去库存化周期75个月。

【房地产市场】

2019年，东河区共销售新建商品房6881套、建筑面积77.73万平方米，与上年同期相比，销售面积增加30.51%，销售面积占包头市销售总面积的16.61%。其中：新建商品住房累计销售6185套、建筑面积71.3万平方米，与上年同期相比，销售面积增加37.78%，销售面积占包头市住房销售总面积的17.09%；新建商品非住房累计销售696套、建筑面积6.43万平方米，与上年同期相比销售面积减少17.67%，销售面积占包头市非住房销售总面积的12.65%。

【供暖管理】

东河区供暖管理所是从事供热服务工作的事业单位，职工人数74人，下设12座热力站，共23台换热机组，合计功率127.86兆瓦，供热总面积146.8万平方米，热用户19214户，东河区供暖管理所从事供热服务39年，具有健全的供热组织体系和丰富的供热运营经验。

【公共租赁】

按照《包头市城镇廉租住房管理办法（试行）》，东河区2019年发放廉租住房租金补贴1288户次，发放补贴金额88.37万元。制定《东河区2019年公共租赁住房（廉租住房）实施方案》，对全区历年退出的65套空置公共租赁住房（廉租住房）再次进行分配。

【物业管理】

有物业服务企业85家，其中，东河区注册的企业50家，区外的35家；服务于住宅项目的69家，服务于非住宅项目的16家。有物业项目357个，其中：住宅类项目321个，非住宅类项目36个。住宅小区有物业管理的项目194个；准物业管理项目94个；居民自治项目19个；社区代管项目14个，住宅小区专业化物业覆盖率达89.72%。

近年来东河区先后出台《东河区物业管理工作考核办法》《东河区住宅小区物业管理提档升级工作方案》《东河区旧住宅小区推行准物业管理实施方案（2018－2020）》《东河区住宅小区物业管理实施方案》等多项物业管理相关配套文件。建立“房管、街道（镇）、社区居委会”的三级管理工作体系。根据市政府精神，结合东河区实际出台《东河区住宅小区物业管理提档升级工作方案》，东河区住宅小区要逐年达到内蒙古《居住物业管理服务标准》的要求，到2020年12月底，将有148个住宅小区达标。目前已达标119个，其中：2017年83个，2018年36个。根据市政府精神，结合东河区实际出台《东河区旧住宅小区推行准物业管理实施方案2018－2020》，明确2018－2020年东河区94个小区，建筑面积598万平方米列入全市准物业管理项目。

2019年市政道路污水管网一览表

表15-1

序号	名称	类别	起止点	走向	污水管径	维护单位	现状
1	利郎路	主干道	巴彦街—站北路	南北	800	住建局	2015新建
2	副食品厂路	主干道	巴彦街—站北路	南北	500～800	住建局	2015新建
3	地毯厂路	主干道	巴彦街—站北路	南北	600	住建局	2019改造
4	耐火厂路	主干道	巴彦街—站北路	南北	600～800	住建局	2015新建
5	纬三路	次干道	利郎路—地毯厂路	东西	500	住建局	2016新建
6	纬四路	次干道	利郎路—地毯厂路	东西	500	住建局	2015新建
7	纬五路	次干道	工业区东路—耐火厂路	东西	500	住建局	2015新建
8	站北路	主干道	工业区东路—地毯厂路	东西	800	住建局	2016新建
9	铁道桥南段	主干道	站北路口—南绕城公路	东西	800	住建局	2015新建
10	工业区东路	主干道	巴彦街—东河村北路	南北	800	住建局	2015年新建
11	副食品厂路	主干道	巴彦街—东河村北路	南北	500～800	住建局	2015新建
12	耐火厂路北段	主干道	东脑包路口—康复路	南北	600～800	住建局	2015新建
13	经一路	次干道	盛达路—康复路	南北	500	住建局	2016新建
14	东河村北路	主干道	东河东路—工业区东路	东西	800	住建局	2015新建
15	康复路	主干道	28中门前—工业区东路	东西	500	住建局	2015新建
16	纬一路	主干道	副食品厂路—工业区东路	东西	500	住建局	2016新建
17	东脑包路	主干道	耐火厂路口—工业区东路	东西	500～1000	住建局	2015新建
18	纬二路	次干道	副食品厂路—工业区东路	东西	500	住建局	2015新建
19	盛达路	次干道	耐火厂路—工业区东路	东西	500	住建局	2016新建
20	建材巷	主干道	巴彦街—哈屯高乐路东延段	东西	800	住建局改造 产权市管局	2016新建
21	西河西路	次干道	西脑包梁东—铁道桥	南北	800	住建局	2017新建
22	新中东路	主干道	和平路—工业路	东西	500	住建局	未改造
23	中市街	次干道	和平路—工业路	东西	600	住建局	2016新建
24	新北大街	主干道	财神庙广场—110国道	南北	500	住建局	2019改造
25	内环路	主干道	西门大街东—东门大街西	环路	500	住建局	2015改造
26	色楞湾路	主干道	冷库路—哈屯高乐路东延段	南北	500	市管局	2017年改造
27	光辉街	小街巷	西门大街—财神庙广场	东西	300	市管局	未改造

2019年东河区道路一览表

表15-2

序号	道路名称	起止路段	规划宽度	长度	宽度	分车道宽	道路面积（m²）	人行道面积（m²）
1	地毯厂路	康复路 —东脑包路	22	600	13		7800	5400
2	井坪北一路	芳草路 —铁西一路	20	393	11		4323	3537

（郭海霞 供稿）

自然资源管理

【包头市自然资源局东河分局领导名录】

工作组牵头人　武智勇

工作组牵头人、党支部书记　马俊清

工作组成员　张慧强

常岩磊

闫文斌

【概况】

包头市自然资源局东河区分局（以下简称“东河自然资源分局”）成立于2019年4月，是包头市自然资源局（以下简称“市自然资源局”）派出机构，机构规格为正科级，负责东河自然资源管理工作。内设办公室、纪检监察室、矿管科、规划耕保科、地籍利用科、法规科、规划业务综合科。二级单位有河东国土资源管理所、沙尔沁国土资源管理中心所、监察大队、包头市东河区规划技术服务中心和代区政府管理东河区土地储备和整理中心。

【项目报批】

北梁项目共组件报批34个批次，土地面积为11475.357亩，其中：北梁腾空区已获批19个批次，面积为7694.5545亩，北梁安置区已获批14个批次，土地面积为3755.7255亩。剩余安置区的1个批次已完成组卷上报工作，正在市自然资源局审核。同时，推动佳通污水处理厂项目、郑二窑子养老院项目、省道315项目、排水公司东河东污水处理厂及两镇上报的断头路等项目组卷报批工作。

【土地供应】

积极推动土地供应，2019年度东河区土地出让项目3个，总面积457.05亩。积极推进盘活利用城镇低效用地，全年通过出租，引资等方式现已盘活工业用地12宗，用地总面积788.71亩。对东河辖区范围内2011-2019年136个已供项目或新增项目进行巡查，巡查率99.2%。

【土地管理】

第三次国土调查国家核查组内业核查已完成，整改成果已上报自治区核查组核查。东河区农村土地“房地一体”确权登记已经全部完成补测工作，已发放不动产权登记证书13户。

【耕地保护】

完成永久基本农田核实整改和储备区划定工作。东河区永久基本农田补划面积不小于520.6355公顷，划定储备区面积为66.78公顷，成果已通过自治区自然资源厅审核。2018年耕地质量等别更新与监测、质量定级成果工作，已通过自治区自然资源厅审查验收。内蒙古自治区第三次国土调查耕地分等调查评价工作已完成前期准备，正在等待自治区下发参数后推进此项工作。完成核实生态保护红线评估报送成果工作。本轮东河区生态红线评估优化共划定面积为2473.9113公顷（37108.67亩），成果已提交自然资源厅审查。

【规划编研】

协调完成了铁路以南地区主要道路路网及安置房用地调整优化。协助完成铁路以南地区产业规划，同时启动该区域控规修编工作，预计2020年底完成。协调完成了包括北梁福巷、北梁部分路网等局部调整。按照国土空间规划编制相关要求，完成《东河区区域乡村建设规划》。开展《东河区公共服务设施规划》编制工作，填补老城建设短板，提升城市品质，增强居民的获得感和幸福感。

【规划管理和服务】

批复了28个项目建设用地规划条件书，13个建设工程规划许可证，2件选址意见书。协助区金融办、区执法局、区棚改办等部门，为项目争取资金、融资发债和选址落地提供助力，办理用地和规划意见30多件。通过前期陪同考察，项目选址建议，地块区位优势、自然禀赋、产业和规划布局介绍等，引进绿地集团商业、住宅、教育、医疗、康养的全产业链项目入住北梁腾空区。

【矿产资源管理】

全力配合好区政府及相关部门做好3宗煤矿去产能工作。做好地质灾害防治工作。代拟《东河区2019年地质灾害防治方案》和下发《做好地质灾害防治的通知》，辖区内共设立地质灾害标识牌38块。持续做好矿山企业安全生产和大青山南坡范围矿山地质环境治理及生态恢复工作。着重加强对已关停矿山、停产整顿矿山、去产能矿山的动态监管。将大青山南坡矿山环境治理工作与安全生产工作紧密结合，通过运用综合措施，主动对非法破坏生态环境违反各自领域法律法规的行为进行查处，2019年，对大青山南坡范围进行300次巡查，出动巡查人员700人次。自治区生态环境保护督察组受理群众举报问题调查处理情况。2019年共接到自治区生态环境保护督察组反馈问题7个。矿产方面2 个，执法监察方面5个。调阅材料2件，土地、矿产各1件。按照实际情况及时进行了答复。开展矿产资源领域突出问题专项整治工作。配合区政府成立了东河区矿产资源领域突出问题专项整治工作主体办、监督办，并设立举报邮箱、电话、信箱，及时上报专项整治工作部署开展情况。

【土地执法监察】

充分发挥执法联动机制作用，有力打击破坏生态环境的违法违规行为。2019年共查处45起案件，已结案13起，已申请法院执行28件。全面清理整治“大棚房”问题，现6处“大棚房”全部整改到位并通过验收。做好卫片执法检查和例行督查整改工作。2019年前三季度卫片图斑全部通过。2016年－2018年，土地例行督察已完成内外业核查和举证材料的上传工作。开展违法违规占地私建“住宅式”墓地等突出问题专项摸排工作。上报疑似硬化墓地24个，并逐一登记造册，载明所处位置、建造主体、时间、面积、地类等基本情况。开展违建“BS”全面清查摸排工作。东河区范围内共下发7个疑似违建BS图斑，经初步核查，7个图斑均已排除，无违建BS行为。做好“扫黑除恶”专项斗争工作。工作开展以来，统一思想，提高政治站位，成立领导小组，制定工作方案，配强专班队伍建设，设立专案档案室。与东河区人民检察院联合出台《关于在扫黑除恶专项斗争中加强协作的意见》，建立双向线索移送制度，为打赢扫黑除恶专项斗争这场攻坚战提供坚强保障。开展公共安全风险隐患排查化解专项行动。截至目前共处理信访件67件，（其中“12336”举报平台信访件22件、政府热线各部门、单位转办32件，协助现场办理13件，均按时限要求调查处理完毕。做好行风热线上线工作，行风热线承办共7件来访电话，办结率为100%。

（王惠 供稿）

【东河区棚户区改造管理服务中心（公司）领导名录】

主　任　　郭新钊（7月离任）
　　　　　张金虎（7月任职）
副主任　　谢晓鹏
公司副总　房宜锋
财务总监　赵艳春（女）

【概况】

包头市东河区棚户区改造管理服务中心成立于2011年，设主任、副主任各一名，下设综合室、征收安置室、项目工程室、法规融资室。与北梁棚改公司合署办公，两块牌子一套人员。现有工作人员27名（包括借调和临时聘用人员）。主要职能为按照区委、区政府的安排部署，做好棚户区搬迁改造征收安置各项工作，对接和落实上级关于棚户区改造的法律法规、方针政策和工作要求。

【城市棚户区项目】

东河区2019年棚户区（城中村）改造项目是继续做好2015—2018年棚户区改造遗留任务（涉及1个镇政府，8个街道办事处）。前期通过印制发放《东河区2015—2018年城市棚户区（城中村）改造遗留任务征收补偿工作手册》，让征收小组人员对征收政策有初步的熟悉与了解，随后召开二次征收人员培训会，通过现场讲解、示范操作、提问解答，更好地让征收人员“吃透”征收方案与政策，做到“以人为本，和谐征收”。城市棚改共计征拆居民住房20007户（含包铝九栋楼523户），拆除房屋面积210.73万平方米（含附属物面积66.37万平方米）。其中，实物安置6243户，货币补偿13764户（补偿金额27.28亿元）。居民在实物安置中，租赁安置19户，保障安置1068户，产权调换安置5156户。

【征拆调查】

为推进腾空区地上物征拆，尽快形成可利用净地，成立腾空区地上物征拆信息摸底调查专项组，对2015－2019年城市棚改征拆情况进行摸底汇总，对75块地块上居民、企业占地现状，征拆及遗留情况做了详细造册，制作鸟瞰征拆区域勾线图，为上级策划推进土地腾空征拆方案，提供翔实的、行之有效的数据依据。

【北梁棚户区项目】

2019年继续做好北梁项目遗留征拆工作。北梁棚改共计征拆居民住房59930户，拆除房屋面积501.34万平方米。其中，实物安置36552户，货币补偿23123户，商业底店安置162套，签订回迁协议未选房93户。居民在实物安置中，异地安置32006户，回迁安置4546户。

【业务升级】

继续做好北梁项目遗留征拆工作的同时，棚改公司积极探索实体化转型路线，不断优化公司经营业绩，通过整合利用现有资源，成立二级物业子公司鹏惠物业，接管北梁地库资产，为北梁居民营造安全、舒适的物业环境。北梁商业底店闲置14.86万平方米，通过完善业态布局、升级配套服务设施，分区域引导商户租用北梁商业闲置底店，在盘活闲置资产同时，满足安置居民的生活需要。

（徐永鹏　供稿）

行政执法与环境卫生

【东河区城市管理综合执法局领导名录】

党组书记　李　勇
局　长　　张志刚
副局长　　张胜刚
　　　　　王　强
　　　　　万志兴

【概况】

1982年9月，东河区城市管理监督检查队成立，隶属于东河区城建局。1984年1月，东河区城市建设环境保护局接管东河区城市管理监督检查队。1986年10月，根据包头市人民政府文件精神，包头市人民政府第十二次市长办公会议批准成立包头市城市管理监察大队，同年东河区城市管理监督检查队改称包头市城市管理监察大队东河区中队。2002年，改称包头市城建监察支队东河区大队，受包头市建委委托，代表东河区人民政府行使城市管理监察职能。2008年3月，设立包头市东河区城市管理执法局，具有行政执法主体资格。2010年4月机构改革，原区城市管理执法局名称变更为东河区城市管理行政执法分局。2019年3月7日，由原区城市管理行政执法分局和区环境卫生管理局合并组建挂牌成立区城市管理综合执法局（以下简称“区城管执法局”），是东河区人民政府工作部门，机构规格为正科级。共承担18项职责任务，主要有贯彻执行上级有关城市管理和综合执法的法律法规、政策规定等，负责法律法规明确和上级政府授权的全区城市市容管理、区管道路环境卫生管理、市政管理、物业管理、城乡规划、环境保护、工商管理、食品药品、水务管理、公安交通管理、数字化信息平台建设等方面工作。局机关内设办公室、政策法规股（行政审批股）、督查考核股、市容环卫股、规划和市政股、环境保护股6个股室。下设5个事业单位，分别为区城市管理综合执法大队和环卫一、二、三、四所。区城市管理综合执法大队为正科级事业单位，与执法局合署办公，下设15个执法中队，包括沙尔沁镇执法中队、河东镇执法中队、北梁新区执法中队、天骄街道办事处执法中队、东兴街道办事处执法中队、河东街道办事处执法中队、南门外街道办事处执法中队、东站街道办事处执法中队、南圪洞街道办事处执法中队、和平路街道办事处执法中队、回民街道办事处执法中队、财神庙街道办事处执法中队、西脑包街道办事处执法中队、铁西街道办事处执法中队、机动督查中队。同时根据工作需要，另设立3个环卫所。区城管执法局有干部职工1734名。管辖面积470平方公里，包括12个街道办事处、2个镇的49个行政村。

【市容环境整治】

区城管执法局按照“主干道严禁、次干道严控、小街巷规范”原则，采取网格化、错时段、机动巡察等管理措施，对全区占道经营、流动摊点、店外经营等行为进行严格管控。特别是对新改扩建的南门外大街、西脑包大街、东西门大街进行集中清理整治。共清理占道经营5801处，流动摊点5938处，“三乱”小广告等5万余处。

【校园周边治理】

区城管执法局积极开展校园周边市容秩序专项整治行动，依法取缔校园周边占道经营行为，特别是沿街占道经营的麻辣烫、油炸串等，共清理2245处。

【夜间烧烤整治】

区城管执法局集中力量开展夜间露天烧烤整治行动，所有道路严禁店外明火烧烤，要求烧烤经营商户必须按照“三定两统一”和“门前三包”要求规范经营。“三定”即：定经营时间，露天烧烤时间统一定为晚18：30—22：00，此时段以外严禁出店摆摊；定位置，出店摆放桌椅应设置在人行便道以上、盲道内侧，且不得占压盲道和绿化带，无盲道的应退出道路侧石1.5米；定要求，露天烧烤摊点应制定自律要求，严禁使用高噪声音响设备或以其他高噪声方式招揽顾客等影响周围居民正常生活的行为，严禁随意丢弃和泼倒杂物、污物、污水。“两统一”即：统一在餐桌前配置垃圾桶，统一铺设防污地毯和折叠式遮阳伞。“门前三包”即：包市容秩序，包环境卫生，包绿化。对烧烤主要集中的工业路、站北路、西脑包大街、南圪洞广场周边等路段进行不间断巡查，确保无明火烧烤，共规范烧烤经营商户320处。

【店招广告管理】

区城管执法局审核备案店招牌匾355处，审核备案外立面装修9处，拆除户外违规广告40处339平方米。

【设置便民市场】

区城管执法局按照疏堵结合的原则，根据东河区市场规划建设安排和小商贩经营需求，规划设置6处便民经营引导点，统一路段，统一摆摊设点时间，统一经营秩序和环境卫生，满足周边居民消费需求，设置10个临时秋菜市场，疏导并帮助菜农进入销售点规范经营，同时对秋菜销售点实施重点管理、动态保洁，做到随产随清。

【环境卫生清扫保洁】

区城管执法局负责城区内主次干道76条、小街小巷268条，面积约710万平方米的环卫作业清扫保洁工作。按照“三供一业”要求，接收铝厂区域环境卫生作业工作，新增道路面积约13万平方米的清扫保洁工作。积极配合各街道办事处，对卫生死角、装修垃圾、废弃家具和杂物进行集中清理，共清理约5630吨。

【开展公厕革命】

区城管执法局按照区委、区政府《东河区农村人居环境整治2019年工作方案》工作要求，对河东镇、沙尔沁镇新改造农村旱厕26座，制定农村环境卫生考核办法。

【环卫设施设备提档升级】

区城管执法局新改建垃圾转运站11座，其中，新建4座（铁西豪德、红星垃圾、铝厂北山、科研所）、改造7座（步步高、东官房、公二街、二九一、鹿鸣苑、牛桥街、解放路）；完成新改建公厕5座（铝厂白银路、东站、公二街、通顺街、矿机小区）。对全区24座公厕采取延时开放（早6：30至晚10：00），方便居民如厕。

【建筑工地管控】

区城管执法局认真落实区委确定的9项重点工作，加大对建筑工地的监控力度，坚决杜绝未批先建。2019年，新开工的紫玉公馆、鹿城壹号、东方俪城二期、星河丽景、欧艺锦绣苑二期5处均五证齐全；配合相关部门对东方丽城二期、紫玉公馆、北梁供水管线、磴口村污水管线、110国道改建等12个建设工地进行疏导秩序，确保正常施工。重点整治东河范围内高铁外部环境综合整治，共整治清理109处，确保高铁安全运行。

【违法建设管控】

区城管执法局按照“存量递减、新增为零”目标要求，印发《东河区2019年城区范围内住宅小区私搭乱建清理整治工作实施方案》，拆除私搭乱建约645处约1.4万平方米；拆除集体、国有土地违法建设31处5.9万平方米；查处城市建成区存量违法建筑近50万平方米。

【大气污染治理】

区城管执法局认真落实全区蓝天保卫战、扬尘污染治理等环境保护6个实施方案要求，集中执法、环卫力量，对全区建筑工地拉运废土、棚改等拆迁工地存量建筑垃圾、建筑废土运输车辆等，采取进出口地面硬化、苫盖、洒水降尘、喷淋等措施，有效降低33处各类建筑、拆迁工地扬尘污染，清理焚烧垃圾行为108处，制止、扑灭露天焚烧秸秆等行为96处。对包八中检测点位周边不间断洒水降尘，确保环境质量。与1200余家餐馆饭店签订加强油烟、餐厨垃圾管理责任书，督促199家安装油烟净化装置及降噪设备。

【景观街建设】

区城管执法局集中对南门外大街、环城路等主要街道建筑物外立面进行提档升级，对环西市场、工行东河支行、888商厦、薇薇影楼4处建筑完成整治。

【重点项目建设】

区城管执法局积极推进招商引资重点项目

建设。负责原水沐年华改造为乐汤汇国际生活小镇、原党政大楼改造为城市记忆酒店项目。乐汤汇国际生活小镇已竣工试营业，城市记忆酒店项目已完成消防施工和停车场路面铺设，正在进行酒店设施和停车设施的安装施工。

【开展“不忘初心、牢记使命”主题教育】

区城管执法局通过局党组中心组学习会、邀请区党校教师集中授课、书记讲党课、观摩研讨等方式，认真学习习近平新时代中国特色社会主义思想和系列讲话精神、中共十九大和十九届四中全会精神、学习《中国共产党支部工作条例》《中国共产党党员教育管理工作条例》，开展集中学习18次、集中培训3次，书记讲党课105次，参观学习6次。

【开展“扫黑除恶”专项斗争】

区城管执法局通过设立举报箱、悬挂条幅、LED显示屏，召开座谈会、街头大型宣传等方式，广泛宣传“扫黑除恶”专项斗争的目的和意义，制定“扫黑除恶”排查工作方案，积极开展“扫黑除恶”专项斗争。共开展大型宣传活动3次，张贴宣传标语252块约7410平方米，制作大型墙体广告11块1095平方米，向区扫黑办报送3条涉黑涉恶线索。

（张荣 供稿）

环境保护与生态建设

生态环境保护

【包头市生态环境局东河区分局领导名录】

局　长	肖尚琦（满族）
副局长	陈三平
	靳永峰
	宫相权（蒙古族）
环境监察大队长	杨同忠

【概况】

2019年5月22日，包头市生态环境局东河区分局正式挂牌，隶属包头市生态环境局，机构规格为正科级，有工作人员42人，其中，编制内职工21人，临时聘用工作人员21人。分局内设综合办、管理室、审批室、信访稽查室4个科室；下设东河区环境监察大队、东河区环境监测站两个二级单位。

东河生态环境分局的基本职责：宣传、贯彻、执行国家、自治区、市政府关于环境保护的方针政策、法律法规和规章。根据全市环境保护总体安排，结合区政府工作任务，制定分局工作计划。负责建设项目生态环境管理、污染防治、环境统计工作。承担区政府建设烟尘控制区、噪声达标区、高污染燃料禁燃区；承担区政府开展生态环境综合整治、专项整治工作。拟定污染源治理和环境综合整治、专项整治资金补助计划，经市生态环境局同意后监督落实。负责调查处理环境污染事故、环境纠纷、环境信访及投诉；依法查处环境违法行为。承办区人大、政协交办的和市局转办的议案和提案。实施行政处罚，承担行政诉讼。负责农村牧区自然生态环境保护工作。拟定环境监测计划，组织开展污染源监测，协助市级监测站进行环境质量监测。开展环境保护宣传教育工作并完成区政府交办的其他工作。

【空气质量】

2019年，东河区（东河城环局）监测空气质量332天，其中，Ⅰ级24天、Ⅱ级215天、Ⅲ级69天、Ⅳ级16天、Ⅴ级6天、Ⅵ级2天；环境空气质量二级良好以上天数为239天，占全年监测总天数的72.0%。

2019年，东河区（东河鸿龙湾）监测空气质量346天，其中，Ⅰ级42天、Ⅱ级221天、Ⅲ

级61天、Ⅳ级15天、Ⅴ级6天、Ⅵ级1天；环境空气质量二级良好以上天数为263天，占全年监测总天数的76.0%。

【水环境质量】

2019年黄河干流包头段蹬口断面各月水质类别分布情况表

表16-1

断面	1月	2月	3月	4月	5月	6月	7月	8月	9月	10月	11月	12月	占比（%）	
													Ⅱ类	Ⅲ类
磴口	Ⅱ	Ⅲ	Ⅱ	Ⅱ	Ⅲ	Ⅱ	Ⅱ	Ⅲ	Ⅱ	Ⅱ	Ⅱ	Ⅲ	66.7	33.3

说明：蓝色为Ⅰ~Ⅱ类水质，绿色为Ⅲ类水质。

结论说明：经监测结果显示，黄河干流包头段蹬口断面均到达三级及以上水质，其中，Ⅱ类水质Ⅲ类水质各占比分别为66.7%、33.3%。

2019年西河、东河支流河道各月水质类别分布情况表

表16-2

断面	1月	2月	3月	4月	5月	6月	7月	8月	9月	10月	11月	12月	全年
西河	劣Ⅴ	劣Ⅴ	劣Ⅴ	劣Ⅴ	劣Ⅴ	劣Ⅴ	劣Ⅴ	劣Ⅴ	劣Ⅴ	劣Ⅴ	劣Ⅴ	劣Ⅴ	劣Ⅴ Ⅴ
东河	Ⅳ	Ⅴ	Ⅳ	劣Ⅴ	劣Ⅴ	劣Ⅴ	劣Ⅴ	劣Ⅴ	劣Ⅴ	劣Ⅴ	劣Ⅴ Ⅴ	Ⅳ	劣Ⅴ Ⅴ

【声环境质量】

城市区域环境噪声。监测概况：包头市区域环境噪声网格共布设700米×700米大小的网格点位284个，覆盖面积139.16平方千米，其中，东河区范围内有84个，编号为201～284，覆盖面积41.16平方千米，监测频率为每年秋季1次。

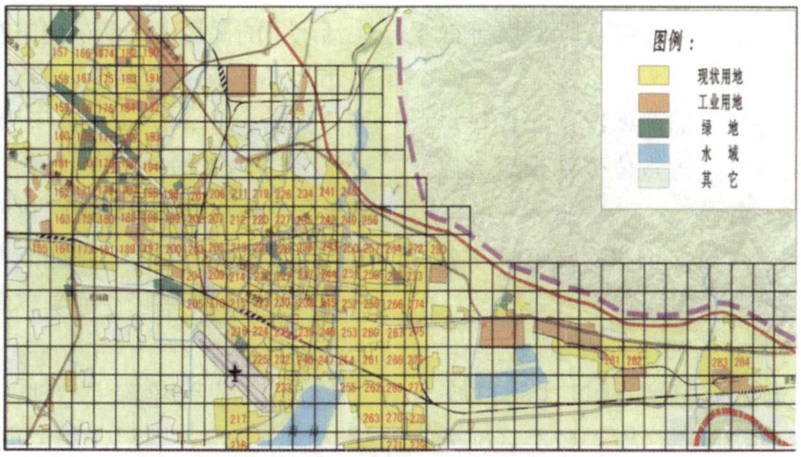

图16-1　九原区、东河区区域环境噪声网格点分布图

监测结果评价：东河区区域环境噪声年度变化较小，整体声环境质量（三级）一般，区域环境噪声昼夜大多分布在62.5～52.3分贝区间，夜间值大多分布在44.6～52.7分贝区间，昼夜间符合声环境质量标准III类区标准，噪声源主要是生活噪声，其次是交通噪声和工业噪声。

城市道路交通噪声。监测概况：2019年，建成区内14条主要交通干线、36个测点，监测路段总长25公里，平均路宽18.6米。

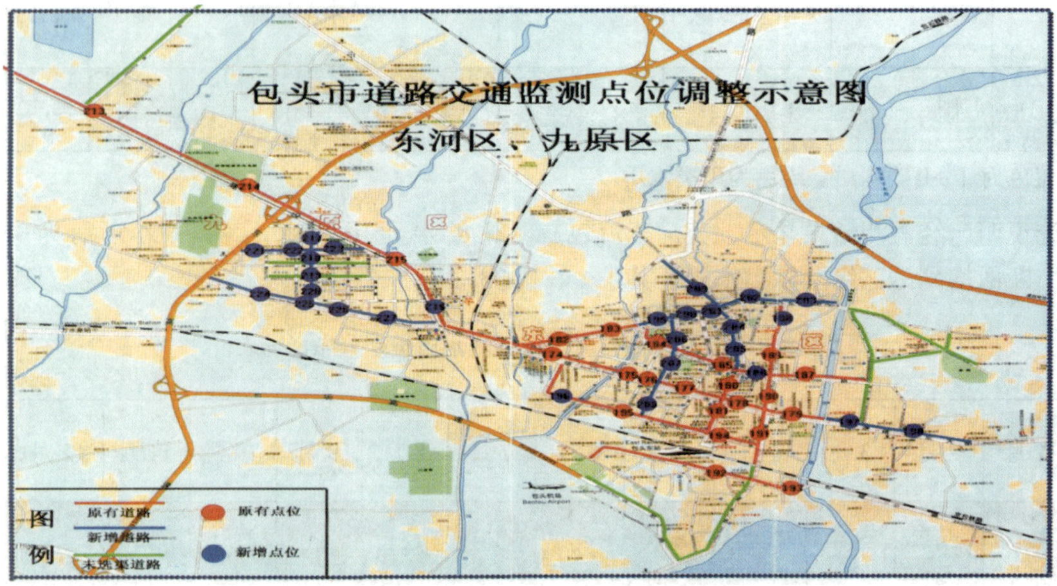

图16-2　东河区道路交通监测点位调整示意图

道路交通噪声评价：2019年，东河区道路交通噪声均低于《声环境质量标准（GB3096-2008）》中AAAA类区域的标准（昼间70分贝、夜间55），昼间年平均值为69.8分贝，低于国家标准0.2分贝。夜间年平均值为56.0分贝，高于国家标准1.0分贝。大多数路段平均等效声级在54-55分贝。

城市功能区声环境。监测概况：2019年，东河区范围内声功能区监测点位分别为耐火厂和光华饭店。

声功能区监测频次为一年四次，每季度各一次。

声功能区噪声评价：2019年，东河区声功能区噪声均低于《声环境质量标准（GB3096-2008）》相应的标准限值，耐火厂（3类区65分贝）点位年平均值为61.2分贝，低于国家标准3.8分贝。光华饭店（AAAA类区70分贝）点位年平均值为64.6分贝，低于国家标准5.4分贝。

原因分析：随着经济社会的发展，市区建成区内第三产业行业总量越来越大，近年来社会生活噪声一直都是包头市的主要声源。随着人们生活水平的提高，机动车逐年增加，到2019年包头市机动车保有量已达76万余辆，驾驶人保有量达90万余人，交通噪声压力进一步增大，但近年来包头市通过提升智能化管理能力等方式不断提高道路交通管理水平，拓宽路面，设置公交专用道，及时修复破损路面，有效提高交通运行效率，大幅度抵消了交通噪声的影响。

【蓝天保卫战】

狠抓工业污染深度治理，组织实施包铝电解二厂、三厂、四厂，华云电解一厂、二厂电解烟气脱硫改造工程，包铝碳素环境综合治理及氟化物减排工程，森都碳素特别排放限值改造工程，盛泰公司挥发性有机物治理工程等工业大气重点治理项目；开展燃煤锅炉、窑炉治理“回头看”工作，对谷盛市场、万里机械等7户10台燃煤锅炉进行清洁能源替代；对工业南路粮库底店等11处201户约1.6万平方米的居民住宅和底店商铺实施集中供热改造；推进沙尔沁镇莎木佳村等10个村10437户“气代煤”改造工程。以“六个百分百”污染防控措施为重点，规范建筑土方、工程渣土、建筑垃圾管理。

【碧水保卫战】

组织实施东华热电有限公司废水资源化利用项目，推动加通污水处理厂提标扩能改造工程开工建设；对所有涉水企业的生产和生活废水情况进行摸排，完成8户重点排水企业水污染物在线监控设施安装；加强对磴口一、二级饮用水水源地保护区，留宝窑地下水源准保护区，乡镇农村17口饮用水井的环境监管，完成磴口水源地和典型乡镇水源地评估，Ⅲ类水体水质100%达标。

【净土保卫战】

贯彻落实《中华人民共和国土壤污染防治法》，积极推动东河垃圾填埋场原存污泥处理处置工程于11月8日开工建设；对包铝、华云、东华、盛泰等企业的工业固废、危废和9家医院的医疗废物建立闭环式、台账式管理，确保数量准确、台账明晰、存贮规范、转移有序；对纳入工业固体废物物联网系统的9家企业组织开展前期准备工作，并陆续接入物联网系统，实现工业废物收集、运输、储存、处置行为实时监控，固体废物标签化管理、电子联单管理等信息管理。

【生态环境问题歼灭战】

把中央环保督察及“回头看”、自治区生态环境保护大检查反馈问题整改作为重要政治任务来抓，持续跟进一抓到底。2016年以来，中央和自治区先后对包头市生态环境保护进行督察（检查），涉及东河区21个问题，其中，2016年中央环保督察涉及东河区的8个问题和2017年自治区生态环境保护大检查涉及东河区的3个问题已全部完成整改；2018年中央环保督察“回头看”涉及东河区10个问题，9个已经完成整改。

【建设项目环境审批】

2019年，完成内蒙古运正升新材料有限公司年产20万吨铝铸扎板项目、内蒙古隆华新材料有限公司(江苏凯隆)建设30万吨铝合金材料项目等40个建设项目环评文件审批，2019年东河区供热二次网改造工程、南海湿地风情街等59个建设项目完成网上备案。

【环境监察】

强化生态环境部门统一监督管理职能，推动各部门、各单位落实生态环境保护“党政同责、一岗双责”， 加大环境执法监管和“双随机、一公开”力度，重点打击偷排偷放、超标排放、饮用水源保护、固废非法转移等环境违法行为。2019年，累计出动执法人员2345人次，出动执法车辆980辆次，排查企业1159家次，清理取缔“散乱污”企业10家；下达责令改正违法行为决定书181份，行政处罚决定书46份，实施查封扣押1件，移送公安处理1件，限产停产4起，办结环境信访178件。

(陈梦然 吕强 供稿)

南海湿地管理

【包头市南海湿地管理处领导名录】

党委书记	虞　炜(2月离任)
党委副书记、副处长	李晓东(2月任职、主持工作)
	李振银
党委委员、副处长	楼震中(8月离任)
	任江莲(女)
	刘建华

党委委员、南海景区经营开发有限责任公司总经理　王煦东

党委委员、事务中心主任　刘　彬(女)

【概况】

南海湿地的历史距今已有160多年，清道光三十年（即1850年），因黄河改道，南海子渡口成为黄河中上游的水运枢纽和皮毛集散地，老包头因此被称为“水旱码头”。南海湿地管理处最前身为1958年成立的包头市渔场，作为包头市的副食生产基地，主要从事鲜鱼捕捞和鱼种生产。1985年，更名包头市南海公园管理处，主要从事旅游业与渔业生产、饮食服务、园林绿化。1993年，被市政府辟为包头市的四大开发区之一，单位名称变更为包头市南海旅游开发区总公司。1996年年底，又转回差补事业单位。2001年开始，南海公园管理处整建制划归东河区管理，移交后南海公园管理处单位性质不变。同年，包头市南海子湿地自然保护区被内蒙古自治区人民政府评为自治区级自然保护区，自此，拉开强化湿地保护的序幕。2004年，南海湿地遭受重大事故（“11·21”空难），2005－2007年，南海湿地重新进行大规模的改造建设，建成后的南海成为集生态休闲、旅游观光和科普宣传于一体的综合性旅游区。2008年后，南海湿地不断推动立法、加大湿地保护力度，实施系列湿地保护建设项目，大力发展文化旅游等相关产业，逐步形成以湿地保护为主线，不断推进湿地绿色发展的产业格局。

包头市南海湿地管理处的主要职责是贯彻、执行国家及地方有关湿地、城市绿化、风景旅游区开发管理的法律、法规和政策，制定南海湿地自然保护区、包头黄河国家湿地公园东河片区的总体规划及年度计划并组织实施；按照《包头市南海湿地管理处行政权力清单目录》行使行政处罚、行政监督检查及其他行政权力，承担相应责任；负责南海湿地自然保护区范围内的湿地保护、土地管理、开发利用、环境保护与各项基础设施的建设、管理和维护；编制南海湿地自然保护区实验区域内各景点的具体发展规划和实施方案；负责南海湿地自然保护区实验区娱乐项目、渔业生产经营项目的管理；负责包头黄河国家湿地公园东河片区保护与建设工作；负责包头黄河国家湿地公园东河片区内的自然资源和生态环境的保护与管理；负责包头黄河国家湿地公园东河片区内资源调查和监测工作；负责包头黄河国家湿地公园东河片区内野生动植物的救护和疫源疫病防控工作；负责其他与之相关的湿地保护管理工作；承办区政府及上级业务部门交办的其他事项。

组织机构：党政办公室、事务中心、人事部、纪检监察部、计划财务部、湿地资源管理部、科普宣教部、公共事务管理部、执法大队、包头市南海景区经营开发有限责任公司。

人员编制：2019年核定人数101人，实际人数246人（包括事业编制、企业编制、聘用人员等）。

【2019年荣誉】

内蒙古南海湿地自然保护区被中国林业产业联合会森林休闲体验分会授予内蒙古南海湿地自然保护区“中国森林体验基地”称号。

【湿地保护】

《南海湿地院士工作站及科研监测科普宣教中心项目》现已完成地基基础建设。重新修订《包头市南海子湿地自然保护区条例》，对与上位法不符或相冲突的地方予以修正。加强湿地执法普法，全年打击涉湿违法行为40余起，开展普法宣传活动3次，发放宣传资料1000余份，参与群众达2000余人。推进科技合作，完成“2018年科普和科技培训专项”项目结题工作，持续推进“包头市科技局院士工作站建设项目”及“内蒙古科技厅院士工作站建设项目”。邀请中科院东北地理与农业生态研

究所、内蒙古农业大学等专家就南海湿地的水质、藻类、昆虫等进行调研、取样。与包头师范学院进行科研合作，重点开展鹭类繁殖项目。完成2019年全年度内蒙古重点湿地资源调查工作，共进行鸟类监测23次、水质监测19次、水位监测13次，发现新鸟种2种，更新鸟类数据库，截至2019年年底，出现在南海湿地的鸟类共232种。

【湿地科普宣教】

举办“全国科普日”“世界水日”“国际爱鸟日”等大型科普宣教活动7次，争取宣教费用15万元。注册包头市南海湿地自然教育有限责任公司，推进自然教育工作的开展。生态报道成绩显著，新闻媒体报道南海49篇次，其中，中央电视台播报9篇、内蒙古电视台播报10篇、包头电视台播报16篇，新媒体、报纸、电台等共发稿14篇。保证南海湿地保护区网站运行正常，设立7个版块33个子栏目，发布信息79篇；南海湿地微信平台开发工作动态、湿地管护、广角镜、旅游资讯、科普知识等10余个栏目，每月发布4次信息，推送信息182条。

【景区基础建设】

按照景区总体规划要求，拆除清理不符合景区整体形象的项目、临建，对广场小项目进行集中区域统一管理。对景区停车场、小船服务站等道路进行铺装硬化1.02万平方米。对码头、栈道、运营船只等进行维修、维护，乘船等待区域铺设草坪地毯200平方米，搭建遮阳棚10个，翻新沙滩并安装凉亭7个。建设占地11006.9平方米的南海湿地风情街，建设可移动式房屋1230平方米，包括特色商品店12间，美食商品店21间，茶园等3间，新建演艺广场1座、各式景观小品若干，将原有水上高尔夫场地改造为高档咖啡厅，完善“吃住行游购娱”旅游要素。实施景区亮化工程，对景区主广场及周边进行亮化，安装系列灯带，增设体现社会主义核心价值观和鸟类科普主题灯箱300盏，打造“鸟文化主题公园”，增加夜游南海湿地的客流量。新建水中舞台浮箱型栈桥1座、环湖游客服务站1座，新建反映水旱码头繁荣景象和晋商西口文化的浮雕壁画和大理石版画雕刻文化背景墙2处，增设飞机拍照打卡点1处；新建水上标准钓台40个，满足大型垂钓比赛需要。

【景区文化旅游】

2019年，南海湿地景区累计接待游客约200万人次，经济收入800.54万元，与大型餐饮企业签订4万公斤鲜鱼供销项目合同。举办包头市第五届全国大众冰雪季启动仪式暨第十二届南海湿地冰雪节、包头市第五届‘南海湿地’杯钓鱼比赛、周六健步行、横渡南海湖、第五届职工环湖徒步竞赛、48小时马拉松接力赛、“百米画卷画南海”等40余场活动，接待了包头市黄河研究会和包头市美术家协会联合举办的画南海活动。积极协商拓展中国鸟类图片馆建设项目、红色教育基地项目、户外婚礼项目等，努力与投资单位寻求洽谈合作，寻找景区经济增长点。

（李木睿 供稿）

南海地区产业发展服务

【东河区南海地区产业发展服务中心领导名录】

主　任　　郭少昆（6月任职）

副主任　　张拴柱（6月任职）

【概况】

包头市东河区南海地区产业发展服务中心于2019年3月成立，为隶属于区政府管理的相当正科级公益一类事业单位，核定编制20名，领导职数1正2副，现任命1正1副，另有借调人员2名，区聘1人，民生志愿者2名，共7人。中心下设综合办公室、财经室、规划建设室、经济发展室四个科室，主要负责南部地区总体规划、产业发展、基础设施建设和投资促进等工作。

【南部地区简介】

南部地区的经济发展是深入贯彻落实习近平总书记在黄河流域生态保护和高质量发展座谈会上的重要讲话精神、自治区“加快沿黄生态经济带建设”决策部署、包头市委领导关于“把东河区打造成包头市新的增长点”“老城区要焕发新活力”的指示以及有效推动东河区产业结构转型升级具有重要意义。

南部地区位于东河区西南部，东起南海村东界，西至二道沙河，南临黄河景观道，北抵京包铁路线，总面积26.42平方公里。该地区由天骄街道，河东镇保利社区、王大汉村、郑二窑村和毛凤章村，沙尔沁镇邓家营子村和南海村组成，是国家级《呼包银榆经济区发展规划》和自治区级《呼包鄂协同发展规划》《沿黄经济带产业发展规划》的战略腹地。

【成立铁路以南地区总部经济园区推进领导小组】

为着力推进南部地区总部经济园区规划建设，经区委十届第75次常委会会议研究，决定成立铁路以南地区总部经济园区推进领导小组，由区委常委、常务副区长徐刚兼任组长，副区长石丽娜、李晓宏和区税务局局长马杰共同兼任副组长。

领导小组下设办公室、社会事务工作组和产业推进工作组，办公室和社会事务组设在天骄街道办事处，产业推进组设在南海地区产业发展服务中心，分别承担领导小组安排部署的各项工作。

【产业规划编制】

为了对南部地区产业发展方向进行顶层设计、科学规划，进行合理有序、分片区、有步骤地进行开发建设，结合地区发展的实际需求，通过公开招投标，南海地区产业发展服务中心于7月委托由国内规模最大、专业资质最高的综合性工程咨询机构中国国际工程咨询有限公司编制《包头市东河区南部地区产业发展规划》，期间组织中咨公司5次到南部地区及相关单位、企业进行实地调研考察，并与16家市区两级相关单位召开4次产业规划修改意见征集座谈会，中咨公司于12月完成定稿。规划明确南部地区将依托铁路、公路、航空等交通区位优势和南海湿地、温泉等自然资源优势，重点发展“三大”门户经济、融合发展黄河湿地文化旅游度假区、打造呼包鄂特色商贸物流中心等产业。同时，南海地区产业发展服务中心已将争取产业规划编制经费100万元的相关材料，通过市、区两级发改委报送至自治区发改委审定，拟争取前期编制费用。

【核心区道路控规编制】

为完善基础设施建设，南海地区产业发展服务中心已对接自然资源部门完成二里半路、西二里半路、兴航路东延段、南海路东延段、西二里半路东侧区间路等五条道路的控规调整工作，同时积极对接住建部门已将上述道路的修建改造项目报送至市住建局，争取纳入市级修建计划。

【项目对接】

为顺利做好前期筹备工作，南海地区产业发展服务中心从4月起分别与中国国际工程咨询公司、新松机器人投资公司、北京启迪集团、西安复兴文明集团、华夏航空集团、绿地集团、北京乐易考教育科技集团、亿利资源集团、国信集团、亿利金威、太平亿康健康产业投资公司、天韵科技集团等12家公司就基础设施建设和项目导入等事宜进行对接洽商。

【列入国家重大建设项目库】

为积极争取预算内专项投资支持，南海地区产业发展服务中心已经将东河区南部地区道路基础设施建设、自由装配式标准化厂房、商务功能区、现代物流产业、养老产业、文体教育产业、旅游产业、总部经济园等项目列入国家重大建设项目库和“十四五”规划项目库。

（张颖 供稿）

景区管理

【东河区景区管理处领导名录】

主　任　　田换科

副主任　　郭　雨（回族、6月离任）

　　　　　王　敏（女）

【概况】

包头市东河区东河景区管理处（以下简称“东河景区”）始建于2005年，机构规格为正科级，内设股室3个：办公室、管理股、安全保卫股。实有人员32人，事业编制16人、区聘人员16人，其中，专业技术人员2人。

东河景区管理处负责东河转龙藏至羊绒衫厂对面已成型河道的绿化、水域、外围及两侧的日常管理、维护工作，管理河道长约2.7公里，宽约56米，内由6座彩色橡胶坝形成6段连续蓄水水面。负责东河该段的防洪、防汛及安全工作。

【党建活动】

“不忘初心、牢记使命”主题教育开展以来，东河景区领导班子深入学习领会习近平新时代中国特色社会主义思想，认真学习习近平总书记关于“不忘初心、牢记使命”主题教育的讲话精神。学习党章关于新形势下党内政治生活的若干准则、中国共产党纪律处分条例等党内重要法规。学习党史、新中国史。活动期间，东河景区组织干部职工参观学习包头市博物馆、包钢精神展厅、青山党群服务中心、王若飞纪念馆、市直机关党员教育基地、包头市党群服务中心。东河景区组织全体党员干部观看“不忘初心、牢记使命”主题教育警示片初心的蜕变。在此期间积极与东河沙尔沁镇沙尔沁社区合作完成“双服务、双认领”活动，认领5名困难家庭，送去米、面、油各5份，完成困难户的“微心愿”。

【卫生保洁】

2019年，东河景区对13万平方米库区水域垃圾进行清理，共清理水草，绿苔约160吨；清理河道淤泥、垃圾共100吨。

【绿化养护】

迎接中华人民共和国70年大庆期间景区内摆放花坛3处56000盆，摆放花箱105套，种植花卉8500株，播撒花池花籽2000平方米。

【设备维修】

东河景区干部职工自己组建维修队，对漫水区域90米护栏及木栈桥进行加固，维修破损不锈钢护栏，分别对破损路面、木栈桥、蘑菇凉亭、所有坝头挡墙、各类设施柜、房屋、休息室、人行通道浅水管下沉等进行修缮。

全年喷泉喷放27次，营造节日气氛，使东河景区风光亮丽。为提倡节能环保，将东河景区全线路灯均都换成了LED灯，共计186盏。

【秩序管理】

为防止上游泉水流入园路形成积冰，组织机械和人员对浅水区冰面刨冰进行泄水。春节前安排专人在沿路不定时巡查，防止因不文明祭祀引发火灾，并劝导市民文明祭祀。针对正月十五焰火晚会，东河景区制定元宵节焰火晚会防火工作预案，在预备放焰火范围内对两岸易燃树木进行洒水，安排早晚轮流值班人员。在南龙王庙庙会期间，东河景区组织全体职工对南龙王庙周边车辆及行人疏导，防止拥挤造成人身安全事故。同时，本着严密防范、全员出动、立体巡控的原则，严查火情，保证游客和景区的安全，加强巡查，确保节日期间燃放焰火、鞭炮的防火防控工作。

【试验提水】

东河景区完成第一次截流冰块、自然补水的工作。此次试验是为了避免水资源的流失和浪费，降低日后提水充坝的成本。也是为避免河槽喷泉在注水后出现故障。

【网球场改造】

网球场实行免费对外开放，在做好卫生、场地养护工作的同时，也加强对网球爱好者的管理，并详细地进行人员登记。

（蔚培霞　供稿）

工 业

工信和科技

【东河区工信和科技局领导名录】

局　长　　　白震原

副局长　　　魏孟德

　　　　　　祁勇霞

　　　　　　石国庆

【概况】

东河区工信和科技局（以下简称“区工科局”）是东河区人民政府工作部门，机构规格为正科级，负责贯彻落实国家、自治区、包头市、东河区关于新型工业化、创新驱动发展、科技发展战略和政策，拟订并组织实施全区工业、信息化和科技发展规划及年度计划，协调解决新型工业化、信息化、科技发展进程中的重大问题，推进产业结构战略性调整和优化升级及科技创新工作。监测分析全区工业经济运行态势，发布相关信息，进行预测预警和信息引导，协调解决行业运行发展中的有关问题并提出措施建议。负责工业运行中煤电油气运行综合协调工作。负责提出全区工业和信息化固定资产投资规模和方向及中央、自治区、包头市和东河区财政性建设资金安排的建议，按规定权限审核报送属于上级投资主管部门核准的项目，备案东河区工业和信息化固定资产投资项目。指导重点区域、重点产业、重点企业的运行和协调。负责工业园区相关工作。根据东河区国民经济和社会发展总体规划和产业发展政策，提出传统产业技术改造相关政策和产业结构调整建议。贯彻实施重点行业准入制度，组织实施工业布局调整。负责工业领域的行业管理。依法履行全区盐业主管机构的行业管理职责。负责全区电力行业的运行管理工作。推进电力市场建设，依法开展电力设施保护和电力行政执法，维护电力市场秩序。负责全区民用爆炸物品安全生产监督管理。研究拟订全区煤炭经营发展规划，并组织实施。负责煤炭经营的监督管理，规范和维护煤炭经营秩序。依法依规履行相关行业领域安全生产监管职责。指导工业绿色发展。拟订东河区工业能源节约、资源综合利用、自愿型清洁生产促进政策及规划并组织实施。组织实施工业绿色发展重大示范项目和新产品、新技术、新设备、新材料的推广应用工作。负责工业节能监察工作。负责工业和信息技术服务业创新体系建设，推动技术创新和产学研用相结合。参与有关国家、自治区、包头市、东河区工业和信息化产业科技重大专项，推进相关科研成果产业化。指导工业行业的质量管理和品牌培育。组织协调振兴装备制造业工作，组织拟订技术装备发展和自主创新规划、措施，依托国家、自治区、包头市和东河区重点工程建设协调有关重大专项的实施，推进技术装备国产化，指导引进技术装备的消化创新，推动新兴产业发展。负责东河区稀土行业发展的宏观调控和行业管理。承担稀土生产总量控制计划监督管理工作。推进全区信息化工作。推动重要信息资源开发利用、开放共享工作。研究制定全区大数据产业的发展规划和政策措施，推动大数据产业发展。推进信息化和工业化融合发展。推进工业互联网、软件业、信息服务业发展。负责工业控制系统网络与信息安全。协调推进通信网络和信息网络基础设施建设。指导协调通信基础设施网络资源共建共享。负责电子政务外网建设、运行、管理。负责中小企业、民营经济发展的宏观指导。协调民营经济发展重大问题并统筹衔接相关发展规划和重大政策。拟订实施促进中小企业、民营经济发展的综合性政策措施。负责投资促进相关工作。指导、推动工业和信息化对外合作交流与招商引资。负责指导、组织全区工业和信息化企业间开展产业协作配套工作。负责全区工业和信息化领域承接产业转移工作。统筹推进全区创新体系建设和科技体制改革，会同有关部门健全技术创新激励机制。承担推进科技军民融合发展相关工作。统筹关键共性技术研发和创新，牵头组织全区重大技术攻关和成果应用示范。牵头建立统一的全区科技管理平台和科研项目资金协调、评估、监管机制。会同有关部门提出优化配置科技资源的政策建议，推动多元化科技投入体系建设，协调管理东河区财政科技计划（专项、基金等）并监督实施。牵头组织全区重点实验室、工程技术研究中心建设，推动科研条件保障建设和科技资源开放共享。组织高新技术发展、科技促进农牧业农村牧区和社会发展、技术转移体系建设。推动科技服务业发展，区域创新发展、科技资源合理布局和协同创新能力建设。拟订科学普及和科学传播规划、措施。负责科技监督评价体系建设和相关科技评估管理，指导科技评价制度改革，统筹科研诚信建设。组织实施全区创新调查和科技报告制度，组织开展全区科技保密和技术合同认定登记工作。组织拟订全区科技人才队伍建设规划和政策措施并组织实施。负责拟订全区科技对外交往与创新能力开放合作的规划和政策措施。组织开展国际国内科技合作与科技人才交流工作。负责引进国外智力工作。负责科学技术协会相关工作。内设综合办公室、行政审批室、工业发展股、电力和信息化股、节能与资源综合利用股、科技服务股6个股室；区工科局行政编制为7名，其中：局长1名、副局长3名。

【工业企业概况】

根据2019年统计数据显示，东河区规模以上工业企业36户，工业总产值300.51亿元，比上年增长17.97%。其中，中央企业累计完成工业总产值162.78亿元，比上年增长6.85%；区属企业累计完成工业总产值137.73亿元，比上年增长34.51%。

【科普活动】

在东河区南圪洞广场举行2019年科技活动周暨全区第二十五届科普集中宣传和启动仪式；联合沙尔沁镇、东河区卫计局开展东河区2019年，全国科普日启动仪式暨新时代文明实践科技志愿服务系列活动走进沙尔沁，受益村民100余人；组织宣传部、农牧局、教育局、卫健委及两镇、各街道办事处共计20个部门

755人参加在南海公园举办的包头市2019年全国科普日启动仪式；参加以“弘扬宪法精神，推进国家治理体系和治理能力现代化”为主题的宪法宣传月活动启动仪式，活动现场张贴横幅，发放宣传资料100余册。

【新时代文明实践科普志愿服务活动】

组织新时代文明实践科普志愿服务队走进王大汉、毛凤章等5个村，铁西芳草社区、北梁新区满都呼社区等3个社区共8个东河区新时代文明实践站点进行农技知识讲座、健康饮食科普讲座以及防灾减灾科普宣传活动。

【推动产学研合作】

2019年，共有盛泰、云谷、华禹等8家企业继续与科研机构院校签订产学研合作协议，其中，21个技术、项目已进行成果转化，陆续投产。

【电子政务外网建设】

2019年，在已建成的43条政务专线基础上，为了进一步扩展全区电子政务外网覆盖面，经前期摸底调查需新增13条专线，通过公开招投标，由中国联通包头分公司承建，于10月完工并交付使用，达到专线总数56条。同时对专线速率进行升级改造工作，区政务服务中心专线速率由原来的100兆升级为200兆，其余单位专线由50兆升级为100兆。

【工控安全工作】

2017年6月1日，《中华人民共和国网络安全法》正式施行。关键信息基础设施安全是重中之重，工控系统是可能遭到重点攻击的目标。针对严峻的形势，2019年7月，在市工信局的统一安排下，对区内2家工控企业进一步开展网络安全自查、检查工作，加强区内工控企业网络安全防护措施，并在仿真演练方面进一步进行了探索性实验。

【智能制造工作推进】

为了促进两化深度融合在重点行业、企业层面取得明显成效，工业发展质量和效益全面提升，按照《包头市智能制造三年行动计划》相关要求，2019年，组织区内包头盛泰汽车零配件制造有限公司等4家企业参加包头市工信局推进的智能制造成熟度评估诊断工作，对于企业运用智能技术促进生产起到积极作用。

【电力】

随着社会不断进步，各项事业蓬勃而起，基础设施的承载能力急需提档升级。鉴于老城区道路老化，通行地下管网排污能力不足等因素，对东河区西脑包大街、西门大街等道路实施改扩建。新扩建道路将有效地改善东河区基础设施及周边环境，缓减交通压力。

道路改扩建红线内有大量高低压架空配电线路及设备影响道路施工且存在安全隐患。为保障道路改扩建顺利实施，更加有利于配电网安全运行，同时也为道路两侧居民和商户用电安全提供可靠保障，所有道路改扩建红线内的高低压架空配电线路与道路改扩建同步实施入地改造。

（1）西脑包大街，该项目手续健全，与西门大街（通顺街——红星环岛）改扩建红线内高低压架空配电线路入地改造项目工程为同一个设计方案，设计费共计705000元，工程全线长约1600米，施工中标价26978236元，监理中标价1.54%（415464元）。工程已于2019年10月7日全线竣工。

（2）西门大街，该项目手续健全，与西脑包大街（红星环岛——西井湾）改扩建红线内高低压架空配电线路入地改造项目工程为同一个设计方案，设计费共计705000元，工程全线长约1400米，施工中标价26512151元，监理中标价1.56%（413589元）。工程已于2019年10月8日全线竣工。

【“散”“乱”工业企业综合整治】

2019年东河区按照“散”“乱”工业企业界定标准，最终确定14户工业企业列入综合整治清单，其中8户企业关停取缔，6户企业升级改造，并在东河区门户网站予以公示。

【型煤替代工作】

按照包头市人民政府办公室关于印发《包头市高污染燃料禁燃区分类推进工作方案》的通知要求，2户洁净燃料供应企业向4处销售点供应型煤995.23吨，散煤338吨。已销售型煤917.59吨，散煤338吨，型煤库存77.64吨，散煤已售完。

（白震原 供稿）

东河供电局

【领导名录】

局　长	张翔宇
书　记	宝音孟和（蒙古族）
副局长	贾之维
	刘玉志
	庄文平

【概况】

东河供电分局是包头供电局二级营销生产单位，担负着东河地区、磴口地区约560平方公里供电任务，供电人口约63万。设有技术业务室、综合办公室、配网工程室、5个生产运行班组、11个营销班组、1个营配合一个供电站。现有职工176人。平均年龄42岁，大专及以上学历154人，占总人数的87.5%。

管辖由11座变电站送出的116条线路，其中，10千伏公用线路103条、20千伏公用线路6条、6千伏线路2条、用户专线5条，公用线路长度556.806公里，绝缘化率98.8%。0.4千伏线路长度为423.311公里，绝缘化率96%。公用变台1307台，容量688120千伏安，开闭站30座，配电室42座，环网箱198座，箱变373座，柱上变压器449台，柱上断路器148台。

服务各类电力客户共261535户（移交九原分局133户，移交新都市分局46213户），销户4956户，同比增长33632户，增长率12.05%。其中，居民客户233829户，大工业客户112户、农业生产客户52户，一般工商业客户27542户。

【强化安全基础】

东河分局认真贯彻落实公司和市局安全生产相关要求和工作部署，扎实开展“本质安全深化年”活动，有序组织完成“常态化安全大检查”“春秋查预试”“安全生产月”和“安全生产万里行”等工作。高度重视安全生产，自反违章工作长效机制实行以来，各类施工检修作业现场，组织流程顺畅，加大违章处罚力度，违章现象显著降低。强化责任落实，树立“大安全”理念，严格执行“五落实、五到位”规定，筑牢现场安全管控。汲取事故教训，举一反三，结合常态化安全生产大检查，开展防人身事故专项治理工作。针对“班前会”“班后会”落实不实，安全技术交底执行不严的问题查摆整改，确保各类作业现场严格执行到岗到位及工程管理“四个必须”制度，严把“两票三措一案”审核关，严格执行生产现场作业“十不干”，真正将安全生产责任制落实到岗、落实到人。全力推进五座变电站消防手续的办理。强化网络安全管理，细化网络安全措施，分局自行定制网络安全警示牌，张贴在办公醒目区域，全年未发生信息系统不安全事件。完成春节、高中考、中华人民共和国成立70周年等节假日及各类考试的保电工作，针对各类保电工作的开展，组织线路特巡386条次、配电设备423座次、消缺65处、出动288人次，车辆327台次。保电期间未发生线路跳闸，未发生“12398”及“95598”投诉事件。

【安全管理工作】

树立“大安全”理念，狠抓思想安全、生产安全、设备安全、作业安全、营销安全、经营安全、交通安全、消防安全、综治安全、廉政安全，实现全专业、全岗位覆盖，做到安全管理“纵向到底、横向到边”。制定并下发《东河供电分局现场安全检查督查工作要求》，重点强化安全督查管理，从监管制度上防止违章作业，保证施工安全；制定《现场“3+1”四级安全联防管控管理办法》，确定工作负责人、属地分管班组、分局管理人员及安全督查和监理四层管理的安全职责，保证各类作业现场安全监管到位；针对2019年分局城配网工程量大、点多面广的施工特点，将配网工程攻坚作为重中之重，出台工程管理攻坚方案，全员参与、分片管理、封闭盯防、重点巡查，真正实现安全全过程管理的无缝对接，确保安全运行长周期。

2019年，跳闸较去年有所减少，主要是采取以下措施：一是为降低电缆外力破坏事故，积极与区城建局和经信局对接，提前对施工地段布控，补充电缆标识和告知施工单位电缆走径，签订隐患通知书。在施工期间加大巡视力度，提醒施工单位电缆位置。二是对人员责任的跳闸事件加大考核力度，对责任班站、责任人进行考核，有效降低责任性跳闸事件。三是加大科技投入，安装智能设备，有效控制跳闸范围。四是加强客户侧跳闸管理，对客户侧设备进行预防性实验，提高用户设备健康水平。对由用户设备引发的越级跳闸，严格执行“三不送电”原则，安装智能设备后方可送电。

【生产运维管理】

为不断提升电网健康运行水平，结合《包头供电局配电精益化管理实施方案》和“一强四化劳动竞赛活动”采取多项措施，强化运维管理。

以深化专项隐患排查治理为重点，认真开展春季、秋季安全生产大检查活动。东河分局按照市局2019年春秋查具体要求，健全组织机构、成立领导小组，制定实施方案，完成春查预试线路25条、环网柜20台、箱变60座、柱上变压器80台、柱上开关50台的“春季检查”预试小修工作，预试中发现缺陷13处，均已处理。完成秋查柱上变压器登杆检查30台次，更换高压保险16只，一次引线4组，二次引线8组，二次刀闸24只，按期完成春秋查工作。定期开展设备运行分析，制定切实可行的整改措施，指导运维检修工作。截至11月20日，分局综保设备共计动作18次，同比降低4次。积极开展多缆同沟中间头防火隐患排查工作，对西北门变电站915、925、927线等共计65座电缆井进行检查并封堵，对17处多缆同沟中间头进行防火处理，有效预防电缆中间头故障导致的多回电缆故障。处理箱变围栏、平台35处。不断深入推进状态检修及标准化检修工作，实施“套餐式”抢修，提升全过程管理水平，细化周作业计划的任务分解，明确作业内容以及作业现场的到岗到位，强化作业过程监管，使各项作业有计划、有措施、有监督、有考核、有效果，有效提升作业计划的刚性执行。完成1条标准化线路的整建，完成111条线路的“一线一策”编制工作，开展三、四类带电作业2次。积极推进客户资产移交，确保移交后配网设备的安全运行，提高客户满意度。自2016年8月起着手进行客户资产移交工作，截至11月共办理资产移交手续80户，签署资产移交协议80户，移交资产包括开闭站、配电室52座，箱变143台，环网柜分支箱43台，配电线路8条计11.23公里，总容量284365千伏安，移交资产原值2.7亿元。（其中，2019年办理资产移交12户，移交资产包括开闭站、配电室13座，箱变24座，环网柜分支箱9台，总容量47985千伏安，移交资产原值4503万元）；涉及生产大修3项，中小修2项，合计投资110.38万元。按照市局工程里程碑计划要求，上述项目均已完工、结算。其中：大修工程，批复分局共3项工程，投资80.38万元，完工率

100%，结算率100%；中小修工程，共2项，投资30万元，完工率100%，结算率100%。

【生产管理工作】

结合南海五村小区变电站综合治理，开展公司创新立项项目《配电设备智能检测装置》的实施。装置安装后，可以利用电脑及手机APP实施监测10千伏、0.4千伏开关柜内接头接点温度，高压断路器变位报警，低压三项不平衡及负荷状态。通过平台云端分析，形成运检记录，缺陷记录等电子卡片信息。运维人员还可通过视频方式查看设备区内的状况，高压室内还装有红外门禁报警装置，当有人员误入时实现警报提醒。此装置已申请国家专利，上报论文一篇。

按照《内蒙古电力公司开展“一强四化”夯基础提质效生产班组劳动竞赛活动实施方案》要求及市局生产处工作安排，分局积极组织开展“一强四化”班组建设。以区变班为试点，确立“智能区变，勤励奋勉”的工作理念，使创建标准由起步到提升，由提升到规范，有力地促进班组建设标准化、人员技能专业化、作业现场规范化、设备运维精细化，从而实现样板引领、全面推开，最终实现生产精益化管理。

【强化优质服务】

2019年，严格落实公司和市局营销工作会精神，加强工作衔接，落实考核细则，有效提升营销管理水平。全面梳理客户侧设备安全隐患并细化整改，保障飞机场、市区党政大楼等重点区域用电。专项变电站客户现场检查830户，下达缺陷通知书47份，已全部整改。供暖负荷专项检查43户，查无缺陷。完成基础信息核查及计量网络图的绘制工作，配电级计量图绘制率及匹配率100%，低压级计量图绘制率100%、匹配率100%。新签、续签高低压合同共1376份；积极开展用电普查，加大计量装置的管理，追收凯普松、丰川电子用户侧计量故障306.52万千瓦时，查处计量差错74起，追补电量1742163千瓦时，追补电费673471.13元；完成2019年公司党委业扩专项巡察、用电检查回头看、计量专业互查、电价电费审计等迎检工作，核查计量管理问题户3028户，线损管理问题户778户，业扩报装问题户340户，业务变更问题户4户，营业管理问题户1471户，用电检查问题户5290户，抄表质量问题户3户，对于发现的问题，已制定整改措施并落实到位。积极开展配电项目，分局生产、营销班组默契配合，提前3个月工期高效完成设备定位、信息采集工作；积极开展包铝、铁路等单位“三供一业”移交工作。开展铁路10360户先移交后改造的现场核对工作，其中，移交表号与现场计量表号不符4500余户，移交指针错误、下票系统更正1070户；全面提升线损综合管理水平，核查台区信息，制定实施方案，严格考核，开展不合格台区治理。核对122条10千伏线路的1424个公变采集点、821个专项变电站采集点和348个大客户采集点的线损关系，共下台区变更流程票521张，合并拆迁台区9台，对铝厂拆迁片区无表用电用户按容量进行电量估算追收，台区线损合格率从1—2月的46.4%提高到1—11月的60.03%。按市局行政区域划分，通力实施、全力配合，如期完成职教园区6条线路移交九原分局、韩庆坝11条、兴胜变电站4条线路及46346户移交新都分局的工作，配合新都分局完成韩变911线、韩变913线、韩变914线东河段加装分段高压组合计量装置的安装工作。采取周通报、月考核方式，严控电费回收风险，积极争取和客户签订“用电客户履约担保金托管三方协议”49份，银行预存电费596.3万元，防止客户资金链出现问题导致电费拖欠，确保分局连续12年（2008—2019）电费100%回收；为优化营商环境、提升服务质量，开展“保姆式”“网格化”服务，建立25个微信服务群，基本形成供电分局、营销站和抄表站、社区的三级网格服务体系。累计为客户发送信息、处理问题5213起，涉及日常用电查询、远程充值、签订电子用电协议、停送电通知及查询报修故障处理进度情况等多项用电业务。积极开展“星级营业厅”“最美营业员”优质服务劳动竞赛活动，创建“五优”蒙电窗口形象。通过形式多样的服务内容，强化服务意识、提升服务管理，有效的服务手段，2019年，投诉量明显减少，收到感谢信3封、锦旗19面。

【营销管理工作】

加强客户侧管理，客户侧故障导致线路跳闸26次，较2018年同期35次降低9次。组织开展客户侧安全主要负责人及从业电工安全教育培训2次，巡视检查专项变电站客户830户，督促客户进行预防性试验28户，配合客户清扫38次，利用春秋查督促客户更换智能开关6台，高压保险9组。敦促组织8户在建工地对施工现场通过插红旗标示电缆路径的方法，有效避免因施工导致电缆外力破坏的情况发生。不定期开展客户侧安全生产大检查，查摆设备缺陷，提升设备运检水平，有效降低客户侧跳闸。

重视优质服务，采取有效措施预防管控，全年共收到投诉14件，较指标降低16件。针对2019年老旧计量、“三供一业”改造任务85978户，改造任务重、改造时间紧、施工单位参差不齐，年初制定分局改造实施方案，明确改造前、改造中、改造后的职责，采取专业职能联动、班站协调配合、施工监督监管等有力措施，从源头管控投诉风险，共收到3件涉及计量改造的“95598”投诉，未发生投诉激增情况。铁路“三供一业”1月份移交，10月份陆续开始改造，在移交数据高达50%以上的错误率下，营销人员经过两个抄表周期的现场核对、修改更正，未收到一件投诉。

【配网技改工程】

2019年，为全面完成投资1.3亿的配电网及“三供一业”建设任务，克服人员少、任务重的不利因素，提前梳理难点，提早制定方案和采取措施，有序推进配电网工程建设。

配网工程共4大项10小项，总投资12985万元。

城网改造工程7小项，已全部完成。

（1）东河变电站919与东变926线路联络工程，投资15.3758万元。

（2）韩庆坝变电站924与韩变923线路联络工程，投资20.6724万元。

（3）前营子变电站924与前营子变电站911线路联络工程，投资11.7203万元。

（4）银匠窑变电站923与包头铝业变电站922线路联络工程，投资20.6724万元。

（5）东914和平路线30-8-2环BT101等3台箱变改造工程，投资165.9949万元。

（6）古城变914古惠线古923线2条线路加装断路器工程，投资8.1651万元。

（7）古城变923冶耐瓷线等5条线路6个低压台区改造工程，投资43.3018万元。

老旧计量改造工程。工程更换智能费控表61681块，投资4180万元。其中，单相61035块、三相646块。更换三相变台表362块，变台终端405个。更换单相模块18489个、三相模块1209个，表箱门32204户。

完成老旧计量改造工程的换表工作，更换单相表60495块，更换终端315块，更换电表模块19698个，更换表箱门17604户，完成换表施工计划99%。剩余电表因客户无人造成无法安装。

城网配电自动化工程。工程涉及5座变电站的26条配电线路自动化改造，投资1196万元共涉及20座环网箱、1座开关站、23台柱开，新装FTU设备24台，新装DTU设备21台，架空录波型远传故障指示器38组。新建配网自动化加装ONU设备23套，共建设光缆38.745公里，其中，架空光缆28.272千米，管道光缆10.473千米。

完成环网箱基础20台，完成38台故障指示器的安装，光缆架设21公里，更换环网箱14台，安装柱上断路器6台，完成自动化工程的90%。

铁路“三供一业”。工程涉及10千伏电缆线路4.305公里，0.4千伏电缆线路77.53公里；投资7323万元柱上变压器6台；箱式变压器16台；柱上断路器5台，低压电缆分支箱486台，单相电能表20126块，三相电能表177块，三相表模块21块，台区三相表35块，表箱657个。

完成10千伏电缆线路4.305公里，0.4千伏电缆线路77.53公里；柱上变压器6台；箱式变压器16台；柱上断路器5台，低压电缆分支箱486台，更换电表18882块，动力30块，已完成99%。剩余部分电表为系统未建卡、车库锁门及现场找不到换表位置客户。

【工程管理】

2019年，东河分局配网工程总投资12985万元，工程投资占包头供电局总投资的19.9%，在各分局投资额中占比最大，分局迎难而上，克服任务重、施工复杂、投诉风险大等不利因素，齐抓共管、协调配合、精心组织、自我加压，明确2019年为“配网工程攻坚年”总目标，在时间紧、任务重的情况下，严把“现场管控”，安全有序推进配网工程建设。

积极主动配合工程处推进2019年包头市输电工程清障工作，自8月末，通过分局积极主动的配合下，经过3个多月与区政府各有关部门（工信局、农牧局、山林站、河东镇、沙尔沁镇等）沟通协调，针对北滨变110千伏线路输电工程55基塔基永久占地，6.282公里路径清障工作；坝西变220千伏线路输电工程东河范围内的9基塔基永久占地，1.5公里路径清障工作配合工程处逐级推进。坝西变220千伏线路输电工程已完成向林业部门组件报批手续；北滨变110千伏线路输电工程已和山林站达成4基塔基永久占地协议，正在局内网流转审批手续，12月18日完成向林业部门组件报批手续。

（曲维杰 供稿）

包头东华热电有限公司

【领导名录】

党委书记、董事长	王志云
党委副书记、总经理	张存柱
副总经理、工会主席	刘春生
副总经理	任博文
纪委书记	高建军

【概况】

包头东华热电有限公司成立于2003年4月，由华电内蒙古能源有限公司控股75%，内蒙古蒙电华能热电股份有限公司参股25%。一期2×300兆瓦供热机组工程是集团公司在内蒙古投资建设的第一个电源点项目，2012年对两台机组通流部分进行节能增容技术改造，改造后机组额定容量由300兆瓦提升至320兆瓦。公司总投资25.6亿元，2003年10月26日开工建设，2005年12月双机正式投产发电。公司设有11部1室1全资子公司，有在职员工373人；公司党委下设党支部5个，有在职党员134名；公司控股企业1家为包头华益热力有限公司。

东华热电是国家高寒地区首家使用湿法脱硫的电厂、内蒙古地区首家使用中水的电厂和首家单机容量300兆瓦热电厂。一期工程年可发电33亿千瓦时，年可供热522万吉焦，工程采用先进的湿法脱硫技术、高效静电除尘器、利用城市中水和粉煤灰综合利用等，对缓解包头地区的用电紧张局面、有效改善东河区环境质量、推动包头市及周边地区经济快速发展和“西电东送”战略的实施具有非常重要的意义。

2006年，公司独资成立包头华源热力有限公司，负责东河区集中供热热网的建设、经营和管理工作，于2007年10月15日正式向东河区集中供热。2015年6月25日，公司和包头市热力总公司合作，以51%和49%的比例共同出资成立包头华益热力有限公司，为进一步占领东河区供热市场打下基础。

2018年，按照中国华电集团公司“瘦身健体”工作要求，包头华源热力有限公司改制为分公司，于2018年5月7日正式注册成立包头东华热电有限公司供热分公司。

【生产经营】

以创建中国华电集团有限公司“三清”“五星”企业为目标，同心协力，稳中求进，务实争先，各项工作取得显著成效。安全生产再创新高，实现安全生产5000天大关，发电量完成35.54亿千瓦时，设备利用5553小时，超“五大三同”（“五大”指五大发电集团：中国华能集团公司、中国大唐集团公司、中国华电集团有限公司、国家能源投资集团有限公司、国家电力投资集团公司。“三同”指同地区、同类型、同等级）平均值193.98小时。经营管理成效显著，利润总额1.28亿元，各项税费减免、新型融资尝试，财务费用较年度预算节约808万元。供热能力稳步提升，入网面积达1608万平方米，直供用户16万余户，供热质量和服务水平不断提高，供热管理水平在系统及地方行业中稳居前列，实现社会效益和经济效益双丰收。2019年，共向地方政府缴纳税费6130.29万元。

【安全环保】

聚焦责任落实，安全环保基础再巩固，累计实现安全生产5129天。专项活动更加扎实，组织开展“安全月综合安全检查”“安康杯知识竞赛”等安全月专项活动及各类专项安全培训。应急体系建设更加精细，整合公司应急救援资源，突出实战演练，加强与政府的协调联动，提高应对突发事件的能力；突出做好供热、液氨重大危险源等应急管理工作。环保安全管理更加坚实，严格环保指标管控，严控环保设施消缺率及指标分析，实现环保管理可控、在控,年度环保设施投入率、数据传输有效率及数据自行监测发布完成率100%。

【成本管控】

坚持“过紧日子”，持续强化预算管控，资金管理成效显著。通过建立日常应收账款内控制度，加速资金周转，清理民营企业债务近2000万元。同时，深化燃料市场调研，灵活把握采购节奏，合理调整煤场库存，全力实施精准调运，实现连续五年包头地区标煤单价对标单位最低值。在物资管控方面，坚持采购预算刚性，严格业务流程，扩大物资集中采购范围，拓宽物资供应渠道，通过ECP（企业管理云平台）平台节约成本1434万元，招投标及竞谈节约成本547万元，工程结算节约成本679万元。

【人力资源管理】

公司大力加强各类人才培训和队伍建设，在做好人才的培养、吸引、使用3个关键环节上做了大量有益的探索和不懈的努力，使全公司人才资源总量大幅增加，人才结构、分布状况等更趋优化合理，人才队伍整体素质明显提高。持续深化职位序列工作，落实高层职位序列人员待遇；推进全员绩效考核评价，设立公司年度“优秀员工奖”，激励一般管理岗位人员不断提升综合素质能力；开展育苗行动，全年培训562人次；全力推动薪酬制度并轨，实现新旧体系平稳过渡。

【科技创新】

向国家知识产权局申请专利4项，其中，

“火电机组过热器/再热器气温的前馈控制方法”已取得发明专利，“一种空气预热器两用清洗装置”和“一种避免高压大功率笼型电机转子端部断裂的方法”两项发明专利获国家知识产权局受理。公司“升温热解法在空气预热器堵塞处理中的应用”获中国华电集团有限公司第八届青年创新创效铜奖；热控新生代QC小组获得2019年内蒙古自治区优秀质量科技成果一等奖，创意无限QC小组获得2019年内蒙古自治区优秀质量科技成果二等奖及中央企业优秀质量管理成果二等奖，绿源QC小组获得2019年内蒙古自治区优秀质量科技成果二等奖。

【企业特色和亮点】

把握营销龙头，实现量价齐增。坚持以增发电量、提高售电价为“增盈”手段，加大“全员营销”力度，月度协商交易电量达到每月6500万千瓦时。突出争取年度长协电量市场份额，全年长协交易电量达到11.43亿千瓦时；争取煤炭协商交易电量9100万千瓦时，售电单价达592元/千瓦时，增加收益3300万元。同时，全年累计发电量超电网计划1.24亿千瓦时，月度发电计划兑现率104.56%，发电量同比增长13.44%，超“五大三同”平均增长率4.2%，全年利用小时超“五大三同”平均值193.98小时。

运行精益调整成效突出，指标管控不断向好。深入开展运行优化调整，通过制定并落实节能降耗措施、实施锅炉风烟系统治漏、能耗指标精益管控等方式，生产各项指标持续向好。在不断加强运行参数分析的基础上，深化对标管理，努力提高机组整体能源利用效率。公司两台机组耗差位列中国华电集团有限公司第8名和第6名，1号机组获中国华电集团有限公司“2019年度300兆瓦等级I类供热标杆机组”称号。同时，加强“两个细则”的内部管控，公司全年在蒙西电网“两个细则”考核中累计获得奖励731万千瓦时，增利207万元。

实施供热精细化管理，供热业务不断优化。供热市场进一步开拓，年底入网面积达到1608万平方米，其中，当年新增入网面积51万平方米，实现130座热力站安全稳定运行。持续深化小指标竞赛活动，优化供热运行调整，“提高南一区热网补水合格率”QC成果获中央国企QC活动二等奖及华电内蒙古能源有限公司QC成果发布一等奖。不断夯实供热服务基础，加快推进多元化缴费建设，实现微信缴费服务系统上线；持续开展“首日问暖”等特色活动，切实当好用户“暖管家”；建立供热舆情快速反应机制，及时解决供热突出问题，化解矛盾，有效提升“华电供热”品牌影响力，打造地方、系统供热行业标杆企业。供热分公司获“内蒙古自治区诚信典型单位”称号。

（尹丹 许玚 供稿）

包头市红卫日用化工有限公司

【领导名录】

董事长兼总经理　　奇德喜

党支部书记　　郭君山

【概况】

包头市红卫日用化工有限公司位于包头市东河区国家生态（铝业）示范园区，注册资本2068万元人民币，年生产皂类及洗化品30万吨。公司占地面积22000多平方米，其中：办公楼、职工宿舍、职工餐厅4400平方米，生产车间7800平方米，库房1000平方米，厂区绿化、道路硬化9000多平方米，水、电等管网配套设施齐全，是集生产研发、销售的科技性生产企业。现有员工120余人，大专学历39人，本科学历20人。2019年，入选包头市三八红旗手1人。

包头市红卫日用化工有限公司成立于

1952年，新中国第一批生产肥皂的工厂中，“红卫”赫然在列。“红卫”肥皂是计划经济时代国内肥皂生产行业的领先代表，曾自主研发出全国闻名的脂肪酸含量54%的“五四皂”，该产品由轻工业部倡导在全国范围内推广。随着市场经济时代的来临，计划经济下的包头市日用化工厂由于多年来管理、经营不善，举步维艰，企业濒临破产。2004年，彻底转制为包头市红卫日用化工有限公司，董事长奇德喜同志，兼任包头市日用消费品协会会长。凭借多年来对日化洗涤产品的研究及销售经验，带领优秀的创新团队，历经十几年的艰苦创业，再次铸就今日“红卫”品牌的辉煌。曾连续三年被授予包头市“优秀建设者”称号。

【生产经营】

现有产品包括：皂米、高品质成人皂、婴幼儿护肤皂、透明皂、洗衣皂、洗衣液、洗手液等几十种健康绿色产品。从事日用化工系列产品的生产销售，经营本企业自营产品的进出口业务。公司引入两条新的现代化生产线，生产自己品牌同时，代加工国内其他著名品牌产品，市场占有额逐步扩大，在短时间里已销往华北、西北、华东、东北、华南等地。建立与北京大宝集团、两面针集团、大同兰浪，包钢、包头铝业、呼铁局、北京铁路局、太原铁路局的合作伙伴关系。

【企业荣誉】

不断的进取和发展得到市级各政府部门的认可，先后获得“内蒙古民营企业100强”，包头市“质量信得过单位”“包头市农牧业产业化重点龙头企业”“包头百姓最满意洗化用品品牌”称号。2013年“红卫”被内蒙古自治区工商行政管理局认定为著名商标。被包头市慈雨爱心协会授予“爱心合作伙伴”称号。

【科技创新】

立足于内蒙古地区具有丰富的草原牛羊油脂以及天然湖碱、无机盐等制皂的基本原料优势，聘请国内制皂专家指导，依靠科技进步与技术创新，成功研制开发生产出新型绿色环保皂类洗涤品。2010年公司投资近400万元引进双色彩纹皂生产线，申请专利并买断全国市场，成为国内唯一一家生产、研发彩纹皂的厂家。公司不断加大研发投入，迄今为止已获得23个外观设计专利证书和1个实用新型专利和2个发明专利证书。并通过ISO 9001：2015质量体系标准认证。

【基地建设】

2019年，公司订单量的增大，皂米生产规模进一步扩大，新增皂米封装机6台，由原来的5台增加为11台，产量由过去的3台/日提高到5台/日。对皂类生产线进行优化，进行技术革新，将高端皂打印设备、冷却设备进行优化，既提高设备的稳定性，又节能环保，保证高端产品质量的稳定性。对液洗生产线调制及灌装设备进行技术改造，产量由原来的1.5台/时提高至3台/时。红卫园区建设方面，本着打造绿色产品、绿色园区的宗旨，2019年增种樟子松、油松126棵，并开辟生态果蔬示范区3.5亩，园林式工厂已初具规模。

（郭君山 张峰 供稿）

内蒙古骆驼酒业集团股份有限公司

【领导名录】

党委书记	刘　源
董事长、总经理	高建忠

【概况】

内蒙古骆驼酒业集团股份有限公司始建于1951年，1999年转制为股份公司。历经68年的发展，企业由小到大，由弱到强，在同行业竞争中异军突起，成长为内蒙古酿酒行业的龙头企业。形成了以白酒为主，集包装印刷、玻璃制品、电子商务、国家AAAA级旅游景区、三星级酒店等多个配套产业的集团化运营模式，并先后获中国酒业百强企业、全国用户满意企业、全国优质卫生安全食品生产企业、全国酒类流通诚信企业、全国AAA级信用企业、“中国驰名商标”、“中华老字号”企业、自治区文明单位、自治区诚信企业和包头首批“百年老店”企业等称号。

集团公司拥有员工1000人，年创利税4000余万元，优质原酒生产能力达到1.5万吨。公司建有自治区级技术中心、国家级检测实验中心和面积达22000平方米的现代化灌装中心。拥有国家级白酒评委2人，自治区级白酒评委8人，其他各类技术人员100多人。

【技术创新】

产品均以优质高粱为原料，采用大麦、豌豆制曲，28天地缸固态发酵的传统纯粮酿造工艺。在内蒙古自治区白酒行业中，骆驼酒业是通风制曲第一家，新工艺白酒第一家，奠定在行业中酿酒技术的领先地位。主导产品有“骆驼百年”“包头魂”“富硒”“部优峰”“百年老店”“原生态”“一品峰”“二锅头”8个系列、两大香型（清香型和芝麻香型）白酒近100个品种。产品经技术监督部门及食药管理部门检测，抽检合格率持续保持100%。在白酒行业评比中，一直处于A级行列。特别是清芝复合型产品在全国首先研制开发上市，打破传统单一香型的格局，使高品质白酒的独特口感越来越成为消费者选择的目标。公司产品均被评为内蒙古自治区名牌产品和全国用户满意产品，深受消费者喜爱。销售网络以包头为主市场，占有率50%～60%。同时辐射内蒙古周边地区和山西省、河北省、山东省、东北地区、天津市、陕西省、海南省等十几个省市并保持一定的知名度。

【文化产业】

集团公司在2017年建成国家AAAA级旅游景区九峰山生态酿酒文化产业园并挂牌对外开放，占地1200亩，投资1.2亿元，年接待游客3万人次。集团在经营管理方面，构建“产权明晰、权责分明、管理科学”的法人治理结构，实施名牌战略，加大技术创新步伐，市场开拓方面倡导诚信营销理念，整合营销管理体系并创新白酒营销模式。企业资产、销售收入、利润等重要经济指标逐年保持良性增长，在全国白酒行业中的位次不断攀升。

【生产经营】

2019年，公司围绕“深化改革创新、提升品牌价值、强化内部管理、提高工艺水平、筑牢安全底线、优化经济效益”的年度工作主题，锐意改革创新，奋力攻坚克难，公司发展做到平稳过渡，并实现稳中应变、稳中有为、稳中提质。全年实现瓶装酒产量1300万瓶，集团公司综合收入1.7亿元，税收3000万，毛利润15%。

（王炯翙 供稿）

包头市金鹿油脂有限责任公司

【领导名录】

党支部书记、总经理　　刘　宏（女）

【概况】

包头金鹿油脂有限责任公司始建于1951年，位于内蒙古包头市东河区南绕城4公里处，是内蒙古地区集食用油、面粉、大米的生产、销售为一体的大型综合粮油生产经营企业，被包头市委授予“百年老店”称号。

金鹿公司以葵花油加工经验参加葵花籽油国家标准GB10464修订。

公司食用油年生产能力10万吨；散油仓储量10万吨，小包装常量储存10万吨，是国内大型葵花油储备基地。

金鹿油脂公司集油用葵花籽、亚麻籽种植、收购储备、物流配送、市场交易、检验检测、农科研发于一体，形成从田间到工厂、到餐桌的全程控制、全程溯源的全产业链，以绿色、生态、环保、节能为特色。“金鹿”葵花油系列产品于1997年以原料产业基地优势被认定为“中国绿色食品”。

【新品研发】

金鹿公司突破原有品种植物油，研发出珍香花生油新品。精选原料，选取当季新鲜一级饱满红衣胖花生，剔除霉变，瘪粒工艺精粹；物理压榨，控温蒸炒，慢火焙香，只选取头道初榨原浆油，低产量换取高品质，纯净无添加。营养丰富，保留红衣胖花生丰富的卵磷脂，维生素E及单元不饱和脂肪酸。口感臻香，独特慢火焙炒，低温沉降过滤，焙出香，留住香。

【质量管理】

在ISO质量管理体系认证基础上引入食品质量安全管理体系认证和环境质量管理体系认证体系，结合产品追溯体系、不合格品召回制度，建立完善的售后服务体系。管理体系分别从产品的质量管理、卫生指标、农药残留、生产环境等方面严格把控，完成从基地到环境，从原料到餐桌可追溯的全封闭的大生产环境质量安全保障，“金鹿”油产品各项内控指标均优于相关国家质量标准。

（张宇晨 供稿）

内蒙古鹿王羊绒有限公司

【领导名录】

董事长、总经理　　郑浩生

【概况】

内蒙古鹿王羊绒有限公司始创于1985年，前身是包头鹿苑羊绒衫厂，先后兼并12家企业形成羊绒集团公司。国内有包头市，巴彦淖尔市，上海市浦东新区，浙江省嘉兴市，锡林郭勒盟正，镶白旗，西藏自治区鹿王公司等，国外有鹿王马达加斯加公司、鹿王柬埔寨公司两个海外基地。鹿王公司共设17个工厂、8个生产基地及境内外的30多个营销中心，构建了一个集研发设计、生产制造、营销服务于一体的国际化全产业链集成型、综合创新型纺织服装企业集团。解决海内外1万人的就业，年产羊绒衫500万件，机织面料100万米、羊绒纱线1200吨，羊绒围巾60万条，羊绒服装50万件。年销售收入10亿元，改制后的2009——2019年累计实现利税10亿元。

“鹿王”为中国名牌商标，其产品是国家重点支持和发展的名牌出口商品，曾获“中国国际名牌产品博览会金奖”“西班牙优质服务和优良品质马德里金奖”“第六届国际山羊绒大会优质服务和优良品质金奖”“最杰出的羊绒产品供货商”“中国服装领域最具影响力品牌”“全国羊绒行业十大标杆品牌”“高信誉度供货商”“金牌供应商”等百余项称号。公司产品在美国、英国、德国、日本等国家有较高的市场占有率。“鹿王”自主品牌的系列高档羊绒制品已经在日本、韩国等国家和中国香港地区销售达数十万件，深受广大消费者的青睐。

公司通过了ISO9001质量管理体系、ISO14001环境管理体系OHSAS 18001职业健康安全管理体系、ISO50001能源管理体系认证、OEKO－TEX Standard 100生态纺织品认证，白名单资质认证。公司获“内蒙古自治区主席质量奖”，是全国首批“农业产业化国家重点龙头企业”；拥有“国家级企业技术中心”“国家级工业设计中心”，是“国家级高新技术企业”“国家知识产权优势示范企业”“国家级工业企业自主知识产权运用标杆企业”“国家重点跟踪培育服装家纺自主品牌”。公司拥有两件“中国驰名商标”。

鹿王经过36年的创新发展与积淀，形成质控优势，诚信担当，保障就业、龙头带动畜牧业，从而实现创汇与稳定纳税，“一带一路”上的典范企业与品牌；鹿王与其他纺织业一道，为马达加斯加共和国提供20%的就业机会，创造整个国家三分之一的工业产值，在一定程度上影响马国的工业化进程，促进马国的经济和社会发展，切实降低当地的贫困人口数量，践行国际公益事业，实现中非共同富裕；同时还为当地培养大量的专业技术人才，带动当地一大批纺织产业大军加速成长。

公司连续多年被自治区国税、地税局联合评定为AAA级民营纳税先进企业，稳定提供国内外就业岗位1万多个。公司党委多次被包头市各级党委评为“先进基层党组织”和“非公有制经济组织和新社会组织党建示范点”。公司多年来向社会无偿捐资支持公益事业，被评“公益之星单位”。鹿王产品的品质和履行社会责任的有效结合，为鹿王羊绒有限公司赢得了广泛的尊重。

【企业生产】

2019年，鹿王全年生产羊绒衫212.3706万件（其中，马尔维纳斯岛公司119.61万件，柬埔寨公司45.74万件，电脑工场45.04万件，外加工0.6391万件），染色完成生产604.97吨，粗纺完成生产282.58吨，粗纺外加工307.37吨，制衣完成生产1.0956万件，织呢完成生产2.361万米，染整完成生产7.083万米，同比产量有所下降，同比质量有所提高，同比成本有所下降；销售收入8.7亿元人民币，出口交货值8000万美元。

【降本节耗】

各生产工场在制成率上下功夫；在毛能净、染化料、洗缩剂的应用上严控把握；各工场、各部门真正做到“节约一克绒”“节约一度电”“节约一点水”。在原料价格透明的情况下，微利时代，只有成本制胜。

【强化协调】

紧紧围绕马达加斯加公司、柬埔寨公司进行配合保障工作。样衣、指示书到位问题；纱线海运时间问题；要合理统筹规划交期过于集中问题（交期过于集中会造成为保交期而忽视质量，还会造成加班费的增加）；要配合海外工场每月加工费及时到位问题（资金不到位会影响工资发放，容易引起工人罢工）。以上种种，公司内部紧密团结、互相协调，认真落实配合解决。

【严抓管理】

抓管理就是反复抓，抓反复；继续加强企业管理、质量管理、绩效管理、员工管理、安全管理等各项工作。质量是鹿王的金字招牌，也是生命线。完善自我、完善管理，企业才能做强。把数字化管理应用到日常管理当中，这样更直观、更直接，使人一目了然，定产、定员、定编、定工资，都要用数字说话，在平等、公平、公开的条件下发挥每个员工的聪明才智。客户的要求不能过夜。企业发展的主体是产品，企业的兴衰也是基于产品，依靠快速响应客户需求、更新产品，才能不断开拓市场，获得发展。客户的需求就是枪声，客户的要求到了每个部门都不能过夜。客户是我们共同的老板。决不能把“客户满意是我们的宗旨”当成一句口号，必须与日常行为统一起来，所有的工作都是围绕客户，一环扣一环，营造出企业发展的正能量。

【技术创新】

创新是企业发展的不竭动力，多年来公司在原料配方研究、工艺技术创新和产品生态设计方面取得高质量发展。鹿王公司重视知识产权保护，注册商标74件（马德里商标1件、国外商标2件），参与马德里国际商标注册保护、注册阿里巴巴知识产权保护平台。申报专利245项，授权专利170多项，获得国家科技进步二等奖1项，市级以上科技奖30多项，行业优质精品奖、设计奖、“唯尔佳”优秀新产品奖30项，主持和参与制定、修订国家、行业标准40多项。

【绿色发展】

依托资源优势，创建绿色基因。羊绒资源绿色无污染，染料助剂生态环保，生产过程进行体系控制。原料多年来坚持以阿拉善盟为主产区，山羊绒细度在15微米左右，长度在36毫米左右，品质名列前茅。加工过程中，使用的染料和助剂主要由美国亨斯迈公司供应，全部符合生态纺织品标准“Oeko-Tex Standard 100”（国际纺织品生态标志）和欧盟制定的“REACH法规”（欧盟对化学品进行预防性管理的法规）。

实施绿色举措，创新绿色产品。通过淘汰落后产能、产品结构调整、强化管理和技术创新，逐步打造清洁、低耗、高效生产工艺全流程的绿色举措。2009年，公司进行“羊绒快速染色技术的研发与应用”“羊绒酸性漂白技术的研发与应用”“羊绒产品低温后整理技术的研发与应用”等一系列节能环保研发项目，不断提高公司绿色创新水平。2019年，羊绒针织制品被中国标准化研究院评为“绿色领跑产品”。

【发展质量标准】

积极参与标准制定，推行生态设计产品。公司参与制定《绿色设计产品评价技术规范羊绒针织制品》《温室气体排放核算与报告要求羊绒制品生产企业》等一系列绿色标准，提高企业绿色生产水平。加强“无缝合”“无染色”的羊绒纯天然系列产品的研发，将无污染环保的生态理念，通过产品提供给消费者。2017年公司的羊绒针织制品被评为“绿色设计产品”，按照国家标准GB/T32162-2015《生态设计产品标识》粘贴生态设计产品图标，将绿色环保产品提供给消费者，不断提升鹿王产品的品牌价值。鹿王依托羊绒起步、深耕棉毛丝等原材料，进而拓展为四季产品的鹿王服饰，并形成从儿童到成人的服饰领域品牌集群。

发挥绿色管理的带动、引领作用。鹿王公司将绿色理念带到国外的鹿王马达加斯加公司、鹿王柬埔寨公司，建立绿色生产工作机构，不断推行绿色生产加工，确保最终产品的绿色生态。加强国内外人员的培训，提升管理人员、生产人员的绿色理念，充分发挥公司总部绿色管理的带动、引领作用。

【社会贡献】

2019年，鹿王公司实现产值8.9亿元，销售收入8.7亿元；从2009年到2019年实现利税10亿元；解决社会就业失业人员1.8万余名；从农牧民手中收购原料20000吨左右，收购资金约100亿元，惠及农牧民100万人。积极履行社会责任，回馈社会，为职工谋福利，为社会做贡献。公司新购置清洁能源职工通勤车，开展金秋助学，夏季为职工送清凉，为贫困户送去慰问品、慰问金等。固阳县洪灾后，及时派人送去2200元慰问品；组织职工购买固阳县贫困户土豆22475.6元。鹿王积极履行社会责任的同时，也没有忘记广大的内蒙古各族农牧民，在锡林郭勒盟的正镶白旗建立羊绒深加工企业，年产羊绒衫30万件，解决社会就业1500名；在巴彦淖尔市的杭锦后旗建立发电厂，并在头道桥镇投资1000余万元，解决500余零散户供热及脱贫与社会就业。还与包头市固阳县银号镇东元永村党支部结为“五联五帮”精准扶贫对子，举办技能培训班，并将鹿王能够提供的岗位介绍给脱贫对象，鼓励妇女转变思想观念，增强自主脱贫能力。被评为包头市“精准扶贫先进基层党支部”。

（鹿王羊绒 供稿）

包头中药有限责任公司

【领导名录】

党支部书记、总经理　　潘玉芳（女）

【概况】

包头中药有限责任公司创建于1974年，前身是1956年组建的中成药加工组（后改为加工部），为直属包头市医药公司中药总店领导（包头市志记载）。2004年公司转制成为“全球治沙领导者”亿利集团下属企业。厂区毗邻包头机场，总占地4.9万平方米，总资产1.6亿元，年收入最高1亿元。现有员工220余人，大专以上学历占比60%。专业技术人才100余人，其中药学相关专业60余人，执业药师20余人。

【强化研发】

拥有独立的研发平台与实验基地，研发投入占收入比约为4%。申报30多个新药，获得16个新药批件。拥有九大剂型、208个文号。其中独家产品1个，独家剂型产品5个。在生产产品有60余个，涉及药材172种。公司有综合制剂、丸剂、前处理、提取车间、粉碎5个车间，年产量1000万盒。

【营销网络】

产品营销网络遍布全国，尤其在自治区中西部地区，产品药店覆盖率近90%；在30余家甲级医院开户；低基药60个，与国控、九州通等合作，覆盖95%以上乡镇卫生院、社区服务站等第三终端（其中甲乙级医院72家、旗医院98家、卫生院938家、妇幼医院32家、服务中心169家）；拥有进入国家医保品种近100个、自治区医保品种110个。

【产品品牌】

“樱花牌”商标连续多年被评为自治区著名商标；新注册的“包中”牌产品被评为自治区名牌产品，品牌价值8.08亿元。技术中心被评为自治区企业研究开发中心、自治区企业技术中心。先后获国家高新技术企业、2018年度东河区优秀民营企业等称号。“包头中药、实在好药”的宣传语深入人心。

【社会责任】

因搬迁叫停，企业被迫进行停产改造，公司销售收入出现下降。2019年，实现收入5857.59万元，利税502万元。作为包头市东河区辖区企业，包头中药根在东河、情在东河、投资发展也在东河。作为一家老企业，始终肩负社会责任，吸纳当地人员就业，与驻地开展党建互动，积极为地区经济社会发展做贡献。尽管企业经营出现困难，通过集团内外部积极筹资，保障员工的工资社保按时发放，秉持“不让一个员工失业”的原则开展经营。

【经营上扭亏为盈】

受包头市立体交通枢纽建设影响，包头中药2017年9月至2018年6月进行原厂停产改造。停产期间，产品断货，市场被竞品侵占，收入下降，当年经营出现亏损。2019年，公司上下团结一心、奋力拼搏，扭转经营局面，扭亏为盈，实现盈利，全年利润140万元。

【大单品成果】

2019年，包头中药销售团队继续发力、坚持转型，内蒙古西部地区终端掌控达2500家；以清开灵滴丸、灵芝滴丸、连翘败毒丸领衔的“510”大单品战略实施效果卓有成效，大单品销售收入占整体销售收入71%；开拓四川省、山西省等区外市场，敢于打破常规，面对重压不抱怨，找出路，完成年度任务。

【认证工作】

2019年，伴随着自治区药监部门机构的改革，对质量的监管力度空前加大。公司积极应对，探索建立“各单元自查、质量部检查、质量授权人督查、总经理亲自查”的四级检查机制，严格落实奖惩，强化主体责任。明确质量目标与质量方针，进一步完善质量体系，供应商审计及验证、偏差处理、质量回顾、不良反应监测等工作都有长足进步，确保产品全周期质量安全。在2018年基础上，继续实施消防设施、燃气管网等硬件改造，通过不懈的努力，公司顺利通过第四次GMP复认证，为未来发展打下扎实的基础。

【品牌建设】

2019年初，正式获批内蒙古中药配方颗粒试点企业，获得包头市创新工作室、自治区名牌产品、自治区行业标志性品牌等称号。包中牌商标在第六届内蒙古品牌大会上被评为自治区百强品牌，估值8.08亿元。成功申报包头市首批创新引领型民营企业。

（赵伟 供稿）

铝业产业园区

包头铝业产业园区管理委员会

【领导名录】

党工委书记、管委会主任　　张　勇
党工委副书记、管委会副主任
　　刘大军(5月任职)
纪工委书记　　秦补生(5月任职)
管委会副主任　　王　强(3月离任)
　　梁少伟
　　马　妮(女)
　　赵　宇(挂职4月任职)
管委会正科级领导　　李建成
公共事务部部长　　云　伟(蒙古族)
工程部副部长　　谭　静(女)
综合部副部长　　马　涛(回族)
开发公司负责人　　王新平
经济部副部长　　柳春生
综合事务服务中心主任　　翁青云
综合事务服务中心副主任　　王　斐
　　郭卿嵩(7月离任)

【概况】

内蒙古包头铝业产业园区原名包头国家生态工业（铝业）示范园区，2003年4月经原国家环境保护总局批准创建，是自治区政府审定保留的以铝的深加工产业为特色，多产业共同发展的新型重点生态工业园区。2012年经自治区政府批准铝业园区规划面积由20平方公里扩大到70平方公里。2014年9月，经国家发改委、财政部批准，园区成为自治区唯一一家“城市矿产”示范基地。2016年11月，经国家发改委批准，成为国内首批增量配电业务改革试点。铝业园区是自治区政府批准的循环经济示范园区，是自治区沿黄沿线经济带重点工业园区和“双百亿工程”重点园区，是自治区新型工业化产业示范基地和高层次人才创新创业基地。

内蒙古包头铝业产业园区管委会为东河区人民政府派出机构，主要负责贯彻执行党的路线、方针、政策和国家的法律、法规，落实包头市和东河区部署的各项工作；负责制定园区内基本建设、经济发展等中长期发展规划和年度计划，负责编制园区详规，经批准后组织实施；负责园区内党的建设工作；负责招商引资及相关协调服务；负责投资项目管理工作；负责园区公用设施、基础设施的建设和管理工作；负责园区经济发展、科技服务、环境保护、安全生产监督管理、国有资产管理工作；负责园区统计、经济运行分析工作；负责推动园区科技自主创新和科技服务体系建设工作。按照自治区编委文件批准内设5个职能部门，分别是综合部、招商部、经济发展部、社会公用事务部、科技信息创业部；其中，园区管委会下设二级单位内蒙古包头铝业产业园区综合事务服务中心，批准内设机构分别为综合服务部、项目管理部、开发建设部；包头市南海投资（集团）有限责任公司子公司包头生态工业（铝业）园区开发有限公司，用于园区基础设施建设，拥有人员10名，副科级领导1名；2015年在区安监局指导下，增设园区安监站，拥有人员5名。园区管委会和服务中心共下设8个职能部门，但在实际运行中管委会7人均为领导干部，无科室工作人员，于是与服务中心合署办公，实际运行五个部门，分别为：综合部、招商部、经济部、工程部、公用事务部，其中，按照所批机构内设部门，管委会综合部与服务中心综合服务部合署办公为综合部，拥有人员10名，其中，副科级领导1名；管委会经济发展部和科技信息创业部合署办公为经济发展部，拥有人员7名，其中，副科级领导1名；服务中心项目管理部、开发建设部合署办公为工程部，拥有人员7名，其中正科级领导1名，副科级领导1名；公共事业部拥有人员4名，其中正科级领导1名；招商部拥有人员5名。

【园区建设】

铝业园区坚持以习近平新时代中国特色社会主义思想和中共十九大精神为指导，深入贯彻落实中共十九届四中全会精神及习近平总书记考察内蒙古时重要讲话精神，围绕东河区“五区目标”发展定位和“五大组团”空间布局，积极加快重点项目建设、优化营商环境、强化污染治理，铝业园区在绿色导向、高质量发展新路子上迈出坚实步伐。园区入驻企业85户，完成工业总产值287.3亿元，同比增长13.6%；上缴税金6.63亿元，同比下降32.5%，拥有从业人员12920人，同比增长11.4%。

【服务企业】

拓展服务领域，重新制定并下发铝业园区项目化管理服务企业制度，确保园区企业服务责任到人，着力解决企业遇到的问题；与包头市中小企业协会签约，加大在融资、政策、招工、法律援助等方面的服务力度；积极对接市、区两级人社局，为企业组织人才招聘会，解决企业迫切的人才需求问题；建立园区企业人才需求服务群，及时发布相关政策和人才招聘信息。完善企业手续，对接自治区自然资源厅、包头市自然资源局完成园区核心区控制性详细规划修编工作及上下古城湾村25、35、36批次土地农转用报批工作，为隆华、亿江、屹垚、运正升等企业办理规划、土地手续提供前提条件；对接发改、经信、生态环境等部门，为企业办理立项、环保等手续200余项。降低企业运行成本，通过电力综合扶持等措施全面贯彻落实相关政策，帮助包铝、丰川电子等10户工业企业进入自治区电力多边交易平台，累计为企业节约用电成本超5亿元。解决企业资金问题，对接金融机构，为盛泰、丰融公司等企业解决资金需求5.2亿元。强化“腾笼换鸟”，通过租赁盘活、推动合作等方式，先后引进通标、柏众腾绳等企业进一步盘活了7家停产、半停产企业，闲置资源得到有效利用。完善基础设施，长征路、5号路中段工程近期投入使用；华云铁路运煤专用线市政管线排干工程开工；改造更换汇泽路、纬三路路灯198盏；为下一步完善园区基础设施争取国债专项建设资金1亿元。

【推动创新】

推动企业创新发展，推动盛泰、丰川电子成功获批高新技术企业；盛泰与内工大合作开发的高效低成本铸旋技术已应用到产品中；包铝与中铝郑州有色金属研究院、中南大学等4所科研院校建立长期稳定合作研发机制，FHEST技术（铝电解槽节能技术）的推广实现吨铝节电500千瓦时以上目标，电磁能晶粒细化设备的研发与在高强铝合金生产中的应用形成可应用于3T竖井生产线的电磁能处理工艺规程，进行中试生产试验，预计生产每吨铝合金产品可节约成本30～50元；帮助华禹机械获批自治区农作物秸秆深加工技术企业研发中心。

【安全管理】

强化企业安全生产管理，加强对企业日常安全检查，与园区每家企业签订2019年安全生产责任状，并组织消防、特种设备使用等各类培训会5次，切实提高企业安全生产意识。

【污染防治】

积极落实中央、自治区环保督察反馈意见整改要求，污水厂提标改造工程已全面开工，渣场建成并投入使用；出台《关于加强环境保护工作的实施方案》，下发《关于加强园区企业环保监管工作的通知》，要求各项目化管理责任人深入企业进行环保检查；建成空气质量自动监测站，加强园区空气质量监测；与黄河水利委员会宁蒙水文水资源局签订水质监测合同，加强污水厂入黄横断面水质监测；着力加强源头防治，包铝电解二厂、华云电解一厂、华云电解二厂生产系统烟气脱硫改造项目前期手续及基础建设已全部完成，正在安装设备，包铝电解三厂、四厂电解烟气脱硫改造项目正在抓紧实施。东华热电废水零排放工程正在进行膜处理车间、高密车间主体浇筑，年内基本主体完工具备旁路烟道喷洒条件。

【重点项目】

实施重点项目42个，总投资175亿元，全部竣工达产后，预计年产值225亿元，新增年产值400亿元以上，新增就业项目岗位3500余个，其中，续建项目10个，新建项目32个。年内，凯普松40条化成箔生产线、多利卡年产一万吨直埋式保温管生产线、铝业园区固废渣场、丰川电子34条化成箔生产线、屹垚年产20万吨铝铸轧板生产线、亿江铝业有限公司年产15万吨铝铸轧板、平远100万吨废钢铁回收再利用、天蒙石油副油库8个项目已竣工。隆华新材料年产30万吨铝合金材料、盛泰年产60万只卡巴轮、汇众300万套汽车零部件、通标年产50万平方米铝模板、包铝新建2万吨高纯铝、鑫生源4万吨废旧轮胎再利用、柏众腾绳年产5000吨捆草绳、北方稀土与平远集团合资建设的20万吨稀土铝合金8个项目一期工程已完工。劳斯特新型低碳稀土钢铝脱氧制品、华源天鹿粉煤灰利用、污水厂提标改造正在稳步建设年底前可竣工；中氢能源新材料产业园、东华热电废水零排放、平远与红泉地合作的报废车拆解等项目已全面开工建设，正在稳步推进。

表18-1

2019年铝业园区重点项目建设情况表

项目类型	序号	投资名称	建设单位	建设年限
续建项目（10个）	1	建设30万吨铝合金材料项目	内蒙古隆华新材料有限公司(江苏凯隆)	2018—2019
	2	15万吨铝棒及铸轧板项目	亿江铝业有限公司	2018—2020
	3	包头市润通环境有限责任公司（加通污水处理厂）项目	市水务集团	2018—2019
	4	建设40条中高压化成箔生产线项目	南通新诚电子新材料有限公司	2018—2020
	5	二期40条化成箔生产线项目	凯普松电子科技有限公司	2018—2019
	6	二期34条化成箔生产线项目	内蒙古丰川电子科技有限公司	2018—2019
	7	全厂废水零排放项目	包头东华热电有限公司	2018—2019
	8	年产300万套铝合金汽车零部件铸件项目	包头汇众铝合金锻造有限责任公司	2018—2020
	9	年产30万吨铸造铝合金及10万吨特殊铝合金工业型材项目	新汇泽	2018—2020
	10	包铝雨污分离及污水处理设备升级改造项目	中铝包头铝业	2018—2019
新建项目（32个）	11	建设年产20万吨再生铝合金项目	内蒙古运正升新材料有限公司	2019—2020
	12	10万吨铝灰资源化利用项目	内蒙古华源天鹿环保科技有限公司（山东华源环保）	2019—2020
	13	年产2万吨高纯铝项目	中铝包头铝业	2019—2020
	14	铝膜板项目	内蒙古通标铝业有限公司	2019—2020
	15	合资建设20万吨稀土铝合金项目	北方稀土与平远集团	2019—2020
	16	开展电解铝智能工厂项目	中铝包头铝业和内蒙古华云公司	2019—2020
	17	固废渣场项目	包头铝业产业园区	2019
	18	年产60万只卡巴轮项目	包头盛泰汽车零部件制造有限公司	2019—2020
	19	年产20万吨铝铸扎板生产线项目	内蒙古屹垚新材料有限责任公司	2019—2020
	20	100万吨废钢回收加工项目	平远物资回收公司	2019—2020
	21	保温材料项目	内蒙古多利卡管道生产有限公司	2019—2020
	22	废旧轮胎再利用项目	鑫生源环保科技有限公司	2019—2020
	23	建设新型低碳稀土钢铝脱氧制品项目	内蒙古劳斯特冶金新材料有限公司	2019
	24	介孔纳米三氧化二铝中试生产项目	中氢能源科技发展（内蒙古）有限公司	2019—2020

续表18-1

项目类型	序号	投资名称	建设单位	建设年限
新建项目（32个）	25	内蒙古华云新材料电解烟气脱硫项目	内蒙古华云新材料有限公司	2019—2020
	26	电解烟气脱硫项目	中铝包头铝业	2019—2020
	27	内蒙古华云新材料输煤系统项目	内蒙古华云新材料有限公司	2019—2020
	28	铁路专用线项目	内蒙古华云	2019—2020
	29	内蒙古华云新材料有限公司年产42万吨轻合金项目	内蒙古华云新材料有限公司	2019—2020
	30	电力局域网建设项目	铝业园区	2019—2020
	31	建设年产10万吨铝深加工产品项目	内蒙古惠通百川科技材料有限公司	2019—2020
	32	年产5万吨高端合金铝项目	立中集团四通新材有限公司	2019—2020
	33	建设年产22.7万吨铝轧卷项目	华北铝业有限公司	2019—2020
	34	建设包头市环保综合处置中心项目	包头五美环保科技有限公司	2019—2020
	35	建设70条化成箔及6条腐蚀箔生产线项目	内蒙古桂润电子新材料科技有限公司（广西桂东）	2019—2020
	36	FTTx光纤到户、塔、楼、区项目	包头市北特俊成光电通信有限公司	2019—2020
	37	铝合金电力金具项目	润泽铝业内蒙古新材料有限公司	2019—2020
	38	建设5万吨高档生活用纸的生产线项目	包头市永都纸业有限公司	2019—2020
	39	中铝包头绿色生态产业有限公司（中铝环保节能集团有限公司）	中铝包头绿色生态产业有限公司	2019—2020
	40	废弃塑料回收再利用项目	浙江清洁塑业发展有限公司	2019—2020
	41	建设年产5000吨捆草绳项目	内蒙古柏众腾绳网有限公司	2019—2020
	42	园区路道路改造工程项目	铝业园区	2019—2020

【科技研发与成果】

依托中国铝业公司铝电解合金化重点实验室、内蒙古自治区铝合金工程技术研究中心等创新平台，加快推动包铝、盛泰和吉泰等企业产学研一体化合作，与中科院、中铝郑州研究院、沈阳铝镁设计研究院、中南大学、北京交通大学、内蒙古工业大学等大学加大合作的广度和深度，创建多层次、多领域、多形式的技术创新联合体，新型稳流保温铝电解槽节能技术（FHEST技术）、电解废槽衬无害化处理技术、铝合金车轮双色涂装工艺开发与应用、铝合金车轮涂装机器人自动喷涂工艺、高强度铝合金车轮旋压工艺等一批新技术全部应用，不仅实现科技成果就地转化，而且一批关键共性技术的突破以及新工艺、新设备、新材料的研发，加快企业技术升级，优化生产流程，提高产品质量和附加值，促进园区铝产业这一优势传统产业高端化发展。

园区企业拥有有效专利173项（其中，发明专利20项，实用新型专利104项，外观设计专利49项），其中，拥有自主研发成果40余项，已有30多项成果获省部级奖，43项成果获得国家发明及实用新型专利，特别是包头铝业完成25项铝合金科技项目研发及产业化推广，具有250余个项目的检测分析能力；包头盛泰每年开发新产品34款，累计完成专题改善132项，新材料新工艺验证、引入与推广168项，专有技术13项，科技成果鉴定16项。园区共建立自治区级工程技术研究中心1家，自治区级企业技术中心2家，涌现出了中铝包头铝业、盛泰铝业、吉泰铝业等一批科技创新型企业，拥有研发人员400余人。

（张威 供稿）

包头铝业有限公司

【领导名录】

党委书记、执行董事　　田明生

党委副书记、总经理　　韩效义

【概况】

包头铝业有限公司的前身包头铝厂，始建于1958年，是国家“一五”规划建设的国内第二家电解铝企业、中华人民共和国成立后第一家投产出铝的电解铝企业。2003年，中铝集团与内蒙古自治区人民政府签订资产划转协议，2007年包铝正式进入中铝集团。

包头铝业有限公司是中国铝业股份有限公司的全资子公司，简称“包头铝业”，现有三条电解铝生产线（产能55万吨），三条高纯铝生产线（产能5万吨），一条碳素生产线（产能12万吨），2台33万千瓦自备机组。内蒙古华云新材料有限公司，由包头铝业与包头市交通投资集团有限公司以5∶5合资设立，简称“内蒙古华云”，现有两条电解铝生产线（产能74万吨），3台35万千瓦自备机组；包头铝业下辖12个职能部门、14个二级单位，总资产175.68亿元。

【生产经营】

包头铝业（含内蒙古华云）2019年生产铝产品131.53万吨，同比增加6.6%；完成供电量103.07亿千瓦时，同比增加1.48%；实现主营业务收入161.17亿元，同比增长6.27%，实现利润11.95亿元，同比增长23.6%；实现经营性净现金流22.82亿元，同比增长15%。产品产量、营业收入、利润总额创历史新高。在全面完成中铝成本考核目标的基础上，处置积压多年的9000万元非正常库存和低效无效资产，成费比、资产负债率得到优化；三供一业顺利完成分离移交。

【产品研发】

成功研发WR004、稀土扁锭等高端、高附加值新合金产品17种，产品结构进一步优化，盈利能力进一步增强。2019年，企业合金化工作获中铝A级评价，产量、利润、合金化率、新产品开发、废铝利用等各项指标均位居前列；扩建2万吨高纯铝项目一期工程已具备实现投产条件，包铝高纯铝产能达到5万吨，企业合金化规模优势将进一步显现。

【济困扶贫救助】

接收甘肃华鹭、山东华宇、山西华圣跨企转移人员89人，全力解决相关诉求和存在困难；2019年，两次增资并启动年金。救助困难职工145人次，发放救助金53.1万元。推进对红泥井村的脱贫攻坚工作，投入20万元开展资金、教育、就业等多种形式的精准扶贫；响应中铝集团爱心助学捐款活动，各级党员群众累计捐款13.28万元。深入贯彻落实习近平总书记关于“扶贫必扶智”重要论述，各二级单位全体行动，对土右旗、固阳县10所学校53名建档立卡的在校贫困学生开展助学帮扶，捐助慰问金7.5万元，捐赠书籍、文具、生活用品等价值1.9万元。作为先进典型，被中铝集团推荐，改革发展业绩和党建经验接受国资委党建局的检查考核以及中央电视台、新华社、经济日报、光明日报等主流媒体的专访。合金事业部员工于金山被授予“全国民族团结进步模范个人”，热电厂获得中央企业先进集体，热电厂团委获得中央企业“五四”红旗团委称号，电解二厂生产运行党支部获得自治区先进基层党组织，包铝“带着初心再出发”诗朗诵在学习强国平台上推广展播。包铝的社会形象进一步提升。

【企业文化】

包铝党委在中铝集团企业文化体系总体框架下，结合自身实际，提炼形成包含企业使命、愿景、价值观，以及安全环保、廉洁自律、成本、质量、诚信五个专项文化理念，与2018年推出的“积极、求己、至善”十大工作理念一起，构成包铝一套完整的企业文化体系，既与中铝集团企业文化一脉相承，又体现包铝鲜明个性，为一流企业建设奠定坚实的文化支撑。

（韩永健 供稿）

包头汇众铝合金锻造有限公司

【领导名录】

董事长　应　华

总经理、党支部书记　王建春

【概况】

包头汇众铝合金锻造有限公司是上海汇众汽车制造有限公司全资子公司，成立于2006年，注册资本6000万人民币，占地面积13万平方米。全年产量250万件，产值2.06亿元，纳税2400多万元。产品主要为上海通用、上海大众等整车厂配套汽车底盘的铸铝配件。

【科技创新】

包头汇众在国内汽车同行率先成立PQ46车轮支架CPC差压铸造项目组，填补国内铝合金差压技术空白，实现汇众公司差压铸造领域零的突破，为国内汽车底盘轻量化做出贡献。包头汇众差压铸造工艺，主要运用于铝合金车轮支架铸造，2019年正生产PQ46车轮支架、MQB-B 车轮支架、SGM358转向节等项目产品；包头汇众CPC差压铸造技术的运用和PQ46车轮支架、MQB-B 车轮支架、SGM358转向节等的产业化，使包头汇众走在国内汽车行业差压铸造领域的前列，同时投入熔炼及铸造工艺设备，形成开发及批量试制、生产能力。包头汇众参加包头市东河区职工创新工作室评选活动，3月12日经东河区总工会评选为包头汇众铝合金锻造有限公司CPC差压铸造创新研发工作室。

【自主知识产权】

包头汇众拥有18项产品核心技术自主知识产权。公司产品通过中国质量认证中心质量管理体认证，汽车工业TS16949质量管理体系认证；德国大众汽车VDA6.3质量管理体系认证，包头汇众在新产品研发上取得显著成果，完成许多新产品的研发工作。

（郭鹏 供稿）

包头汇泽铝业有限公司

【领导名录】

董事长　郭书廷

总经理　崔治安

【概况】

包头汇泽铝业有限公司成立于2005年，占地面积33500平方米，注册资金5000万元，总资产约3亿元，其中，固定资产约8000万元，流动资金2亿元。公司为股份制企业，组织机构形式为董事会领导下的总经理负责制，下设5部1室，3个车间，在册员工200余人。公司的主要产品有变形铝合金棒、铸造铝合金锭、大板锭，电解用铝母线、铝导杆，铝中间合金及稀土铝合金等。

2009年，一期建设厂房6000余平方米，年产能1万吨铝合金生产，员工50余人。2013年

3月，公司改换法人，投资1亿多进行二期扩建，增加厂房1万余平方米、办公楼2000余平方米及其辅助设施。

【生产经营】

2013年，在原有年产1万吨铝合金棒的基础上，开始新建厂房，年底正式投产，以后逐年增加产值产量，到2019年产能已达28万吨铝合金，产值40多亿元，重点实施年产30万吨铸造铝合金以及10万吨特殊铝合金工业型材项目。可行性研究报告、环评、安评、稳评等工作均已完成，竖井建设已完毕。

【荣誉称号】

企业先后获得内蒙古自治区总工会授予“工人先锋号”“自治区模范职工小家”的称号，企业获得2019年中国优质铝棒生产厂商20强、包头市冶金行业协会理事单位、多次获得“安康杯”竞赛一等奖、二等奖、员工孙连合获得包头市“劳动模范”称号。

（张凤玲 供稿）

包头市平远物资回收有限责任公司

【领导名录】

董事长　　李爱平

【概况】

包头市平远物资回收有限责任公司成立于2004年2月，是一家致力于资源节约和环境保护，从事再生资源回收利用产业的民营企业。平远公司坐落于内蒙古铝业产业园区综合工业园1号，占地面积500余亩，注册资金5000万元，职工120人。

2009年，被列入包头市发改委颁布的“废钢加工基地”之一。2013年，获工信部废钢铁加工准入条件第一批公布企业及中国废钢铁应用协会AA级企业，并已通过ISO9001、ISO14001、OHSAS18001体系认证。2014年，被国家发改委、财政部评为内蒙古包头铝业园区国家“城市矿产”示范基地，园区示范企业。2015年，被工信部列入《国家资源再生利用重大示范工程》。2016年，获工信部《京津冀及周边地区工业资源综合利用产业协同发展示范工程项目》名单。

【项目情况】

2018年，新扩建年产300万吨废钢回收加工项目，新增国内先进的3000千瓦破碎生产线、1600吨金属打包机、1000吨金属液压打包机等机器设备，新建生产厂房2万平方米，已达年产200万吨废钢回收加工能力，新上设备生产效率高、加工工艺先进、能耗低，大大提高资源综合利用效率，推动行业发展。2018年，新建20万吨/年再生铝资源综合利用项目并于2019年5月获得环评批复。2019年与包头市红泉地物资贸易有限公司合作新建8000辆/年报废汽车拆解项目，于10月拿到批复，完成部分厂房的建设。

（王丽萍 供稿）

内蒙古丰川电子科技有限公司

【领导名录】

董事长　　朱定芳（女）

总经理、党支部书记　　周生文

【概况】

内蒙古丰川电子科技有限公司成立于2005年7月，是专注于铝电解电容器用中高压化成箔的研发、生产及销售的高科技企业，是国家发改委高新技术产业化项目、包头市重点招商引资企业、内蒙古高新技术产业，被包头市科学技术局认定为“市级企业技术中心”。公司坐落于包头市东河区国家铝业示范园区内，注册资本5000万元，占地135亩，总投资1.5亿元，现有员工200余人，公司拥有中高压化成生产线40条，年产能700万平方米。生产的各种规格化成箔广泛应用于航空、航天、国防、通信、家电与电子信息等领域，市场前景广阔。

【生产经营】

2016年8月，内蒙古丰川电子科技有限公司在经历停产重新复产后，生产及经营能力逐年增加，截至2019年年底，销售收入突破2.55亿元，比去年同期增长27.5%。已恢复中高压化成箔生产线31条，实现年生产中高压化成箔500万平方米，年销售收入2.6亿元，实现纳税1200万元。

【科技创新】

先后与内蒙古科技大学、佛山科学技术学院签订产学研协议，以期通过与大专院校合作提升公司技术竞争力。公司资金实力雄厚，研发投入占总营收的10%。持有发明专利1项，实用新型专利5项，并通过ISO 9001：2015质量体系标准认证、ISO 14001：2015环境体系认证、OHSAS 18001：2007职业健康安全管理体系的认证。

【企业管理】

自2016年8月份复产以来，公司秉持“发展依靠员工，发展成果与员工共享,人才是企业第一竞争力”的企业宗旨，坚持以人为本，注重人员素养的提高，注重高素质高层次人员梯队的建设，拥有大专以上学历员工40余人。

公司将“以人为本、诚信经营、打造百年丰川”的企业愿景融入企业经营的每个细节，认真贯彻公司“三提一降”的工作部署，统筹抓好精益管理及成本管理，加强质量管理和重点工作的执行落实；加强公司各项规章制度的建立健全，以强化企业管理及责任落实；以特色宣教、三级安全培训推进安全文化建设，构建风险管控与隐患整治双重方法机制，为包头市安全生产监督管理局颁发“安全生产标准化三级企业”。生产管理系统、数据在线监控系统的应用，使公司生产过程管控受控，同时规范各作业流程的数字化管理，为统计分析、执行改善、重要决策做好管理基础。

内蒙古丰川电子科技有限公司奉行“进取求实严谨团结”的方针，不断开拓创新，以技术为核心、视质量为生命、奉用户为上帝，竭诚为客户提供电气性能稳定、高质量、高比容的中高压化成箔。

（刘晓娟 供稿）

包头市森都碳素有限公司

【领导名录】

董事长　　都小平

【概况】

包头市森都碳素有限公司成立于2012年7月，公司注册资本为21343万元，占地面积256亩。由河南省最大的铝电解用碳素制品生产企业——沁阳市碳素有限公司和中铝包头铝业有限公司共同出资组建的集预焙阳极炭块、阴极炭块等多品种、多规格的专业碳素制品生产企业，其前身是包头铝业（集团）有限责任公司碳素厂。其中，中铝包头铝业占股49%，沁阳碳素占股51%，由沁阳市碳素有限公司控股。2019年被中国铝业总公司评为“优秀供应商”；被内蒙古银行包头分行授予AAA级民营优质客户称号；并获“2019年度东河区优秀民营企业”称号。

【生产经营】

2019年，生产销售各类产品37.2万吨，实现销售收入106914万元，上缴各类税金3142万元，利润总额1473万元。

（申丽琴 供稿）

包头盛泰汽车零部件制造有限公司

【领导名录】

董事长　　臧永兴（满族）

总经理　　王超

【概况】

包头盛泰汽车零部件制造有限公司（简称“包头盛泰”）成立于2015年3月，是天津立中车轮集团的全资子公司，隶属于河北四通新型金属材料股份有限公司。专业从事铝合金车轮的研发、制造与销售。注册资本2.4 亿元，资产总额8.5亿元，拥有员工1300余人，铝合金车轮年产540万只，是中国西部地区规模最大的铝合金车轮生产基地。

公司拥有从纯铝液到车轮产品成品，集熔炼、铸造、热处理、旋压、机加、涂装全套加工设备与工艺于一体的生产线，可生产旋压、全涂、亮粉、亮面等多种制程、多种表面加工状态的产品。生产与检测设备先进，技术实力雄厚，产品研发周期短、速度快，先后通过IS09001、ISO/TS16949、TUV、VIA等专业机构的行业体系认证，产品品质受到国内外客户的广泛认可。

【科技创新】

于2015年通过了IS09001/TS16949专业机构认证；2017年通过了IS014001环境体系资格认证；2016 年被包头市人民政府授予“专精特新”中小企业称号，技术研发中心被自治区授予“自治区级企业技术中心”；2017年7月被包头市授予鹿城英才工程“包头市产业创新创业人才团队”称号。

公司掌握低压铸造铝合金车轮水冷模具技术、小浇口铝合金车轮铸造工艺等专有技术13项，完成科技成果转化与应用16项，其中一项科技成果获得包头市科技进步奖；拥有实用新型专利9项，外观专利9项，另有2项发明专利和3项实用新型专利正在审查中。公司是国家第五批城市矿产示范基地项目承担单位之一，目前承担内蒙古自治区创新引导基金项目1项。

【扶贫工作与企业文化】

公司党支部积极引导企业，努力建设有担当责任的企业，先后向红十字会、受灾地区捐款、捐物，并参与“村企合作”精准扶贫行动，包联附近的贫困户，助推全区“脱贫攻坚”工作，为扶贫工作承担社会责任。

（韩松雪 供稿）

农牧林水

【东河区农牧局领导名录】

局　长	杨建军
副局长兼水务局局长	王志强(5月任职)
副局长	贺志慧(3月任职)
副局长兼扶贫办主任	张立洲(3月任职)
副局长	卢　茂(3月任职)
	潘　锋(挂职锻炼)
水库管理所所长	李　勇(3月任职)
森林公安局局长	王一斌(3月任职)
副局长	贺建军(3月任职)
阿善国有林场场长	李耀东(3月任职)
绿色产业中心副主任	仝　佳(女,3月任职)
	李　玺(3月任职)

【概况】

东河区农牧局是2019年3月根据东河区委关于《东河区机构改革方案》《东河区机构改革实施意见》精神，整合区委农工部职责、区农牧业和交通运输局、区林业水务局的相关职责，以及区发展和改革局的农业投资项目、区财政局的农业综合开发项目、相关部门的农田整治项目等管理职责组建的政府职能部门，为正科级单位。加挂东河区水务局、东河区扶贫开发办公室牌子。区农牧局核定局长1名，副局长3名，行政编制10名，工勤编1名。实配局长1名，副局长5名。代管绿色农业和食品加工产业服务中心、森林公安局。局机关内设办公室等股室8个，下设二级单位12个。

区农牧局的主要职责是贯彻落实党中央关于“三农”工作、水务工作、扶贫开发工作以及林业执行层面工作的方针政策，落实自治区党委、包头市委、东河区委相关决策部署，在履行职责过程中坚持和加强党对“三农三牧”工作、水务工作、扶贫开发工作以及林业执行层面工作的集中统一领导。东河区委农村牧区工作领导小组办公室设在区农牧局，区农牧局接受区委农村牧区工作领导小组的直接领导，承担区委农村牧区工作领导小组的具体工作，组织开展“三农三牧”重大问题政策研究，协调督办有关方面落实区委农村牧区工作领导小组决定事项、工作部署和要求等。

农牧业

【农牧业高质量发展】

2019年，持续推进“一个基地、两个观光园、七个特色产业示范种植园”建设。加快推进沙尔沁万亩现代农业示范基地建设，在沙尔沁二村集中连片改造老旧温室新建后墙体温室1000亩，分块推进阿都赖村、小巴拉盖村、海岱村等新建温室大棚1000亩。重点推进沙尔沁葡萄采摘观光园提档升级。在润泽园设立葡萄标准化栽培研究示范种植基地，引进维多利亚、贵妃等19个葡萄新品种进行选育推广，在采摘园集中实施葡萄高位嫁接稳产改良面积300亩。引进宁夏广银米业公司在什大股村启动建设占地5000亩的什大股稻鱼生态种养农旅融合项目，一期工程已开工建设。祥利丰特色农产品种植加工示范园集中种植胡萝卜、日本大葱等特菜1060亩、红皮小麦200亩，新建标准化酱菜腌制车间800平方米，示范种植一穴多株玉米500亩，带动周边农户推广订单种植3000亩。华鹿设施蔬菜标准化种植示范园，全面推广二氧化碳气肥应用技术，建成30吨二氧化碳气肥中心1座，改造2000平方米智能化育苗中心，推广应用潮汐式育苗技术，新建冷库及分选车间850平方米，配套分选包装、清洗、检测等设备；与辽宁省丹东市草莓研究院合作开展高寒地区草莓种苗繁育试验示范推广，完成育苗100万株。小巴拉盖地环示范种植园种植规模进一步扩大，支持韩氏食品公司在小巴拉盖村订单示范种植地环近700亩，订单种植全部保护价收购，带动农民增收效果明显。海岱村海岱蒜种植示范园引进中蒜3号、红七星等6个品种开展独头蒜比选示范种植，推广种植300亩，利丰合作社被包头市农科院确定为特菜种植研究成果转化示范基地。南星农业东坝海水稻推广示范种植园，积极探索盐碱地改良利用技术，在东坝村示范种植海水稻1000亩，带动周边村发展种植海水稻1500亩。支持远通农民专业合作社建设冬季果类菜种植示范园，集中连片推进改造新建厚墙体温室1000亩。

【农业生产规模化标准化】

2019年，聘请农业专业技术人员编写设施蔬菜标准38个，发放《设施蔬菜标准化生产手册》1000余册，建成华鹿农业、南星农业、润泽园合作社等标准化示范基地5000亩，培育发展标准化育苗中心3处，集中推广集约化嫁接育苗技术、新型肥料使用技术等综合配套技术4套，推广应用设施蔬菜标准化栽培技术规程26项，建成二氧化碳气肥站2个，粪污集中处理中心1个，全区设施蔬菜绿色高质高效创建面积突破5万亩，连续获评自治区蔬菜绿色高质高效创建示范区。围绕土地深松、机播、机收、秸秆和残膜回收、植保服务全流程推进农业产前、产中、产后一体化系统服务，作业覆盖面积超5万亩。启动建设农业云服务平台，实现农技咨询，农技培训及信息查询、生产在线管理、产品质量在线追溯、产品展示推广销售、农资市场监管信息化、服务全覆盖便利化。

【农畜产品质量监管体系建设】

不断加大农产品质量安全追溯体系建设，2019年先后组织5家绿色食品认证企业加入国家农产品质量安全追溯平台，为7家企业、合作社发放追溯条形码打印机。打造东河区“沁园星创平台”，并正式加盟“中国质量万里行”会员。加强种养殖业投入品监管，将全区47家农药经营门市全部纳入农药监管大数据监管平台，实现投入品进货、销售、使用各环节监管全覆盖。加大农畜产品检测力度，年内完成蔬菜抽检350批次，“瘦肉精”检测2193份、兽药抽检4个批次，全部合格。按规定完成非洲猪瘟疫情防控，动物疫病春防、夏防、秋防等工作，做到应免尽免，全覆盖、无死角。持续开展农资打假专项治理，拉网式检查种子、农药市场及肥料生产企业、经销店21次、立案调查处理8起，强化兽药和动物诊疗机构管理，开展兽药专项整治活动6次，市场管理更加规范。

【农牧业产业化重点龙头企业及“三品一标”创建】

东河区现有农牧业产业化重点龙头企业18家（占全市龙头企业总数149家的12%），产品涵盖羊绒、饲料、乳制品、白酒、粮油等行业，其中：国家级龙头企业2家（鹿王羊绒、北辰饲料），占全市国家级龙头企业总数6家的33.3%；自治区级3家（粮食批发市场、骆驼酒业、祥利丰农业公司），占全市自治区级龙头企业总数的10%；包头市级13家，占全市总数113家的11.5%。

全区21个经营主体认证农畜产品“三品一标”176个，认证农畜产品涵盖蔬菜、葡萄、饲料、粮油等，其中海岱蒜获得国家地理标志农产品认证。

林水业

【林业生态建设】

积极推进解决三线生态综合治理工程后续遗留问题，2019年，一期工程23个标段竣工验收全部完成并已全部报审，三线绿化续建工程验收工作已全部完成。全覆盖村屯绿化累计完成投资4500万元、重点区域绿化完成投资2800万元，工程竣工验收已全部完成。大青山南坡生态修复工程自2017年启动实施以来，已完成投资约3.6亿元。加强林地资源管护，注重清明节、“农历十月初一”等重点时段防火巡护，实行全覆盖防控管护，有效预防森林火灾的发生。按要求完成2017年林地变更调查、数据库更新及2018年森林资源年报编制工作，实地核查上报国家下发2018年疑似违法占用林地图斑61个。组织开展了春季义务植树活动、春季苗木普查、年度苗木质量普查、“2019春雷行动”“绿卫2019”森林执法等工作。

【水务工作扎实推进】

2019年，修订完善《黄河东河区段防凌抢险预案》，加强日常巡查值守，持续关注黄河大流量过境，完成黄河东河段防凌任务和汛期安全度汛工作。强化水库运行管理，组织开展山洪灾害防御暨东河水库防洪抢险演练，完成水库大坝安全鉴定，启动水库除险修缮工作，顺利通过水利部3次暗访检查。严格贯彻落实河湖长制，推动河湖长制延伸到村，实现境内河湖“全覆盖”。完成全区境内24个自动雨量站、9个自动水位站、2个视频监测站、5个墒情站和51处无线预警广播进行运行维护工作，更换蓄电池10块，保障站点正常上报率达到90%。完成北梁供水工程5000立方米清水池，北大街、民生路等6条道路配套供水管线建设任务。转龙藏公园水利工程主体工程完工，景观效果明显。壕赖沟整治工程完成单位工程验收，东河段黄河二期防洪工程完成竣工验收，二道沙河水生态治理工程稳步推进，全面完成地下水超采、河湖环境生态问题整治，城区水生态进一步优化。开展“保卫母亲河，携手清四乱”等专项整治行动，对辖区内27条河道开展日常及专项执法巡查检查200余次，清理整治问题7处，有效遏制违法侵占河道等突出问题发生。

脱贫及农村综合改革

【脱贫成果巩固提升】

通过2019年扶贫对象动态管理工作，全区无新增建档立卡贫困户和边缘户，并对系统数据、档案信息进行完善，做到“机账实”一致。全区坚持脱贫不脱政策，持续推进问题整改，全力巩固脱贫成果，已脱贫贫困人口人均年纯收入15029.54元，较2018年增长12%。明确政策过渡保障，从教育、就业、医疗、社会保障兜底等方面落实政策16类，11户贫困户全部享受政策，受益金额15.5万元。对普通农户完成危房改造和安全饮水改造工程，保障“两不愁三保障”全面达标。严格资金项目管理，争取市级资金80万元新实施2个扶贫项目；出台《东河区扶贫资金形成资产核查管理实施方案》，对2012年以来扶贫资产状况进行全面梳理。

【持续深化农村综合改革】

按照全市农村人居环境整治工作的统一安排部署，东河区人居环境整治主要以厕所革命和村容村貌整治提升为主。厕所革命方面，在2018年，户用卫生厕所、卫生公厕和结合污水治理的户用污水一体化处理设施的试点建设基础上，全面推开卫生厕所改造工作，2019年，完成户用卫生厕所改造1300套，改造公厕39座，建成结合污水治理的无动力户用污水一体化处理设施123套，完成阿都赖村集中式污水处理设施建设，打造示范村11个，整村推进村4个。集中开展农村人居环境整治“三清一改”春季战役、夏季战役、秋冬战役及“村庄清洁”专项行动，累计清理农村生活垃圾9万余吨，清理村内水塘20口，清理村内沟渠30公里，清理河道30余公里，村庄环境卫生得到有效治理，村容村貌明显提升。2019年，东河区成功入选全国“千村万寨展新颜”展示活动名单，整治成果在中国农村网和中国农民丰收节官网上进行展示宣传。河东镇被评为全国卫生乡镇。农村土地确权工作有序推进，完成证书颁发26个村，发放证书9885本，按照汇缴农业农村部数据库的任务要求，颁证率已达100%。完成5万亩粮食生产功能区划定任务。产权制度改革工作基本完成，49个村认定村集体组织成员78842人，成立经济合作社49家，其中股份制经济合作社2家。农业水价综合改革扎实推进，印发《东河区农业水价综合改革规划》，开展农村集中供水情况调查，定期对各村饮水水质进行化验，切实保障农民群众饮水安全。

（张延同 供稿）

交通 通信

航 空

【内蒙古自治区机场集团有限责任公司包头分公司领导名录】

党委书记	石静辉
总经理	张瑞军
副总经理	杨 发
	王东帅

【概况】

包头机场始建于1934年，位于包头市东河区，1953年正式投入民航使用，成立中国民用航空包头站。2003年12月17日，实施机场属地化管理改革，归属内蒙古民航机场集团公司，更名为内蒙古包头民航机场有限责任公司。2016年，实施总分改制，成为内蒙古自治区民航机场集团有限责任公司包头分公司。2018年2月正式更名为包头东河机场。包头机场拥有航站楼两座，国内航站楼于2014年12月底启用，建筑面积为3万平方米，设计年旅客吞吐量为300万人次。国际航站楼1万平方米。飞行区等级为CCCC级，跑道长2800米，宽60米，站坪总面积9万平方米，停机位15个。2009年，包头机场成为“三北”地区（东北、华北、西北）首个旅客吞吐量突百万的支线机场。2016年6月，国际航空口岸首次获批临时开放。2018年4月，导航设备通过投产校飞。2019年，累计完成运输飞行18299架次，完成旅客吞吐量2032157人次，其中，完成国际及地区航班起降252架次，国际及地区旅客吞吐量21661人次，运输生产保持基本稳定。

【平安机场建设】

深化安全隐患零容忍。贯彻落实习近平总书记对民航安全工作系列重要批示指示精神，坚持“安全隐患零容忍”，深入开展企业法定自查。修订《安全服务绩效考核办法》，持续发挥绩效激励作用。出台《通用机场安全管控管理办法》，推进达茂通用机场安全管控。完善跑道安全、机坪运行安全领导小组工作机制，充分发挥专项安全监管职能。

【安全“四个底线”】

出台《安全“四个底线”指标体系》，制定各层级负面清单，深化责任落实。严守空防安全底线，飞行区局部围界、安检通道、候机楼防爆检查出入口安装视频监控设备；二号道口车辆识别系统、候机楼实名验证系统、安检人脸识别设备相继启用。严守运行安全底线，完成飞行程序调整，积极应对大兴机场投运带来的空域调整风险；开展机坪专项治理；修订应急救援手册；持续推进“平安民航”“平安货运”等安全专项工作。严守消防安全底线。全年组织多次“地毯式”消防安全检查；制作完成国际楼疏散示意图。严守公共治安安全底线。印发《反恐怖防范工作实施办法》，建立健全反恐怖防范工作机制。实现内、外网物理隔离，部署“天擎”网络安全方案，完成多个重要信息系统等级保护。

【绿色机场建设】

节能降耗管理持续加强。对标集团公司《绿色机场建设重点任务清单》，核定全年能耗总量，下发任务指标至各能源使用部门，并在年底绩效考核中兑现。全年五项能源的每折算旅客能耗指标同比下降9.8%，完成年初既定目标。

按照“蓝天保卫战”工作要求，开展场内车辆尾气检测。能源利用效率有效提升。积极推进“油”改“电”，4台新能源电动摆渡车和临时充电桩投入使用，新建充电车库顺利竣工验收。扩大节能范围，部分跑道中线灯，候机楼262套金卤灯具更换为LED节能灯具；完成场区内62盏太阳能路灯安装，在美化、亮化场区的基础上，实现“绿色”照明。

【智慧机场建设】

创新能力持续加强。编制《科技创新实施细则》，科技创新管理能力持续提升。成立科技创新委员会，强化科技创新工作组织保障。注重激发职工创新热情，营造创新氛围。在集团公司2019年科技创新项目评选比赛中，包头机场参赛的四个项目分获两个二等奖、两个三等奖。其中，行李输送系统控制柜PLC供电方式创新改造项目还被集团公司选派参加首都机场集团第三届青年创新设计大赛，获得二等奖的优异成绩；“鲁班”创新工作室获集团公司推荐，参评自治区职工创新工作室。创新成果多点开花。推动智慧商业建设，成功引入国内第二家、自治区内首家利用“行为视觉识别”技术的机场智慧无人超市。推进智慧飞行区建设，制定了无人机试飞方案、应急预案，并组织无人机厂家人员多次测试。加大协同办公平台开发力度，应急救援，值班管理等模块相继上线运行。自主开发的“智慧消防”系统投入使用，消防管理进入智能化的“互联网+”时代。加快“远程管控”应用，远程气象集中预报平台可研立项获集团公司批复。

【人文机场建设】

服务品质显著提升。开展“民航服务质量重点攻坚”专项行动，进一步提升服务品质。建立公司级、部门级服务短板库，全年累计识别服务短板32项，整改完成率100%。加强服务投诉管理，修订《投诉管理办法》，完善细化投诉处置流程和岗位职责；将典型的旅客投诉事件纳入服务案例库，日常借鉴学习。关注服务难点、痛点，大力推进“厕所革命”，卫生间软、硬件服务水平大幅提升。梳理细化安检通道服务标准，精品链条建设初见成效。真情服务措施便民贴心。落地民航局“同城同质同价”，多措并举，候机楼餐饮业实现“三同”。成功引入集团公司范围内首家“顺丰速运”服务站，满足旅客多样化的出行服务需求。“无纸化通关”服务正式启用，旅客出行方式更加高效、便捷。更加注重服务细节，行李拖斗车底板上增加缓冲垫，降低行李破损概率；候机楼内使用轻便轮椅，协议酒店房间加装无障碍设施设备，方便特殊旅客出行；打造贵宾安检“四一五心”服务理念，提升服务品质。人文机场建设持续加强。印发《文化机场建设实施方案》，明确行动目标和实施步骤。完善航班正常性监控制度和考核方法，加大航班保障监控力度。开辟稀土制品陈列专区，搭建候机楼文化景观；开展传统节日主题特色活动，全方位、多层次展现地域文化内涵。完善不正常航班处置机制，强化航延餐食质量标准和品质监控。在2019年第四届中国机场服务大会上，包头机场获“航班延误服务优秀奖”。民生建设持续加强。

【优化航线网络布局】

航空通达性持续提升。全年共有26家航空公司运营61条航线，其中，国际航线5条，国内航线56条；通航城市47个，其中，国际通航城市5个，国内通航城市42个。八大枢纽机场首次全部实现通航。航空货运成效显著。改变以往“一包了之”的思路，主动参与货运业务拓展，组织外包单位与各级企事业单位建立联络机制，与大型物流快递公司面对面洽谈合作。客货结合引进运力，恢复了货运需求较大的昆明航线；协助外包单位开通山东航空、九元航空货运业务。召开首届航空货运产品推介会，发挥机场优势，助力承包商宣传货运产品，提升发货量。

与张家口机场缔结“妹妹机场”，在安全运行、服务质量，航线网络、基础建设等方面深入交流，实现资源共享，合作共赢。非航资源有效开发。全年实现非航收入5459.97万元，同比增长9.95%。实现商业性非航收入3202.55万元，同比增长16.85%。落地“互联网+”战略，推动实现商业管理系统全覆盖，利用商业系统的平台优势，实现资源收益最大化。加大候机楼商业经营模式创新力度，形成多种经营模式优势互补的商业经营管理体系，奠定候机楼商业精细化管理基础。积极对接国航全积分公司，上线国航知音卡里程积分换购业务，签约商店达到11家，该业务是拓展非航业务业态的有益创新，也是区内首家开展该项业务的支线机场。相继完成候机楼商业、中餐厅、停车场、携程头等舱通道等业务的重新招标。开展规范商旅卡经营活动专项整治，多维度对商旅卡经营活动进行规范。原有商旅卡销售业务已全部终止。机场建设稳步推进。旧航站楼改造工程顺利通过民航行业验收，取得局方同意开放使用的批复。总体规划修编已形成初步成果文件。运行指挥大厅改造工程完工并投入使用。新建充电车库、新建场务用房、新建消防及现场医疗急救中心、模拟机训练中心改造工程、情报中心改造工程均已顺利竣工验收。新建反恐处突中心和机务综合业务用房等项目前期准备工作稳步推进。达茂通用机场顺利通过民航内蒙古监管局机场使用许可审定。包头机场航空口岸对外开放获得国务院正式批复。

【荣誉称号】

飞鹰班组获“包头青年五四奖章集体”“集团公司优秀班组”称号，ATS班组获“2018年度全区青年安全生产示范岗”称号，ATS班组长获得“中国民航工会民航安全班组‘三优创建’活动优秀安全班组长”称号。

（办公室 供稿）

铁 路

【呼和浩特局集团公司包头站包头东站领导名录】

站　长	赵晓榆
车间主任	刘　红
车间书记	薛廉波

【概况】

包头东站位于包头市东河区南门外大街32号，始建于1923年1月。2006年，生产力布局调整后划归包头车站管辖。2008年，进行电气化改造施工并投入运营。2011年，进行集包第二双线站场施工改造。2012年12 月，站改施工全面告捷，形成两级三场横列式站场。车站位于集包线K291+820、京包线K813+819、包兰线下行－K1+688（上行K0+0）处，是连接华北和西北地区铁路运输的辅助编组站，也是京包线的终点，包兰线、包环线的起点，同时还是京包、包兰、包白线的重要枢纽。包头东站属纵列式布置。共有客车到发线4条，客运站台3座，一站台主要接发上行列车，二、三站台主要接发下行列车。发送旅客5000人左右，日均组织乘降通勤职工3000人左右。包头东车站日均办理旅客列车53.5对。管内客车27.5对，直通客车26对。

【旅客运输】

包东客运主站房由候车厅、出站口、售票厅、贵宾室组成。主站房总建筑面积为11250平方米，最大集结人数3000人。候车厅分为东、中、西三个厅。车站有进站通道7个，其中，中厅自取验证进站通道4个，人工通道1个，售票厅自助验证进站通道2个。候车厅的主要功能是旅客候车及进站检票。候车室采用分区域固定车次候车的方法，厅内设有重点旅客候车区、卫生间、热水器等便民设施，为旅客提供全方位出行服务。

候车室西侧是售票厅。售票厅包括售票主厅和自动售取票厅两部分。售票主厅内共设售票窗口6个，包括售票、取票、退票、改签、学生及重点旅客等服务功能窗口；厅内安排专人24小时不间断巡视，负责解答旅客问询；在售票厅东、西墙壁明显位置安装有售票信息自动显示系统、公告和票价、时刻及旅客须知显示屏，实时显示各次列车剩余票额，满足购票旅客不同需求的同时为旅客提供更加方便快捷的购票资讯服务；售票主厅耳房设置为应急售票窗口，方便旅客夜间购票；东西候车室门廊处配置2台自助取票机，售票厅配置5台自助取票机、5台自助售票机；售票厅采取进、出口分流硬隔离，安装一部三品检查仪及身体检测仪，为购票旅客提供安全、顺畅的购票环境和秩序。

售票厅西侧是出站口。设置中转换乘候车区、补票室。为中转换乘旅客提供便捷、高效服务。候车室东侧是贵宾室，主要负责接待首长、外宾候车工作，院内设有喷泉、凉亭等设施，环境幽雅、舒适。坚持“宁可自己辛苦千遍，不让旅客为难一时”的服务理念，将饱含深情的服务献给四面八方的旅客。

【服务设备】

发挥引导标识优势。充分利用静动态引导、广播系统方便旅客出行。LED电子引导系统为旅客进站、候车、出站实施全程引导服务，为购票旅客提供最新资讯。广播系统实现分路广播，在候车、站台及广场可以根据作业需要分别进行播报，各处所广播内容灵活运用互不干扰。

发挥监控系统完善优势。在售票厅、候车室验票口、检票口、站台作业区域、出站口等位置安装监控设备，对站内辖区各岗位作业情况、服务对象、服务设施全面监控。每周由车间副主任、班组长对岗点进行不定时调取视屏抽查，进行情况汇总，达到检查纠偏的功效。

发挥自助服务优势。售票厅配置十三台自助取、售票机，每台自动售、取票机上方都设置有自助业务办理流程和使用说明，并在售票厅内安排专人进行巡视引导，解答旅客问询的同时，帮助旅客办理自助业务。新设备的投入使用大大缓解了票厅旅客排队等候时间，为旅客办理购票业务提供了方便。

发挥空间优势。车间为方便中转旅客候车，节省出站、进站环节，在出站口设置专门的中转候车区域，为中转旅客提供便捷的服务。

发挥服务台优势。办理重点旅客温馨服务卡、应急车票发售、旅客问询、重点服务等项目。是车间上下、纵横连贯的重要枢纽岗位。对旅客坚持一帮到底，对旅客投诉统一受理，耐心解释，尽最大努力稳定旅客情绪，化解矛盾，让旅客满意，对投诉问题，做到有答复、有回音、有落实。

【客流情况】

包东客运车间认真落实总公司、路局及包头站各项工作部署，从“问题在现场、原因在管理，根子在干部”对发生的问题进行分析，严格落实车站要求，完善安全管理体系、以确保客车安全为重点，强化“红线”意识，突出管理规范化、规范作业标准化、安全风险管理常态化，有效提升源头治理、超前防控和检查整治工作水平。车间全体干部职工，全面落实路局、车站一号文件，从整章建制、环节控制、进行查遗补漏，认真落实安全、职教、设备设施管理及党政工团各项工作，接受了上半年安全评估验收工作，为车间各项工作的顺利开展奠定了坚实的基础。截至11月1日，车间发送1711864人，占全站发送量的20.20%；客票收入127473454.39元，占全站客票收入的17.50%；售票1989375张，占全站售票张数的22.18%。

【列车开行】

随着铁路线路建设的持续深入，开行的列车也在几次调图后，不断进行优化。

直通客流：随着全市“文明城市”知名度提高及人们生活水平提高，旅游客流增加，加之始发列车受共用影响，北京方向运能长期紧张。此外东北方向东站开行了K1382、K1566、K896、K56次四趟始发列车，只能满足日常东北方向旅客出行，但逢寒暑假学生客流集中时，远远满足不了旅客出行需求。杭州方向东站开行Z284、K655两趟，但由于K655次运行时间长，乘坐的旅客较少，使Z284次运能长期紧张。此外南昌、广州、深圳东、青岛、西安方向列车的上座率则根据客流量和季节的变化浮动。

管内客流：自动车开行以来，由于其运行速度快、环境优越、开行时间适宜，因此倍受广大旅客青睐，是去往集、包、鄂间旅客的首选。另外，由于节假日、周末动车重联，大大满足了节假日及周末管内旅客的需求，因此使管内客流递增。此外，“清明节”“五一”“端午节”根据客流情况加开包头至鄂尔多斯间T6302/2次、呼和浩特至临河间K7925/6高峰线列车，也是管内客流增加的一个因素。

（办公室 供稿）

公 路

【包头市长途客运站领导名录】

站　长　　刘培文

书　记　　樊广志

副站长　　王耀忠

　　　　　徐　栋

【概况】

包头市长途客运站隶属于包头市公交运输集团长途客运总公司，于2007年由原温州商贸城改建而成，同年11月1日投入使用，为国家一级客运站。位于包头市东河区站北西路3号，占地总面积15000平方米，其中，停车场10000平方米，候车室、售票厅2500平方米，办公区2500平方米。共有职工118人。2019年，签订进站协议车辆285台，运营线路83条，运营班次150次、日均客流量10000人次，日均营业收入5万元。

客运站设有独立的售票大厅，设有3个售票窗口，2个检票口、能够满足广大旅客的出行要求。售票大厅、候车大厅、停车场、下客区内配有安防监控系统，LED显示大屏能及时向旅客发布乘车信息。大厅内还设有超市、卫生间、服务台、行包托运处，重点旅客候车室等，后院停车场还建有车辆安全检查站，对进站车辆进行技术性能检测。

【工作流程】

1. 旅客进站流程图。

旅客进站→三品检查→购买→匝机→检票→上车

（1）旅客进站时，首先将行包放入三品检测仪检测，逢包必检，行包内设有疑似液体或手持瓶内液体，必须要问、闻、喝，查出易燃易爆危险品，没收并做好登记，发现重大危险源及时报警。

（2）旅客购票时，须出示本人身份证，售票员认真核对，人证相符方可售票，没有带身份证的旅客可在终端机办理临时身份证。

（3）旅客检票和身份证，进行人脸识别身份证进入候车大厅。

（4）旅客检票上车时，检票人员要认真核对旅客与身份证和车票、人、证、票相符方可上车。

2. 车辆进站流程图。

车辆进站—车辆安检—调度报班—待发区接人上货—核对人、货驶离待发区—出站检查—车辆出站

（1）车辆进站时，首先要进行安检站检查车辆，安检人员按照交通运输部九大类二十八项逐次检查，必须下地沟检测，保证至少两名安检人员检测，合格后，两名人员同时签字，不合格车辆做好隐患排查登记，待车辆修复后，方可出具合格证。

（2）驾驶人持安检合格证到调度室报班，调度室人员认真检查驾驶员和车辆相关手续，必须齐全有效，方可出具出站证。

（3）待发区旅客需持票上车，托运货物必须过三品检测仪检测，做好发货人信息登记，贴上标签，方可承运，检票人员上车核对旅客人数是否相符，方可驶离待发区。

（4）车辆出站时，出站检查人员上车认真核对旅客人数，并开箱检查货物是否贴标签，做好审核登记并留存出站证，同时，责令司乘人员及旅客系好安全带，方可出站。

【安全管理】

1. 进入2019年，站领导与分管范围人员签订安全生产责任状，做到岗位明确，责任到人，春运期间，为营造节日气氛，在大厅悬挂条幅，发放安全宣传材料，同时加强车辆管理，凡是未签订进站协议的车辆和没有安检合格证的车辆一律不予进站参加春运，确保春运工作顺利开展。

2. 加强安全教育培训工作，每年对站内员工进行全员培训（上半年一次，下半年一次）及消防和反恐演练，对重点岗位“三品”检查，“车辆”安检人员必须考试合格后方可持证上岗，否则，不得从事本岗位工作。

3. 加强安全隐患排查治理工作，每月下旬站主要领导亲自带队，相关人员配合，对站内的安全隐患全面排查，发现问题限期或及时整改，做到有检查，有记录，有登记，有整改、有结果、并留有影像资料备案，确保安全工作万无一失。

4. 认真开展“安全生产月”和“平安交通日行动”工作，成立由站长书记任组长的行动领导小组，在大厅悬挂条幅，利用大屏滚动播放进行宣传，营造气氛，确保活动顺利开展，圆满结束。

5. 迎接了国家卫生城市复审和健康城市创建工作。期间，利用广播大屏等各种形式进行宣传，横挂条幅，制作健康教育宣传栏，将车站卫生进行彻底清扫，不留死角，使复审工作顺利过关。

6. 加大稽查力度，联合打黑办共同整治站前广场秩序，在大厅前方悬挂条幅，严厉打击黑车，利用广播宣传及乘坐黑车的危害性。站领导轮流带班，相关人员配合，将办公地点前移到大厅广场内，更方便地引导旅客进站乘车，同时稽查队大力整治站外拉客揽客现象，一经查获，当场拍照，做好登记并予以处罚，屡教不听者从重处理，合计共查处263起违规

行为，确保旅客人身和财产安全。

【经济和社会效益方面】

2019年，客运市场还是处于经济形势持续下滑态势，由于民航、铁路、私家车、网约车及黑车等多种出行方式，严重影响长途客运正常运行，导致客流下降，比去年同期下降15%。

（办公室 供稿）

公 交

【公交运输集团第二公司】

包头市公交运输集团有限责任公司第二公司（以下简称“公交二公司”）二公司下设三处一室（即运营安全管理处、技术处、经营管理处、综合办公室），两个车队（一队、二队），一个保养车间。二公司在岗职工505人，共管辖运营线路共计18条，185台车辆。其中，运营车辆181台，包括：一队91台车（10路35台、17路6台、34路8台、37路14台、56路3台、58路2台、44路9台、23路13台、63路1台）；二队90台车（4路14台、30路12台、36路10台、38路13台、54路12台、47路8台、61路12台、19路9台），抢修车1台、通勤车1台、办公车2台。运营车辆中单燃料车（天然气）69台，双燃料车（电、气混合动力）112台。18条线路总长度332.6公里；平均每天客运量88383人次。

完成营业收入3356.36万元，比上年度减少644.49万元、降低16.11%。客运量完成3200.65万人次（含投币、IC卡、月票、二维码、敬老卡、银联卡），比上年度减少221.03万人次、降低6.46%。总行驶里程完成1299.47万公里，比上年度增加27.59万公里，增长2.17%；车次率完成97.32%，较目标值97%提高0.32个百分点。正点率99.23%，较目标值97%提高2.23个百分点。乘务服务合格率99.93%，较目标值95%提高4.93个百分点。车辆整洁合格率98.75%，较目标值95%提高3.75个百分点。车辆保养三级养护计划15台次，实际完成9台次，完成计划的60%。二级养护计划436台次，实际完成431台次，完成计划的98.8%。一级养护计划2185台次，实际完成2178台次，完成计划的99.6%。

高星级（四、五星级）驾驶员占比达25.4%,较上年同期增加了3.98个百分点。

【公交运输集团第五公司】

公交五公司组建于2011年5月，是隶属于包头市公交运输集团有限责任公司的专业化的城市公共交通运输企业，公司内设7个部门，在册职工388人，其中在岗职工311人。

线路状况。13路：东河长途站→壕赖沟，16路：东站→景富家园。17路：东站→新都市区。18路：润恒城物流园区→转龙藏。24路：东站→海威小区。30路：中慧新城→东河粮库。34路：东站→龙苑新村。49路：东站→东站。50路：东站→包头站。

截至2019年年底，五公司所辖公交线路9条，公交运营车辆103台，运营里程543228公里，客运量14365510人次。车次率98.12%，较目标值提高1.12个百分点；正点率99.31%，较目标值提高2.31个百分点；乘务服务标准执行合格率99.79%，较目标值提高4.79个百分点，车厢整洁合格率99.24%，较目标值提高4.24个百分点；驾驶员星级服务考核四、五星级上星率15.75%。

在公司党总支的带领下，五公司全体干部职工始终以服务广大市民为宗旨，努力做到公交优秀，实现公交优先。通过组织开展安全生产月、安全生产“七进”活动、“绿色出行、文明礼让”公交安全宣传周、消防安全应急演练等形式多样的安全生产主题活动，提高各类交通参与者的安全意识，运营生产形势稳中向好，为市民出行提供“绿色、舒适、便捷”的乘车环境，取得了良好的经济效益和社会效益。公司党总支被集团公司评为2018年度“基层党组织规范化建设示范点”，49路线5-1196车组先后被评为包头市“工人先锋号”、集团公司“共产党员先锋号”等称号。

【公交运输集团第六公司】

公司下设2处1室（经营管理处、运营安全技术处、综合办公室）、一个车队、一个二养车间。公司管辖8条线路，运营车辆156辆。4路12辆，铁西区→糖厂。5路71辆，恰特→北梁公交总站。13路7辆，东河汽车站→壕赖沟。35路20辆，昆河南桥→北梁公交总站。36路9辆，六医院→北梁公交总站。38路11辆，铁西区→毛其来村。44路9辆，包头外国语实验学校→北梁公交总站。53路17辆，大自然旅行社→南海公园。

公司位于包头市东河区北梁新区北梁公交总站。现有职工376人，其中，驾驶员264人，修理工34人，管理人员24人，辅助人员50人，退休13人。

社会效益指标完成情况（前三季度）公交客运量：完成2223.5万人次，较上年同期2389.1万人次，下降165.6万人次。敬老爱心卡：完成660.2万人次，较去年同期607.5万人次，增加52.7万人次。行驶里程：757.4万公里，较去年同期753.2万公里，增加4.2万公里。

（住建局 供稿）

海　事

【包头市地方海事处领导名录】

处　长　　刘晓友

副处长　　安钰山

【精神文明建设】

积极开展“安全生产宣传月”“中小学生安全教育日”“水上交通安全知识进校园”“航海日”“宪法宣传月”等宣传活动。1—10月，编发政务信息29期，被各类媒体采用稿件30多件；制作展板、条幅15块，通过办公楼LED显示屏滚动播放宣传标语10条，发放宣传材料、读本、光盘、资料夹等2000余份，进校园7次。通过上述工作，切实增强各方面对水上交通安全的了解和关注。精神文明建设方面，全处职工参与了“文明传播”微信群宣传，积极开展送温暖、博爱一日捐等公益活动，努力树立良好的行业形象。

【海事水运管理】

强化水上交通安全监管。在船属企业全面推行了船舶开航前自查；针对黄河春季防凌、“五一”“端午”等重点时段，及时作出安排部署；通过定期不定期督查，强化“四类重点船舶”的安全监管。在两级海事部门的严格监管下，各船属单位强化主体责任的落实，将军尧浮桥不仅对锈蚀严重的驳船进行换底维修，而且对全部驳船内部结构进行全面加固和维护；五犋牛浮桥除对部分驳船换底外，改进维修方法，对浮桥甲板进行全面更换和维修，甲板完好状况明显好于往年；王大汉浮桥在整治渗漏上出新招，驳船漏水问题有效解决；昭君坟浮桥准备新造两艘备用驳船以便于替换维修养护。一艘38米驳船图纸已通过审查。王大汉浮桥、五犋牛浮桥还加强对超载车辆的管控；南海湿地景区旅游船舶承包企业变更后，及时建立健全各项管理制度，组织开展新上岗船员培训和船舶检修，停用部分老旧船舶，景区旅游船舶整体安全状况得到了进一步加强。

切实做好汛期水上交通安全工作。7月中旬以来，包头市遭遇百年一遇的暴雨和黄河2号洪水过境，黄河包头段水位突破2012年2300立方米每秒的高点，进入8月以来，黄河流量屡创新高，并持续到10月中旬，最高流量超过3000立方米每秒。根据黄委会发布的洪水预警和大流量情况，于7月下旬、8月中下旬两次及时组织停运并拆除浮桥，有力地保障大流量通过和水上交通安全。加强船舶检验，确保船舶适航。加强对新造船舶的建造检验，严格执行年度检验，坚持不合格不发证。截至10月底，到期船舶已全部完成年度检验。

【海事监管】

进一步推进节能减排工作。配合有关部门，持续做好船舶、浮桥码头周边环境污染整治工作，完成了高新区一艘餐饮趸船的取缔，防止船舶垃圾对水域的污染。

继续推进海事及规范化建设。按照海事视觉形象化建设标准，制作更换了处办公场所门楣、公示栏和单位名称牌；选派海事人员7人次参加了上级举办的业务培训，促进管理水平的提升。

【推进行业绿色发展】

进一步推进节能减排工作，鼓励引导水运船舶节能化，协同推进船舶污染物接受处置能力建设，加强船用低硫燃油监管力度，鼓励节能环保船舶建造；推进船舶标准化建设，落实老旧运输船舶提前报废更新政策，加快淘汰老旧落后船舶，严格限制新建不达标船舶进入运输市场。加强舆论宣传，通过报刊、交通门户网站等媒介，让社会知道海事、了解海事、支持海事；继续深入开展"安全宣传月""水上交通安全知识进校园""海员日""航海日"等宣传活动，普及水运安全常识，增强水上从业人员、中小学生以及广大人民群众的防灾意识和自救互救能力。加强队伍建设，提升执法水平。继续加强执法人员业务培训；通过公务员招考等渠道，充实船舶设计、航道管理等专业技术力量，从根本上提升海事水运管理人员的整体水平。

（办公室 供稿）

邮　政

【中国邮政集团公司包头市东河区分公司领导名录】

总 经 理　　史学园（女）

副总经理　　咸静文（女）

【概况】

2019年，中国邮政集团公司包头市东河区分公司(简称"东河邮政分公司")有员工84人。分公司内设职能机构一室四部，即:综合办公室、财务部、市场经营部、金融业务部、渠道平台部。全区有邮政服务网点19处，全部具有普遍服务功能。其中，综合网点14个，代办邮政所5个；金融ATM(CRS)自助设备13台；报刊亭5个，信报箱52个，格口986个；各类运输车辆13辆，邮路29条。投递部6个，邮筒(箱)19个。邮政服务覆盖东河区各社区、街道和行政村，实现100%通邮。全年实现收入2214.02万元。

【邮政服务】

2019年，东河邮政分公司坚持做好党报党刊转趟工作，确保机要通信服务质量；处理信函、报刊、包裹等各类邮件1368万件。

【便民服务】

2019年，东河邮政分公司开发现代物流、电子邮政、代理保险、代发工资、代理各类票务等新兴邮政业务，以邮政"代办""代发""代理""代售""代配"为品牌服务，延伸邮政传统服务链条。与公安交警、税务、银行、学校等国家机关和企事业单位合作，在邮政网点开办代办车管所机动车、驾驶证等警邮合作项目，建立警邮便民服务平台，有效缓解政府部门窗口压力，延伸邮政服务深度和广度。注重社会公益慈善事业，承办爱心包裹、母亲邮包等各类公益类项目，得到社会各界支持和参与。

（办公室 供稿）

移 动

【中国移动通信集团内蒙古有限公司包头分公司东河分公司领导名录】

总经理　　　蔡　松
总经理助理　王晓晖
　　　　　　张宇晨

【概况】

中国移动通信集团内蒙古有限公司包头分公司于1999年9月16日成立，下设9个市区旗县分公司。包头移动东河分公司（以下简称“东河移动”）服务区域北至金三角、南至保利罗兰香谷、东至黑麻板、西（哈屯高勒路以南）至210国道，服务范围包括移动语音、数据、宽带、IP电话和多媒体业务等。下设5个自营厅，7个网格区域服务中心。东河移动共有158名员工，其中，党员16名，大专及以上学历145人。

【业务工作】

贯彻“服务即营销，营销即服务”的理念，以客户满意度为牵引，坚持全融合发展策略，以提升客户体验为核心，深化产品与流量的融合运营，推动新业务规模和产品竞争力不断提升。全年各项经营工作较好完成的同时也收获了一些荣誉：

2019年中国移动内蒙古公司“六好”党支部称号；

2019年共青团中国移动通信集团内蒙古有限公司委员会2018年度“五四”红旗团支部称号；

2019年中国移动通信集团内蒙古有限公司包头分公司2018—2019年度先进党支部称号；

2019年中国移动通信集团内蒙古有限公司包头分公司2019年度工会工作先进集体称号。

（周胜男 供稿）

联 通

【中国联合网络通信有限公司包头市分公司领导名录】

总 经 理　田学忠
纪检组长　胡彦国
副总经理　韩晓东
　　　　　杨建国（2月离任）
　　　　　李少华
　　　　　赵小亮（2月任职）

【经营业绩】

2019年，通信服务收入近8.5亿元。用户规模不断扩大，移动网用户超过114万户，其中，4G用户达104万；固话用户近15万户，互联网宽带用户近35万户。2019年，推行“家庭客户提速不提价、企业客户提速不提价、服务升级不提价”，响应国家“提速降费”政策，推进“千兆智慧城市”建设。全面开展“轻触点”营销服务，用户通过扫描二维码轻动手指就可以线上足不出户办理业务。

【网络投资建设】

坚持建设“匠心网络”，2019年公司项目投资亿元以上，持续加强网络建设投资。宽带网百兆接入能力百万余端口，骨干网出口带宽达到600G，光纤接入网已覆盖所有乡镇及主要行政村。聚焦移动网领先建设，截至2019年年底，移动网基站数达2600余个，全市人口覆盖率达90%以上。2019年起逐步开展5G网络建设，5月14日隆重举办“质量万里行5G活动”，正式拉开5G网络的序幕。

【服务质量】

2019年公司持续推行中国联通全员服务在行动活动，将“我的百倍用心，愿您10分满意”服务口号切实落实到所有服务过程中。贯彻全员服务理念，印发《包头联通“不忘初心，满意加倍”全员服务提升活动方案》，鼓励公司全员服务，不断提升公司服务品牌形象；印发《后台赋能一线支撑服务工作激励办法》，全力支撑一线，让一线更好地服务用户，自办法印发后为一线解决实际问题300余件。

【集体个人荣誉】

2019年，温晋茂入围“包头市最美一线员工”，王彬荣获“包头市劳动模范”称号；公司被中国信息通信协会授予“用户满意企业”称号。

【防凌防汛】

3月3－25日，全程参与包头市开展黄河凌汛应急演练行动，制定通信重保应急预案，组织专业技术力量对指挥部网络进行优化，紧急开通应急通信车一辆。全程未出现网络故障和用户投诉，3月25日上午，内蒙古自治区防汛抗旱指挥部将一面印有“行动迅速保障有力”的金色牌匾送到公司，感谢公司在防汛期间对汛期工作的大力支持和通信保障。

【军警民护线】

3月26日，联合包头市驻地部队、包头市公安局、三电办共同开展为期2天的护线宣传，对公司所属一干、二干线路进行全线巡线盯防、宣传讲解、张贴标语，让更多群众认识到通信光缆的重要性，提升爱线护线的意识，做到“保护光缆、人人有责”。

【QC成果】

QC成果《研究后备干部选评新方式》，获内蒙古质量协会科技创新成果三等奖。

【智慧生活体验】

11月29日，内蒙古首家实景智慧生活体验馆在公司钢铁大街营业厅开业。馆内设置了智能家居、智慧酒店两大类应用场景，展示了目前功能最齐全、性能最先进、操控最便捷的全屋无线智能家居系统。

（办公室 供稿）

电　信

【中国电信包头分公司东河分公司领导名录】

主　任　　张燕飞

副主任　　高　蕾

【概况】

中国电信集团有限公司（简称“中国电信”）是国有特大型通信骨干企业，注册资本2131亿元人民币，资产规模超过8000亿元人民币，年收入规模超过4300亿元人民币，连续多年位列《财富》杂志全球500强。中国电信拥有全球规模最大的宽带互联网络和技术领先的移动通信网络，具备为全球客户提供跨地域、全业务的综合信息服务能力和客户服务渠道体系，目前已成为全球最大的LTE-FDD4G运营商、光纤宽带运营商、IPTV运营商、固定电话运营商。

中国电信包头分公司东河分公司隶属于中国电信集团有限公司。位于东河区旧区委广场东侧环城路与和平路交叉口。拥有宽带、手机、固话、光纤等各类用户22万。中国电信包头分公司东河营业部下设自营厅、商圈、政企、社区、乡镇各条线共十六个支局。包含自有营业厅1个，社区营业厅10个，核心商圈合作营业厅多家，城乡接合部合作代理网点数家。

【提升基础网络】

中国电信努力建设发达的基础网络，让网络惠及所有群体，确保网络安全畅通，助力新时代数字经济发展。2018年，中国电信4G网络全面覆盖东河区城区、城乡接合部及周边村镇。光纤宽带网络接入东河区90%小区。社区点分布东河区各主要居住区，方便居民就近办理业务。

落实工业和信息化部要求，提升互联网骨干网与国内外运营商的互联能力，提升互联网接入的速率，降低互联网接入以及国际通信的资费水平。语音宽带业务价格全方位降低。同时宽带网速，从原来的100兆提升至200～300兆。为快速提高中国电信用户网速，中国电信东河分公司通过电话预约、结合上门办理的方式为用户办理提速业务。用户足不出户即可免费提升网速。在一个月内为6000多用户完成网速提升。于年底完成东河区宽带用户网速升级。

【提升用户服务质量】

中国电信面向社会推出光纤宽带“当日装、当日修、慢必赔”的服务承诺。当日装：用户如需当日安装宽带，只要16时前申请，装维工程师当日上门安装；超过16时申请的，在申请后24小时内上门安装。当日修：用户需要上门维修故障，只要16时前申报，装维工程师当日上门维修；超过16时申报的，在申请后24小时内上门维修。慢必赔：如在与用户约定的时间内未能上门安装或维修，对客户按日补偿。全面提升宽带服务质量，为东河区用户带来更好的用户体验。

【提升网络智能】

依托云计算内蒙古信息园，大数据、天翼云3.0技术优势，中国电信推出云网融合新产品。面向东河区各企事业单位推出虚拟私有云、云专线、云托管、商务云以及云网融合专业定制服务。面向东河区普通居民推出天翼云盘、家庭云、云宽带及智能组网等个人业务。

（杨瑞芳 供稿）

商贸 粮食 物流 服务

商　务

【包头市东河区商务局领导名录】

党组书记、局　长　　王　强（3月任职）
副局长　　　　　　　王宏煜（5月任职）
现代物流服务中心副主任
　　　　　　　　　　李远瑛（7月任职）

【概况】

包头市东河区商务局于2019年3月7日成立，隶属于东河区人民政府，机构规格为正科级。区商务局下设办公室、商贸流通股、项目外联股三个股室。主要负责贯彻落实国家、自治区、包头市、东河区发展商贸流通工作的政策措施。

包头东河现代物流服务中心于2011年9月成立，为正科级公益一类事业单位。根据中共包头市东河区委员会机构编制委员会下发的《关于党政机构改革中机构、职责和人员编制转隶涉及调整机构编制事项的通知》文件，包头东河现代物流服务中心暂由区商务局代管，所有人员编入商务局股室，履行商务局职能职责。

【重点项目】

全年实施重点项目8个，开复工项目7个，总投资34.43亿元，2019年计划投资11.14亿元，全年累计完成投资10.1亿元。摩尔城商业项目建成，于2019年12月28日开业运营。包头东河“新城•吾悦广场”项目商业主体按进度施工，商业招商完成55%。煤金网、好粮网、京东包头扶贫馆已上线。北京大账房、网络货运平台公司试运营。公铁物流、东河智慧物流港等物流项目正在推进。

【安全知识学习】

分别于4月12日、5月27日、6月28日，组织完成三次专业的消防知识培训。

【普法宣传】

4月15日，在东河区原区委广场（名人鞋城对面）组织开展普法宣传活动，发放宣传册100余册、现场宣讲2次、答疑解问9次，营造出安全生产人人有责、安全生产从我做起的良好氛围。

【安全生产月宣传活动】

6月18日参，加全区组织举办的大型宣传

咨询活动，通过摆放宣传展板、设立咨询台现场咨询、免费发放宣传资料等方式宣传普及安全常识，活动设立展板两块、发放宣传册200份、接受现场咨询10余次。

【防范非法集资排查及宣传活动】

走访18家企业，与相关负责人及工作人员进行现场沟通宣讲，要求企业提高警惕，密切关注与非法集资相关的信息，有情况及时报告。

【消防知识和实际操作技能专项培训】

11月5日，邀请“安全健康教育网包头站”专家作消防知识和实际操作技能专项培训。进一步提升工作人员自身消防知识和消防器材的实际操作能力；11月14日，组织维多利、包百东河店、东河百货等重点商超类企业负责人和安全生产负责人参加由市商务局、市公安消防支队在苏宁广场举办“消防行业标准化”现场观摩培训会。

【专项检查】

2019年，全年对所辖70家大型商场、超市及加油站等进行安全生产检查（包括常规检查、专项检查、暗访检查等全部检查方式），总计出动800人次，检查260次。

【信访工作】

2019年，全年接待来访消费者12次、来访电话200余次、24小时警局和民生热线20次、回复市商务局12余次，回复行风热线3次、回复区信访8次、与好又多公司负责人现场协调5次、电话协调35余次。

协调做好好又多公司信访工作。自好又多超市2018年1月12日关门停业，商务局一直就群众关心的预付卡问题进行积极协调处理。截至10月8日，总计消化预付卡580万元。一年来经过多方协调以多种方式、各种途径于全年解决了约100万元的预付卡遗留问题。

（裴新华 供稿）

供　销

【东河区供销合作社联合社领导名录】

主　任　　张晋如

副主任　　宿小平

【概况】

东河区供销合作社联合社（以下简称“东河区供销社”）成立于2002年，是隶属于东河区政府管理的事业单位，机构规格为正科级。主要负责对全区供销合作社门店进行行业管理、业务指导，协调与区政府部门、社会组织的关系，协调做好“三农”服务工作。东河区供销社现有在编干部职工8人。

【基层组织建设】

东河区供销社下设河东镇供销合作社、沙尔沁镇供销合作社2个基层社和内蒙古东河供销集团。基层社通过不断优化农民的购物环境，提高质量保障，为两镇农民提供质优价廉的生活必需品和农资供应；内蒙古东河供销集团结合全区农业企业实际，积极打造“惠生活”城乡区域性电子商务运营平台，通过优化购物体验，畅通销售渠道，开展“便民服务做到位，惠民商品进万家”和“一元购”等多项惠民活动，采取“平台自配+快递配送”模式，打通城乡配送最后一公里，进一步降低城乡居民日常生活成本，提高东河区农特产品及生产企业的品牌影响力和知名度，实现产业扶贫、产销富农，形成互惠互利、共赢的经济生态圈；依托与中石化包头分公司签署的加油卡供油协议，为全市企事业单位职工办理惠民加油卡50000张，大大降低用油成本，同时，增加公众号粉丝量19000人。2019年，全系统完成销售总额58900.70万元，实现利润835万元。

东河区供销社不断落实“开放办社、合作兴社”的工作思路。吸纳具有一定带动能力与辐射能力的农业企业加入供销社，2019年与7家企业签订开放办社协议。结合全区种植结构实际，以龙头企业为引领、示范合作社为基础，引导和帮助专业合作社规范管理，积极开展申报工作，培育国家级合作社示范社2家、自治区级示范社1家、包头市级示范社7家。

【重点项目】

为加强再生资源回收网络建设，东河区供销社积极与内蒙古同方冠联再生资源有限公司开展项目合作，依托第5批国家“城市矿产”示范基地（包头铝业产业园区），充分发挥地域及资源优势，积极创新发展模式，集中投入城市生活垃圾、再生资源回收等节能环保及再生资源工作。2019年，以东河区为试点，建设辐射呼包鄂三市的专业化再生资源分拣中心，提高废旧商品回收利用的集约化程度，打造对接产业上下游的服务平台。再生资源回收处置再利用体系项目已完成投资800万元，再生资源交易平台子系统已启用。城市普通固废绿色回收处置子系统站点已拟定，东河区主城区已完成21处布点，并向九原、青山、昆区推广，绿色综合分拣中心厂房及设备已到位并正式运行。

（白雪原 供稿）

盐 业

【包头市盐业有限公司东河配送中心领导名录】

党支部书记、主任　　董振锡

【概况】

包头市盐业有限公司东河配送中心成立于2019年10月，是包头市盐业有限公司的直属部门。位于包头市东河区民航开发区嘎纳木路，民航加气站以西，飞机场以北，占地面积约15000平方米。承担着东河区、九原区及周边村镇的食用盐、工业盐、畜牧业盐等各类用盐的供应工作和持续消除碘缺乏危害的政治任务。年销盐量12000吨左右。2017年，被内蒙古自治区财贸轻纺烟草工会授予“全区财贸轻纺烟草系统职工创新工作室”称号。2018年，被包头市总工会授予“工人先锋号”称号。多次被评为自治区级、市级“先进基层党支部”。

2019年，东河配送中心在市公司的领导下，在财务管理和内部管理方面实行了“一级核算，集中管理”的模式。通过这种模式，大量压缩配送中心内部管理工作，精简管理人员，兼并岗位，降低人工成本，提高人均销量。转变东河配送中心的工作职能，由管理加配送转到服务与配送。

【创新配送】

东河配送中心通过开展电话预约、送货上门、到户结算等措施为用户提供优质服务，同时注重提升窗口人员的服务水平，在社会上树立良好的企业形象。配送盐品方面实行一票通“配送单”制度，既保证配送权限、配送管理，又统一市场终端价格。避免私自加价无据可查，保证盐品价格平稳、配送直达终端。同时，进一步落实企业质量安全责任，确保食盐供应安全，保护经营者和消费者的合法权益,使客户在收到“母亲湖”牌产品的同时，也收到品牌的一份承诺，一份保障。配送中心积极维护客勤关系，夺回丢失客户拓展新客户，继续做好终端门店大青盐系列盐品的铺货。

（王文新 吕慧敏 供稿）

烟 草

【东河区烟草专卖局领导名录】

党支部书记、局长、经理　　白　杰

【概况】

东河区烟草专卖局成立于2008年，2017年3月，专卖局与市场部合署办公，成立东河区烟草专卖局（卷烟营销部），同时设立中共包头市东河区烟草专卖局党支部。单位设专卖股、内管股、客户服务部3个股室，现有员工32人，其中中共党员11人，客户经理12人，市管员7人，服务辖区1586户卷烟零售客户。

【行政许可管理】

累计办理行政许可事项787项。其中新办173户，注销24户，延续367户，歇业185户，收回36户，补办2户。严格执行国家局提出的“一口受理、限时办结、规范办理、透明办理、网上办理”的总体要求，落实市局（公司）提出的“六个办”承诺，对申请新办客户2日内办结，送证上门、到期延续的零售户上门收取材料，实施预约办理的均在1日内办结。对经营性质发生改变、店铺拆迁和超过6个月不经营的零售客户许可证予以收回。对发生大要案或真烟非法流通等案件的客户做到精细化管理，从许可延续期限上进行管控，在办理延续时只允许延续一年，让零售户感受到规范经营的重要性，体现许可证监管效用。许可事项全部在规定时限内办结、送达、评查并统一归档保存，并执行全程执法记录。

【监督检查】

制定《东河区烟草专卖局依法严管违法违规大户实施方案》，确定工作职责，明确工作流程，制定工作进度。以治理“站北路、大众、九州、远大”等批发市场为重点，重拳打击“二次批发、左右价格、扰乱市场”的行为。建立违法违规大户档案72户，并全面按照违法违规大户监管要求实施监管。无证户监管方面，严格按照东河烟草专卖局无证户监管制度建立无证户档案、监管台账、实行动态管理，每月协调市场监督管理局不定期检查监管两次以上，并保留痕迹化资料。全年清理取缔无证户24次，查扣案件7起，数量4.63万支，案值3.1万元，案件均按照要求移交市场监督管理局处罚。

【专卖管理】

开展各项专项行动3次，出动人次1095人次、出动车次246次。查获违法违规涉烟案件133起，涉案金额318.95万元，涉案卷烟数量254.538万支。查扣假冒伪劣卷烟54.698万支，同比增长731.74%，标值71.3万元；查获2万元以上大要案30起，罚没款28.05273万元。案件立案、调查、结案全部在规定时限内完成，案件办理依据法律条款准确率100%。涉案卷烟、封存、抽样、入库、出库全部按照法律规定流程办理，涉案卷烟分区存放，定期抽查，封存完整、账实相符。成功破获“10·27”国际网络案，现场查扣假烟48.36万支，案值60.68万元。经过调取银行流水，当事人供认及账簿等证据案值累计达到119.14万元。涉案人员9人中，判刑5人，网上追逃3人，取保候审1人。

【禁烟宣传】

认真开展中小学周边吸烟环境治理工作，全面发放张贴“禁止中小学生吸烟、不向未成年人销售卷烟”的警示标识，与零售户逐户签订“不向未成年人销售卷烟承诺书”，组织自律小组在中小学校周边组织开展“禁止向未成年人销售卷烟”的宣传主题活动。建立中小学校周边零售户清理台账，组织召开专题会议，告知相关政策要求，明确其许可证有效使用期限，建议提前进行新店址的选择，避免不必要的经营损失，争取零售户的理解和支持。辖区综合治理共涉及零售户35户，通过前期积极沟通，主动协助客户寻找合适经营地段重新办证等措施，所有客户均已歇业注销。

持续推动大户治理，按月发送规范经营温馨提示，通报案件查扣处理结果、违法违规零售户降档降量情况，持续提升客户规范经营意识。定期采集零售户进销存数据，分析自主查扣、真烟非法流通、无证经营案件涉案卷烟码段来源，揪出扰乱市场秩序的害群之马，实施客户精准定量和大户重点监管，申请调整货源投放策略，确保卷烟价格持续稳定，辖区市场状态持续好转，市场基础逐步夯实。

（李凌云 供稿）

粮食和物资储备

【东河区粮食和物资储备局领导名录】

局　长　　林　琳（5月任职）

【概况】

东河区粮食和物资储备局是东河区发展和改革委员会的挂牌单位，负责拟定全区粮食储备管理制度。负责区级储备粮油数量、质量和储存安全的监督管理，承担全区粮食流通行业和东河区承储企业储存和安全生产的监督管理工作。拟定全区重要物资储备管理制度，提出全区重要物资储备政策建议。组织对全区粮食安全、粮食流通体制改革重大问题研究。负责粮食安全区长责任制落实工作。

【全国粮食库存大清查】

根据《国务院办公厅关于开展全国政策性粮食库存数量和质量大清查的通知》（国办发〔2018〕61号）、《内蒙古自治区人民政府办公厅关于开展全区政策性粮食库存数量和质量大清查的通知》精神、《包头市政策性粮食库存数量和质量大清查实施方案》要求，东河区组织并圆满完成政策性粮食库存数量和质量大清查任务。

【安全生产】

在2019年“安全生产月”和“安全生产万里行”活动中，严格按照市发改委的安排部署，有组织、有计划、有要求地开展各项安全生产教育宣讲和安全生产检查活动，围绕“危险化学品安全”为主题，加大紧抓安全生产管理力度，全面落实目标管理责任制。切实履行好粮食主管部门安全生产监督职责，确保国家粮食安全。

【优质粮食工程】

按照《包头市发展和改革委员会包头市财政局关于征集2019年包头市“优质粮食工程”项目的通知》要求，积极组织辖区内7家粮食企业，开展“优质粮食工程”项目申报工作。市发改委、市财政局考察组对东河区2019年“优质粮食工程”单位申报项目给予高度评价。充分肯定东河区粮食工作做出的努力。

【中国粮食交易大会】

为了推进“互联网+粮食”行动，推广“网上粮店”等新型粮食零售业态，自治区粮食和物资储备局组织全区于2019年在河南郑州国际会展中心举办第二届中国粮食交易大会暨第四届内蒙古粮食产销协作洽谈会，东奇面粉、金鹿油脂、宏乐粮油4家企业参加产品产销活动。

【签署物资储备协议】

在防汛期间，为防止自然灾害期间物资储备不足，与永盛成超市、劳保批发门市签订物资储备协议。

（甄战虹 供稿）

【内蒙古包头东河国家粮食储备库有限责任公司领导名录】

董事长兼总经理　　徐其哗
党委书记　　王志雄
副总经理　　张俊义
　　闫　勇
　　李建强
　　张少春

【概况】

内蒙古包头东河国家粮食储备库有限责任公司是包头市发改委所属的国有控股的粮食仓储企业，位于包头市东河区民航小区（包头市中药厂对面），始建于1949年，1992年被国家粮食储备局正式命名为国家粮食储备库。主要担负着中央和地方储备粮的承储和轮换任务，在保障包头市粮食安全，维护粮食市场稳定，确保粮食应急机制的有效落实，实施政府对粮食的宏观调控中发挥着重要载体和主渠道作用。

现有在册职工138人，其中在岗职工66人，内退人员72人。公司管理机构健全，管理制度体系完善，下设九个部门，分别为综合办、财务科、党委办公室、储备科、质检科、业务科、保卫科、设备科、经销部，各部门职能明确，职责清晰。

【全国粮食库存大清查】

认真落实《国务院办公厅关于开展全国政策性粮食库存数量和质量大清查的通知》《内蒙古自治区人民政府关于开展全区政策性粮食库存数量和质量大清查的通知》《包头市发展和改革委员会等五部门关于印发包头市政策性粮食库存数量和质量大清查实施方案的通知》精神，圆满完成政策性粮食库存数量和质量大清查工作，并获得了市普查组、自治区巡察组及国家督查组的好评。

【储备粮轮换】

2019年继续实行包头市地储粮轮出公开竞价销售，轮入政府招标采购的办法，圆满完成包头市地方储备小麦和玉米的轮换任务。

【粮食产后服务中心建设】

土右旗双龙粮食产后服务中心项目建设是为改善经营单一，积极拓宽发展思路，培育新的经济增长点的一项重要举措按照项目规划，2019年已完成基础设施建设，正式投入使用后将有效解决农民“卖粮难”的问题，为农民提供产后技术服务，实现增效创收。

（吕晓瑞 供稿）

【内蒙古包头粮食批发市场领导名录】

主　任	王　峰
副主任	张　波
	杨　忠
	乔振江

【概况】

2001年9月，经自治区粮食局批准，成立内蒙古包头粮食批发市场。

市场2019年占地面积55亩，建筑面积18500平方米，拥有经营门店及库房217间。2019年，批发市场内店铺、库房及摊位100%的使用。现有在册职工19人，公司管理机构健全，管理制度体系完善，下设五个部门，分别为办公室、财务科、市场管理科、物业管理科、政工科，各部门职能明确，职责清晰。

【经营情况】

2019年，实现利润9.7万元，年交易量达24.5万吨，交易额达12.6亿元。每月对市级应急储备进行检查，对代储商户进行百分制考核。

【市级储备小麦竞价销售交易会】

顺利完成市级、区级储备小麦2020年销售轮出任务，确保地方储备粮存储质量安全，经市、区两级政府批准，包头粮食批发市场组织地储原粮竞价销售交易会，按照竞价交易程序，发布交易会公告，组织买卖双方参加竞价交易，积极履行竞价交易会的服务及监管职责。

【推进粮食低温成品库功能提升项目】

2013年，粮食成品库建设项目确定后，2014年6月土建工程开工，同年9月底实现主体结构完工。到2016年10月建设全部完工。2019年，已完成成品库分断制冷、监控布线、电路改造和安灯工作；安排了解招商广告方案，正在进行LED彩屏安装及投放广告相关事宜。

（刘宇 供稿）

商贸市场

【包头市王中商厦有限公司（大红门服装城）领导名录】

董事长	滕江川

总经理　　赵喜兰（女）

【概况】

包头市王中商厦有限公司于2002年成立。2005年，通过与温州投资团队的合作使商城经营重新启动，确定以服装为主业态定位，实行以租赁方式经营，同时对商城经营格局、摊位布置进行重新规划调整。商城占地面积15300平方米，建筑面积40925平方米，整体入驻商户380户，一层主要经营手机市场、运动服装系列等，二层主要经营男装服饰，三层主要经营女装服饰，四层引进内蒙古知名品牌是同升祥鞋庄。包头市王中商厦管理团队32人，大专学历5人。女性11人，蒙古族1人。先后解决下岗再就业人员2500余人。2008年获市级守合同重信用单位、2014年获市级文明市场称号、2007年至2017年连续10年获市委、市政府安置就业、“同心奖”称号，2018年获东河区消防先进集体称号。

【升级改造】

商城正在逐步进入相对比较稳定的经营发展阶段，但随着商厦不断发展，大部分设施设备日益老旧，为了能够保障商厦正常经营下去，陆续投入大量资金对整个商厦的基础设施特别是外部的墙面、屋顶以及内部的中央空调、消防设施、取暖设备等重要设施维修更换，2005年至2019年，已累计投入维修资金共计约1000万元。

2019年，受到国内外整体市场经济下行的压力及影响，商城管理团队考虑到未来发展，在顶着巨大的压力之下果断决定筹措资金首先将商城四楼的经营格局进行全方位的改造，新增加透明观光升降梯，包头市首家商城内部玻璃栈道。并成功引进内蒙古知名企业同升祥鞋庄的强势加盟入驻。同年，成功引进东北全国连锁知名企业万嘉惠服装超市。

包头市王中商厦现在处于稳定发展阶段，下一步我们立足提高经济效益，提升经营品牌，增强发展实力方面下功夫。开拓、创新、发展、共赢是我们的经营方针，我们的目标是建成全市品牌领先的商城，不断提升经营思路，大胆创新，在特色经营上探索前进，真正让商城发展成为服务、环境、品牌、效益一流的大商城。

（郭炜 供稿）

【包头市东河区通顺商业城有限责任公司领导名录】

总经理　　武福在

【概况】

包头市东河区通顺商业城有限责任公司于1997年12月10日开业，坐落于东河区环城路的商业中心区域，周边商场林立，沿街底店多而全。商城是以服装百货批发为主，兼营零售的综合性市场，入驻商家632户，员工29人。商城自成立以来，带动个体经营户的迅速发展，拉动周边旗、县、市等地区商贸流通业的发展，先后安置待业下岗人员2000余人。同时在其组建及运营中，相应地带动数以千计的摊贩，物流配送人员、餐饮服务业、周边街道各行各业的个体户等群体的发展，为他们寻求生计提供便利的条件，为内蒙古地区乃至全国商品流通和包头地区经济作出积极的贡献。商品以高质低价吸引广大消费群体，市场日趋成熟稳定，已经成为老百姓走得进、买得起、常惦记的百姓市场。

【服务升级】

市场要想发展，服务必须跟得上，2019年，商城致力于提升服务水平，让商户安心经营，让顾客购物有保障，对市场店面继续进行改造升级，使店容店貌能够适应形势的需要，商品的经营规模及档次有所提高，将市场打造成以质高价廉为特色的百姓市场；完善售后服务，对每一件商品的售后要形成完善的管理体系，让消费者购物舒心愉快，争取良好的社会口碑。

【安全保障】

商城已运营22年，各项基础设施老化，安全工作是各项管理工作的重中之重，为确保市场安全，2019年新增摄像头16个，对运营中的摄像头积极维护确保正常使用。加强消防管理工作，坚持以“预防为主，防消结合”的工作方针开展消防工作，2019年全年投入消防维保经费12万元，用于消防系统的维护及改造，不断研判安全风险，确保消防工作防而有效；加强安保力量，做好安保人员的安全培训工作，进一步提升安全防范的能力和水平。

（袁建忠 李霞 供稿）

【包头东河包百商场有限责任公司(包百东河店)领导名录】

总经理　　李　芳（女）

【概况】

包头东河包百商场有限责任公司（简称“包百大楼东河店”）是包百集团强力打造的社区百货店，位于东河区南门外大街10号，商场经营品类包括黄金珠宝、化妆、鞋品、皮具、高档烟酒、名表休闲装、运动服饰、男女装、羽绒服、内衣、饰品、超市。2010年10月，进驻东河区，是包百集团外埠开店的第一个子公司。

【消防安全】

2019年，包百大楼东河店秉承安全工作重如泰山的工作作风。时刻树立安全意识，加大安全培训管理力度，强化安全意识，持续开展日常隐患排查，及时化解安全风险，消除安全隐患，推动消防安全防范责任措施落实，不断提升消防安全管理水平。定期对安全隐患进行排查，对存在的问题及时整改，全年消防安全检查22次、组织新员工消防培训12次、员工消防演练4次，管理人员消防培训4次，防暴恐演练2次，电梯知识及应急培训演练2次，培训率100%。

（孙海红 供稿）

【包头市东河区太平寺商业城领导名录】

总经理　　杨　斌

【概况】

包头市东河区太平寺商业城始建于1998年6月。占地面积100余亩，建筑面积6.5万平方米，商城现有经营户1000户，从业人员6000余人。按照区域商城划分为A区服装批发城、A区百货城、B区鞋业批发城、B区针织城、C区地下服装批发城等。商城现有员工40人，其中：管理人员8人，保洁员16人，保安员夜勤15人，维保员6人，其他人员5名，负责商城物业服务工作。

【生产经营】

商城经营户主要从事批发（零售）服装、鞋帽、百货、日用五金、土产、内衣、针织、文化体育用品、礼品、玩具等，年销售额1.2亿元，商城内设有工商、公安、银行等驻城办公机构。其鞋类吞吐量占内蒙古地区的60%；品牌服装、鞋为包头市及周边地区零售商的首选。无论其规模，货运吞吐量及经营品种等现已成为西部地区最大的批发市场之一。

太平寺商业城自成立以来，经过不断发展和壮大，为包头地区的经济发展作出积极的贡献。每年为国家创税500多万元，先后安置待业，下岗人员5000余人。同时在其组建、发展及运营中，相应地带动了数千计的小商贩，为他们寻求生计提供便利。这些年来为社会公益事业的建设和扶贫救灾工作提供了1000余万元的资助，发挥良好的社会效益。商城的发展，曾获中国劳动保障社、中华工商时报、中国税务报社等单位命名的“双优企业”；包头市民营企业20强；包头市发展非公有制经济党建工作先进单位；再就业工作先进单位；文明诚信市场、诚信单位；社会治安综合治理突出贡献单位、再就业工作先进单位、包头市发展私营个体经济优秀私营企业、消防工作先进单位。

（朱杰 供稿）

【包头市维多利摩尔城商业有限公司领导名录】

总经理　　周德胜

【概况】

维多利集团始创于2003年，是以商业集团，超市连锁两大支柱产业为一体的大型民营企业集团。被自治区党委列为“双百亿工程”重点扶持企业。包头维多利摩尔城是维多利集团战略布局的重要落子，2019年12月28日开业。项目位于包头市东河区核心主干道巴彦塔拉大街与工业路交会处。维多利摩尔城项目总面积29万平方米，商业面积15万平方米，其中，地上4层，地下2层，负一层超市、停车场，负二层为停车场，规划停车位2000个。

【经营定位】

包头维多利摩尔城以“让生活更有趣”为主题，集时尚潮流、家庭娱乐、轻奢体验、各地美食等多元业态于一体。维多利摩尔城引进近200个国内外知名品牌，以及多家东河商业首进品牌，如海底捞、星巴克、摩星乐园、西西弗书店、潮庭健身、万达影城等，为包头市人民提供了高品质休闲娱乐消费新场所。

【安全保障】

安全是商场管理工作的重中之重，摩尔城坚持加大安防监控设备建设力度，地上地下共设有530个摄像头，全面覆盖每条过道、出入口。有军事化管理安保团队，全天24小时不间断巡场，维护商场安全经营。消防管理方面严格按照消防法的要求，认真履行消防安全职责，建立健全管理制度，设立微型消防站，配备专业的消防公司，定期对商场职工进行消防演练培训，制定灭火预案及应急疏散预案多次组织演练。营业期间保证疏散通道畅通无阻，定期维护保养消防设施和器材，确保完好，有效。

（侯燕 供稿）

【内蒙古东百商城股份有限公司领导名录】

总经理　　刘大秋

【概况】

内蒙古东百商城股份有限公司（以下简称“东百”）位于包头市东河区和平路222号，始建于1954年，是包头市第一家大型综合性百货大楼，占地面积7300平方米，建筑面积一期15000平方米。东百大楼的前身是包头国营联营商场，是中华人民共和国成立后第一批也是包头市第一家国营联营商场。2004年进行企业转制，转制后东百保留了老东百的经营特色和传统风格。

【安全生产】

商场总经理对安全生产工作全面负责，保卫、行政部主管消防、用电等安全生产主要工作，各部门第一责任人每周五展开联合自查工作，对安全、消防、设备、设施、卫生等进行综合性安全检查，有效的发现和防范事故隐患。东百大楼三次荣获包头市人民政府消防工作“先进集体”称号。

（管理部 供稿）

【包头市环西工贸有限责任公司(环西市场)领导名录】

董事长　　周玉恩

总经理　　周义明

【概况】

包头市环西工贸有限责任公司成立于2000年8月。公司下设环西市场，环西老年公寓，同济中医医院。

【重点工作】

2019年，环西市场面对激烈的市场竞争，零售业业绩急剧下滑，直播销售平台冲击等不利因素，公司采取多渠道多途径多形式的优服方式，自筹资金400万元对市场购物环境进行升级改造，利用7—9月经营淡季进行外墙整体装修、美化、亮化，冬季对三楼快餐进行内部拆除装修，新增设两部观光直升梯。

（王国辉 岳志茹 供稿）

【包头市维多利商业管理有限责任公司概况】

包头维多利广场坐落于内蒙古包头市东河区巴彦塔拉大街，距长途汽车站1公里、距火车东站2公里、距机场5公里，是内蒙古维多利（商业）集团2014年在包头市建造的第二座大型商业项目，是东河区首座集购物、餐饮、儿童、娱乐、生活、休闲、教育、体验于一体的现代化shopping-mall，并成为区域范围内地标性建筑以及最具人气的商业项目典范。

维多利广场总建筑面积18万平方米，其中，地下一层为停车场及大型综合超市，地上5层为室内商场以及500米室外步行街，是区域内规模最大、功能最全的商业项目。项目设有10余家休闲娱乐场所、50余家餐饮美食店、500个时尚潮流服饰品牌、2000个便捷停车位以及6万平方米的公共休闲和功能区域。维多利广场还拥有包头市唯一奥林匹克标准真冰场、市内最大的儿童乐园、区域内唯一国际化标准电影院线以及包头首例天幕街区，日均接待量达50000人次，是包头市最具影响力的商业综合体之一。

【消防安全】

维多利广场秉承安全工作重如泰山的工作作风。时刻树立安全意识，加大安全培训管理力度，强化安全意识，持续开展日常隐患排查，及时化解安全风险，消除安全隐患，推动消防安全防范责任措施落实，不断提升消防安全管理水平。定期对安全隐患进行排查，对存在的问题及时整改，全年消防安全检查30次、组织新员工消防培训5次、员工消防演练1次，培训率100%。

（卢沙沙 供稿）

【包头市新盛世物业服务有限公司（劝业商城）领导名录】

总经理　　杨世伟

【概况】

包头市新盛世物业服务有限公司（以下简称“新盛世物业”），成立于2018年，位于东河区商贸集中、交通便利的环城西路143号。它的前身是包头市盛世缘物业服务有限责任公司。

新盛世物业全面接管劝业城一期、二期、三期市场业务。一期于1998年建成并运行，二期是1999年建成并运行，三期是2015年10月1日开业。其市场经营范围：服装、百货、鞋帽、金银珠宝、针纺织品、儿童母婴、美容美甲、文化娱乐、影院、超市，配套的产业项目包括大型商业中心、商业街、住宅、写字楼、公寓等。

【经营情况】

2019年，整体市场经营情况出现明显滑坡，产权业主的摊位出现多处多摊位空置闲置状态。

【经营创新】

国庆期间开展大型营销促销活动，重点是外围宣传、发放宣传单页和抽奖活动，达到整体宣传企业的目的。鼓励业主突破传统经营模式，搞微商、电商、直播、抖音等多渠道营销策划活动。

（管理部 供稿）

农贸市场

【包头市远大蔬菜瓜果副食市场有限公司领导名录】

董事长　　陈学忠

总经理　　杨建平

【概况】

包头市远大蔬菜瓜果副食市场有限公司创建于2005年1月，占地面积130亩，注册资金500万元。市场有固定商铺475间，活动性经营摊位150余个，共有13000平方米半封闭蔬菜大棚5个，多功能农副产品、肉类检验中心1个，多功能全覆盖监控室1个，半封闭日清运垃圾处理场1座。

【经营效益】

远大蔬菜瓜果副食市场是一家综合性大型集贸批发市场，是西部地区规模较大的批发、零售市场，主要以蔬菜、副食、瓜果、日用百货、猪肉、牛羊肉、水产海鲜及冷冻产品经营品种类别有上千余种，交易吞吐量大，年交易商品金额17亿余元。所交易商品辐射周边省、市、旗、县、区，形成特色鲜明、知名度较高的综合性大型集贸批发市场。直接或间接解决、安置下岗职工及周边社会闲散人员再就业3500余人，保障了东河区社会稳定。

【经营安全】

市场严格按照市场监督管理局对市场的管理要求，制定了《农副产品检验制度》《农副产品进入市场的管理制度》《门前“三包”制度》《各种证件完善制度》《公平交易制度》《市场监督管理制度》《消防安全管理制度》《车辆管理制度》，把好食品安全关，严格执行进销商品索证索票制度，确保所经营商品可追溯，杜绝假冒伪劣商品“三无产品”进入市场，让消费者买得放心、吃得安心，构建一个安全、卫生、干净整洁文明市场。

保障老百姓“菜篮子”供给安全。推进社会服务承诺和规范化管理服务，市场与商户签订食品安全承诺责任书，在市场公布承诺内容，加强对每一个经营区域的检查督促工作，市场开办至今没有一起食品中毒事故发生。

市场设置食品农药残留检测室，包头市市场监督管理局为市场配备专职检测工作人员进行检测。市场管理实行定员、定岗全方位动态管理。严格执行农副产品准入标准，坚持每天例行对各种蔬菜、副食品进行抽样检测，合格率98%，确保市场内商户出售的商品安全可靠，符合食品安全质量要求标准，每天检测数据结果，适时在市场信息公示栏公布，打造无公害有机绿色食品，确保老百姓餐桌丰盛，吃得安全。市场内设有服务平台，电子公平秤、意见投诉箱、服务监督电话。此外，诚征顾客意见，反馈信息，提供优质服务，要求商户诚信守法经营，亮明执照、明码标价、文明礼貌待客、热情周到服务。供应商品丰富，进一步推动“放心工程”，引导绿色消费。

【扶贫济困】

市场从2006年开始为所在社区1名家庭困难学生提供帮扶，从中学直到就业，对1名残疾人进行助残帮扶，每月为其发放生活费。董事长陈学忠，多次以个人名义向企业贫困职工、贫困商户给予捐款救助。

（王杰 白振林 供稿）

【包头市远通蔬菜运销农民专业合作社领导名录】

总经理　　武金柱

【概况】

包头市远通蔬菜运销农民专业合作社建于1992年，位于包头市东河区东部，紧临110国道、G6高速，是内蒙古地区较大的蔬菜产地市场。合作社占地面积30亩，注册资金30万元，已建成蔬菜交易大棚10个，总计4980平方米；建成冷库主体一座，办公楼一座，建筑面积800平方米；市场有常驻商贩70多户，流动性零散商贩120多户，带动周边就业人数2000余人。远通蔬菜运销农民专业合作社自开业以来方便了沙尔沁镇广大菜农买菜难、道路拥堵等问题，也提升了菜农的收入。

【生产经营】

东河区沙尔沁镇是东河区重要的蔬菜产地，种植蔬菜历史悠久，最大特色是不使用高残留农药，所产蔬菜均属于无公害蔬菜。远通蔬菜运销农民专业合作社主要从事地产蔬菜的运销，2019年，蔬菜交易量达7000万公斤，销售额达3750万元。

合作社按照市场监督管理局对市场管理的要求，严格把关蔬菜运销流程，协助商户将蔬菜销往呼和浩特市、包头市、鄂尔多斯市、北京市、西安市、甘肃省、宁夏回族自治区等地，增加菜农的收入，极大促进“菜篮子”工程建设，增强消费者对沙尔沁镇地产蔬菜的认可，进一步推动绿色消费，进而促进沙尔沁地区的经济繁荣。

合作社严格执行进销蔬菜索票制度，确保所经营蔬菜可追溯。近年来合作社本着边经营边建设原则，逐步完善软硬件设施，2019年硬化市场地面2000平方米，确保交易场所卫生、干净、安全，给广大商户提供较好的交易环境。

（市场部 供稿）

【包头市佳世隆农贸有限公司领导名录】

总经理　　于双虎

【概况】

包头市佳世隆农贸有限公司成立于2004年8月，位于东河区二里半，占地面积3.5万平方米，建筑面积6.8万平方米，总投资约1.5亿元，有固定商铺398间，果品交易大棚2400平方米，有室外交易摊位100多个，2万多平方米的4层综合大楼，一层为精品水果店，二层为干鲜果品仓储区，三层为冷藏保鲜储存区，四层为商务办公区。市场内有配套的住房、洗浴、停车配货区等。市场按照品种进行区域划分，分为香蕉交易区、红枣干果交易区、苹果区、精品区、时鲜果品交易区、炒货区等。

【安全经营】

2019年，佳世隆农贸市场交易量5.16万吨，解决就业人员500多人，同时开展“招商迎客、优惠促销”的活动，严格制止代办商户以谎话骗农户的现象，既保护农户的利益也稳定市场。

【安全生产】

2019年，结合各地出现的火灾事故，与昆区危安消防信息咨询中心联系分4次对市场内的业主、市场管理人员、市场内的拉运搬倒人员进行培训，市场内的义务消防人员进行灭火自救演练。参加培训人员约600人次。

（余双虎 供稿）

现代物流

【内蒙古公铁物流有限责任公司概况】

内蒙古公铁物流有限责任公司（以下简称“公铁物流”）成立于2005年，位于包头市东河区沙尔沁镇公积坂村南，占地面积2600亩，拥有铁路专用线7条，接轨公积坂站，铁路专用线龙门吊2台，办公生产设施设备齐全，园区年运输能力达3000万吨。2018年，在国家“公转铁”政策的实施下，公铁物流园区与多港，工矿企业达成合作意向。现已完成园区一期改造工程，并通过招商引资等方式对园区进行升级转型。

【主要业务】

2019年，公铁物流总体以稳步发展建设、开拓业务范围、提升服务品质为核心进行工作部署。逐步改善园区内相应配套设备实施，并对办公区、生活区进行相应维护并改造，以及作业区的道路硬化、路面平整、移动仓储棚建设、集装箱堆场等建设。业务方面以工业原辅材料、大宗工业品和农副产品等大宗物资为服务对象，开展以多式联运、集拼箱为基础，以物流信息、供应链管理、物流咨询、设备服务等为延伸的一体化物流服务。

【发展方向】

公铁物流加快铁海联运业务布局，通过内陆铁路运输网与曹妃甸港、天津港等内贸航线网同步发力，配合国家政策，发展壮大多式联运，连接起集装箱多式联运的大通道，形成大物流发展格局。进一步提高公、铁、海运输组合效率，降低物流成本，更好满足多元货物运输需求，为经济社会发展提供支撑。

【年度事迹】

2019年6月30日，青铜峡煤炭储配交易中心和公铁物流签订战略合作协议。本次战略合作协议签订打开了公铁物流向西运输新通道。

公铁物流和青铜峡煤炭交易中心双方拥有各自铁路到发线，在铁路上称为“门对门”业务。8月1日上午，唐山港内蒙古公铁物流内陆港揭牌仪式在公铁物流举行。唐山港与内蒙古公铁物流内陆港的成立，是双方企业优势互补务实合作的深化，也是双方战略合作的共识。为包头市、唐山市两地经济社会发展架起交流互鉴的新桥梁，为两地企业提供了一条高效便捷的陆海联动新通道。

【“一带一路”建设】

全力响应国家“一带一路”倡议，响应“公转铁”战略。公铁物流于2019年8月11日，协同中铁快运、中远海运开通至土耳其专用线。此次专用线开通，是三方优势互补、务实合作的成果。其中，中铁快运依托铁路在国内外树立良好的配送形象。中远海运是中远海运集团旗下公司，业务成熟、资源优厚，是国内海运的领先者。10月3日，经由唐山港曹妃甸站发往包头市公积坂站的100个35吨敞口箱满载铝矾土到达公积坂站公铁物流专用线。标志着在唐山港口集团和公铁物流的合作下，顺利完成大宗散货经沿海港口至内地工厂的“公转铁，散改集”，此项铝矾土业务“公转铁”的顺利完成，为客户降低了物流成本，缓解了原料运输困难，还减少了因长途汽运造成的环境污染。

（耿华 供稿）

【中铝物流集团内蒙古有限公司领导名录】

党委书记、董事长	李建国
副总经理	蒙　飞
	郭文厚
	杨振兴
纪委书记、工会主席、副总经理	吕　华

【概况】

中铝物流集团内蒙古有限公司是中铝实业企业大宗商品物流运输专业公司。下设9个职能部门，分别为综合部、财务部、设备管理部、安全环保部、业务运营部、市场营销部、汽运部、铁运部、仓储配送部。现有职工369人（其中，内蒙古物流358人，吕梁分公司11人）。

【安全管理】

安全管理迈上新台阶。加强CAHSE精准管理体系贯标，成功取得QHSE认证证书，三大体系初步建立并有效运行。新建修订安全管理制度32项，进一步完善安全环保质量制度体系。加强隐患排查。全面推动“两抓两查严监管”工作，共进行各类安全检查36次，查出隐患问题233项，并全部完成整改。“一停、二看、三再干”安全工作法在各班组得到推广应用，有效遏制违章行为。广泛开展“安全卫士”活动，充分调动职工参与安全管理的积极性。

【教育培训】

强化教育培训。持续开展岗位操作规程、安全技术规程、风险分级管控等培训，全年受训人数达1000余人次。通过开展安全事故警示教育、收听早安中铝、组织安全考试等活动，营造“讲安全、抓考试、重培训”的良好氛围。服务水平得到新提高。决胜保供保降攻坚战。针对大雪冰冻极端天气、环保治理、春节运力不足等困难，制定“奋战十二天提升料位”计划，各部门协同作战，圆满完成春节期间保供运输任务。通过优化运输路线、理顺业务流程、整合各方运力，保障山西华兴、兴华科技进口铝矾土供应。

【管理改革】

管理改革实现新突破。创新体制机制。激励广大干部职工干事创业，打破原有体制机制壁垒，以成立项目部独立核算的模式，实行市场化运作，先后分流10名人员成立宁夏项目部、铝包车项目组，在激发职工工作动力和激情的同时，也实现了企业增收创效。

（综合部 供稿）

餐饮服务

【金驼酒店领导名录】

总经理　　石　雷

【概况】

金驼酒店是内蒙古骆驼酒业股份有限公司旗下一家涉外三星级酒店，于2002年成立。金驼酒店坐落于包头市东河区工业路中段，交通方便，总建筑13380平方米，按四星级标准设计建造。酒店项目设施配套齐全。中餐部4500平方米，配有不同风格的各类包房21间，4个宴会厅，可容纳1280余人同时用餐。有来自广州、扬州、内蒙古等地的厨师，粤菜、淮扬菜、蒙餐及地方特色菜，烤羊排、黑茶手扒肉、东坡肉、鸦片鱼、红焖驼掌招牌菜，深受广大消费者的好评与称赞。酒店1～5层面积800平方米，为洗浴部及客房部。

【安全工作】

坚持安全第一，预防为主的方针，本着安全无小事的原则，全方位做好安全工作，签订并逐步落实安全生产目标责任制，特别加强对餐饮，员工宿舍，食品卫生，客房等环节消防安全管理，做到责任到人，坚持进行安全卫生大检查，并对存在的安全隐患进行限时整改。加强对安全隐患整改及习惯性违章方面的督促和跟踪，做到检查到位，操作规范到位，整改及时，消除安全隐患，大大提高员工及管理人员的安全意识。

（张光玲 供稿）

【东河区新盘古饭店领导名录】

董事长　　李俊飞

总经理　　徐俊平

【概况】

东河区新盘古饭店成立于2013年8月，是民营餐饮服务企业，企业职工总人数150人，大部分为东河区的下岗职工。饭店主打本地菜及蒙餐系列，严把原材料质量关、坚持使用无污染的绿色材料，用“三无”成就包头食客味蕾，即无味精、无鸡精、无添加剂，从舌尖上保证食客安全，得到了有关管理部门高度认可。2019年获“中国羊肉美食之都”及包头市羊肉美食名店称号。

【“4D”厨房建设】

2019年，企业投入巨资全力打造“4D”厨房建设，从材料采购、后厨加工、前厅服务、网络订购等所有环节及场所实现由粗放式—基础式—规范式—精细化管理。

采购环节。按照市食品药品监督管理局要求严格落实索证索票制度，所有原材料有票、有台账可查，确保所有原材料符合国家食品安全标准。杜绝地沟油、小作坊的做法，新鲜材料当餐现购。牛羊肉始终来自苏尼特大草原的牛羊肉生产基地，从源头上杜绝不符合国家要求的肉类进入消费者口中。加工、仓储环节。所有原材料执行零库存模式。10桌以上的宴会按照市食品药品监督管理局要求执行留样备案。后厨材料的存放严格执行4D厨房建设要求，即整理到位、责任到位、培训到位、执行到位。整理到位主要是分区、分类、分层、分颜色，按时间频率存放、按工作区域分开，严格划分工作通道及区域。责任到人，制度上墙，工作流程标准化、操作流程可视化，安全责任制度化。培训到位，从食品安全、区域卫生、工作流程、设备操作等细节方面，在每日开餐前的例会必须培训。执行到位，定期检查工作执行力，明确奖罚制度，确保企业的4D管理贯彻到位。

【服务管理】

核定能源及消耗品定额标准，奖罚分明，鼓励节能降耗、降噪，确保达标、避免扰民。严格执行4D建设要求，全面提升爱岗敬业精神，杜绝盲点、漏洞。规范行为标准、稳定服务质量、提供工作效率，树立企业形象，打造绿色餐饮标兵。合理安排菜品量，杜绝浪费，鼓励文明用餐、节俭消费，不设最低消费，杜绝虚假营销。

【产品出新】

饭店专门成立以总经理牵头的菜品研发小组，重点开发经济实惠、符合当地食客的绿色菜肴，力争为包头市乃至内蒙古打造建设绿色餐饮做出不懈的努力，建立健全绿色餐饮发展的经营机制，营造“厉行节约反对餐饮浪费”的浓厚氛围，在推动绿色餐饮和打造满足当地食客需求以及解决下岗职工再就业的工作中成为模范标兵。

（王健 供稿）

财税金融

财政管理

【东河区财政局领导名录】

局　长	田永光
副局长	路　钢
	杜红波
集中收付中心主任	苏玲凤（女）

【概况】

东河区财政局（以下简称“区财政局”）是东河区政府工作部门，机构规格为正科级。正式成立于1956年，其前身为东河区人民委员会财政科。负责东河区财政收支、实施财税政策、履行财政监督和参与东河区国民经济宏观调控等工作。内设办公室、预算股、国库股、国资股、综合股、农牧业股、政府采购办、债务管理及工资股8个股室，有所属事业单位3个，分别是副科级事业单位东河区财政集中收付中心、股级事业单位东河区政府采购中心和资产运营中心。区财政局有干部职工89人，其中，公务员5人、事业编制人员26人、区聘人员33人，公益性岗位人员3人，临时聘用人员22人。

【财政收支】

2019年，一般公共预算收入完成10.33亿元，完成区人大批准年度调整预算10.07亿元的102.6%，同比减少0.49亿元，下降4.5%。收入构成为：税收收入实现一般公共预算收入9.44亿元，占一般公共预算收入的91.4%，较上年提高0.6个百分点，完成全年任务的92.8%，同比减少0.39亿元，下降3.9%。非税收入完成0.89亿元，占一般公共预算收入的8.6%，完成全年任务的129.6%，同比减少0.1亿元，下降10.2%。2019年，一般公共预算支出19.83亿元，结转下年度专项资金1.13亿元。

【民生支出】

2019年，区民生支出为16.1亿元，占一般公共预算支出的81.7%，较上年增长7.4个百分点。其中：社会保障和就业支出6.07亿元，教育支出4.44亿元，医疗卫生支出0.93亿元。

【“三保”支出】

2019年，基层“三保”（保工资、保稳定、保增长）支出15.65亿元，占一般公共预算支出的79%；其中，由一般公共预算支出13.45亿元，其他渠道筹措资金支出2.2亿元。

【“三公”经费】

2019年，“三公”经费决算251.66万元，其中：因公出国（境）费无支出；公务用车购置及运行维护费220.15万元，公务接待费31.52万元，较上年决算数降低40.59%。

【财政信息公开】

2019年，全面推进预决算公开，向社会公布东河区本级预决算和71个部门预决算及“三公”经费预决算。

【财政监督检查】

2019年，将扶贫资金全部纳入动态监控平台进行监控，不断加大财政监督力度，对包头市东河区农牧业和交通运输局（扶贫办）、包头市东河区民族事务委员会、包头市东河区发展和改革委员会、包头市东河区住房和城乡建设局、包头市南海湿地管理处进行扶贫资金监督检查。

（贾彪 供稿）

税务管理

【国家税务总局包头市东河区税务局领导名录】

党委书记、局长	马　杰(副调研员)
党委副书记、副局长	丁　雄(正科级)
党委委员、副局长	刘爱平
	包建龙(蒙古族)
	杜文清
	刘卓敏
纪检组长	王　忠
副局长	邢晓刚
	班文利
总会计师	马立鑫

【概况】

国家税务总局包头市东河区税务局（以下简“东河区税务局”）成立于2018年7月20日，机构规格为正科级，担负着正确贯彻执行国家各项税收政策、法规，组织各项税收、社会保险费和有关非税收入征收管理的职责。东河区税务局共有办公室、法制股、税政一股、税政二股、社会保险费和非税收入股、收入核算股、纳税服务股、征收管理股、风险管理股、财务管理股、人事教育股、机关党委（党建工作股）、纪检组、第一税务分局（办税服务厅）、第二税务分局、天骄街道税务分局、铝业产业园区税务分局、河东街道税务所、回民街道税务所、铁西街道税务所、财神庙街道税务所、信息中心等22个机构。其中，11个内设机构，2个另设机构，8个派出机构，1个事业单位。全局共有人员398名，其中在职343人，退休55人；副调研员1人，正科级1人，副科级13人。截至2019年年底，全局所管理的纳税人共计27249户，其中，单位纳税人7838户，个体工商户19411户。

【税收】

2019年，东河区税务局组织各项税费收入30.4亿元，其中，税收收入18.6亿元，社会保险费10.8亿元，其他收入1亿元。全年第二产业累计完成8.9亿元，占税收总量的48%。第三产业累计完成9.7亿元，占税收总量的52%。一般公共预算收入完成9.8亿元。

【依法治税】

东河区税务局积极推进依法治税，有效发挥税收职能作用。稳步推进三项制度，不断提高执法效能。坚持从纳税人需求出发，加强事前公开、规范事中公开、推动事后公开，以行政执法公示提升税收执法的透明度，让税收执法在阳光下运行。以行政执法全过程记录提升税收执法的能见度，以重大执法决定法制审核提升税收执法行为的精准度，进一步树立公正、高效、规范的执法形象。

【税收治理】

为了实现机构合并后税收征管工作的无缝

对接，确保征管质量高标运行，从基础入手，逐步延伸，完善制度，在征管实践中提高运行质量。为贯彻好全市“金税三期”系统并库工作要求，东河区税务局通过组建数据清理团队、制定清理方案，抽调业务骨干组建由税源、征管、办税服务厅130人参与的数据清理并库工作团队，细化任务分工，严格对照规定标准和时间节点，经过22轮修改完成20项指标基数4.5万数据的清理工作，夯实了征管基础。为不断提升税收征管质效，规范欠税管理，开展工作督导，听取所有专管员的汇报，了解欠税成因，做到心中有数底账清晰。对经营活动异常，存在走逃风险的纳税人，及时做好风险管控，防止新欠发生。对已形成欠税的纳税人，及时催缴并采取相应的措施。进一步规范欠税追缴流程，提升欠税全流程管理水平，特别是对历史性遗留问题得到了逐步解决，2019年共计清理欠税1.4亿元，取得明显的清欠成效。

【减税降费】

减税降费是党中央、国务院做出的重大战略性决策部署，是深化供给侧结构性改革的重要部署。为将改革红利惠及每户纳税人，东河区税务局成立专项工作组，下设8个工作小组，全方位推进减税降费工作。针对不同行业、不同体量的纳税人，采取集中培训、入户辅导等多种方式开展政策培训辅导，累计培训纳税人33000人次，累计宣传辅导22120户次，累计发放宣传资料43000份。为方便纳税人办理业务更加便捷，在办税大厅设立减税降费专窗，在导税台设立咨询专岗，设立疑难问题处理专区，建立业务骨干组成的专业团队随时待命，随时随地解决纳税人遇到的问题，确保纳税人在享受减税降费政策的同时有更多获得感。2019年，累计新增减税降费政策减免3.35亿元。其中，民营企业减税2.32亿元，占总减税额的69.3%，成为这次减税政策受益最大的群体。制造业减税1.15亿元，占总减税额的34.2%，有力支持实体经济发展壮大。

【扫黑除恶】

东河区税务局以“有黑扫黑、有恶除恶、有乱治乱”为原则，坚决摧毁黑恶势力犯罪的组织体系。成立专项领导小组，多次召开党委会、局务会和研判会安排部署扫黑除恶工作，对税务人员、重点行业和重点领域进行涉黑涉恶涉伞线索摸排并建立台账。在办税服务厅等场所悬挂宣传横幅和标语，张贴犯罪线索举报奖励办法，设置举报信箱、公布举报电话畅通举报渠道，广泛发动群众开展调查摸底工作，鼓励提供相关线索，充分调动和激发人民群众参与专项斗争的积极性和主动性。与东河区扫黑办、包头市税务局第二稽查局对接，主动承担扫黑除恶专项斗争的职责任务，努力为东河区创造良好的税收环境和营商环境。通过上门走访，加强对“税收高风险企业”的检查，坚决清除税务干部为企业充当“保护伞”的违法违纪行为，切实加强领导，落实责任，齐抓共管，形成扫黑除恶专项斗争工作合力。

【纳税服务】

东河区税务局持续开展“便民办税春风行动”、落实好企业涉税业务“同城通办”“最多跑一次清单”“套餐式服务”等一系列便民服务举措，减轻纳税人办税负担。组织开展多种形式的减税降费宣传培训工作，对外宣传辅导34542户次，其中，纳税人学堂共培训27场次，培训纳税人6967户次。通过手机推送短信、微信、邮件7542条，办税大厅面对面辅导8565户次，税务人员上门一对一辅导454户次，电话辅导8561户次，通过内蒙古直播课堂培训2453户，并发放各种宣传资料43000份。通过多渠道、多角度、多层次的培训宣传，确保纳税人准确理解政策、充分享受政策红利。

（江灏 供稿）

金融服务管理

【包头市东河区人民政府金融工作办公室（区金融服务促进中心）领导名录】

主　任　闫春雷

副主任　其其格(女,蒙古族,6月任职)

　　　　郭丽娜(女,城投公司副总,借调)

【概况】

包头市东河区人民政府金融工作办公室于2019年3月成立，是区人民政府工作部门，机构规格为正科级。内设办公室和金融业务室，共有机关行政编制5名，设主任1名，副主任1名。其主要职责为：组织起草有关规范性文件并组织实施；推动东河区金融业深化改革和创新发展；统筹建立健全东河区金融体系；会同有关部门协调服务全区金融业发展。推动地区法人金融机构的改革发展；强化金融服务实体经济功能；优化金融营商环境；推动全区普惠金融体系建设；培育和发展“三农三牧”“小微企业”金融服务体系。推动全区农村信用合作机构改革发展；推进多层次资本市场发展；指导全区企业融资工作，协调帮助企业上市挂牌、债券融资和并购重组、再融资工作；推动创业投资基金、股权投资基金规范发展；负责会同财政部门提出政府金融发展专项资金的管理和使用意见；按权限落实国家、自治区、包头市关于对全区小额贷款公司、融资担保公司、区域性股权市场、典当行、融资租赁公司、商业保理公司、地方金融资产管理公司的各项监督管理政策及要求，并组织实施；按权限落实国家、自治区、包头市关于对权益类、合约类交易场所、网络借贷信息中介机构、投资公司、开展信用互助的农民专业合作社、社会众筹机构的监督管理政策要求，并组织实施；负责金融对外合作交流，深化金融区域合作；统筹协调区人民政府与金融机构合作。推动金融系统人才队伍建设；健全完善地区金融风险防范处置机制，推动落实属地风险处置责任，维护地区金融稳定与安全；牵头组织开展防范和处置非法集资工作；负责地区金融基础数据统计分析和信息系统建设和管理；协调配合中央、自治区驻包金融监管部门、金融机构驻包分支机构以及金融机构驻区分支机构，依法依规协调指导地区落实属地风险处置责任和相关工作；协调指导有关金融行业自律组织和中介机构规范发展；完成区委、区政府交办的其他任务。

包头市东河区金融服务促进中心于2010年11月成立，为直属区政府管理的正科级事业单位。核定科级领导职数2名（1正，1副），核定编制10名。内设综合办公室、业务股。主要职责：贯彻执行国家、自治区和包头市有关金融工作的方针政策和法律、法规；承担市金融办和区委、区政府交办的金融工作；在市金融办的指导下开展银行和企业的对接衔接工作；支持与推动我区信用体系建设工作，监管信用中介服务机构和信用服务市场；为企业和银行提供相关政策咨询服务；完成其他与金融服务、金融促进相关的工作。

【搭建政银企对接平台】

组织“政银企”座谈会、“项目路演暨银企对接会”活动。协调建设银行、农业银行等12家驻区金融机构，为全区企事业单位一季度发放贷款41.78亿元、二季度发放贷款10.67亿元、三季度发放贷款7.43亿元、四季度发放贷款7.63亿元；协调鄂尔多斯银行包头分行为财政提供化债资金2亿元；与中国银行包头分行签订战略合作协议，双方就南部区开发、铝产业升级、基础设施建设、融资担保、直接投资等领域达成合作意向，中国银行5年内为支持东河区经济社会发展提供不低于30亿元人民币的意向融资安排。

【防范金融风险】

组织召开2019年处置非法集资领导小组会议。针对“涉非”（非法集资）案件频发，联合公安分局、区市场监管局对2家小贷公司、1家典当行、4家网贷分支机构、1家疑似比特币“挖矿”企业、12家资产运营机构、注册名称和经营范围中使用“交易所”“交易中心”“基金管理”等16类字样的40多家企业进行金融领域非法集资和涉黑涉恶排查，积极稳妥化解网络借贷等互联网机构存量风险。联合公检法、政法委等5家单位，历时5个月，完成对全区“e租宝”集资人员登记工作，完成登记331人。组织22家委、办、局开展涉嫌非法集资风险专项排查活动，对影视文化类、房地产类等12类企业508家单位进行摸排，做到排查无死角。对140家经营范围涉及“投资类”字眼的公司通过电话约谈、实地走访、现场录音等形式，就其是否涉嫌非法集资、金融诈骗等内容展开排查。强化组织保障，加大“防范非法集资”的宣传力度。向市政府争取预防和处置非法集资工作经费20万元，为全面做好金融领域风险防治工作提高资金保障。累计发放宣传手册2000份，宣传海报500份，切实提高民众对非法集资的辨识度。

【扫黑除恶斗争】

安排部署，成立领导小组。组织召开研判会2次、部署及推进会7次。出台《扫黑除恶专项斗争工作方案》《扫黑除恶专项斗争工作制度》《建立地方金融、类金融行业主体准入会商机制》等制度。协调市公安局东河分局、区市场监管局成立东河区公安+金融+市场“专班”，切实做好扫黑除恶专项工作，依法严厉打击金融领域乱象，堵塞非法金融漏洞。加强宣传，在高校官网发布《致全校师生的一封公开信》，公开“校园贷”“现金贷”和“套路贷”等违法犯罪行为认定范围及举报电话；借助今日东河、东河区政府网站等平台，向广大市民征集金融领域涉黑涉恶线索。联合金融机构及公安等部门在河东镇、沙尔沁镇、包头医学院、欣隆广场、滨河养老院等人口密集区开展“防范校园贷、套路贷、农村高利贷”宣传教育活动10次，发放宣传手册、倡议书4000份，宣传海报2000张，宣传折页3000份；专项排查，对辖区内2家小贷公司、1家担保公司、1家典当公司、12家银行业金融机构、2家证券公司、11家保险公司开展扫黑除恶专项排查18次，并签订不参与黑恶势力承诺书。

【发展村集体经济】

联合人民银行包头市郊区支行、农商银行包头分行对信用示范镇、信用示范村、信用示范企业（合作社）、妇女创业信用示范户及78户信用示范户，进行授牌，授予河东镇“包头市首个信用示范镇”称号，开创了整镇授信新模式。已为2753户授信18515万元，实际用款数9564万元。

【精准扶贫】

开展扶贫政策学习。结合“三会一课”“三项制度”等制度，通过知识测评、观看先进扶贫人物事迹等形式，开展扶贫专题学习7次，切实提高全体干部的政治站位及思想觉悟；对贫困户进行走访慰问，以实地走访及电话访问的形式，对全区11户贫困户进行4次走访慰问，并带去了精神鼓励与物质帮助，同时对金融扶贫政策进行现场解读。

【运营双创园区】

加强园区建设，增强孵化能力。帮助百里网络、嘉腾影视、零点同城、信达科技4家公司在内蒙古股权交易中心青创板挂牌。双创园区被评为包头市创业孵化示范基地，争取以奖代补资金50万元。园区注册及入驻企业41家，2019年，新增注册企业22家，新增就业人数130人，实现税收1800.54万元；开展孵化活动，组织“黑科技周”“股权架构”等线上培训活动，“知识产权专题讲座”等线上线下活动30场。承办包头蒙商大会东河行活动，组织召开2019年包头投资发展与转型升级高峰论坛。

【“不忘初心、牢记使命”主题教育】

组织学习教育活动。组织中心组（支部）学习会、邀请“五老讲师团”赵镛开展专题辅导、书记讲党课等。借助“三会一课”“党员活动日”等制度，以红色故事汇、诗朗诵大赛，参观红色教育基地、观看廉政警示教育片等方式开展学习。东河区金融服务促进中心被评定为东河区2019年度“学习强国”平台优秀学习组织。开展调查研究活动。结合“五个围绕”具体要求，班子成员共确定3个调研课题，深入双创园区开展调研，在摸清情况、分析原因后，研究提出解决问题、改进工作的措施，形成专题调研报告。邀请双创园区企业及金融机构代表召开调研成果交流会，总结调研的收获与成果，并结合调研题目，共同研究提出解决问题、改进工作的措施，不断完善调研的对策思路；坚持边学边改，边查边改。以调查研究、座谈会、谈心谈话等方式，共查找出19条问题，其中10条问题已解决，剩余9条还需在工作中需长期坚持。“13+N”专项整治梳理问题8条，承接市直专项整治问题1条，全部整改完成。

【金融环境】

东河区内的金融、保险、证券、小额贷款机构基本健全，已形成银行、证券、保险、小贷担保等功能比较齐全、层次比较多样的区域政策性金融和商业性金融协调发展的金融机构体系。

截至年末，东河区共有入驻银行业金融机构12家，83个营业网点，其中，国有商业银行6家，分别是中国工商银行、中国农业银行、中国银行、中国建设银行、交通银行、中国邮政储蓄银行；股份制商业银行2家，分别是中信银行、浦发银行；城市商业银行2家，分别是包商银行和鄂尔多斯银行；农村商业银行2家，即包头市农商银行和东河金谷村镇银行。入驻保险机构23家，共计27个营业网点，主要分为财产保险和人寿保险两大类。其他金融机构主要包括：证券公司营业部2家，小额贷款公司1家，融资性担保公司1家，典当公司1家。

银行业

国有商业银行

【中国工商银行东河分支机构】

中国工商银行东河支行为中国工商银行股份有限公司包头分行下辖城区一级支行，企业性质为国有商业银行。截至年末，从业人数173人。内设对公营销部、个人营销部，负责全行对公业务和个人业务的管理、营销工作；营业室为全行核算网点，负责全行的核算管理及对外网点营业。下辖7个营业网点：和平路支行、保利百合支行、超越支行、工业路支行、站北路支行、铝厂支行、糖厂支行；一个代管支行：喜桂图支行。均为二级支行。主要为东河地区企事业单位、机关团体及居民提供金融服务。

【中国农业银行东河分支机构】

中国农业银行股份有限公司包头东河支行是中国农业银行的二级分支机构。2019年，包头东河农行下设9个二级支行，1个营业室，1个分理处，全行在职员工123人。秉承“大行德广，伴您成长”的经营理念，坚守“诚信立业，稳健行远”的核心价值观，认真践行“面向‘三农’，服务城乡，回报股东，成就员工”的企业使命。

【中国银行东河分支机构】

中国银行包头分行东河支行为包头分行实际运营的辖属五家管辖性支行之一，成立于1987年11月。内设五个部门，综合管理部、监察部、个人金融部、公司业务部、营业部；辖属10家经营性支行，现有在岗员工163人。

【中国建设银行东河分支机构】

建设银行股份有限公司内蒙古包头市东河区有2个一级支行，分别是和平路支行和东河支行，营业网点共7个。其中建行东河支行共组建4个综合营销团队，分别为：场内营销团队、外拓营销团队、个贷营销团队、对公信贷营销团队。现有人员31人，其中党员15人，占比48%。岗位设置有行长1人、副行长1人、助理专家1人、综合办公室1人、营运主管1人、营业室主任1人、营销主管1人、客户经理9人、大堂经理2人、产品销售经理4人、高级柜员2人、柜员7人。

【交通银行东河分支机构】

交通银行包头分行在东河区辖内设立支行2个，即红星支行和环东支行。交通银行包头红星支行是一家综合型支行，位于包头市东河区公园北路149号，交通银行包头环东支行是一家综合型支行，位于东河区西河路9号维多利新天地，业务范围均包括人民币结算业务、电汇业务、账户服务、公司业务、个金业务、电子银行业务等。

【中国邮储银行东河分支机构】

中国邮政储蓄银行包头市分行成立于2008年3月18日，东河区辖内设立支行3个，即环城路支行、车站支行、巴彦塔拉大街支行。网点均设有现金区、非现金区、理财区、VIP客户服务区、电子银行体验区、ATM自助服务区、信贷办公区。

全国性股份制商业银行

【中信银行东河分支机构】

中信银行包头东河区支行为中信银行包头分行在包头成立的第五家支行，中信银行为股份制银行，东河区支行目前为零售网点，位于东河区南门外大街15号西湖酒店一层。在职人员11人，网点下设行长室、零售部、运营部。零售部员工包括营业经理、理财经理、大堂经理。运营部包括会计经理、柜员。2019年，东河区支行参评内蒙古银行业协会五星级网点评选，硬件和软件均符合标准，获评中国银行业协会五星级网点称号。

【浦发银行东河分支机构】

上海浦东发展银行股份有限公司包头东河支行（简称：浦发银行包头东河支行）于2016年5月30日经包头银监局批准成立，是浦发银行在包头辖区成立的第六家机构，位于包头市东河区巴彦塔拉大街南门外21号，一家综合性支行的经营网点，下设营业部、零售金融部、公司银行部3个科室。

城市股份制商业银行

【包商银行东河分支机构】

东河区辖区内共有11家包商银行支行，分别是巴彦支行、包铝支行、公园路支行、红光支行、通顺支行、广通支行、路通支行、胜利支行、银河支行、裕丰支行、工业路支行。

【鄂尔多斯银行东河分支机构】

鄂尔多斯银行东河支行于2018年1月26日正式开业，经营地址为东河区古邑人家底商2-102。鄂尔多斯银行包头东河支行全行从业人员8人，平均年龄30岁，本科以上员工占到95%以上，是一支年轻的、富有活力的、具有竞争力的金融团队。12月，鄂尔多斯银行成功发放东河区政府企业化债项目贷款1亿元。

农村商业银行

【包头农商银行】

农村商业银行即包头农村商业银行股份有限公司（以下简称“包头农商银行”），前身为有着60多年历史的包头市郊区农村信用社。2013年12月27日，经中国银行业监督管理委员会批准，成为地方性股份制商业银行，是包头市首家农村商业银行。包头农商银行东河区有5家一级支行，共辖23个网点。

村镇银行

【包头市东河金谷村镇银行】

包头市东河金谷村镇银行注册资本1亿元人民币，由内蒙古呼和浩特金谷农村商业银行发起设立并持有99%的股权，其余1%股权由村镇银行员工共同持有，是东河区唯一一家独立法人银行业金融机构，主要职能是为东河区城镇居民及工商企业提供存款、贷款、支付结算等金融服务。截至年末，在东河区设立营业网点3家，员工总数68人。

5月，包头市东河金谷村镇银行被授予自治区级“五一劳动奖章”称号；6月，包头市东河金谷村镇银行总行营业部由巴彦塔拉西大街曙光综合楼B座103、104、105底店搬迁至和平路118号；7月，包头市东河金谷村镇银行设立巴彦支行，注册地址为巴彦塔拉大街36号甲璟华苑1-108；8月，包头市东河金谷村镇银行设立沙尔沁支行，注册地址为沙尔沁镇莎木佳村供销社大楼西侧，110国道以北。

2019年东河区银行分布统计表

表22-1

序号	银行名称	支行及网点名称	地址	备注
1	中国工商银行	东河支行营业室	环城路319号	共10个网点
		东河铝厂支行	铝厂白银路十字路口北	
		东河糖厂支行	糖厂厂区院内	
		东河站北路支行	站北路122号	
		东河超越支行	南门外大街21号	
		东河工业路支行	工业路金驼酒店北	
		东河和平路支行	和平路43号	
		东河保利百合支行	保利百合底店101号	
		东河喜桂图支行	普惠路石拐新区商业街	
		九原广鑫支行	巴彦塔拉西大街7号底店	
2	中国农业银行	东河营业室	包头东河区通顺街212号	共12个网点
		南海支行	包头市东河区二里半99号地矿小区C-13号	
		康复路支行	包头市东河区东门外大桥北	
		金街分理处	包头市东河区乔家金街19-112、113、114、115号底店	
		和平路支行	包头市东河区和平路北段东路	
		利民分理处	包头市东河区工业路6号楼	
		红光分理处	包头市东河区红光大街19号	
		公园路分理处	包头市东河区站北路公一街三区-7-拐角底店	
		西北分理处	包头市东河区南门外大街苏宁电器底店	
		铝厂分理处	内蒙古自治区包头市九原区古城湾毛其来	
		喜桂图分理处	包头市石拐区喜桂图新区普惠路商业中心1-W9号底店	
		九原豪德支行	包头市东河区铁西豪德贸易广场西北区17号	
3	中国银行	东河营业部	包头市东河区巴彦塔拉西大街20号	共9个网点
		站北路支行	东河区站北路36号	
		西脑包支行	西脑包前街5号	
		南圪洞支行	包头市东河区南二区2号楼9号底店	
		巴彦塔拉支行	东河区巴彦塔拉东大街20号	
		人民公园支行	东河区人民公园南门口	

续表22-1

序号	银行名称	支行及网点名称	地址	备注
4	建设银行	红光支行	通顺街名流大厦底店	共7个网点
		包铝支行	东河区生态工业铝业园区B区6号	
		工业路支行	包头市东河区工业路烟草底店	
		和平路分理处	东河区和平路中段13号底店	
		站北路支行	站北路公一街15栋1-5底店	
		太平洋支行	东河区工业路市一建2号底店	
		东河支行	巴彦塔拉大街39号	
		铝业园区支行	东河区白银路与工人路交叉路口	
		宏源支行	东河区巴彦塔拉大街融石大厦底店	
		铁西支行	东河区豪德贸易广场西北区20号底店	
5	交通银行	红星支行	东河区公园北路149号	共2个网点
		环东支行	东河区西河路9号维多利新天地	
6	中信银行	东河支行	包头市东河区南门外大街西湖大酒店底层	共1个网点
7	浦发银行	东河支行	内蒙古包头市东河区南门外大街21号	共1个网点
8	农商银行	东门外支行	东河区康复路胜达花苑110、111号	共23个网点
		营业部	东河区南门外大街2号街坊101、102	
		环城路支行	东河区矿机小区宝业3号楼鑫同宝大厦底店	
		佳美支行	东河区巴彦塔拉东大街佳美建材城B5-132号	
		站北路支行	东河区站北路与工业路交叉口西北角	
		南海支行	东河区南海子村	
		北梁支行	东河区东门大街35号	
		西脑包支行	东河区西脑大街11号	
		河东支行	东河区河东镇银匠窑子村	
		车站分理处	东河区站北路一号街坊1-1.1-2底店	
		古城湾营业部	毛其来村	
		铝厂分理处	铝厂工人路19号	
		糖厂支行	东河区糖厂院内	
		惠民支行	东河区北梁新区阿尔善大街与东脑包交叉口	

续表22-1

序号	银行名称	支行及网点名称	地址	备注
		沙尔沁中心支行营业部	110 国道北	
		土合气分理处	—	
		东园支行营业部	—	
		东园分理处	—	
		公积板分理处	—	
		铁西区支行	包头市铁西五洋大厦底楼	
		巴彦塔拉支行	内蒙古自治区包头市东河区巴彦塔拉大街曙光综合楼 101-102 号	
		铁西二区分理处	包头市东河区铁西二区	
		凤凰城支行	内蒙古包头市东河区毛凤章村凤凰城南门底店	
9	包商银行	公园路支行	包头市东河区环城路	共 11 个网点
		通顺支行	包头市东河区通顺街西二区名流集团底店	
		胜利支行	包头市东河区巴彦塔拉大街矿机场南门	
		巴彦支行	包头市东河区佳美建材城 3 号综合楼 104 号底店	
		红光支行	包头市东河区红光大街太平寺商城 1 号	
		路通支行	包头市东河区站北路小区 2 栋 34 号底店	
		广通支行	包头市东河区南圪洞街东侧	
		裕丰支行	包头市东河区巴彦塔拉大街大修厂对面-102	
		工业路支行	包头市东河区工业路北段盐业公司旁	
		包铝支行	包头市工业铝业园区公建房 4 号	
		银河支行	包头市东河区和平路 176 号	
10	鄂尔多斯银行	东河支行	古邑人家底商2-102	共 1 个网点
11	包头市东河金谷村镇银行	包头市东河金谷村镇银行营业部	和平路 118 号	共 3 个网点
		包头市东河金谷村镇银行巴彦支行	锦华苑 108 号	
		包头市东河金谷村镇银行沙尔沁支行	包头市东河区沙尔沁镇莎木佳供销社大楼西侧	
12	邮储银行	环城路支行	东河区环城路中段 165 号	共 3 个网点
		车站支行	南门外大街 8 号	
		巴彦塔拉大街支行	巴彦塔拉大街 36 号甲璟华苑 1-106、107	

保险业

主要分为财产保险和人寿保险两大类。东河区辖区内共有保险机构23家。

【财产保险】

财产保险公司有11家，分别是中国平安财产保险股份有限公司东河支公司、安华农业保险股份有限公司包头中心支公司东河区营销服务部、中国大地财产保险股份有限公司东河支公司、都邦财产保险股份有限公司东河区营销服务部、中国人寿财产保险股份有限公司内蒙古自治区分公司包头东河支公司、泰山财产保险股份有限公司内蒙古分公司包头市东河支公司、中国太平洋财产保险股份有限公司东河支公司、中国人民财产保险股份有限公司包头市东河支公司、阳光财产保险股份有限公司包头市东河支公司、中华联合财产保险股份有限公司包头东河区支公司、安邦财产保险股份有限公司包头市东河区营销服务部。

【人寿保险】

寿险公司有12家，分别是华泰人寿保险股份有限公司包头中心支公司东河支公司、合众人寿保险股份有限公司包头中心支公司东河支公司、民生人寿东河支公司、中国太平洋人寿保险股份有限公司包头市东河支公司、阳光人寿保险股份有限公司包头中心支公司东河支公司、新华人寿保险股份有限公司包头中心支公司东河支公司、华夏人寿保险股份有限公司包头中心支公司东河支公司、中国人民人寿保险股份有限公司包头市分公司东河营销服务部、富德生命人寿保险股份有限公司包头中心支公司、中国人寿东河支公司、泰康人寿保险有限责任公司内蒙古包头东河区营销服务部、中国平安人寿保险股份有限公司东河区营销服务部。

表22-2

2019年东河区保险公司分布统计表

序号	机构全称	机构层级
1	中国人民财产保险股份有限公司包头市东河支公司	支公司
2	中国人民财产保险股份有限公司包头市东河支公司营销服务部	营销服务部
3	中国人民财产保险股份有限公司包头市东河支公司南门外营销服务部	营销服务部
4	中国人民财产保险股份有限公司包头市东河支公司古城湾营销服务部	营销服务部
5	中国人民财产保险股份有限公司包头市东河支公司铁西营销服务部	营销服务部
6	中国人民财产保险股份有限公司包头市东河支公司河东镇陈户窑子村营销服务部	营销服务部
7	中国平安财产保险股份有限公司东河支公司	支公司
8	中华联合财产保险股份有限公司包头东河区支公司	支公司
9	中国大地财产保险股份有限公司东河支公司	支公司
10	安邦财产保险股份有限公司包头市东河区营销服务部	营销服务部
11	安华农业保险股份有限公司包头中心支公司东河区营销服务部	营销服务部
12	中国太平洋财产保险股份有限公司东河支公司	支公司
13	都邦财产保险股份有限公司包头市中心支公司东河区营销服务部	营销服务部

续表22-2

序号	机构全称	机构层级
14	阳光财产保险股份有限公司包头市东河支公司	支公司
15	中国人寿财产保险股份有限公司内蒙古自治区分公司包头市东河支公司	支公司
16	泰山财产保险股份有限公司内蒙古分公司包头市东河支公司	支公司
17	中国人寿保险股份有限公司包头市东河区支公司	四级机构
18	中国平安人寿保险股份有限公司包头中心支公司东河区营销服务部	营销服务部
19	新华人寿保险股份有限公司包头中心支公司东河支公司	支公司
20	合众人寿保险股份有限公司包头中心支公司东河支公司	支公司
21	泰康人寿保险有限责任公司内蒙古包头东河区营销服务部	营销服务部
22	中国人民人寿保险股份有限公司东河营销服务部	营销服务部
23	华夏人寿保险股份有限公司包头中心支公司东河支公司	支公司
24	中国太平洋人寿保险股份有限公司包头市东河支公司	支公司
25	阳光人寿保险股份有限公司包头中心支公司东河支公司	支公司
26	民生人寿保险股份有限公司东河支公司	支公司
27	富德生命人寿保险股份有限公司东河支公司	支公司
28	华泰人寿保险股份有限公司包头中心支公司东河支公司	支公司

其他金融机构

证券公司

【东河区新时代证券有限责任公司】

新时代证券股份有限公司包头南门外大街证券营业部部位于包头市东河区南门外大街23号，营业面积约为1500 平方米。营业部的经营业务范围涵盖了传统证券经纪业务、证券投资咨询业务、融资融券业务以及金融产品代销等业务。现有员工23名，按岗位职能不同分工协作。2019年，营业部结存客户数为37890户，全年交易金额1537974万元，客户托管资产151713万元。

【东河区华泰证券有限责任公司】

华泰证券股份有限公司包头东河区证券营业部位于内蒙古包头市东河区巴彦塔拉大街41号华鹿大厦三楼，营业部隶属于华泰证券北京分公司。截至2019年，正式员工有18人。目前营业部主要机构配置为四大团队，分别为：投资顾问团队、商务BD团队、机构业务团队、运营支持团队。

小额贷款公司

【包头市乾盛小额贷款有限公司】

包头市乾盛小额贷款有限公司注册资金1亿元，位于包头市东河区南门外大街5号街坊超越商城底商及3层，主要经营范围为面向“三农”、中小微企业和个体工商户发放各项小额贷款，按照“自主经营、自我约束、自我发展、自担风险”的原则开展业务。

融资性担保有限公司

【包头市聚诚担保有限公司】

包头市聚诚担保有限公司是2006年11月注册成立的国有独资专业担保机构，是包头市东河区城市基础设施投资开发有限公司出资组建，先后4次增资形成注册资本1亿元，目前是东河区唯一一家持证机构。2016年2月已将担保公司股权全部转入包头市复兴实业有限公司。公司现有人员7人，根据业务职能，下设综合办公室、人力资源部、财务部、融资业务部、风险控制部。

典当公司

【包头市名吉典当有限公司】

包头市名吉典当有限公司成立于2005年8月5日，经中华人民共和国商务部、内蒙古经济委员会批准组建，注册资金1600万元，为特种服务企业。包头市名吉典当有限公司公司经营范围：动产质押典当业务；财产权利质押典当业务；房地产（外省、自治区、直辖市的房地产或者未取得商品房预售许可证的在建工程除外）抵押典当业务；限额内绝当物品的变卖；鉴定评估及咨询服务；依法批准的其他典当业务。

（秦璐璐 供稿）

教　育

【东河区教育局领导名录】

党委书记、局长	贺东冰
党委副书记、副局长	杜进忠
副局长	高玉琳（女）
	孙　浩
	高立国

【概况】

东河区教育局成立于1985年，最初在东河旧区委三楼办公，1989年搬迁至东河区旧体育场（现欣龙广场）东侧办公，2003年搬迁至东河区财政局二楼（原东河电视台）与财政局合址办公，2013年搬迁至原三十七中办公（二里半环岛南200米）。2019年机构改革后，根据新的“三定”规定核定，东河区教育局设8个内设机构，分别为：办公室、政工股、教育股、人事股、规财股、民办教育股、督导室和体卫艺股。2014年，按照全区“三集中、四到位”的统一要求，在党政办公室加挂行政审批室的牌子。东河区教育局职能是贯彻执行党和国家教育工作的方针、政策和法律法规，研究拟订东河区教育改革发展战略和教育事业发展规划、政策措施并组织监督实施。按权限负责全区各类教育的统筹规划和协调管理，指导各级各类学校的教育教学改革。

东河区现有区属中小学、幼儿园45所。初级中学4所，九年一贯制学校5所，高级中学1所，完全中学3所，小学22所，特殊教育学校1所，公立幼儿园9所。市属驻区中学2所，民办中学2所，民办幼儿园48所，民办教育机构41所。

2019—2020学年，东河地区共有中小学、幼儿园在校生56273人。幼儿园在校生12642人（公立幼儿园在校生2203人），小学生23536人，初中生11541人，高中生8554人。

2019—2020学年，全区在职教职工3966名，其中，专任教师3368人，离退休教师3295人。

2019年东河区教育系统教职工统计表

表23-1

学校名称	教职工数（名）
包头市第二中学	308
包头市第八中学	247
包头市第十一中学	86
包头市第二十四中学	166
包头市第二十八中学	167
包头市第四十中学	151
包头市第四十七中学	40
包头市东河区河东中学	69
呼和浩特铁路局包头职工子弟第一中学	155
呼和浩特铁路局包头职工子弟第二中学	149
呼和浩特铁路局包头职工子弟第七中学	71
包铝集团公司中学	126
包头市第二实验中学	66
包头市东河区沙尔沁中学	72
包头市东河区公园路小学	155
包头市第一实验小学	110
包头市东河区环城路小学	71
包头市东河区巴彦塔拉东大街小学	57
包头市东河区金龙王庙小学	123
包头市东河区胜利路小学	72
包头市东河区牛桥街小学	79
包头市东河区工业路第一小学	49
包头市东河区工业路第二小学	50
包头市东河区东一路小学	51
包头市东河区康复路小学	117
包头市东河区回民小学	42
包头市东河区西脑包第一小学	54

续表23-1

学校名称	教职工数（名）
包头市东河区西脑包第二小学	44
包头市东河区铁西第一小学	73
包铝集团公司小学	110
呼和浩特铁路局包头职工子弟第一小学	49
呼和浩特铁路局包头职工子弟实验小学	96
包头市第一实验小学南海分校	68
包头市东河区同道小学	60
包头市东河区公园路小学转龙藏分校	48
包头市东河区特殊教育学校	14
包头市东河区第一幼儿园	94
包头市东河区第三幼儿园	48
包头铁路第一幼儿园	132
呼和浩特铁路局生活管理服务总公司（中心）包头二幼	47
包头铝业（集团）有限责任公司幼儿园	48
包头市东河区莎木佳幼儿园	27
包头市东河区小巴拉盖幼儿园	29
包头市东河区南园幼儿园	10
合计	3900

基础教育

【学前教育】

2019年，东河区继续秉承“名园创办分园、城中带动乡村、创新办园思路、提升办园水平”的理念，学前教育水平不断提升，幼儿园保教质量稳中求进。东河区现有各级各类幼儿园59所，包括教育部门办11所，民办48所。其中，教育部门办3所为内蒙古自治区示范园，2所为包头市示范园。东河区在园幼儿总数2700（公办园）人，学前三年幼儿毛入园率94.5%。东河区教育办幼儿园有教职工513人。

2019年东河区公办幼儿园情况表

表23-2

幼儿园名称	占地面积（平方米）	建筑面积（平方米）	生均占地面积（平方米）	生均建筑面积（平方米）	生均使用面积（平方米）	班级数（个）	在幼儿园数（人）	教职工数（人）
东河区第一幼儿园	4285	2351	8.54	4.68	6.83	15	456	74
东河区第三幼儿园	7800	3785	27.66	13.42	22.13	9	288	54
包头铁路第一幼儿园	13000	6556	19.17	9.67	15.34	21	640	124
包头铁路第二幼儿园	4100	2680	23.30	15.23	18.64	7	182	47
包头铝业（集团）有限公司幼儿园	8850	3349	41.94	15.87	33.55	5	182	52
东河区莎木佳幼儿园	10693	1932	96.33	17.41	77.07	3	84	26
东河区小巴拉盖幼儿园	4500	1655	36.29	13.35	29.03	6	117	26
东河区阳光世纪幼儿园	2700	3308	10.00	12.25	8.00	9	254	27
东河区北二区幼儿园	3996	2455.6	19.21	11.81	15.37	6	181	20
东河区南五区幼儿园	3944	2770	14.04	9.86	11.23	9	281	41
合计	65868	31581.6	339.96	139.64	271.97	100	2889	513

【义务教育】

2019年，东河区有小学22所、初级中学4所、完全中学3所、九年一贯制学校5所。在校生32373人，其中小学23536人(558个班)、初中8837人(199个班)。东河区把义务教育阶段特色办学作为办好每一所学校、实施教育均衡的有效途径。全面加强立德树人，推进校园文化建设。2019年在全区各校广泛开展“扣好人生第一粒扣子”主题教育实践活动，开展“中华传统节日——我们的节日（春节、元宵节、端午节、中秋节、重阳节）”“清明节祭英烈主题教育活动”“弘扬雷锋精神培育时代新人——学雷锋树新风志愿服务见行动”“美德少年”的评选学习等活动。其中，2019年沙尔沁中学初三年级的贺新宇被评为自治区第五届自强自立美德少年、包头市第八届新时代好少年，包头市第二十八中学初三年级石磊、包八中初一年级韩奇燊分别获得自治区第五届“文明友善”“勤俭节约”美德少年称号，包铁实验小学五年级六班张景姝被评为包头市第八届自强自立美德少年。

2019年东河区在校小学生情况表

表23-3

序号	学校	人数	班数
1	公园路小学	2436	54
2	实验小学	1521	34
3	环城路小学	700	17
4	金龙王庙小学	1653	37
5	胜利路小学	990	23
6	牛桥街第一小学	1139	24
7	工业路第一小学	478	12
8	工业路第二小学	621	17
9	东一路小学	722	16
10	康复路小学	1758	38
11	巴彦塔拉东大街小学	1219	26
12	回民小学	105	6
13	铁路第一小学	644	15
14	铁路实验小学	1508	36
15	西脑包第一小学	583	18
16	西脑包第二小学	478	12
17	同道小学	1180	24
18	铁西第一小学	1193	26
19	铝厂小学	828	23
20	南海小学	1292	26
21	公园路小学转龙藏分校	840	18
22	47中附属小学	129	6
23	河东中学附属小学	212	7
24	11中附属小学	450	12
25	沙尔沁中学附属小学	348	12
26	第二实验中学附属小学	299	8
27	铁七中附属小学	167	6

2019年东河区在校初中生情况表

表23-4

序号	学校	人数	班数
1	包头二中	1547	32
2	包头八中	1463	33
3	包头十一中	103	3
4	包头二十四中	1378	30
5	包头二十八中	1443	30
6	包头四十中	1062	25
7	河东中学	80	3
8	铁路包头二中	1116	25
9	铁路包头七中	101	3
10	包头铝厂中学	327	8
11	沙尔沁中学	82	3
12	包头第二实验中学	135	4

九年义务教育学校课程设置表（7～9年级）

表23-5

单位：学时

类别	课程	七年级	八年级	九年级
国家课程	思想品德	2	2	2
	语文	5	5	5
	数学	5	5	5
	英语	4	4	4
	历史	2	2	2
	地理	2	2	
	生物	2	2	
	物理		2	3
	化学			3
	体育与健康	3	3	3
	音乐	1	1	1
	美术	1	1	1
	信息技术	1	1	1

续表23-5

类别	课程	七年级	八年级	九年级
	研究性学习	1	1	1
自治区课程	科技制作	0.5		
	民族团结教育		0.5	
	安全教育	0.5	0.5	0.5
	内蒙古生态与环境			0.5
	内蒙古历史与文化	0.5		
	综合教育（公民教育、心理健康、生命教育和法制教育）	0.5	0.5	
校本课程	校本	1	0.5	1
周学时		32	33	33

说明：1.书法及鉴赏在美术课程中完成；2.隔周上的课程，用“/”表示，并显示在课程表；3.本课程设置的依据为2012年《内蒙古自治区义务教育地方课程建设与管理指导意见》

【高中教育】

2019年，区教育局推进教育教学改革，创新教育管理模式，不断加大教育投入力度，全力改善办学条件，提升普通高中教育教学水平。东河区公办普通高中1所，3所完全中学，高中在校学生数2933人（82个班级）（见2019年东河区普通高中情况表）

2019年东河区普通高中情况表

表23-6

序号	学校名称	班数（个）	学生数（人）
1	包头二中	30	1033
2	包头八中	5	170
3	铁路包头一中	29	1144
4	包头铝厂中学	18	586
	合计	90	2933

【特殊教育】

东河区特殊教育学校始建于1959年，是西部地区最大的一所招收听、智障儿童和听障儿童语言康复训练的九年制义务教育学校，该校的前身是东河区聋哑学校。学校不仅招收包头周边地区的残疾儿童，同时还招收其他盟市地区的残疾儿童，为这些地区的残疾孩子提供学习上的便利。培养了一大批自食其力的残疾学生融入社会，为这些家庭解决了后顾之忧。学校按照特殊教育学校课程安排纲要，尽可能开齐开足规定课程，并针对残疾儿童的特点开展综合实践活动和技能培养，并制定具体方案和实施措施，针对聋生生理特点，开展教学工作。自身要求主动进课堂听课参加课堂教学活动。围绕以“口语教学为纲”，以“语言思维训练为核心”的互动教学模式，结合学科和学生特点，坚持以课堂教学为中心，以学生为主体，探讨性地进行教改实践。教学效果显著增强，发展聋生语言思维能力。学校占地面积6066.8平方米，教学用房4891.45平方米，绿化面积570平方米，运动场面积1872平方米。现有教师15名，学生45名，教学班6个。

校外教育

【东河区少年宫】

东河区少年宫培训学员人数较上年上涨14.9%，登记在册学生1400人，开设有舞蹈、航模、器乐、书法、机器人编程、美术等共计19专业，全年参与培训30000余人次。

2019年，少年宫通过艺术展演，推动少年宫改革，走好少年宫创新发展之路。9月19日，主题为“波澜壮阔七十载童心筑梦新时代”乡村城市学校少年宫文艺展演在包头市大剧院上演。演出获得成功，得到市、区各级领导及校长和家长的高度评价。

2019年，东河区少年宫以合作办学作为创新发展的突破点。11月东少机器人开班，引入机器人教学全新体系。以合作办学作为少年宫发展突破点，创新合作办学形式，引入多种课程，实现课程多元化发展。12月29日，东河区少年宫开展了“放飞梦想精彩绽放”迎新年汇报演出暨家长开放日活动，让家长们走进课堂，与孩子们共同参与课堂教学。这次活动，通过艺术设计将少年宫装点一新。为了达到更好的展示效果，在一楼大厅布置了凸显年味的主题活动设计，为前来参观的家长提前送上新年的祝福。三楼的各专业教室也焕然一新，线描纸片人、传统美术画展、现代艺术展丰富多彩。同时还准备了亲子活动，孩子们与家长共同完成香皂、DIY手工蛋糕，度过了愉快的亲子时光。

【民办教育】

2019年，东河区注册民办中学2所，为内蒙古自治区民办示范学校，专职教师225人，在校学生3895人。有民办幼儿园48所，包括内蒙古自治区示范幼儿园3所，包头市示范园3所。专职教师715人，在园幼儿6028人，普惠性民办幼儿园33所，在园幼儿4590人。民办培训机构65所，教职工608人，培训学生9650人。区教育局从党建工作、依法办学、安全教育、科学保教、规范管理等方面规范民办教育机构办学行为。加强教师队伍建设，深化教学改革，提升教育教学质量。积极支持、鼓励、引导民办教育切实有效的发展，区教育局资助困难家庭331人，资助金额29.79万元。

教育教学改革

【课堂教学改革】

有效的课堂教学改革是促进教师专业成长的助推器，是全面提高教学质量的催化剂。东河区教育系统紧紧围绕“提高全区教育教学质量，深化全区教学改革，以课改引领教师专业发展，促进全区教学质量提升”为重点，按照全区课改总体部署，着力推进“基于课程标准的教学”。集中进行两次中小学各学科共16个学科（包括音、体、美）组织教材教法讲座，共计60场（每学期30场），参加培训的教师人数5000人次；集中组织5次全区观摩性的主题大教研活动，推进“基于课程标准的教学”项目深度研究，涉及9个学科，参加活动的教师人数1200人次。全区9个学科约450名教师参加中学9个学科形式多样的全区性教学常规展示。铁一中、牛桥街小学、南海小学作教改现场展示，通过课例展示、教学叙事、教改访谈、资料观摩等方式，全方位展示学校教学改革成果，细致剖析教改典型经验，引领全区中小学走科研兴校，内涵发展之路。

【教育科研课题】

2019年，东河区课改确立了一个中心：以生为本，落实“基于课程标准,教学评一致性”理念为工作重心。两个落点：一是以学科为单位继续构建课程体系；二是以项目为手段推进课堂学习生态的改变,积极转变课堂“重教”转向“重学”。本年度课改继续推行“基于课程标准的教学”项目为重点，深入推进“教学评一致性”的实践研究。中学各学科继续开展每月一次的主题大教研活动。在3、4、5、10、11月分别集中组织了五次全区观摩性的主题大教研活动，推进“基于课程标准的教学”项目深度研究，涉及9个学科，参加活动的教师人数1200人次。建立市区两级课改基地校，定点联系，强化跟踪指导。小学确立公园路小学为市级实验校，铁西、牛桥街、同道小学为区级实验校。中学确立了包头八中为区级实验校，同时分别在包头二中、包头二十四中、包头铁二中、包二十八中设立了9个学科基地，由学科教研员牵头从全区各校抽取骨干教师形成工作坊，定点定期开展实践研修。“1带3”“1+8”，混合式教研，充分发挥龙头校、学科基地优势学科的带动与辐射作用，三级联动，深度教研。

聚焦课改发力，改变课堂生态。有效的课堂教学改革是全面提高教学质量的催化剂。七月份，东河教育拉开全系统课堂教学改革大幕。组建教改联盟校，联动教研，合力教改。根据各校教改的研究方向，有意识地把区属义务段的34所学校划分为7个联盟域，为校际之间开展深度研讨提供可能。自教改联盟成立以来，片级活动陆续展开。深入调研，适时推进与推介。根据实际需求，认真考察审核，审慎选定有代表的实验小学与包头八中做课改现场展示，意在通过课例展示、教研活动展示、思辨研讨、资料观摩等方式，全方位展示学校教学改革成果，细致剖析教改典型经验，引领全区中小学走科研兴校，内涵发展之路。经验引领，深化教改领导力。教改推进过程中，遇到的瓶颈和实际困难，发现并邀请一些教改先锋校做示范和经验介绍。包铁一中副校长潘冬琳、包头二中副校长宋旭平和铁二中副校长赵凤龙进行分享，实操性、示范性极强。实验小学副校长刘丽华就实验小学生本课堂的实践探索；包头八中副校长刘秀玲从学校教案、学案的四代变革中阐述如何落实“教学评一致性”的有效路径。

本学年课题研究硕果累累，市“十三五”第二批次7个课题结题，以“结”代培，学校更注重课题研究的科学论证与成果转化，为提升质量与推进教学改革提供理论支撑。正在研究的课题，有自治区课题10项，市级课题3项。课题校通过对自治区、市“十三五”课题的研究，学校教学改革方面找准了抓手，进一步推动本校教学改革的开展，为东河区教学改革的推进引领方向。教研员承担各级各类课题研究工作，既丰富自己的教研科研工作，又带领本学科在教学改革方面有所推进，践行“以科研促教研、以教研促教学”。

表23-6

2018－2019东河区中小学年课题成果汇总表

学段	课题名称	主持人	单 位	实验成果
小学	课外阅读导引单的设计与运用实践研究	李智 闫晓枫 谭培霞	东河区教研室	包头市“十二五”重点课题优秀成果奖，以现场会的形式在全市范围内展示。承办自治区“大阅读”课题现场会。《内蒙古教育》以“大阅读，大视野”为主题，做了全面报道
小学	“课外读物分类阅读”实践研究	李 智 闫晓枫	东河区教研室	通过区域联动，分类研究了课外书目的有效导引策略，分类编辑了一套必读书目的阅读导引单，在全区范围内滚动推广，推动了课外阅读活动深入开展，为全区小学生语文素养的整体提升奠定基础。课题成果被推广到自治区“大阅读”实验校，曾两次在自治区“同频互动”平台做经验交流，在2017年10月承办自治区“大阅读”现场会
小学	“简易数学”：教与学辅助课程资源体系建设的实践研究	马 凯 李 燕	东河区教研室	结合北师大版教材进行学情调研与错例分析，形成一到三年级错例资源包，为学生和老师提供有效资源
小学	前置研究单的设计与使用	马 凯 李 燕	东河区教研室	进行小学数学课堂生态的改革，形成小学阶段资源包，在全市范围内做汇报，并二年级与五年级前置研究单资源共享全市
小学	英语绘本在小学英语各年段教学中的实践研究	杨 敏	东河区教研室	依据小学英语教材中各年级各单元的主题研究匹配相关的英语绘本，形成三到六年级绘本阅读指导手册系列资源包，给学生的学和教师的教提供有效资源，并在全区推广

教育发展

【教育投入情况】

2019年，投入教育经费71634万元，比上年增长31.7%。一般公共预算教育经费逐年只增不减，一般公共预算教育经费拨款43936万元，比上年增长0.86%；生均一般公共预算教育经费逐年增长，小学生人均9268元，比上年增长1.96%；初中生人均16213元，比上年增长7.7%；高中生人均13668元，比上年增长4.27%。

【义务教育招生，高中、成人考试情况】

东河区的招生工作采取电脑派位的方式进行，这样做既有利于促进全市义务教育生源均衡、师资均衡，缓解日益严重的择校矛盾；又有利于规范学校办学行为，切实推进教育公平。近几年东河区不断加大派位学校数，逐年加强对城区偏远地区和农村学校的“小升初”招生优惠政策。为了更好地解决广大家长对热点学校申请入学的强烈愿望，合理促进义务教育阶段招生工作均衡发展，从2014年开始公园路小学、实验小学、金龙王庙小学三所热点小学，在预报名后有空余学位的情况下，剩余名额由有意愿去上述三所学校就读且具有东河区户籍的适龄儿童，通过网上注册、学校审核后通过统一电脑派位的方式确定招生人数。公办初中采取小学划片对口升学、九年一贯制对口升学和“电脑派位”三者相结合的方式进行。全区所有在籍、在校的小学六年级学生，以居住地相对就近或有住宿条件为原则，都有机会参与电脑派位或多校划片对口包二中、包八中、包二十四中、回民中学等热点初中的招生。强化义务教育阶段学校学籍管理，起始年级“阳光分班”。严格执行全国学籍管理办法，严格按照计划招生，对未经教育局统一录取而违规招收的学生，一律不予建立学籍档案。坚持阳光分班，分班坚持公开、阳光、透明，公示分班方案，公开分班过程，公示分班结果，不得设立任何名目的特长班、重点班、快慢班。

2019年，东河区教育招生考试管理中心共完成高考、中考、高中学业水平考试、成人高考、成人自考、教育学心理学考试、特岗教师考试七大类考试的报名和考生信息采集、确认工作；共完成高考（文化课考试、英语口语测试；考生人数2848人）、中考（文化课考试、体育加试、信息实验考试；考生人数：升学考生2888人，八年级结业考生3898人）、高中学业水平考试（一月份考生人数高二3214人，高三3482人；六月份考生人数高二3272人）、特岗教师考试（考生人数1560人）四大类八次考试的组织工作。

【教育信息化建设】

近年来，东河区加快推进教育信息化建设，通过教育信息化事业的发展，整合优秀的教育资源，推进东河区义务教育均衡发展。充分发挥东河区现有教育信息化基础建设，大力推进信息化与教育教学的深度融合。参加“全国中小学信息技术创新与实践活动”。包头市第一实验小学张翰文老师指导的“太空之旅”工程挑战赛、超级轨迹赛分获一、二等奖的好成绩；“实验教学说课活动”东河区的20位参赛教师均获得市级一、二、三等奖的好成绩，其中，公园路小学的郝斌代表包头市参加了自治区级现场说课评比；“自治区中小学信息技术创新应用展示交流活动”东河区的10位参赛教师，有5位获得奖项，其中金龙王庙小学的乌木吉老师获得一等奖，并作为包头市的唯一代表参加自治区级现场交流展示，获得评为一致好评。以赛促用，大大提高教师在课堂教学中使用信息技术手段辅助教学的能力。

【校园足球】

东河区按照市教育整体规划，共建有国家级足球特色学校17所（高中2所，初中6所，小学9所），自治区级足球特色学校5所（初中2所，小学1所，幼儿园2所），包头市级足球特色幼儿园1所。从深化足球改革以来，按照自治区校园足球工作的整体安排，东河区按照新的校园足球工作要求，在东河区现有中小学生校园足球活动的基础上，更加广泛地开展青少年校园足球活动，普及足球知识和技能，形成以学校为依托，体教结合，可持续发展的青少年足球人才培养体系。从“校长杯”到“区长杯”，建立了一整套完善的校园足球运行体系。以增强学生体质、培养青少年拼搏进取的团队协作精神为宗旨，通过广泛开展校园足球活动，建立符合东河区青少年校园足球活动开展的足球联赛。东河区校园足球联赛起步于2009年，联赛赛制是模仿国际上成熟的联赛形式，以学校为单位进行比赛。从原有的注册小学组球队14支，初中组8支队伍和高中组4支队伍，足球联赛每年大约进行100余场比赛。以赛促练，从而提升东河区的整体校园足球水平。2019年，铁实验小学男子足球队再次蝉联自治区主席杯冠军，包二中足球代表队连续斩获全国U17五人制足球锦标赛亚军和“市长杯”初中组、高中组亚军。铁一幼获得“首批全国足球特色幼儿园”称号。

【中高考成绩】

2019年，东河区2019年中考全市前100名人数占比居全市第一。东河地区（含景开）全市前100名人数31人，占参考学生的1.07%。全区500分以上360人（含景开、回中），占全市500分以上人数的27.67%(比上年增长2.67%)，占全区报名人数的12.47%。包头市一批次普通高中区外统招最低分数控制线（430分）上979人（含景开、回中），占报名人数的33.9%（比去年提高3.6%）；其中区属初中587人（不含景开、回中），占区属初中报名人数的27.29%（比去年提高3.8%）。包八中张嘉蕊以604裸分居全市第三。

2019年，东河区高考包一中、回中、景开中学在本届学生中考无600分以上学生留在本区就读的情况下，600分以上人数136人。所有高中学校均全面完成市局下达的一本、二本高考指标人数。普文、普理本科上线532人，超额完成市级下达本科指标125人（市级下达本科指标为407人），本科完成指标率达到130.7%。与去年高考一本上线率相比增加2.8%；本科上线率增加9.3%。特别是在优质生源严重不足的不利局面下，东河区高中强管理、抓教改、提质量，高考成绩实现了巨大进步，“低进高出、低进优出”的办学优势进一步彰显。

部分学校简介

【东河一幼分园】

东河第一幼儿园（以下简称“东河一幼”）始建立于1951年，是包头市最早的教办园，有着丰厚的文化底蕴，丰富的办学经验，1981年就晋升为省级示范园，全园教职员工105人，专任教师69人，本科学历占85%，专科学历占25%，全部持有学前教育或相关专业的教师资格证上岗，教师学历专业合格率100%；主园设有15个班级：小班5个、中班5个、大班5个，在园幼儿490名。

为了更为合理地利用优质教育资源，东河一幼北梁分园2017年10月9日正式开园，占地面积2180平方米，建筑面积2409.28平方米，户外面积1334.1平方米，全园小、中、大共6个班，在园幼儿189名。共有教职工32人，专职教师22人。专科以上学历21人。园内配多功能室、一体机、电脑、钢琴、音响设备、监控等现代化教育设施。

作为北梁新区幼儿园，依靠主园成熟的办园经验和理念，各项工作做到有章可循、有据可依。工作中及时根据新情况、新问题及时完善各项规章制度，推进教师行为，强化师德师风建设，使园所管理更为科学化、具体化，精细化。

2019年3月，针对中大班幼儿年龄特点，结合各位老师的专业技能，园内增设唱歌、舞蹈、剪纸、陶艺沙画、趣味线描、创意美术共六个社团，本学期又为孩子们增设了扎染和智高小社团。把每周三设为社团固定日，周三下午孩子们可以根据自己的兴趣意愿自由选择社团活动，专业的老师、混龄的新鲜感、各式各样的课程不仅丰富了孩子的知识面，也为孩子们的爱好或在某一方面的技能培养提供更广阔的发展空间。根据孩子们在周六日休息两天后，周一来园会出现一些小情绪，因此，创设了快乐星期一主题区域活动：以公共区域、班级区域为载体，为幼儿创设快乐的游戏学习氛围。在一楼大厅设置了具有北梁特色的北梁小街，融入了本土的民俗文化元素在其中，同时，在区域中互联互动互相渗透了适合小，中，大班幼儿的培养目标，既能各班幼儿快乐游戏，模仿体验生活场景，又能培养幼儿语言表达、社会适应，数学准备等各方面的能力。同时，培养了孩子们爱家乡，爱包头，爱北梁的美好社会情感。

【公园路小学转龙藏分校】

公园路小学转龙藏分校建于2016年9月，现有教师49人，教学班18个，840名学生，占地面积24004.3平方米，建筑面积8878.3平方米，运动场地面积6317平方米。

三年来，学校以“课改”为契机，构建“和雅六艺”课程，将国家课程、地方课程、校本课程整合为“礼、书、数、体、艺、技”六大类型，着眼于学生未来发展需要的关键能力和核心素养，探索全员全面全程育人的路径。尝试构建“学、研、展、练”和雅课程教学模式，即课前预学、课中小组合作研学、交流展讲、拓展训练四环节。强调突出学生的主体地位，通过师生、生生互动引导学生自主学习、合作探究，使学生人人参与、个个展示，获取知识的同时更加注重学生的情感体验和创新思维，继续深入能力的培养。学生通过自主合作探究的学习方式，能够“和而不同”大方文雅地表达观点；教师成为学生学习的伙伴，有效指导，师生关系“和谐而温暖”倡导“三动”：主动、互动、生动，强调“四不”：不加重负担、不倡导课外补课、不迎合功利取向、不落下每个学生，让课堂成为思维碰撞，能力提升，师生情感和谐，共同成长的地方。

【包头市第二十四中学】

包头市第二十四中学创建于1963年，现有30个教学班，教职工174人，在校学生1370人。2016年新一届领导班子上任，提出“环境育人、管理提升、课改引领”的三年规划，三年来，二十四中全体教职工顽强拼搏，砥砺奋进，终于赢得三年阶梯式进步—2016年中考杨雨菲同学以620分夺东河区中考状元，包头市第三。2017年学校中考500分以上122人，居东河区属中学之首；2018年赵稼禾同学总分592高居东河区第一，学校一批次录取率为65.5%，区属第一；2019年，500分以上人数46人，优秀率名列包头市第八，普高上线305人，上线率85.2%，实现区委区政府提出的“提升教育教学质量，重回包头教育第一方阵”的战略目标。

学校2019－2022年三年规划为“一体两翼”即以“双合”生本课改为主体，以“爱国主义”为核心的国防教育体系和“女排精神”引领的特色教育为两翼，并以此打造“课改”“女排”“国防教育”三大国家级示范基地。学校女排第十一次获得2019年内蒙古自治区青少年排球锦标赛女子乙组冠军，并将争夺2020年首届世界中学生排球锦标赛的入场券。田径队三夺东河区中小学运动会初中组团体冠军，并在自治区田径锦标赛中摘金夺银。8月12日由国家国防教育办公室发起的“首届青少年国防教育成果展”于在黑龙江牡丹江举行。该校国防班学子作为包头少年军校的代表在九个大项的比赛中为祖国北疆争得荣誉。

【包头市景开中学】

包头市景开中学于2005年由雪家琦创办，位于东河区西北门官井梁北大街（原包31中），是包头市一所全日制民办完全中学。校园现占地面积11600多平方米，建筑面积13000多平方米。学校现有教学班52个，在校学生近3000人，专职教师近130人，行政及后勤30多人，92%以上的教师取得本科学历，10人拥有研究生学历。学校建有标准化的理化生实验室，有高品牌功能完善的计算机房，班班安装先进触屏式多媒体，学校活动设施进一步完善。

2015年，经上级领导部门同意，景开中学恢复高中，成为完全中学，高中共21个教学班。

景开中学创始人雪家琦在办学条件极端困难的条件下，强化管理、选贤举能、大胆创新，把一所最初只有40多名教职工、不足500名学生的民办学校发展壮大到拥有近270名教职工、近3000名初高中学生的规模大校，办学条件、办学水平和办学声誉日渐提高。

2019年，中考总均分474分，535名参考学生，500分以上222人位居包头市第一，第十一次夺得包头市80所初中校第一名。2019年高考成绩，600分以上27人。其中文科13人，理科

14人。理科一本率82.61%；文科一本率81.42%。文科总均分550分，理科总均分533分。高考成绩与高中入学成绩相比，提高200分以上8人，提高150分以上53人，提高100分以上154人。提高100分以上的学生占全部考生的61.35%。

景开中学获得“十一五期间全市教育工作先进集体”“自治区民办学校示范校”“包头市民办学校示范校”“包头市高中教育教学先进学校”“包头市优秀民办学校”“包头市先进党支部”“包头市先进基层党组织”“包头市两新党组织规范化建设和示范点建设重点单位”“东河区教育教学管理突出贡献单位”“包头市防汛抗洪抢险先进集体”“包头市消防安全示范学校”“东河区教育管理突出贡献单位”等荣誉称号。

校园面积的狭小一直是制约景开中学进一步发展的关键，经市、区两级政府研究决定，景开中学拟将校址迁建于原十九中以北（外环路北侧）约80亩（以实测为准）的教育用地，地处包头市东河区城区北段，工程建设场地坐落于外环路以北、北梁七路以西空地上，环境地质条件较简单，交通较便利。景开中学新校区净用地面积为53280.37平方米（79.9206亩），另加10亩道路代征地。总建筑面积47177.10平方米，建筑占地面积9834.53平方米，绿地率达35.15%。（该工程预计总投资2.5亿元，新校区建成后，可以满足3500名学生及配套教师的教育教学工作和住宿需求。景开中学新校区一期工程已经封顶，拟于2020年10月投入使用。

（王辉 石雷钧 供稿）

文化 体育 旅游 档案

文 化

【东河区文体旅游广电局领导名录】

局　长　　程　彤（3月任职）
　　　　　赵俊琴（女，3月离任）
副局长　　任少春
　　　　　杜瑞平（蒙古族）
　　　　　乌　兰（女，蒙古族）
　　　　　刘雪婷（女）
　　　　　张　明
文化市场综合执法大队大队长　　徐世忠

【概况】

2019年，东河区文体广电旅游局根据《包头市东河区文体旅游广电局职能配置内设机构和人员编制规定》于2019年3月正式更名、挂牌为东河区文体旅游广电局，是东河区人民政府工作部门，机构规格为正科级。主管东河区文化、体育、旅游工作。设置4个内设机构：办公室（行政审批室）、文化股、体育股、文化旅游股。有所属相当副科级事业单位东河区文化市场综合执法大队。所属相当股级事业单位5个。东河区文化馆、东河区民族文化馆、东河区图书馆、东河区文物管理所、东河区旅游服务中心。有在编工作人员38人。

【公共文化】

2019年公共文化服务体系不断完善，东河区图书馆、文化馆、民族文化馆总分馆建设深入开展，其分馆挂牌共31家，进一步推进全区公共文化服务标准化、均等化发展，提升公共文化设施服务效能。

【群众文化】

东河区文化活动采取遍地开花形式，完成2019年东河区春节、元宵节系列文化活动、焰火晚会、灯会、第七届老包头“西口”文化庙会、第十一届文化艺术节、全区各族各界新春茶话会、迎新春晚会等各类大型文旅活动20余场，全区各基层文化站（室）结合文化扶贫、扫黑除恶专项斗争工作，开展各类文体活动“新时代文明实践”、千村示范万村行动等工作40余场；先后在广场、企业、敬老院、社区等基层开展“文化走亲”“社区之光”“百姓大舞台”等活动200余场；对星级文化团队申报进行评比及实地验收工作，符合星级标准评选团队17家；东河区文体旅游广电局注重“西口”文化艺术节、“百姓大舞台”、“老包头庙会”、“文化走亲”等全区文化品牌的培养工作，打造提升城市特色的文化品牌。

东河区图书馆、文化馆、民族文化馆文化阵地活动形式多样。东河区图书馆全年组织开展全民阅读、公益讲座、展览、演出等各种文化阵地活动100余场，其中，举办“猜灯谜”读者联谊活动2期、举办图片资料展览6期、公益讲座13场、举办庆祝中华人民共和国成立70周年“全民阅读”系列活动4场、多功能报告厅公益电影展播50场、借阅区读者互动活动10场，举办好书（新书）推荐展览，向广大读者推荐、展出馆藏新书与好书。东河区文化馆结合中华人民共和国成立70周年，西部艺术摄影中心圆满承办国家级摄影展2次，期间展出摄影作品200余幅，观展1万余人次；选送的多利亚合唱团代表包头市在自治区喜获一等奖；结合“不忘初心、牢记使命”主题教育成功举办老包头艺术展，共展出各类作品180余件。民族文化馆以学习剪纸文化艺术及保护和传承非物质文化遗产为目的，面向广大群众与剪纸爱好者开办剪纸培训班2期。

【文物保护】

2019年，积极开展文物保护修缮和非物质文化遗产传承，阿善遗址的保护性整改正在进行中；龙泉寺一期工程、大仙庙修缮工作稳步推进；对绥西屯垦办公旧址周围重新设置护栏和保护标志；西脑包大照壁已制定修缮设计方案；完成对全区各级文物保护单位保护范围和建设控制地带内违规建墓情况的调查工作，遴选出王若飞纪念馆、中共包头工委旧址（福徵寺）申报第八批全国重点文物保护单位。通过深入挖掘、积极引导，新确定公示第四批东河区级非遗项目21项、非遗传承人27名。截至12月，全区已公布非物质文化遗产项目58项、非物质文化遗产代表性传承人57人。成功助推猴拳、木雕、硬糖、蒸锅、皮雕、南龙王庙庙会6个“非遗”项目申报为市级非遗项目；重点扶持的“非遗”产品六合枕代表自治区参加中国特色旅游产品大赛获银奖，是包头市唯一获奖产品，并被泉州市非物质文化遗产博物馆收藏，其产品在鄂尔多斯市、呼和浩特市、北京市、深圳市等地销量大幅提升，销售额同比增长20%。

加大文物执法力度，全年检查文物保护单位43家，共开展文物安全巡查400人次，加强文物执法工作，落实执法责任，检查督促文物保护单位的安全情况，做好防火防盗工作，将文物保护安全工作落到实处。

【文化市场管理】

2019年，东河区文化市场综合执法大队紧扣意识形态、安全生产、扫黑除恶等重点工作，积极开展日常检查与专项督查。东河区有文化市场经营场所166家。其中，网吧32家，酒吧、KTV24家，游戏厅4家，电影院4家，出版物销售店81家，印刷厂21家，通过签订意识形态管理责任书、召开守法经营培训会、定期巡查营业场所等方式提升市场经营者文明守法、安全经营、良性竞争的意识。

开展专项整治工作，重点对歌舞娱乐场、网吧、游戏厅等各类文化场所进行集中整顿治理，开展印刷企业专项检查，在辖区范围内组织开展“电气火灾综合治理工作”专项行动。扫黄打非工作常抓不懈，开展“扫黄打非”“固边”“秋风清源护苗净网”专项行动，在全区开展拉网式排查，重点对出版物印刷市场、出版物批发市场进行检查。扫黑除恶工作中，加大法治宣传，营造浓厚扫黑除恶工作氛围，通过建立涉黑涉恶线索提供舆情处理整治措施，鼓励群众踊跃举报有关犯罪线索，对扫黑除恶工作系统性推进。加强文化市场执法宣传，全年发放法律法规宣传图册2000册，出动宣传人员160人次，开展日常化执法检查及专项检查2400家次，出动执法人员8000人次，为全区文化、体育、旅游市场营造良好的发展环境。

体　育

【体育设施】

东河区有9块笼式足球场，2019年在小巴拉盖村匹配安装1块，完善社区健身设施的配套；为河东镇、沙尔沁镇、北梁新区、天骄办事处、南门外办事处、铁西办事处、财神庙办事处等共下拨配备健身路径20套、240件，维修设备44件。

【群众体育】

成功举办第十二届南海湿地冰雪节、“聂道杯”中小学生围棋锦标赛活动、“全民游泳健身系列活动”——横渡南海湖等各类体育活动，举办各类赛事15项，合计150余场；在各级、各类全民健身交流活动和赛事中，获得荣誉10余项；2019年东河区第七届健身秧歌、广场操舞大赛暨社会体育指导员技能展示交流活动中，参赛人数达1500余人。不断夯实队伍建设及强化工作，全年共培训各级社会体育指导员138人，新增体育健身站点5处，完成3家体育社会组织的成立工作，共有102个健身辅导站点，各级指导员有1000余人，活动人数多达4000余人。在2019年包头首届南海湿地长跑节暨48小时马拉松接力赛上，用体育焕发城市的生机与活力，进一步引领文明健康的现代化生活方式，展示“实力包头、活力包头、魅力包头”的风采。

【竞技体育】

东河区文体旅游广电局全年成功举办各种群众体育赛事，组织举办庆祝中华人民共和国70周年暨“全民游泳健身系列活动”——横渡南海湖活动、第七届健身秧歌广场操舞暨社会体育指导员技能展示交流、庆祝中华人民共和国成立70周年暨东河地区干部职工“五人制笼式足球、乒乓球、羽毛球比赛”“聂道杯”中小学生围棋锦标赛、包头市“吾悦杯迷你趣味马拉松”等。

旅　游

【旅游景区】

东河区也就是历史上的“老包头”，向来有“水旱码头”“塞外通衢”之称，已经有近300年的历史，城区总面积470平方公里，总人口近52万，有蒙、汉、回、满等22个民族。文化底蕴深厚、旅游资源丰富、历史遗迹留存较多。从区域分布看，北临大青山，拥有丰富的山林植被资源和沙尔沁镇得天独厚的农业、田园资源；南依黄河，拥有包头市唯一的省级湿地自然保护区，水草丰美、风景独秀；拥有“西口”文化；城区中心留存王若飞纪念馆、福徵寺、抗日英烈祠等爱国主义教育基地。旅游资源丰富，具有较高的开发价值。

300年历史的发展中，主要形成九大类文化旅游资源：以南海湖和黄河湿地为代表的黄河水域文化旅游资源；以阿善沟遗址为代表的古文化旅游资源；以转龙藏为代表的龙文化旅游资源；以乔贵发旧址、乔家金街为代表的西口文化旅游资源；以妙法寺、清真大寺、天主教堂、基督教堂为代表的多元宗教文化旅游资源；以王若飞纪念馆、包头市委旧址、福徵寺为代表的红色文化旅游资源；以铝业园区、内蒙古鹿王羊绒公司为代表的工业旅游资源；以剪纸、六合枕等“非遗”技术为代表的民俗文化旅游资源，以及以沙尔沁镇农家乐为代表的农家乐旅游资源。

【旅行社监管】

东河区旅游行业包括：AAAA级南海湿地景区、AAA级景区南星现代农业园、AA级景区华鹿现代农业园、AA级景区九曲华街、AA级景区南龙王庙、星级农家乐2家、三星级酒店2家、旅行社8家、旅行社门市部80余家。2019年开展旅游行业日常检查、节假日检查、暑期专项检查及与其他部门联合检查等，共检查旅游企业200余家次，出动执法人员500余人次。

【旅游服务】

《东河区全域文旅策划和规划项目》已完成初稿的编制工作，正在进行部分内容的修改；设计了“游包头、最忆是东河”系列旅游商品礼品套盒包装，积极打造以具有浓郁地方文化特色的工艺美术品、旅游纪念品、旅游食品等为主的旅游文化商品体系，并组织参与各级各类“非遗”展示活动及“非遗”进校园、进旅游景区传承研习活动；对全区32间旅游厕所的地址、照片等信息进行百度地图标注工作；利用“5·19”旅游日向全区群众发放全市各大旅游景点、景区门票7500余张；成功举办“老包头风情旅游节”“南海湿地风情旅游节”“南海湿地鲤鱼节”等旅游品牌节庆活动。据统计，2019年接待人数50余万人，旅游综合收入6000余万元。

【文旅宣传】

旅游宣传推介多样化，在酒店、机场、车站等人员密集型场所制作投放旅游地图3000余张、数控电子宣传屏6块（机场、南海、南星、金驼、九曲、长途车站）、旅游宣传册3000余册，设计“游包头、最忆是东河”系列旅游商品礼品套盒包装。对东河区具有地方特色、地域特点鲜明的产品和企业进行了第二批挂牌推荐，并利用微信公众平台推出“每日一品”，进行宣传推介。

在内蒙古电视台开展东河区“城市名片”东河区《天气预报》播报业务；利用新媒体平台精心拍摄、编辑以“五大组团”“五区建设”为主要宣传内容的系列短视频矩阵，在乔家金街民族手工业特色街举办2场网红打卡点线下宣传活动，“抖in包头·寻根东河”主题活动，累计线上播放量达1.2亿次，有力地助推了地区形象展示。

（办公室 供稿）

档案史志

【东河区档案史志馆领导名录】

书记、馆长　王官祥

副　馆　长　李虹娟（女，5月离任）

【概况】

东河区档案馆（以下简称“区档案馆”）成立于1959年10月，是东河区人民政府直属事业单位，机构规格为正科级。2019年9月，中共包头市东河区委员会机构编制委员会《关于成立东河区史志馆涉及机构编制事项的批复》，批复成立包头市东河区史志馆，不再保留包头市东河区档案局(馆)。其主要职责：负责全区档案资料收集、整理、保管、利用，整合全区档案信息资源，实施档案数字化工作，拟定全区地方志工作规划和编纂方案，组织编纂地方志书、地方综合年鉴，收集保存地方志文献和资料，组织整理旧志等地方历史文献；负责全区党史资料征集、整理、编撰、交流等工作。区档案史志馆隶属于区委，相当于正科级事业单位，不设内设机构。核定事业编制7名，将原东河区档案局（馆）7名编制划入东河区档案史志馆，核定科级领导职数2名（一正一副）。

2019年，东河区档案史志馆坚持以习近平新时代中国特色社会主义思想为指导，全面贯彻落实中共十九大精神，积极开展“不忘初心、牢记使命”主题教育，加强意识形态工作有序进行，紧紧围绕区委、区政府中心工作，全面推进全区档案事业发展，积极开展档案利用、指导、检查、服务民生等活动，切实加强档案系统基础建设和队伍建设，成效显著。

【档案宣传】

在“6·9国际档案日”联合河东办事处巴东社区共同举办主题为“新中国的记忆”档案宣传活动，进一步引导公众了解档案、重视档案，增强档案意识。2019年向市档局局和区委办上报档案信息专刊32期，内蒙古档案信息网采纳17期，政务信息每日要闻采纳1期，今日东河采纳8期。

【档案业务指导】

持续开展对全区各机关单位档案工作的监督和指导，包括政府办、纪检委、人社局、民政局、退伍军人事务局、统战部、民宗局等26家单位。重点在文书、会计、声像、业务档案和信息化等方面进行业务培训和指导，专项档案指导；第二次全国地名普查档案、精准扶贫档案、农村牧区集体产权制度改革档案、生态环境机构监测监察执法垂直管理制度改革档案等。

【档案整理】

开展档案抢救工作，对老旧文书档案重新进行整理、装盒、盖章和上架。同时，工作人员制作电子表格，按照全宗、门类、年度进行分类，保证清点时逐格逐项填写清楚，消除了统计误差，为以后完善馆藏档案信息台账、电子目录等工作奠定坚持基础。

【档案利用】

2019年接待查档案利用893人次，查阅利用档案1300卷（件）。其中，区属机关企事业单位利用82人次，档案资料324卷（件）；居民工龄补档利用46人次，档案资料68卷（件）；居民婚姻档案利用720人次，档案810卷（件）；居民公证档案利用45人次，档案98卷（件）。

【机构改革】

为做好全区机构改革中的档案管理工作，保证档案完整安全，按照区委深化机构改革领导小组的总体部署与安排，积极推进全区机构改革档案工作。印发《关于做好机构改革中档案管理工作的通知》《关于在机构改革中做好档案移交工作的通知》，明确档案归属与流向，档案整理标准和档案移交范围等内容，并在全区机构改革培训会上，对涉改单位进行详细讲解。组织专业人员对涉改单位进行档案业务指导，各涉改部门和单位正在积极收集、清点、鉴定、整理相关档案资料，为以后向区档案史志馆移交做好准备。

做好本单位的机构改革工作，包括职责转隶、人员转隶、办公室搬迁、挂牌、刻公章、印制红头文件等。

【北梁棚改档案】

北梁棚改档案室持续开展北梁档案整理工作，整理2017年文书档案共计380卷、150卷，整理2018年文书档案70卷；接待利用200人次，提供档案2300余卷（件）；配合市审计局审计工作，调阅档案1000余卷（件）；清点档案史料和实物档案，将78类共1981件实物档案移交至文体局文物管理所保管。

【史志“三全目标”】

2019年，持续推进《东河区志（2005—2015）》精修细改工作，正在进行最后一轮修改。4月制定《东河年鉴（2018）》《东河年鉴（2019）》编纂工作方案和篇目大纲，7月组织召开全区年鉴编纂动员部署暨培训会，12月完成《东河年鉴（2018）》《东河年鉴（2019）》初稿编辑。撰写并报送《内蒙古年鉴·（2019）东河篇》《包头年鉴（2019）东河篇》《内蒙古自治区志·档案志2001—2015东河篇》，蒙古文翻译第一轮《东河区志》工作已和包头市民委协商对接前期相关事宜。

（张文全 供稿）

卫生健康

医疗卫生

【东河区卫生健康委员会领导名录】

主　任　　康　强（3月任职）
副主任　　幸　园（3月任职）
　　　　　白静宇（女，3月任职）
　　　　　柴雅婷（女，6月离职）
　　　　　白丽敏（女，3月任职）
爱卫办主任　　白静宇（女，3月任职）
疾病预防控制中心主任　　梁　武
区卫生计生综合监督执法局局长　　柴鹏举

【概况】

2019年3月东河区卫生健康委员会（以下简称“区卫健委”）揭牌成立，根据《东河区机构改革方案》《东河区机构改革实施意见》，确定东河区卫生健康委员会为区政府工作部门，机构规格为正科级。挂包头市东河区蒙中医药管理局、包头市东河区爱国卫生运动委员会办公室牌子。核定机关行政编制11名。设主任1名，副主任3名（其中：1名兼任区蒙中医药管理局局长，1名兼任区爱国卫生运动委员会办公室主任）。

按照“三定”要求，区卫健委设7个股室，即办公室、综合业务股（行政审批室）、公共卫生管理股、政策法规与体制改革股、人口与家庭发展股、宣传规划信息股、创建股。工作职责为负责组织拟订全区卫生健康政策措施，拟订卫生健康事业发展规范性文件，组织实施地方卫生健康标准；协调推进深化医药卫生体制改革；组织落实疾病预防控制规划，负责卫生应急工作；协调落实应对人口老龄化政策措施；组织实施国家药物政策和基本药物政策；负责职责范围内的职业卫生、放射卫生、环境卫生、学校卫生、公共场所卫生、饮用水卫生等公共卫生的监督管理；贯彻落实医疗机构、医疗服务行业管理办法并监督实施；负责计划生育管理和服务工作；指导基层医疗卫生、妇幼健康服务体系和全科医生队伍建设；保障和促进蒙医药中医药改革发展，负责重要会议与重大活动的医疗卫生保障工作；负责全区老年健康工作等。

东河区不断完善公共卫生事业投入机制，改善疾病预防控制的基础条件，投入一千余万元建成2769平方米的东河区疾病预防控制中心检验检测和妇幼保健所健康保健综合楼，投入360万元建成1100平方米的卫生监督大楼，均于2019年投入使用，新改扩建8个社区卫生服务中心和24个“一体化”村卫生室。

2019年，东河区有各级医疗单位416家，其中驻区市级医疗机构8家（市级公立医院5家、市级民营医院3家），部队医院1家，区属公立医院3家，公共卫生服务机构3家，镇卫生院3家，村卫生室97家，社区卫生服务中心（站）56家，区属民营医院11家、门诊部11家，诊所218家，厂矿卫生所5家。截至年底，全区各类卫生技术人员5893人，其中，注册执业（助理）医师2125人，护士2933人，全区医疗机构核定病床总数5291张，每千常住人口拥有医疗卫生机构床位9.55张、注册执业（助理）医师3.84 人、护士5.29 人。

【深化医药卫生改革】

持续深化公立医院综合改革，切实加强公立医院管理。按照《东河区区级公立医院综合改革实施方案》要求，重点明确各医院的功能定位，提升区级公立医院综合服务能力，现已建成中医康复保健中心、胃肠疾病诊疗中心，并开展诊疗服务。加快创建现代医院管理制度建设示范点工作，确定东河区医院为区属公立医院开展现代医院管理制度建设工作试点单位，草拟《东河区创建现代医院管理制度建设试点工作推进方案》（试行），开展前期准备工作。按照关于深入推进公立医院党委书记和院长“讲医改、见行动、出成效”活动要求，公立医院负责人分阶段开展巡讲，推动全区公立医院改革工作。全区二级以上医疗机构已率先开展“电子健康卡”项目，年底乡镇卫生院、社区卫生服务机构也会全面上线运行，届时形成卫生健康信息化健康码“一张网”格局，实现“互联网+医疗”模式。建立健全区级公立医院医疗费用监测体系。区属三家公立医院医疗收入总计3121.38万元，比上年同期提高10.76个百分点；药占比（不含中药饮片）总体降到22.85%（目标要求降到30%左右），百元医疗收入（不含药品收入）中消耗的卫生材料降到14元（目标要求降到20元以下）。已建成2家分别由市中心医院、市第八医院牵头组建的城市医疗集团。医疗集团接收上转患者472人，下转患者1297人。免费组织技术骨干进修培训44次，心电图远程会诊共464例，提高和完善医院服务条件和医疗服务水平。协调调度包头平禄骨科医院新建项目和包头市第八医院改扩建住院医技楼项目，包头平禄骨科医院新建项目已顺利完工，包头市第八医院改扩建住院医技楼项目主体和二次结构已完工。

【基本公共卫生服务】

国家基本公共卫生服务经费提高至每人60元，加强基本公共卫生服务项目管理工作，促进项目服务质量提升，不断加大对国家基本公共卫生服务项目的宣传力度，普及基本公共卫生服务相关知识，做实做细各项服务，规范项目经费的使用，坚持多措并举，着力提升基层医疗卫生机构能力和服务水平，使国家的惠民政策真正落实到每位群众，提高群众的知晓率和满意度。实施基层卫生人才能力培训。利用“内蒙古基层APP线上培训系统”，403名医护人员参加线上培训，完成各项学习项目；14家社区卫生服务中心负责人参加全市急救知识水平及技能培训班；85个机构246名医护人员注册学习“云鹊医”高血压项目培训，237人获得证书，获证率96.34%；中西医结合医院完成13名村医的临床实践培训，整体提升基层医疗服务水平。有序推进家庭医生签约工作。加强家庭医生签约宣传，做实做细签约服务工作。全区已组建家庭医生团队109个，常住人口签约149223人，签约率27%（全年目标30%），其中，重点人群签约43443人，签约率

67%（全年目标60%）。规范管理基本公共卫生服务。由原来的社区卫生服务中心、卫生院和社区卫生服务站共用一套考核指标修改为两套，体现对不同级别机构的层次化管理。组织全区各医疗卫生机构开展国家基本公共卫生服务项目宣传进机关及“5·19”家庭医生宣传日活动；4家社区卫生服务机构与区社保中心联合开展项目进机关宣讲，进一步提升项目知晓率和满意度。为区内65岁以上城乡居民免费健康体检23038人，体检率42%。

【疾病预防控制】

疾病预防控制能力明显提升。不断加大基础设施建设，区疾病预防控制中心检验检测综合大楼已于8月投入使用，改善区疾控中心软硬件的建设。慢性病地方病防治持续加强。创建自治区级慢性病综合防控示范区，召开全区慢性病综合防控示范区工作会，出台《东河区创建慢性病综合防控示范区建设实施方案》。大力推动“健康细胞”、健康主题公园建设，全面启动以“健康素养66条”“三减三健”为主题的全民健康生活方式行动，已建成健康主题公园1个，健康步道4条。与镇村卫生室体检相结合，排查出病区村氟斑牙8例、无氟骨症患者；排查5所学校202名学生的盐碘、尿碘检测工作及甲状腺检查工作。免疫规划工作扎实开展。对全区19家预防接种单位进行安全检查，重点对疫苗储存、接种管理、冷链设备管理、过期疫苗登记、处置情况等环节存在的安全隐患进行排查，确保预防接种工作安全有效开展。国家免疫规划疫苗报告接种率达96%以上。新匹配冷链运输车1辆、19家接种单位安装疫苗温度自动监测系统，确保疫苗在规定的温度运输、储存。传染病管理不断加强。截至10月传染病共1354例，总发病率245.33/10万，较去年同期下降2.52%。乙类传染病共848例，总发病率153.65/10万，较去年同期下降23.74%。丙类传染病共506例，总发病率91.68/10万，较上年同期上升82.67%（流感、麻疹发病率高于往年）。全区强化消除麻疹、提高麻疹实验室诊断率，继续维持无脊灰状态，加强AFP（甲胎蛋白）、手足口病监测工作，截至11月30日，全区报告疑似麻疹病例115例，其中，排除麻疹73例，确诊麻疹1例、确诊风疹41例。2019年未发生聚集性病例疫情。重大传染病防控稳步推进。11月12日，北京确诊2例来自锡林郭勒盟苏尼特左旗的腺鼠疫病例后，东河区积极应对及时召开鼠疫防控工作会，成立专项工作领导小组，并结合《包头市关于全面加强鼠疫防控工作方案》，制定《东河区鼠疫应急处置预案》。按照“四早一就”的疫情防控要求4家市级医院、3家区属医院启动发热门诊，各基层社区医疗机构、民营机构23家设置预检分诊台，严格执行首诊负责制。驻区第三医院指定为收治鼠疫等重点传染病病例定点医院，区中西医结合医院指定为备用定点收治医院。同时，加强应急物资的储备，对各级医疗机构各岗位医护人员进行培训、应急演练，并多渠道开展正面宣传引导，明确告知广大市民鼠疫可防、可控、可治，引导群众正确认识本次鼠疫疫情，避免引起社会恐慌。机场、火车站、长途汽车站继续做好体温监测，做好出蒙入京“防火墙”工作。按照下发的《关于做好鼠疫防控工作的紧急通知》《关于开展全区冬季灭鼠活动的通知》《关于进一步加强除害灭病工作的补充通知》等相关文件，合理开展防控工作，建立健全三级网络疫情监测体系，对发现的鼠尸、鼠洞、鼠粪、鼠迹、其他动物自毙尸体的报告，组织人员开展对周边大约30平方公里的地域踏查行动，重点对机场、南海湿地、无主坟地、内环路荒地等地段进行四次踏查，未发现鼠尸、鼠粪、鼠迹。对机场发现的鼠洞已填平。印制下发防鼠防控等相关知识指导手册2万余册，灭鼠饵1万余袋，清理民用建筑垃圾10余吨。继续做好结核病、布病、艾滋病筛查、防控工作。东河区肺结核病防治机构网络直报肺结核人数为944例，剔除重报病人数现住东河区本地报317例，应转诊人数为300人，转诊到结防机构294例，追踪到位1人，未到位5例，住院27人，出院9人，总体到位率98.33%（总体到位率任务指标率达到95%）。布鲁氏菌病目前通过医院检验申请及自主求寻，共检测布鲁氏菌病人数24人，均为阴性。全区新发现报告32名HIV感染者和病人，其中，HIV携带者24人，艾滋病病人8人，共随访管理218名感染者和病人。精神卫生工作成效显著。召开全区精神卫生综合管理工作协调会。截至11月底，全区严重精神障碍患者在册人数2239人，精神病患者报告患病率4.06‰（目标4‰），规范管理率83.16%（目标80%），面访率86.69%（目标80%），服药率84.01%（目标70%），规范服药率69.76%（目标50%），精神分裂症服药率82.34%（目标80%）。

【妇幼保健】

坚持“以保健为中心，以保障生殖健康为目的，保健与临床相结合，面向群体、面向基层和预防为主”的妇幼卫生工作方针，实现优化资源整合，不断提高妇幼服务水平。逐步健全妇幼健康服务网络，有效提升妇女儿童疾病防治水平，稳步推进出生缺陷综合防治工作。开展35～64岁农村妇女免费“两癌”筛查工作，免费婚前医学检查和孕前优生健康检查。乳腺癌筛查2040人，宫颈癌筛查1420人；婚检人数2706人，婚检率为90.56%（婚前医学检查率东河区80%以上，市目标婚检率大于90%）。为全区中、小学生健康体检35202名。

【卫生监督】

东河区卫生计生综合监督执法局负责东河辖区内公共场所、医疗卫生机构、学校和生活饮用水卫生的监督检查，以及公共卫生许可、医疗注册登记、放射诊疗许可现场验收等工作。内设办公室、稽查科、综合监督科、医疗机构监督科、公共场所监督科、职业卫生监督科。

不断加大监督执法力度，净化公共场所环境。推行执法全过程记录，强化事中事后监管。加强打击非法行医、医疗废物处置、学校卫生、传染病防治以及饮用水卫生等专项监督检查。全年查处无证行医16家、医疗废物处置不规范8家、使用非卫计人员3家，均给予行政处罚。对98所学校、托幼机构，627户公共场所，30户生活饮用水供水单位开展专项监督检查，进一步强化单位主体责任落实。职业健康工作有序开展。对27家企业重新进行摸底调查，开展职业健康卫生知识培训，提高企业职工卫生意识，做到职业病危害前期预防。完成辖区用人单位摸底排查，建立基本的职业卫生档案，开展监督检查32户次，下达现场笔录32份，意见书25份。到年底，实现职业卫生处罚零突破。对121户行业监督对象进行双随机监督检查，并在“东河区政府”网站进行公示。日常监督检查、专项监督检查以笔录意见书的形式公示在单位电子大屏。

【卫生应急管理】

2019年获自治区卫生应急规范县称号，为巩固卫生应急规范县成果，不断完善卫生应急预案体系，提高应对突发事件的反应速度、处置能力和救援能力，及时妥善处置各类突发事件和传染病疫情，更新补充应急物资的储备，做好应急值班值守与卫生医疗救护工作。为全区重大活动提供医疗救护保障32次，派出医护人员74人次，派出救护车辆24台次。组织驻区市属医院、区级31家医疗机构进行安全生产培训及演练。

【人口生育管理】

加强全员人口信息管理。进行信息比对和动态监测专项工作，提高全员人口数库统计质量，同时开展流动人口三类重点信息协查反馈。东河区全员人口数据库统计总人口数507148人，比上年同期增长1.16%；出生3522人，出生率6.98‰，比上年同期增长0.77‰；死亡1540人，死亡率3.05‰，比上年同期下降0.45‰；自然增长1982人，自然增长率3.93‰，比上年同期增长1.21‰。性别比106.33∶100。

【家庭发展】

家庭发展工作始终坚持促进人口均衡发展，深入推进医养结合。继续实施全面两孩政策。促进生育政策和相关经济社会政策配套衔接，贯彻落实人口均衡发展的政策措施，鼓励按政策生育，实行生育登记服务制度，简化规范再生育办理。截至12月，办理电子婚育证明467份。办理一孩生育服务登记911份，二孩生育服务登记356份，三孩及以上生育审批8份。精准开展特殊家庭扶助关怀和计划生育家庭扶助保障工作。全区新增奖励扶助对象（含提标降龄）176人，共计享受奖励扶助957人；新增特别扶助对象54人，共计享受特别扶助625人。开展创建幸福家庭等活动，落实计划生育特殊家庭联系人制度、就医“绿色通道”和家庭医生签约服务三个全覆盖，区属医院全面实施特殊家庭就医“绿色通道”，计划生育特殊家庭医生签约服务完成90%以上。加快推进健康老龄化和医养结合工作。积极推进医疗机构医养结合床位建设，引导区属医院开设老年病科、中医康复科、并设置老年病区，逐步形成有梯度的老年医疗护理体系，养老机构内设医疗机构实行备案制。与民政部门联合将全区13家养老院与医疗机构签订医疗服务协议，确保老年人医疗、养老机构间的无缝转接。东河区已有4家医养结合机构开展以医养相结合为核心的服务模式。已确定东河区滨河养老集团为东河区的医养结合试点单位。

【宣传教育】

以“大卫生大健康”为宣传理念，结合卫生计生宣传节点、传统节日等，开展一系列中华人民共和国成立70周年主题宣传活动，制定印发《迎庆新中国成立70周年系列活动方案》，进行文化活动备案。“三八节”开展以迎庆新中国成立70周年“逐梦新时代巾帼展新姿”主题系列活动，结合创建健康东河，打造健康机关，举办健康营养讲座，开展机关趣味运动比赛，组织“齐心协力包饺子”比赛。开展纪念五四青年节、“5·12护士节”青春心向党、建功新时代，庆祝中华人民共和国成立70周年志愿服务义诊健步徒走活动，大力弘扬爱国主义精神、民族进取精神，倡导健康文明生活方式。组织卫生健康系统各单位，聚焦中华人民共和国成立70周年主题宣传活动，利用新媒体平台、辖区公共场所LED屏深入宣传，营造良好宣传氛围。组织系统干部职工开展唱红歌歌颂祖国活动，组织妇幼保健所拍摄《我和我的祖国》快手视频，组织基层开展第八届鹿城读书节活动和歌颂中华人民共和国成立70周年诗歌朗诵活动，不断提升卫生健康系统整体文化素质，提高卫生健康服务能力。挖掘选树行业典型，开展“内蒙古好医生好护士”推荐工作，研究上报基层4名医护人员。参与“包头市好医生、好护士”推荐宣传工作，6名医务工作者被评为“包头市好医生好护士”，发挥典型示范带头作用，营造有利于在社会各界形成尊医重卫的良好风气。有机结合健康促进与宣传工作，以“爱卫月”为契机，开展万场健康巡讲活动，大力传播健康知识，倡导群众提升自我健康教育理念，引导群众养成健康生活习惯，全面提高居民健康素养水平，营造全民共建共享的健康氛围。全区各企事业单位、街镇（村、居）、医疗卫生机构开展157场健康讲座。利用卫生健康各个节点开展社会宣传活动，组织全区卫生健康系统开展“世界卫生日”主题宣传活动；围绕构建养老护理体系，倡导全社会形成尊老敬老的良好风尚，开展婚育新风进万家宣传活动；坚持以人民群众健康为核心，在沙尔沁镇开展“7·11”世界人口日主题宣传活动；以开展优秀医师评选、中医文化传播，服务技能竞赛、廉洁行医宣誓等活动为载体，开展第2个“中国医师节”宣传活动；促进民族团结，开展第11个民族政策宣传月活动。结合“不忘初心、牢记使命”主题教育，开展专项学习宣传。加强卫生健康系统干部职工思想教育，组织全系统干部职工开展学习于海俊同志先进事迹，引导全体党员干部职工见贤思齐，比学赶超，努力树立干部新形象。组织全系统干部职工观看《德耀中华——第七届全国道德模范颁奖仪式》，大力推进系统内思想道德建设。组织系统干部职工观看国庆期间展播的爱国主义教育题材影片《我和我的祖国》《片警宝音》等。营造机关学习氛围，打造机关三楼党建活动室、四楼荣誉墙等。

【信息报道】

逐步完善信息发布流程，加强政务宣传信息报送工作，编辑上报信息137篇；市级微信平台采用79篇，市级报刊、网站采用6篇；区级微信平台采用38篇；东河区政务信息采用10篇，东河信息采用1篇；更新东河区政府网站卫计专栏信息33条；发布本级微信平台信息30期，上传各类信息240条；将原《健康东河》季刊改为双月刊，共印发5期。征集5幅书画作品和一组呈现历史性、时代性、成就性的基层医疗环境变迁的图片参与展示。2019年，东河区卫健委获2018年度东河区信息宣传优秀组织单位，1名同志获优秀信息员。

【志愿者服务】

组建卫生健康系统新时代文明实践志愿服务队伍，强化系统精神文明建设。以健康讲座、宣传教育、医疗义诊、应急救援、心理疏导等形式，开展医疗卫生服务、政策宣传、健康教育、扶贫帮困等学雷锋志愿者活动，推进健康城市建设，提升全民健康素养。组建卫生健康系统1支志愿服务队、7支志愿服务分队，共招募志愿者104人。深入开展安全文明校园创建活动，加大对辖区学校和周边环境整治力度，将社会主义核心价值观融入行业规范，统一为全区公共场所、医疗机构制作社会主义核心价值观宣传海报，要求在显著位置张贴，年内开展2次专项检查，上报专项整治信息4期，为维护学校及周边环境的长期稳定、和谐和文明奠定基础。深入开展“千村示范、万村行动”示范村建设。结合“健康东河”创建工作，通过基本公共卫生项目实施，深入了解农村牧区健康影响因素和村民健康需求，运用健康手册、健康处方、健康引导、健康宣传等途径有针对性开展相应健康干预措施，举办有利于身心健康的文体活动和健康卫生知识讲座，提高农牧区的健康素养。

【蒙中医药】

深入推进蒙中医药综合改革，持续提升蒙中医服务能力。出台《东河区2019年振兴蒙医药中医药事业重点任务》，为蒙中医药发展确定目标。由东河区中医医院牵头组建中医专科联盟，并制定中医专科联盟工作章程。完成3家创建区中医特色名医工作室的评审、挂牌，完善2家镇卫生院的蒙中医健康管理服务能力。全区10名师承人员参加包头市审核。结合全区中医药资源优势，成立中医药文化推广中心，开展蒙中医药学术交流、研讨活动，加大蒙中医药文化普及力度。运行并完善东河区中草药采购平台，现一轮平台录入供货11家，采购110家，正在开展第二轮中草药平台的督查工作。开展以“传播中医文化，打造健康生活”为主题的“中医日”系列活动12场，与区工会联合举办东河区第三届“弘扬杯”中医药法和读经方背经典、中医药知识竞赛、全区开展中医义诊、健康巡讲16场，现场发放宣传资料5万余册，举办全区“八段锦”健身操师资培训班，培训150余人，蒙医药中医药健康文化推进活动，直接受益群众达上万人次。

【医政医管】

加强对各级各类医疗机构监督管理，规范诊疗行为。开展专项检查行动，规范医疗行为，重点对医师挂证、超范围执业、无资质行医等违法行为进行打击。联合6部门开展治理医疗乱象专项行动，共检查589次，发现违法违规行为62起并给予行政处罚。对全区区属医院、社区卫生服务中心、卫生院共26家，开展医疗质量安全、依法执业、院感等工作进行专项检查。严格医疗机构义诊备案和医疗广告审查、换证和变更等工作。完成全区320家医疗机构办理年度校验和换发医疗机构执业许可证工作，16家医疗机构人员、诊疗科目及迁址等变更手续，13家医疗机构办理注销手续。持续开展全区电子化注册、乡村医生再注册及注销工作。已完成电子化注册执业（助理）医师768人，护士882人，73名乡村医生进行再注册工作，注销乡村医生18名。对91家医疗机构进行抗菌药物备案，对216名执业医师、执业药师开展抗菌药物临床应用知识培训。2019年全区献血人数206人，献血量79500毫升。

【健康扶贫】

全面落实“三个一批”医疗保障措施，完成“清零达标”专项行动。对贫困人口11户27人全部建档立卡，进行家庭医生签约服务，签约服务覆盖率100%。利用三级医疗卫生资源，对贫困人口实行分类健康干预、救治，完成25种大病救治任务，全区实行“先诊疗后付费”和“一站式结算”等政策保障制度。截至12月底，贫困人员住院和慢性病门诊报销总医疗费用80816.79元，基本医保支付金额56623.85元，民政救助支付金额和扶贫救助基金共计20152.1元，全部执行医保报销政策。按照脱贫攻坚专项巡视反馈意见整改工作要求，召开脱贫攻坚专项整改民主生活会，制定并下发《关于脱贫攻坚专项巡视反馈意见整改方案》，针对整改内容细化责任、明确责任人，规定整改期限、强化问责机制。帮扶第一责任人和扶贫工作人员多次实地入户对口帮扶贫困户，了解贫困户家庭情况，积极帮助贫困户解决困难，采取送医送药送健教等基本公共卫生医疗服务项目的同时，组织系统干部职工购买贫困户代销食用油176桶，为贫困户解决困难增加收入。

【健康城市建设】

持续推进东河区健康促进区创建工作，巩固国家卫生城市创建成果。按照《东河区2019年健康城市建设重点工作任务的通知》《东河区关于创建“健康细胞”工作考核评估报告》及健康促进区各项创建指标要求，对辖区内各部门承担的创建工作进行清单式对接，一对一指导，并展开督导检查工作，针对各部门存在的问题逐一提出整改要求。2019年，参加市级评定健康细胞试点单位25个，全年新增“健康细胞”示范点10个，完善东河区健康促进区创建档案资料23卷。以病媒生物防控、农村“厕所革命”为载体，开展城乡环境综合整治和农村人居环境整治村庄清洁行动。针对暴露垃圾、废弃污物、“四害”滋生场所、卫生死角等持续进行清理、清扫、清运，对超标的部门行业，给予督导消杀。全区环境卫生、公共卫生，检查督办行动，下发督查通报16份，整改率95%。新建（改造）户厕96户，新建公厕2座；完成5个村卫生公厕、户厕、分散型污水处理设施示范打样，户厕进院工作正在有序开展，逐步扩大覆盖面。以第31个爱卫月活动为契机，广泛开展健康教育活动。将贫困人口健康教育融入考核指标中，贫困地区居民健康教育实现全覆盖；加大控烟宣传，建立控烟长效工作机制；开展东河区居民健康素养监测和中国公民中医药健康文化素养调查，并全部通过自治区健康教育研究所的复核验收；完成第四批全国健康促进区（县）评估人群调查，全区2019年居民健康素养率18.67%，成人吸烟率为26.67%，较上年同期分别提高3.53%和1.24%，居民健康素养水平达到2019年居民健康素养水平要求，获“包头市2019年度健康素养监测优秀地区”称号。

【信息化建设】

强化网络意识形态，推动系统信息化建设。加强网络评论工作。根据相关部门要求，确定系统2名网评员，进行备案登记，按照全区统一指令及时完成网络评论任务20余次，撰写网评文章4篇。规范网络文明传播工作。组建东河区卫生健康委员会网络文明传播队伍，将单位内80%以上的干部职工纳入网络文明传播群内，并且确定1名兼职工作人员作为网络文明传播微信群联络人，同时及时按照相关部门要求统一完成任务转发工作，上传至文明传播app，完成率达80%以上。持续加强网络安全。结合市区两级关于网络安全部署，经党组研究成立东河区卫健系统网络安全和信息化工作领导小组，召开系统网络意识形态和信息化建设工作推进会。开展系统区属医疗机构、社区卫生服务中心、乡镇卫生院信息化工作基本情况和机关涉及网络安全基本情况自查活动。制定印发《东河区卫生健康委员会2019年网络安全检查工作方案》，成立由区卫健委、区委网信办、区公安分局网安大队和相关技术安全等级测评中心共同组成的东河区卫生健康行业网络安全联合检查工作组，在全区首家开展自检与专项联合检查，对系统涉及自建系统的9家单位和2家私立机构进行联合检查。迎接东河区网信办调研，区网信办对东河区卫健系统整体网络与信息安全工作给予高度评价和肯定。完善机关以及系统网络与信息安全工作制度，加强系统操作规范。不断强化阵地建设，印发《网络意识形态工作责任制实施细则》《卫生健康网络与信息安全工作责任制实施办法》，完善17项制度、职责、应急预案等，并且与机关、系统各单位负责人签订网络安全责任承诺书。全面把控网络舆情工作。不断扩大主流媒体的宣传口径，加强“健康内蒙古”客户端、“健康内蒙古12320”和“内蒙古自治区健康大学”微信公众号推广工作。建立健全网络舆情应对处理工作机制，完善12320热线分级办理工作机制，成立东河区12320热线分级办理工作领导小组，重新梳理内蒙古自治区卫生计生委12320热线分级办理流程，制定下发《关于完善12320热线分级办理工作机制的通知》。定期对本行业网络意识形态、舆情信息进行分析研判，共分析研判3次，未发生舆情事件。加强系统新媒体运行管理。严格落实意识形态主体责任，加强管理单位内部微信群、QQ群和微信、微博等新媒体平台管理，制定印发东河区卫健系统《政务互联网群组管理暂行规定》《政务新媒体平台管理暂行规定》，对各基层单位重新摸底内部微信群、QQ群和单位微信、微博公众号情况，进行备案登记和管理。向区网信办备案登记机关微信群、QQ群53个，基层66个，备案登记系统微信公众号、抖音共5个。加强系统信息化建设。在全区二级以上医疗机构、乡镇卫生院和社区卫生服务中心推行“健康码”系统的应用，印发《东河区加快推进基层卫生健康信息化建设实施方案》，开展基层信息化建设摸底调查和电子病历数库医疗服务综合管理系统项目情况两项调研工作。东河区2家二级医疗机构已开通上线运行，投入近30万元，努力达到乡镇卫生院以及社区卫生服务中心全部开通使用，届时形成东河区信息化建设健康码“一张网”格局。推进东河区卫生健康领域社会信用体系建设。积极做好信用平台应用工作，重新梳理“双公示”目录，对系统内录入信息进行重新梳理和认领，确保录入信息口径与录入信息的安全，制定印发《建立行业信用承诺、信用审查和信用应用制度》《建立行业诚信“红黑名单”制度》，组织全区卫生健康系统广泛开展东河区社会信用体系宣传月活动。共录入信用信息270条。

（任晓雁 丁美丽亚 供稿）

爱国卫生

【东河区爱国卫生运动委员会办公室领导名录】

主　任　　白静宇（女）

【概况】

东河区爱国卫生运动委员会办公室（以下简称“区爱卫办”）是东河区人民政府爱国卫生运动委员会设置的工作部门。负责东河区爱国卫生全面工作，制定爱国卫生工作计划和目标。依据《包头市爱国卫生工作条例》，开展全区范围内的群众性的爱国卫生运动，组织爱卫办各成员单位开展城乡环境治理工作，常态化进行检查督办。每年在各个节点组织开展爱国卫生健康教育活动和病媒生物预防控制工作，开展创建国家、自治区、包头市级的卫生先进单位。2019年已创建河东镇成为国家级卫生镇。

【城乡环境整治】

为落实城市卫生长效管理，做好城乡环境卫生整治行动，按照出台印发的《东河区城乡环境卫生整治行动实施方案（2015—2020年）》的通知要求，在全区范围内开展专项整治行动。以区政府主导，爱卫办负责组织实施，以各镇、街道办事处、北梁新区服务中心为牵头单位，组织辖区企事业单位、机关、学校、居民社区、医疗机构等广大干部职工群众，参加义务劳动22次。对主次干道、铁路、公路、河槽沿线、城乡接合部、城中村、农村、背街小巷、老旧居民小区、拆迁腾空区等地段积存的陈旧暴露垃圾、废弃污物、“四害”滋生场所、卫生死角等持续进行清理、清扫、清运。共清理、清运各类垃圾、废弃污物830余吨，铲除“四害”滋生场所126处，卫生死角215处，清洗墙体、灯杆、配电箱、地面违规小广告11200余处。在专项整治期间，城管执法部门对沿街乱摆乱占、店外经营、集（农）贸市场、便民市场不规范等现象进行综合治理，共清理占道经营356处，重点对红星便民市场、铁西便民市场无序经营、环境脏、乱、差现象进行专项整治，并取得良好效果。市场监管部门对餐饮、“五小”（小餐馆、小旅馆、小美发店、小浴室、小冷饮）行业卫生不达标、证照不齐全的行业进行整治。区政府督查室、区爱卫办组成联合督查组，对全区环境卫生、公共卫生，进行检查督办，对存在的各类问题，下发督查通报16份，整改率95%，为节日期间营造良好的卫生环境。11月初，内蒙古自治区锡林郭勒盟苏尼特左旗发现2例肺鼠疫确诊病例，为进一步做好鼠疫防控工作，保障人民群众生命财产安全，维护社会稳定，促进健康东河建设顺利开展，区爱卫办及时出台印发《关于做好鼠疫防控工作的紧急通知》《关于开展全区冬季灭鼠活动的通知》《关于进一步加强除害灭病工作的补充通知》，开展灭鼠为主的环境卫生清理整治行动。要求按照属地管理，镇、办事处牵头成立防控鼠疫工作小组。制定实施方案，保证科学、合理开展防控工作。建立健全三级网络疫情监测体系，切实对发现的鼠尸、鼠洞、鼠粪、鼠迹、其他动物自毙尸体的报告。11月21日，召开全区鼠疫防控工作联席会议。区政府分管领导主持会议，联席会各成员单位50人参加会议，实行鼠疫联防联控“网格化管理”“零报告”“日报告”，加强机场、火车站、汽车站等出入口的管控，严格做好体温监测，把好出蒙入京“防火墙”。区疾控中心组织人员开展踏查鼠疫行动，对周边大约30平方公里的地域开展仔细踏查。重点对机场、南海湿地、无主坟地、内环路荒地等地段进行四次踏查，未发现鼠尸、鼠粪、鼠迹。对机场发现的鼠洞已填平。发放鼠疫防控知识宣传册，扩大宣传氛围，区卫健委、爱卫办对全区各单位、部门230多名鼠疫防控员进行2次培训。区健教所印制防鼠、防控、灭鼠等相关知识指导手册1万份，并已下发到2个镇、12个街道办事处。区爱卫办购买灭鼠饵4500袋(100克/袋)应急下发，同时要求各镇、办事处、驻区各企业，明确工作职责，按照防控要求做好鼠疫防控工作。

【厕所革命专项行动】

按照《东河区全面贯彻乡村振兴战略实施意见》《东河区关于农村人居环境整治村庄清洁活动方案》，试点推进农村垃圾处理、污水治理、厕所改造等重点任务。东河区户籍常住户26665户，卫生户厕20067户，在“厕所革命”中新建和改造户厕96户，新建公厕2座；完成5个村卫生公厕、户厕、分散型污水处理设施示范打样，并正在有序地开展户厕进院工作，逐步扩大覆盖面。

【健康城市创建】

按照健康城市建设病媒生物预防控制标准，及时出台印发《东河区2019年病媒生物防制工作方案》《关于加强全区食品病媒生物防治工作的通知》和《东河区关于印发〈开展“世界害虫日”宣传活动实施方案〉的通知》。按照文件要求，区爱卫办重点针对食品加工、餐饮服务、老旧居民小区、拆迁腾空区、垃圾转运站、公厕等“四害”侵蚀率高的行业和地段进行多次检查督办，并由区疾控中心按季度上报“四害”监测密度数据，及时掌握动态。对超标的部门行业，给予督导消杀。把“四害”密度始终控制在国家标准之内。全区2个镇、12个街道办事处经过综合防制和消杀处理，已有50%达到B级标准。

【健康促进区创建】

东河区健康促进区创建在经过自治区卫健委评估验收后，对照《健康促进区现场评分表》和自治区验收评估意见，从资料收集、资料整理、健康促进场所创建进行及时查漏补缺和督导检查。不断完善档案资料，针对组织管理、健康政策、健康场所、健康文化、健康环境、健康人群等6项一级指标和39项二级指标逐一梳理，完善专业网络机构和工作网络机构建设，落实政府承诺协同机制以及多部门联动，成立东河区健康促进区健康专家委员会并对多部门提出、制定的健康政策提出审查意见，开展节日纪念日主题活动，整理健康促进机关、学校、医院、企业、社区等场所创建资料，共整理归纳档案资料23卷。加强健康促进场所创建，根据东河区实际，区爱卫办和健教所实行资源共享，将健康东河和健康促进区创建相结合，开展“健康东河”创建暨健康细胞创建、健康促进区、慢性病示范区工作督导检查，通过查阅资料、实地查看、组织座谈等多种形式，对健康城市及健康促进区领导小组各成员单位、部门承担的创建任务和工作情况进行清单式对接，一对一指导，要求被检单位按照指标逐一整改落实，进一步完善健康促进场所创建，将“健康促进”理念融入所有工作，实现健康促进长效性建设。全区共推荐健康社区27家、健康村15家、健康家庭168户，均超出创建比例要求；推荐健康促进学校16所，创建比例为43%；申请创建健康促进机关13家；确实健康促进企业3家，健康促进医院8家。经过督导检查，大部分单位均建立由主要领导负责的组织机构，做到有计划、有总结、有例会；健康环境中工作环境暨自然环境基本达标，落实职工锻炼和阅读的人文环境社区、企业基本落实。金龙王庙小学、铁西街道办事处芳草社区、包头铝业集团、内蒙古鹿王羊绒有限公司在创建基础上积极创新、突出亮点，为以点带面、典型引领起到良好的示范作用。

【营造健康促进区氛围】

通过向各镇办、社区发放健康宣传栏营造健康促进区创建氛围，并要求各单位和基层医疗卫生机构加强合作，在“世界艾滋病日”“儿童预防接种宣传日”“5·31世界无烟日”等各大卫生主题日，通过公众咨询、健康讲座、宣传展板等形式向群众宣传和普及健康知识，在全区范围内营造健康环境，帮助广大群众掌握基本卫生知识，树立“人人为健康、健康为人人”的核心健康观，全面提高居民健康素养水平。向各部门、单位共免费发放合理膳食手册、健康素养66条读本、控烟宣传读本、食品安全等11种宣传资料共40000余份，跳绳、老年人指甲刀、控油壶、医疗包、控烟标识、控烟笔记本等6种宣传品400份。

【建设健康无烟环境】

控烟工作基本实现常规性宣传普及，全区公共场所、医疗卫生机构、机关企事业单位、学校、公共交通工具、食堂、超市、商场等都设置了禁烟标识等宣传内容，对群众对烟草、二手烟的危害的认知普遍提高。5月31日世界无烟日主题活动，东河区采取主会场在银匠窑健康主题公园集中宣传和部分社区在辖区设分会场宣传义诊相结合的形式进行，活动中共摆放宣传展板130余块、悬挂横幅75条、发放各类宣传资料、宣传品11000余份，接受健康咨询群众700余人次，接待戒烟咨询者240余人次。截至10月底，全区医疗机构和街镇、社区共开展控烟主题讲座60余场，覆盖3500余人次，发放各类宣传折页、读本6700余册以及宣传彩页12000张。

【开展爱卫月活动】

按照自治区第31个爱卫月工作动员电视电话会议精神，和市爱卫办具体工作的安排，及时下发《推进健康城市、健康促进区建设节点活动暨第31个爱国卫生月活动方案》的通知，4月初在北梁新区银匠窑市民公园广场，隆重召开第31个爱国卫生月活动启动仪式大会。区卫健委、区属各成员单位、部门负责人、干部职工共计200余人参加启动仪式。当日发放居民健康素养66条、除“四害”知识手册、健康知识问答折页、健康城市建设等资料1800份。设置医疗咨询服务台8个，为270多名过往群众免费测量血压、血糖。4月14日，由爱卫办牵头组织150人工间操队伍，分成3个表演板块，代表东河区参加包头市在阿尔丁广场举办的第31个爱国卫生月活动启动仪式大会，并展示工间操表演，取得预期效果。6月11日起，在第二个爱国卫生周活动期间，各单位在主要街道、公共场所等醒目地段，组织辖区企事业单位、学校、社区广大干部职工群众2300人次，开展爱卫周宣传活动，发放宣传资料30000份；健康海报260份；悬挂条幅33条；设置宣传展板108块；咨询服务台23个。为创建健康“细胞”社区单位发放健康支持工具礼包4000份；编发区级爱卫信息、健康动态各10期，县域各成员单位信息200余期，健康动态300余条，通过《今日东河》推送信息15条。

（关新城 供稿）

妇幼保健计划生育

【东河区妇幼保健计划生育服务中心领导名录】

主　任　　高　灵

副主任　　李瑞珍

　　　　　刘智蒙（7月离任）

【概况】

东河区妇幼保健计划生育服务中心是辖区唯一的集保健、医疗、康复、临床为一体的妇幼保健机构，于2015年由东河区妇幼保健所和东河区计划生育技术服务站整合组建，实行两块牌子，一套人马工作，2019年7月底迁址新大楼。中心承担着全区妇幼保健和计划生育技术服务工作及本地区托幼园所入园儿童健康体检工作，先后获“包头市巾帼文明示范岗”“包头市妇幼卫生工作先进单位”等多项称号。中心有副主任医师2人，基层副主任技师1人，副主任护师1人，主治医师2人，主管护师2人，护师（士）10人，检验师（士）2人，医师3人，药师1人。

新楼建筑面积2769.26 平方米，采用现代化设计理念，设有孕产保健部、儿童保健部、妇女保健部，计划生育技术服务部，功能紧凑，流程合理。承担辖区妇女儿童保健、婚前保健、健康教育、孕前优生检查等工作，开展孕妇学校、孕妇营养指导、儿童早期发展、中医科、中医康复理疗科等妇幼保健特色服务。7月29日，东河区妇幼保健计划生育服务中心乔迁新址，妇幼新大楼共有5层楼，依次设置孕产保健部、妇女保健部、儿童保健部、计划生育技术服务部，并设立了医学技术部，涵盖医学检验、医学影像、医学放射等科室。

【新技术开发】

中心加大对新技术、新项目的引进和开发力度，推动中心新技术的推广和软件建设不断升级。现拥有一批先进的专科设备：U型臂动态DR数字化X射线、全制动生化分析仪、骨密度检测仪、电子阴道镜、微波治疗仪、产后康复仪（SA9800）、生物反馈电刺激(SA)、弱视矫正仪、彩超仪、经皮黄疸仪、数字心电图机等高新设备。

妇女儿童健康是全民健康的基石，2019年在区政府、区卫健委的正确领导下，坚持新时期卫生与健康工作方针，着力改革创新，总结经验、认清挑战与机遇。“不忘初心、牢记使命”，全方面推进孕产保健部、妇女保健部、儿童保健部、计划生育技术服务部，促进妇女儿童全面发展，推进健康中国建设。

【儿童保健】

2019年，对3542名儿童进行入园健康体检，对39所托幼机构6396名集体儿童进行下沉幼儿园健康体检，体检率94%；做好辖区托幼机构保教人员岗前健康体检工作，保教人员共体检1106人，并发放健康证。以儿童入园体检为契机，创新性开展儿童早期发展；辖区7岁以下儿童27712人，3岁以下儿童12985人；1—12月，全区0～3岁儿童系统管理数16416人，系统管理率90.39%；7岁以下儿童管理人数25165人，管理率90.03%；新生儿访视人数4224人，访视率90.04%。

【孕产保健】

东河区妇幼保健计划生育服务中心和东河区民政局婚姻登记处合署办公，实行婚姻登记与婚检工作“一站式”服务。2019年，登记人数为3230人，婚检人数为2924人，婚检率为90.53%；全年产后42天检查45人，盆底评估33人，盆底康复治疗22人，产后基础项目17人，家庭康复器（阴道哑铃）4个，孕产瑜伽年卡6人，入户访视13人，子宫托放置2人，孕妇学校讲座、活动6次；辖区14个街道办事处，3个乡镇卫生院。早孕建册3415人，早孕建册率94.78%；孕产妇系统管理人数3404人，系统管理率94.24%；完成产后访视3445人，产妇产后访视率95.38%，住院分娩率100%。

【妇女保健、生育技术服务管理】

免费“两癌”筛查，全年乳腺癌筛查2040人，查出乳腺增生296例，乳腺良性结节90 例，乳腺纤维瘤95 例，可疑病例4例，患病总人数485例，患病率24.25%。完成宫颈癌筛查2040人，查出生殖道感染253例，盆腔肿物105例，非典型鳞状细胞(ASCUS)15例，均为炎症病例，低度病变2例，患病总人数360例，患病率25.3%。

【妇幼项目】

增补叶酸预防神经管项目，通过婚检门

诊、社区中心领取，对目标人群免费发放叶酸，2019年发放4074瓶。目标人群增补叶酸知识知晓率90%，叶酸服用率95%，叶酸服用依从率86%；预防艾滋病、梅毒和乙肝母婴传播项目。1—12月，艾滋病病毒检测3135人，HIV抗体阳性1例，检测率100%；接受梅毒检测人数3135人，检出感染孕妇9例，孕产妇干预比例100%，均严格按照传染病管理，送市疾病控制中心随访管理；乙肝表面抗原检查3135人，乙肝表面抗原阳性44例，检测率100%。国家免费孕前优生健康检查项目，2019备孕夫妇免费孕前优生健康检查数目标人数1250人，已完成人数1160人，完成率达92.8%，共检出异常结果342例，发病率29.5%。新生儿先天性心脏病筛查项目工作。东河区妇幼保健计划生育服务中心为新生儿先天性心脏病筛查项目办公室，为各助产医疗机构创建机构账号，并进行指导、监督、管理工作。

【妇幼健康体检】

妇幼保健计生服务中心为从业人员健康体检指定地点，全年对2708名从业人员进行健康体检；对全区妇幼保健计癌及宫颈癌进行筛查，对常见妇女病进行治疗。计划生育服务中心精心安排，组织专业人员对全区38所37987名中小学生进行健康体检。

【扶贫惠民行动】

东河区妇幼保健计划生育服务中心携手社区开展共驻共建活动，为富圣明社区及黄土渠社区妇女进行妇女病免费检查；东河区妇幼保健计划生育服务中心领导走访慰问辖区内60岁农村退役士兵，免费为老人进行身体检查，并送去慰问金以及粮油、牛奶、米面等慰问品，为老兵带去关怀和温暖；东河区妇幼保健计划生育服务中心本着“关爱妇女进机关”的宗旨，走进机关为民政局、教育局、财政局200余名妇女们送去温暖，为妇女职工进行健康体检。

【共享医疗服务】

参加医疗集团，加入包头市蒙医中医医院医疗集团，实现上下联动，资源共享；专家服务基层活动，包头市头市第八医院妇科专家下基层出诊，促进妇幼业务发展。将采用现代化设计理念，临床科、医技科、保健科三大科依次摆开，秉承“关爱女性、呵护儿童”的服务宗旨，为辖区妇女、儿童健康保驾护航。

（王媛媛 供稿）

驻区高校、医院和区属医院

【内蒙古科技大学包头医学院领导名录】

党委书记　　　韩　猛

副书记、院长　阿古拉

【概况】

包头医学院成立于1958年，是新中国在少数民族地区较早建立的一所普通本科高等医学院校，建校当年即招收五年制临床医学专业本科学生。2003年6月，教育部决定包头医学院与包头钢铁学院、包头师范学院合并组建内蒙古科技大学，2005年2月，内蒙古自治区人民政府批准内蒙古科技大学分为三个具有独立法人资格的办学实体，原包头医学院冠名为内蒙古科技大学包头医学院。

学校坐落于内蒙古自治区包头市建设路，有东河、青山两个校区，占地面积70万余平方米，建筑面积30万余平方米。经过60多年的建设和发展，已形成集全日制本科教育、研究生教育、继续教育为一体的办学格局，以医学为主，管理学、理学、法学、文学、教育学多学科协调发展的学科体系。

学校设有研究生院、基础医学与法医学院、公共卫生学院、护理学院、医学技术与麻醉学院、口腔医学院、药学院、中医学院、人文社会科学与外国语学院、马克思主义学院、运动康复学院（体育部）、计算机科学与技术学院、继续教育学院、职业技术学院和全科医学院等15个学院；设临床教学部，有10个临床医学院和1个精神卫生学院。学校有附属医院、教学医院和实习医院共计34所，其中2所为直属附属医院。有预防医学专业实践教学基地21个、药学专业实践教学基地7个、法医学专业实践教学基地10个，还有其他专业实践教学基地31个。

学校面向全国19个省、自治区招生。现有各级各类学生13000余名。学校累计为国家培养了6.5万余名毕业生，大批优秀校友成为医疗卫生事业中的著名专家、学者，为国家和内蒙古自治区经济发展、社会进步做出了重要贡献。

学校开设22个本科专业。有国家级“一流专业”建设点1个，自治区“一流专业”建设点5个。有自治区级品牌专业5个，自治区级重点建设专业2个。预防医学专业是国家级特色专业建设点、教育部本科专业综合改革试点。自1980年开始招收硕士研究生，1985年获批硕士学位授权资格。现有4个硕士学位授权一级学科，4个硕士专业学位授权一级学科，1个硕士学位授权二级学科。

学校有国家临床医学重点专科1个；自治区医疗卫生领先学科5个，自治区医疗卫生重点学科4个；内蒙古自治区高等学校教育系统重点学科4个，内蒙古自治区高等学校教育系统重点培育学科2个。学校建有内蒙古自治区级重点实验室4个，内蒙古自治区医疗卫生系统重点实验室2个，内蒙古自治区高等学校重点实验室2个，内蒙古自治区级实验教学示范中心5个，内蒙古自治区工程研究中心2个、内蒙古自治区工程技术研究中心5个。设有8个内蒙古自治区院士专家工作站和9个包头市院士专家工作站。设有内蒙古自治区基因诊断研究所、内蒙古自治区应用解剖研究所、内蒙古自治区消化病研究所、内蒙古自治区高血压病研究所、内蒙古自治区全科医学培训中心等研究培训机构。

学校近5年，承担国家级科研项目69项，获得全国医学研究生教育成果二等奖1项，自治区教学成果一等奖3项、二等奖6项、三等奖1项。获得内蒙古自治区科学技术进步奖、自然科学奖共计二等奖6项、三等奖10项。获得内蒙古自治区哲学社会科学优秀成果政府奖二等奖1项、三等奖2项。授权发明专利10项，实用新型专利78项。

学校现有专任教师715人，聘请校外教师32人。具有研究生以上学历的专任教师485人，占专任教师总数的67.8%。具有副高级职称的专任教师483人，占专任教师总数的67.6%；具有正高级职称的专任教师77人。博士研究生导师4名，硕士研究生导师337名。享内蒙古自治区高等学校教学名师奖获得者12人、教坛新秀奖获得者10人，内蒙古自治区级教学团队12个。

学校积极开展国际交流与合作，先后与韩国极东大学、澳大利亚拉筹伯大学、英国皇家英格兰外科学院、蒙古国国立医科大学、俄罗斯普里沃尔茨基研究型医科大学、俄罗斯下诺夫哥罗德医学院、奥地利格拉茨大学中草药联合研究中心、美国Gilson公司等国外高校和科研机构建立交流合作关系。

【教学工作】

持续完善教学规章制度体系。全面修订和完善包含人才培养、临床教学活动在内的涉及临床医学教育教学全过程、全方位的规章制度，并汇编成册。

持续推进教育教学研究和改革工作。继续深化“问学、为学、践学”教学专项计划，共立项48项。组织完成自治区教育科学“十三五”规划2019年度课题的申报、评审及推荐工作，一般项目44项、外语专项1项获批。择优推荐6门课程进行自治区在线开放课程建设立项。结合执医资格考试特点，推进考试内容与方法改革。制定了《包头医学院关于切实加强新时代美育工作的实施细则》，推进美育教育工作。

进一步完善临床医学人才培养模式、提高临床教学质量，学校持续深化“院系（院）合一”的临床教育教学管理改革。召开临床教学工作大会，并完善临床实践教学管理制度，对各临床教学环节的管理、各主要教学环节的标准及教学质量的监控做出统一要求，切实优化管理流程，保证临床教学质量的同质化。

建立健全专业动态调整机制，根据行业对人才的需求，优化专业结构，新增儿科学和医学影像技术2个本科专业，停招应用心理学专业。加强专业内涵建设，组织申报新增专业。

研究生培养水平不断提高。制定《包头医院研究生科研创新项目管理办法》《包头医学院研究生参加学术交流管理办法》等制度，加强学生日常管理。加强新增药学学位点建设，遴选5个药学专业学位研究生培养基地。全年共录取256名研究生。

职业教育规范发展。加强护理专业学生执业资格考试的培训、辅导工作，举办护理技能大赛。2019年度护士执业资格考试通过率为94%。2个教学团队获自治区职业院校技能大赛实训教学一等奖和课堂教学三等奖；1个教学团队获全国职业院校技能大赛教学能力比赛二等奖。

【科研工作】

加强学科建设工作。启动学校优势、特色学科和重点建设学科的评选工作，召开口腔学科建设研讨会。

科研管理更规范，科研氛围不断加强。加强科研项目实施过程监督管理，确保科研项目执行效果与经费使用效益持续提升，全年组织结题72项，项目结题率86.7%。不断加强学术氛围营造和学术环境改善，积极开展学术交流与培训活动。全年共举办学术活动或讲座73次。

科研工作再创佳绩。全年共申报各级各类纵向科研课题669项，其中国家级100项，省级课题259项。科研项目资助合同经费总额应为1613.076万元。2019年，学校教师共发表学术论文527篇，其中，在核心期刊学术杂志上发表学术论文105篇，SCI收录学术杂志发表论文35篇，CPCI收录1篇。获内蒙古自治区自然科学奖二等奖1项，三等奖1项，内蒙古自治区科技进步奖二等2项，三等奖1项，共计5项。

加强科研平台建设，获批2个内蒙古自治区高等学校重点实验室。继续实施“包头医学院科学研究基金”资助工作，包头医学院科学研究基金共资助各类项目99项，投入经费87.8万元。“扬帆计划”升级为内蒙古自然科学基金联合基金面上项目。

【师资队伍建设】

人才引进工作有突破。制定《包头医学院高层次人才引进实施办法》，修订完善校领导联系高层次人才制度。柔性引进工程院院士1名，6名在读博士返校工作。赴中国人民大学、中国科学院大学参加内蒙古专场招聘会，成功引进38人。组织实施学校自主公开招聘工作，招聘各类人员169名。

制定“五定”方案，对现有内设机构、人员编制和编制结构以及领导职数进行重新核定，保证学校机构编制设置的合理性。积极筹措资金，确保按岗位兑现待遇。完成两批职称评审工作。选送教师到国内外高校或研究院所学习培训75人次。学校教师获自治区第十一届高等学校青年教师教学技能比赛中获一等奖2项，三等奖1项；在第九届全国医学院校青年教师教学基本功比赛中获三等奖。

【学生工作】

依托开学典礼、学雷锋纪念日、“五四”青年节等重要时间节点，加强党史国情、革命传统、校史校情、理想信念和社会主义核心价值观教育，引导广大学生树立正确的世界观、人生观和价值观，深入培育和践行社会主义核心价值观。加强国防教育，开展新生军训工作，积极推进大学生应征入伍工作，有30名学生应征入伍。

加强学风建设，把考风建设和加强校风、教风、学风建设与培养学生诚实守信品质和求真务实的学风结合起来。

关注学生心理健康，做好心理健康教育工作。在宿舍区首次建成并投入使用3个二级心理辅导站。完成新生心理健康普查和其他年级学生心理危机排查工作，并做好预警学生的档案动态管理。全年完成心理危机干预16例。组织开展各级各类团体辅导52次。做好日常心理咨询管理工作，完成个体咨询服务200余人次。

加强学工队伍建设，提升学生工作人员能力素质。加强辅导员队伍建设，修订《包头医学院辅导员能力提升工作方案》《辅导员值班制度》等制度，配齐配强辅导员，辅导员人数达到教育部要求师生比1∶200的配备要求。持续推行辅导员进公寓制度，学校公寓内共设立9个“辅导员办公室”、3个“辅导员值班室”、3个“辅导员工作坊”。学生工作处被教育厅评为学生工作先进集体。

生源质量明显提高。学校面向18个省、自治区招生，2019年，15个医学类专业全部实现一本批次招生。制定完善《包头医学院招生章程》《包头医学院毕业生就业工作实施细则》等规章制度。建立“一站式柜台”服务窗口和“首问必答、疑问必释、有问必果”的工作负责制；举办学校第一届职业生涯规划大赛。通过校园招聘会、邀请用人单位进校招聘等多种途径，提高学生就业率，就业率72.6%。建成学校第一个大学生创新创业实践训练平台—青创驿站。开设《创业基础》公共必修课，激发学生的创新创业意识。在第五届全区“互联网+”大学生创新创业大赛中，1件作品获得铜奖。

【附属医院】

两所直属附属医院严格执行党委领导下的院长负责制，实行重大事项集体决策制度和责任追究制度，不断完善现代医院管理制度建设，全面贯彻落实公立医院改革的各项任务。

两所附属医院通过定期下派医师坐诊、免费开展手术、指导护理工作、接收基层进修医师进行系统培训等方式深入的推进医联体工作，形成上下联动、优势互补、资源共享的运行机制，切实为基层百姓服务。认真落实健康包头行动，实施包括白内障筛查及手术、先天性唇腭裂救助行动等7个板块，通过开展义诊、派驻医师，组织巡诊讲座及培训等方式深入开展帮扶行动。

第一附属医院建立健全医院病历质量管理机制，完善医院“三级”病历质量控制体系。落实责任制整体护理工作模式，建立护士岗位责任制。国际医院建设稳步推进，门诊楼、病房楼二次砌筑已经全部完成。

第二附属医院成立血液科、营养科、危重孕产妇和新生儿急救中心；新建中国医学科学院整形外科马继光教授整形美容团队工作站；与上海东方医院合作成立胆石中心。顺利通过中国高血压中心认证，成为中国首批内蒙古自治区消化内镜中心认证示范单位、中国医师协会内镜保胆培训基地、消化疾病防治内蒙古自治区工程研究中心。是内蒙古自治区全国首批小儿推拿服务认证机构，中国小儿推拿标准化建设与认证委员会（HQCC）副主任委员单位。

（丁文琦 供稿）

【包头市中心医院领导名录】

院长　　胡　江

【概况】

包头市中心医院创建于1942年（曾用名官

立包头医院、包头市立医院、绥远省立包头医院、绥远省立人民医院、包头市立人民医院、包头市第二医院），是包头历史上第一所地方性综合医院。医院是集医疗、教学、科研、预防保健、康复于一体的综合性三级甲等医院。是内蒙古医科大学包头临床医学院，包头医学院中心临床医院，同济大学教学医院，国家住院医师规范化培训基地。获“全国百佳医院”“全国卫生系统先进集体”称号；获首批“全国百姓放心示范医院”。

医院占地面积7.3万平方米，建筑面积13.7万平方米。自治区卫健委核定编制床位1300张，实际开放床位1592张。设临床科室43个，医技科室20个，行政职能科室25个。在职职工2219名，在编人员962人，专业技术人员1950名，正高级职称207名，副高级职称343名，教授15名，博士生导师3名，硕士生导师51名，博士后及在站人员6人，博士30人，在读博士17名，硕士267名，访问学者42名（其中，西部之光访问学者5名）。享受国务院政府特殊津贴专家5人，二级主任医师5名，卫生和计划生育委员会突出贡献专家2人，自治区突出贡献专家5人，“草原英才创新团队”2个，“草原英才”3人；“鹿城英才”产业创新团队1个，“鹿城英才”12人；自治区“新世纪321人才工程”人选6人，“包头名医人才培养工程”人选18人；包头市“优秀科技团队”1个，包头市“创新争先优秀人才”1人，包头市优秀科技工作者1人。

全年门急诊692757万人次，入院47307人次，出院47459人次。治愈好转率97.2%，病床使用率75.1%（85%～93%），平均住院日9.1天，病床周转30次；实际占用总床日数450137次，危重病人抢救5948人次，入出院诊断符合率99.6%，出院患者手术占比25.21%，日间手术占择期手术比例7.68%，微创手术占比41.16%，四级手术占比25.1%，耗占比23.59%。全院药占比29.34%，基药占比42.12%。

【学科建设】

医院是国家药物临床试验机构，国际紧急救援中心网络医院，中国卒中区域培训和质控示范中心，国家卫健委脑卒中筛查与防治基地，国家高级卒中中心、国家胸痛中心，中国早孕期超声筛查多中心临床研究中心。有内蒙古自治区党委组织部、科学技术厅、科学技术协会批准建立的院士工作站5个，院士合作中心2个。与同济大学医学院合作建立了同济大学医学院——包头市中心医院博士后科研工作站。中国急性心肌梗死规范化救治项目内蒙古救治协作中心，内蒙古自治区卫健委（原卫计委）高级卒中中心，自治区紧急医学救援中心，自治区首批创伤救治中心建设单位和副理事单位，海峡两岸医药卫生交流协会内蒙古肿瘤防治基地，国家胸痛中心包头胸痛中心联盟委员会主席单位，同济大学东方转化医学——包头市转化医学联合研究中心，同济大学介入血管研究所——包头市中心医院合作中心，上海交通大学医学院——翼然泌尿外科教育基金包头医生培训基地，华北地区神经系统疑难病会诊中心内蒙古站，北京市消化疾病中心包头基地，西门子——包头市中心医院医学影像培训中心。

有国家临床重点专科神经内科，内蒙古自治区医学领先学科神经内科学、康复医学。有内蒙古自治区医学重点学科心血管内科学、放射肿瘤学、医学影像学。有自治区级研究中心：内蒙古自治区神经系统疾病临床医学研究中心、内蒙古自治区转化医学工程研究中心和内蒙古自治区医学云影像人工智能工程技术研究中心。有临床科研机构：内蒙古脑血管病研究所、包头市转化医学中心、包头市心血管病研究所、包头医学院神经病学研究所、包头医学院肿瘤防治研究所、包头医学院医学影像研究所、包头医学院转化医学中心。有包头市临床医学领先学科：神经内科学、心血管内科学、妇科学、麻醉学。有包头市临床医学重点学科：肾脏内科学、泌尿外科学、医学影像学、普通外科学、儿科学、放射肿瘤学、神经外科学、心脏外科学。有各级医疗质量控制中心：卫健委脑卒中省级质量控制中心、内蒙古自治区神经内科质控中心、包头市神经内科学专业质量控制中心、包头市康复医学专业质量控制中心、包头市重症医学专业质量控制中心、包头市医院感染管理质量控制中心、包头市医学影像学专业质量联合控制中心、包头市护理学专业质量联合控制中心、包头市麻醉学质量联合控制中心。

【先进设备】

医院拥有全国首台超高端德国西门子开源CT机，炫速双源CT机、美国GE宝石能谱CT、64排增强CT机、16排SPET-CT、回旋加速器、西门子PRIMUS直线加速器、大孔径Open定位CT、1.5T和3.0T磁共振机、西门子数字X光机、意大利数字胃肠机，西门子大型数字血管减影机、体外自动化诊断系统、3D腹腔镜、菲利浦血管机等1300余台（件）高精尖设备。

【运营管理】

全年门急诊692757万人次，同比增加47289人次，增长7.3%。出院47459人次，同比减少3095人次，下降6.1%。出院患者手术人数11966人，治愈好转率97.2%，同比增加0.6%。病床使用率75.1%（85%～93%），同比下降5.8%。平均住院日9.1天（<9天），同比下降0.13天。病床周转30次（>19次/年），同比下降1.9次。实际占用总床日数450137次，同比下降6.7%。危重病人抢救5948人次，同比下降25%。入出院诊断符合率99.6%，同比增长3.9%。出院患者占比25.21%，同比增加1.4%。日间手术占择期手术比例7.68%，同比增加2.56%；微创手术占比41.16%，同比增加0.76%；四级手术占比25.1%，同比增加0.56%。特需医疗服务量占比1.02%，同比增加0.08%。手术患者并发症发生率0.16%，同比下降0.74%。I类切口手术部位感染率0.08%，同比增加0.01%。低风险组病例死亡率0.05%，同比下降0.01%。进入临床路径人数38197人次，入组率95.53%，完成人数36339人次，完成率95.14%。日间手术515例，耗占比23.59%，同比下降0.41%。全院药占比29.34%，同比增加0.09%；基药占比42.12%，同比增加2.7%。

【医疗管理质量】

医院在改善医疗服务行动工作中获得多项表彰、奖励。在内蒙古医院协会第三届第三次会员代表大会暨医院院长高峰论坛上，共荣获9个奖项，其中，4项标杆医院奖、2项标杆科室奖、3项优秀个人奖。8月16－18日，在2019年“中国医师节”庆祝大会暨第三届中国医学人文大会上，宁养院被授予“人文爱心科室”称号。11月14日，在2019全国医院擂台赛（城市类）华北赛区比赛中，包头市中心医院在推进分级诊疗制度建设和优化急诊急救服务主题中分别获得“优秀案例”奖和“最具价值案例”奖。

【教学工作】

全年招收住培学员54名，参加国家住培结业考试学员29名，承办自治区卫健委举办的自治区级首次放射专业住培师资培训班。医院教改项目《内蒙古地区“5+3”培养模式下临床专业学位硕士研究生科研能力现状分析》，获批2019年包头医学院“问学计划”“为学计划”“践学计划”研究项目立项和资助。获内蒙古医科大学第四届临床教师岗位胜任力竞赛个人全员三等奖、高级职称组团体三等奖、中级职称组团体三等奖。获内蒙古医科大学第九届本科生临床技能竞赛个人单项一等奖1项、二等奖3项、三等奖6项，团体一等奖1项、三等奖2项。获包头医学院第三届本科临床学生技能竞赛个人单项一等奖1项、团体二等奖1项。在全国医学影像技术专业及相关专业在校生（含研究生、本、专科学生）创新论坛上，获本次大赛一等奖和优秀奖，孙凯教授荣获优秀指导教师奖。被内蒙古医科大学评为“新时代教师楷模”1人、“师德模范”23人。被包头医学院评为“优秀辅导员”1人、“优秀教育工作者”1人、“优秀教师”1人、“师德先进个人”1人。继续医学教育不断规范，获批国家级继续医学教育项目1项、自治区级继续医学教育项目73项、包头市级继续医学教育项目90项。完成了技能中心扩建工作，面积扩大一倍多，达1500余平方米，可满足日常技能培训和各项技能考核。

【科研工作】

制定《关于科研经费管理实施细则的通知（修订）》《关于包头市中心医院专项经费管理使用办法（试行）》《科研经费管理政策汇编》。全年获批国家自然科学基金项目1项，获批内蒙古自治区自然科学基金项目5项，获批内蒙古自治区创新引导奖励资金项目2项，内蒙古医科大学“科技百万工程”项目3项，获批包头市医药卫生基金科技计划项目17项。获批内蒙古自治区医学会科学技术奖二等奖2项、三等奖3项；发表各级论文共计142篇，其中SCI收录12篇、统计源期刊15篇；获批专利3项。

【人才培养】

全年参加省级以上师资培训班117人次，选送9人参加北京宣武医院举办的第十一届全国青年教师骨干高级研修班，选送14人参加内蒙古医科大学第四届师资培训班，选送3名优秀的医务人员赴意大利学习研修。

（办公室 供稿）

【包头市第三医院（包头市传染病医院）领导名录】

书　　记　　闫俊萍
院　　长　　刘国亭
纪委书记　　戴纪强
副 院 长　　黄连成
　　　　　　曹宇环
　　　　　　贾小青

【概况】

包头市第三医院、包头市传染病医院是内蒙古西部地区较大的一所以治疗骨科、肺科及各类传染病为主的三甲专科医院。医骨外科学、临床传染病学、结核病学是包头市的医学重点学科。建院50多年以来，已发展成为以治疗骨科、肺科、肝病科、性病科及各类传染性疾病为主，集综合内科、综合外科及骨伤科为配套的小综合、大专科性三甲专科医院。同时是包头市城镇职工医疗保险定点医院、包头市工伤保险定点医疗机构、包头市新型农村牧区医疗定点医疗机构、呼和浩特铁路局职工医疗保险定点医疗机构、包头市道路交通事故医疗救治绿色通道网络医院、百姓明明白白看病放心医院、中国人寿保险股份有限公司包头分公司定点医院、包头医学院传染病教学医院、北京佑安医院医疗联盟单位和解放军309医院、北京安贞医院协作单位，包头市精神文明建设标兵单位、内蒙古自治区文明单位。

医院设置床位530张，医院在册职工365人，实际在岗（包括合同聘用）655人。其中，正高级职称39人、副高级职称88人、中级122人、初级345人、管理人员38人、工勤人员23人。

包头市第三医院、包头市传染病医院同属一个医院，挂两个牌子，其特点是“一院两地”。即传染病医院位于东河区康复路，以治疗肺部疾病、肝病、性病和各类传染病为主，是全市唯一指定的传染病医院。拥有临床科室

6个、医技科室4个，行政职能科室20个，建院50多年来在自治区西部地区享有很高的声誉。骨科住院部位于东河区较为繁华的地段西门大街17号，人群密集，交通便利，病人就医方便，设临床、医技等17个科室。形成以治疗骨科疾病为主，集综合外科、综合内科、中医、针灸门诊等科室为一体的小综合、大专科性的医院。

【医疗服务】

强化传染病防控，确保区域卫生安全。11月12日，锡林郭勒盟确诊两例鼠疫病案，作为全市传染病专科医院，在得知此消息后，立刻开展对鼠疫防控的全员培训，并在医师工作群内适时更新相关报道和学习资料。11月19日，开展鼠疫防控的应急演练，加强日常监控，严密检查门诊患者体温和症状。主要领导亲自抓、负总责，分管领导具体抓、抓落实，把各项任务落到实处。

【信息化建设】

加强信息化建设，便利患者就医流程。医院预约门诊微信、网络、电话等平台于当年均投入使用，并与“鹿城365 ”公众平台对接完成。5月，于门诊大厅投放放射、检验检查自助设备，提升患者的就医体验。

【强化服务理念】

转变医疗服务理念，提升患者就医感受。不断深化“三好一满意”活动、创建“平安医院”及“规范化优质护理服务病房”等活动。开展护理礼仪知识培训、护理礼仪提升座谈会、护理礼仪与临床实践结合演习等系列活动，使护理工作朝着规范化、科学化方向不断迈进。

开展日间手术，将一些小手术患者住院治疗过程缩减到一天内完成，大大降低患者的医疗费用。鼓励各科室开展温馨服务，建立住院患者、出院患者微信群，及时与患者交流沟通，开创有科室特色的优质护理。为降低患者再次入院率，积极开展个性化健康教育，由护理人员录制健康宣教小视频，通过新媒体手段，使患者对自身疾病的恢复和保健有更直观的了解，受到广大患者的好评。提供志愿导医导诊陪检陪诊服务，并对导医导诊进行手语培训，拓宽服务途径，为患者营造舒畅、温馨的诊疗环境。录制健康教育微视频，发布到公众号或者患者微信群中，使广大患者能够更直观地了解疾病的预防、治疗及保健知识。

【公益活动】

落实健康包头行动，持续推进对口帮扶工作。7月中旬，由院长刘国亭亲自带队，携院内专家先后到对口支援的固阳县金山镇忽鸡沟卫生院及土默特右旗医院，开展现场调研及支援洽谈活动。根据卫生院医疗设备及人员较缺乏的现状，协作初期通过定期派驻中医专家，发挥市第三医院中医领域的特长，带动卫生院中医水平的发展提升，同时根据卫生院的需求，加大帮扶力度，在人员到院进修、科室建设指导、医院管理培训等方面给予大力支持，持续推动进卫生院医疗水平的改善提高，改变当地群众跨地求医的“看病难”现状。同时与土右旗医院领导班子及相关科室部门负责人进行对口支援洽谈。确定市第三医院将积极支持土右旗医院专科建设发展思路，并在三甲医院创建上下派人员给予技术指导，加强双方沟通联系，进一步提升专科水平。

积极履行公立医院社会义务，热心公益事业。积极开展服务百姓健康义诊活动，党员进社区志愿服务活动，送医送药下乡义诊活动、健康包头行动、博爱一日捐活动等公益性活动。被授予“公益项目爱心医院”称号。积极参与精准扶贫工作，帮扶固阳县银号镇东元永村，8月，组织全体党员职工购买东元永村价值3325元的南瓜、玉米等农产品。

【医院荣誉】

包头市第三医院获“复星长征杯”全国结

核病宣教优秀作品优秀组织奖。徐敏获中华护理学会优秀微视频科普作品三等奖；贾志东获“复星长征杯”全国结核病宣教优秀作品个人优秀奖；李咏慧获“复星长征杯”全国结核病宣教优秀作品个人入围奖；孙丽琴获“复星长征杯”全国结核病宣教优秀作品个人入围奖。谢建伟获“内蒙古好护士”称号。霍伟立获包头市“最美健康守护人”称号。王彩虹获2018鹿城最美医师称号。王德步、胡长宇获包头市人民好医师称号，王志强获内蒙古优秀医师称号。

（李润 供稿）

【包头市蒙医中医医院领导名录】

党委书记　　　　　　王京宝

副书记、副院长

　　　　吴喜德(蒙古族，主持行政工作)

纪委书记、副院长　　李海龙

【概况】

包头市蒙医中医医院（原名包头市工人医院）始建于1951年，是包头市最早成立医院之一，后经多次易名，1988年更为现名，迁址至东河区工业路157号（现东河院）。2014年7月，整体接收位于稀土高新区滨河新区万水泉南路原石拐矿务局医院。2003年，被评为“三级甲等中医医院”，2013年通过民族医三级甲等综合医院评审。医院分东河院与滨河院，总占地面积7.3万平方米（东河院2.8万平方米、滨河院4.5万平方米），建筑面积4.1万平方米（东河院2.3万平方米、滨河院1.8万平方米）。实际开放床位704张（东河院532张，滨河院172张）。滨河院“二期”工程新增建筑面积5.5万平方米，总建筑面积达到9.6万平方米，总床位达900张。

2019年，全年业务收入1.86亿元，其中，门诊收入6591万元。西（成）药占比24.32%。住院患者次均费用9410元，其中，异地患者1661人。手术例数2759例。

【医政管理】

发展远程医疗。与国际蒙医医院、内蒙古医院开通远程平台，先后组织47次远程课程学习，并组织4例疑难病例会诊。同时，针对医联体单位，建立院内远程会诊专家库，指导基层业务开展。强化护理管理。加强蒙中医专科护理建设，各科室开展传统技术不少于8项，所有住院病人必须有蒙中医护理操作。2019年，各有1名护士在中医药学会、中华护理学会举办护理技能比赛中获奖，2名护士获得包头市护理技能比赛第三名，院内开展“民族医护理技术推广南丁格尔志愿服务工作”，被中国民族医药学会评为“成就突出集体荣誉”等。

【蒙中医发展】

经多方努力，自治区唯一入选“全国名老中医药传承专家”蒙医专家黄志刚教授，建立“名医工作室”。历时三年，出版《常见蒙药药用植物》一书，收集整理61科201种蒙药植物，全面反映包头市及周边地区蒙药野生生长情况。蒙医脑病科引进“宫氏脑针疗法”，针对脑出血、帕金森、面神经麻痹等疑难杂症进行治疗，吸引蒙古国及周边省市患者就诊。面向社会招募100名脑瘫儿童，开展免费脑针治疗活动。中医整脊科邀请国内知名“整脊”专家，开展颈、胸、腰脊柱疾病治疗。制定《院内制剂鼓励政策》，开展“单剂”等个体化服务。按“区域制剂中心标准”改造升级内部设施，并将实行企业化管理，扩大制剂使用范围。

【科教研工作】

国家中医住培基地验收工作，迎接国家中医住培基地验收是医院2019年重点工作，先后投入近百万元，改善基础教学条件，强化师资队伍建设，完善内部管理，提高学员待遇等，全面系统进行整改，取得明显成效，受到专家一致好评。

学术创新，获批自治区科研项目1项。组织申报包头市第二批老蒙中医药学术传承指导老师5人。申报国家蒙中医药传统技能传承人1人。

重点学科建设，蒙医皮肤科、中医针灸推拿科获准为自治区特色优势重点专科。蒙医康复科、中医治未病科、蒙医疗术科通过自治区特色优势重点专科评审验收。

【公益活动】

对口帮扶工作。免费为达茂旗蒙医医院、固阳县中蒙医院等4家基层医院开展远程心电服务，共检查患者5711人次，减免费用60万元。专家服务基层和家庭医生签约服务。组织专家20次深入基层，进行帮扶、义诊和指导工作。为东河区两家卫生服务中心进行蒙中医馆装修。蒙医针灸推拿科配合东河区铁西社区服务中心，为社区内居民提供团队签约服务等。精准扶贫，安排专人常年蹲点驻守帮扶固阳县扶贫村。经常深入“五联五帮”帮扶点固阳县协和义村开展健康义诊活动，为帮扶户送去近万元的药品和物资。

（王杰 供稿）

【包头市第六医院领导名录】

党总支书记	普启光（满族）
院　长	吴纛旗
副院长	刘永立（满族）
	王东明
	全瑞国（8月离职）

【概况】

包头市第六医院始建于1950年，是包头市唯一一所市级精神疾病三级专科医院，承担包头市精神疾病医疗、预防、教学、科研、严重精神障碍管理、“110”报警精神病患者、“三无”流浪乞讨患者、肇事肇祸精神病患者救治任务。2004年成为包头医学院教学医院。2017年，与包头医学院合作成立包头医学院附属包头市第六医院、包头医学院精神卫生学院。2018年，医院晋升为三级精神病专科医院。

医院占地面积2.2万平方米，建筑面积2.01万平方米；固定资产0.3亿元；开放床位425张；年平均门诊量近10.44万人次，年住院0.4万人次。内设8个临床科室，11个医技科室。现有正式职工146人（外聘176），专业技术人员289人（其中，正高15人，副高28人，硕士10人）。

医院现设有心境障碍科、儿童青少年心理科、心理康复科、急性精神科（重症精神科）、药物依赖科（戒毒治疗科）、老年精神科、综合科、临床心理科等8个临床科室。为适应精神医学快速发展的需要，正在筹建包头市睡眠治疗中心、包头市心理危机研究与干预中心及老年精神病学科。2016年，完成医院病房楼17000平方米改扩建任务。2018年，完成医院门诊楼、心理康复楼装修项目。

全年门急诊人次104442人次，出院3942人次，实际占床日121003床日，平均住院日31天，床位使用率95.81%，床位周转次数11.39次，门诊次均费用268元，人均住院费用13544元。总收入突破10338.21万元，实现业务收入8141.60万元，较上年同期降低0.96%。药品收入2725.59万元，较上年同期提高15.03%；药占比26.36%，较上年降低3.49%。

【创新服务模式】

持续改善群众就医体验，构建和谐医患关系。为方便老年人就诊，为老年人提供快速、有序、安全、畅通的诊疗服务，开通“老年人就医便利绿色通道”。为方便患者就诊，减少等待时间，增加门诊诊室和门诊医生的出诊频次。针对门诊患者实际情况，医院增设方便门诊，满足群众就医买药需求；实施无假日专家门诊，为患者提供优质诊疗服务；继续保持急诊“绿色通道”，坚持“先诊疗、后付费”的原则，确保精神科危重患者能够得到及时有效的治疗。持续推进同级医院检查检验结果互认，为患者减少不必要的检查和减轻经济负担。对各旗县区的特殊患者，开展入户残疾评定，打通便民服务的“最后一公里”。

【优化护理】

继续推行责任制整体护理服务模式，打造有精神科专科特色的优质护理服务模式——根据科室收治患者的特点打造分级开放、个体化开放的管理模式。进一步完善MECT治疗（电休克治疗）前后护理和检查流程，完善患者转交接制度，新增护理警示标识，确保患者身份识别的准确性。充分突出精神病专科临床护理服务特色，对患者及家属开展个性化的健康教育，促进患者功能恢复,提高护理服务质量和效率。为更好地推行优质护理服务，医院在各病区外布置探视区，给患者及家属提供一个温馨轻松的交流空间；改善住院服务流程，实现住院全程服务工作。患者入院时均进行住院告知、探视陪护告知签字；对危重患者及行动不便的患者均有医护人员护送陪检；转院、转科患者均有信息登记、交接。

【智慧医疗服务】

为进一步推动医疗服务高质量发展，不断增强群众获得感、幸福感和安全感，积极探索医疗服务新模式，加强智慧医疗建设，方便百姓看病就医。根据门急诊患者病种排序及其常规诊查流程，合理分布各专业诊室，分楼层设置候诊室，有效引导和分流患者，挂号、划价、收费、取药等服务。在门诊大厅、检查检验等人流密集区域为患者提供饮水、应急电话、轮椅、座椅、纸笔等便民设施，诊疗区域设置舒适的候诊区；就诊区域设置建筑平面图、科室分布图，指示标识清晰明了。为危险、易燃、易爆、有毒有害物品和放射源等设置醒目的安全警示。做好就诊区域环境卫生整治，加强卫生间等基础环境管理，保持干净、整洁、安全、舒适。

【严重精神障碍患者管理】

加大严重精神障碍管理治疗工作培训力度，举办包头市严重精神障碍信息系统三期培训——《严重精神障碍管理治理工作规范》和“精神卫生综合管理试点工作评估”培训，全市10个旗县区相关工作人员参加培训，强化项目质控和工作督导，医院领导亲自带队，对全市10个旗县区精神卫生综合管理工作开展工作督导和现场质控检查并进行中期及年终考核工作。全市严重精神障碍患者管理率已达到国家要求标准。通过对基层医疗卫生单位重性精神疾病健康管理工作考核，促进全市重性精神障碍管理措施落到实处。加强点对点帮扶工作。已为215个基层医疗机构开展点对点技术指导。为有需求的基层医疗机构提供专业技术服务。精神科医生在诊断、复核诊断的同时，为社区医生提供一对一的随访技术指导，开展家属护理教育，普及精神卫生知识的同时提高患者家属的监管能力、改善患者的生活质量。

【社会心理服务体系建设试点】

医院承办全市社会心理服务体系建设试点工作启动会。市级和旗县区级政法委、卫健委、宣传部、教育局、公安局、民政局、司法局、财政局、信访局、残联10部门参加启动会。开展的全人群心理健康状况现场调查工作和国家健康扶贫动态监测数据的比对。30个村（居）委会抽样框表统计工作。完成第一阶段常住居民的入户、第二阶段定式临床访谈工作。完成土右旗、固阳县、达茂旗3个旗县区66名贫困患者在国家健康扶贫动态监测数据与国家严重精神障碍信息系统患者信息的比对。

【学科建设】

根据精神医学发展方向和医院实际情况，针对没有市级领先（重点）学科的现状，于2019年设立学科建设工作领导小组。参照《内蒙古自治区医疗卫生领先（重点）学科评审标准》（2015年版），准备申报精神卫生学专业为市级领先（重点）学科，通过专题会议确定精神卫生学学科带头人，并着力打造几个院内重点亚专科。制定重点学科建设的时间表、路线图，开展工作，为争创市级领先（重点）学科奠定基础。为提升医院医技人才的整体水平，加强人才队伍建设，于2019年连续出台引进人才的相关文件，《关于包头市第六医院高层次人才引进办法（试行）的通知》《关于包头市第六医院人才引进培养选拔实施方案的通知》《关于包头市第六医院“十三五”后期人才培养规划的通知》。积极引进人才，尤其是精神医学专科高端人才，为医院的发展储备力量，为重点学科建设奠定坚实基础。市卫健委高度重视学科建设，拨付学科建设专项经费45万元。同时准备把老年精神病科、抑郁治疗中心作为院内重点学科，逐步实现“院有专科、科有专病、病有专治、治有专方”，逐步实现特色学科优势明显、专业技术精湛、具有良好社会影响力的包头市精神卫生中心知名服务特色品牌。

【继续教育】

连续三年举办精神科医师转岗培训工作，2019年为全市培训学员7人，有效缓解社区、基层精神科医师短缺的现状，为做好社区精神卫生事业做出三级医院应有的贡献。还承担包头医学院第一附属医院全科住院医师规范化培训任务。作为协同基地，抓住机遇，不断加强各级教师教学技能的培养、教师素养的提升。严格按照住院医师规范化培训要求，加强学员的精神医学基础知识、临床技能知识的学习，满足全科医学生培训的基本要求。完成23名全科医学生学员的培训任务。采取请进来、走出去及远程医学教育等形式抓好继续医学教育。选派多名医务人员参加全国多个精神科进修及培训。同时邀请北京市、山西省等地的知名精神科专家王传跃、孙俊伟、王雪花等进行专题讲座、病历点评、教学查房。开展远程医疗活动，通过远程视频开展专题讲座和诊疗案例教学。通过培训对医院新技术、新业务的开展和人才培养起到积极的促进作用。全年医院承担自治区级继续教育项目22项，自治区、包头市医学会继续教育项目各11项，继续教育完成率100%；申请继续教育项目27项。

【科研教学】

2019年6月，专家组在赵云山、崔成立的带领下，到医院进行调研，并于7月15日医学院正式移交精神医学本科生管理工作，全面开启精神医学本科教育的新征程。按照医学院的要求，设立教育教学管理机构。以包头医学院迎接国家临床医学专业认证为契机，按标准建设教育设施、设备，培训教师教学技能，规范临床本科医学教学活动。为持续提升科研水平，医院制定科研论文奖励办法，加大奖励力度，提升临床医师做科研的积极性，促进科研开发数量及质量，逐步提升医院科研水平。全年共申报4项市级科研，获批1项。组织往年3项科研资料，全部完成结题工作。在教学科研方面，完成“精神医学教学质量提升实践”的教学科研项目，共发表医学论文24篇。

【健康教育】

通过线上、线下相结合的方式广泛宣传精神卫生、心理健康及健康教育相关知识。利用“世界睡眠日”“全国助残日”“爱警周”“世界精神卫生日”等开展义诊和健康宣教活动。制作MG动画作品《心理健康素养十条》，在全市872台公交车，1744块屏幕播出，全天播出量达13万次。通过包头广播电视台经济频道《健康桥》栏目播出8期心理、睡眠相关知识节目。通过网站、微信公众号等方式发布健康教育相关知识，并录制心理健康、亲子关系等系列小视频，发布至公众号，提升群众对健康教育的知晓度。组织义诊6次、心理健康巡讲30次。涉及学校、幼儿园、自闭症机构、养老机构、社区、办事处、司法局、执法局等各个机构。心理健康巡讲主题包括心理减压与调试、改善睡眠、家庭婚姻及亲子关系、师生关系、高考前心理调适等，针对不同人群制定个性化心理服务。讲座结束后，为有需求的群众开展免费一对一心理咨询。

【文化建设】

文化建设不仅有助于医院自身品质的提升，更重要的是可以增强医院的发展潜力。组织“健康生活·快乐工作”为主题的系列职工活动，每日清晨组织“早锻炼”，每周五下午的“舞动健康”等活动，以不同形式丰富职工的文化生活。1月30日、10月10日分别为患者举办主题生日会。春节期间组织医护人员及患者共同布置病房，营造欢乐过年气氛。组织医院职工为患者包饺子、并送患者新衣，营造医患和谐氛围，加强医患沟通，增进医患感情交流。深入社区开展学雷锋活动。组织党员到包头市革命陵园，缅怀革命先烈。组织党员到爱国教育基地——福徵寺（又称包头召），进一步激励广大党员干部职工坚定理想信念、凝心聚力，发挥战斗堡垒和先锋模范作用。医师节、护士节开展表彰大会，进一步激发职工爱岗敬业的精神。组织职工参加由包头市卫生健康委员会主办的庆祝中华人民共和国成立70周年包头市卫生健康系统文艺展演暨好医师表彰活动，表演大合唱，丰富职工生活。举办庆祝中华人民共和国成立70周年文艺会演。组织康复患者代表参加市残联“我和祖国共荣光”主题朗诵活动。组织医院退休职工回院参观改扩建后的院容院貌。

（年佳乐 供稿）

【包头市第八医院领导名录】

党委书记	马燕飞（女）
院　长	杨志刚
副院长	陈　勇
纪委书记、工会主席	闫　英
副院长	姚炎燚
总会计师	黄晓红
副院长	辛向阳
	史占华
院长助理	效亚力
	周　斌
	邢利清

【概况】

包头市第八医院（原包头铁路医院），是一所集医疗、预防、科研、教学、院前救治为一体的三级整形外科专科医院。医院占地面积4.1万平方米，建筑面积近2.8万平方米，正在建设中的改扩建住院医技楼和老年养护楼项目占地面积约0.85万平方米，建筑面积约6.3万平方米。医院编制病床位700张，实际设置床位545张。医院核定编制601人，在编人员498人，合同聘用343人；其中，博士1名，硕士41名，本科538名，专科及以下261名；正高级职称87名，副高级职称144名，中级职称122名，中级以下371名。各专业人员：医疗284名，护理362名，药剂34名，检验22名，技师22名。医院设有职能科室25个，临床科室29个，并设有CCU、RICU、NICU重症监护病房；医技辅助科室8个；健康管理中心1个；医院下辖社区卫生服务中心2个、社区卫生服务站6个、卫生所2个、医务室1个。

医院拥有德国西门子Force开源CT、GE Discovery IGS 730智能机器人、美国通用电气公司高场超导二代光纤1.5T磁共振仪、德国蔡司全飞秒屈光手术系统等先进大型医用设备，以及法国鹰演全身扫描功能诊断仪、动脉硬化检测仪、数字热成像系统等高端健康管理设备。

医院与北京协和医院、北京大学第三医院、中南大学湘雅医院、首都医科大学附属北京天坛医院、天津市环湖医院、首都医科大学附属北京安贞医院等医院有业务交流，医院建立两个名医工作站，分别为北京协和医院妇产科向阳名医工作站，北京协和医院泌尿外科纪志刚名医工作站。医院牵头与驻区12家基层医疗卫生单位、石拐区3家基层医疗卫生单位组建成立包头市第八医院城市医疗集团，启动分级诊疗工作。

医院是自治区文明单位标兵，被中国医院协会授予全国百姓放心示范医院称号，被原国家卫计委授予爱婴医院称号。是包头市城镇职工、居民、工伤医疗保险定点医院、呼和浩特铁路局职工、工伤医疗保险定点医院、包头市120急救指挥中心分站、内蒙古自治区助理全科医生培训基地、内蒙古自治区住院医师规范化培训专业基地。

医院院内重点学科为耳鼻喉科、整形美容科、神经外科，医院优势学科为妇产科、心血管内科、骨科、泌尿外科，医院特色学科为健康管理中心。

医院院训为仁爱、精业、惠民。医院服务理念为严谨、规范、诚信、奉献。医院办院宗旨为尚医德、精技术、廉价格、惠百姓。医院发展思路为一体三翼，即以医疗为主体，以科研、教学、健康管理为三翼，以打造名医、名科、名院为发展战略，建设成为在包头市有影响力的、有示范作用的三级专科医院。

【荣誉称号】

2019年7月5日，由《中国医院院长》杂志主办的第七届中国市县医院论坛“星耀中华——最具成长力中国医院”评选活动在河南省郑州市举行。包头市第八医院荣获“星耀中华——最具成长力中国医院改革之星”，是自治区唯一获此殊荣的医院。

包头市第八医院院长杨志刚，在内蒙古地区首次将尿动力学的研究与成果引入临床工作，开展女性盆底功能及尿失禁研究及相关治疗，开展自治区首例女性压力性尿失禁手术，为千例尿失禁患者解决病痛。在自治区首先开展多基因与膀胱肿瘤的研究、肾功能损害早期预测、膀胱癌术后检测等多项工作，诊疗相关疾病万例，并在包头范围内开展首例腹腔镜前列腺癌根治术。把内蒙古泌尿外科的尿控专业推向全国先进行列，代表内蒙古自治区第一次在全球华人泌尿外科学大会上做学术报告，获得“第三届白求恩式好医生”“第三届内蒙古优秀医师”奖。

【胸痛专科】

“时间就是心肌，时间就是生命”。胸痛中心通过标准化的诊治流程、质量控制等，可以保障急性胸痛患者到达医院后得到早期评估、危险分层、正确分流与合理救治，既避免高危患者的漏诊，使其得到及时诊治，又可以减少低危患者住院检查和治疗的费用。因此，胸痛中心具有很重要的社会价值与意义。7月14日，在北京举行的中国胸痛中心认证工作委员会第21次执委会上，包头市第八医院顺利通过执委会专家组讨论并投票通过，成为2019年度第二批次通过中国胸痛中心认证的146家单位之一。患者根据标识即可准确找到就诊通道，尤其是胸痛中心绿色通道的开辟，先救治、后收费为很多心肌梗死患者实施急诊PCI治疗。胸痛患者在救护车上明确为心肌梗死的，可绕行急诊、绕行CCU，直接进入导管室。

【公益活动】

“走遍中国前列县（腺）——诊疗泌尿疾病，关爱老年健康”公益行动是由中国工程院院士、中华医学会泌尿外科学分会主任委员、院士孙颖浩倡议发起，由中华医学会泌尿外科学分会及中国医师协会泌尿外科医师分会共同主办的一项大型公益行动。

3月9日，第十一期“走遍中国前列县（腺）——诊疗泌尿疾病，关注老年健康”大型公益行动包头站在包头市第八医院举行。由北京协和医院泌尿外科专家纪志刚团队及包头市泌尿外科专家团队在医院门诊五楼会议室安排前列腺疾病公益讲座，广大患者面对面了解前列腺疾病的保健及治疗方法，提高老年患者的保健及健康意识。

【医疗保障】

8月18日，包头市首届国际马拉松比赛盛大举行，包头市第八医院认真落实市卫健委医疗保障工作实施方案，派出24名医护人员、三台救护车，分五队分别承担两个医疗点救治工作，完成马拉松比赛的医疗保障工作任务。医院在比赛前期精心筹办应急救治技能培训会。参会的所有医务人员强化心肺复苏、电除颤的操作以及肌肉拉伤救治知识，并进行紧急救治的实际操作，确保每位急救人员熟练掌握各项抢救技能，为马拉松比赛保驾护航。医院确保绿色通道畅通，预留床位，准备充足的急救药品、器械、设施等物资，后勤保障措施到位，应急救治机制正常运行。医院医疗队共为300余名肌肉痉挛、韧带拉伤、膝关节外伤、低血糖等人员提供紧急救治，转送定点医院包头医学院第二附属医院3人，完成医疗保障任务。同时，医院选拔20名医务人员，参加5公里迷你马拉松比赛，向大家展示医务人员的风采。

【医疗质量与管理】

医院抓精细化管理，完善多项规章制度，出台《医疗质量管理办法（2019版）》，为医院质量管理打下好的基础，推动领先重点学科建设。五大中心建设取得突破进展。医院经过近3年的努力，通过胸痛中心建设审批和卒中中心建设审批。医院在两个北京协和医院名医工作站基础上，提升妇产科和泌尿外科业务水平和学科服务能力，带动综合实力提升。2019年，服务患者187人次，手术80例。2019年，医院平均住院天数8.86天，同比减少0.36天。

【医改工作】

医疗集团新纳入石拐区3家单位（石拐街道办事处社区卫生服务中心、五当召镇卫生院、吉忽伦图苏木卫生院），现成员单位为15家，医院与成员单位积极开展协作，选派优秀专家赴成员单位进行坐诊查房150次，组织各类知识讲座5次，为成员单位免费培训6名医务人员，并积极开展双向转诊工作，2019年，上转患者300人，下转360人。医院推进国家三级医院绩效考核指标的落实，确保医院各项工作对标达标。积极推进医改互讲工作，院长杨志刚赴内蒙古一机医院进行题为《现代医院管理制度》的演讲。

【信息化建设】

医院完成网络安全与信息化新机房建设，完成门诊、住院HIS系统上线工作，完成手麻、PACS、合理用药等系统上线工作。医院“一卡通”和健康365工作。完成固定电话改造，将院本部和所辖社区卫生机构纳入电话内网，并在医疗系统率先实现电话内网3位小号，提升内部沟通效率。医院完成门诊楼、后勤楼、行政楼Wi-Fi覆盖工作，基本实现全院Wi-Fi覆盖，提升了患者的就医体验。

【教学工作】

医院作为包头医学院第四临床医学院，完成2014级临床专业毕业生的培养工作，参加包头医学院2019级新生开学典礼，参加包头医学院研究生毕业论文答辩及学位授予工作。医院参加院校运动会，获教工组团体第二名的成绩。

【公益活动】

在东河区广场开展“3·5学雷锋”专家大型义诊活动。携手市24中开展“情系东河教育，关爱师生健康”共建健康校园活动，在校园内开展健康教育等活动。组织胃食管反流病宣传周义诊和健康大讲堂活动，受到广大群众的一致好评。在包头市儿童家园幼儿园举行儿童口腔及视力免费体检活动，为330多名儿童进行口腔及眼部疾病检查。深入土右旗毛岱乡中心卫生院开展“守初心、担使命、弘扬志愿服务精神”对口帮扶、下乡义诊活动。在“八一”建军节慰问驻军官兵。开展“无偿献血”志愿服务活动，40余名干部职工进行献血。干部职工自愿认购固阳县滞销西瓜7500公斤，为固阳瓜农解决困难。在地矿幼儿园开展“关注儿童身高”科普讲座义诊，为50余名儿童免费测量和评估身高，并对家长、老师普及儿童生长发育知识。

【安全生产】

为保证医疗安全，对手术室、血液透析室进行科学改造。进行安全生产排查工作，开展安全生产培训、应急培训及演练，在节假日前开展安全检查工作，对东墙裸露电线进行安全处理，对高大树木进行修剪处理，建设“微型消防站”，对安全生产风险点建立台账，对存在事故隐患销号处理。

【卫生应急】

作为包头市鼠疫防治监测点，加强培训演练、基础建设、设备配置等工作，全力做好鼠疫防治备战工作。在“12·6不明发热病人事件”中，在预检、留观、隔离、甄别、排除疫情及现场指挥工作中，均从容有序，受到上级和驻区一致好评。

【物价切换】

按照上级要求，认真精心准备，先后组织五次“推进内蒙古自治区医疗服务项目规范和价格（2018修订版）培训会”，针对2018修订版与2012版收费项目差异和调整进行详细培训。12月6日完成物价切换，运行正常。

（苏日娜　供稿）

【中国人民解放军969医院领导名录】

院　长　　潘裕亮
政　委　　丁福辉
副院长　　刘俊文
　　　　　张志龙
　　　　　王胜庆

【战备训练】

始终把战备训练工作作为医院建设发展的核心要素和中心任务，围绕落实“两个一切”和“先行先为、应急应战”要求，突出摆位、强化引导、凝聚共识。坚持主官主抓，大事大抓，共召开党委议训会10次，修订完善应急卫勤保障预案，详细制定年度军事训练计划、护理训练计划和护理工作“十三五”规划。以“军事训练实战化大讨论”为牵引，扎实开展年度军事训练工作，有效落实每周两次野战医疗队训练和首长机关训练内容，定期更新战备药材，组织军事体能考核3次、专业理论考核6次，2人参加中心终极英雄卫勤比武选拔。尤其是中心赋予医院国庆期间战备值班任务后，队员牺牲休息时间，听招呼守规矩，全时在驻地待命，按照战备要求做到人员在位、设施齐备、方案齐全，先后组织3次拉动训练。冬季适应性野外驻训克服不良气候影响，进驻石拐山区两天，完成训练内容，做到了“人不掉皮、车不掉漆”。全院形成“工作再忙，抓军事训练的精力不能散；经费再紧，对军事训练的投入不能少；困难再大，军事训练的落实不打折”的共识，确保各种训练参训率和医疗队的满编率、对口率、称职率。

【质量建设】

认真学习习近平总书记后勤工作会议全军重要指示精神和全军卫生工作会议精神，下力严格纪律规矩、规范诊疗行为、改进医德医风，“诚信行医、诚信建科、诚信立院”理念深入人心。狠抓合理用药监管，将合理用药、感染管理、特殊药品管理等内容作为年度卫生工作重点，针对在上级感染管理专项普查、药品制剂抽检、药品安全和合理用药检查中发现的问题，组织药事委员会、感染管理委员会和器械设备管理委员会召开会议，研究制定整改措施，明确责任分工，督促落实。先后组织感染管理、特殊药品管理和临床输血等内容的培训，下发《关于进一步开展合理用药通知》和合理用药通报，以查促改、以改促强。始终牢记姓军为兵使命，优化细化服务举措，全力以赴抓好为兵服务，门诊接诊军队伤病员合计7921人次，收治住院伤病员337人次，完成部队各项查体2490人次。按期召开医疗体系部队座谈会，修订完善《为部队服务措施》，进一步规范为兵服务标识标牌，建立为部队服务等候室、心理咨询室。9月，派出医疗组赴巴彦淖尔市执行日遗化武密闭包装作业卫勤保障任务。2次赴干休所家庭病房进行医疗访视，先后4次抽组医疗队36人次赴边防巡诊，总计行程约6000公里，发放药品4.6万余元，体检官兵1720人，复检新兵800人。

（高飞 供稿）

【包头市东河区医院领导名录】

院　长	石　光
书　记	董巧娥（女、3月离任）
副院长	李彩霞（女）
	马清华（11月任职）
中心主任	胡凤玲（女）
院长助理	钱广宾
工会主席	王建东

【概况】

东河区医院始建于1962年2月2日，总建筑面积4600平方米，开放住院床位100张，是集医疗、预防保健、康复于一体的综合医院，是包头市城镇基本医疗保险、新生儿医疗保险定点机构，医院设有门诊楼、住院部及社区卫生服务中心楼。医院现有职工137人，实有在编人员34人，招聘人员99人，管理人员4人；卫生技术人员115人，行政后勤人员22人。开设的科室有急诊科、内科、外科、妇产科、儿科、五官科、口腔科、中医针灸科、正骨科、疼痛科、体检科、预防保健科、麻醉科、医学检验科、放射科等。

【医疗卫生】

夯实科室基础建设，提升妇产科、综合内科、中医科、正骨科等特色科室常见病、多发病、慢性病等疾病的医疗服务能力，引进颈颅多普勒、妇科盆底治疗仪、骨密度检测仪、幽门螺杆菌测试仪、彩色超声诊断仪、全自动酶免疫工作站等设备。在社区楼打造中医馆，弘扬中医药文化。积极发展业务，开展从业人员健康体检、心血管病高危人群早期筛查与综合干预、狂犬病暴露处置、耳石手法复位等新业务。主动争取与东河区看守所深入合作，在区看守所坐诊，解决在押人员“看病难”问题。坚持以“一切以患者为中心，职工爱院如家”的服务理念面向大众，不断提升医院服务能力，改善百姓的就医环境，在门诊楼、住院部安装电梯，对门诊二楼旋转楼梯进行加固防滑改造。卫生间根据不同患者的需求，开展厕所整洁专项行动，强化思想引领，做有温度的服务，根据科室性质的不同，开展全流程陪护服务及为患者提供各类饮品等。

【安全工作】

落实各项安全生产措施，通过学习培训、知识讲座、应急演练、知识竞赛等方式，强化医护人员安全生产意识，加强鼠疫防治工作，在医院入口处为就诊人员测量体温，同时抽调医护人员到东河区长途汽车站做好鼠疫防控检测，最大限度地减轻鼠疫流行造成的危害。

【医改工作】

2019年，东河区医院大力推进医联体工作，在原有加入1个医疗集团、7个医疗联合体基础上，于3月8日加入内蒙古科技大学包头医学院第一附属医院包头市高血压专病医联体。名医工作室得到长足发展，包头市中心医院神经内科主任医师崇奕、妇产科主任医师张海燕、超声科主任医师李丽定期出诊、教学查房，接诊患者共计898人，比上年增加428人。全年参加医联体内专业技术培训8次，实现双向转诊228人，其中，上转4人，下转224人，较2017年增长108人。

（石光 供稿）

【包头市东河区中西医结合医院领导名录】

书记、院长	赵瑞明
副书记	张亚滨（女，6月离任）
副院长	石建平
中心主任	邓乌云其其格
院长助理	刘爱林
	赵永夫

【概况】

东河区中西医结合医院建成于1958年，医院总建筑面积8000平方米，开放住院床位150张，是一所集医疗、预防保健、康复于一体的综合医院，是内蒙古唯一的公立二级甲等中西医结合医院，是包头市职工医保、居民医保、工伤保险定点医院，医院设有门诊楼、住院部及社区卫生服务中心楼。医院实有编制124人（医院116人，包铝社区卫生服务中心8人），实有在编人员91人，聘用人员97人。卫生技术人员151人，行政后勤人员37人。诊疗科目有内科、外科、妇产科、儿科、急诊科、口腔科、治未病科、康复科、针灸科等诊疗科室；除医疗机构执业诊疗许可证所规定的诊疗科室外，还有非临床科室影像科、检验科、中药房、西药房。行政科室有综合办（承担医务管理、护理管理、医保、考核、财务、政工劳资、党办、后勤等工作）临床科室、非临床科室、行政科室一共20个。

【医疗卫生】

秉承“仁和、博学、严谨、创新”院训精神，提升医院服务水平，促进医疗高质量发展。医院环境通过改造建成集挂号、收费、医保、住院处、中西药房、候诊区于一体的门诊大厅，为患者就医提供便利；无障碍医用电梯、规范的护士站、多功能综合病房改善了患者的就诊体验；二维码电子健康扫码系统更加高效便捷；联影高端CT机、DR机，高清电子胃肠镜仪器、迈瑞全自动生化仪的引进提升了医院综合实力。东河区胃肠疾病诊疗中心已在医院挂牌，并被确定为自治区消化专科联盟理事单位，缓解了地区胃肠病就诊难的现状。国家心血管病高危人群早期筛查项目由医院承担，完成450人次的筛查。

进行征兵体检，招工入职等工作，健康证体检2553人，为包头铝业公司3555人进行健康体检。“乳腺宫颈两癌筛查”活动自开展以来共筛查1601例，对宫颈癌早期发现、早期治疗提供了诊断依据。国家基本公共卫生服务项目全面落实，为社区65岁老年人、慢性病患者体检730人次，家庭医生签约12906人，为人民群众的健康做好“守门人”。

优势学科与新项目新技术同时开展，带动医院学科建设不断向前推进。内科对常见病、多发病治疗效果明显，全年门急诊24992人次，入院患者1206人次。与包头市医学院第二附属医院合作，消化科已进行无痛胃肠镜检查1153例，幽门螺杆菌检测903多例，检出食管癌1例、胃癌1例、结直肠癌3例。外科聘请专家开展小针刀特色疗法560多例，治疗费用低，治疗效果好，受到患者的称赞。中医科开展特色埋线疗法、刃针、阴阳罐、冬病夏治三伏贴、夏病冬防三九贴、明目灸、药泥灸、熏蒸等治疗。

落实各项安全生产措施，通过学习培训、知识讲座、应急演练等方式，强化医护人员安全生产意识，加强鼠疫防治工作，减轻鼠疫流行造成的危害。

【医改工作】

医院是内蒙古国际蒙医医院、包头市中心

医院、包头市第三医院、包头市蒙医中医医院、包头市肿瘤医院、包头医学院第二附属医院的医联体医院。借助医联体，选派科室优秀医护人员进修学习，加大人才队伍引进及培养力度，努力形成合理的人才梯队。7月底，完成第一批2018版修订医疗服务项目规范和价格推进落实工作。2019年下半年，完成《内蒙古自治区医疗服务项目规范和价格（2018修订版）》推进落实工作、《国家基本医疗保险、工伤保险和生育保险药品目录（2019年版）》实施工作；依据《内蒙古自治区医疗服务项目规范和价格（2018修订版）》完成一次性医用耗材可单独收费目录切换工作，一次性医用耗材全部取消加成。医院医改工作按照市区两级卫健委的安排部署正常有序开展，实行药品阳光集中招采，同时规范一次性耗材采购和使用。实行药品零差价并且完全执行自治区2018版新的诊疗目录，陆续开展临床路径、执行单病种付费、异地结算等工作。

（赵瑞明 供稿）

【东河区沙尔沁镇中心卫生院领导名录】

院长、书记　徐文龙

副院长　赵　枫（女）

　　　　孙耀峰

【概况】

沙尔沁镇中心卫生院始建于1968年，为包头医学院分院，由孙声、宋庸捂等著名专家组成，是包头市医学院教学点，最早称为沙尔沁地区医院，1976年移交郊区卫生局，为现今的沙尔沁镇中心卫生院。卫生院初建时建筑面积890平方米，医务人员20名，病床16张，开展中医、西医、外科、妇产科等业务。2007年10月，新建业务楼，占地面积2700平方米。2008年7月，由随沙尔沁镇划归东河区，中心卫生院转隶东河区卫健委管理。

沙尔沁镇中心卫生院现有职工40人，正式职工21人，外聘人员19人，其中，副高级职称2人，中级职称9人，初级职称25人，后勤行政人员4人。卫生院承担着沙尔沁镇15个行政村近2.9万人的基本医疗、基本公共卫生服务、居民医保信息管理、报销结算等工作。所辖15个村卫生室均按照乡村一体化管理。卫生院核定编制床位45张，设有内科、妇科、中西医结合科、外科、骨科、口腔科、理疗科、中医科、检验科、放射科等十多个科室，医疗设备有CT机、DR机、彩超设备、乳超设备、心电监护仪、TCD机、全自动血球计数仪、尿液分析仪、呼吸机、麻醉机、全自动生化仪等。2011年，被自治区卫生厅评为一类甲等中心卫生院，也是全区唯一一所中心卫生院。

作为三级基层医疗卫生服务网络枢纽，为方便广大农民患者就医需求，与市级各大医院建立长期友好的协作关系，让广大农民患者足不出户就能享受到市级医院专家的诊治。

【开展基本公共卫生服务】

卫生院严格执行《国家基本公共卫生服务规范》2019年版，加强内部管理，严抓基本公共卫生服务项目，充分调动公共卫生工作人员积极性和主动性，较好地完成了年初制定的工作计划。

截至12月底，为辖区居民建档22929人；适龄儿童建档587人；孕产妇建册人数18人；管理65岁以上老年人2102人；管理高血压患者2911人；管理2型糖尿病患者939人；辖区内管理重性精神病194人；全年为65岁以上老年人健康管理人数2102人。为保障沙尔沁镇老年人身体健康，提升生活生命质量，5月6日，启动为全镇65周岁以上老年人及重点人群（糖尿病、高血压）进行免费健康体检活动，为期6个月。开展体检的目的是让老年人对自身健康有个认知，从而做到早发现、早预防、早诊断、早治疗，降低疾病发生率，提高自身健康意识。在免费体检活动中，始终坚持把体检工作落到实处，始终坚持“服务至上，一心为民”的工作作风，把党的温暖送到老年人心中，让他们真正享受到“老有所医、老有所养”，为更多老年人带来福祉。在沙尔沁卫生院辖区内形成“让家庭拥有医生，让医生走入家庭”和谐医疗新常态，使辖区居民与家庭医生形成长期、稳定、相互配合、相互信任相互促动的契约式服务，组建14个家庭医生团队，完成辖区家庭签约14500人，重点人群签约8448人。其中，重点人群签约率75%，普通人群签约率52.72%。

【精准扶贫工作】

明确专人与市、区二级医疗机构进行对接并组建微信工作群，为贫困人口提供家庭医生医疗技术支持，进行一站式服务。沙尔沁卫生院为医保定点医疗机构，免交住院押金，贫困人员住院享受90%的报销，对需要转诊的贫困患者开通绿色通道并对就医路径进行指导。6月11日，东河区委领导在相关部门陪同下到院对精准扶贫、健康扶贫、贫困人口家庭签约等情况进行调研。院长徐文龙详细介绍辖区贫困人员基本情况以及精准扶贫政策执行情况。沙尔沁卫生院管辖精准扶贫人员共三户6人，其中，尿毒症1人、宫颈癌1人、老年人高血压1人、正常人群3人。已对5人进行免费体检，对有高血压、糖尿病的患者免费发放降压等常用药，并由家庭医生指导服药。

为了使国家级贫困县建档立卡贫困户对医保政策进一步了解，8月16日，区卫健委与区精准扶贫办领导到沙尔沁镇沙二村国家级贫困县建档立卡贫困户郭菊英、沙一村杜俊卿家进行走访慰问并落实医疗政策情况。走访中，区级领导深入贫困户家中，与贫困户面对面交谈，详细了解贫困人员身体状况、慢病用药情况，医保政策落实情况、家庭医生签约以及劳动状况和经济来源等情况，耐心倾听他们提出的帮扶要求，如有需要医疗上的帮助可找卫生院工作人员，并鼓励他们树立信心，克服困难，争取早日脱贫致富。

【开展基本医疗服务，创建名医工作室】

2019年，卫生院医疗工作紧紧围绕区卫健委关于不断改善医疗环境，不断简化服务流程为主题，持续开展各项业务活动，全年完成业务638万元，总诊疗人次25945人，住院人数1360人，全年居民医保报销268万。为促进业务工作可持续发展，打造亮点科室，在一楼外科诊室成立“名医工作室”，每周有包头市肿瘤医院、包头市第三医院、包头市第八医院、中西医结合医院专家到院定期坐诊并进行业务指导。在包头市第七医院外科专家曹增指导下，完成外科手术15例；在包头市第三医院骨科专家指导下为患者做骨科手术6例；在中西医结合外科专家的指导下开展小针刀手术8例。名医工作室的开展，通过专家“传帮带”，卫生院整体医疗服务水平有所提高，同时，也提高了卫生院的社会影响力。在“第二个中国医师节”到来之际，组织相关人员进行义诊宣传活动，活动期间共发放宣传材料80余份，接受群众咨询60余人次。

（赵枫 供稿）

社会服务与管理

民　族

【东河区民族事务委员会领导名录】

党组书记　　李文广
主　任　　高宏波
副主任　　韩　毅

【概况】

2019年机构改革后，原东河区民族宗教事务局变更为东河区民族事务委员会，为东河区人民政府工作部门，机构规格为正科级，加挂包头市东河区蒙古语文工作委员会牌子，归口区委统战部领导。主要负责东河区民族工作方面的调查研究，承办民族成分管理工作，负责协调督促有关部门履行民族工作相关职责，承担监督检查全区少数民族聚居地区经济发展规划实施情况的具体工作，参与协调民族地区对口支援、经济技术合作和民族贸易、民族特需商品生产的有关工作，参与少数民族发展资金管理和扶贫工作，承办民族团结进步创建、全区民族团结进步表彰的具体工作，承担清真食品的管理工作及蒙汉两种语言文字并用监督、指导工作。设有两个内设机构，分别是办公室、民族事务股（行政审批室）。下有1个事业单位，为东河区清真食品服务中心。区民委及所属二级单位有干部职工10人。

区民委全面贯彻落实党和国家各项民族政策和法律法规，认真开展“第十一个民族政策宣传月”“民族宗教蒙古文法制宣传周”“第36个民族团结进步活动月”等各项活动，推进民族理论政策、民族法律法规和民族基本知识宣传教育“八进”活动（进机关、进企业、进社区、进乡村、进家庭、进学校、进部队、进宗教场所），扎实做好民族团结进步示范单位的申报工作。做好专项检查，维护全区清真食品市场的经营秩序。认真学习贯彻《内蒙古自治区蒙古语言文字工作条例》《包头市社会市面蒙汉两种文字并用管理条例》，加强社会市面蒙汉两种文字并用的管理，开办蒙古语培训班，促进各族干部群众的有效沟通交流。

【民族政策法规宣传】

区民委充分利用“第十一个民族政策宣传月”“民族蒙古语文法制宣传周”和“第36个民族团结进步活动月”系列活动，深入宣传党的民族政策和法律法规。活动期间，开展民族政策知识竞赛答题活动1次，发放并收回试卷1586份；发放宣传单、宣传品1.5万余份，张贴宣传标语和悬挂宣传条幅670幅。通过组织全区机关干部、企事业单位职工到爱国主义教育基地福徵寺、民族团结进步教育馆学习、参观举办民族助理员培训会等活动，切实提高各单位民族工作水平和民族干部管理民族事务的能力。

2019年4月21日，在沙尔沁镇阿都赖村开展了“东河区第十一个民族政策宣传月暨民族团结户外宣传活动”，活动现场各民族干部群众共同表演《祖国你好》《爱我中华》等歌曲，并以快闪的形式歌唱伟大祖国，唱响民族团结的主旋律。以“民族大团结”为主题，包头市35名师生创作了墙体彩绘，将民族团结一家亲的浓厚氛围推向高潮。

结合“不忘初心、牢记使命”主题教育，9月29日，东河区委统战部、区民族事务委员会在区文化馆一楼演艺厅共同举办了庆祝中华人民共和国成立70周年暨“同心圆”民族宗教知识竞赛。此次比赛更好地发挥东河区三级网络和两级责任制作用，全面提升全区基层民族宗教工作水平和业务能力，为全区民族团结工作做出更大贡献。

【少数民族事业发展】

东河区沙尔沁镇阿都赖村传统民族技艺与民俗传承培训基地项目（一期工程）、东河区河东镇河北村防渗渠改造项目2个少数民族发展资金项目进行备案，并争取少数民族资金150万元。帮扶慰问8户少数民族贫困户，发放慰问金2000元。为民贸企业（内蒙古鹿王羊绒有限公司）申请了贷款贴息，贴息资金为302.88万元。为1名申请变更民族成分人员审核并上报申请资料。

【清真食品管理】

为尊重和保障少数民族的风俗习惯，规范清真食品市场，区民委认真贯彻落实《包头市清真食品管理条例》（以下简称《条例》），严格监管东河区清真食品的安全生产及销售，积极维护清真食品市场的秩序。对全区生产经营清真食品的300余家企业、个体工商户采取网格化检查，并全部进行登表造册，对各经营单位少数民族从业人员比例、进货渠道、进货台账、清真食品准营证等问题进行严格规范。按照优化“两个环境”原则，为符合《条例》规定条件的91家生产、经营清真食品的企业、个体工商户办理了准营证、标志牌手续，对已办理清真食品准营证的商户采取上门年检服务，并在其营业场所张贴《包头市清真食品管理条例》进行宣传，广泛普及清真食品管理知识，提高清真食品生产经营者的守法意识，努力营造全区重视清真食品、尊重民族习俗的氛围。

【民族团结进步创建】

深入开展民族团结进步创建工作，评审命名20家第五批东河区民族团结进步示范单位；向国家民委推荐上报民族团结进步示范单位1家；2019年东河区民委被评为“全国民族团结进步模范集体”。

【蒙古语文】

为深入贯彻落实党的民族语文政策，提高东河区蒙古语文工作水平，促进各族干部群众的有效沟通交流，4月2日，在民族文化馆开设了第三期蒙古语文学习班，近50名新老学员参加了此开班仪式。按照《内蒙古自治区蒙古语言文字工作条例》《包头市社会市面蒙汉两种文字并用管理条例》，区民委联合执法局对巴彦塔拉大街、西脑包、环城路、和平路等主要街道两侧3800多块牌匾蒙汉文并用情况进行实地摸查，蒙汉文并用率和正确率有了很大程度的提高。同时，区民委积极做好区机关企事业单位的公章、文件头、牌匾和大型会议、重大活动的会标、条幅、横幅、座签、宣传标语以及街道两侧的企业、个体工商户门头牌匾翻译与审核工作。

（李亚男 马涛 莎其仁嘎 供稿）

人力资源和社会保障

【东河区人力资源和社会保障局领导名录】

局　长　　杨　锐

副局长　　王　涛(3月离任)

副局长　　胡　澎(3月任职)

副局长、社会保险中心主任

田利军(3月离任)

张建刚(3月任职)

副局长　　宁　波

就业服务局局长

张蓬(女，6月借调区委督导组)

劳动监察大队大队长　　郭雨田

劳动监察大队教导员　　王建强

【概况】

2019年3月，东河区人力资源和社会保障局开始行政机关机构编制改革，是东河区人民政府工作部门，机构规格为正科级，负责东河区人力资源和社会保障、就业服务等工作。行政机关机构编制改革后，内设办公室、政务服务和法规监督股（行政审批室）、就业创业股、人事人才开发管理股、工资待遇和社会保险管理股、劳动关系和调解仲裁监察股、社会保险股7个机构，所属参公事业单位3个，分别是东河区就业服务局、东河区社会保险中心、东河区劳动监察大队；直属事业单位5个，分别是东河区毕业生创业就业服务中心、东河区退休人员管理服务中心、东河区下岗失业人员小额贷款担保中心、东河区劳动人事争议仲裁院、东河区北梁棚户区搬迁改造创业就业指导服务中心。东河区医疗保险中心整建制转隶到东河区医疗保障局。

12月，东河区社会保险中心被人力资源和社会保障部评为“全国人力资源社会保障系统2017—2019年度优质服务窗口”。

【组织建设】

加强组织建设，2019年全年研究党建工作12次，召开领导班子民主生活会2次，支部组织生活会4次。落实民主集中制，“三重一大”事项由党组会集体研究决定。4个支部“三项制度”和党务全部公开，全年，确定发展对象3人，预备党员转正1人。

【宣传工作】

深入学习贯彻习近平新时代中国特色社会主义思想和中共十九大精神，夯实意识形态思想根基，共组织集中学习12次，学习意识形态精神4次。组织干部职工参加“学习强国”等新媒体学习活动。组建“新时代文明实践志愿服务队”，深入社区、企业等开展政策宣传活动12次。落实意识形态工作责任制，召开意识形态专题会议2次，分析研判意识形态工作。制定《东河区人力资源和社会保障局意识形态工作责任清单》《东河区人力资源和社会保障局加强网络安全管理实施方案》。加强网络意识形态安全能力建设，开展网络安全宣传活动。建立网络安全网格化管理机制。落实网民留言、市长热线12345等上级交办问题答复工作，舆情正确处置率达100%。扩大正面宣传，全年230篇信息被各级媒体采用刊发。

【公务员管理】

按照《东河区机构改革实施意见》的要求，2019年3月将公务员管理职能移交至区委组织部，并划转一名工作人员。机构改革完成38项职能转隶，全区机关在职退休转隶231人，事业在职退休转隶1312人，编外人员划转98人。

【专业技术人员管理】

完成东河区岗位聘用聘期调整工作，将东河区10家事业单位岗位进行调整。设置专业技术岗位304个，管理岗位51个，工勤技能岗位

8个，顺利完成聘用备案、待遇兑现及合同签订工作。按照评审管理权限，共接收申报材料205份，其中，正高级1份，高级66份，中级56份，初级82份。上报市人社局67份高级职称申报材料；自主完成中初级职称评审工作138份。

【培训教育】

开展多种形式培训教育工作，参加继续教育培训4000人，参加人社系统培训64人。

【福利待遇】

调整2019年机关事业单位基本工资标准，从1月开始执行，补发6个月，共7649人，年增资2988万元，补发1494万元；审批人民警察执勤岗位津贴和法定工作日之外加班补贴和政法委机关工作津贴，涉及563人，年增资670万元，补发1563万元；开展2019年度东河区机关事业单位工作人员基本工资正常晋升、取暖补贴、年终一次性奖金审批工作，涉及机关6250人，涉及资金3441万元；完成2017年度合同制聘用评优人员享受事业工资待遇审批工作，涉及78人，月增资约13万元。完成教育系统岗位聘用工资审批等日常业务9000余人次。

【考核奖惩】

考核机关事业单位5929人，其中优秀823人。

【军转干部安置】

接收复转军人4人，随军家属1人，安置5人，安置率100%。

【招聘工作】

面向社会公开招聘和赴重点师范院校选聘教师95名，其中，公开招聘教师89名，选聘教师6名。上报2020年招聘计划，包含141个工作岗位。

【离休退休人员管理】

享受企业基本养老待遇32110人，全年支出养老保险待遇92105万元。享受机关事业单位基本养老待遇5766人，全年支出养老保险待遇3.9亿元，全部按时足额发放。

2019年全年有30600名企业离退休人员纳入社会化管理服务范围，接收档案1800余份，代办市属退休人员停保、报销、丧葬费领取、医保卡退费、慢性病申报等业务870人次。首次使用“内蒙社保”手机APP开展资格认证工作，全年完成离退休人员待遇领取资格认证89 699人，其中通过指静脉认证68730人，通过手机APP认证20897人，入户认证72人。修改机关事业单位离退休人员身份信息2894人。落实包头市国有企业退休人员社会化管理工作部署，与32户涉及移交退休人员企业进行对接，接收退休人员档案15000份。

【人事代理】

全年接收毕业生档案465份，办理就业协议书手续81份，为230人办理档案调转、续存及查阅手续。接收包头市中心医院职工档案141份，包头市第三医院职工档案171份，包头市第八医院职工档案2份，社区卫生服务中心职工档案2份，为322人出具证明材料。

【离校未就业高校毕业生就业】

核对和完善713名2019年高校毕业生信息，就业602人，升学或出国70人，应征入伍3人，就业率94.06%。为263名未就业高校毕业生提供690次就业跟踪服务。

【人才储备】

全年中小企业储备高校毕业生50人，完成2017年7家中小企业及非公有制企业31名储备人员期满考核，22名储备人员考核合格。

【就业见习】

开展2019年青年见习基地申报工作，东河区六家企事业单位（包头市景开中学、包头盛泰汽车零部件制造有限公司、内蒙古鹿王羊绒有限公司、内蒙古润宸农业发展有限公司、包头中药有限责任公司、包头市东河区中西医结合医院）被认定为包头市青年见习基地，完成高校毕业生就业见习计划87人。2家见习基地

(包头中药有限责任公司和内蒙古鹿王羊绒有限公司)培养见习期满人员97人，全部实现就业。

【退休审批】

2019年审批机关事业单位退休人员265人，其中，机关单位退休60人，事业单位退休205人。

2019年审批企业退休735人，其中，正常退休676人，特殊工种退休59人。

【劳动保障监察】

制定《关于规范建设领域劳动用工秩序开展专项检查的实施方案》，对辖区18个在建、续建工地展开3轮联合执法检查，重点检查在建工地“一金三制”（农民工工资保证金、实名制、分账制、银行代发工资制）管理制度的落实、劳动合同签订及劳动用工备案情况。年内主动监察用人单位1300户次，涉及劳动者2.9万人，追发劳动者工资待遇403.9万元，涉及259人。通过东河区“两网化”系统录入检查计划220条，监察记录993条，书面审查913条，劳动用工备案225家。

【劳动争议仲裁】

制定《东河区镇街劳动人事争议调解组织建设实施意见》和《东河区镇街劳动人事争议案件调解规则》，指导14个镇街工作站提高调解办案能力。全年共受理各类劳动争议案件255起，办结245起，结案率达96%，为劳动者追回经济损失共计411万元。7月，在就业社保服务中心一楼设立了“劳动人事争议调解仲裁服务窗口”，窗口可以办理争议咨询、材料收转、案前调解、文书送达等工作。10月，东河区劳动人事争议仲裁院建成了“数字化仲裁庭”，实现庭审过程电子录入、电子示证、全程监控等功能。

【企业养老保险】

城镇企业职工参保27 695人，完成包头市下达全年目标任务26 900人的102%，基金征缴收入24 656万元，完成包头市下达全年目标任务28 041万元的87.9%。企业职工养老保险单位部分缴费费率由20%降至16%。

【机关事业单位社会保险】

机关事业养老保险参保单位284家，参保人数6184人，全年养老保险缴费工资核定总额4.48亿元，应缴1.15亿元。医疗保险参保单位266家，参保人数6376人，全年应缴3804万元。生育保险参保单位263家，参保人数6377人，全年应缴240万元。公务员医疗补助参保单位73家，参保人数1441人，全年应缴228万元。工伤保险参保单位262家，参保人数6342人，全年应缴96万元。失业保险参保单位192家，参保人数4950人，全年应缴360万元。推进机关事业单位人员养老保险改革，277家单位全部完成数据采集，录入系统277户，11 777人，出准备期267户，11351人，新系统发放养老金157户，2869人。

【城乡居民养老保险】

东河区2019年建档立卡贫困户全部脱贫。9名年满60周岁建档立卡贫困人员全部按时足额领取养老待遇。全年城乡居民养老保险参保28992人，领取养老待遇14721人，发放养老金3841万余元，全部按时足额发放。

【就业困难人员认定及社保补贴发放】

对法定劳动年龄内、有劳动能力且有就业愿望并已进行失业登记的“4050”失业人员、持有残疾证并有劳动能力和就业愿望的城镇残疾人、经申报确认的城镇零就业家庭成员等7类人员作就业困难人员认定。2019年，共为8702人就业困难人员发放社保补贴5051.4万元；为461名民生志愿者、劳动保障协理员、大学生公益岗位人员发放岗位补贴728.97万元，社保补贴424.37万元。

【就业培训服务】

城镇技能培训2246人，农牧民工技能培训1812人，家庭服务业培训2130人。

【创业担保贷款】

落实创业担保贷款优惠政策，持续加大创业担保贷款扶持力度。2019年，开展创业培训班52期，参加创业培训1314人，培训后成功创业454人，带动就业1407人，共为464名创业者发放创业担保贷款9009万元。

【创业孵化基地创建】

深入实施“创业包头”行动，加强创业优惠政策扶持，对申报的23家创业园孵化基地进行50次实地考察，通过查阅资料、解读创业孵化理念、规范运行机构孵化模式等，为创业者提供“一站式”服务，提高孵化成功率。传家教育文化创业孵化基地、包头市九曲华街创业园、包头市行健东创创业园、包头市东河区人才中心大学生创业孵化基地、启迪K栈东河区双创示范园区、包头市巾帼家园创业孵化基地、包头市东河区蒙亿鑫农贸市场创业园、中国·包头市人力资本产业园，共14家企业被包头市认定为标准化孵化基地和示范性孵化基地。入驻创业孵化基地的企业达581户，带动就业2198人。

（田中彬 供稿）

医疗保障

【东河区医疗保障局领导名录】

局　长	王　涛
副局长	柴雅婷
医疗保险中心主任	杨红玉

【概况】

2019年3月8日，东河区医疗保障局正式挂牌成立，是东河区人民政府工作部门，机构规格为正科级。下设办公室、业务股2个内设机构，管理事业单位东河区医疗保险中心1家。基本职能是划转区人社局城镇职工、居民基本医疗保险、生育保险职责；区卫健委药品医用耗材采购相关职责；区发改委药品和医疗服务价格管理职责；区民政局医疗救助职责。有工作人员24人。

【基层党建】

2019年6月，党组领导班子配齐，9月成立包头市东河区医疗保障局党支部，管理党员11名。以习近平新时代中国特色社会主义思想为指导，增强“四个意识”，坚定“四个自信”，做到“两个维护”，按照区委主题教育领导小组的安排，成立领导小组，开展“不忘初心、牢记使命”主题教育。党组领导班子共组织3次研讨交流，形成调研材料6篇次。医保局党组与党支部同频共振，围绕教育主题、学习研讨交流心得体会，共召开专题研讨会5次，形成研讨发言材料45篇。

【基本医疗保险】

2019年，城乡居民基本医疗保险参保176019人，基金收入3667万元。居民基本医疗保险手工审核医疗保险待遇受益800人次，基金支出554.03万元。职工基本医疗保险手工审核受理52人次，基金支出39.77万元；受理审核上世纪期间伤残人员388人，市直离休干部受理审核报销166人次，基金支出103.21万元；公务员医疗保险补助待遇受益177人次，基金支出35.81万元；生育保险待遇受益1525人次，2331.91万元；职工医保个人账户一次性返还办理677人，基金支出77.64万元，追缴办理309人，追缴基金9.76万元。

【医疗救助】

2019年，对3419名东河区城乡低保对象按照70%比例给予资助参加居民基本医疗保险，资助金额57.7万元；全额资助特困人员、孤儿及中华人民共和国成立前老党员230人参加居民基本医疗保险，资助金额5.6万元；为城乡低保对象、特困人员、孤儿等特困群体3666人购买商业补充医疗保险，救助资金108.0645万元；为217名特困人员进行门诊救助，救助资金21.7万元；住院救助、重特大疾病医疗救助、因病致贫医疗救助等累计救助140人次，救助资金63.18万元。

【健康扶贫医疗保障】

2019年，开展进村入户随访调研4次，深入了解贫困户健康状况及医疗保障情况，现场为贫困户讲解健康扶贫政策。2019年，为11户建档立卡贫困户26人申请全额代缴居民基本医疗保险费，共计5200元，达到100%参保。设立贫困人口“一站式”结算服务窗口，即时结算率达100%。2019年，为建档立卡贫困人口审核补助报销24人次，基金兜底保障7.6万元。

【基金监管】

协议管理东河区212家两定医药机构。2019年，对辖区内定点医疗机构、定点零售药店开展2018年度考核工作、“打击欺诈骗保百日攻坚”专项行动。现场稽核检查190家定点零售药店，约谈整改63家，停网7家，有效遏制不规范医保行为。对乡镇社区开展“打击欺诈骗保百日攻坚”专项行动政策宣传活动，共发放宣传材料1万份。

【基本药物采购】

2019年，东河区20家政府举办的基层医疗机构网上集中采购药物金额总计919.7万元，响应金额757万元，配送金额738.5万元，入库金额717.6万元；3家区级医疗机构网上集中采购药物金额284万元，响应金额238.7万元，配送金额229.5万元，入库金额223.9万元。各医疗机构网外采购中药饮片总计325.6万余元。药品总计发起议价1014个品规,成功议价928个品规,2019年结算基层医疗机构药款521万元。

根据包头市医疗保障局《关于开展医保支付标准药品采购监测工作的通知》《关于开展药品和医用耗材采购价格监测的通知》，8月开始，开展东河区20家政府举办的基层医疗机构和3家区级医院医保支付标准药品采购监测工作；统计东河区4家医保定点民营医院、218家医保定点药店药品和医用耗材采购价格监测报表定期上报至包头市医疗保障局，全区上报药品总计232507个品规，耗材总计465种，对36家机构现场抽查，核查总计360个品规。

（陈晓宇 供稿）

民　政

【东河区民政局领导名录】

局　长	陈允广（3月任职）
	白继全（3月离任）
副局长	李秀峰
	王　凯（6月任职）
	郝　丽（女）
	方　义（6月离任）
低保中心主任	张克圣

【概况】

东河区民政局是东河区人民政府主管社会行政事务和公共服务的职能部门，机构规格为正科级，负责全区社会救助、城乡低保、民间组织管理、区划地名、基层政权与社区建设、殡葬改革、婚姻登记等工作，肩负着调解社会矛盾，促进社会公平，维护社会稳定，促进社会发展的重要使命。共有行政编制8人、事业编24人、工勤编制1人。其中：科级职务4人（实有5人），包括局长1人，副局长2人（实有3人），低保中心主任1人。内设股室5个：办公室、社会救助与社会福利股、基层政权建设和社区治理股、社会组织和婚姻登记管理股、区划地名与社会事务股7个股室；下属2个全额拨款事业单位：东河区低保中心、东河区家庭经济状况核对中心；下属1个差额拨款事业单位，东河区殡葬管理所；1个企业单位，东河区殡仪服务管理处，共有职工25人。

【临时救助】

2019年，东河区平时临时救助共救助8人，救助资金3.027万元；春节临时救助共救助2667人，救助资金190.86万元。

【低保救助】

2019年，东河区低保中心根据《关于提高社会救助标准的通知》，为提高全市社会救助保障水平，提高最低生活保障标准，每人每月提高40元，达到710元。标准从2019年1月1日开始执行，提标资金于6月30日前补发到位。截至12月，共有低保在册对象2093户，3299人，共计发放低保金2290万元。

【脱贫攻坚】

为打赢脱贫攻坚战，充分发挥民政救助制度的兜底线、救急难作用，编密织牢困难群众基本生活安全保障网，建立长效机制，对精准扶贫工作认真部署、周密安排、扎实工作、锐意进取，确保各项精准扶贫工作落到实处。2019年，东河区建档立卡贫困户11户27人已全部脱贫，其中，5户6人通过纳入低保政策脱贫。

【门诊救助】

2019年年初，为214名特困人员拨付门诊救助金，其中：城市特困人员129人，每人每年1000元；农村特困人员85人，每人每年1000元，共计发放21.4万元，之后此项工作移交医保局。东河区民政局及时准确为医保局提供特困人员名单，建立健康扶贫长效机制，实现健康扶贫可持续发展。

【特困供养】

城市特困人员：东河区2019年共有城市特困人员128人，每人每季度4800元，2019年，全年共发放城市特困人员供养经费248.88万元。

农村特困人员：东河区2019年共有五保对象90人，每人每季度2500元，2019年全年共发放五保户供养经费87.935万元。

孤儿供养：东河区2019年共有孤儿9人，分散供养每人每月1700元，集中供养每人每月2000元，2019年，全年共发放孤儿供养经费18.72万元。

城乡特困人员照料护理费：特困人员中完全丧失生活自理能力对象119人，每人每月1131元；丧失部分生活自理能力对象66人，每人每月435元。2019年，东河区发放照料护理费199.95万元。

自5月起，为全区城乡特困人员及孤儿拨付价格临时补贴，共计4.69万元。

【特殊社会救助】

2019年，特殊社救对象共110人，其中，退休遗属11人；定期临时救助35人；上世纪期间致残35人；20世纪60年代精简退职29人，全年发放生活补贴（按季度）79.3万元。

【养老服务】

2019年，新建2家社会养老机构，新打造5个社区日间照料中心，新建15个农村养老服务中心、1个农村幸福互助院。东河区大力推进医养结合，2019年已有4家养老机构实现医养结合，其余10家养老机构与周边社区医院或与其他医院签订医养结合服务合作协议书；东河区12家养老机构均已建成心理咨询室。

通过积极向民政部、国家发改委争取，由滨河老年公寓国家城企联动普惠养老服务项目在沙尔沁镇东园村成功落地。该项目建筑面积30000平方米，设计床位500张，争取国家投资1000万元，项目已开工建设，预计2020年年底，投入使用。此项目填补了沙尔沁镇东部没有养老机构的空白。

【老龄工作】

截至2019年年底，东河区共有80～99周岁老人13278人，100周岁及以上老人15人。为13278名80周岁以上老人发放高龄津贴1567.51万元。

【重度残疾人补贴】

根据包头市民政局《关于规范困难残疾人生活补贴发放工作的通知》第一项，困难残疾人补贴发放渠道调整：从四季度起，低保中的困难残疾人生活补贴发放通过“全国残疾人两项补贴信息系统”发放，不再从“低保系统”中发放。困难残疾人生活补贴，截至9月份已发放1432人，共计发放金额129万元（其中，9月份单月发放金额14万元）重度残疾人护理补贴，截至10月份，已发放3479人，共计发放金额335万元，（其中，10月份单月发放34.9万元）。

【电价补贴】

根据上级文件要求对全区低保对象每户减免用电15度，以每度0.415元计算，2019年发放电价补贴共计24.9万余元：

2019年补发2017年第四季度至2018年第一季度（1785户）电价补贴6.7万余元；

2019年补发2018年第二、三季度（1887户）电价补贴7万元；

2019年补发2018年第四季度（1958户）电价补贴3.7万元；

2019年第一、二季度（2041户）电价补贴7.5万余元（其中：补贴标准37.35元/户，补贴1989户；补贴标准18.68元/户，补贴52户）。

【取暖救助】

2019年取暖补贴2111户，每户1200元，共计发放取暖补贴253万元，为低收入家庭温暖过冬提供更好的保障。

【价格临时补贴】

按照《内蒙古自治区人民政府办公厅关于进一步完善社会救助和保障标准与物价上涨挂钩联动机制的通知》的相关规定，对城乡低保对象发放“联动机制”补贴，价格临时补贴以自治区为单位执行统一的补贴标准。2019年5—9月共计发放48.4万元。

【加强城乡社区阵地建设】

投资170万元对河东镇保利社区、北梁新区服务中心龙城社区、回民街道富圣明社区的办公活动场所进行集中打造。铁西街道东医社区、东兴街道办事处东升社区年底可投入使用。同时，2019年向上级申报资金争取9个社区建设项目。

【农村社区建设试点】

2019年，结合实际，进一步扩大农村社区建设试点范围，择优筛选试点村，确定河东镇西北门村、井坪五村，沙尔沁镇什大股村、章盖营村、沟门村为农村社区建设试点村。

【对社区工作人员的督查管理】

全面督查社区工作人员工作开展情况。随机对全区城市社区工作人员的在岗在职情况、作风纪律情况、社区制度上墙情况以及居民满意情况等进行检查了解，同时对社区的综合用房面积、辖区面积、居民户数等基本情况进行摸底，充分了解社区基本情况；加强同社区工作人员沟通交流。积极询问、了解他们的各项业务办理情况、日常活动开展情况、辖区居民需求情况，加强同社区工作人员的思想交流。

【加强社区工作者队伍建设】

为进一步加强社区工作人员队伍建设，提高社区工作人员社会工作综合水平，4月初下发2019年度全国社会工作者职业水平考试报名及考务工作的通知，做好考试的报名宣传和组织动员工作。5月27—31日，组织各镇、街道办事处、北梁新区服务中心180名2019年社会工作职业水平考试人员参加考前培训工作。6月份考试通过24人。7月17日和18日组织82名各镇、街道办事处、北梁新区服务中心负责人和社区工作人员参加包头市民政局、包头广播电视大学举办的内蒙古自治区社区工作人员培训班。

【做好村（居）民委员会换届选举后续工作】

配合区委组织部根据第十届“两委”换届选举工作方案要求，对部分村（社区）增补“两委”成员正式候选人进行“两联审”，对候选人录入条件、程序进行严格把关，共审核11批次、70人；同时，按照《关于对现任社区

“两委”干部涉黑涉恶线索排查的通知》要求，对现任的730多名村（社区）“两委”成员进行"涉黑涉恶涉伞"线索排查，未发现“涉黑涉恶涉伞”线索问题人员。4月12日，指导沙尔沁镇沙一村依法进行村“两委”选举。11月中旬，指导沙尔沁镇南海子村、沙二村依法进行村主任选举。

【推动村（社区）修订完善村规民约（居民公约）工作】

2019年，为做好村规民约、居民公约工作，健全完善党组织领导的村（居）民自治机制，提升城乡社会治理水平和文明程度，于5月底印发《东河区进一步修订和完善村规民约（居民公约）实施方案》，要求各村（社区）结合辖区实际，制定村规民约（居民公约），经过多次修改，7月底，完成14个试点村村规民约的修订完善工作；11月底，完成35个村和66个社区村规民约（居民公约）的修订完善工作，实现村规民约、居民公约的制定修订工作全覆盖。配合区委宣传部、文明办抓好“千村示范、万村行动”示范村建设工作，在修订完善村规民约的基础上，建立村民议事会、道德评议会、红白理事会、禁赌毒会、反邪教会等群众自治组织，提升农民素质，倡导健康、文明、节俭的新生活。督促基层大力做好宣传工作，加强工作指导，及时掌握各村（社区）村规民约和居民公约的修订完善情况，研究解决推进中遇到的问题。同时，不定期组织工作人员深入各村（社区）进行督促检查，抓好村（居）务公开制度的贯彻落实，广泛宣传村（居）务公开的目的、意义、方式、方法以及具体要求和标准，完善规章制度，严格考核奖罚，强化制约机制，切实解决行为不规范、责任不落实、监督不到位的问题。

【审核村（居）务公开】

按照东河区委办、政府办关于印发《推进全区2018年农村基层“三务”公开提档升级工作的实施方案》的通知精神，区民政局负责督促指导、组织推动村（居）务公开工作。按照“统一、规范、有序”的要求，及时制定出台东河区《村务公开制度》并下发两镇，要求全区49个村严格按照东河区《村务公开制度》认真贯彻落实执行。全区49个村通过专用的“三务”公开栏，拓展公开内容，完善公开程序，规定公开时间，使广大村民知晓村务公开工作是国家法律法规和政策要求，保障每位村民群众的民主权利。

根据区纪委监委印发的《关于加大推进基层“三务”公开有关工作的通知》精神，结合民政职能职责对各镇、街道办事处、北梁新区服务中心报送的村（居）务公开内容进行认真指导、审核、把关，并将审核结果及问题汇总清单及时反馈，经过多次督促、审核及问题反馈，最终全区49个村、66个社区2019年前三个季度村（居）务公开内容已全部公开。

【健全城乡社区治理体系和治理能力】

2019年制定的《东河区关于推进城乡社区治理（绿色社区）试点工作方案》，确定了试点，结合上级部门加强城乡社区治理的部署要求及全区发展实际，全面推开城乡社区治理任务，健全完善社区治理体系，优化社区服务水平，促进社区文化发展，打造优美的社区环境，加强社区的治安管理，提升社区管理能力。

【社会组织】

2019年，新成立社会组织34家，其中，社会团体6家，民办非企业28家；全年受理社会组织变更登记85家。

截至2019年年底，在区民政局注册登记的社会团体35个，民办非企业单位108个（教育类69个、卫生类24个、民政类8个、文体类1个、劳动类5个、科技类1个）。3—6月份对全区社会组织进行年度检查，其中29家社会团体和67家民办非企业单位均年检合格。

【婚姻登记】

严格按照《中华人民共和国婚姻法》《婚姻登记管理条例》《婚姻登记工作暂行办法》办理结婚登记2228对，离婚登记1071对，补领结婚登记1570对，补领离婚登记89对，登记合格率达100%。为公检法、公证处查询信息5810条，补录历史婚姻档案3500条。

【地名编纂整理工作】

完成第二次全国地名普查档案整理工作。根据《第二次全国地名普查档案管理办法》的要求，按照业务类、成果类和其他类，对地名普查文件资料进行收集、整理和归档。其中：业务类3498条119盒；成果类3515条28盒（内含地名目录1卷，地名成果表28卷，地名标准化处理统计表1卷，地名普查成果图3卷29幅，地名标志登记表1卷，国家区划地名数据库数据1卷）；其他类17盒（内含地名普查目录11卷，地名普查工作图8卷61幅，文书档案360件）。

编纂《东河区地名志》。按照市民政局转发《关于进一步做好盟市和旗县地名志编纂出版工作》的通知，制定实施方案，按时限和编纂大纲要求，做好编纂工作。

【地域勘界修改词典】

对行政区域界线安全隐患进行排查，对阿尔善大街全段进行实地勘察及编码。

修改《东河区地名词典》，补充第十六章自然地理实体，第十七章纪念地与旅游景点，第十八章具有地名意义的单位，第十九章建筑物，第二十章城市交通枢纽，第二十一章水利、电力设施、机站等章节内容，共计115条，2.2万余字。

为做好全国第三次土地调查，配合东河区自然资源分局，为其提供行政区划界线的相关资料。

【殡葬管理】

2019年积极落实殡葬改革政策的宣传工作，利用“清明节”“中元节”等重要节日分别在井坪公园、北梁新区南三区广场、沙尔沁镇莎佳木村广场进行大型的殡葬法规、政策的宣传活动，展出标准展板20块，出动LED大屏宣传车一辆，滚动播放市殡葬处制作的“包头殡葬”宣传片并向群众发放传单600份，倡导文明祭祀。开展殡葬领域专项整治行动，对公墓建设运营中的违法违规行为和殡葬服务、中介服务及丧葬用品销售中的违法违规行为会同区发改局、区公安分局、国土局东河分局、区城建局、区市场监督管理局、区民宗局、区农牧局制定工作方案、联合检查，积极开展整治。开展违法违规私建“住宅式”墓地等突出问题专项摸排工作，共摸排“住宅式”墓地1座、硬化大墓64座。在全区范围内对配冥婚现象进行摸排。

【行政执法】

2019年，殡葬类行政处罚共81起。“清明节”“中元节”等重要节日，对东河区范围内售卖祭祀用品、迷信用品的临时销售点进行全面清查，共清理临时销售点90家，处罚九州商城销售封建迷信用品窝点4家。同时查处户外搭灵棚、大操大办200余起。中、高考期间、执法大队继续开通殡葬扰民举报电话，实行24小时轮流值班制度接受群众举报，并加班加点加大力度对各小区的巡查，依法查处丧事大操大办、封建迷信活动的丧事扰民事件，为考生创造一个宁静、祥和的复习、考试环境。7月，通过联合整治，清理了旧物回收箱352个，净化旧物回收箱的投放环境。9月，联合街道办事处、区教育局、区市场监督管理局、区公安局、区城市执法局对无证经营的童欣幼儿园、铁西幼儿园进行检查，并根据《民办非企业单位登记管理暂行条例》下达取缔通知书。10月，对全区11家养鸽赛鸽机构开展检查，对没有登记的赛鸽协会和赛鸽俱乐部下达取缔决定书并督促其尽快办理相关手续。

【居民家庭经济状况核对】

通过政府部门信息共享，运用信息化手段对社会救助申请家庭申报的收入和财产情况进行核实核对，使社会救助工作管理科学化、精细化、规范化，使低保、救助以及其他社会救助项目公平、公正地实施，2019年城镇救助对象受托核对户次为6151户，受托人次为11600人。其中：沙尔沁镇贫困边缘户受托核对户次为20户82人；沙尔沁危房改造受委托核对户次为23户69人；就业局委托核对户次1户1人。

（张蕊 供稿）

退伍军人事务

【东河区退役军人事务局领导名录】

局　长　　白继全

副局长　　刘　瑞

【概况】

包头市东河区退役军人事务局是东河区人民政府工作部门，机构规格为正科级。机构职能为履行拟订退役军人思想政治、管理保障和安置优抚等工作政策法规并组织实施，褒扬彰显退役军人为党、国家和人民牺牲奉献的精神风范和价值导向，负责军队转业干部、复员干部、离退休干部、退役士兵和无军籍退休退职职工的移交安置工作和自主择业、就业退役军人服务管理、待遇保障工作，组织指导退役军人教育培训、优待抚恤、帮扶援助等，组织指导全国拥军优属工作，负责烈士及退役军人荣誉奖励、军人公墓维护以及纪念活动等职责。

东河区退役军人事务局成立于2019年3月20日，设局长1名，副局长1名，核定编制5人，列编3人，内设办公室、业务股，下设股级公益一类事业单位包头市东河区退役军人服务中心，核定编制8人，列编6人。

【光荣牌启动仪式】

4月25日，东河区举行为烈属、军属和退役军人等家庭悬挂光荣牌启动仪式。东河区领导、区退役军人事务局局长、各镇、各街道办事处及北梁新区服务中心分管领导等有关负责人及烈属、军属和退役军人等家庭代表参与启动仪式。启动仪式上，李广乐副区长授予4位烈属、军属和退役军人的家庭代表“光荣之家”牌匾。

【服务站挂牌仪式】

5月22日，包头市东河区河东镇退役军人服务站正式挂牌成立。副区长李广乐、河东镇党委书记、东河区退役军人事务局局长参加挂牌仪式。河东镇退役军人服务管理站设有一个服务窗口，由镇党委书记兼任站长，副镇长兼任副站长。镇（街道）退役军人服务管理站的职责是：为辖区内且持有东河区户籍的退役军人提供技能培训和就业推介、军人权益维护、志愿服务、解困帮扶等服务，以确保退役军人活动有场所、诉求有渠道、解困有平台。

【“八一”慰问】

7月28日，东河区委领导、东河区退役军人事务局领导班子、各镇街道领导慰问东河区驻区部队并送去慰问金及慰问品。

7月28日晚上，在包头市第二中学体育场举行东河区庆祝中国人民解放军建军92周年暨“双拥”晚会。

【烈士公祭】

7月29日，东河区退役军人事务局参加烈士公祭活动。

【战略合作】

8月9日上午9时，东河区退役军人事务局与中国银行、建设银行、工商银行、农业银行四大国有银行就“拥军优抚”展开战略合作签约仪式。参会人员有东河区退役军人事务局领导班子、东河区人武部领导以及四大国有银行东河区支行负责人。

【退役士兵社保接续工作部署】

8月14日，东河区召开部分退役士兵社保

接续工作部署会议，区领导以及各相关部门、办事处负责人出席会议。

【业务培训】

8月29日，东河区召开部分退役士兵社会保险接续业务培训会，会议邀请包头市退役军人事务局移交安置管理科科长赵占兵进行业务讲解和答疑，东河区社会保险接续工作专班人员及各村镇、街道（社区）退役军人服务站的工作人员参加了会议。

【退役士兵及复员士官登记】

9月3日，东河区退役军人事务局陆续接待退役士兵及复员士官登记，为退役士兵及复员士官正式报到做好前期信息登记与收集工作。

【发放义务兵家属优待金】

9月9日，东河区退役军人事务局为2017年应征入伍义务兵及2018年应征入伍义务兵发放2018年度的义务兵家属优待金。

【退役士兵就业意向调查】

9月24日，东河区退役军人事务局组织2018年退役士兵及士官填写了2018年退役士兵就业创业意向表。

【发放新中国成立70周年纪念章】

9月25日，东河区退役军人事务局工作人员走访东河区各镇、街道（社区）、退役军人服务站，针对新中国成立前入伍老兵群体开展慰问并发放“庆祝新中国成立70周年纪念章”工作，共发放28枚纪念章。

【退役士兵报到】

10月23日，东河区退役军人服务中心与业务科专员采取有效措施，严格审查退役士兵的档案，通过印发《退役士兵报到须知》《包头市东河金谷银行招聘业务员人员方案》《退役士兵职业技能培训院校、专业公告》等资料，大力宣传退役士兵接收、落户、培训等政策，确保退役军人第一时间了解相关政策和办理流程，扎实做好退役士兵报到工作。

【观影活动】

10月25日，东河区退役军人事务局组织全体工作人员观看了新中国成立70周年献礼影片《我和我的祖国》。

【适应性培训】

10月29日，东河区退役军人事务局联合东河区就业局举办东河区退役军人适应性培训班，为期5天，在中国银行东河支行6楼会议室举行隆重的开班仪式。

【主题教育】

11月1日，东河区退役军人事务局组织开展了“不忘初心、牢记使命”主题教育党日活动，邀请75岁退役军人、老党员、南圪洞街道办事处南龙王庙关工委副主任、星月家园支部书记尹福喜老人为所有党员进行党课讲授。

【办理党员组织关系转接】

11月5日，东河区退役军人事务局多措并举，通过规范流程、统一建档，设置“一站式”窗口，开展退役军人党员组织关系转接工作。

【首届退役军人专场招聘会】

11月20日上午，东河区退役军人事务局在东河区就业社保服务中心举办以“退役不褪志，建功新东河”为主题的首届退役军人专场招聘会。此次招聘会吸引众多企业前来招募，涉及维多利摩尔城、包头市东河金谷村镇银行、包头盛泰汽车零部件制造有限公司、包头银山铝业等85家企业进场招聘，提供包括企业管理、销售顾问、公交安全员、教育系统安保人员、数控车床操作技工等岗位。

【伤残鉴定】

11月29日上午，东河区退役军人事务局组织东河区新申报伤残警察及退役伤残军人开展本年度评残及换证人员体检工作。

【退役军人福利】

12月10日上午，中国电信东河分公司负责人到东河区退役军人服务中心，双方针对军人军属、退役军人和其他优抚对象专属通信资费进行协商。中国电信包头分公司为军人军属、退役军人和其他优抚对象提供专属通信资费、设计专属的个性化通信服务产品。

（朱葛 供稿）

政务服务

【东河区政务服务局领导名录】

局 长 刘 鹏

副局长 马 丽（女）

【概况】

东河区政务服务局于2019年3月8日正式挂牌成立，是区人民政府工作部门，机构规格为正科级，由区政府办公室统一管理和协调。主要职责：负责区政府政务服务、电子政务及政务公开等工作；承担区推进政府职能转变和“放管服”改革协调小组办公室日常工作，对重大问题进行调查研究，提出相关工作建议；指导全区政务服务工作；统筹指导区政府系统电子政务工作；负责区本级政府信息公开和政务公开工作；指导区本级实体政务大厅运行管理；负责全区“互联网+政务服务”组织管理工作；完成区委、区政府交办的其他任务。核定行政编制5名（科级正职1名、科级副职1名、其他公务员3名），已配备正职1名、副职1名。设3个股室，分别为改革推进综合室、电子政务与政务公开室、效能督察室；代管区政务服务中心、国有公司内蒙古中发展咨询服务有限公司。

【公共服务事项梳理】

2019年，区政务服务局开展权责清单和公共服务事项动态调整工作，梳理全区权责清单和公共服务事项共6377项。其中，依申请行政权利事项431项；依职权行政权力事项5874项；公共服务事项72项；涉及全区28家部门。同时完成国家级基本事项目录认领梳理工作，组织全区各部门认领国家级基本目录事项351项，率先在各旗县区完成审核发布，为加快实现政务服务“一网通办”及强化权力运行监督制约奠定坚实基础。

【服务举措优化】

在政务服务大厅设置“东河区民营企业发展服务平台”，于4月15日开通，以现场受理为主，同时开通热线、网站、微信等渠道，统一受理咨询、投诉和意见建议，共计接待服务企业咨询50余次，未接到投诉。

为保障全区招商引资项目的顺利开展，开通服务重点项目“绿色通道”，采取特事特办、延时服务、上门服务和容缺预审（承诺制）等服务举措，共办理事项379件，提供延时服务152次，上门服务21次。同时在铝业园区、双创示范园区设置的“一站式”政务服务，提供一次性告知、审批指导、现场咨询等服务共375次。

【办事流程简化】

为解决排队等候及办件效率低的问题，在全市率先推开餐饮业“一窗受理”服务模式。将食品工商营业执照与经营许可证2个事项合并办理，打破餐饮业“准入不准营”隐性壁垒障碍，从原来6个步骤简化为3个步骤，时限压缩至少3个工作日，最大限度简化办事流程，有效提高群众办事效率。

大力推行工商登记注册改革，服务重点项目企业全流程开办时间由过去的15个工作日，压缩到8小时内全部完成。2019年全区新增市场主体6991户（上年同期新增市场主体5818户），同比增加20.16%；新增注册资金106.31亿元（上年同期新增注册资金135.06亿元），同比减少21.29%。截至12月底，全区各类市场主体为37991户，注册资金547.26亿元。

对进驻事项进行要件清理规范、流程再造和时限压缩，进一步简化办事流程，形成“最多跑一次”清单，梳理“最多跑一次”事项

106项，已向社会公布49项，最大限度方便企业和办事群众办理事项，避免出现“多头跑多次跑”等现象。

【“互联网+监管”】

全区27家部门单位涉及“互联网+监管”事项梳理工作，按照“自上而下”的认领原则，2019年共认领459项，录入449项，发布440项；完善“互联网+监管”行为信息采集，完成录入44项，为实现监管事项全覆盖、监管过程全记录、监管数据可共享，“双随机、一公开”监管、信用监管、联合监管等提供支撑，实现监管业务协同联动。

【电子政务与政务公开】

2019年，共受理依申请公开4件；在政府门户网站发布网站信息963条其中，《东河新闻》栏目发布445条、《公告公示》栏目发布120条、《头条新闻》栏目发布159条、《重点领域》栏目发布48条、《区长信箱》栏目发布74条、《政务公开》栏目发布117条，有力地推动政府行政权力运行的公开化、透明化。同时，区政府门户网站开通人大代表议案、政协委员提案办理公开专栏，积极对广大群众关心的热点、难点问题进行回应。

【新政务服务大厅建设】

结合实际进驻情况，充分学习借鉴杭州市、天津市等外省、市、县及包头市、昆区、石拐区、高新区等地的政务服务大厅经验，合理规划新建实体大厅空间布局；多次与大厅施工方进行对接，了解实际，拓展思路，多方洽谈，积极筹措新建大厅装修资金。为加快推动新建大厅尽早投入使用，按照区委、区政府主要领导指示精神主动与金谷农商、村镇银行、中国建设银行、兴业银行、中国农业发展银行、新华人寿保险公司、包头市安泰公证处、律师事务所等20余家公共机构、金融网点和企业等进行多次对接和洽谈，不断寻找合作点和切入点，争取资金来源，为新建大厅装修筹措装修资金。联系工作实际，通盘考虑工程建设实施及主体、合作方等各类要素，多次听取和征求相关部门负责人、窗口工作人员、群众的意见，经修改17版后，形成政务服务大厅（新址）装修启动方案（送审稿）提交区政府第十次常务会审议通过。

（张翊萱 王蓓蓓 供稿）

镇和街道

【东河区河东镇领导名录】

党委书记	常全伟
副书记、镇长	刘　斌(5月离任)
人大主席	杨翠芳(女)
党委副书记、政法专职书记	刘　昆
副镇长	张红亮
纪委书记	王德宽
组织委员、统战委员	董　杰
副镇长	尚兴华（女挂职）
	何利伟（蒙古族）
	史美红（女）
农业服务中心主任	杨　智

【概况】

河东镇1998年由原包头市郊区划归东河区管辖，2003年12月30日撤乡改镇。河东镇北依大青山，南临黄河，东至包头客车厂，西与九原区相接，环绕东河城区，东西跨度25公里，南北跨度约15公里，京包铁路、丹拉高速、南北绕城公路等横贯辖区。辖区总面积35平方公里，总人口2.75万户，7.338万人，其中常住农业人口2.38万人，流动人口4.96万人。耕地总面积1.27万亩，人均占有0.378亩。河东镇下辖磴口村、毛其来村、上古村、下古村、河北村、银匠窑村、工农村、臭水井村、壕赖沟村、陈户窑村、东河村、北二里半村、东二里半村、南二里半村、王大汉村、郑二窑村、毛凤章村、留宝窑村、西井湾村、井坪三村、井坪四村、井坪五村、王家圪旦村、留柱窑村、先明窑村、西北门村26个行政村和奥宇社区、保利社区2个社区。

河东镇人民政府核定内设党政机构6个：党政综合办公室、基层党的建设办公室、乡村振兴办公室、社会事务办公室、平安建设办公室、城市管理办公室。河东镇有3个事业单位：包头市东河区河东镇党群服务中心（挂包头市东河区河东镇便民服务中心、包头市东河区河东镇退役军人服务站、包头市东河区河东镇新时代文明实践所牌子），包头市东河区河东镇综合行政执法局，包头市东河区河东镇综合保障和技术推广中心，干部职工共计223名，其中镇一级76名，村两委、社区共147名。

2019年，河东镇获2019年“国家卫生乡镇”称号。

【基层党建】

镇党委下辖37个党支部，其中，28个村（社区）党支部，8个非公有制企业党支部，1个镇机关支部，在册党员1156名。召开2次民主生活会，组织各村开好组织生活会和民主评议党员工作。严格落实意识形态责任制，处理各类舆情12期，市级媒体刊登10篇。建设高素质干部人才队伍，扎实开展村（社区）“两委”换届回头看工作，完成158名“两委”干部联审。大力发掘储备后备干部，培养“双百干部”52人，后备干部123人。强化教育管理，组织外出培训、党委会议学习、讲廉政党课、召开专题培训会议等20余次，强化党员干部廉洁从政、干事创业的能力。

全面加强基层党组织建设，扎实推进“两学一做”学习教育常态化制度化。集中对37个党支部“三会一课”落实情况进行督查。举办了庆“三八”妇女节、中国共产党建党98周年、中华人民共和国成立70周年、五四运动100周年等系列活动。组织党员干部观看《我和我的祖国》等专题片。2019年，挂牌打造党群服务中心6个，发展党员28人，处置不合格党员3人。

从严正风肃纪，全年明察暗访28次，下发检查建议书5次，下发通报5期，全镇通报集体3个，个人21人次。收到上级转办问题线索31件，已办结19件立案1件，处理1人（开除党籍处分）。

【“不忘初心、牢记使命”主题教育】

创新抓好主题教育四项措施，总结出“4536”河东镇主题教育工作模式。编制河东镇主题教育系列资料，下发各类图书2500余本，实现党员学习全覆盖。组织学习研讨、实地教育10余次，全面提升党员理论知识水平。深入开展调查研究，形成了1篇高质量的调研报告。多渠道检视问题，镇党委检视征集4大类、121个。制定整改措施，解决村民20多个生产、生活问题，受益群众达2万多人。

【乡村振兴】

多措并举，探索9种村集体经济发展方式，形成“一村一品牌”“一村一产业”的格局。实现全部村集体经济达到10万元或增收5%～10%的目标。专项集中整治村容村貌48次，清理垃圾182处，累计清理8190吨。实施厕所革命，新建旱厕3座，改建36座，改造水厕2座、户厕95户。高标准打造河东镇新实践文明实践所和6个实践站，选树“千村示范万村行动”5个示范村，开展实践活动90余次，组建7支共297人志愿服务队伍，制定村规约500余条，全部村成立“四会”，挖掘乡土特色，举办庆元宵文艺会演及第四届农民约文艺会演暨第二届农民丰收节，乡风村风日益文明。

积极探索基层治理现代化的方式方法，推广建设“一站式服务平台”，切实解决服务群众的“最后一公里”难题，3万多村（居）民享受到了家门口的便捷服务。

【拆迁安置工作】

2019年，完成上下古城湾棚户区征收安置38户，征收6792平方米。银匠窑村拆迁安置78户，征收1.7万平方米。北梁遗留户签订协议56户，征收4121平方米。110国道改扩建项目安置22户，征收2482平方米，安置原包头市第二毛皮厂宿舍5户，213平方米。完成西三B区王家哥旦村、井坪四村等5个村639户村民安置房缴费。

【社会民生】

完成21个村土地确权颁证工作，涉及土地3657亩、1083户。24个村完成产权制度改革，组建村集体合作社。全部村完成清产核资和人口摸排工作。严控瘟疫，清理生猪养殖户36户，5368头；发放鼠疫宣传单2万余份，开展防控宣讲6次。作风建设有序开展，大力营造“两个环境”。开展新型职业农民培训，办理农民失地养老保险445人，缴费金额达2300万元。帮助引进“雅居乐”危废处理环保项目，累计投资11亿元。完成民兵登记、训练等工作，全镇统战（民族宗教）、工青妇、残联、防疫防汛、武装、经济普查、农业普查等工作扎实推进。发挥五星级人大代表之家功能，筹资2000余万元，完成实施6项民生实事项目。加强环境治理，大力开展污染防治，打击处理“散落污”企业5家。

【人口计生】

河东镇有已婚育龄妇女10377人，流动人口21545人，领取独生子女证560户，出生723人（男婴383人，女婴340人），发放夫妻双方无业独生子女家庭（年龄在14周岁以下的独生子女）独生子女费7.73万元，发放计划生育特殊扶助金69.15万元，发放计划生育独生子女死亡（伤残）一次性扶助金12.9万元，救助计生困难家庭1户。办理计划生育意外保险2678户。

【社会稳定】

建成120平方米镇综治中心，投入40余万建成综合网格服务管理平台。大力开展扫黑除恶专项斗争，扎实推进打击“黄赌毒”、缉枪治爆、禁毒、消防等工作。解决信访遗留问题，共接待来访群众103批次、997人次；解决银匠窑村底店分配等信访积案。接收上级信访案件87件，办理82件；息诉罢访结案8件。开展安全生产大排查、大走访活动，按行业类别更新梳理全镇252家企业，开展安全检查320余次。

加强市场监督管理，各类企业年报率达95%，办结投诉举报案件108起，有效保障消费安全。全年处理违法建设185件，拆除违建1万多平方米。

（刘晋希 供稿）

【东河区沙尔沁镇领导名录】

书　记	王　丽（女）
副书记、镇长	刘大军(3月离任)
	张存福(3月任职)
人大主席、妇联主席	高慧玲(女)
副书记、政法专职书记	王　凯(6月离任)
	胡文亮(6月任职)
副镇长	付二润
组织、统战委员	闫晓乐(女)
副镇长、武装部部长	张永根
宣传委员	郭　雨
副镇长	刘雪婷(女、挂职)
	美力根巴图(蒙古族)
	郭卿嵩
农牧业服务中心主任	李远瑛(6月离任)
	李永报(6月任职)

【概况】

沙尔沁镇位于内蒙古自治区包头市东河区东部，2006年撤乡并镇时由原莎木佳镇、沙尔沁乡与古城湾乡3个乡镇合并成立，2008年7月行政区划时整建制划归东河区。土地面积384平方公里，占东河区总面积的81.7%，东邻包头市土默特右旗，西连东河区市区，南临黄河与鄂尔多斯市的达拉特旗相望，北依大青山与石拐区交界，京包铁路、G6高速公路、110国道横贯东西，南绕城公路、315省道从境内通过，交通四通八达、便捷高效。

沙尔沁镇下辖1个社区（沙尔沁社区）和23个行政村：黑麻板村、公积板村、杨圪塄村、莎木佳村（斗林沁村1个自然村）、小巴拉盖村（赵巴山圪旦1个自然村）、鄂尔格逊村（鄂尔格逊旧村1个自然村）、东园村、海岱村、沙一村、沙二村、沙三村、官地村、大巴拉盖村（大巴新村1个自然村）、阿都赖村、永富村、沟门村、土合气村（下土合气、三顷地2个自然村）、东富村、东坝村、章盖营子村、什大股村（什大股村旧村1个自然村）、南海子村、邓家营子村，其中，阿都赖村、阿善沟门村是2个蒙古族聚居村。辖区居民总人口为1.7万户，5.9万人，其中，常住农业人口5.4万人。全镇总耕地面积10.5万亩，林地面积4700亩，主要以种植蔬菜、水果和粮食为主，蔬菜保护地面积1.6万亩。镇机关内设党政综合办公室、基层党的建设办公室、乡村振兴办公室、社会事务办公室、平安建设办公室、城市管理办公室6个办公室及党群服务中心、综合行政执法局、综合保障和技术推广中心，干部职工共计111名。

【现代农业产业】

夯实农业发展基础，推进一、二、三产业协调发展，鼓励支持合作社规模经营、特色种植。华茂合作社、祥利丰合作社流转4500亩土地，全部种植订单农业，减少了农产品生产过剩而无人购买的情况，使农户稳定收益；南星农业公司在东坝村示范种植耐盐碱海水稻2000亩，水稻长势良好，亩产有所提升。加大农产品“三品一标”认证工作，“老海岱”大蒜获评国家级地理标志产品，建设完成鄂尔格逊千亩韭菜无公害基地，全镇设施农业规模达到2.7万亩，万亩设施蔬菜产业基地已具规模；启动沙尔沁辣椒、北方螺丝菜产地认证和核心区打造。示范和推广农业新品种、新技术、新成果。润泽园育苗中心试种温室香瓜2栋，车厘子、灵芝山药2亩，富硒黑花生1亩，沙尔沁红辣椒25亩，农作物长势良好，均取得良好经济收益。在华茂、益农等多个合作社推广应用了水肥一体化技术、生物菌肥和无人机喷施技术，进一步提高农业种植科技推广应用，降低生产成本。围绕万亩设施蔬菜产业基地建设，新建厚墙体温室530亩，改造老旧温室50亩,新改扩建后，集中连片温室面积达1500亩。全面提升农业可持续发展水平。积极争取上级部门支持农业社会化服务资金400万元，用于大巴拉盖、小巴拉盖、鄂尔格逊、土合气4个村4万亩土地重点发展无人机植保、残膜残茬回收、深耕深松服务，从根源上解决农业面源污染，发展绿色循环农业。

【重点项目建设】

重点项目破题发展，开工率显著提升。谋划实施35个市、区、镇级储备项目，其中，建成完工项目24个：公铁物流铁路物流基地建设项目，完成投资6000余万元，已挂牌唐山港内蒙古公铁物流“内陆港”、东河区禽畜粪污和废弃农作物无害化集中处理项目（一期工程）、设施蔬菜产业老旧温室改造项目、鄂尔格逊千亩韭菜无公害基地建设、润泽园育苗示范推广种植项目、祥利丰设施农业项目、华茂设施农业项目、非“四类”边缘户危房改造项目、农村电网改造升级、沙一村民间艺术协会、阿都赖村道路改造项目、鄂尔格逊村综合市场冷库设备建设项目、沙一村安全饮用水项目、沟门人畜饮水改造项目、沙尔沁二村高科技温室园区道路硬化、黑麻板防洪工程、永富村修建便道项目、阿都赖少数民族技艺与文化传承项目、沙尔沁温室项目、小巴拉盖安全饮水项目、小巴拉盖幸福大院项目、大巴拉盖村菜市场建设项目、东坝村养鸡场项目、危房改造项目。8个项目正在建设：沙尔沁田园综合体项目、高标准葡萄种植基地建设项目、阿都赖民俗民宿项目、五当沟流域水环境治理工程、现代都市农业综合体项目、包头市滨河老年公寓医养康普惠养老服务机构东园村分院、农村天然气替代工程、农村人居环境综合整治项目。其余项目正在进行规划设计，开工率达90%。

加大项目资金的争取引进力度。全年整合上级资金7000多万元，引进社会投资8500余万元，用于发展农业产业项目、二三产项目及社会公益项目，为重点项目落地提供资金支持，确保村集体经济发展后劲。

【社会民生事业】

2019年，正式成立23个村集体经济（股份）合作社，明确经济发展主体，逐步实现村级党组织牵头抓总，村委会搞好民生服务，村集体经济（股份）合作社抓经济发展的良性村级自治体系，产权制度改革档案整理按照自治区产权制度改革档案归档要求23个村全部完成；加强低保管理制度，通过对新增户进行审核，按A、B、C三类进行评审核定低保金。有低保户767户1270人（A类191户288人、B类445户732人、C类131户250人），较2018年增加32户35人，全年共发放低保金1731267元；加大政府对民生的投入力度，2019年民生事业共计投入1071.5万元。不断完善社会保障体系，全年代收代缴城乡居民医疗保险879万元；加强退伍军人服务管理，设立退伍军人服务站，为广大退役军人和其他优抚对象提供更好的服务；申请普惠性幼儿园1所，拓宽幼儿教育普及面；组织实施各类传染病、慢性病综合防控示范点建设，开展全镇范围“两癌”筛查和“脑卒中”高危人群筛查和干预，受益群众4500余人；积极推动集体土地确权颁证和宅基地确权颁证，保障农民合法权益，土地确权颁证共涉及22个村，农户19847户，承包地13.76万亩，已颁证20个村，共颁证9547本，涉及承包地86018.07亩；认真开展“全国第四次经济普查”，按时、准确上报了1309家个体和549家法人和产业单位相关数据。

加强应急管理和各类专项检查。累计检查各类企业共计1592户，发现和排除安全隐患144处，有效应对自然灾害；进行防凌防汛、防雹安全检查、召开专题会、安排布置防凌抢险物资储备、制定防凌防汛抢险预案、防雹制度，组织防凌抢险队伍、签订责任状，顺利度过凌汛并完成本年度防雹减灾工作。

【人口计生】

加强流动人口管理，对全镇外出人口进行全面的清理登记，流入人口进行清理，登记造册30 人，并组织人员及时把流出、流入人员情况及时录入PIS信息系统；贯彻落实人口计生利益导向政策，已享受奖励扶助对象累计487人，特别扶助对象累计特扶10户15人。2019年，完成新增奖扶100人、特扶1户2人新增人员审批申报工作。2019年，独生子女家庭一次性奖励金对象累计1 人，完成独生子女家庭户新增4户，退出90户的认定工作，无错报、漏报、迟报现象发生。

【村镇精神文明建设】

加强综合文化站和文化大院的建设力度。成立文化工作领导小组，配备专门文化工作人员，建设打造23个村文化大院、草原书屋、文化活动室；不断丰富农民文化体育生活，新建笼式足球场1座，成立沙一村民间艺术协会。组织带领300人参加春节、元宵节街头社火文化等文艺活动共36场次，成功举办庆祝中华人民共和国成立70周年艺术名家走进莎木佳采风暨创作基地挂牌启动仪式活动，邀请到中央美术学院中国画学院教授刘金贵等70多位书画名家创作多幅书法绘画作品。协助东河区文化馆在村里举办‘不忘初心、牢记使命”主题教育文艺会演、业余乌兰牧骑“不忘初心、牢记使命”主题教育暨乐享西口情文化走亲活动4场；深化拓展群众性精神文明创建活动，开展新时代文明实践和“十星家庭”评选工作，全面推开沙二村、土合气等5个“千万行动”示范村建设，莎木佳村成功入围自治区级文明村，阿都赖村被评为“第三批中国少数民族特色村寨”；完成中央督查关于室外造像的整改任务，开展民族政策宣传月“快闪”活动。

【人居环境整治】

牢固树立和践行“绿水青山就是金山银山”理念，着力推进农村“气代煤”工程，累计铺设管线16万米、挂表4788户；深入实施农村人居环境整治，规划设计沙尔沁镇雨污水处理系统，完成户厕改造341户、试验安装无动力蒸发式污水处理设施66套；持续开展农村“三清一改”，投入400多万元，全年处理农村生活垃圾7.2万余吨、清理塘沟30多公里；加大监督执法力度，出动人员380余人次、车辆230余次，开展人居环境整治教育、文明宣传等活动21次，开展秸秆禁烧和森林草原防火工作巡查，共扑灭火灾75起，对1万余亩土地的秸秆进行机械打捆。

【脱贫攻坚】

全力打好精准脱贫攻坚战。向上级争取扶贫项目资金约540万元，开工建设扶贫项目8个。在2018年贫困户全部脱贫的基础上，开展2019年度贫困户回头看工作，制定切实可行的后续帮扶计划，确保贫困户不返贫。经对5户国贫户2018－2019扶贫年度收入入户核算，全部实现稳定增收。开展2019年度扶贫对象动态管理和信息核查核准工作，无新增贫困户。危房改造工作有序进行，2019年度“四类”（扶贫开发户、扶贫低保户、纯低保户、五保户）人员符合条件且申请改造的有31户，非“四类”人员符合条件且申请改造的有47户，全部完工。

【社会综合治理】

维护社会和谐稳定，及时回应处理民生热线、市长信箱、网络舆情107件。中央巡视组信访案件12件，已全部做出答复；化解积案4起，并与信访人签订息诉罢访协议；成立沙尔沁镇扫黑除恶专项斗争工作领导小组和扫黑除恶专班，帮助各村收回长期侵占的集体土地1000余亩，追缴土地承包费450余万元；梳理全镇煤炭园区、莲花山、土地征拆等遗留问题，分别组成专项问题工作专班，公积板、黑麻板、莎木佳和鄂尔格逊村已建立销号台账，已有8家企业终止合同。省道315线村集体土地权属纠纷有序推进，配合相关部门开展了土地报批工作。北梁棚改建设用地征拆遗留工作全部完成。

【基层党建】

镇党委下辖28个基层党组织，下设92个党小组，共有党员1603人，其中，预备党员23名。制定并推行农村流动党员“112”工作法，打破区域党建壁垒，打造什大股与农牧局党支部“爱心党建”、莎木佳和农商银行东园支行党支部“富民党建”，镇机关支部与包头财校签订党建共建协议等支部共建共联工程，探索党建工作新模式；强化党风廉政建设，整肃干部队伍作风，沙尔沁镇纪委认真履行职责，充分运用监督执纪“四种形态”，加大问责追责力度，全年共立案2件，党纪重处分2人、通报5人；认真进行“不忘初心、牢记使命”主题教育，系统学习“两书一章”等资料，全镇召开组织生活会28次，集中学习研讨84次，参与人数2528人，党支部书记讲党课（谈体会）28次，受众868人次，开展典型教育活动56场，组织参观各类党性教育基地31次，对照党章党规查找问题5150个，完成整改4128个。

【获得荣誉】

2019年获得中共包头市委员会颁发的《包头市先进基层党组织》。

2019年获得中共包头市东河区委员会颁发的《东河区先进基层党组织》。

2019年4月获得东河区区人大常委会颁发的《2018年度优秀人大代表主题活动先进区人大代表联络组》。

2019年获得共青团东河区委员会颁发的《2018 年度东河区五四红旗团委》。

2019年获得包头市精神文明建设委员会、包头市关心下一代工作委员会颁发的《全市关心下一代工作先进集体》。

2019年获得东河区总工会颁发的《庆祝中华人民共和国成立70周年职工文艺会演三等奖》。

2019年获得区委统战部、区民族事务委员会颁发的《东河区庆祝中华人民共和国成立70周年暨“同心圆”杯民族宗教知识竞赛二等奖》。

2019年获得包头市总工会、包头市人力资源和社会保障局颁发的《包头市首届人工影响天气岗位技能竞赛优秀组织奖》《包头市首届人工影响天气岗位技能竞赛优秀奖》。

（刘越 供稿）

【东河区南门外街道办事处领导名录】

党工委书记	杨亦武
副书记、办事处主任	吕剑峰(3月任职)
副书记、办事处副主任	郭建强(3月离任)
纪工委书记	苏玉杰
副主任、武装部部长	吴　婷(女,蒙古族)
副主任	张　强(12月离任)
社区服务中心主任	郭春晖

【概况】

南门外街道办事处因南门外大街得名，1959年，成立河北小街街道办事处；1960年，改名东河区人民公社红旗分社；1963年，易名红旗人民公社；1979年，改为红光大街街道办事处；1981年，改为现名南门外街道办事处，办事处机关驻环城路27号，其四界：东至东河槽西岸，西至南门外大街东侧，南至京包铁路，北至环城路东路，辖区总面积0.98平方公里。办事处内设5个科室，下设1个事业单位，4个社区，核定编制32人，（其中，公务员编制10人、事业编制22人），现有在岗人员20人（其中，公务员5人，事业编制11人，财政聘用人员4人），公岗、民生志愿者6人，社区干部44名，辖区共有工业企业11户，小学3所，社区卫生服务中心4个，大型住宿餐饮业61户，集贸市场2个；居民总户数17468户，人口总数33386人。

【基层党建】

2019年，制定党工委联席会议制度，定期召开街道区域党工委联席会议，研究解决地区党建问题，坚持每月一次基层党建调研,每季度一次党建季度例会，每半年一次重点任务落实督查。与区域党工委成员单位实现共驻共建，形成资源共享、优势互补，切实推动社区与辖区单位互联互动，着力解决党员群众需求；推进城市基层党建区域化建设，与区域党建单位签订党建共建责任状，以“三项清单”为抓手，加强与驻区单位党组织的互联互动。与辖区28家区域单位组建城市基层党建联合党工委，同步指导4个社区与所辖单位组建联合党委，签订共建协议书。建立需求清单57份、资源清单58份、项目清单27份，累计解决党员群众需求92件。开展知识竞赛、演讲比赛等活动45场。

高标准打造鹿王社区、东官房社区党群服务中心，提升盛世社区和正北社区党群服务中心，全方位为辖区党员群众提供服务；积极开展“双服务、双认领”活动；扎实开展“不忘初心、牢记使命”主题教育，采取集中共学、书记领学、上门送学、微信传学、组织读书班、朗诵会、“身边人讲身边事”等方式，11月19日，党工委特举办“不忘初心、牢记使命”主题教育诵读会，11月20日，南门外街道组织区域党工委成员单位开展“不忘初心、牢记使命”主题教育演讲比赛，进一步加强区域党工委沟通交流和建设。并通过开门纳谏、设置意见箱、开通专线电话等方式征求意见，共收集整理意见建议86条，已整改83条。

突出党建引领方向，积极与南圪洞街道党工委配合加快“老包头特色美食街”建设，成立工业路美食街协会联合会党委、工会联合会，整体推进经济工作有序进行。在正北食品厂成立非建制性政协提案界别组党支部，加强新时代党对政协工作的领导。

坚持将党风廉政建设工作与街道中心工作同部署、同落实、同推动，定期研究部署街道党风廉政建设工作，并通过签订党风廉政建设责任书，夯实“两个责任”；组织全体党员干部，通过观看警示教育片和学习条例、准则，并参加区纪委廉政知识“微考堂”进行廉政教育；深入推进智慧纪检“三务”公开工作，街道党工委定期召开会议，听取“三务”公开工作进展情况。共有16个社区党支部，党员609名，发展4名党员，转正3名党员。

【安全生产】

定期对辖区企事业单位、商铺、宗教场所进行安全生产检查，全年检查2353家，消除安全隐患650余起。实行安全网格制，确保责任到人，各网格员利用“钉钉APP”及时记录上传检查情况，实现安全生产监督全覆盖，全年未发生过重大安全责任事故，无人员伤亡。

【环境治理】

创建绿色街道，积极开展环境治理，为辖区内61户底店共4721平方米接入集中供热管网，改善居民的取暖问题并有效减少燃煤散烧；对自治区环境保护督察工作领导小组交办的5个环境问题，已全部整改完成。

【卫生计生】

2019年，南门外办事处辖区人口数33386人，其中，男18746人，女14640人。育龄妇女5757人，出生人口总数351人，一孩出生249人，占出生人口比重70.94%；二孩出生97人，占出生人口比重27.64%；三孩出生5人，占出生人口比重1.42%。

【信访工作】

对重点人员及重点信访案件，全部建立工作台账，并建立领导包案制；推进扫黑除恶专项斗争向纵深发展。按照月推进、季研判的方式，定期召开专题会议，研究部署街道扫黑除恶专项斗争工作，设置举报箱5个，向群众发放宣传资料30000余份，悬挂宣传标语10余条，营造良好宣传氛围。

【优化“两个”环境】

主动上门服务，积极帮助鹿王、正北等“老字号”企业发展，解决职工信访等历史遗留问题，减轻企业负担、提高经济效益，全年完成对外贸易出口总额6602.56万美元；对辖区闲置商业、工业企业，僵尸企业及闲置资源进行摸底调查，并建立闲置资产台账，逐个研究制定盘活处置方案，谋划招商引资新方法，切实做好闲置资产再利用；组织联动管理综合执法站、环卫所、供水公司为维多利摩尔城进行营商服务，先后为企业解决自来水、供热等问题，为维多利摩尔城顺利开业提供保障；积极组织工业路两侧餐饮企业，通过建立工业路美食一条街餐饮协会，打造“老包头特色美食街”，进而促使服务业焕发新活力，不断振兴区域经济。

优化为民服务环境。在打造260多平方米便民服务中心的基础上，创新服务理念，通过提供错时服务和电话预约的方式，为居民提供便捷的服务，真正实现居民办事“只进一扇门”“最多跑一次”；运用“96966”工作法在全街道开展以知民情、晓民意、解民忧、暖民心”为主题的“大走访、大排查、大化解”活动，活动开展以来，入户12000余户，解决了1039户居民直饮水问题和700户居民污水管道堵塞问题以及供热管道更换等问题，化解邻里纠纷22件，拆除辖区内违章建筑37处697平方米；通过打造东官房社区日间照料中心、鹿王社区温馨家园，创新服务模式，助推社区居家养老模式，得到居民群众广泛好评。

【创卫工作】

全力做好创卫工作。建立严格、具体、量化的考核、奖惩机制，形成责任跟着目标走、绩效跟着奖惩走的“责任链”，进行改造一体化，各项工程同时进行，避免遗留问题，使创卫工作成为常抓不懈的重点工作。组织包联单位、街道社区干部、物业公司员工志愿者等700余人次对辖区环境卫生进行集中整治，清倒垃圾废土200余车。清理清洗乱涂张贴小广告1万余条，大量的劳动使辖区内小区整体面貌焕然一新，得到居民好评。

【物业管理】

定期组织召开物业工作听证会、业主委员培训会等，把独栋、不成规模的小区一并进行管理，积极探索建立老旧小区物业管理长效机制，加快推行物业管理和社区管理一体化建设。引进瑞恒物业、行远物业进驻辖区无物业小区，实现辖区物业的全覆盖。全街道26个小区已有22个小区成立了业主委员会，实行居民自治，物业管理矛盾得到有效化解。

【社区文化】

开展一系列居民喜闻乐见活动。南门外街道鹿王社区党委联合辖区内鑫晟缘物业公司精心开展“迎新春、送祝福、献爱心、真情暖人心”活动。街道党工委特邀三位书法老师在鹿王社区组织“文韵写新春，翰墨送吉祥”写春联送祝福活动。举办“不忘初心中国红、热热闹闹庆元宵”活动，东官房社区健身舞蹈队代表办事处参加2019年度元宵秧歌舞蹈文艺会演活动。2月19日，盛世社区党委举办“我们的节日—元宵节”猜灯谜党日活动；在鹿王社区学习讲堂为辖区的居民开展主题为“和谐我生活，健康中国人”的健康讲座。2月28日，街道团工委组织鹿王社区志愿者们举行以“弘扬志愿精神，献礼建国70周年”为主题的原创诗歌朗诵会；在鹿王社区、东官房社区开展“消防网格员培训会”。3月5日，盛世社区党委与三八妇女体检中心的巾帼志愿者共同组织庆“三八”“学雷锋”、巾帼志愿免费义诊活动。3月6日，东官房社区携手东河区妇幼保健所开展为辖区妇女免费体检送健康活动；鹿王社区党员志愿者开展“巾帼暖人心，志愿者在行动”的活动。3月14日，在鹿王社区邀请检察院检察官赵艳为辖区妇女及居民开展妇女维权法律知识讲座；盛世社区组织联合党委成员单位回民小学党支部共同开展新时代文明实践系列活动；鹿王社区党委联合包头十方缘老人心灵呵护中心及包头市凝暖聚爱协会举办“爱与陪伴一堂课”，开启关爱老人心灵呵护之旅。组织4个社区开展“缅怀革命先烈，传承红色基因”主题党日系列活动；鹿王社区党委联合包头市凝暖聚爱协会举办主题为“不忘初心，不负青春”读书月系列活动之诗歌朗诵会；东官房社区举办以“体现‘孝’文化·感受母亲情”为主题的读书活动；开展庆祝中华人民共和国成立70周年活动，在鹿王社区党群服务中心制作南门外大街记忆展览，有400多人进行参观，弘扬正能量，共举办相关活动40多场次,受益群众5000余人。

【民生保障事业】

社会保障工作稳步推进，春节前夕对125户困难群众进行临时救助，为84户低保户发放低保金；认定再就业困难人员193人，办理就业失业证222人，居民医保缴费3365人、退休人员生存认证3354人、高龄补贴805人，廉租补贴28户，登记退役军人信息821人。

（刘燕君 供稿）

【东河区和平路街道办事处领导名录】

书记、人大工委主任	万　丽(女)
纪工委书记	马　丽(女、5月离任)
	张建军(5月任职)
副主任	李虹鹃(女、5月任职)
副主任、武装部部长	肖岩峰
社区综合服务中心主任	吕心义

【概况】

和平路街道办事处（以下简称“和平路街道”），成立于1956年。和平路街道地处东河区商业中心地段，东起和平路、西至红星环岛、南至环城西路、北至西门大街，下辖环西社区、通顺社区、胜利社区3个社区；辖区面积0.88平方公里，现有居民9731户，20452人。和平路街道内设党的建设办公室、党政综合办公室、平安建设办公室、社会事务办公室、城市管理办公室。街道办事处工作人员共55人。辖区内有4个大型商场，共有各类工商户1015户，企业34户，驻区行政事业单位14家，金融机构7家。

【基层党建】

街道党工委下设3个社区党委（社区党委下设8个党支部），1个机关党支部，6个非公有制企业党支部，在册党员557名。

街道充分发挥驻辖区企事业单位多的优势，以“组织结对、资源联享、工作联帮、活动联办、经验联学”为思路，深度整合区域党建资源，加强区域内党组织之间的联建、联动、联系，全面推行街道区域化党建联席会议制、社区“大党委制”，以3个社区党组织为依托，采用“1+N”模式，把辖区范围内24个企事业单位党组织纳入其中，成立3个社区联合党委。充分发挥区域内各类党组织和党员的先锋作用，通过党建资源的良性互动，带动党建工作的共同提升和资源的合理流动，形成区域化互帮共建局面。

和平路街道根据区委《关于开展“不忘初心、牢记使命”主题教育实施方案的通知》，结合工作实际制定安排计划、实施意见，并提炼出“五个一”工作法。组织辖区19家企事业单位共同开展“党员干部说家风”“谈谈我的初心和使命”主题教育诗朗诵大赛等活动；开展“读原著、话初心，读原著、悟原理”活动，并组织进行集中培训、专题研讨、集中学习、自学，同时领导班子成员、街道、社区全体党员干部参加了4场专题辅导讲座。组织街道、社区党员干部深入到包钢、一机集团、包头城市规划展厅、包头家风馆、大青山李井泉抗日革命根据地旧址、王老太太故居等教育基地实地参观学习，以体验式教育形式进一步引导全体党员干部牢固树立竭忠尽智、爱党爱国的自觉意识和精神信仰。

领导班子成员以“走访调研察民情”为主题开展“五个围绕”专题调研，直面辖区居民，开展开门纳谏、民情恳谈会、征求意见座谈会，鼓励与会人员围绕主题教育理论学习、思想政治、工作方面、能力方面、清正廉洁5个方面意见及建议梳理问题清单、出台实施方案，设立“不忘初心、牢记使命”第二批主题教育活动征求意见箱、公共邮箱及征集热线；建立健全“不忘初心、牢记使命”主题教育检视问题、整改落实工作台账，共征集意见建议82条。

【社会综合治理】

全年清除各种野广告3500余条；清理流动占道摊点942处；清理立地广告123余处；清理悬挂条幅40处；清理乱吊挂30处；清理无主垃圾及建筑垃圾310车，共计1550平方米。对胜利路小学、四十中等中小学附近的小饭桌食品安全进行常态化监管。

“扫黑除恶”活动开展以来，制定扫黑除恶专项斗争工作方案，建立扫黑除恶专项斗争工作档案，会议记录、工作台账、工作制度；每月召开2次工作推进会，各社区宣传73次，辖区内发放宣传资料7000余份，同时设立举报箱、举报电话，畅通信息渠道。各社区开展扫黑除恶讲座，主题活动、恳谈会多次，参加的社区干部及辖区群居民达360余人次。

完成7次区团委组织的“青年大学习”。按照区团委要求，通过“智慧团建系统”接受大学毕业团员63人。

街道综治办共治理重点治安隐患地区11个，排查各类矛盾12起，调解各类纠纷6起。联合中区建设局燃气办对存在安全隐患的液化气罐进行罚没，全年共罚没36个。

和平路联动管理综合执行工作站全年共拆除私搭乱建205平方米，处置乱堆乱放、占道经营等市容市貌违规行为3729次；受理市长热线、民生热线案件39起，全部结案，处置结案率100%；受理24小时警局案件52起，全部处置结案，真正做到及时发现、及时化解、及时处置。

【帮扶救助】

加强对困难弱势群众的帮扶救助工作，让惠民政策落到实处，截至2019年，共审批申报城市低保78户、109人。为4户家庭办理临时救助。为60岁以上的老年人办理爱心卡179张。为101名80岁以上老年人办理高龄津贴。为45名困难残疾人录入财政一卡通系统。为辖区内在册享受廉租房补贴且有住房需求的人员进行摸底，共计上报28人。

【人口计生】

2019年，和平路街道办事处辖区人口数20452人，其中，育龄妇女3181人，出生人口总数69人，一孩出生36人，占出生人口比重52.17%；二孩出生31人，占出生人口比重44.93%；三孩出生2人，占出生人口比重2.90%。

办理计划生育特别扶助家庭2户，对21户计划生育特别扶助家庭进行了年审工作。为辖区发放免费药具1030个，发放宣传资料230余份，咨询人数达500人次。并且开通公众号"佳期无忧"，使居民可以通过网络免费领取药具。

【劳动保障和服务】

新增就业人数700人，社区登记失业人员133人，实现再就业119人，完成就业再就业率89.5%。新增"4050"人员112人，城镇居民医疗保险新参保1307人，新增城镇居民医疗保险87人。办理居民养老丧葬费15名，办理灵活就业退休20人，为3591人办理居民养老生存认证。

"5·15国际家庭日"、母亲节、"5·29"活动，分别在3个社区展开主题讲座、免费义诊、户外活动等多种形式的宣传活动，同时继续开展实施"新家庭计划——家庭发展能力建设"项目，邀请了辖区内的老同志在通顺社区完成一系列敬老爱老活动。

10月重阳节，到康贝尔青山敬老院慰问，并送去慰问金。

11月，联合朝聚眼科医院为辖区内居民进行义诊。

【老旧小区改造】

协调区住房和城乡建设局将税苑小区6号楼南侧下沉部分进行修复；与通顺商城协调将商城北出口500平方米左右的路面进行硬化；对景泰苑1号楼供热二网进行改造，解决82户居民供热问题。按照《国务院办公厅转发国务院国资委、财政部关于国有企业职工家属区"三供一业"分离移交工作指导意见的通知》（国办发〔[2016〕45号）要求，辖区内铁路大院、供电19号楼已按要求进行改造。按照《包头市推进城市规划区房屋产权登记集中治理工作实施方案》的通知，统计辖区内无产权的房屋，共计12户和税苑小区6栋楼，并上报区住建局。

【文化】

积极参加包头市及东河区主办的元宵节文艺会演，与全市人民共度元宵佳节；7月，举办"庆七一华诞丹青党恩书法笔会"，8月，举办消夏文艺会演，11月，举办诗歌朗诵比赛，积极参与庆祝中华人民共和国成立70周年的各项演出，共参加演出50余场，参加人员100余名。

（杨静楠 供稿）

【东河区回民街道办事处领导名录】

书记、人大工委主任

李　帅(女,满族,2月任职)

副书记、主任　白　烁(回族，2月任职)

纪工委书记　陈晓刚

副主任　张改英(女，回族)

副主任、武装部部长　李　茹（女）

社区综合服务中心主任　刘卫国

【概况】

回民街道办事处（以下简称“回民街道”）因系回民聚居区而得名。1953年，为包头市回民自治区。1956年，与原包头市一区、二区合并，组成东河区，遂成立回民街道办事处。办事处东至东河槽，南至东门大街，西至后水沟，北至110国道，辖区面积3.79平方公里。2019年，有居民8453户，14817人。下辖黄土渠社区、富圣明社区、三官庙社区3个社区，回民街道内设党工委办公室、行政办公室、经济发展办公室、计划生育办公室、社会治安综合治理办公室、街政城卫办公室6个股室和计划生育宣传服务指导站、劳动社会保障事务所、社区综合服务中心3个事业单位。现有工作人员31人，其中，行政编制8人，事业编制10人，区聘4人，民生志愿者3人，市级大学生公益性岗位5人，北梁公益性岗位1人。辖区内有东河区审计局、东河区武装部、回民派出所、东河区房管局供暖管理所、东河区商务局、东河区供销合作社联合社、东河区妇幼保健计划生育服务中心、东河区疾病预防控制中心、回民街道社区卫生服务中心9家机关事业单位，个体工商户252户。

【基层党建】

回民街道党工委下设3个社区党委，分别是黄土渠社区党委、富圣明社区党委、三官庙社区党委，设置1个机关党支部和6个社区党支部，在册党员248人，预备党员2人，确定入党积极分子7名。

街道党工委以“双联六举措”工作模式确保“不忘初心、牢记使命”主题教育有序开展，以“集中学、上门学、邮学”的方式覆盖全体党员，通过学、讲、测、询、检、改全面开展主题教育。自主设计印制了《应知应会知识》小红书，利用快递将“一书一章一信”送到18名流动党员手中，通过外出参观、演讲比赛、知识竞赛、观影、研讨等丰富的学习形式确保学习教育的氛围营造和学习效果。

加强领导班子建设，规范党工委领导下的书记负责制，坚持民主集中制；严格落实智慧纪检“三务”公开便民服务要求，提高工作透明度。全面落实党风廉政建设“两个责任”，召开党风廉政建设和反腐败工作专题部署会4次，签订党风廉政建设责任书13份，廉政谈话16次，讲廉政党课1次。加强对重点领域、重要节点和关键环节的管理监督，严格执行“三重一大”制度。

结合“一社一品”阵地打造要求，富圣明社区党群服务中心900平方米，以“少数民族”社区为主题建设完成，服务周边居民3000余户；三官庙社区党群服务中心1140平方米正在装修施工中。区域党工委增设辖区党建服务站丰富党建地图，筹建政协界别组党支部，将区域党建工作向纵向延伸，成员单位由原有的9家扩展至34家，对接完成16个项目资源、丰富开展“双服务双认领”活动。

【社会综合治理】

2019年，认真贯彻落实上级领导部门工作要求和相关会议精神，强化扫黑除恶线索排查和收集，在重点时期和敏感节点期间做好信访维稳工作，认真排查、化解矛盾纠纷5件。联合办事处经济办、辖区派出所、工商所、执法中队等部门在辖区定期开展安全生产和消防安全联合检查。积极与辖区公安派出所对接，加强社区戒毒（康复）人员管理，根据相关规定，为辖区涉毒人员进行“一人一档”登记造册，并对有就业需求和生活困难的社区戒毒（康复）人员提供相关帮助。

充分发挥综治网格作用，开展以禁毒、反邪教、反传销、维护国家安全、扫黑除恶等内容的宣传活动。积极参加区委各部门组织的集中宣传，制作横幅20余条，制作宣传展板9张，开展扫黑除恶专项斗争讲座学习3次，观看警示教育视频300余分钟。充分发挥网格化管理效用，社区以“条块结合，以块为主”的工作模式，形成“横向到边、纵向到底”的“网格化管理”体系，辖区共有19个小网格，3个中网格，网格员全部由社区工作人员兼任。

【帮扶救助】

2019年，春节对108户困难群众发放救助金，总计94000元；为4户困难居民报临时救助特别金8000元。辖区有74户低保家庭99人，其中，28户低保家庭享受每月240元的廉租住房补贴；有“三无”人员20人，其中，集中供养6人，分散14人。完成2019年残疾人摸底工作，141人享受重度残疾人护理补贴待遇；办理老年人爱心卡262张，572人享受老年人高龄补贴。“春节”“八一”期间对4名在乡老复员军人、农村退役士兵进行慰问，送去慰问金和节日的祝福。

【人口计生】

2019年，辖区常住人口14388人，流动人口429人。已婚育龄妇女2006人，出生66人，出生率4.32‰，符合政策生育率100%。出生婴儿所有指标均达到或高于目标要求。办理一孩生育服务登记表22个，二孩生育服务登记表10个。审批独生子女费家庭118户，发放独生子女费12670元。为1户计划生育特殊家庭发放一次性扶助金120522元。联合社区卫生服务中心组织开展了“5·15国际家庭日纪念活动”“5·29会员活动日”“7·11世界人口宣传日”活动，为辖区居民普及计生卫生知识同时为居民免费检测血糖、血压。携手东河区中西医结合医院组织开展“两癌”筛查关爱女性健康等系列活动。

【文化】

2019年，回民街道加强领导、强化管理、丰富活动，完善社区文化基础设施建设，加强文化站与文化室建设管理。有效整合社区资源，巩固发展社区文化队伍，开展了一系列具有特色的文化活动。黄土渠社区和风苑、隆泉花苑，三官庙社区鹿苑小区内各安装健康路径体育健身器材1套，为辖区居民强健身体提供场所。

元旦，三官庙社区联合辖区单位商务局举办“欢声笑语歌盛世书画名家绘新春”主题宣传活动。2月，办事处组织2019年元宵节花灯展和60人的威风锣鼓表演；3月，庆祝“三八”国际妇女节，社区组织辖区个体工商户、下岗人员、低保户等妇女开展创业培训讲座活动，针对就业政策知识和维护女性合法权益进行解读，鼓励辖区妇女积极了解创业政策和贷款政策。6月，黄土渠社区联合龙藏新城幼儿园开展儿童节活动，带领幼儿园小朋友载歌载舞，欢度“六一”儿童节；黄土渠社区携手包头市烹饪餐饮协会、居民共度端午节，交流端午节习俗、粽子的来历和粽子的包法等传统文化，社区老党员和居民一起包粽子，为辖区居民带来温暖与幸福；6月底，黄土渠、富圣明、三官庙社区分别组织中国共产党建党98周年党员活动，带领辖区新老党员听党课学党章，重温入党宣誓词，时刻牢记作为党员的使命，表彰基层党组织优秀党员，激励党员奋发作为。7月7日，参加东河区西口文化节演出。

【劳动保障和服务】

回民街道为符合条件且提出申请的人员办理并发放就业失业登记证282个；居民养老缴费20人，新参居民养老3人，退保8人，变更卡号1人，办理丧葬费9人。为辖区低保户、五保户，计划生育特殊家庭及重度残疾人员共90人以政府代缴的方式纳入城乡居民养老保险，其中，低保户69人，重度残疾21人，特殊人员享受待遇11人，全部为重度残疾。完成4009人的医保缴费工作，其中，学龄前儿童121人，成人3888人。继续进行北梁人员就业情况动态信息系统的信息完善及监测，完成837人的信息迁移及维护。办理98年灵活就业退休人员35

人，集体工退休7人，完成退休人员采集指静脉认证6531余人，为居民领取就业困难人员税票556份，认真为居民解答有关退休事项的疑问。全年新增“4050”和“4555”就业困难社保补贴人员112人，接续补贴人员681人，特殊事项2人。

（赵彩霞 供稿）

【东河区西脑包街道办事处领导名录】

书记、人大工委主任	胡　澎(2月离任)
副书记、人大工委主任	赵玉斌(2月任职)
副书记、主任	陈璟枫（女）
副书记、政法专职书记	付二润(5月离任)
	王淼(5月任职)
纪工委书记	支士奇
副主任	秦丽萍(女,5月离任)
副主任、武装部长	刘美峰（女）
社区服务中心主任	包勒日(蒙古族)

【概况】

西脑包街道办事处（以下简称“西脑包街道”）成立于1959年，地处东河区西部，东至西河槽西沿，西至西井湾西路，南至毛凤章营包兰铁路北，北至青山路以南。下辖康乐社区、井坪社区、贵发社区、向阳社区、景苑社区和宏源社区6个社区，辖区居民14926户，38808人，流动人口4496人。西脑包街道内设党工委办公室、行政办公室、纪工委办公室、街政办公室、综治办公室、经济办公室、劳动社会保障事务所、计划生育办公室、城管卫生办公室9个股室。共有干部职工79人，其中，领导干部6人、办事处机关干部19人、社区干部45人、民生志愿者、公岗9人。辖区驻区企业单位677家，有中小学校3所，辖区有商业网点1353户，宗教活动场所1处。

【基层党建】

街道党工委下属5个社区党委、1个社区党总支、1个机关党支部、1个企业党支部，党员648名，其中居民党员610名、非公有制企业党员19名、西脑包街道办事处机关党支部党员19名。按照上级“不忘初心、牢记使命”主题教育工作要求，紧扣“守初心、担使命，找差距、抓落实”的总要求，认真学习领会习近平新时代中国特色社会主义思想、习近平总书记在出席庆祝中华人民共和国成立70周年系列活动时的重要讲话、在中共十九届四中全会上的重要讲话等内容，理论测试答卷3次，专题研讨6次，撰写学习心得体会；参观党员教育基地、福徽寺、抗日英烈祠等红色教育基地，观看爱国主题教育片，参观东河区看守所开展警示教育活动。开展学习张富清、任明德、于海俊等同志先进典型事迹；组织党员开展“红色故事汇”“身边人讲身边事”等宣讲活动；开展书记讲党课活动。开展“双服务、双认领”，在职党员到社区报到，慰问困难党员群众18户。签订党建工作目标责任状，每季度召开党建工作例会；对社区支部“三会一课”“三项制度”落实情况检查2次；指导办事处机关支部、金谷村镇银行党支部换届；撤销5个停产关门、有名无实的企业党支部。完成街道、井坪、景苑（向阳）、康乐、宏源社区党群服务中心打造，完善服务功能设施。召开区域化党建联席会，与辖区21个单位党组织签订共建协议书，组织互联互动29次，完成项目清单43项。把意识形态工作纳入党建工作责任制，召开意识形态工作专题会议，建立《西脑包街道政务新媒体平台管理办法》；发挥“西脑包文明讲坛”“道德讲堂”“四叶草心理辅导中心”和社区文化团体作用，开展各类文化活动23次。严格履行党风廉政主体责任和“一岗双责”，签订党风廉政建设责任状。在节假日期间进行廉政提醒；组织廉政集体谈话2次，班子成员与分管科室、包片社区负责人谈话共87人次；组织干部参加《东河区纪委监委公众号》微学习、微考堂、赛一赛、集中竞赛等栏目；开展廉政书画展、文艺表演、廉政讲堂等廉政文化进社区活动。

【社会综合治理】

落实信访隐患排查联动机制、领导包案和督查督办机制、领导信访接待日制度，共排查调处一般矛盾纠纷68个，加强对重点涉稳群体及重点人员的稳控，确保中华人民共和国成立70周年大庆和重大节日、重要会议期间的平安稳定。召开扫黑除恶专项斗争工作推进会25次，研判会3次，联动会2次，专题培训3次；组织大型宣传活动4次，设置LED宣传屏6个，制作大型宣传彩喷3块，广告栏13块，宣传条幅46条，张贴海报1000余张，发放宣传手册、宣传单2万余份；设置举报箱10个，设立举报电话，做到家喻户晓，人人皆知。对社区“两委”换届选举程序执行情况开展“回头看”工作，未接到群众反映社区“两委”干部涉黑问题。

【安全生产】

与辖区企事业单位签订安全生产责任状60余份，开展安全生产检查12次；排查辖区原煤散烧情况，销售散烧型煤共50吨；对巴彦塔拉大街包八中23户底店、平顺旅店14户底店进行集中供热管网改造；对辖区商户开展安全生产食品药品检查8次；圆满完成第四次全国经济普查工作。

【民生保障】

完成低保审批工作，现有低保户152户，228人。全年救助困难户157户，发放慰问金11.05万元。为982人发放高龄补贴29.92万元；采集退役军人信息702人，发放光荣牌647块。组织开展“一周两月”的主题宣传活动，定期排查辖区内宗教非法活动和清真经营场所。办理养老生存认证4983人；办理新增及续费居民医保2923人，其中，学龄前儿童190人。新增“4050”人员277人。办理失业证677本。

【人口计生】

完善全员人口数据质量，做到户卡、数据库信息一致。辖区已婚育龄妇女6583人，出生190人，一孩出生117人，二孩出生73人，计划生育率为98%。为251人办理了计生家庭意外险。举行大型计生宣传活动16场，发放健康知识宣传材料2000余份。开展健康知识讲座11期，“服务百姓、健康行动”义诊活动9次，受益人群共计260人次。

【社区服务】

辖区小区物业覆盖率已达到90%以上；15个小区成立业主委员会；集中对辖区内底店、商铺饭馆等进行食品卫生检查30余次；对市长热线、网名留言等举报问题，联合对口执法单位，进行执法处置20余次；对小区私搭乱建等各类违法问题进行排查整治200余次；坚持24小时值班制度及领导带班制度，做好防洪防汛工作。

【棚户区改造】

推动城市棚改和北梁回迁户安置工作，经过前期认真细致摸底，做好政策讲解和入户动员，城市棚改拆迁14个院子，安置37户；安置北梁回迁居民14户。

（红蕾 供稿）

【东河区财神庙街道办事处领导名录】

党工委书记	董晶晶（女，蒙古族）
副书记、主任	刘吉宇（满族，2月任职）
副书记、政法专职书记	寇　冬（女）
纪工委书记	富　杰
副主任	贾红梅（女）
副主任、武装部部长	冀永胜
社区综合服务中心主任	杨　成

【概况】

财神庙街道办事处（以下简称“财神庙街道”），成立于1956年，位于东河区北部，地处北梁改造核心区，是东河区的老城区和棚户区改造的重点区域。其范围东至北大街，西至西河槽，南至西门大街，北至石桥沟。辖区面积3.85平方公里，下设吕祖庙社区、长胜街社区及馨园社区；辖区居民6469户、16172人。办事处机关内设党工委办公室、行政办公室、街政办公室、计划生育办公室、社会治安综合治理办公室、经济办公室。有财神庙司法所（东河区司法局派驻）。下属事业单位有财神庙街道办事处劳动社会保障事务所、财神庙街道办事处社区综合服务中心、财神庙街道办事处计划生育服务指导站。核定编制30个，其中,行政编制10个，事业编制20个。现实占行政编制9人，事业编制7人，另有区聘5人（含统计局下派1人）、劳动保障所7人、社区工作人员29人。

辖区内有文体旅游广电局、包头市动物卫生监督所、包头市第三医院、东河区医院、特殊教育学校、财神庙市场监督管理所、红星影剧院等。有宗教管理场所四处：妙法禅寺、财神庙、官井梁天主教堂、基督教西门教堂。

【党建工作】

所属建制性党组织14个，其中,机关党支部1个，社区党委3个，社区党委下属党支部10个，共有党员445名。新发展党员2人、预备党员转正2人；年内召开全体干部警示教育大会1次，建立了全体干部廉政档案；开展“不忘初心、牢记使命”晨读会68次、“三会一课”48次、中心组集体学习会42次、专题党课17次、应知应会测试8次、心得交流会8次、专题研讨5次、组织千余人次实地参观抗日英烈祠、市博物馆、市档案馆主题教育文献展等，观看爱国主义电影2部、参观中华人民共和国成立70周年网上展馆。

【经济工作】

争取资金35万元，打造乔家金街民族手工业发展特色街区，引入传统手艺人15人（其中，市级以上“非遗”传承人9人）和茗珍楼文化传播有限公司；聘请包头市文化服务中心刘相林为文化顾问，引资500万元，盘活了闲置复正饭店；引入内蒙古民族服饰协会草原民族服饰文化展演基地、内蒙古电影制片厂实景拍摄基地、包头市戏剧家协会创作基地、包头市国学研究院等九大基地。认真核查每户企业经济收入，按期如实上报各项数据，完成了全国第四次经济普查工作任务，共上报普查单位197个，其中：法人单位168个，产业活动单位29个；完成了2019年人口抽样与变动调查工作，每个月对抽中的长胜街辖区的16户住户进行劳动力调查，按要求持PDA进行入户、定位并在规定时限内进行联网直报。争取市政府关于社区工作经费50万元，全年累计争取各类经费128.31万元。

【安全生产工作】

街道办事处与包头市燃气公司签订燃气安全服务合作书，成为全区首家燃气安全联合服务共同体合作单位。召开郭家巷遗留住户安全会议、财神庙地区安全形势分析会、消防安全实训等会议20余场次，开展安全生产联合行动18次，排查并整改隐患51起，不断增强人民群众的幸福感和安全感。完成人武部“三室一库”建设；组织街道民兵应急排整组和拉动点验、召开防汛抗旱动员大会、开展应急演练；开展以“防风险、除隐患、遏事故”为主题的安全生产咨询日宣传咨询活动及“携手筑网·同防共治”为主题的防范非法集资宣传月活动，共接待咨询群众600余人，发放宣传资料1200余份，设立安全展板3块、安全生产标语条幅5条。开展科普主题宣传教育活动和社会信用体系建设宣传活动，设立展板3块、发放300余份宣传材料。

【社会综合治理】

发放6100余份宣传册、悬挂52条横幅、制作23块展板，组织3场专题讲座，配合各级扫黑办调取材料4次。受理来信来访60余人、上级交办25宗、24小时警局热线投诉21条、市长热线28条，办结率100%；成功化解呱呱叫8户居民自2009年以来久未安置信访积案；解决10余户北梁回迁遗留问题户安置问题，做好金戈犇特群体信访案件化解和职工稳控工作，年内未发生越级访事件。

【帮扶救助】

全年办理低保救助82户、112人保障金额共计 214776元；新申报“三无”人员1人；为158人办理享受重残补贴；帮扶3位辖区内困难残疾人发放900元救助金；办76位残疾人办理了意外保险；办理老年卡258人。春节临时救助人员112户，救济金88500元，为困难家庭发放米面油慰问品30份；给1名烈士子女发放慰问金1000元。

【计划生育】

辖区总人口数16172人。人口出生111人，出生率6.86‰。其中，一孩出生69人，一孩出生率62.16%；二孩、三孩出生42人，出生率37.84%。流动人口1120人，占总人口数6.93%。落实计划生育惠民政策，共有21户享受计划生育国家特扶政策，新办1户特扶家庭，为3户发放一次性扶助金，合计301305元。为147户享受独生子女补助，为独生子家庭170人申报“独生子女家庭意外伤害保险”。

【创建健康城市】

制止违法建设10余次，拆除违法建筑33处、675平方米；组织义务劳动58次，清理北梁腾空区等区域垃圾，在鹿鸣苑小区、郭家巷种植苗木122棵，人居环境持续得到优化。改造教育局家属院，加固危墙、粉刷墙体、建设车棚、安装健身器材、打通消防应急通道，惠及居民42户；解决环卫楼食品楼198户居民排水问题；解决11基供电、通信杆天网入地，畅通居民出行；推动20年以上的螺丝厂宿舍楼不动产权全部完成登记；发动居民车辆免费安装ETC设备305套。

【社区服务】

登记失业人员667人，实现就业再就业631人，就失业证发放149人；城镇居民医保共计纳入2983人，新参医保597人；丧葬费办理8人；办理新增“4050”人员认定115人；居民养老认证2655人（不包括手机认证）；申报合同制工人退休人员4人；1998年参保个体劳动者退休19人；办理居民养老27人。

【社区活动】

举办乔家金街发展文化沙龙，与市体育局合作举办趣味运动会；采风创作旅游实景剧《拉骆驼》、党建小品《回家》。更新长胜街社区门窗、供暖、供电设施，改善办公服务基础；打造吕祖庙社区党群服务中心；以“你我齐动手共享大健康”为宣传主题，组织社区居民参加办事处和社区组织的《中国公民健康素养66条》为主要内容巡讲宣传180场；联合包头市三医院、东河区中西医结合医院、朝聚眼科医院、包头市动物卫生监督所等单位送健康义诊活动4场；开展健康巡讲、义诊、义务劳动活动10场次，参加人数400人；引入成立3支社区文化服务队伍，开展新春送祝福写“福”字送春联、“快乐端午粽是情”等线下群众性文化活动5场；开展健康支持工具包（健康包）进万家宣传活动3次，发放健康包160个；组织开展协会工作者、志愿者开展“5.29”主题宣传活动等大型宣传活动6次。

（范丽 供稿）

【东河区南圪洞街道办事处领导名录】

书记、人大工委主任	刘振宇
副书记、主任	张艳萍(女，5月任职)
副书记、政法专职书记	杨美丽（女）
纪工委书记	张　忠
副主任	杜燕平
	苏安胜(2月离任)

副主任、社区服务中心主任

林　琳（7月离任）

李　睿（7月任职）

【概况】

包头市东河区人民政府南圪洞街道办事处（以下简称“南圪洞街道”）成立于1970年，原名红卫公社；1979年变更为南圪洞街道办事处。南圪洞街道地处东河区中心地带，东起东河西路、西至和平路、南至环城路、北抵东门大街，区域面积1.69平方公里。办事处辖解放路社区、新中路社区、金龙王庙社区、南龙王庙社区、复圣元社区、滨河社区。辖区居民18092户，42650人。

南圪洞街道内设党工委办、行政办、经济办、街政办、计划生育办、社会治安综合治理办公室、劳动保障事务所、安全生产事务委员会办公室8个科室。有机关工作人员22人，居委会干部30人，社区专职工作人员24人。

【基层党建】

街道党工委下设6个社区党委，21个基层党支部，其中，机关支部1个，非公有制党组织1个，共有党员921名。落实基层党组织建设质量提升三年行动计划。抓好党员队伍建设，组织中心组学习12次，开展知识竞赛、赛一赛75人次。全体干部学习18次，以宣讲、文艺表演等方式开展学习教育累计113次。以庆祝中国共产党建党98周年和中华人民共和国70周年大庆为主题，开展系列活动27场次。

扎实推动“不忘初心、牢记使命”主题教育。街道党工委班子成员以上率下，用好“126”学习教育工作法，邀请市委区委党校老师做专题讲座，开展研讨交流、讲党课、实地教育、知识测试等89场679人次。“13+N”整治问题及班子、个人各类检视问题249条，已整改240条。反馈“开门纳谏”9条，矛盾调解7起。高质量召开专题民主生活会和党支部组织生活会，召开意识形态专题会议4次。

强化“两个责任”，召开专题研究会议4次，坚持把党风廉政建设与中心工作同研究、同部署、同考核。签订党风廉政建设责任书25份，参加包头微考堂考试75人，签订家庭助廉倡议书27份，及时传达各类重要会议和讲话精神。将廉政教育、党规党纪教育纳入党工委中心组和党员干部年度学习计划，创建东河区廉政文化建设示范点3个。开展“持续净化良好政治生态年”工作和形式主义、官僚主义及“四官”（庸官、懒官、乖官、巧官）问题专项整治工作。推进街道、社区三务公开系统录入。

【社会治安综合治理】

按照《东河区扫黑除恶专项斗争工作实施方案》的部署要求，进一步强化组织领导，严格责任落实。每月中旬、月末召开推进会议，半月研判会议汇报工作开展情况，线索摸排情况。全年累计集中宣传62次，整改次数99次，从开展以来已进行入户宣传入户17115户，发放宣传资料17115余份。定期组织机关干部、社区人员学习关于扫黑除恶专项斗争应知应会的学习，进行知识测试，共有137余次。

实行“一岗双责”制度，对辖区内生产经营单位“非法”、“违法”等行为开展专项整治，建立隐患台账，明确责任人并要求限时整改。全年不间断地对辖区1500余户商户、门点进行安全生产巡查。开展国庆期间安全校园专项治理工作，对辖区20家中小学院校及幼儿园进行排查，开展安全防空防灾演练2次。对辖区内170余家使用液化石油气钢瓶进行专项排查整治。全年开展安全生产培训6次。

【卫生计生】

辖区总人口数42650人，其中：少数民族人口数4512人，已婚育龄妇女6627人，流动人口数2894人。全年出生207人，出生率4.85‰，死亡人数180人，死亡率4.2‰，人口自然增长率0.63‰。累计为37户56人特扶家庭办理特别扶助手续，34户52人已享受每人每年特扶津贴（独子死亡享受6540元，独子伤残5280元）。为3户新增的计划生育失独、伤残家庭发放一次性扶助金170739.5元。为308户独生子女家庭办理独生子女费续费。

与蒙中医院和中医院多次联合，为行动不便的老人进行健康体检；与东河区妇幼保健所联合为辖区35～65岁女性进行两癌筛查；与中西医结合医院联合为辖区186名育龄妇女进行健康体检。与朝聚眼科医院举办眼部义诊8场；与丽人医院联合举办义诊5场；邀请中医院、蒙中医院、社区卫生服务站等进社区健康讲座20余次；组织公民健康素养知识讲座13场次，参与人数620余人，提高了家庭健康素养与健康水平。

【帮扶救助】

严格落实各项劳动保障政策，实现从“兜底救助”到“精准救助”。街道在册享受低保户85户，130人，进行不低于70%的医疗资助，发放煤炭补贴103200元，办理电价补贴11242.8元，办理价格补贴19410元。对符合春节临时救助条件的特困家庭、困难家庭、一般困难情况统计83户，救助金额85500元。对50名困难群众进行米面油物资慰问。为281名残疾人办理重症护理补贴，为112名残疾人办理残疾人意外险。在册享受高龄津贴老年人1220人，其中百岁老人1人，享受高龄津贴老年人进行动态管理。共办理居民医保6089人，其中婴幼儿405人。办理就业失业登记证360人，推荐26人参加就业创业培训，为辖区2名下岗人员推荐工作，现已上岗。

【社区服务】

南圪洞辖区共有377栋楼，38个小区；对辖区内私搭乱建24处、625.5平方米，圈地种菜16处、2510平方米，彩钢房32处、1809平方米，鸽棚鸡窝17处、496平方米，其他（铁栅栏门、占用消防通道）2处、55平方米，共计91处、5495.5平方米的私搭乱建进行了集中整治，在专项整治期间，共出动人员100余人。集中倾倒腾空区垃圾14车、150吨，清理乱堆乱放10车、清理垃圾196车。清理野广告300余条。规范物业公司管理，每季度对辖区9家物业公司进行考核，监督物业公司提升服务质量。

【文化体育】

全力做好“西口文化节”活动，紧紧围绕“新中国成立70周年”举办各类文化活动。如“不忘初心、牢记使命”庆祝中华人民共和国成立70周年消夏文艺晚会、邻里秋季趣味运动会、喜迎祖国70华诞唱红歌活动。对辖区内破损老化的健身器材进行维修和改善。社区在各自的多功能活动室、乒乓球活动室、老年活动室、户外健身场所等开展了各种丰富多彩的问题活动，全年共开展社区活动57次，趣味运动会2次，红色影展17次。

（魏静儒 供稿）

【东河区东站街道办事处领导名录】

书　记	云元熙（蒙古族）
主　任	周静涛（女）
纪工委书记	田利军（2月任职）
副书记	王俊平（女，5月离任）
副主任	张文忠
	马　涛（挂职，6月离任）
武装部部长	彭月艳（女）
社区服务中心主任	王继东

【概况】

东站街道办事处（以下简称“东站街道”）地处东河区中心地段，因包头东火车站得名。东起南门外大街，西至西河槽东岸，南与京包铁路同行，北至环城路南侧，辖区面积2.74平方公里。1959年，成立巴彦塔拉大街办事处，1960年，为东河区人民公社火箭分社，1963年改名火箭人民公社，1968年并为红旗人民公社，1970年恢复旧称火箭人民公社，1980年1月改现名。

2019年辖区社区：站北路社区、西河路社区、公一社区、西五社区、一中西路社区、巴彦社区、公园路社区，辖区居民19545户、46089人。街道内设基层党的建设办、党政综合办、城市管理办、社会事务办、平安建设办5个科室。有机关工作人员28人、居委会干部24人、社工25人。辖区内有包头市中心医院、包头一中、包头供电局东河分局等区重点单位102家，欣龙地下商城、大红门服装批发城、维多利新天地广场等集贸市场13个。

东站街道红色宣讲团成员赵镛的事迹在学习强国APP 中以“我眼中的优秀共产党员”专栏推行，“惠农·东站双创孵化基地”被评定为“包头市示范级创业园”。

【经济工作】

协调区金融办为已停滞多年的喜路大厦项目融资，协调市住建局为欣龙商城商户办理商铺不动产权证，并引进北京动批商城；对辖区612家法人单位、197家产业单位以及2406家个体商户进行摸底统计，登记有效法人产业单位523家，个体户1037家，完成占比全区90%的个体整群抽样调查工作；在自治区人口抽样调查复核工作中得到了自治区统计局的充分肯定。

【基层党建】

东站街道共有所属建制性党组织35个，其中，机关党支部1个，社区党委7个，非公有制组织社会党组织1个，7个社区党委下属党支部26个，有党员1254名。非建制性党组织2个。

以项目化运作推进“三项清单”落实。联合辖区单位党组织开展各类知识讲座、慰问帮扶、社会治理等共建活动35余次，共完成16个共建项目。帮助巴彦派出所，协调区住建局、“三供一业”施工队对派出所的供水、供热二网进行改造，优化了工作环境。组织11家辖区单位党组织召开防汛会议，有效整合应急药品、防汛物资各类资源共计82项，实现资源共享，互联互动。

扎实开展“不忘初心、牢记使命”主题教育。共组织机关、社区党员干部集中学习《习近平关于“不忘初心、牢记使命”论述摘编》《习近平新时代中国特色社会主义思想学习纲要》《中国共产党章程》等23次，集中观摩红色教育基地8次，集中学习研讨5次。同时将学习内容融入党支部“三会一课”、主题党日等党内组织生活中，组织党员干部读原著、学原文、悟原理，深刻理解其精神实质和核心要义。通过采取调查研究、召开座谈会、设置意见箱、公开专线等方式，以居民群众关切的重点难点问题为出发点和落脚点，共检视问题51条，形成问题清单，制定整改台账，明确整改措施及时限，现已全部完成整改。重点解决辖区262户商户、居民常年无供暖等难点问题。切实将主题教育的工作成果转化为群众百姓的幸福感、获得感。

【特色服务】

2019年，东站街道专门辟出300平方米两室用房，精心打造站北路社区“残疾人温馨家园”“老年人日间照料中心”，为辖区残疾人、老年人提供文体娱乐、康复保健、学习教育、精神慰藉、休息就餐、法律援助等综合化、专业化的服务。立足“大众创业、万众创新”的发展理念，依托东站便民服务市场，打造“惠农·东站双创孵化基地”，为辖区居民提供法律、心理、创业、贷款等创业就业服务，孵化商户56个，带动就业123人。

【社会综合治理】

年度处理信访案件13件，处理信访信息系统案件6件，成功化解薛进英反映多年的信访积案。对71名易肇事肇祸精神病人逐人建立台账，实现动态管理，与监护人签订监护协议66份，形成管控一体、齐抓共管的良好局面。通过理论学习群、居民微信群转发扫黑除恶专项斗争知识1500人次，在辖区人流集中的公共场所开展现场宣传46次，悬挂横幅80条，设置宣传栏13个，LED屏展示25处，发放宣传资料、张贴海报约1.8万余份，营造了浓厚的扫黑除恶舆论氛围，制定了《东站街道党工委班子成员、各科室扫黑除恶专项斗争包社区责任表》，召开街道季度研判会4次，推进会21次。开展全方位、多领域黑恶犯罪线索摸排工作，向东河区扫黑办上报涉黑涉恶线索1条。

【帮扶救助】

春节救助困难户135户，发放救助金10.4万元，为45户贫困家庭发放米面油。“全国助残日”对辖区10户特困残疾人家庭进行慰问，为275位残疾人发放残疾人护理补贴30万元。为辖区2805位80岁以上老人发放高龄津贴约330万元。完成372户低保家庭审批工作，发放低保金99万余元。对接区红十字会开展“生命相‘髓’，爱心传承”造血干细胞捐赠活动。

【人口计生】

辖区人口46263人，出生婴儿175人，出生率3.78‰，人口计划生育率99.42%；其中，一孩出生112人，一孩出生率64%；二孩、三孩出生63人，出生率36%；出生婴儿所有指标均达到或高于目标要求；流动人口4229人，占总人数的9.14%。年内为7户计划生育特殊家庭发放一次性扶助金58万元。开展育龄妇女健康体检活动，发放宣传资料2000余份，免费避孕药具1500多盒。设置健康小屋，推行工间操，开展全面禁烟活动，举办15场次健康巡讲宣传活动，5场“送关怀、送健康”家庭医生签约服务等大型集中宣传活动，倡导文明健康的生活理念，积极引导干部职工和居民关注健康城市，推动健康城市建设。

【社区服务】

共清运生活垃圾3500余车，清理卫生死角及乱堆乱放垃圾500余车。处理市容环卫等案件约1200例，拆除小区违建23处，占地违建781平方米，清理僵尸车1辆。处理民生“三线”及来电来访问题96件。在“三供一业”改造中对小区内影响施工改造的886户凉房及围栏拆除工作进行宣传动员和入户征求意见，协调住建、施工标段单位对施工改造过程中出现的问题召开居民代表座谈会22次，共解决问题17条。联合区住建、生态环境等部门对大众市场76户商户和市场办公楼进行天然气锅炉改造。完成轻化楼36户居民供暖入网费手续办理。完成工程楼27户住户二网改造。完成蒙辉超市、站北路、公园路、西河路沿街123户底店二网改造，其中，80户完成分户供暖。成功为紫竹豪庭烂尾楼小区住户办理临时用水用电手续，解决多年来居民用水用电困难问题，保障了基本生活。

【文化】

在清明节举办参观英烈祠活动、在端午节举办包粽子比赛、在中秋节举办文艺会演，开设道德讲堂，邀请国学老师讲授《新时代如何弘扬中华优秀传统文化》等系列课程，弘扬传统文化；在“4·23”世界读书日期间组织广大辖区居民、青少年开展读书活动；围绕“建党98周年暨新中国成立70周年”“倾情礼赞新中国巾帼奋进新时代”“我和我的祖国”等主题开展文艺会演24余次。

（郝艳艳 供稿）

【东河区铁西街道办事处领导名录】

书记、人大工委主任　　毛贵峰
副书记、主任　　王晓琴（女，3月任职）
纪工委书记　　张令宜（女）
副主任、武装部部长　　张　进
副主任　　高瑞平
党群服务中心主任、社区服务中心主任
　　哈　斯（蒙古族）

【概况】

铁西街道办事处（以下简称“铁西街

道”）成立于1985年。东起西井湾河槽西沿，西至二道沙河，南到包兰铁路，北至110国道，总面积8.6平方公里。下辖豪德社区、芳草社区、神龙社区、旺龙社区、俪城社区、东医社区6个社区，辖区居民1.8万户，4.2万人。铁西街道内设党群服务中心、党建办、党政办、平安建设办、城市管理办、社会事务办6个科室，共有工作人员89人。驻区企事业单位30个，个体工商户2182户。

【党建工作】

铁西街道结合实际围绕聚焦主业强党建、围绕民生强服务、综合治理形合力、招商引资谋发展、自身建设强素质和抓好亮点树典型六个方面强化工作,各基层党组织严格落实“三会一课”制度、“三评议”制度、“六个一”学习制度和党支部“三项制度”，深入推进“三务”公开，使用智慧纪检“三务”公开便民服务平台，按时完成公布任务，坚定不移抓实意识形态工作，加强意识形态阵地管理，用好“学习讲堂”“警示教育室”和“廉政文化室”等学习阵地，不断推动全面从严治党向纵深发展。街道党工委下属6个社区党委、1个机关党支部、4个非公有制企业党支部，党员523名，其中居民党员469名、非公有制企业党员37名、街道机关党支部党员17名。同时，加强党员教育管理，将31名符合条件的同志列为入党积极分子，5名同志发展为预备党员。

扎实推进“不忘初心、牢记使命”主题教育。提出“两结合、两促进”，教育引导辖区广大党员干部深化“为中国人民谋幸福、为中华民族谋复兴”的初心和使命。多措并举抓实学习教育，全体党员坚持以自学和集中学习相结合，通过微信群、“学习强国”等载体自觉学习；利用红色资源，开展革命传统教育，先后组织观看影片《我和我的祖国》，举办“奋进新时代、礼赞新中国”“不忘初心、牢记使命”主题教育知识竞赛，实地参观包头市党群服务中心、王老太太故居等，增强学习教育的针对性、实效性和感染力。12月9日，组织召开领导班子“不忘初心、牢记使命”专题民主生活会，同时各基层党组织召开专题组织生活会和民主评议党员工作，针对查摆出的问题，坚持立查立改、即知即改，列出清单、逐项整改。全年召开党风廉政建设工作专题会议4次，举办党风廉政建设讲座1场。

充分发挥街道党组织的领导核心作用，将辖区22家单位党组织纳入街道大党建体系，全年召开3次区域党工委会议，建立健全资源清单、需求清单、项目清单，对照清单双向认领、双向服务。10月底，铁西街道神龙社区、旺龙社区党群服务中心投入使用；12月27日，举办铁西街道“不忘初心、砥砺前行”2019年先进集体、先进个人表彰大会，共表彰“优秀互联互动党组织”“优秀社企共建单位”“优秀物业公司”“先进社区”等先进集体23个，表彰“身边好人”“优秀楼栋长”“先进工作者”等先进个人84名。完成铁西基层武装部建设，征兵4人。

【社会综合治理】

全力做好信访维稳工作。认真落实“五五四”信访工作法，严格执行每日“零报告”制度、矛盾纠纷排查调处工作协调会议纪要月报制度，召开动员部署会，通过悬挂横幅、LED电子屏、微信群等宣传方式，全力开展扫黑除恶专项斗争宣传活动。全年组织开展禁毒、反传销、反邪教、涉枪涉爆、打击“黄赌毒”违法犯罪行为专项行动21次、排查摸底严重精神障碍患者，确保社会治安稳定。

【安全生产】

认真落实安全生产责任制，与辖区42家企事业单位及重要场所签订安全生产目标责任书、消防安全责任状，开展消防安全隐患排查、消防安全知识讲座33次，提高消防意识。成立安监站，制定相关制度，在春节、“五一”、国庆等重点节假日期间开展安全生产大检查和“安全生产月”活动，维护人民生命财产安全。

【经济发展】

2019年，铁西乐业北梁创业孵化基地发挥优势，充分利用各方资源，由工商联、当地知名企业、律所等组成创业指导团队，为入驻商户23家提供政策指导、创业培训12次，61人实现就业、创业。铁西乐业北梁创业孵化基地被评为包头市D级创业孵化示范基地。

【民生保障】

发放低保金103户，1064319元，实现应保尽保。发放各类困难家庭及时救助金213户，151850元。办理离退休生存认证4583人，办理就业失业登记证173人，办理新增居民医疗保险6899人，共计1990810元，灵活就业人员办理退休30人，城乡居民养老保险参保缴费26人，养老保险办理转移32人，城乡居民养老保险丧葬费办理6人，养老保险办理变更1人，为5名特殊困难人员办理代缴居民养老。新增灵活就业困难人员129人,社保补贴505966元，补贴接续人员474人，补贴金额2871839元。发放重度残疾人补贴184人，220800元。发放高龄补贴615人，750000元。采集退役士兵信息全部入户悬挂“光荣牌”。

【人口计生】

辖区人口数42136人，其中，男20985人，女21151人。育龄妇女6630人，出生人口总数为410人，其中，一孩出生285人，占出生人口比重69.51%；二孩出生121人，占出生人口比重29.51%；三孩出生4人，占出生人口比重0.98%。发放独生子女伤残家庭一次性扶助金1户1人，43026元。发放独生子女费129户，13445元。

【社区服务】

铁西街道继续试行“两中心一平台”基层服务和综合治理模式。“一站式”业务受理服务中心全面办理10大类27项业务；综合治理中心进驻11个职能部门，21名工作人员，提供公证办理、法律咨询、心理疏导、案件研判等5项服务；信息指挥平台硬件设施配备完善，开展“互联网+社区服务”的智慧工作模式，完善社区服务。

推进网格化治理，将辖区划分为“社区－小区－楼栋”三级网格39个，配备网格员39名，制定“一图、两表、一台账、一日志、一微信群”“六要素”等入户制度，采集居民17类、112项信息，企业13类、42项数据。

实现辖区61.19万平方米49个小区物业服务全覆盖。物业入驻后为辖区独栋楼悬挂楼牌、对老旧楼房的垃圾道进行封堵，4月对辖区5个小区进行了提档升级，明显改善辖区环境卫生。

【社区文化】

街道充分利用社区阵地，完善社区文化基础设施建设，打造舞蹈声乐室、书画室、棋牌室、健身活动区。举办了迎新春文艺演出、“巾帼心向党、建功新时代”庆祝“三八”妇女节活动，“迎端午·送平安”主题活动，“惠民送健康”大型爱心义诊活动，“跃动杯”职工气排球赛。

【创卫工作】

坚持“每周义务劳动制”。每周五组织办事处机关和各社区组织相关人员874人次义务劳动21次，清理野广告13408条、白色垃圾280余车、建筑垃圾2000立方米。全年开展联合执法11次，拆除违章建筑7处约1175平方米，同时对辖区内豪德贸易广场开展为期2个月的专项整治行动，清理占道经营271处，堆积物28车，拆除违规店招608处；充分发挥包头豪德贸易广场工会、商委会、业委会自我管理、服务的积极作用，在豪德广场形成业主、物业、社区三社联动的共治格局。

（刘晓莉 供稿）

【东河区河东街道办事处领导名录】

书记、人大工委主任
赵丽霞（女，3月离任）
马俊勇（蒙古族，5月任职）

副书记、主任
马俊勇（蒙古族，5月离任）
武　杰（满族，5月任职）

副书记、政法专职书记、综治副书记
杨海江

纪工委书记　张宝华

副主任　王红光

副主任、人武部长　刘长龙

社区综合服务中心主任　薛　斌

【概况】

河东街道办事处（以下简称河东街道）成立于1984年10月，位于东河区东部，东至阿尔善大街，西以滨河东路为界，南临站北路与北梁南七区相接，北至民生路。总面积8.7平方公里；下辖滨河东路第一社区、第二社区、第三社区、第四社区、第五社区、巴彦东路第一社区、第二社区7个社区；辖区居民2.2万户、5.5万人，办事处内设党工委办、纪工委办、综治办、行政办、计生办、经济办、街政城管办、联动执法站、司法所、劳动保障所10个科室，12月，机构改革设有5个党政机构为党政综合办、基层党建办、社会事务办、平安建设办、城市管理办；设有1个事业单位为党群服务中心，有机关工作人员22人，居委会干部71人。

【基层党建】

2019年，河东街道共有所属建制性党组织10个，其中，机关党支部1个、社区党委7个、非公企业党组织2个。共有党员934人，预备党员3人，发展对象3人，入党积极分子39人。街道紧紧围绕守初心、担使命，找差距、抓落实的总要求，开展草根宣讲10场次，送学上门124人次，组织红色观影、警示教育、专题讲座等学习教育活动30余场次；建立课题调研制度，组织开展专题调研10次，形成关于基层组织建设、城市管理、校园安全等调研成果5项；围绕群众最关注的问题进行发力，通过发放调查问卷、召开民情恳谈会等方式，广泛征求梳理“13+N”专项整治问题23项、主题教育问题建议50项，完成整改62项。深化基层党建区域互联互动“三项清单”，召开各层面联席会16次，对接需求67项、资源64项，组织实施31个联动项目，青少年法律服务、老人健康体检等28个落地见效。强化党组织“领导基层治理、团结动员群众”功能，扎实开展“双服务、双认领”，推出“党建+多彩服务”“党建+221民情工作法”等多个城市基层党建服务品牌，开展便民惠民活动60余场次。探索新兴领域党建工作，成立耐火厂路餐饮行业联合党总支及餐饮协会、联合工会，引导规范餐饮业主经营行为。深化新时代文明实践，组建8支、243人的新时代文明实践志愿服务队，发挥党组织引导群众、教育群众、发动群众的作用。全面推进党群服务阵地建设，建设1200平方米街道党群服务中心，5月投入使用，推进滨三等4个社区党群服务中心打造。引进12家社会公益性组织，开展惠民便民活动百余场次。

【社会综合治理】

深入开展信访矛盾化解攻坚工作，积极稳妥地推进鼎泰、家诚、富悦城、祥和、巨力等烂尾楼信访矛盾化解，全力支持推进山水佳苑、东河商住城等产权遗留办理。深入开展街道校园安全隐患清查专项行动，组织公安派出所领导、民警，综治干部、社区干部、网格员深入辖区内17所中小学、幼儿园进行了深入细致的摸排工作，边排查边督促整改，切实发现、解决了一些安全隐患，提升中小学幼儿园负责人的安全防范工作意识。纵深推进扫黑除恶专项斗争，召开分析研判会4次、工作推进会10次，制作张贴各类扫黑除恶宣传标语350余处，发放宣传资料5000余份，营造和谐平安的社会环境。

【帮扶救助】

本着“以民为本、为民解忧”的宗旨，辖区共有低保户76户133人，发放低保金92万元；为208 名重度残疾人申报护理补贴，补贴金额为20.8万元；为713名80岁以上老人办理高龄津贴，补贴金额为85.5万元；为24名重度听力贫困残疾人发放了助听器。为116户贫困家庭发放春节临时救助金8万元，为21户困难家庭发放米面油。为2户困难家庭发放临时救助金5860元，协助退役军人办理养老续接工作，在春节和“八一”两大节日慰问退伍老军人4000元。

【卫生计生】

2019年，辖区总人口5.5万人，已婚育龄妇女1.07万人，出生人口数560人（男婴285人、女婴275人），流动人口7597人，流出人口47人，办理流动人口婚育证2个，办理一孩登记证318个，二孩登记证194个。为389户独生子女家庭办理意外保险，为 324户独生子女家庭（年龄在14周岁以下的独生子女）发放独生子女费3.4万元，为44人发放独生子女死亡（伤残）特别扶助金30.5万元，为3人发放独生子女死亡（伤残）一次性扶助金21.5万元。

【社区服务】

街道对山水佳苑小区、拖拉机制造厂95楼进行二次管网改造，现全部完成改造，涉及1096户居民，共计：10.1万平方米。联合环卫局出动100人，针对河东地区拆迁区域内建筑垃圾、建筑废土、生活垃圾进行清理，共计50车，420立方米。共治理街面秩序、市容环卫共5525处（包括占道经营清理、流动摊点、店外经营、清理“三乱”小广告、清理墙体喷涂广告、清理橱窗张贴、清理条幅悬、清理立地广告牌等）。联合执法局、公安局、开展私搭乱建的整治，下发整改通知书96起，集中行动9次拆除私搭乱建12处，拆除面积约320平方米，治理烧烤摊环境卫生、噪声扰民集中行动11次。

【文化】

河东街道加强组织领导，强化文化阵地建设，有效整合资源，开展了一系列别具特色的文化活动。1月，滨河东路第一社区党委召开“党群共筑中国梦，迎春起舞欢乐年”主题迎新年茶话会；2月，街道组织开展正月十五元宵节街头舞龙表演，巴二社区举办“一家亲”包饺子庆元宵佳节活动；3月，滨一、滨二社区妇联联合举办了“美丽女神，花之物语”艺术插花讲座；4月，滨一社区党委联合公园路小学转龙藏分校，到包头召开展清明节祭英烈活动，滨一社区党委开展了“党建领航新时代，文化惠民书华章”书画交流活动；6月，滨二社区携手钻石物业公司在山水佳苑小区开展“粽叶飘香迎端午，幸福和谐邻里情”端午节庆祝活动；7月，街道党工委在市委党校举办庆祝建党98周年趣味运动会，喜迎党的98岁华诞；8月，滨一社区党委秉持“不忘初心、牢记使命”的宗旨，在社区党群服务中心二楼举办“庆‘八一’军民鱼水情、送清凉企业献爱心”文艺慰问演出活动；党工委在街道党群服务中心组织举办了“不忘初心、牢记使命”主题教育预热升温知识竞赛；9月，滨一社区党委在社区党群服务中心活动大厅主办“唱响新时代颂歌献给党”合唱比赛，来自辖区的5支合唱队伍共80余名演员参加比赛，10月，滨三社区联合党委携手辖区物业举办“不忘初心、牢记使命——迎中秋、庆国庆”文艺晚会。

（刘娜 供稿）

【东河区天骄街道办事处领导名录】

书记、街道人大工委主任　　慕羚（女）

副书记、主任　　孙国钰（2月离任）

郭建强（2月任职）

副书记、综治副书记、政法专职书记

张天顺

纪工委书记　　寇晋文（2月任职）

办事处副主任　　赵鹏程(满族)

办事处副主任、人武部部长

裴婷婷(女,5月任职)

社区综合服务中心主任　　王　雄

【概况】

天骄街道办事处（以下简称天骄街道），1984年10月成立，原名二里半街道办事处，2015年3月26日更名。辖区位于东河区南部,东以东河槽为界，与邓家营子村隔河相望，西至西河槽与毛凤章村接壤，南至南绕城与王大汉村相连，北至京包铁路，与南门外、东站街道相邻。辖区东西最大距离3.9公里，南北最大距离3.85公里，总面积15.01平方公里。

办事处下辖二里半社区、天骄社区、顺达路社区、民航东社区、站南路社区、民航西社区，辖区居民10942户，26261人；天骄街道内设党政综合办公室、基层党的建设办公室、社会事务办公室、城市管理办公室、平安建设办公室、党群服务中心。街道干部职工77人。

【基层党建】

2019年，街道党工委下设24个基层党组织：6个社区党委、1个机关党支部、9个企业党支部、8个社区党支部，党员531名。结合主题教育学教活动，围绕重点学习内容，采取集中学习、观看影像资料学、实地教育、上门送学等方式，共开展集中学习30余次，组织全体党员干部到包头市党群服务中心、市委旧址、大青山红色教育基地、草原英雄小姐妹旧址、百灵庙抗日武装暴动展馆等地开展实地教育，重温入党誓词，体会革命先辈不畏艰险的抗战精神，有效提升了学习效果。按照城市基层党建市级示范点建设标准，打造2800平方米的天骄街道党群服务中心。加强互联互动，制定三项清单，形成资源清单41项、需求清单21项、项目清单19项。召开党建推进会1次，中期党建联席会1次，促进区域内需求与资源有效对接。以区域化党建为契机，各社区联合党委与成员单位共同开展主题党日、健康讲座、参观、慰问等形式多样的活动30余次，特别是与昊宇新能源、交投等单位开展“七一”困难党员慰问、中秋困难群众慰问、残疾人慰问10余次，惠及居民50余人，进一步强化了街道区域党工委、社区联合党委的政治引领作用和服务群众的向心力。

【文化】

2019年，天骄街道以主题教育、“我们的节日”“新中国成立70周年”庆祝活动为主题主线，组织开展了“不忘初心跟党走”第五届全区职工环湖徒步竞赛活动，以及庆祝建党98周年系列活动、五四运动100周年活动，极大丰富了干部群众的精神文化生活。

4月，二里半社区举办“双拥”慰问文艺活动；5月，站南路社区举办“感恩母亲节”主题联欢活动；6月，民航西社区与共建单位园林管理处联合举办“粽情端午、与民同乐”的党员主题活动；7月，民航东社区举办庆“七一”文艺会演。

【社会综合治理】

2019年，天骄街道有个体工商户731户，企事业单位236户，其中产业活动单位47户，法人单位189户；实施安全生产网格化管理，积极实施部门联动检查机制，组织燃气、土法炼油、建筑工地、食品安全等安全生产专项排查整治26次，强化安全生产影响力。

天骄街道持续推动扫黑除恶专项斗争深入开展，召开专题工作会议9次，工作推进会11次，季度分析研判会4次。组织扫黑除恶应知应会测试2次，对社区扫黑除恶工作资料开展督查及回头看3次，悬挂宣传标语72幅，发放宣传品2000份。认真抓好信访稳控化解工作，引导索贝尔、小五金厂信访事项进入法律程序，妥善解决利顺德职工信访问题和南海五村外墙保温信访问题，进一步解决了群众难题，维护了群众利益和社会稳定。

【民生保障】

2019年，按照“便民、利民、为民”的原则，打造200平方米的就业创业服务中心一站式服务大厅，通过市区两级人社部门的三类就业创业服务中心的验收标准；办理养老认证3248人，医保缴费3809人；发放计生国家级特扶金6户，自治区级特扶金48人；办理低保救助116户、179人，临时救助1人；发放80岁老龄补贴827人。

完成基层武装部“三室一库”建设；积极开展民兵编组，组建街道民兵应急排、应急分队、对口保障分队，努力实现应保尽保，切实保障辖区退役军人合法权益。

【人口计生】

2019年，办理一孩生育服务登记证36个、二孩生育服务登记证16个、婚育证明54个。发放独生子女证两个，享受独生子女父母奖励费新增2户，退出27户，共计195户，发放20355元。积极推进健康城市、健康促进区、慢性病示范区建设工作，建成“健康社区”3个；组织开展慢性病、鼠疫等健康讲座80余场，大型义诊咨询活动8次；发放一次性国家特扶金6户、自治区级特扶金48人（其中，失独24人，伤残24人）。

【社区服务】

2019年，天骄街道多次协调城管执法局、房管监察大队、环卫三所、环卫七所、公安派出所、环保东河分局、燃气公司、物业等相关部门，共同联合执法25次，针对南海一村、南海四村、南海五村、易通花园的私搭乱建进行集中清理，拆除私搭乱建共1312平方米，铲除小广告1万余条。对辖区符合条件的所有小区共成立10个业委会。做好现有物业管理小区的监督管理工作，引导督促其实行规范化管理、改善环境卫生。对辖区涉及四个社区76栋老旧小区进行“三供一业”改造，全面提升老旧小区的居住质量。

（师瑶 供稿）

【东河区东兴街道办事处领导名录】

书　记	秦补生(6月离任)
	苏海文(6月任职)
副书记、主任	刘　栋(满族)
纪工委书记	胡　刚
副主任、人武部部长	殷　媛(女)
社区服务中心主任	侯利平

【概况】

东兴街道办事处位于长征西路，因东兴火车站而得名。1956年成立。其四界：东起G6高速包头东出入口，与毛其来、东富村、沟门村毗邻；西与上、下古城湾、臭水井村相邻；南邻黄河；北依大青山，辖区面积16.6平方公里。

街道办事处辖5个社区，分别为草原轻峰社区、包铝平安社区、东华社区、东升社区、长征社区。居民共12062户，29557人。内设7个科室：党工委办公室、行政办公室、街政城卫办公室、综合治理办公室、经济办公室、纪工委办公室和武装部，机关人员27人，社区干部25人。

驻区主要单位：包铝中学、包铝小学、包铝幼儿园等5所中小学。包铝医院、包铝集团住宅区社区卫生服务站、包头铝业产业园区、包铝集团公司等35家企事业单位，小微企业604家。

【基层党建】

街道党工委设有5个社区党组织，社区党

组织分别是草原轻峰社区党委、长征社区党委、包铝平安社区党委、东升社区党总支和东华社区党总支，共有党员941名。其中，办事处机关支部1个，党员11名，社区党员930名。辖区有非公有制企业党支部2个，分别是平安航运党支部、欣兴机械党支部，共有党员19名。

2019年，街道党工委推进“两学一做”学习教育常态化制度化，坚持将三项制度、“三会一课”与党员固定活动日等制度相结合，把基层党建考核与基层党组织班子考核挂钩。

开展“不忘初心、牢记使命”主题教育，按照上级部署，成立领导小组，制定实施方案和学习计划，对照“守初心、担使命，找差距、抓落实”总要求，切实加强学习教育、调查研究、检视问题、落实整改方面的工作。深入贯彻落实中共十九届四中全会精神，不断巩固主题教育成果，制度化、常态化抓实推进主题教育。

有2名工作人员递交入党申请书，接收2名预备党员，3名预备党员转正；收缴党费65699.2元；做到党员关系接转信息化，党员转入26名、转出26名、死亡25名。

2019年，细化分解党风廉政建设任务，厘清“责任清单”。健全完善廉控风险工作机制，开展廉政风险点排查工作，建立廉政风险台账，通过梳理汇总，共评定中等级风险3项、低等级风险41项。召开党风廉政建设暨作风问题整治推进会，部署推进形式主义、官僚主义及“四官”问题专项整治工作。上报智慧纪检“两个责任”纪实考核系统信息28类69项；完成“三务公开”便民服务平台录入工作，完善党建信息11类52项。

【安全生产】

办事处与各社区、辖区非公有制企业签订安全生产责任状14份。联合多部门开展东兴地区安全生产月宣传活动，发放资料500余份、大检查10余次。每周对辖区内45家非公有制企业、604家个体工商户进行安全检查，并上报安全检查周报表。

【帮扶救助】

规范“低保”申报、审批、审核程序，发放低保金392人、75.08万元。临时救助生活困难居民126人，发放救助金10.2万元。为111名一、二级残疾人发放护理补贴10.63万元。为72名残疾人办理残疾人意外伤害保险。为1089名老人发放高龄补偿32.17万元。为4户满足条件并有住房需求的家庭进行廉租住房申报，其中，1户摇号成功申请到廉租住房，进一步保障了低保户无房家庭的住房需求。

新增就业人员704人，为下岗失业人员办理就业失业登记证102册，9人领取了失业金。办理续保补贴319人，补贴金额191.2万元。新增就业困难补贴收取并上报资料76人，补贴金额27.3万元。为1326名城镇居民办理了居民医保续保工作，为46名城镇居民办理了新增居民医保工作，缴费金额43.3万元。为17名1998年灵活就业人员和2名集体工办理退休申请和相关资料报送。持续做好离退休人员信息采集和养老金领取资格认证工作，共认证4175人。

【社会综合治理】

坚持稳定是第一责任的理念，实行属地管理，建立了信访工作重点治理、信访通报、领导实行“一岗双责”责任制等制度，并结合“不忘初心、牢记使命”主题教育，通过调查研究，检视自身问题，狠抓落实整改，抓早、抓小、抓重点、抓源头，切实抓好矛盾纠纷排查调处，充分立足解决居民群众反映的热点难点问题，做到问题及时发现，有效调处。接待网上信访事项20件，接待来访居民20余次，接收市长热线27个，处理率达70%。下访15余次，积极宣传政策法规，努力将矛盾控制在街道层面解决。在庆祝新中国成立70周年、中共十九届四中全会期间，未发生一起非访、越级访事件。

集中开展扫黑除恶专项斗争，持续专项打击治安突出领域、突出问题。全力做好“扫黑除恶”宣传工作，设置举报箱6个，发放宣传册3500余份，悬挂横幅30幅。

【人口计生】

上报96户独生子女家庭信息，发放10080元独生子女费。为22户居民办理了网上一、二孩生育登记服务，为6户居民办理了独生子女父母光荣证，为16户居民出具了婚育情况证明材料，为22户申请居民办理了生育登记服务，限时处理网上核查反馈信息20条。开展宣传教育活动共15期，举行健康讲座18次，免费义诊12次，发放宣传材料2000余份。评选申报长征社区及草原轻峰社区为健康社区，评选健康家庭52户。

共有计生特殊家庭14户，其中，独生子女死亡家庭10户，独生子女伤残（三级以上）家庭4户。上万元的特殊家庭一次性扶助金全部发放到位，家庭健康医生全部一对一签约成功，并开通绿色就医通道，还为他们发放了电子血压计。每年入户核实家庭现状、核对信息材料，及时维护系统内信息，确保每年的国家扶助金足额准确发放到位。

【社区服务】

为了给辖区居民营造一个良好的居住生活环境，坚持让环境更整洁、让居民更满意的工作思路，以环境综合整治为突破口、以强化环境管理为重点，配合环卫城市执法，解决创城复检问题，协调街道城市管理执法中队、交警二中队、市场监督管理所，对地区主要干道白银路、工人路车辆违停、违规占道经营，进行集中清理整治；联合工商、城管执法中队，对辖区内破墙开店、无证经营、“三乱”、清真“三化”等店铺及清真饭店、清真肉食店等逐个挨户走访调查，进行集中清理整治，对经营不规范的对其进行告知，责令整改，对于非法经营的让其停业整顿；组织办事处机关、社区干部义务劳动4次，对辖区内张贴的野广告及白色垃圾进行集中清理，清理野广告、粉刷黑体字广告3000余条，清理白色垃圾80余编织袋。

清理草原轻峰社区糖厂小区私搭乱建3处，清除占用公共过道杂物2处，东平房片区清倒2个旱厕旁积存垃圾11车，清掏轻峰小区1—3号楼渗水井1处；清理长征社区万锦佳苑小区占用公共楼道及路面堆放杂物4车，平房区联系环卫部门清掏旱厕4个；疏通东升社区永盛成超市后门污水井1处；清理包铝平安社区中区废品堆积物1处，极大地改善了辖区环境。

对辖区内的私搭乱建及建筑垃圾存放点进行了摸排，共发现私搭乱建262处6710平方米，拆除30处322平方米，发现建筑垃圾存放点6处和拆迁区需围挡建筑垃圾区2片。及时整改环境卫生问题，通过齐心协力、真抓实干、扎实工作，较好地完成了环境整治各项工作任务，使居民群众生活在一个和谐、健康、整洁的环境中，使辖区内整体环境水平不断提升。

【社区文化】

在完善社区设施建设的基础上，充分利用社区文化阵地，打造社区功能室、居民活动室，丰富居民文化生活。开展“草原综合服务轻骑兵”演出活动、携手共建单位举办腊八节“心系环卫工，党员献爱心”慰问活动、新春慰问活动、“学雷锋”义务劳动活动、妇女健康知识讲座、“保护母亲河，倡导生态文明”志愿者健康行活动、“墨香四溢，书润社区”书画名家笔会、金融知识讲座、慰问困难党员活动、建军节慰问部队文艺演出、庆祝新中国成立70周年文艺演出等活动。

（郭彬 供稿）

【东河区杨圪塄街道办事处领导名录】

书　记　　韩志高（6月离任）
　　　　　孙文刚（6月任职）

主　任　　　苏海文（6月离任）
　　　　　　王俊平（女，6月任职）
副主任、武装部部长　李　哲（蒙古族）
纪工委书记　　　　　董巧娥（女）

【概况】

杨圪塄街道办事处位于东河区东北方向大青山深处，辖区面积约1.2平方公里，距主城区约40公里，地理位置偏僻，交通极不便利。办事处下辖一个社区，辖区户籍居民1790户、3918人，下设1个社区党支部，在册党员34名，老虎沟社区居委会由1名主任，4名副主任，社区服务站3名工作人员组成，目前，常住居民143户、225人（其中矿区居住73户、86人；公积板片区居住70户、139人）。

2019年，杨圪塄街道办事处结合“不忘初心、牢记使命”主题教育工作，紧紧围绕区委十届九次全会部署要求和区委常委会会议确定的9项重点工作，凝心聚力、锐意进取，扎实开展各项工作，推动街道各项工作圆满按期完成。

【基层党建】

深入学习中共十九大、《中国共产党党内监督条例》《关于新形势下党内政治生活的若干准则》《中国共产党党组工作条例（试行）》《中国共产党章程》《习近平关于“不忘初心、牢记使命”论述摘编》和习近平总书记对内蒙古的指示批示等相关文件精神，制定全年基层党建工作目标。树牢“四个意识”、坚定“四个自信”、做到“两个维护”，加强党的政治建设，进一步加强党员教育管理。加强和规范党内政治生活，认真组织党员群众运用符合社区实际的学习方式和措施，推进学习教育常态化、制度化，认真落实“三会一课”制度。坚持每月15日、30日开展丰富多彩的党员活动。共组织开展“主题党日”活动8次，社区党支部书记讲专题党课2次、东河区委党校校长讲党课1次。全面履行主体责任，加强党风廉政建设，加强廉政宣传教育。组织廉政学习3次，深入学习《中国共产党纪律检查机关监督执纪工作规则》《中国共产党章程》《中国共产党廉洁自律准则》等党纪条规。组织观看廉政教育片4次，撰写心得体会3篇；签订杨圪塄街道2019年党风廉政建设责任书10份。强化街道纪工委监督检查力度。街道纪工委开展6次督查，利用纪委“三务公开”平台积极汇总上报“两个责任”落实情况。重点检查服务窗口工作人员的工作纪律、服务态度等方面。积极参加区委、区纪委组织的各种培训。把自身建设摆在突出位置，高标准、严要求地抓好班子、带好队伍。继续推进加强意识形态工作，召开网络舆情专题会2次，网评员时刻关注网络、微信群、微博等网络媒体舆情，至今没有发生一起网络舆情。加大思想文化领域学习宣传教育力度，牢牢占领思想、文化、宣传主阵地。

【安全生产】

建立了以社区支部为核心的社区治安综合治理工作领导小组，各成员分工负责，网格化管理，落实综治、禁毒、防火、普法、调解、帮教等工作，做到分工不分家。社区加大对辖区单位的安全检查，强化内部治安防范力度，以深入开展平安建设为载体，紧紧依靠社区各方面的力量和广大人民群众，强化社区基层建设，完善社区治安防控体系制度。街道主要领导带队对辖区矿山和企业不定期进行安全巡查及安全生产警示教育的宣传，对小煤窑进行每周不低于2次排查，全年辖区未发生一起安全事故。定期对企业保卫、防火、安全进行检查。

【帮扶救助】

为居民办理城镇居民医保，“4050”养老补贴；全年为102位80周岁老人办理了营养费补贴；为32位一、二级重残患者办理了护理补贴；为9名辖区残疾人办理了残疾人意外伤害保险；慰问了“三无”人员曹亮明，并送去了米面油等慰问品，让其感受到党的关怀与温暖；“七一”前夕，由杨圪塄街道、北梁新区携手东兴街道开展了“庆祝建党98周年”主题党日活动，慰问党员及困难家庭共12户；“七一”来临之际社区党委组织慰问了辖区80岁以上的老党员。在今年社区工作中，社区党委将以党建为引领开展社区各项工作，充分利用好现有服务站功能，全面推行一站式办公,不断提高社区服务的质量和水平。按网格化工作方式，以“小事不出网格、大事不出社区”的理念，做好社区服务工作。

用经常抓、抓经常的理念提升班子整体业务水平。不断创新思维，结合社区资源优势，强化社区服务功能，用微笑服务群众，全力打通服务群众“最后一公里”。

【计划生育】

加强宣传人口和计划生育的法律法规,共开展宣传活动5次；联合东河区中西医结合医院和社区服务中心开展送温暖送健康活动1次。

（肖敏 供稿）

【东河区北梁新区服务中心领导名录】

书　记	孙文刚
副书记、主任	王晓琴（女，6月离任）
主　任	王俊平（女，6月任职）
副主任、武装部部长	李　哲（蒙古族）
纪工委书记	董巧娥　（女）

【概况】

北梁新区是东河区委、区政府为安置北梁棚户区搬迁改造的居民所建立的新区，东至民生大街北端沿红星美凯龙东沿到站北路止，南至站北东路，西至阿尔善大街，北至东门外大街，巴彦塔拉大街横贯其中，将安置区分为南北两个区域。辖区面积4.78平方公里，建设住宅43166套，总面积327万平方米。北梁新区服务中心党工委于2018年6月设立，下设6个社区（东脑包社区、满都呼社区、龙城社区、鑫光社区、南嘉园社区、安居社区）共有17个小区，其中，包含15个安置小区，2个商住区，即蓝天小区、东河世纪城，各小区全部实行物业管理。

安置区共建成354栋楼29308户，现入住20718户55841人。辖区有1所中学、2所小学和4所公建民办幼儿园，有5处社区卫生服务中心、1所养老机构，其他驻地企事业单位有11家，商铺1848个，现经营562个。

【基层党建】

2019年，北梁新区结合“不忘初心、牢记使命”主题教育工作，紧紧围绕区委十届九次全会部署要求和区委常委会会议确定的9项重点工作，凝心聚力、锐意进取，扎实开展各项工作，加强社区治理体系建设，多渠道拓展服务内容，不断满足居民的生活和社会需求，让居民感受新社区、新生活。

北梁新区现设6个社区党委，共有17个社区党支部（包括非建制性非公有制组织党支部1个），1个机关党支部，在册党员575人。

在东河区委正式启动“不忘初心、牢记使命”主题教育工作之后，街道上下掀起学习热潮，通读习近平总书记重要思想读物，读原著悟原理；开办“每日读书班”，分门别类制定学习计划表：领学+送学相结合，详细标注学习时间、形式及内容，坚持每天学习30分；集中学习连成片，班子成员讲党课5次，党校老师做培训4次，班子成员研讨8次；实操参观2次作补充，再度领会“红色精神”悟初心；多方位、零死角的学习机制，充分为辖区全体党员干部“输血”“提神”“补脑”；充分利用内蒙古日报、包头日报、包头晚报、包头党建及社区杂志等媒体微信平台开展主题教育营造氛围，编排主题教育民间歌曲小样两首，已通过“学习强国”平台采播；举办“不忘初心、牢记使命”为主题的文艺晚会3次、录制各社区书记“谈初心、担使命”视频2期、拍摄“不忘初心、牢记使命”经典视频2段；先后15次深入小区楼栋听民意、查实情、定措施，推动调研成果转化，成功破解为民服务“最后一公里”难题。调研发现的5类14个问题，其中，已有13个解决到位，调研成果转化率达93%；听民意，访民情，自觉接受人民群众监督。共发放调查问卷40余份，设立意见箱7个，召开座谈交流会15次，民情恳谈会5次，谈心谈话10余次，收集意见建议73条；班子成员对照习近平新时代中国特色社会主义思想和党中央决策部署，对照党章党规自觉对标对表、找准差距、找准根源，直击检视问题要害；街道党工委把“改”字贯穿始终，重点对照区委明确的整治重点，坚持“四结合”工作法，确保整改落实零拖延。

【优居宜居新北梁】

开展各类活动，丰富居民文化生活，携手东兴街道，在“七一”前夕到杨圪塄矿区结队过“政治生日”；举办“北梁心向党·礼赞新时代”庆祝新中国成立70周年暨北梁新区第二届消夏文艺晚会，整场晚会现场5000余人，3万余人网络直播观看，创造新区会演之最；举办“不忘初心、牢记使命”庆祝中华人民共和国成立70周年暨北梁新区迎中秋文艺会演、举办“不忘初心、牢记使命”主题晚会暨2019年，年终总结表彰大会，激励全体员工奋进新时代；各社区利用“我们的节日”主题活动，开展春节、端午节、中秋、国庆、清明节等主题活动，获得居民好评。

【综合治理】

为实现北梁群众“搬得出、住得稳、过得好、可持续”发展目标，11月22日，成立北梁新区物业行业联合工会，建立北梁居民的“民主”之家——红色物业基地，范围涵盖区域内15个安置小区的10家物业企业，惠及5.8万北梁居民。成功解决南二区天然气入户问题，妥善化解困扰南三区360余户居民飘窗漏水的信访问题。共接待群访31次，接待个人访48次，共召开信访联席会议24次，解决群众合理诉求304件。认真做好“四级”网格化社区管理与服务平台，利用线上“智慧平台”和掌上“智慧北梁”APP全要素录入信息数据及更新采集信息12960户，全年增补5184户。北梁新区将执法大队、物业公司、联合工会纳入社区建设，共同对小区、商铺安全生产、消防隐患进行治理。共开展消防培训22次，消防演习9次，发放安全各类宣传册8100余份，开展安全生产大排查11次，拆除私搭乱建37处，清理乱堆乱放200余车，给辖区企业、商铺发放安全生产告知书1109份。建立民情恳谈会制度，召开民情恳谈会42次，化解矛盾956条，收集意见401条。

【标准化基础建设】

为了让北梁居民感受“精准化便民服务”的新北梁，社区、社会组织与社工联动，成立保障平台，简化下沉至新区的5大类22项便民服务事项办事流程，推行“一站式”受理，确保各项民生、救助、社会保障等政策全面落实，实现只进一扇门，最多跑一次，打通服务群众“最后一公里”。北梁新区5个社区均设有居民议事厅、党员活动室、志愿者活动室、棋牌室、书画室、阅览室、文体活动室等功能室，在居民区建成露天电影和东河区首个五人制足球场，在各小区均配套建有1～2套全民健身活动器材，最大限度为居民文化、生活需求提供便利，提升了社区服务形象。

【信息化管理服务】

北梁新区率先建成网格化与社会管理服务平台，实施信息采集“1869”项目，网格员入户走访，完善了人、房、事、组织、物品等五类基本信息，将辖区5万居民信息分18大类69小类录入智慧平台，实现入户信息由“纸质台账”到“电子台账”再到“网络传输”。建立社区网格化管理资料信息库，建立区域内计生、老年人、房屋出租、残疾人、流动人口、反邪教、社区矫正、少数民族、矛盾纠纷、居民医保缴费、安全生产、易肇事肇祸精神病人等15种台账并实时更新，对辖区重点人群做到底数清、情况明，做到服务有重点，工作有方向。

建立“智慧北梁”门户网站，广泛推广“魅力新北梁”微信公众平台及手机APP，升级“智慧北梁”数字化系统，建立手机端APP和随手拍功能。网格员可随时采集信息、反馈居民诉求，居民也通过政民互动功能随时反映问题，平台指派解决，发布处理结果，满足了居民需求服务即时化，提高了工作效率，“魅力新北梁”正式上线以来，已收到居民通过“微信留言”“事件上报”“联系我们”等方式反映的涉及小区监控、门禁、电梯、高空抛物等诉求共计33条，已解决30条，另有3条新反馈的问题在推进解决中。同时居民区电梯全部安装吉时雨智能检测系统，确保电梯故障检测维修及时化。指挥中心建立北梁新区网站，各社区畅通信息传播渠道，建立党员、居民代表微信群，及时发布政策解读、社区工作动态、便民服务等信息，有针对性地为居民提供多样化、多层次、便捷化、人性化的服务。

【特色化社区服务】

北梁新区围绕“一居一品”推行特色化服务，开展庭院和楼道文化建设，打造北一区《二十四孝》《弟子规》《朱子家训》百米文化墙，北六区、北二区党建文化长廊，南四区好家风好家训广场；各社区选择示范小区，在每一栋楼张贴普法、道德守礼、居民公约等宣传展板，打造党员先锋、尊老爱幼、邻里守望、卫生健康主题楼，将居民楼道作为传统文化和德育教育阵地。创办了东河区首家老年大学南嘉园社区分校、《安居社区报》；打造“银屏”北梁，在全面推行“智慧北梁”APP的基础上，依托广电，谋求“安居社区网络电视”变身“北梁百姓电视台”的大融合；与包头市巾帼家园家庭服务有限公司在北梁地区联手打造“幸福大北梁1+6”服务项目。项目包含“一个创业中心”——地处北梁的巾帼家园创业孵化基地，“六个创业服务孵化站”——龙城社区孵化站、满都呼社区孵化站、鑫光社区孵化站、南嘉园社区孵化站、东脑包社区孵化站、安居社区孵化站。通过合作开发文化、教育、养老、家庭服务及就业创业6大板块，共同打造北梁人民自己的创业园区。并为近万居民普及养生保健、燃气、消防、食品安全等知识，倡导了积极向上的社会风气。

【项目化服务群众】

坚持体现“以微见长、服务居民，整合资源、互利多赢，和谐共建、促进发展”的三大特色，实施服务群众的项目化建设，

各社区党委打破区域格局，联合区内外57家企事业单位、3家社会组织中的党组织，成立“社区联合党委”；对内联合的基础上，乘势而上，成立东河区第一家非建制多彩物业联合党支部，开创性破解了区域党建阵地的“最后一公里”难题，形成新区党建“命运共同体”联盟，开展专业化为民服务项目。同时为居民提供免费理发、社区小饭桌、居家养老等便民服务，推进“家门口社区服务圈”，提升了社会服务的深度、广度和温度。

（肖敏 供稿）

附　录

东河区四大班子领导名录

中共包头市东河区委员会领导名录

书　记　　李世明
副书记　　贾保良
　　　　　赵　娟（女，满族）
常　委　　徐　刚
　　　　　梁润栓
　　　　　朱存贵
　　　　　刘继文
　　　　　王林甫

东河区人民代表大会第十七届常务委员会领导名录

主　任　　高春英（女）
副主任　　崔　茂
　　　　　李　侠
　　　　　杨丽虹（女，回族）
　　　　　李　勇

东河区人民政府领导名录

区　长　　贾保良
常务副区长　　徐刚
副区长　　王　飞
张长征
石丽娜（女，4～12月挂职北京市海淀区商务局副局长）
李晓宏
李广乐（回族）
赵海良（5月离任）

东河区第十届政协委员会领导名录

主　席　　白继文（回）
副主席　　靳文刚
陈文丽（女）
徐建勋（女）
李轶（2月任职）

（区委办　人大办　政府办　政协办　提供）

2019年东河区获包头市市级以上先进集体名录

【国家卫生乡镇】
东河区河东镇
【内蒙古自治区五一劳动奖章】
包头市东河区金谷村镇银行股份有限公司
【内蒙古自治区工人先锋号】
包头汇泽铝业有限公司铸造一班
【内蒙古自治区文明村】
东河区河东镇磴口村
东河区河东镇臭水井村
东河区沙尔沁镇莎木佳村
【第九届自治区文明单位标兵】
包头交通投资集团公路运营管理有限公司
【第九届自治区文明单位】
内蒙古高等级公路建设开发有限责任公司包头分公司包头东收费所

包头市交通专用物资供应站

【内蒙古自治区文明校园】

东河区公园路小学

东河区金龙王庙小学

【内蒙古自治区健康促进旗(县、区)】

包头市东河区

【内蒙古自治区卫生监督先进集体】

东河区卫生计生综合监督执法局

【包头市级文明村】

东河区沙尔沁镇大巴拉盖村

东河区沙尔沁镇官地村

东河区沙尔沁镇土合气村

【包头市级文明单位】

包头市昊宇新能源有限责任公司

包头市安泰公证处

包商银行股份有限公司包头包铝支行

包头农村商业银行股份有限公司古城湾支行

包头市公路工程股份有限公司三公司

包头市公路工程股份有限公司一公司

【包头市先进基层党组织】

东河区金龙王庙小学党支部

东河区北梁新区安居社区党委

东河区纪委监委机关党总支

东河区新兴大街派出所党支部

东河区沙尔沁镇莎木佳村党支部

包头铝业有限公司电解二厂生产运行党支部

包头铝业有限公司华云电解二厂党委

【中国驰名商标】

内蒙古鹿王羊绒有限公司两件

内蒙古骆驼酒业股份有限公司

包头市金鹿有限责任公司

包头华资实业股份有限公司

包头吉泰稀土铝业股份有限公司

包头西蒙皮业服饰有限公司

【国家知识产权优势企业】

内蒙古鹿王羊绒有限公司

包头市山川圣阳热能科技有限公司

内蒙古云谷电力科技股份有限公司

【地理标志证明商标】

包头市南海湿地风景区管理处（南海黄河鲤鱼）

【自治区知识产权优势企业】

内蒙古鹿王羊绒有限公司

包头市山川圣阳热能科技有限公司

包头市红卫日用化工有限公司

【集体商标】

包头市利丰种养殖农民专业合作社（老海岱）

包头市东河区南海子无公害蔬菜生产运销协会（南海子）

2019年东河区获包头市级以上先进个人名录

【中国好人】

马晓琳

【自治区好人】

叶建才

【自治区文明家庭】

唐秀莲

【自治区美德少年】

倪楚久　金龙王庙小学

石　磊　包头市第二十八中学

韩琦燊　包头市第八中学

【自治区妇幼健康计划生育技术服务先进个人】

高　灵　东河区妇幼保健计划生育服务中心

【包头市劳动模范】

吴　锁　包头东华热电有限公司锅炉专工

云治国　中铝物流集团内蒙古有限公司仓储配送部经理

李　扬　包头市平远物资回收有限责任公司生产部长

孙连合　包头汇泽铝业有限公司铸造一班班长

陈海新　包头市铁路一中教师

任晓燕　东河区计划生育协会秘书长

高建忠　内蒙古骆驼酒业集团董事长

王　琼　东河区扶贫开发服务中心副主任

卢丽华　包头市红卫日用化工有限公司车间主任

李俊飞　东河区天成御宴喜事汇饭店厨师长

【包头工匠】

李小娟　　内蒙古骆驼酒业集团生产部长

【包头市十星家庭示范户】

蒋克昌家庭　　河东镇
芦德义家庭　　河东镇
于美琳家庭　　河东镇
赵占刚家庭　　河东镇
吴文国家庭　　沙尔沁镇
段凤霞家庭　　沙尔沁镇
张挨义家庭　　沙尔沁镇
张胜利家庭　　沙尔沁镇

【包头市优秀共产党员】

张天鹤　　包头市第八中学教师
冯　飞　　包头市安泰公证处主任
王　锋　　东河区沙尔沁镇东富村党支部书记

【包头市优秀党务工作者】

云元熙　　东河区东站街道党工委书记
常全伟　　东河区河东镇党委书记
李春霞　　东河区北梁新区东脑包社区党委书记、居委会主任
刘永泉　　包头铝业有限公司电解四厂电解区党支部书记

【包头市优秀教育工作者】

张　芳　　包头市第二中学
唐文达　　包头市第八中学
刘和平　　包头市第二十四中学
梁建富　　包头市第二十八中学
齐淑娟　　包头市第四十中学
罗　宏　　包头铁路第一中学
任晓华　　包头铁路第二中学
殷小玫　　东河区第一幼儿园
曾祥芸　　包头铁路第一幼儿园
程　峰　　东河区教育局

【包头市优秀班主任】

张　淼　　包头市第二中学
张雪清　　包头市第八中学
张　清　　包头市第二十四中学
王虹波　　包头市第二十八中学
李海燕　　包头市第四十中学

李庆颖　　包头铁路第一中学
刘　娜　　包头铁路第二中学
杨　芳　　公园路小学
郭丽霞　　包头市第一实验小学
张　晶　　金龙王庙小学
杨丽霞　　胜利路小学
王　霞　　康复路小学
李瑞芳　　包头铁路实验小学
李　鹏　　包头市第十六中学附属小学
孙成华　　公园路小学转龙藏分校

【包头市优秀思政课教师】

高越斌　　包头市第二中学

【包头市德教双优教师】

惠兆京　　包头铁路第一中学

【包头市优秀乡村教师】

杨慧敏　　沙尔沁中学

【包头市优秀教师】

郝　爽　　包头市第二中学
陈秀丽　　包头市第二中学
刘丽凤　　包头市第二中学
陈婷婷　　包头市第二中学
窦莉莎　　包头市第二中学
张海燕　　包头市第二中学
李彩霞　　包头市第二中学
张　琪　　包头市第八中学
高　虹　　包头市第八中学
薛宇波　　包头市第八中学
李　琦　　包头市第八中学
张锦峰　　包头市第八中学
柳　芳　　包头市第十一中学
胡彩霞　　包头市第十一中学
郝晓君　　包头市第十一中学
续美俊　　包头市第十一中学
赵瑞英　　包头市第二十四中学
张　宇　　包头市第二十四中学
王　芬　　包头市第二十八中学
赵静媛　　包头市第二十八中学

程　超　包头市第二十八中学
薛美玲　包头市第四十中学
张　婧　包头市第四十中学
郝昱琳　包头市第四十中学
冯晓燕　包头市第四十四中学
庞　云　包头市第四十七中学
任　慧　东河区河东中学
张玉梅　东河区河东中学
周淑贤　包头铁路第一中学
文占金　包头铁路第一中学
王　敏　包头铁路第二中学
陈　平　包头铁路第二中学
付立平　包头铁路第二中学
杨　旸　包头铁路第七中学
刘　琦　包头铁路第七中学
邹　华　包铝集团公司中学
张俊艳　包铝集团公司中学
智翠玲　包铝集团公司中学
张　慧　包铝集团公司中学
李飞雪　沙尔沁中学
贾燕萍　包头市第二实验中学
岳　勇　包头市第二实验中学
吴　敏　公园路小学
宿佳丽　公园路小学
董　艳　公园路小学
韩俊兰　公园路小学
阚燕侠　包头市第一实验小学
王俊玲　包头市第一实验小学
王雅琴　包头市第一实验小学
白月菲　环城路小学
张　培　环城路小学
苗　荣　巴东小学
肖　玮　巴东小学
鲁　蕾　金龙王庙小学
秦　涌　金龙王庙小学
姚新娟　胜利路小学
王　敏　牛桥街小学

魏　龙	牛桥街小学
马　荣	牛桥街小学
赵　蕊	工业路第一小学
连超群	工业路第二小学
李喜军	工业路第二小学
孟　飞	东一路小学
冯　琪	康复路小学
张　璐	康复路小学
樊利华	回民小学
任文萍	西脑包第一小学
王　燕	西脑包第二小学
叶淑杰	铁西小学
丁云霞	铁西小学
张志鹏	包头市铁路第一小学
孟　然	包头铁路实验小学
李　彬	包头铁路实验小学
安　凤	包铝集团公司小学
刘芳瑞	包铝集团公司小学
王新梅	包头市第一实验小学南海分校
李　靖	包头市第一实验小学南海分校
常惠铭	同道小学
潘　娟	东河区第一幼儿园
刘　娜	东河区第三幼儿园
王　璐	包头铁路第一幼儿园
刘　婧	包头铁路第一幼儿园
安　静	包头铁路第二幼儿园
宋　慧	包铝集团幼儿园
卢昭宇	东河区教研室
范　娜	公园路小学
李正惠	包头市第一实验小学
李　娜	东一路小学
张建伟	包头市第二中学
斯　琴	包头集团公司中学

【包头市人民好医生】

刘爱林	东河区中西医结合医院
刘小虎	东河区沙尔沁镇中心卫生院

【鹿城优秀护理管理者】

栗晨光　　东河区中西医结合医院

（区委组织部 区文明办 区工会 区教育局 区市场监督管理局 区卫健委 提供）

2019年东河区百岁以上（含百岁）老人花名表

序号	姓名	性别	年龄	身份证号	办事处	去世时间
1	石 荣	女	103	150207191610122623	河东镇	
2	许赞臣	女	101	150202191802020929	南门外街道	
3	刘禹	女	102	150202191708030311	南圪洞街道	
4	王清秀	女	101	150205191811150724	铁西街道	
5	刘锡瑞	男	100	150205191905200315		2019.07
6	徐成氏	女	108	150202191108191824	西脑包街道	
7	蔡月娥	女	101	150202191810130626	河东街道	
8	张月英	女	100	150202191909260025	和平路街道	
9	陈玉恒	男	101	150202191804010011	财神庙街道	
10	杨三女	女	102	150202191707170128		
11	李洪启	男	101	150202191812120018		
12	刘兰秀	女	100	150202191910010023		
13	张殿奎	男	100	150202191904134513	天骄街道	
14	汪铨	女	100	150202191901021206	东站街道	
15	吕民天	男	100	150202191912041210		

（区民政局 提供）